인생의 의미

원제: Meanings of Life

저자 : Roy F. Baumeister
역자 : 김성일 · 김혜주

도서출판 원미사

A Division of Guilford Publications, Inc.
72 Spring Street, New York, N. Y. 10012

Printed in the United States of America

This book is printed on acid-free paper.

Last digit is print number: 9 8

Library of Congress Cataloging-in-Publication Data

Baumeister, Roy F.
Meanings of life / by Roy F. Baumeister.
p. cm.
Includes bibliographical references and index.
ISBN 0-89862-763-X (cloth) 0-89862-531-9 (paperback)
1. Meaning (Psychology) 2. Life. I. Title.
BF778.B32 1991
150—dc20 91-17859
CIP

역자서문

우리는 살아가면서 이따금 사는 이유를 스스로 탐색해보는 경우가 있다. 특히 감성이 풍부한 청소년 시기와 역경을 겪을 때 그리고 노년기에 그렇다. 또 가족이나 친구가 갑자기 죽으면 우리의 생활도 돌아보게 된다. 우리의 삶이 오로지 종족보존의 동물적인 의미만 있거나 아무런 의미도 없다고 여기면 생활이 허무하고 무기력해지기 쉽다. 끝없는 우주와 그 생성의 신비함을 생각하면 작은 지구에서 서로 갈등과 반목하며 살아가는 우리의 삶이 보잘것없이 느껴지기도 한다.

인생의 의미에 대해 오랫동안 심도있게 논의해온 실존철학에서는 결국 모두 동의할 수 있는 분명한 의미가 있는지 대단히 회의적이다. 또한 이를 과학적으로 규명하기도 어려운 일이다. 그러나 우리는 진실 여부와 무관하게 인생에 의미가 있다고 믿고 싶어 하며, 애써 의미를 부여하려고 노력한다. 의미는 삶의 활력소이자 목적이기 때문이다. 비록 단순한 일이라도 무의미한 것이라면 누가 하려고 하겠는가?

이 책, Baumeister의 인생의 의미(Meanings of Life)는 이와 같은 취지에서 번역한 것이다. 저자는 사회과학적 연구 결과를 종합하여 인생의 의미에 관한 이론보다는 실증적인 접근을 취하고 있다. 우리는 고통과 죽음을 피하고 영원을 염원하며 의미를 추구하지만, 이러한 목적을 달성하려면 합리적인 태도만이 아니라 적절한 자기기만도 필요하다고 주장한다. 이것은 의미를 바라는 욕구가 결국 행복을 위한 것이며, 행복이란 주변 상황에 대한 해석에 달려 있음을 뜻하는 것이기도 하다.

역자들 자신도 이 책을 번역하면서 그 동안의 생활을 되돌아보고 삶의 의미를 재음미해 볼 기회를 가졌다. 현실적인 생활에서 경제적인 면이 차지하는 비중이 갈수록 증가하기 때문에 대부분이 물질적인 풍요를 원하고 있다. 관념적으로는 여전히 추상적인 가치를 중시한다고 하면서도 실제 상황에서 거의 모든 가치 기준은 그것과 큰 차이를 보이고 있다. 이에 따라 우리는 편의와 부를 끝없이 추구하려고 지나친 경쟁을 벌이며 그 과정에서 주변의 소중한 사람들과도 많은 스트레스를 겪고 자원과 에너지를 낭비하여 급기야는 환경오염과 기후변화로 인한 각종 재난을 자초하고 있다. 죽음에 당면하여 반성하고 후회하는 것은 그다지 의미가 없다. 인생을 마감하면서 자신의 부담이나 죄책감을 조금이나마 줄이려는 이기적인 심산으로 여길 수 있다. 인생의 말년에 이르기 전에 우리에게 정말 소중한 것이 무엇인지 가끔 반성하면서 과욕을 버리고 더불어 살아가는 마음을 다짐해야 한다. 많은 성현뿐만 아니라 지각있는 일반인들이 원숙한 시기에 주장하는 이야기들의 한결같은 공통점도 이와 같은 것이다. 유사 이래 수많은 사람들이 이구동성으로 호소하는 내용에는 불변의 진리가 담겨 있는 것으로 믿을 수밖에 없다.

번역 작업은 2009년도 강릉원주대학교 학술연구조성비의 지원을 받아 수행되었다. 어려운 여건에서도 출판을 맡아준 원미사에 사의를 표한다. 그리고 이 책의 내용을 잘 나타낸 삽화를 기꺼이 제공해준 역자의 30년 이상 지기인 신윤철 화백의 끈끈한 우정에도 감사를 드린다.

2010년 5월

역자

저 자 소 개

저자는 자신이 나중에 근무한 Cleveland 대학 연구실에서 멀지 않은 대학병원에서 1953년 5월 16일에 이민자인 기업가 아버지와 교사인 어머니의 아들로 태어났다. 1974년 Princeton 대학을 수석으로 졸업하고 1976년에 Duke 대학에서 석사학위, 1978년에 Princeton 대학에서 박사학위를 받았다. 대학원 재학 중에는 줄곧 국립과학재단 장학생이었다. California대학(Berkeley), 독일 Max-Planck연구소, Texas대학(Austin)을 거쳐 1979년에 Cleveland의 Case Western Reserve 대학에서 조교수로 발탁되어 1989년에 최연소 정교수로 승진하였고, 1994년에는 그의 저술 **내 마음 속의 최대의 적**(Your own worst enemy)이 대학도서관협회의 우수도서로 선정되었다.

2003년부터 그는 Florida 주립대학교(Tallahassee) 심리학과에서 사회심리학 교수로 재직 중이며 Dianne Tice박사와 함께 자존심, 자제력, 죄의식, 정서, 인상형성, 모험심 등을 연구하고 있다. 첫 저술인 **정체감**(Identity, 1986)은 저술상 후보로 추천되었고, **자학과 자아**(Masochism and self, 1989), **자아로부터의 도피**(Escaping the self, 1991), **짝사랑의 두 얼굴**(Breaking hearts, 1992), **자존심**(Self-esteem, 1993), **통제의 상실**(Losing control, 1994), **인간의 악**(Evil, 1997), **성의 사회적 측면**(The social dimension of sex, 2000), **사회심리학과 인간의 성**(Social psychology and human sexuality, 2001), **문화적 동물**(The cultural animal, 2005), **사회심리학 백과사전**(The encyclopedia of social psychology, 2007), **정서와 의사결정**(Do emotions help or hurt decision making? 2007), **사회심리학과 인간성**(Social psychology and human nature, 2008), **심리학과 자유의지**(Psychology and free will, 2008), **심리학과 자기규제**(Psychology and self-regulation, 2009), **자유의지와 의식**(Free will and consciousness, 2010), **남성의 장점**(Is there anything good for men? 2010), **고급사회심리학**(Advaced social psychology, 2010), **자기규제 핸드북**(Handbook of self-regulation, 2010) 등, 30여 권의 저술과 1976년 대학원생 시절부터 발표하기 시작한 논문 420여 편이 있다.

현재 그는 Florida의 작은 호숫가에서 생활하며 여가시간에는 윈드서핑, 스키, 재즈기타를 즐기고 있다.

저 자 서 문

이 책을 집필하는 7년 동안에 이러한 과제에 특유한 몇 가지 어려움이 있다는 것을 깨닫게 되었다. 인생의 의미와 같은 광범한 주제에 관한 사회과학적 연구에서 보편적 유형이 없으며, 학제간 문헌연구에서도 보다 전통적인 문헌연구에서 취하는 노선을 꼭 따르지는 않는다.

인생의 의미에 관한 저술을 생각하게 된 것은 정체감(identity)에 관한 책을 집필하는 동안이었다. 그 당시 나는 자료를 수집하기 시작했으며, 그 책의 마무리 작업을 할 무렵에는 이미 인생의 의미에 관한 집필을 진행하고 있었다.

그러나 이 일은 내가 예상한 것보다 복잡하고 힘들었다. 그 증거로는 그 동안 이 책과는 다른 두 권의 책을 완성했다는 것이다. 자학과 자살과 같은 현상이 사람들에게 인생의 의미를 찾는데 귀중한 빛을 던져주리라 희망했지만 이에 대한 해답은 전혀 다른 방향으로 나타난 것이 점차 분명해졌다.

이제 사회과학을 전공하는 독자들을 위한 일반적이고 기술적인 관찰 결과 몇 가지를 제시하고자 한다. 이 책에서 제시한 연구는 사회과학적인 지식을 일반적인 의미에서 사실상 철학적인 아주 광범한 문제에 적용하려는 시도이며, 이 과정에는 두 가지 요소가 포함되어 있다. 첫째는 일련의 학제간 문헌 분석에 의해서 사실을 수집한 것이고, 둘째는 개념적 구조에 의해 풍부한 연구 결과를 체계적으로 정리하여 이 책의 핵심인 근본적인 문제에 해답을 구하려고 시도한 것이다.

학제간 문헌연구는 널리 사용되는 기법은 아니다. 이상적으로 이 분야의 전문가는 관련되는 모든 전공 영역에서 학위를 소지해야 할 것이다. 요즘에 그와 같은 다방면의 자격을 갖춘 사람은 거의 없으며, 실제로도 거의 불가능할 것이다. 왜냐하면, 4~5번째 학위 과정을 마칠 무렵이면 첫 번째 학위에서 얻은 전문성은 진부한 것이 될지도 모르기 때문이다. 그러므로 학제간 연구에서는 자신의 전문 영역 이외의 사람들이 필요하며, 다른 영역의 연구자들의 결론을 그들의 숙련된 연구방법을 비판하지 않고 받아들여야 한다. 따라서 내 자신이 다른 분야의 연구를 수행하기보다는 그 분야 학자들의 연구와 결론에 크게 의존하였다. 이러한 면에서 이 책은 다른 분야의 동료 사회과학자들의 능력에 대한 기본 신뢰와 연구의 타당성을 반영하는 것이다. 만일 이러한 신뢰감이 잘못된 것이라면 이 책은 부적절한 기초위에 구성된 것이다.

일부 사람들은 학제간 연구는 모든 분야에서 전문가가 될 수 없는 한 수행해서는 안된다고 주장할지 모르며, 그런 식으로 생각하는 사람들은 이 책에 그다지 호의적이 아닐 것이다. 어쨌든 내 주장은 학제간 연구 활동을 모두 그만두는 것은 수긍할 수 없다는 것이다. 사회과학의 여러 분야에서 다른 관련 분야의 진행 내용에 관심을 두지 않고 인간에 관한 방대한 정보를 각기 수집하기보다는 여러 분야의 연구 결과를 수집, 비교, 통합하기 위해 최선을 다하는 것이 더 나은 것 같다.

특히, 사회과학 분야에서 발표된 거의 모든 연구가 제한된 결과만을 지니고 있다는 사실에 유념하는 것이 중요하다. 단일 실험이나 연구로 광범한 주제에 대한 분명한 결론을 내릴 수는 없다. 만일 연구자가 그런 식으로 시도한다면 학술지 편집자는 그와 같은 논의가 단일 연구에 입각한 것일 때 실제로 그렇듯이 사변적이거나 무책임한 것으로 간주하여 삭제할 것을 주장할 것이다. 그러나 광범한 문헌연구는 다른 문제이다. 많은 연구들을 검토해야만 광범한 문제나 통합적인 주제에 관한 결론을 내릴 수 있다. 그림조각 맞추기의 예가 적절할 것 같다. 단일 조각의 제작은 개별적인 사회과학자의 일차적인 과제이지만 단일 조각만으로는 전체의 모습을 드러낼 수 없다. 그러므로 누군가 이따금 전체를 종합할 필요가 있다. 그렇지 않으면 단지 많은 조각더미만 갖게 될 것이다.

내 자신의 배경은 심리학이며 최종적으로 이 책은 심리학적 연구물이다. 따라서 학제간 접근은 제한적이라고 할 수 있다. 나는 사학, 사회학, 인류학 등의 분야에 적극적으로 기여하려는 것이 아니라 심리학에 공헌하려고 이 분야에서 이루어진 연구 결과를 수집하려는 것이다. 말하자면, 내 의도는 면허 없이 사학이나 사회학을 연마하려는 것이 아니라 심리학을 적용할 수 있는 실증적 토대를 구축하기 위해 사학적 및 사회학적 연구를 자료에 의해서만 이용하려는 것이다.

이 때문에 사학자, 사회학자 또는 다른 사회과학자들이 자신들에게 친숙한 자료를 이용한 내 방식에 매우 흡족해 하리라고 기대할 수는 없다. 내 경험에 의하면, 각 학문 분야에는 어떤 종류와 어느 정도의 증거에 의해 어떤 결론을 내려야 하는지 자체 추론방식이 있다. 나는 심리학적 결론을 이끌어내려고 하기 때문에 다른 분야의 이와 같은 추론방식을 불가피하게 깨뜨리려는 것이다. 따라서 역사적 연구에서 사학자들도 시도하지 않는 결론을 유도하려는 것이며, 이 책을 읽는 사학자들에게는 놀라운 것일 수도 있다. 한편, 사학자는 내가 사학적 결론이 아니고 심리학적 결론을 시도하기 때문에 가장 분명하거나 흥미있는 결론을 놓쳤다고 생각할 수 있다. 그와 같은 반응은 학제간 연구의 불가피한 부분이며, 학제간 연구를 시도하는 사람들을 더욱 실망시킬 수도 있다. 궁극적으로는 자신의 분야에서 연구하는 것이다.

학제간 연구에 독특한 어려움이 있다면 독특한 이점도 있다. 학제간 연구의 한 가지 중요한 인식론적 이점은 인정할 필요가 있다. 각 분야는 각자의 방법이 있고, 어떤 사회과학적 방법도 완전하지는 않다고 가정해 보자. 만일 두 가지 다른 방법을 통하여 특정한 결론이 도출된다면 동일한 방법에 의한 두 연구에서 같은 결론을 얻는 것보다 더 확신을 가질 수 있다. 다른 방법들은 각기 결함이 있지만 그것들은 서로 다른 결함들이므로 같은 결함을 공유하지는 않을 것이다. 그러므로 다양한 학제간 연구에서 얻은 종합된 증거는 기본적으로 유사한 방법에 의한 반복연구의 결과에 비해서 훨씬 우수한 것이다.

특정 분야의 문헌을 검토할 때 우리는 대개 증거의 정도에 따라 결론을 평가한다. 그러나 학제간 연구에서는 증거의 다양성이 양보다 중요할 수 있다. 이 점은 이 책에서 인생의 변화에 관한 부분에 특히 적절한 것이다. 예를 들면, 행복, 고통, 부모역할 등에 적용할 수 있는 증거는 많지 않으며, 여러 분야에 산재해 있다. 이와 같은 광범한 분야에서 수집한 증거는 그 결론이 특정한 방법에 의한 단순한 인위적 소산이 아님을 시사하는 것이다.

이제 중요한 개념적 구조를 보기로 하자. 인생의 의미에 관한 사회과학적 연구를 위해 기본 구성과 가설은 어떻게 발전되어야 하는가? 관습적으로는 사회과학자들은 언제나 가설을 미리 설정한 후에 검증 작업을 한다. 내 경험에 의하면, 비교적 소수의 사회과학자들이 이런 식으로 연구하며, 이와 같은 직선적이고 협소한 방법도 과학적 완전함과는 거리가 있는 약점, 즉 자료와는 관계없이 자신의 이론이 정확한 것으로 결론지으려는 경향이 있다. 인생의 의미에 관한 이론을 아무런 근거도 없이 어떻게 충분히 전개할 수 있는지 상상하기 어렵지만, 설령 그렇게 할 수 있다고 해도 증거를 검토하기 전에 연구자가 자신의 모든 기본 구상을 확정한다는 것은 현명한 일이 아닐지도 모른다.

문헌연구는 결국 기존 자료를 단순히 통합하는 것으로 편파적인 결론을 내릴 가능성이 원칙상 적기 때문에 실험에 비해서 모든 가설을 미리 설정해야 할 책임이 덜 하다. 따라서 실험연구가 아닌 이와 같은 연구에서는 사후에 이론체계를 수립하는 것이 용인되어야 할 것이다.

좋든 싫든, 이 일을 수행하면서 내가 취한 방식은 내 자신의 선입견의 영향을 최소화하는 것이었다. 고정된 생각을 갖고 시작하기보다는 증거를 수집하는 동안 내 생각을 계속 다듬고 발전시켰다. 이 책을 집필하기 시작할 때는 분명히 몇 가지 구상이 있었지만 그것이 검증되어야 할 확고한 가설이라기보다는 잠정적인 시안으로 간주하였다. 정보를 수집하면서 나는 내 생각을 필요한 만큼 자주 수정하고 적절할 때 새로운 내용을 추가하였으며, 일부 생각이나 가정은 폐기해 버리기도 하였다. 나는 개념적 체계가 수립되는 지점에 결국 이르렀지만 이 단계에 도달하는 시점에 관한 분명한 사전 기준을 가지고 있지 않았다. 또 어떤 생각들은 실질적인 새로운 정보에도 불구하고 오랫동안 수정하거나 다듬을 필요를 느끼지 못했다.

예를 들면, 이 책의 개념적 토대의 하나인 의미를 추구하는 4가지 욕구를 고려해 보자. 이 개념의 체계화 과정은 이 책에 서술하지 않았으나 재미없고 지루한 것이었다. 나는 사람들이 어떤 문제에 대한 해답을 찾거나 특별한 문제를 해결하듯이 구체적인 면에서 의미를 찾으려고 할 것이라는 생각을 갖고 시작하였다. 그러니 이와 같은 문제나 욕구에 관한 목록을 어떻게 설정할 수 있겠는가? 처음에 추상적으로 구성한 목록은 개인의 의미 탐색에 관한 많은 내용을 설명하는데 부적합한 것으로 드러났다. 그리하여 목록은 계속 증가되기 시작하였다. 한편, 나는 의미에 대한 욕구는 논란의 여지가 있더라도 보편적이어야 한다는 기준을 가지고 있었다. 따라서 사후세계나 신의 존재와 같은 일부 내용은 포함되지 않았다. 내가 최종적으로 설정한 의미의 욕구에 관한 목록은 많은 추가 증거의 요구를 거치면서도 더 이상 수정하지 않은 것이며, 이 책에 그대로 제시되었다.

이제 인생의 의미에 관한 독특한 사항 중에서 몇 가지를 고려해 보자. 인생의 의미에 관해서 특히 관심을 두는 사회과학자들이 거의 없기 때문에 처음에는 관련된 것들이 매우 적었다. 그러나 초점을 약간만 확대하면 관련 가능성이 있는 자료가 방대하다는 것을 발견할 수 있다. 내가 고민한 최대의 문제는 범위를 제한하고 포함 여부를 결정하는 것이었다. 그 면에서 그리고 아마도 불가피하게 주관적 판단이 큰 역할을 했을 것이며, 이와 같은 저술을 시도하는 다른 연구자는 좀 다른 내용을 분명히 포함시킬 수도 있다. 그러나 고무적인 것은 내가 이와 유사한 심리학적 연구에서 아마도 유일한 연구인 Eric Klinger(1977)의 저서 의미와 허무감(Meaning and Void)을 접했을 때 그도 내가 이 책에 포함시킨 주제의 많은 부분을 포함시켰으며, 내가 큰 기대를 갖고 조사했지만 관련 자료의 내용이 충분하지 않아서 결국 폐기한 자살과 같은 몇 가지 부차적인 주제도 활용했다는 것이다. 그러므로 연구자들의 예감이나 선호에 관한 부분적 차이를 인정하더라도 인생의 의미에 적합한 경험적 내용의 핵심적 요소가 있다는 것을 어느 정도 자신있게 결론지을 수 있을 것 같다. 결국 인생의 의미에 관한 연구에서 행복, 사랑, 일, 종교를 완전히 소홀히 하기란 상상하기 어려운 일이다.

또 다른 문제는 매 주제마다 어느 정도의 증거를 축적해야 하는가이다. 이와 같은 연구에서는 어떤 주장이나 결론마다 증거를 무한히 추구할 수 있다. 문헌연구를 할 때 나는 철저하게 하는 편이지만 다른 사람들은 더욱 완벽을 기하려고 할지도 모른다. 이와 같은 내 성향 때문에 연구 중간에 이 자료에 관한 세미나를 개최했을 때 좀 난처했던 적이 있다. 어느 학생이 세미나 종료 시에 2시간의 강의를 15분 정도로 단축할 수도 있었다고 지적하였다. 그의 설명은 내가 주제마다 너무 많은 실증적 자료를 제시하려고 집착하지 않았더라면 주요 생각을 훨씬 간결하게 정리할 수 있었다는 것이다.

물론 특정한 결론에 동의하지 않는 독자에게는 내가 일부 오류를 피하는데 충분할 만큼의 증거를 고려하지 않은 것으로 보일 수도 있다. 궁극적으로는 이에 관한 만족할만한 지침은 없다. 자료 수집을 무한히 계속하여 평생을 보내다가 책을 완성하지 못할 수도 있다. 최소한 나는 모든 독자나 전문가를 만족시킬 수 있는 방식으로 이 책을 집필할 수는 없다. 어느 정도의 증거가 충분한가에 대한 내 판단은 그러므로 평범한 것이다. 나는 적당하다고 생각될 때까지 증거 수집을 계속한 후 좀더 수집하고 멈추었다. 내가 거의 다 되었다고 판단한 단서는 더 이상 기여하는 바가 없는 같은 내용의 반복, 즉 상당한 양의 새로운 정보가 개념적 수준에서 상당히 다르거나 새로운 내용을 제공하지 못하고 이전의 증거를 그저 확인해주는 정도일 때이었다. 이미 말했듯이, 나는 안전을 위해서 대체로 좀더 수집하는 편이지만 새롭거나 중요한 내용이 조만간 나타나지 않으면 이 때가 최종단계이다.

증거 수집의 문제 이외에도 제시 방식의 문제가 있다. 이에 관한 주요 쟁점은 소수의 중요 문제와 결과를 깊게 다루는 것과 피상적이지만 광범하게 취급하는 것 간의 균형을 취하는 것이다. 의미에 관한 저술에서는 주요 내용에 관한 맥락과 의의가 포함되어야 하며, 이 점이 불완전하면 과학적 가치가 부족하게 된다. 한편, 내용을 세분하여 철저히 다루면서 장기간 꾸준히 저술할 수도 있다. 초고의 많은 부분에서는 특정 연구문헌에 관해 상세히 논의하여 검토자들이 공통적으로 너무 빗나간 것처럼 보인다고 느낄 정도이었다. 잘 쓰여진 책에서는 내용의 중요성에 비례하여 각 주제의 면 수가 결정된다. 그러나 외면상 한 두 면만 할당될 수 있는 어떤 주제에 관한 많은 연구와 복잡한 내용들이 가끔 나타나면 어떻게 조절해야 하는가? 한 가지 해결책은 이러한 상세한 분석 내용의 일부를 부록으로 첨부하는 것이다. 이렇게 하여 전문가와 특별히 관심있는 사람들은 그 증거를 세밀히 살펴 볼 수 있고, 그 밖의 사람들은 중요하지 않은 내용을 애써 자세히 검토할 필요가 없을 것이다.

차 례

제1부 인생과 의미의 기본 유형

제2부 해답의 모색

제3부 적응, 행복, 위협

제4부 의미의 변화

결 론

제1부

인생과 의미의 기본 유형

제 1 장 인생은 의미가 없는가?

절망적인 사람들은 인생의 의미를 생각하지 않는다. 생존이 위태로울 때, 매순간 위기감이 느껴질 때 인생의 의미는 부적절하게 여겨진다. 인생의 의미는 절망적이 아닌 사람들, 생존, 위안, 안정 그리고 얼마간의 즐거움을 예상할 수 있는 사람들에게 문제가 된다. 절망적인 사람들은 순간에 전념하지만 삶은 수십 년 간 계속된다. 인생의 의미에 대한 생각은 순간에서 벗어나 상황을 장기적인 안목에서 보게 만든다.

누구나 실존주의자들이 말하는 인생의 허무함에 대한 얘기를 들었을 것이다. 열렬한 실존주의자들은 인생에 아무런 의미가 없다는 것이 충분히 입증되었다고 생각한다. 실제로 흔히 알고 있는 실존주의[1]에 관한 얄팍한 견해에 의하면, 실존주의자들은 우리가 스스로 죽게 될 것이라고 생각한다. 결국 카뮈(Camus)[2]나 다른 사람이 그렇게 말하지 않았던가?

물론 보통 사람들은 실존주의자들의 견해에 반드시 동의하지는 않는다. 사람들은 반응을 예측할 수 있는 그들의 종교 지도자들을 제외하고는 반대 주장에 관해 들어본 적이 없다. 그러나 반대 주장이 분명히 있을 것으로 생각하고 있다. 과학자와 의사와 같은 사람들은 실존주의자들이 아니지 않는가? 그들은 인생이 살만한 가치가 있다는 것을 알고 있을 것이다. 보통 사람들은 인생에 어떤 의미가 있을 것으로 믿고 있다. 그것이 무엇인지 말하기는 어렵지만 분명히 있다고 확신하거나 기대하고 있다. 어쨌든 인생은 그 대부분이 분명히 무의미한 것 같지는 않다.

실제로 실존주의자들은 인간의 삶에 의미가 없다고 말하려고 하지는 않았다. 대부분의 사람들의 삶은 많은 의미가 있다는 것이 아주 확실하다. 사람들은 말하거나 생각할 때마다, 무엇을 계획하거나 결정할 때마다 의미를 사용한다. 실존주의자들의 입장은 전반적으로 인생이 어떤 의미를 자동적으로 갖지는 않는다는 것이다. 인간은 자신의 삶에 대한 의미를

---

1) 역자 주. 키에르케고르(Kierkegaard)가 주창한 철학운동으로, 인간은 고정된 본성이 없으며, 자유의지에 따라 행동하고, 이것이 고민의 원인이라는 것이다. 사르트르(Sartre)와 야스퍼스(Jaspers)도 이에 속한다.

2) 역자 주. 알베르 카뮈(Albert Camus, 1913-1960). 알제리에서 태어난 프랑스 작가로 삶의 부조리를 강조한 시지프스(Sisyphus)의 신화, 이방인, 페스트 등의 작품을 남겼고, 1957년에 노벨문학상을 수상함.

적극적으로 구성한다. 자녀를 위해, 일을 위해, 종교적 믿음을 위해, 정원 손질에 자신의 삶을 헌신할 수 있다. 이와 같은 선택이 우리의 삶에 부여하는 의미를 결정한다. 실존주의자들은 신, 운명, 유전자 또는 국가에 의해서 결정되는 것과 같이, 궁극적이고 외부에 의해서 부여되는 의미를 부인했다.

인생이 무의미하다는 주장은 인생의 진정한 실상보다는 인생에 대한 추상적 이론에 해당된다. 이론적으로 인생은 수학적인 의미에서 유형과 무질서가 단편적으로 교차되는 혼돈과정이다. 의미는 인생에 부여되어야 하며 본디부터 있는 것은 아니다. 비록 의미들이 반드시 잘 부합하거나 하나의 전체로 통합되지 않더라도 실제로 인생은 많은 의미로 채워져 있다. 전형적인 인간의 삶에는 그 인간이 태어나기 전에 의미가 부여되어 있다. 그 사람이 말하는 법을 배울 무렵이면, 그러므로 의미를 사용하고 전하는 법을 배울 무렵이면 이미 이름, 가정, 사회적 지위, 은행계좌나 현금, 장기계획과 같은 여러 가지 의미가 부여되어 있을 것이다. 이러한 의미의 대부분은 부모가 부여한 것이다. 왜냐하면 아이들은 이 모든 것을 지칭하는 단어조차 알지 못하기 때문이다. 그렇지만 이 의미들은 인간의 생애 과정을 결정하는 데 관여하게 될 것이다.

실존주의만이 인생의 의미에 대한 현대적 관점은 아니다. 어떤 사람들은 그것을 과거의 연소[3](phlogiston)와 같은 개념처럼 쓸모없는 주제로 여긴다. 인생의 의미에 대한 생각은 고대 그리스어를 배우는 것처럼 소용없는 지적인 활동으로 보인다. 다른 사람들은 인생의 의미라는 말에 자신이 대상이 될 수도 있는 일종의 농담이 포함되어 있는 것으로 우려하기도 한다. 그들은 인생의 의미에 대한 어떤 언급도 짜증섞인 웃음으로 넘기며 그 화제를 바꾸려고 한다. 그들은 인생의 의미를 제대로 알지 못하기 때문에 흔히 공격당하지 않을까 두려워할 수 있다(과학에서는 낡은 종교적 이념의 많은 오류를 반박한 것으로 주장하듯이, 인생에는 어떤 의미도 없음을 증명한 것인지도 모른다).

어떤 사람들에게는 인생의 의미에 대한 주제가 위협적인 면이 있다. 이 문제는 사람들을 무력하게 만들어 어떤 진지한 말도 감히 하지 못하게 하며, 짜증섞인 웃음만이 유일한 안전한 반응처럼 여겨진다. 프리드만(Freedman, 1978)과 같은 연구자가 조교를 시켜 사람들에게 인생의 의미와 행복에 관해 물었을 때 그들은 얘기조차 하기를 매우 꺼려했다. 집단으로 면접을 했을 때 그들은 그 질문을 농담으로 회피했고, 개별적인 면접에서는 즉시 감정적으로 동요되어 말문을 닫았다. 그들은 인생의 의미와 행복의 문제보다는 성적인 문제를 기꺼이 논의했다.

인생의 의미에 관한 주제는 때로는 철학적인 것으로 간주된다. 철학적인 문제는 보통 어렵고, 신비롭고, 거창하며, 무의미한 것을 뜻한다. 철학자들은 오래 전부터 생색을 내고 이

---

3) 역자 주. 모든 가연성 물질은 진정한 물질인 재를 남기고 연소된다는 17세기의 명제로 라부아지에(Lavoisier)에 의해서 반박됨.

해할 수 없으며 믿지 못할 존재로 생각되었고, 그들이 인생의 의미에 관해 논의를 시작한다면 귀를 기울일 사람들은 거의 없을 것이다. 실제로 인생의 의미에 관한 주제는 철학에서 한물간 지 오래이며, 자존심이 있는 철학자들은 그 말을 꺼내지 않을 것이다(Klemke, 1981).

좋든 싫든, 인생의 의미에 관한 주제는 사회과학자들에게 남겨진 몫이다. 이 책은 이에 관해 그들이 수집한 정보를 종합한 것이다. 계속 이어지는 내용에는 어떤 신비스러운 해답을 제시하거나 형이상학적 또는 신학적 비밀을 전하려는 것이 아니며, 거창한 이념이나 이론을 조사한 것도 아니다. 그보다 이 책의 내용은 사회과학자들이 행복, 고통, 사랑, 일, 종교, 죽음 등에 관해 찾아낸 사실에 주로 입각한 것이다.

실제로 삶이 지니고 있는 의미를 긴 안목에서 조망하면서, 사람들의 생활이 어디서 어떻게 의미를 갖게 되는지, 그 의미가 어떻게 작용하는지, 어떤 형태를 취하는지 설명하려고 할 것이다. 그리고 사람들이 생활 속에서 왜 의미를 갈망하는지, 어떤 의미를 선호하는지, 삶의 의미를 상실할 때 어떻게 되는지도 탐색할 것이다.

사실 현대인의 삶은 실존주의자의 이론에 관한 오해와는 반대로 의미로 가득 차 있다. 어떤 의미에서 현대의 고통은 의미가 부족한 것이 아니라 너무 많다는 것이다. 언어, 정보, 의사소통, 매체, 상징, 제도, 규준과 같은 의미가 우리의 생활에 스며들어 있으며, 사실상 넘치고 있다. 현대의 불안은 이 모든 조그만 의미들이 모여 적당히 큰 의미로 변형되지 않을까 하는 것이다. 인생에는 많은 의미가 내포되어 있지만, 단 하나의 의미도 있는 것인가? 어떤 사람들은 인생의 의미가 문장이나 이야기 또는 경험에 대한 의미와는 다른 것으로 생각하기도 한다.

대부분의 인생은 하나의 의미나 이야기로 집약될 수 없다는 증거가 있다. 카우프만(Kaufman, 1986)은 많은 노인들에게 그들의 삶에 관한 이야기를 들려주도록 요구했다. 모든 것을 한 가지 의미로 통합한 이야기를 들려준 사람들은 거의 없었고, 대부분의 인생 이야기는 4~6개의 주제를 지니고 있었다.

또 다른 걱정은 인생을 잘못 살고 있지나 않는지 그리고 그 진정한 의미를 무시하고 있지나 않는지 하는 것이다. 인생의 전체적인 의미는 우리가 만들기 나름이라면 어쩌면 망칠 수도 있을지 모른다. 우리가 신중하지 못하면 인생의 의미는 일상적인 혼란, 잡다한 불평, 천박한 생각, 매듭짓지 못한 일, 진부한 표현과 같은 볼품없는 잡동사니로 끝나버릴 수 있다. 그러므로 인생의 의미를 모색하기 위해 무엇을 하고 있는지 알아야 한다. 그렇지만 의미있는 인생을 모색하는 법을 누가 과연 알고 있는가?

인생의 의미에 관한 현대의 불확실성은 특히 죽음의 문제를 해결하지 못하게 만들고 있다. 죽음은 결코 인기있는 주제는 아니었지만 현대인들이 이전 세대에 비하여 그에 대한 생각을 회피한다는 증거는 상당히 있다(Aries, 1981). 그 부분적 이유는 우리가 인생의 의미에 관한 문제를 가능성, 유망한 전도, 밝은 미래 등에 초점을 맞추고 은닉하면서 미루고 싫어 하기 때문이다. 그러나 죽은 사람들은 그들의 가능성을 소진해버리고 희미한 기억 이외에는 밝든 아니든 어떤 미래도 없다. 그들에게 인생의 의미에 대한 문제는 더 이상 지연될 수 없고 종료된 인생 바로 그 지점에 남겨질 수밖에 없다. 시신을 보며 "저게 전부인가?"라고 생각하는 것은 혼란스럽고 다소 난처한 일이다. 저 사람의 인생은 의미가 있고 가치가 있었는가? 그렇기를 바라지만 그것을 증명하기는 어렵다. 대개는 이야기할 것이 그리 많지 않다. 그저 그런 남편이자 아버지로서 세금 잘 내고, 집안 잘 운영하고, 경력은 잡다하고, 개인적으로는 물어보면 대답 잘하는 사람이었지. 인생이 그 이상의 거창한 의미가 있기를 바라지만, 그게 무엇인지는 말하기 곤란하다.

현대인의 죽음에 대한 두려움과 절박함은 이처럼 단순하게 도전할 수 있는 사항이 아니다. 현대 생활은 사람들에게 여러 유형의 의미를 제공하고 있지만 근본적인 가치에 대해서는 분명한 방향을 제공하지 않는다. 이 "가치의 공백"(value gap)이 현대인의 삶을 의미있게 하는데 가장 큰 문제이다. 이 가치 공백에 대한 반응은 대체로 자아를 고양시키고 정체감을 계발하여 기본적인 가치로 만드는 것이다. 그러나 인생에 의미를 부여하기 위하여 정체감과 자기 탐색에 의존하면 우리는 전례없이 죽음에 취약하게 된다. 자아는 죽음 앞에서 막을 내리고 가치도 부여하지 못한다. 그러므로 죽음은 우리의 삶을 앗아갈 뿐만 아니라 그에 부여된 가치도 사라지게 만든다. 이에 비해서, 우리의 조상들은 전형적으로 더 오래 생명을 유지하는 가치에서 위안을 찾았다.

따라서 현대인들이 정체감과 자아에 기초하고 있는 상위 가치는 축복과 불행이 뒤섞인 것이다. 현대 사회에서 보편적인 도덕성에 대한 합의를 할 수는 없을지라도, 상위 가치는 가치의 공백을 메우고 선악을 판단하는데 도움이 된다. 그러나 죽음에 당면하여 사람들을 무방비 상태로 만든다. 가치는 사람들이 가장 필요로 하는 시기에 도움이 되지 않는다.

자신의 의미 탐색

실존주의자들의 견해로는 사람은 자기 생활의 의미를 스스로 결정한다. 또는 그래야만 한다(인습적인 도덕에 대한 실존주의자들의 비판에도 불구하고 그들은 자신의 판단에 매우 도덕적이었다). 실존주의자들은 많은 사람들이 들은 대로 행동하고 다른 사람들이 하는 대로 따라 하며 어정쩡하게 삶을 살고 있음을 분명히 알고 있었다.

자신의 생활에서 의미를 찾는다는 것은 이상적인 면에서 근사하게 들리지만 실제로는 불가능한지도 모른다. 인생의 의미는 개인의 신비스러운 내면 깊숙한 곳에서 나오지 않는다. 의미 자체는 다른 사람들로부터 그리고 문화를 통하여 사회적으로 습득된다. 자연은 인간에게 식욕은 부여했지만 의미를 부여하진 않았다. 개인의 내면에서 발견되는 의미는 내면에 그대로 두어야 한다. 기껏해야 인간은 사회와 문화에 의해서 제공된 여러 가지 의미 중에서 선택하는 것이다.

실존주의자들은 자신의 생활에서 의미를 모색하는 것이 불가능한 이상임을 알고 있었다. 흔히 그들은 사람들이 문화가 제공하는 의미 중에서 선택해야 한다는 사실을 깨닫도록 역설하였다. 참된(authentic) 의미는 사회적 환경에서 의미를 비판없이 자동적으로 받아들이는 것이 아니라 결정을 통하여 습득하는 것이다(Heidegger,[4] 1927; Sartre, 1943). 만일 선택을 해야 한다면 당연히 신중히 해야 한다.

이것이 인생의 의미에 대해 생각해보는 편리한 출발점이 될 수 있다. 문화와 사회에서 제공하는 단편적인 의미를 개인은 선별하여 어느 정도 고유한 형태로 조직해야 한다. 신중히 선택함으로써 개인은 이러한 형식의 의미를 매우 통일되고 일관성있게 만들 수 있다. 사회적 압력과 주변 환경의 영향에만 따른다면 개인에게는 잡다한 단편적인 것들만 남게 될 것이다.

인생에 의미가 있는가?

지금까지 인생은 의미가 있는 것이라고 주장해왔다. 책임감이나 일, 감정에서 인생의 의미를 찾을 수 있지만 그것은 의미의 일종일 뿐이다. 더욱이 사람들이 자신의 의미를 마술처럼 만들어낸다고 믿는다면 잘못이다. 의미는 문화에서 제공된 것 중에서 선택함으로써 얻는 것이다.

그러나 문화는 복합적이고 불분명하며 다면적이기 때문에 사람들이 문화로부터 의미를 얻는다는 것은 충분한 설명이 되지 않는다. 그렇다면 사람들이 인생의 의미에 대한 초석을 구체적으로 어디서 얻는지 묻는 것이 옳을 것이다.

사회와 문화는 개별 구성원들에게 특정한 신념을 부여하는 정도에 따라 구분될 수 있다. 어떤 문화에서는 특정한 인생관을 개인에게 강요한다. 일반적인 인생관에 위배되는 사람은 투옥이나 죽음 또는 추방을 맞게 된다. 현대 서구 사회와 같은 문화에서는 상반되는 인생관을 부여하며, 때로는 개인이 적절한 인생의 의미를 발견하는데 어려움을 겪기도 한다(Triandis, 1989). 예를 들어 현대 캐나다 시민에 관한 연구에 의하면, 인생과 세상사에 관한 체계적인 신념을 가진 사람들이 매우 드물었다. 그보다는 대부분이 다양한 단편적인 생각들만 지니고 있었다. 즉, 그들은 전체적인 체계로 종합하지 못한 개별적인 신념의 단편들을 갖고 있었다(Bibby, 1983). 체계적인 세계관이 없다고 해서 파국적인 것은 아니다. 실제로 사람들

4) 물론 싸르뜨르(Sartre)는 자신이 실존주의자라는 명칭을 수용하였으나, 하이데거(Heidegger)와 다른 사람들은 즉각 그것을 거부하였다.

은 종합적인 생활철학이 없어도 현대 생활을 잘 영위할 수 있다. 사람들은 기본적인 점에서 의미가 있는 생활을 원하며, 사후세계, 신의 존재, 인류의 운명 등과 같은 해묵은 문제에 대해서는 분명한 해답을 필요로 하지 않는다. 일상생활에서 그들은 어떤 광범한 문제에 대한 해답을 요구하지 않으며, 일상적인 삶에서 그와 같은 문제에 대해 얘기할 필요도 느끼지 않는다. 구체적인 일상사에는 모호함이 거의 없다. 이는 수렵과 목축 생활 위주의 지난 시대에서는 더욱 그랬을 것이다. 많은 의미, 특히 거창하고 추상적이며 고차적인 의미 없이도 생활할 수는 있다.

그러나 문화는 전형적으로 개별적인 의미를 제공한다. 어떤 문화에서는 모든 사람이 어느 정도 받아들이는 단일한 신념과 가치를 제공하는 반면에, 다른 문화에서는 다양한 상충되는 가치도 부여한다. 아무튼 이와 같은 거창한 가치체계에서 인생의 의미를 탐색할 수 있다. 이 가치체계는 이념이라고 할 수 있다. 전형적으로 이념은 사회적 관계와 역사를 설명하고, 인간 상호간의 행동을 규제하며, 의미에 관해 생각하게 만든다. 일반적으로 이념은 인간이 무엇이며 무엇을 위해 살아야 하는지를 말해준다.

개인과 사회

문화가 사람들에게 의미를 제공하거나 특정한 의미를 선택하게 만든다는 얘기에 놀라는 사람도 있을지 모른다. 이 책에서는 문화와 사회를 욕구와 원망을 지닌 실체로 그러나 개인과 협상하는 것으로 자주 언급할 것이다. 물론 이와 같은 용법은 비유적인 것이다.

사회는 상호 연관된 인간의 대규모 조직이며, 문화는 인간이 공유하고 있는 이념과 제도의 조직이다. 사실 사람들은 큰 집단과 연관되어 있는 작은 집단 속에서 생활하고 있다. 그러므로 문화는 사람들이 함께 생활하며 사회가 기능하고 생존하게 되는 틀이다.

사회와 문화를 의인화하고 그래서 그것들이 소망과 욕구를 지니고 있는 것으로 얘기할 때, 이는 사회체제가 효과적으로 기능하고 생존하기 위하여 해야 할 바를 말하고 있는 것이다. 문화와 사회는 목적이 있는 체제를 형성하고 있다. 이러한 체제가 많은 사람들에게 부적절한 음식과 거처를 제공하거나 지나친 내적 갈등을 야기시키거나 사망한 사람들을 대체할 새로운 구성원을 산출하지 못하거나 중요한 문제와 위기에 대처할 수 없다면 해체되어 존재하지 못할 것이다. 이러한 점에서 체제는 사람들이 음식을 취하고 생산하기를 원한다. 대부분의 사람들은 그들의 문화가 생존하기를 바랄 것이다. 문화가 해체되면 사람들은 대개 잘 지내지 못하기 때문에 새로운 문화가 번성하기를 공통적으로 바란다. 물론 자신의 개별적인 욕구를 우선하지만 사람들은 어느 정도 협동하도록 상호 압력을 가한다.

그러므로 문화와 사회는 스스로 영속하며 어느 정도의 효율성, 내적 조화, 융통성을 유지하도록 구성된 체제를 형성한다. 이러한 목표가 없는 문화와 사회가 있을 수 있겠는가? 아마도 오래 지속되지 못할 것이다. 모든 사회는 이러한 목표를 달성하는 길을 찾기 때문에 계속 존재하는 것이다.

이러한 목표는 사회의 개별 구성원의 것과 반드시 동일하지는 않다. 사람들은 행복하길 바라지만, 사회는 그들이 최소한 만족하는 한 생존할 수 있으며 행복의 증진은 중요하지 않다. 사람들은 정서적으로 강한 경험, 신기함, 자극 등을 원할 수 있는 반면에, 전반적으로 사회는 사람들이 충분한 음식과 거처를 확보하여 흔들리지 않고, 제대로 사회화된 시민으로서 자신의 위치를 지키는 새로운 구성원들을 생산하는데 주 관심이 있다. 비록 개인은 많은 역할을 충족시키길 원치 않더라도 사회는 충족시켜야 할 역할이 많이 있다. 사회는 사람들이 매우 주저할 수 있는 삶의 희생까지 요구할 수 있다. 이 모든 것은 사회가 감정과 소망을 지닌 일종의 생물이라는 것을 뜻하는 것은 아니다. 효과적으로 기능하기 위해서 어떤 필요조건을 지닌 체제라는 것이다.

그렇다면 이것은 인생의 의미와 무슨 관계가 있는가? 인생의 의미에 대한 추구는 개인의 관심이다. 사회는 사람들이 그들의 삶에서 충만된 의미를 찾는가에 관계없이 효과적으로 기능할 수 있다. 그러나 사회는 개인의 의미에 대한 욕구를 이용할 수 있다. 사람들이 자신의 생활을 특정한 방식으로 해석하도록 유도함으로써 사회는 사람들의 역할을 충족시키고 개인적 불만이 사회문제로 발전되지 않도록 조절할 수 있다.

비록 인생의 의미는 본질적으로 개인적인 것이지만 의미 자체는 기본적으로 사회적인 것이다. 언어, 가치, 대인관계를 포함하여 문화 없이는 많은 의미를 내포할 수 없다. 사람들은 인생의 의미를 문화에서 취하고 있으며, 설령 그들에게 선택의 기회가 제공되더라도 여러 가지 대안을 제시하는 문화와 사회에 의존하고 있다.

따라서 인생의 개인적 의미와 사회적 의미를 엄밀히 구분하려는 것은 무리이다. 인간은 각자 여러 가지 요인 중에서 그리고 사회와 문화가 제공하는 수단으로 자신의 인생의 의미를 형성한다. 인생의 의미는 개인과 사회조직의 타협의 결과로 볼 수 있다. 달리 표현하면, 인생의 의미는 사람들이 만들어낼 수 있을지 모르지만 사람들 자신은 사회의 산물이다.

이 책의 주 관심이 개인의 인생의 의미에 있지만 사회가 그 자체의 해석을 부여할 수 있다는 것도 잊지 말아야 한다. 예를 들면, 히틀러(Hitler)의 인생이 우리에게 의미하는 바는 히틀러 자신에게 의미하는 것과는 분명히 매우 다르다. 그는 자신을 악당이나 파괴자가 아니라 영웅이자 구세주로 간주하였다. 대부분의 경우에 사람들이 자신의 삶을 보는 방식과 사회가 보는 방식은 일치도가 높다. 그러나 차이의 여지는 있으며, 이 점을 명심할 필요가 있다.

이 책의 계획

인생의 의미의 문제에 어떻게 접근해야 하는가? 다양한 분야에서 다양한 접근방법이 있다. 신학자는 고정된 원리에서 해답을 유도하려고 노력한다. 철학자는 그 개념을 분석하려 들지 모른다. 예술가는 인생의 의미에 관해 완전하고 개인적인 견해를 전하려고 할 수도 있다. 이 모든 접근방법은 그 나름의 장점이 있지만 이 책에서는 사회과학적 방법을 채택할 것이다. 그것은 일반적인 생각을 검증하고 평가하기 위한 사실적인 증거를 수집할 뿐만 아니라 대규모 집단에 적용할 수 있는 광범하고 일반적인 유형과 과정을 모색한다는 것을 뜻한다.

사회과학에서 문제는 인생의 의미에 관한 증거, 즉 자료를 구하는 방법이다. 얼핏 보면 거의 소용이 없는 듯 보인다. 물론 인생의 의미를 다룬 실험연구는 거의 없으며, 그 문제를 직접 취급한 조사연구도 극히 적다. 그러나 그 문제를 사람들이 자신의 생활에서 의미에 관한 광범한 주제를 모색하고 만들어내며 이용하는 방법으로 넓게 이해한다면 상당한 양의 정보를 얻을 수 있다. 사랑, 일, 종교, 자살, 부모 역할 등에 관한 연구가 이에 관련된다. 큰 어려움은 충분한 관련 자료를 찾는 일보다는 처리할 수 있는 정도로 일을 축소하기 위하여 잠재적인 관련 자료를 선별하는 일이다.

이 책의 대부분의 내용은 인생의 의미에 관련된 주요 과정을 규명하기 위하여 많은 사실을 검토하는데 소요될 것이다. 인생을 이해하는데 적절한 주제에 대해 사회과학이 기여한 바를 검토할 것이다. 문제가 생길 때마다 어떤 종류의 정보가 해답을 제공할 것인가를 고려하게 될 것이다. 이 때문에 일부 독자들은 좋아하는 사상가들이 소홀히 취급된 것을 알고 놀랄지도 모른다. 이 책은 관련 증거를 수집하는 것이 목적이었으므로 이론이 아니라 사실을 검토한 것이다. 제임스(William James)나 프로이드(Sigmund Freud) 또는 다른 사상가는 인생의 의미나 목적에 관해 현명한 생각을 피력했지만 그 생각들이 사실적 증거와 연결되지 않는 한 관심 대상이 아니다.

다음 장에서 의미의 성질에 관한 기본 가정과 개념을 설명할 것이다. 3장과 4장에서는 의미에 대한 욕구를 포함하여 이 책에서 사용되는 핵심적인 사상을 설명할 것이다. 이와 같은 기초 작업 후에는 사람들이 자신의 생활의 많은 의미를 실제로 이끌어내는 영역으로 관심을 두게 될 것이다. 5장에서는 가치의 차이와 자아를 가장 중요하고 기본적인 가치로 높이려는 시도에 특히 중점을 두면서, 현대 서구사회에서 인생의 의미의 문제가 취하고 있는 형태를 검토할 것이다. 이에 따라 일, 사랑, 가족, 종교가 고려될 것이다. 그 후에 인생에 대한 적응에 관련된 몇 가지 광범한 주제, 즉 고통, 행복, 죽음의 문제가 고려되고, 마지막으로 인생의 의미 변화의 문제도 취급될 것이다. 12장에서는 이혼과 종교적 전향과 같은 다양한 개인적 변화가 검토될 것이다. 13장에서는 여성이 변화하는 역사적 상황에서 그들의 생활을 구축할 수 있었던 방법을 고려하며, 인생의 의미에서 중요한 집단적 변화를 고찰할 것이다.

이 책은 다양한 분야와 연관되기 때문에 요점을 가급적 명백히 제시할 필요가 있다. 전문가와 세련된 독자들에게는 내용이 간혹 아주 철저하거나 기초적인 형태로 보일 수도 있다. 모든 독자가 각 분야의 전문가라고 가정하지 않고는 그와 같은 인상을 회피할 길이 없는 것 같다. 학제간 연구는 내용을 분명히 하는데 비상한 노력이 요구된다. 독자들이 내용을 보다 쉽게 이해할 수 있고 필요한 경우에는 생략할 수 있도록 각 장과 절에 요약 부분이 자주 포함되었다.

요약 및 결론

인간의 삶은 흔히 의미로 가득 차 있다. 예를 들면, 언어는 의미로 이루어져 있으며, 대부분의 사람들은 거의 모든 활동에서 언어를 사용한다. 그러나 생활의 모든 미세한 부분이 단 하나의 의미에 석합해야 할 이유는 없다. 모든 행동이나 경험을 포괄하는 생활사를 얘기할 수 있는 사람들은 거의 없다.

그러므로 현대 생활을 충족시키는 의미는 단편적인 것들이다. 각자의 생활에는 어떤 연속적인 주제와 특별한 연관이 없는 다수의 상황뿐만 아니라 여러 가지 주제나 이야기가 있을 수 있다. 이상적인 면에서 인생의 의미는 모든 것을 포괄할 수 있는 단일한 해석일 수 있지만, 이와 같은 이상이 흔히 충족될 것으로 생각할 수 있는 근거는 없다. 실제로 그렇지 않다는 증거가 더러 있다.

문화는 개인에게 인생의 의미를 찾을 수 있는 폭넓은 상황을 제공한다. 많은 문화는 여러 가지 이념을 제공함으로 인간은 일련의 제안 중에서 신념과 가치를 선택하게 된다. 한 문화는 하나 이상의 이념을 포함하고 있으며, 그 이념은 특정 상황을 포괄적이고 일반적인 태도, 원인, 특성 등과 연관시켜 이해할 수 있는 체제로 간주될 수 있다.

광범하고 일반적이며 통합적인 생활철학이나 생활사가 없어도 성공적인 삶에 큰 장애는 되지 않는다. 분명히 사람들이 그들의 궁극적인 철학적 또는 종교적 문제를 모두 해결할 필요는 없으며, 그들의 삶의 모든 행위를 응집된 전체의 일부로 느낄 필요도 없다. 그러나 그들이 인생을 다른 면에서 이해할 필요는 있는 것 같다. 이 책의 중요한 목표의 하나는 이러한 의미에 대한 욕구, 즉 사람들이 자신의 삶을 이해하는데 필요한 방법을 검토하는 것이다. 다음 두 장에서 의미의 성질과 특수한 종류의 의미에 대한 사람들의 욕구를 보다 면밀하게 고찰할 것이다.

제2장 의미에 대한 이해

사람들이 인생의 의미를 발견하는 방법의 문제를 논하기 전에 몇 가지 기본적인 개념을 분명히 하고 그 용도를 설명할 필요가 있다. 이 장에서는 인생의 의미를 논의하는데 필요한 기본 개념을 설명할 것이다. 현실, 인생, 의미, 그 밖의 관련 개념이 주요 대상이 될 것이다.

현실의 의미와 비슷한 문제에 관한 난해한 형이상학적[5] 주장에 분명히 쉽게 휩쓸릴 수 있다. 그와 같은 주장은 비록 분명히 매력적이지만 여기서는 관심이 없다. 내 설명이 다른 설명보다 더 정확하다고 입증할 생각은 없지만, 핵심 용어를 사용할 때 저자와 독자는 동일하게 이해할 필요는 있다. 그러므로 이 장에서는 이와 같은 용어와 아이디어가 그 다음 장에서도 어떻게 사용되는지 이해할 수 있는 토대를 제공할 것이다.

현실이란 무엇인가?

현실은 대체로 자연과 문화에 따라서 또는 자연과학과 사회과학의 관심에 따라서 두 가지 큰 범주로 분류될 수 있다. 첫째 범주는 물리적 성질로 설명될 수 있다. 나무, 바위, 책상, 물, 창문, 개, 전기, 기타 물리적 대상은 현실적인 것들이다. 오늘날 대부분의 사람들은 물리적 세계가 원자와 분자로 구성되어 있으며 특정한 자연의 법칙을 따른다는 것을 그대로 인정하고 있다. 현재로서는 이러한 가정을 의심할 이유가 없다.

둘째 범주는 의미이다. 이 장의 후반부에서 의미의 성질을 더 상세하게 검토하게 될 것이다. 지금으로서는 의미가 현실의 한 범주로 고려되는 이유를 설명하는 것으로 족하다. 이러한 목적을 달성하기 위해서는 두 가지 주장이 필요한데, 첫째는 의미가 현실적이라는 것이

5) 역자 주. 존재의 성질을 설명하려는 철학으로, 지식의 성질을 연구하는 인식론이 중요한 부분을 차지하고 있다. 플라톤(Plato)과 아리스토텔레스(Aristotle)가 기초를 닦고 성 토마스 아퀴나스(St. Thomas Acqinas)에 의해 완성되었으며, 꽁뜨(Comte)이래 많은 사람들이 형이상학적 문제는 해결할 수 없는 것으로 간주하고 있다.

며, 둘째는 의미가 물리적인 것과 같지는 않다는 것이다.

의미가 현실적이라는 것을 반박하기는 어렵다. 의미는 분명히 물리적인 면에 영향을 미친다. 토마스(Thomas, 1928, p. 572)가 말했듯이, "사람들이 상황을 현실적으로 정의한다면 그 상황은 결과에서도 현실적이다." 사람들은 의미에 따라 행동하며, 이 행동은 물리적 결과를 야기시킨다. 만일 어떤 것이 물리적 결과를 야기시킨다면 그것은 현실적인 것이다.

예를 들면, 건물은 단순히 자연의 힘에 의해서 존재하는 것이 아니라 의미로 존재한 후라야(건축가의 아이디어와 같은) 물리적 실체로 나타나게 된다. 설계도, 계약서, 구획제한, 건축법, 그 밖의 의미가 빌딩 건설에서 중요한 역할을 한다.

첫째 범주, 즉 의미가 현실적이라는 것은 이 정도로 충분하다. 둘째 범주는 의미가 물리적 실체와 같은 것이 아니라는 것이다. 이 점도 너무 분명하다. 언어는 원자와 분자로 이루어진 것이 아니다. 책은 종이와 글자의 화학적 성분과 같이 물리적 속성에 의해서 기술할 수 있다. 그러나 그와 같은 기술은 책의 성질에 관한 요점에서 완전히 벗어난 것이다.

마찬가지로, 심리학은 인간의 모든 행동을 자극과 반응과 같이 물리적 환경과 근육운동의 순전히 물리적 용어로 설명할 수 있기를 원한 적이 있다. 이러한 견해는 처음에 도움이 되었지만 거의 모든 심리학자들은 인간 행동의 적절성을 포괄하기 위해서는 귀인, 태도, 기타 비물리적인 요소들을 포함시킬 필요성을 인정하고 있다. 극단적인 예를 든다면, 순전히 근육운동에 의해서 미국 역사를 기술한다거나 원자와 분자에 의해서 불교를 설명하려는 시도를 상상해 보라(Collingwood, 1946; Gergen & Gergen, 1988).

등가(equivalence)의 현상이 의미의 비물리적 성질에 관한 또 다른 간단한 예가 될 수 있다. 미국에서 통용되는 의미의 체계에 의하면 25전 짜리 동전 4개는 1달러와 동등하다. 이러한 등가는 동전과 달러를 구성하는 원자와 분자를 연구하거나 이에 관한 다른 물리적 사실에서 습득될 수 없다. 돈을 녹색 종이와 납작하고 둥근 금속 조각으로 설명하는 것은 돈의 성질에 관한 요점을 완전히 상실한 것이다. 돈의 실체는 종이나 금속 조각에 어떤 가치를 설정하는 합의된 의미에 달려 있다. 다른 국가나 시대에서는 동일한 물리적인 것들이 그와 같은 의미를 갖지 않을 수 있다. 더구나 신용카드를 사용할 때와 같이, 돈을 녹색 종이나 동전 없이도 사용할 수 있다.

요점은 의미와 물리적인 것은 서로 다른 유형의 실체라는 것이다. 둘 다 현실적이며 상호 영향을 미칠 수 있다. 인간의 경험은 의미와 물리적인 것이 상호 영향을 미치는 상황의 연속이다. 경계 표시가 국경을 나타내고 군사적으로 방어되는 경우와 같이, 의미는 물리적인 성질을 변화시킬 수 있다. 그리고 나뭇가지가 부러져 자동차의 전매 가치를 손상시키는 경우와 같이, 물리적인 것도 의미를 변화시킬 수 있다.

인 생

인생은 물리적 현실이며 자연적이고 생물학적 과정의 산물이다. 인생은 원자와 분자로 구성되어 있으며 자연의 법칙을 따른다. 부부가 출산을 의식적으로 결정하는 경우와 같이, 일부의 경우에 의미는 인생에 앞설 수 있다. 그러나 인생은 의미의 도움 없이도 전개될 수 있다. 의미는 인생에 첨가될 수 있으나 인생은 의미 없이도 존재할 수 있다.

인생에는 여러 가지 속성이 있다. 첫째, 인생은 일체감을 수반한다. 생물은 주변 환경과 구분된다. 생물의 한 부분에 미치는 영향은 전체에도 영향을 미친다. 만일 다른 사람의 발가락을 세게 밟으면 신체의 다른 부분도 움직일 수 있다. 식물의 뿌리에 물을 주면 잎이 성장하게 된다.

둘째, 인생은 변화를 내포하고 있는 과정이다. 유기체는 성장하고 적응하며 여러 면에서 변화한다. 생물의 강력한 변화는 의미의 안정성과 큰 대조를 이룬다. 그 결과, 인생에 의미를 부여하는 것은 흔히 안정성과 변화의 문제를 야기시킨다. 어떤 것을 생각하거나 말하거나 이해하려고 할 때와 같이, 인생에 의미를 부여하는 것은 변화하는 현상에 안정된 개념을 적용하는 것이다.

셋째, 인생은 시간의 제약을 받는다. 인생은 특정한 시점에서 시작되어 다른 시점에서 끝난다. 인생은 일체감과 과정을 포함하고 있기 때문에 그 시작과 끝에서 모호함이 적다. 삶과 죽음의 모호한 부분은 아주 적고, 대부분의 사람들은 매우 분명히 살아있거나 죽어있는 것이다.

넷째, 생물은 자연적인 동기라고 말할 수 있는 여러 가지 선천적 욕구를 지니고 있다. 이러한 동기에는 호흡, 음식, 수면에 대한 욕구뿐만 아니라 쾌락과 성 그리고 고통 회피 욕구도 포함된다. 또한 호기심, 타인과의 사회적 접촉, 안정된 환경에 대한 소망도 있다. 게다가 어떤 자극을 추구하고 다른 것은 회피하려는 성향도 있으며, 인간의 경우에는 긍정적인 정서를 추구하고 불쾌한 정서를 회피하려는 시도로 나타난다.

의미가 없으면 이러한 자연적인 동기가 행동에 영향을 미치는 유일한 요인들이다. 의미가 없는 인생은 생존을 계속하며 음식을 찾아 헤매고 쾌락을 추구하고 불편을 회피하면서 하루 하루 살아가거나 매 순간 살아가는 것이다. 의미있는 삶도 같은 유형과 동기를 지니고 있다. 의미가 사람들에게 쾌락 추구를 포기하거나 부상의 위험에 처하도록(때로는 결과적으로 그렇게 될지라도) 하지는 못한다. 의미는 이와 같은 자연적인 동기를 증가시키거나 순화시키거나 심지어 무시할 수도 있지만, 이러한 동기로부터 시작된다.

자연적 동기와 문화적 동기의 경계에 있는 중요한 동기는 사회적 집단에 소속하려는 욕구이다. 사람들에게는 다른 사람들과 접촉하려는 뿌리깊은 욕구가 있는 것이 분명하다. 독방 수감, 추방, 격리, 고독은 매우 싫어하는 것으로 널리 인정되고 있다. 이 동기는 생물학적인 근거가 있는 것 같다. 왜냐하면 다른 사람들과 함께 있으려는 욕망은 인간의 생존과 번식 가능성을 대폭 증가시킴으로써 진화에 큰 이점을 부여한다(Bowlby, 1969, 1973; Baumeister & Tice, 1990; Buss, 1990).

이와 같은 소속의 욕구는 의미를 만들어내는데 중요한 역할을 하였다. 문화는 사람들이 함께 생활할 수 있는 수단과 체제를 제공하며, 언어는 의사소통을 향상시킴으로 대인관계와 상호작용의 가능성을 크게 확장시킨다. 의미는 다른 것 중에서도 소속감의 방편이다.

환경과의 상호작용은 생물의 보편적 관심이다. 유기체는 외부 상황을 예측하고 변화시킬 수 있다면 그리고 자신을 적절히 변화시킬 수 있다면 더욱 향상될 것이다. 환경에 대처하는 데 관련된 중요한 한 가지 원리는 적응수준 현상이라고 지칭되었다(Helson, 1964). 인생의 의미에 관한 어떠한 설명도 적응수준 현상을 고려해야 할 것이다(Klinger, 1977).

적응수준이론(adaptation-level theory)은 유기체가 안정된 상황에 익숙하게 되어 현재 상황의 변화에 주로 반응한다는 것이다. 인간은 안정된 상태를 벗어난 대조적인 차이에 주목한다. 변화가 일어나고 강하게 감지될 때 새로운 상황이 부각된다(즉, 분명해지고 두드러지며 무시하기 어렵다). 시간이 지남에 따라 변화가 약화되면 새로운 상황에 익숙해져서 점차 현저함이 감소된다. 다시 말하면, 특정한 자극 수준에 적응하여 심리적 영향과 효과가 시간 경과에 따라 축소된다.

적응수준이론은 하등동물을 연구하는 사람들에 의해서 발전되었으며, 생물이 자극에 반응하는 생리적 경향을 설명하고 있다. 예를 들면, 온도의 변화는 일정한 온도에 비해서 더 현저하고 더 영향을 미친다. 눈 덮인 북부 주민들은 플로리다(Florida)와 캘리포니아(California)에 상주하는 주민들보다 두 지역의 더위를 훨씬 잘 느낀다.

그러나 적응수준 현상의 의미는 물리적 변화에 국한되지 않는다. 적응수준 영향의 가장 보편적인 예는 월급에 대한 만족감이다. 만일 여러분의 연봉이 2만 달러라면 2만 5천 달러로 인상되기를 간절히 바랄 수 있고, 3만 달러이면 황홀할 것으로 상상할 것이다. 급여가 3만 달러가 되는 과정에서 여러분은 잠시 황홀하였지만 곧 그것에 익숙해질 것이다. 그 후에 여러분은 3만 5천 달러로 인상되길 바라고 4만 달러가 되면 황홀할 것으로 상상하기 시작할 것이다. 그 새에 연봉 2만 5천 달러는(한때 꿈꾸어온) 하찮게 보이고, 참담할 만큼 부족한 2만 달러의 월급으로 어떻게 생활했는지 의아해 할 것이다.

의 미

의미의 중요성 때문에 그 성질을 좀 상세하게 고려할 필요가 있다. 의미라는 용어는 단어나 문장, 이야기의 의미를 말할 때와 같이 여기서는 통상적이고 관습적으로 사용되고 있다. 의미는 그것을 정의하는 것이 곧 사용하는 것이기 때문에 쉽게 정의내릴 수 없다. 그러나 의미는 언어 및 정신적 연관성과 관계가 있는 것이 분명하다. 대충 정의한다면, 의미는 사물이나 상황 또는 관계 중에서 가능한 관계를 나타내는 공통적인 정신적 표상이라고 할 수 있을 것이다. 그러므로 의미는 사물을 연결시킨다.

어떤 사람들은 인생의 의미가 문장의 의미와는 전혀 다른 종류의 의미라고 생각한다[6]. 분명히 차이는 있다. 가장 현저한 것은 문장은 전형적으로 의미를 전하는 목적과 기능을 갖고 있으므로 의미가 없이는 존재할 수 없는 반면에, 인생은 의미가 없어도 존재할 수 있다. 그러나 근본적으로 다른 종류의 의미가 있다고 시사하는 것은 매우 잘못될 수 있다. 인생의 의미는 몇 가지 중요한 점에서 문장의 의미와 같은 종류의 의미이다. 즉, 여러 부분을 일관된 형태로 결합할 수 있고, 다른 사람들이 이해할 수 있으며, 넓은 맥락에 적합하며, 문화 속의 다른 구성원들이 공유하고 있는 내면적 가정을 상기시킬 수 있다. 이와 함께, 의미없는 인생과 의미없는 문장은 단절된 혼란, 내적 모순, 상황에 부적합이라는 공통된 특성을 지닐 수 있다. 이 때문에 인생의 의미는 특이한 실존적 내용이 있는 것이라기보다는 순수한 의미를 내포하는 것으로 가정하자. 인생의 의미는 특별한 종류의 의미가 아니라 의미를 특별한 용도로 사용하는 것이다.

앞에서 말한 것처럼, 의미는 원자와 분자로 구성되어 있지 않다. 예를 들면, 영어는 물리적인 것이 아니다. 그것은 질량이나 공간적 위치, 화학적 성분을 갖고 있지 않다. 그보다 의미는 개념과 상징, 관계와 구별, 공통된 이해를 말한다. 언어는 본질적으로 사회적이기 때문에 공유한다는 것이 중요하다. 즉, 언어는 최소한 두 사람이 단어를 같은 방식으로 사용하는 것을 필요로 하기 때문이다. 언어는 사람들이 어떤 의미를 공유하고 있음을 뜻한다.

의미의 가장 단순하고 기본적인 구성요소는 연관성과 구별이다. 즉, 의미는 어떤 것을 서로 연관시키고 다른 것과는 구별하는 것이다. 예를 들어, 나무의 개념은 숲에서 키가 큰 부분을 연상시키고 다른 대상과는 구별된다. 의미의 이러한 제한된 용법은 유형을 인식하고 그에 반응할 만큼 지능적이라면 한 사람이나 유기체 단독으로도 사용될 수 있다. 다시 말하면, 의미의 이러한 요소들은 언어로 표현되거나 공유할 필요는 없다.

의미가 본질적으로 어떤 것을 연결시키는 것이라면 그 연결 부분도 연결될 수 있다는 것을 명심할 필요가 있다. 폭넓은 또는 고차적인 의미는 연결되는 다른 것들의 연결 부분을 포함하여 많은 연결 부분에 의해서 정의된다. 예를 들어, 식품업은 여러 형태의 동식물을 다양하면서도 통일된 방식으로 절단하고 포장하여 특정한 곳으로 수송하면 많은 사람들이 흔히 얘기를 듣거나 구매목록을 휴대하고 와서 식품을 구입하는 것이다. 식품목록과 수표

6) 이 구별은 연구문헌보다는 비공식적인 대화에서 들은 것이다. 이것이 중요한 견해가 아니라 오해의 소지가 있기 때문에 제시한 것이다.

들은 한 뭉치의 연결된 의미이며, 식품업은 그것을 모두 포함한다.

아마도 의미의 가장 좋은 시각적 비유는 거미줄이다. 거미줄은 두 지점을 연결하는 줄로 시작하여 다른 줄은 다른 지점에 연결되어 줄이 서로 연결된다. 연결은 다양하고 복잡한 형태를 취한다. 어떤 연결은 다른 것보다 더 촘촘하고 견고하지만 결국 거미줄은 다락방의 모든 곳을 연결시킨다.

단순함 때문에 연관성과 구별이 의미에서 가장 먼저 나타나는 요소일 수 있다. 제한된 지능을 가진 종을 포함하여 다른 종들도 연관성과 구별을 배울 수 있다는 것은 의심할 여지가 없다. 하등동물도 어떤 자극을 음식이나 고통과 연관시키는 것을 빨리 학습하고 다른 신호에는 달리 반응할 수 있다. 의미의 이와 같은 단순한 요소들은 우리 자신의 종에게만 특별히 갖고 있는 것은 아니다. 인간은 최소한 연관성과 구별에서는 의미에 대한 독점권을 갖고 있지 않다.

그러나 분명히 하등동물은 의미를 폭넓게 사용할 수 있는 지능이 부족하다. 개는 사물의 이름과 명령을 학습할 수 있지만 한두 가지 이상의 아이디어를 단일사고로 결합시키는 데에는 어려움이 있다. 따라서 우리는 개가 소설을 쓰거나 수학문제를 해결하는 것을 조만간 볼 수는 없을 것이다. 그들의 의미 사용은 많이 연결되지 않고 한 두 개의 줄만 연결된 거미줄과 비유될 수 있다.

연관성과 구별은 상징을 사용하게 만든다. 상징에서 한 가지는 다른 것을 나타낸다. 자신의 이름, 포르쉐(Porsche, 독일제 스포츠카), 작업양식 등은 자아를 상징할 수 있다. 상징은 소리, 천 조각, 표시와 같은 사소한 것과 복잡하고 중요한 것을 전형적으로 연결시킨다 (Polanyi & Prosch, 1975).

상징은 어떤 사회과학자들에게는 황홀하여 칭찬을 노래하듯 만들지만 그 자체만으로는 특히 강력하거나 뛰어난 것이 아니다. 결국 개는 한 단어로 된 이름이나 명령과 같은 상징을 학습한다. 의미의 가능성을 충분히 나타내는 것은 상징의 결합이다. 이 차이를 이해하기 위해서 충분히 전개된 말이나 글에 비해서 한 단어의 문장이 표현할 수 있는 것이 얼마나 적은지 생각해 보라. 누군가 어휘력이 풍부할지라도 단어를 조합하지 않고는 많이 얘기할 수 없을 것이다. 의미가 세계를 조명하고 변형시킬 수 있는 것은 개별적인 단어들보다는 문장, 절, 대화, 책과 같은 연속적인 연결에 의해서이다.

❖ 의미의 기능

의미의 성질을 이해하기 위해서는 의미가 무엇을 위해서인지 그리고 왜 우리가 의미를 사용하는지를 간략히 고려해보는 것이 도움이 될 것이다. 의미의 용도는 크게 두 가지 범주로 요약될 수 있다. 첫째는 주변 환경에서 유형을 식별하는 것이고, 둘째는 자신의 내적

상태의 규제를 포함하여 자신을 통제하는 것이다

앞에서 말한 바와 같이, 인생은 환경에 적응하려는 일련의 노력이다. 생존하고 번성하기 위해서 유기체는 주변 환경과 어떻게든 조화롭게 생활하는 방법을 모색해야 한다. 이것은 전형적으로 환경을 자아에 맞추고 자아를 환경에 맞추기도 하는 조합과정을 포함하고 있다 (Rothbaum, Weisz, & Snyder, 1982).

진화의 측면에서 지능의 큰 이점은 그것이 환경에 대한 유기체의 적응능력을 향상시킨다는 것이다. 주변 환경에 있는 유형들을 식별함으로써 당면 상황에 대처하여 자신을 보호하거나 유리하게 이용할 수 있다. 폭풍우나 겨울의 신호와 같은 유형을 인식하려면 의미의 기본적인 구성요소인 연관성과 구별이 필요하다.

그러므로 의미는 환경에서 신호와 형태를 식별하는 것으로 시작되었다. 지능의 도움으로 환경에 적응하기 위한 의미의 용도는 더욱 확대된다. 무수히 복잡한 환경의 형태들에 관한 복합적인 지식을 축적하여 환경을 통제할 수 있다. 예를 들면, 농업에서 우리는 식량을 찾는 법을 파악하는 것 이상을 할 수 있다. 우리는 재배하는 법을 배운다. 이 유형에 관한 지식은 언어로 표현되고, 다른 사람들과 공유되며, 전달되고 개선될 수 있다. 의미있는 지식의 축적은 정교한 기술의 발전을 가능하게 만든다. 현재는 거의 누구나 전자레인지와 휴대전화를 갖고 있다. 지식의 축적 없이는 모든 세대는 바퀴를 만들고 불을 피우는 것부터 다시 시작해야 할 것이다.

정보를 나타내고 분류하고 저장함으로써 의미는 지능적인 유기체가 물리적 환경을 훨씬 잘 숙달할 수 있도록 만든다. 그러나 의미의 지능적인 사용은 물리적 환경에 국한되지 않는다. 동일한 가능성이 사회적 환경에도 적용된다. 지능적인 생물은 집단과 종의 다른 구성원에 관한 의미있는 정보를 구성하고 조직하여 검색할 수 있다. 그리고 사람들은 지적 활동의 매우 많은 부분을 다른 사람들에게 헌신한다. 다른 사람들의 행동에서 성격특성과 같은 유형을 인식하고 그들이 여러 가지 행동에 반응하는 방법을 파악함으로써 개인은 그들과 더 잘 어울릴 수 있다. 물론 의사소통은 주변 세계와 상호작용할 수 있는 가능성을 엄청나게 확대시키는 의미의 사용법이다.

적응의 두 번째 차원은 자신의 통제와 관련된다. 이것은 환경에 효율적으로 반응하기 위하여 자신의 행동을 규제하는 것을 포함한다. 의미가 없이는 행동은 충동과 본능에 의해서 지배를 받는다. 의미를 통하여 사람들은 대안을 고려하고, 가치를 논하며, 장기계획과 여러 가지 목표를 언급하는데 토대가 되는 결정을 내릴 수 있다. 결심, 책임, 야망, 희망, 기타 의미있는 다른 요인들도 인간의 행동을 결정할 수 있다. 그러므로 의미는 인간을 현재의 상황에서 벗어나게 하며, 주변 환경을 넘어선 많은 요인들이 행동을 유도하도록 만든다.

행동이 자기 규제의 유일한 면은 아니다. 정말 중요한 문제는 정서[7] 규제(affect regulation)이다. 의미는 정서의 내면적인 활동을 크게 증진시킨다. 샤하테르(Schachter & Singer, 1962)

의 영향력있는 이론에 따르면, 인간의 정서는 신체적 자극 상태와 명칭으로 구성된다. 명칭 없이는, 즉 의미가 없이는 정서는 유쾌하거나 불쾌한 신체적 자극으로 축소될 것이다. 샤하테르(Schachter)가 지적한대로, 자극은 의미의 부여 여부에 따라 전혀 다른 느낌을 갖는다. 더구나 정서의 많은 미묘한 차이는 의미의 특징에 입각한 것이다.

게다가, 사람들이 책이나 편지를 읽으며 강한 정서 반응을 나타낼 수 있다는 사실에서 알 수 있듯이, 의미는 정서를 야기시킨다. 정서는 자체의 법칙과 순리에 따라 복잡한 의미에 반응할 수 있다(Hochschild, 1983). 의미는 정서 반응의 중요한 원인이며, 개인이 느낄 수 있는 정서적 반응의 범위를 극적으로 확대시킨다.

그러므로 생물이 의미를 사용하게 되면서 내면적 생활이 훨씬 복잡하게 되었고 정서 규제도 매우 복잡한 일이 되었다. 자연적 동기의 핵심은 여전히 분명하다. 사람들은 좋은 느낌을 원하고 나쁜 느낌은 피한다. 그러나 의미는 좋고 나쁜 느낌의 영역을 크게 확대시킨다. 의미의 영향으로 인간의 삶은 고통과 쾌락보다는 유쾌하고 불쾌한 정서에 의해서 지배된다. 사람들의 일상 행동을 관찰해 보면, 그들은 난처함과 죄책감 및 불안감은 피하는 반면에, 인정과 사랑과 만족을 추구한다. 정서는 많은 경우에 감각을 무시한다. 사람들은 피곤해도 푹신한 침대에서 일어나고, 맛있는 음식을 사양하며, 신체적 즐거움을 희생하면서 정서적인 대가를 얻는 많은 다른 활동을 한다. 게다가 의미는 자신을 기분좋게 만드는 다양한 전략을 제시한다.

의미의 두 가지 기능은 함께 작용한다. 그것들은 흔히 양립할 수 있으나 사람들이 의미를 실제로 사용하는 과정에서 다른 뜻을 내포한다. 한 가지 중요한 차이는 정확성에 관한 것이다. 환경에 관해 잘 알기 위해서는 정확성이 최대한 필요하다. 사물을 있는 그대로 보고, 형태를 정확히 식별하며, 예측을 정확히 하는 것이 최선이다. 이에 비해서, 자신을 기분좋게 만들기 위해서는 정확성이 최선의 방편은 아니다. 사람들은 자신의 능력과 자질을 과대평가하고, 자신의 인기와 성공을 과장하며, 낙관적인 태도를 유지하는 경향이 있다(Greenwald, 1980; Taylor, 1989; Taylor & Brown, 1988). 이러한 환상은 사람들의 수행을 증진하는데 도움이 되는 자신감을 배양하며, 긍정적 감정을 일으킨다.

요약하면, 정확성을 학습하고 환상과 왜곡을 조장하기 위해 정서를 규제하려는 일반적인 경향이 있다. 정확성과 환상간의 이와 같은 긴장상태는 인간의 많은 지적 생활에서 분명한 것 같다.

7) 정서라는 표현은 감정의 유쾌한 또는 불쾌한 면을 의미하는 심리학적 관습을 따른다. 많은 감정이 있지만 단순히 긍정적 또는 부정적 정서로 양분될 수 있다.

❖ 조직과 상황

물리적 세계는 여러 부분으로 구분할 수 있지만 의미는 큰 집단과 구조로 나타나는 경향이 있다. 의미는 대개 아이디어와 관계의 조직으로 제시된다. 거미줄에 비유하는 것이 적절한 것 같다. 왜냐하면 거미줄의 핵심은 줄이 아니라 연결과 형태에 있기 때문이다.

의미의 구조적인 면을 이해하기 위해서는 수 체계를 예로 생각해보면 도움이 될 것이다. 수는 그 자체로, 개별적으로는 의미가 없고 모든 수와 그 관계의 넓은 맥락에서 의미가 있다. 사람들이 오직 하나의 숫자, 예를 들어 36만을 발견했다고 상상해 보자. 모든 계산과 양적 표시는 숫자 36만 나타낸다. 이와 같은 체계는 분명히 이치에 맞지 않을 것이다. 36은 여러 가지 관계가 있는 많은 수 조직의 일부로만 의미를 지닐 수 있다(예를 들면, 9 × 4 = 36). 거의 같은 방식으로, 다른 의미도 관련되고 대비되는 의미의 조직에서 나타난다.

또한 의미는 흔히 상황의 영향을 받는다(Osgood & Tzeng, 1990). 상황은 의미와 해석이 결합된 배경, 즉 형태와 상호관계가 있는 배경을 뜻한다. 어떤 아이디어나 문장 또는 행동은 전형적으로 상황에서 제시되며, 상황은 특정한 의미를 결정하는데 기여한다. 그러므로 같은 말이나 행동도 상황에 따라서 전혀 다른 의미를 지닐 수 있으며, 다른 사람들로부터 다양한 반응을 이끌어낼 수 있다. 어떤 것을 다른 상황에 대입하는 것은 한 연결 부분에서 그것을 분리하여 새로운 조직에 연결시키는 것이다.

의미에서 조직과 상황의 중요성은 체스 게임의 예에서 쉽게 나타난다(Polanyi & Prosch, 1975). 졸을 여왕 앞으로 이동하는 것은 체스의 규칙에 의해서만 타당하다. 그 이동은 특정한 게임 장면에서만 의미가 있다. 즉, 한 상황에서는 좋은 방편이지만 다른 상황에서는 불리할 수 있으며, 세 번째 상황에서는 규칙 위반이거나 불가능한 방법일지도 모른다.

❖ 의미의 수준

문학비평가, 심층심리학자, 외교관들이 오래 전부터 주목해온 사실은 의미에는 여러 가지 수준이 가능하다는 것이다. 대체로 수준은 포함되는 관계의 양과 복잡성을 말한다. 낮은 수준의 의미는 단기적이고 즉각적인데 비해 높은 수준의 의미는 장기적 관점과 연관되는 것처럼, 시간의 관점이 의미의 수준과 깊은 관계를 보이는 경향이 있다(Vallacher & Wegner, 1985).

앞에서 본 바와 같이, 의미의 가장 단순한 용도는 구체적이고 직접적인 대상에 명칭을 부여하는 것이다. 이와 같은 의미의 용도는 구체적이고 시간적으로 제한된 경향이 있다. 이에 비해서, 최고 수준의 의미는 직접적인 상황을 넘어선 복잡하고 장기적인 관계를 뜻하며, 시간을 초월한 영원한 관점에 근접할 수 있다. 높은 수준의 의미는 낮은 수준의 의미를 결합하여 형성되며, 이러한 통합적 의미는 흔히 구성개념(construct)이라고 한다.

행위를 분석하는 것이 분명한 예가 될 것이다. 어떤 행위는 팔의 움직임과 같이 구체적이고 즉각적으로 표현될 수 있고, 노동과 같이 중간 수준에서 설명될 수 있으며, 세계 역사에 참여하는 것처럼 고차적이고 장기적인 수준에서 서술될 수 있다(Vallacher & Wegner, 1985, 1987). 낮은 수준은 시간의 관점이 좁고 분해되는 경향, 즉 정교한 해석이 불필요한 경향이 있다.

중요한 면에서 높은 수준의 의미는 낮은 수준의 상황을 뜻하는 것이다. 어떤 것의 상황을 고려하는 것은 높은 수준에서 해석하는 것이다. 그에 비해서 어떤 것을 상황에 관계없이 고려하는 것은 초점을 좁히는 것이며 넓은 의미를 부여하지 않는 것이다.

의미의 수준은 인생의 의미를 이해하는데 아주 중요하다. 인간은 어떤 의미를 전혀 사용하지 않고 또는 상황과 자신의 활동에 어떤 해석을 부여하지 않고는 며칠 동안이라도 생활하기가 어려울 것이다. 매일같이 단기간의 행동은 의미로 충만되어 있다. 그러나 인생은 매우 광범한 시간에 걸쳐 있으므로 그것을 모두 포괄하는 의미 없이도 생활하는 것이 가능하다. 경험상, 사람들의 생활은 비교적 단기간의 일과 노력이 많고(Emmons, 1986; Little, 1988; Palys & Little, 1983), 이러한 것들이 즉각적인 활동을 의미있는 단위로 구성하지만 인생 전체를 해석할 수 있는 고차적 의미로 반드시 동합되지는 않는다.

그러므로 인생의 의미는 하위 수준에서 나타난다. 1장에서는 인생이 의미로 충만되어 있다고 주장했지만, 이 의미들은 모두 비교적 단기간에 관련된 것들이다. 인생이 전반적으로 의미가 있을 것으로 보장하지는 못한다. 인생이 낮은 수준에서는 의미가 있으나 높은 수준에서는 의미가 없을 수 있다. 많은 사람들에게 이것은 인생의 의미에서 당면하는 어려움이다. 그들은 일일계획은 있지만 인생 전반에 관한 계획은 없을지도 모른다. 나날은 의미가 있고 조직된 형태를 따르지만, 전반적인 면에서 인생은 그 이야기 전개에 일관성 없이 나타나는 것 같다.

비록 낮은 수준의 단편적인 의미들이 반드시 고차적인 의미로 결합되지는 않지만 그 반대는 가능성이 크다. 즉, 인생에 광범하고 통합된 의미가 있다면 대부분의 개별적인 행위와 사태는 그로부터 의미를 이끌어낼 수 있다. 그러므로 의미는 상향적보다는 하향적으로 더 쉽게 나타난다. 일관된 생활사는 하위 수준에서부터 수립되기보다는 상위 수준에서 더 쉽게 유도된다. 인생의 의미는 마치 인간이 긴 이야기나 장기간의 여정에서 중도에 자신을 두고 보는 것과 같은 경향이 있다. 여러 세대에 걸친 가계의 계승, 오랜 동안의 명성, 영원한 종교적 교리, 혁명운동과 같은 광범한 역사적 경향, 예술이나 과학 또는 문화 운동 등은 70~80년간의 개인의 인생을 초월하는 것이므로 개인의 인생보다는 다소 상위 수준의 의미를 나타낸다. 결과적으로 그것들은 사람들의 생활에 통일된 의미를 제공하는데 잘 부합된다.

한 수준에서 다른 수준으로 의미가 변화되는 것은 심리적으로 중요하다. 고차적 수준으로의 변화는 흔히 이유에 답변하려는 것이다. 하위 수준으로의 변화는 특히 무엇인가 제대로 작동하지 않아서 그 원인을 찾으려는 경우와 같이, 흔히 방법의 문제를 검토하는 것과 관련될 수 있다(Carver & Scheier, 1981, 1982). 상향적 변화는 광범하고 통일된 의미나 맥락 그리고 해석을 구성한다. 하향적 변화는 이러한 것들을 분리시킨다. 즉, 광범한 의미를 분해시킨다.

또한 하향적 변화는 고차적 수준의 의미를 회피하기 위하여 이루어질 수도 있다. 어떤 사람이 도덕적으로 문제될 수 있는 행동을 했을 때 그 사람은 그 행동에 큰 의미를 두기보다는 예외적인 의미없는 상황으로 간주하려고 할 수 있다. 범죄자들은 자신의 행위를 분리시키는 경향이 있다. 그들은 자신의 행동이 다른 사람들에게 고민과 해로움을 유발하거나 사회가 기능하는데 필요한 기본 가정을 위반했다고 생각된다면 유쾌하지 않을 것이다. 그 대신 그들은 자신의 행동을 큰 의미가 없는 별개의 상황으로 낮은 수준에서 인식하려고 할 것이다. 그들은 기술적이고 실용적인 면으로 초점을 좁힐 것이다.

예를 들면, 도둑은 자신의 행동을 다른 사람의 소유물을 탈취하거나 국가의 경제교환 체제를 손상시키는 것으로 생각하기보다는 창문을 열고, 지문을 남기지 않고, 경보 시스템을 점검하는 것과 같은 면에 집중할 것이다(Wegner & Vallacher, 1986). 이와 비슷하게, 나치 수용소의 살인자들은 실용적인 문제와 기술적인 세부 사항에 관심을 집중하여 자신의 활동에 관한 곤란한 의미를 피할 수 있었다(Lifton, 1986).

따라서 하향적 변화나 상황을 분리하는 것은 의미를 부여하는 맥락과 구조를 제거하는 방법이다. 그리하여 정서적 의미의 많은 부분도 제거할 수 있다. 결국 정서는 의미있는 해석과 상황을 내포하고 있기 때문에 행동에 관한 의미있는 사고를 회피함으로써 배제될 수 있다(Baumeister, 1990a; Pennebaker, 1989). 그러므로 의미의 수준 변화는 정서를 규제하는 중요한 전략이다.

끝으로, 최하위 수준의 의미는 그 상황이 다른 사상이나 맥락과 연관성이 가장 적다는 점에서 가장 의미가 적은 것이다. 단순한 고통과 쾌락, 팔과 다리의 단순한 움직임은 의미가 거의 필요하지 않으며, 우리의 마음에서 의미있는 사고를 제거할 때 남겨진 모든 것이다. 사실 고통의 느낌은 의미에 맞지 않아서 의미있는 사고를 어렵게 만드는 경향이 있고 말로 표현되기도 곤란하다(Baumeister, 1989; Scarry, 1985). 마음이 물리적 감각과 운동을 제외하고 텅 비어 있다면 의미는 거의 다 없어진다. 그러나 마음의 사고 습관은 일반적으로 그와 같은 의미의 공백 상태를 거부하고 생각이나 아이디어로 채우려고 한다. 마음 속에서 의미있는 생각을 지워버리고 비교적 의미없는 움직임이나 감각에 집중하려는 사람들은 흔히 이것이 어렵다는 것을 발견한다. 예를 들면, 명상을 처음으로 시도하는 사람은 전형적으로 호흡이나 무의미한 음절을 반복하는 데에만 집중하라는 지시를 받는다. 사람들은 자신의 마음이 여러 방향으로 분산되어 산만하고 현혹적인 생각으로 가득함을 알게 된다. 더 나쁜 예를 든다면, 최근의 재앙에 대해서 자책하면서 마음에 떠오르는 온갖 고통스러운 상념 때문에 의미있는 생각을 하지 않으려는 사람의 경우이다. 정신적인 무감각을 유지하기 어렵다는 문제는 그와 같은 사람들을 약물남용이나 자살기도로까지 내몰 수 있다(Baumeister, 1990a, b, 1991).

❖ 기준

한 가지 특히 중요한 유형의 의미는 기준(standard)에 있다. 기준이란 사물이나 사람 또는 상황을 측정하거나 평가하는 추상적 개념이다. 다른 말로 하면, 기준은 어떤 사물에 대한 아이디어이며, 이 아이디어를 비교할 수 있는 사실적인 것 또는 상황을 의미한다. 기준은 측정단위에서부터 규준, 기대, 법칙 등에 이르기까지 다양하다.

문화는 개인에게 많은 기준을 제시한다. 문화는 사람들에게 적절한 행동양식, 인정될 수 있는 행동 수준 등에 대해서 얘기한다. 사회화의 중요한 부분은 사회집단의 기준을 학습하여 이에 순응하는 법을 배우는 것이다.

기준을 설정함으로써 문화는 인간에게 내재되어 있는 동기체계에 이를 추가한다. 따라서 문화적 동기는 자연적 동기를 증대시킨다. 문화는 사람들에게 어떻게 행동하고, 무엇을 입고, 무엇을 위해 노력하며, 무엇을 피하고, 그들 자신과 행동을 어떻게 평가해야 하는지를 말해준다.

어느 정도, 사회집단은 외현적 압력과 제재로 이러한 기준을 시행할 수 있다. 어떤 규준을 위반하는 사람들은 집단에서 추방되거나 죽임도 당할 수 있다. 프로이드(Freud, 1930)가 문명생활의 적응에 관한 그의 고전적 연구에서 관찰한 바와 같이, 여전히 이와 같은 압력과 제재는 사람들이 제대로 행동하도록 하는데 충분하지 않다. 사람들은 단지 경찰이 두려워서 법을 준수하지는 않는다. 그보다는 문화가 사람이 문화적 기준에 따라 생활하도록 만드는 기제를 개인에게 어떻게든 주입한다.

이러한 내적 기제를 양심이나 초자아 또는 어떤 다른 말로 표현하든 중요하지 않다. 중요한 것은 문화가 사람들에게 특정한 의미(기준)를 특정한 정서 상태와 연합하도록 가르친다는 것이다. 다시 말하면, 문화는 정서와 기준의 의미있는 연결을 강화시킨다. 문화는 사람들에게 검사 점수가 높으면 기뻐하고, 좀도둑질에 죄의식을 느끼고, 텔레비전 출연에 자부심을 느끼고, 사의 거절에 분노하도록 가르친다. 이와 같은 반응의 어떤 것도 선천적 형태의 자연적 동기는 아니다. 이것은 정서가 문화적 기준에 의해서 형성되는 과정을 나타낸다. 사람들은 이러한 기준과 관련하여 자신을 인식하며, 비교는 즐거움, 슬픔, 불안 등을 일으킨다(Duval & Wicklund, 1972; Higgins, 1987).

사람들은 저마다 기준이 크게 다르다. 어떤 사람들은 쉽게 빠져나가는데 만족하고 또 다른 사람들은 보통 수준의 성취에 만족한다. 어떤 사람들에게는 야심이 비합리적으로 보이는 완벽주의를 야기시킬 수 있다. 테니스 스타 스테피 그라프(Steffi Graf)는 후자의 예에 속한다. 1990년에 그녀는 3년 동안 매주 세계 1위를 차지했다(역사상 남자든 여자든 어떤 테니스 선수도 능가할 수 없는 위업). 그 3년 동안 그녀는 세계 우수 선수들과의 반복적인 경기를 포함하여 참가 시합의 97%에서 승리하는 놀라운 결과를 보였다. 어떤 합리적 기준에 의해서도 그녀는 엄청난 성공을 하였지만 그래도 자신의 성취에 계속 만족하지 못했다. 근래의 면담에서 그녀의 코치는 그녀 자신의 실수에 대한 분노로 인하여 많은 연습이 지장을 받았고, 30회 경기에 한 번 정도만 그녀는 만족했다고 설명하였다.

그러므로 정서 규제는 문화와 자기 자신 모두의 경우에 기준의 문제이다. 사람은 이러한 기준과 관련하여 자신의 행동을 조절해야 한다. 사람들은 자신이 중요한 기준에 미치지 못한다는 사실을 인식할 때마다 부정적 감정에 취약하게 된다. 이와 같은 감정을 피하고 긍정적 감정을 갖기 위해서는 두 가지 방법이 있다. 적절한 기준을 충족시키도록 자신의 행동을 통제하거나 상황을 잘못 판단하거나 왜곡하여 기준을 충족시킨 것으로 자신을(타인도) 설득하는 것이다. 사람들은 이 두 방식을 잘 이용하는 것 같다.

❖ 해석

의미의 활용에는 해석이 연관되어 있다. 해석은 사물과 상황을 의미있게 처리하는 것이다.

해석이라는 단어는 두 가지 다른 방식으로 사용되는데, 그 구별이 좀 애매하지만 차이를 아는 것이 중요하다. 우선, 어떤 것의 의미를 이해하는 것이다. 이 간단한 유형은 해설가의 활동으로 메시지의 내용을 한 언어에서 다른 언어로 번역하는 것이다. 다른 유형은 어떤 것에 의미를 부여하는 적극적이고 창의적인 과정이다. 예를 들면, 햄릿(Hamlet)에 관한 새로운 해석은 이전과는 다른 의미를 극본과 인물에 부여할 수 있다. 요약하면, 의미는 해석 활동으로 형성될 수 있다.

국가 간의 경계를 지정하는 것은 의미를 부여한다는 점에서 해석 활동이라고 할 수 있다. 강물은 수천 년 동안 특정한 지점에서 흘러왔지만 어떤 정치적 또는 군사적 상황 후에는 국제적인 경계로 새로운 의미를 갑자기 습득할 수도 있다. 그 이후 강을 건너는 것은 물에 젖지 않으려는 행위 이상이 될 것이다. 그것은 한 사회에서 다른 사회로 이동하고, 공식적 허가를 받아야 하며, 서류에 허가 도장을 받아야 하고, 관세를 지불해야 하는 것을 의미할 것이다. 강은 동일하지만 중요한 실질적 결과를 가져오는 새로운 의미를 지니게 될 것이다.

어떤 사람의 삶의 의미를 아는 것은 그 삶에 대한 해석에 달려 있다. 두 가지 유형의 해석이 관련될 수 있다. 사람들은 인생에는 특별한 의미가 있으며, 그들이 해야 할 일은 이 의미를 인식하고 그에 따라 행동하면 된다고 생각하는 경향이 있다. 어떤 사람들은 인생의 의미에 대한 간단명료한 답을 기대할지도 모른다. 그와 같은 답을 쉽게 찾을 수 있다면 우리가 할 일은 그것을 알면 되는 것이다. 물론 많은 정치적 또는 종교적 인물들이 사람들에게 사물의 이치에 대해 말하려고 했기 때문에 인생의 의미는 학습이나 인식 활동에 의해 간단히 습득될 수 있는 것으로 사람들이 상상하는 것은 용인되어야 한다. 이와는 대조적으로, 어떤 사람의 삶의 의미는 적극적인 해석의 과정에 의해서 형성될 수 있으며, 전형적으로 그 과정에서 어떤 의미를 선택하고 개발하여 그에 적합하게 자신의 행동 과정을 조절한다.

특히 해석의 중요한 면은 평가이다. 평가는 흔히 사람들의 상태를 설명하고 기준과 비교하는 것이다. 어떤 것을 해석하기 위해서 우리는 그것을 이미 알고 있는 것과 연관시켜 이해한다. 예를 들면, 청구서의 해석에 의해 과다 청구되었음을 알 수 있고, 그와 같은 해석은 끔찍한 평가를 초래한다. 인생의 의미에 대한 해석은 흔히 인생의 선악을 평가하는 기준의 사용을 포함할 수 있다. 특히 인생의 적극적인 설계는 인생을 살아가는 좋고 나쁜 방식에 대한 가치관에 의해서 유도된다.

해석의 구성적인 성질은 모호성과 이중적인 해석의 문제를 제기한다. 하이데거(Heidegger, 1954)가 주장한 것처럼, 모든 상황에는 여러 가지 잠재적인 해석이 가능할 수 있다. 달리 말하면, 현실은 본디 모호한 것이다. 그러므로 어떤 것을 해석하고 이해한다는 것은 가능한 여러 가지 해석 가운데 하나를 택하는 문제이다. 하이데거(Heidegger)는 인간의 사고활동을 이러한 가능성 중에서 탐색하는 것으로 이해하였다. 물론 이것은 사고에 관한 제한된 견해이지만 사고의 가장 중요한 한 가지 특성을 강조하고 있다. 즉, 이중적 의미의 가능성을 지적하고 있다. 해석은 언제나 간단하지는 않으며, 적용 가능한 여러 가지 의미 중에서 선택하는 방법을 모색하는 문제일 수가 있다.

이것은 어떤 상황을 독단적으로 해석할 수 있음을 뜻하는 것은 아니다. 여러 가지 제약과 한계가 있다. 붉은 색 식물은 잡초이거나 꽃, 사랑의 메시지 또는 감사의 표시일 수 있으나 자동차나 볼링 점수를 의미하지는 않는다. 인생에 적용하면 그 의미는 인생에는 여러 가지 의미가 있을 수 있으나 다른 가능성은 배제된다는 것이다. 닉슨(Richard Nixon)의 인생은 무자비한 야망, 어긋난 신뢰, 노련한 정치적 책략, 부도덕한 협잡, 고도의 정치적 수완, 강한 편집증, 그 밖의 다른 여러 명칭으로 해석될 수 있다. 그러나 종교적 신비나 성스러움, 과학적 발견, 지적인 헌신, 약물중독, 무한한 유머의 이야기는 아니다. 문제는 인생 초기나 중반에는 좀 더 복잡하다는 것이다. 왜냐하면 많은 것들이 아직 미결 상태이어서 많은 해석이 가능하기 때문이다. 그래도 인생의 초기에는 많은 해석이 배제된다. 예를 들면, 10세 경에 농구 스타나 발레리나가 되지 못할 것은 매우 분명하다.

❖ 사회체제와 의미

물론 개인은 독자적으로 의미를 창조할 필요가 없다. 개인은 사회로부터 언어, 지식, 태도, 감정과 합리적 사고의 지침, 가치 판단을 획득한다. 요컨대, 의미는 문화와 사회로부터 새로운 구성원들에게 전수된다.

문화적 의미의 중요한 부분은 이념이다. 이념은 사람들의 생활 장면을 해석하고 가치 판단을 하는 방법을 전하는 것을 포함하는 광범한 아이디어를 뜻한다. 즉, 이념은 단지 논리적 체계로 자주 오인되지만 심리적 체계이다. 이념은 논리적으로 세련되기(내적 모순이 없는) 때문이 아니라 사람들이 생을 영위하는데 도움이 되기 때문에 계승된다. 기독교 정신, 마르크스주의[8](Marxism) 그리고 다른 이념들은 논리적 체계로는 부족할 수 있지만 심리적 체계로는 우수한 것이다. 그 이념들은 사람들이 사물을 좋거나 나쁘게 평가하는데 도움이 되는 기본적인 태도를 제시하며, 사람들이 자신의 삶을 형성하는 이유와 과정을 이해하는데 도움이 되는 귀인작용(attributions)을 보여준다. 우리 아이가 왜 죽었는가? 신이 아이와 같이 있기를 원해서 또는 신이 우리의 믿음을 시험해보려고 했기 때문이다. 왜 실직했는가? 자본가들이 착취했기 때문이다. 이 세상에는 왜 고통이 있는 것인가? 악마 때문이거나 사람들이 죄가 많아서 또는 금전에 대한 소유권과 경쟁이 착취를 낳기 때문이다. 요약하면, 이념은 사람들에게 자기 삶의 주요 국면을 해석하고 평가할 수 있도록 한다.

이념은 일반적인 것을 구체적인 것에 연결시킨다. 그리고 이념은 사람들이 난처하고 모호하고 불확실한 것을 구체적이고 세밀한 것에서 벗어나 광범하고 일반적이며 장기적인 것으로 변모시키는데 도움이 된다. 그러므로 이념은 다양한 의미 수준간의 이동을 위한 지도로 기능한다.

따라서 일부 이념의 논리적 약점은 그 강력하고 효과적인 영향력을 이해하는데 대부분 관계가 없다. 사실, 심리적 체계는 논리적 체계와는 달리, 몇 가지 내적 모순에서 이득을 볼 수 있다. 내적 모순과 모호성은 융통성을 증진시킬 수 있다. 기독교 정신은 2천 년의 역사에서 실제로 동일한 원칙을 유지하기 어려웠다. 그 강조점과 주요 사상은 다양한 시대의 변화 필요성에 맞추어 계속 변하고 발전되었다(Clebsch, 1979; McLoughlin, 1978). 예를 들면, 나중에 보게 되겠지만, 가톨릭교는 노동, 결혼의 가치, 여성의 본성에 대한 입장을 근본적으로 수정하였다. 이와 같은 변화가 신학자에게는 논리적 일관성을 찾는데 어려움을 제시할지라도 대중의 변화하는 욕구에 적합하게 함으로써 실제로는 종교를 강화시킨다.

---

8) 역자 주. 마르크스(Karl Marx)에 의해 발전된 정치, 경제적 사상으로, 노동자 계층의 생산 수단의 통제에 대한 계급투쟁으로 계층이 없는 사회를 유도하는 사회변화를 이룰 수 있다고 주장한다.

❖ 의미의 소재

마지막 문제는 의미가 존재하는 곳과 관련된다. 의미가 물리적인 것이 아니라면 존재할 곳이 없는데 그렇다면 어떤 식으로 존재하는가? 또 다시 수 체계가 좋은 예가 된다. 어떤 수를 사용하는 것은 수 체계를 사용하는 것이며, 그것은 명백히 언급되지 않은 것까지 포함하여 모든 수를 망라한다는 의미이다. 그러나 거의 사용되지 않거나 실제로 전혀 사용되지 않고 생각조차 하지 못한 숫자도 많이 있다. 수 체계는 물리적 세계의 어떤 것과 관계없이 가능한 사고체계로 사람들이 존재하기 전에 그냥 존재했다.

의미는 지능적인 생물이 사용할 때 물리적 세계에 영향을 미친다. 가능한 사고는 실제 사고가 될 수 있고 결정에 영향을 미칠 수 있으므로 원자와 분자를 움직이게 된다. 따라서 의미는 인간의 정신에 의해서 세계에 물리적 영향을 미친다.

이 문제는 쓸모없고 추상적인 논의가 될지도 모르지만 인생의 의미를 논의하는데 어느 정도 중요하다. 분명히 어떤 사람의 인생의 의미에 대한 소재는 그 사람 자신의 마음에 있다. 사람들은 자신의 삶, 상황, 활동에 대한 해석에 입각하여 행동한다.

그러나 인생에는 자신이 알지 못하는 의미가 있는지의 문제가 있다. 이것은 또한 동식물이 의미를 이해할 수 있는 지능이 결여되어 있더라도 그 생활에 의미가 있을 수 있는지의 문제를 제기한다. 사람들이 다른 사람의 인생에서 그 사람 자신이 알지 못하는 의미를 파악할 수도 있다는 것은 분명하다. 마찬가지로, 동식물은 그것을 깨닫지 못하더라도 사람들에게 의미가 있을 수 있다. 예를 들면, 수확을 위해 재배되는 곡물은 생산자와 소비자에게 의미가 있지만, 곡물 자체가 이 특별한 의미 때문에 재배된다는 것을 알지는 못할 것이다.

그러나 보다 극단적인 이론에서는 사람들의 삶은 인간이 그것을 알지 못해도 의미가 있음을 시사한다. 보통 그와 같은 이론은 어떤 초자연적인 힘이나 존재를 가정할 것이다. 예를 들면, 사람들은 그것을 알지 못하더라도 신이 이유가 있어서 우리를 이 자리에 있게 한 것으로 상상할 수 있다. 이와 같은 믿음은 과학적 가설로 평가하기는 곤란하다. 그러므로 한 가지 사항을 제외하고는 이와 같은 조사에 적절하지 않다. 즉, 인생에는 아무도 모르는 의미가 있을 수 있다는 사람들의 믿음은 아주 타당하고 중요하다. 그러나 여기서는 사람들의 마음속에 실제로 무엇이 있는가 하는 문제에 관심이 있다.

그러므로 이 책의 관심은 사람들이 자신과 타인의 삶을 위해 모색하고 구상하는 의미에 두게 될 것이다. 사회과학의 연구주제로 인생의 의미는 사람들이 형성하는 사회 구조와 제도뿐만 아니라 사람들의 마음속에 존재한다.

요약 및 결론

인생의 의미는 두 가지 다른 것들이 결합된 산물이다. 의미는 선택하여 인생에 부여한다. 인생은 자연법칙과 생물학적 과정을 따르는 원자와 분자로 구성된 물리적 현실이다. 이에 비해서, 의미는 적어도 원자와 분자로 구성되지 않는다는 점에서 물리적 세계에 속하지 않는다.

의미는 사물을 연결시키는 아이디어를 말한다. 의미는 단순한 연합과 차이에서 시작하지만 인간과 같은 지능적인 생물은 의미를 복잡하게 사용할 가능성이 크다. 의미에는 여러 가지 관계망, 광범하고 복잡한 상황, 다양한 수준이 있다. 어떤 사태는 상황, 수준, 관계에 따라서 다양한 의미를 나타낼 수 있다. 게다가 문화가 사람들에게 기준에 의해서 생각하도록 가르친다. 인간의 사고는 발생 현황만 보는 것 이상이며, 발생한 것을 다른 가능성과 연관하여 평가하는 것도 포함한다.

아마도 의미는 두 가지 주요 기능을 하기 위해 발달되었을 것이다. 하나는 학습이다. 의미는 사람들이 주변 세계의 형상을 구별하여 무엇이 일어날지 예측할 수 있도록 한다. 다른 하나는 자기 통제이다. 사람들은 의미를 이용하여 결정을 내리고 행동을 이끌어가며 자신의 정서 상태를 조절한다.

의미는 점차 큰 체계로 형성되지만 조금씩 부분적으로 세계에 부여된다. 문화는 사람들에게 사고방식을 전하는 신념과 가치의 광범한 체계를 제공한다. 이러한 체계, 즉 이념이 사태를 이해하고 삶의 의미를 발견할 수 있는 상황을 제공하는 광범한 토대를 부여한다.

제3장 의미에 대한 4가지 욕구 : 생활 점검 항목

빅토리아(Victoria) 시대의 유식한 신사 두 명이 거리를 걷고 있었다. 한 사람이 세계의 기원과 종말에 관한 자신의 결론을 설명하고 있었다. 상대방은 그 사람의 의견에 동의하지 않았지만 자신의 확고한 결론을 주장하지는 않았다. 마침내 상대방이 그 사람을 향해 어느 정도 분노에 찬 음성으로 이렇게 말했다. "자네 분명히 우주에 관한 이론을 갖고 있지?" (Houghton, 1957, p. 104). 교육받은 문명인이 철학적인 견해를 갖지 않고 대중 앞에 나서는 것은 바지를 입지 않고 대중 앞에 나서는 것과 같이 확실히 모욕적인 행동이었다.

이 이야기에서 신사는 모든 사람 또는 적어도 교육받은 모든 사람은 궁극적 문제를 포함한 인생철학을 발전시켜야 한다는 가정에 따라 행동한 것이다. 그 시대에는 사람들이 모두 그와 같은 철학적 세계관을 지닌 것으로 기대할 수 있었다. 물론 현대에는 이와 같은 기대가 우스운 것일 수 있다. 현대의 평범한 사람들은 인류 역사의 시작과 종말, 궁극적 진리와 자신과의 관계 등에 관한 거창한 토론에 참여할 준비가 되어 있지 않고 그럴 마음도 없다.

인생의 의미에 대한 잘 정립되고 논리정연한 개념을 가질 필요는 없다. 사람들은 인생에 관한 어떤 일관된 또는 분명한 철학이 없어도 현대 사회에서 행복한 생활을 잘 영위할 수 있다. 그러나 그것이 인생의 의미가 없다거나 혼란스럽고 무의미한 잡동사니라는 뜻은 아니다. 사람들은 구체적인 욕구에 단편적이고 구체적인 대응책으로 만족하며 모든 것을 정교한 체계로 해결하려고 하지도 않는다. 그들의 삶은 모두 철학적인 체계로 분명히 할 수 없을지라도 많은 의미를 지닐 수 있다.

이 책의 기본 가정은 사람들이 인생을 특정한 방식으로 이해하려는 욕구가 있다는 것이다. 그것은 의미의 욕구라고 할 수 있다. 의미에 대한 4가지 기본적인 욕구는 목적, 가치, 효능감, 자아 가치를 들 수 있다. 이 4가지 욕구를 충족시킬 수 있는 사람은 자신의 인생이 충분한 의미가 있다고 느낄 것이다. 이 욕구를 충족시키지 못한 사람은 의미의 결핍을 느낄 것이다.

그러므로 4가지 욕구는 인생의 의미에 대한 일종의 점검 사항으로 간주될 수 있다. 인생의 의미는 개인이 의미에 대한 이와 같은 욕구를 충족시키는 방법으로 요약된다. 그리고 이 목록은 사람들이 인생에 대해 갖고 있는 여러 가지 의미를 분석하고 평가하는데 사용할 수 있다.

욕구의 개념

4가지 욕구를 개별적으로 상세히 검토하기 전에 욕구의 의미를 설명할 필요가 있다. 욕구의 개념은 사람들이 어떤 것을 획득하는 방법, 이 경우에는 어떤 유형의 해답이나 설명을 모색하려는 동기를 갖고 있음을 의미한다. 일부 발달심리학자들은 아동들이 의미있는 사고를 습득하고 사용하려는 선천적인 욕구를 지니고 있다고 하였으며, 이는 아동들의 적극적인 언어 습득 과정에 반영되어 있다(Kagan, 1981). 이 주장은 단순한 언어 사용의 개념을 넘어서는 것이며, 사람들이 자신의 삶에서 어떤 유형의 의미를 원한다는 것이다.

욕구의 개념은 엄밀하거나 느슨하게 정의할 수 있다. 엄밀한 형식은 생존에 절대적으로 필요한 것을 의미할 것이다. 비록 인생의 의미를 느끼지 못하는 사람의 심한 괴로움이 스트레스, 위궤양, 그리고 자살까지 초래할 수 있다고 하더라도 아마 의미에 대한 욕구는 이 부류에 적합하지는 않을 것이다. 그러나 대부분 이러한 욕구는 느슨한 의미로 이해되어야 한다.

그러므로 인생의 의미에 대한 욕구는 강렬하지만 생존에 꼭 필요하지는 않은 다른 욕구와 비슷할 것이다. 성욕이 적절한 비유일지 모른다. 성이 동기의 강력한 원천이라는 것은 분명하지만 성 없이도 인생을 영위할 수 있다. 이와 비슷하게, 사람들은 인생의 의미를 찾기 위한 강한 동기를 갖고 있지만 그것이 없다고 해서 반드시 생존이 위태로운 것은 아니다. 의미가 결핍되면 사람들은 불행하고, 혼란스럽고, 아프기도 할 수 있으나 죽는 것은 아니다. 요점은 의미의 결핍이 사람들에게 의미를 찾도록 만든다는 것이다.

욕구라는 용어의 또 다른 중요한 의의는 만족의 원천이 어느 정도 상호 교환될 수 있다는 것이다. 성적 욕구는 특정인과의 성적 욕망으로 경험될 수 있지만 결국 다른 여러 상대도 괜찮을 것이다. 예를 들면, 성적인 영화는 사람들에게 출연 배우들과 성적 욕망을 느끼도록 자극할 수 있지만, 사람들은 그 영화를 본 후 일상생활에서 전형적으로 자신의 배우자나 파트너에게서 성적 만족을 추구한다(Mann 등, 1974). 마찬가지로, 공복은 특정 음식에 대한 욕구로 경험될 수 있지만 실제로 그 욕구는 여러 종류의 음식으로 충족될 수 있을 것이다.

또한, 사람은 그 당시에는 이러한 호환성을 깨닫지 못할 수 있다. 짝사랑을 경험할 때 흔히 다른 사람을 찾아보라는 얘기를 듣지만 대개는 이 조언을 진지하게 수용하기는 어렵다. 누군가 자신은 그녀를 사랑하며 아무도 그렇게 하지 못할 것이라고 말하지만, 물론 결국에는 다른 사람을 찾게 된다. 마찬가지로, 특정 음식을 요구하는 아이들에게 어떤 다른 영양가 많은 음식을 대신 받도록 언제나 쉽게 설득하지는 못한다. 만족의 원천에 대한 호환성은 분명하지 않다.

인생의 의미에 대한 욕구에서 그 의의는 기본적인 요구에 답하는 의미라면 어떤 유형도 그렇게 할 것이라는 뜻이지만, 역시 개인은 이 점을 깨닫지 못할 수 있다. 의미에 대한 욕구를 충족시킨다는 관점에서 본다면, 어떤 점에서 한 종교는 다른 종교만큼 좋다고 할 수 있다. 이 사실은 독실한 신자들에게는 어이없는 것일 수 있다. 어떤 종교도 자신의 경쟁 대상을 실제로 똑같이 생동감 넘치는 대안으로 간주하지는 않는다. 그러나 어떤 종교가 이와 같은 욕구를 충족시키는데 다른 종교보다 비효과적이라는 것을 입증할 수 없다면, 심리적으로 종교적 믿음이 대체로 호환될 수 있는 것이라는 가정에서 출발할 필요가 있다.

종교의 예는 또 다른 문제를 제기한다. 종교가 많은 사람들에게 삶의 의미에 대한 중요한 원천임은 분명하고, 거의 모든 사회에서 신앙이 존재한다. 그러나 많은 사람들은 종교를 믿지 않아도 생존할 수 있고 의미있는 생활을 할 수 있다는 것도 분명하다. 따라서 모두에게 종교적 의미가 필요한 것은 아니다. 의미에 대한 욕구는 사회과학에서 사물의 경우와 같이 보편적이다. 종교는 삶의 의미를 효과적으로 제시하지만, 분명히 사람들은 다른 곳에서도 같은 유형의 의미를 얻을 수 있다. 어떤 종류의 의미에 대한 욕구는 사람들이 그런 의미 없이는 행동하기를 매우 꺼려한다는 것을 뜻한다. 그러므로 종교적 믿음이 어떤 사람들에게는 의미에 대한 욕구를 만족시킬 수 있겠지만 종교적 욕구를 의미에 대한 기본적 욕구의 하나로 가정할 수는 없다.

인생의 의미에 관하여 대체와 호환성의 증거가 있다. 예를 들면, 임신으로 직장을 포기한 여성들은 처음에는 일에 복귀하려고 하지만, 그들 중 많은 사람들은 육아에서 큰 의미를 발견하고 다시 일하려는 욕구가 사라진다(Hock, Gnezda, & McBride, 1984). 육아에서 큰 의미를 찾지 못한 사람들은 더 이상 임신을 거부하고 일에 빨리 복귀할 가능성이 많다(Callan, 1985a). 일에서 의미를 찾지 못할 때 어머니 역할에 의해 보상받지 못하면 그 어머니는 고통을 겪는다(Pistrang, 1984). 중년의 직장생활에 실망한 후 남자들은 흔히 가정에 더 많이 헌신함으로써 직업 대신 가정에서 분명히 개인적 의미의 원천을 찾는다(Levinson, 1978). 마찬가지로 은퇴한 노인들은 자녀들과의 관계에 큰 비중을 둔다. 그러나 자녀가 없는 노인들도 고독감이나 불행 또는 허무감으로 고통받는 것 같지는 않다. 왜냐하면 그들은 다른 사회적 관계와 활동에 더 많이 관여함으로써 보상받기 때문이다(Rempel, 1985).

대부분의 사람들은 삶의 중요한 원천으로 자신의 자녀를 갖고 싶어 한다. 그러나 자녀가 없는 부부는 여러 가지 방법으로 보상한다. 그들은 입양을 하거나 다른 삶의 원천, 특히 일에 더 큰 비중을 둔다(Matthews & Matthews, 1986). 그들은 다른 사람들보다 결혼관계에서 더 큰 만족을 얻기도 한다(Callan, 1987). 대체로 그들은 부모들보다 일에 개인적으로 더 헌신하는 경향이 있다(Veroff, Douvan, & Kulka, 1981). 부모의 역할은 교육을 잘 받은 사람들에게는 교육을 못 받은 사람들보다 인생의 의미의 원천으로서 중요하지 않다(Veroff 등, 1981). 아마도 교육은 의미있는 삶을 살아가는데 사람들에게 더 풍부한 대안을 제공하기 때문인 것 같다. 요약하면, 부모 역할은 삶의 의미의 매우 효과적이고 중요한 원천이지만, 직업과 교육이 그것을 대체할 수 있다. 종교와 같이, 부모 역할은 인생의 의미에서 강력하면서도 대체 가능한 원천으로 보인다.

의미에 대한 4가지 욕구

이제 전에 언급한 의미에 대한 4가지 욕구, 즉 목적, 가치, 효능감, 자아 가치에 관해 살펴보자. 우선 이들 개념을 설명하고, 이러한 욕구를 충족시키는 길이 막힌 사람들에게 어떤 일이 발생하는지 고려해 보자.

그러나 처음에 왜 4가지 욕구인지 묻는 것이 타당할 것이다. 숫자 그 자체는 다소 자의적이며 무관한 것이다. 중요한 것은 그것들이 포괄하는 전반적인 개념의 범위이다. 사실, 이 4가지 욕구는 얼마간 중복되며 의미에 대한 한 가지 욕구를 충족시키는 많은 원천은 다른 욕구도 충족시킬 것이다. 그 욕구들을 두세 가지로 결합하여 의미에 대한 욕구 목록을 다시 설계할 수도 있고, 구분을 더 잘 해서 6~7개의 욕구를 나열할 수도 있을 것이다. 그러나 중요한 것은 구분하는 숫자가 아니라 전체적인 영역을 포함하고 있는가이다.

이 4가지 욕구를 고려하는 적절한 방법은 다음과 같다. 누군가 4가지 욕구를 모두 충족시켰다면 그 사람은 자신의 인생에 의미가 있다고 느낄 것이다. 인생을 이해하는 것은 그 사람에게 문제가 되지 않을 것이다. 이와는 대조적으로, 누군가 의미에 대한 욕구 중에서 한두 가지를 충족시키지 못한다면 이것은 문제로 느껴질 것이다. 의미에 대한 욕구를 만족시키지 못하는 것은 균형을 이룬 상태가 아니다. 그 사람은 4가지 욕구를 모두 충족시킬 때까지 행동변화를 포함하여 자신의 인생을 재고하고 재구성하려고 할 것이다.

❖ 목적

첫 번째 욕구는 목적이다. 사람들은 자신의 인생에서 목적을 원한다. 인생의 의미를 취급한 소수의 심리학적 연구 중 하나에서 클링거(Klinger, 1977)는 목적에 큰 중점을 두었으며, 이를 의욕으로 설명하였다. 그와 같은 강조는 타당한 이유가 있는데, 왜냐하면 목적이 중요한 욕구라는 것은 부인할 수 없기 때문이다.

의도(purposiveness)가 목적(purpose)보다는 더 정확한 용어일지도 모른다. 욕구는 목적을 향한 활동으로 간주된다. 중요한 것은 현재의 활동을 미래 또는 가능한 상태와 관련하여 해석하는 것이다. 목적은 실제로는 결코 실현되지 않는 것이다. 평생에 결코 달성할 수 없는 목표를 추구하면서 의미있는 생활을 할 수 있다. 조국을 방어하다가 죽은 애국심이 강한 병사는 그가 살아있는 동안 전쟁에 승리하지 못했기 때문에 의미없는 삶을 살았다고 말할 사람은 없을 것이다.

목적을 추구하는 욕구는 자연적 동기에 그 기초를 두고 있다. 많은 동물적 행동은 목표지향적이라고 할 수 있다. 다른 식으로 설명하기는 정말 어렵다. 스키너(Skinner)가 명백히 밝힌 것처럼, 동물의 행동은 그 결과에 의한 것이며, 동물은 이와 같은 행동의 결과가 유쾌한 것인지 또는 불쾌한 것인지에 따라 그 행동의 빈도가 증가하거나 감소할 것이다.

대부분의 연구자들은 동물이 목적을 인식하고 있다는 말에 반대한다. 스키너(Skinner) 자신도 동물 행동의 목적에 관한 설명에 반대했다. 쥐는 음식물을 얻기 위해 스키너 상자에서 지렛대를 누르지 않는다. 왜냐하면 쥐는 지렛대를 누르는 것이 음식물을 얻게 된다는 것을 생각할 수 없기 때문이다. 쥐는 그 정도까지 생각할 수 없을 것이다. 그러나 인간은 생각할 수 있다. 그들은 자신의 행동 결과를 개념화할 수 있으므로, 인간의 행동은 분명히 목표와 결과에 의해서 유도된다. 예를 들면, 사람들은 대학교육이 목적을 달성하는데 도움이 될 것이라는 긍정적 기대를 분명히 하면서 흔히 대학에 등록한다.

요약하면, 많은 하등 동물의 행동에도 목표지향적인 면이 있을 수 있다. 의미의 활용은 이러한 목표지향성을 크게 증가시킨다. 왜냐하면 의미는 행동을 통제하는 강력한 수단이기 때문이다. 의미는 현재의 행동을 목표를 향해 조직할 수 있게 만든다.

의미에 대한 욕구로서 목적은 적어도 3가지 점을 포함한다. 첫째, 목적 또는 상태는 생각에 의한 것이며 개념적인 것이다. 둘째, 현재의 행동은 이러한 목표 달성에 도움이 되는지에 따라 분석되고 평가된다. 셋째, 인간은 목표를 성취하려고 선택한다. 따라서 현재의 상황과 활동은 미래의 가능한 상황과 연결시킴으로써 의미를 얻는다. 의미는 현재의 상황을 넘어서 볼 수 있게 하며 미래의 상황에 관한 아이디어와 관련하여 해석할 수 있게 만든다. 현재 있는 것은 아직은 없는 것에 대한 의미에서 파생된 것이다. 예를 들면, 좋은 직업을 얻는 것은 많은 젊은이들에게 중요한 목적이다. 이러한 목적이 그들의 삶에 의미있는 구조를 형성하기 위해서는 3단계를 거쳐야 한다. 첫째, 그들은 원하는 직업에 관한 어느 정도의 아이디어를 가져야 한다. 둘째, 그들은 교육이나 기능훈련 또는 특정 분야의 사람들과의 접촉과 같은 현재의 활동과 대안이 직업을 얻는데 도움이 되는지 평가해야 한다. 셋째, 어떤 준비가 목표 달성에 최선책인지 결정해야 한다.

목적은 목표와 성취라는 두 가지 범주로 구분할 수 있다. 이는 외적 및 내적 동기의 구분과 거의 비슷하다(Deci & Ryan, 1985; Lepper & Greene, 1978). 잔디 깎는 기계를 움직이는 것과 같은 활동은 활동 그 자체에 속하지 않는 목표를 달성하기 위한 것이다. 음악을 듣는 것과 같은 활동은 본디 매력적인 것이며 그 자체 이상의 목표가 있는 것이 아니다.

이 두 범주 사이에는 모호한 부분이 있기는 하지만 감정과 동기에 미치는 영향과 같은 중요한 차이점이 있다.

외적인 형태의 목적은 바람직한 미래 상황에 관한 개념이다. 이러한 목적은 전형적으로 개인에게 외적인 것이다. 현재의 활동은 이러한 목적을 달성하기 위하여 조직된다. 활동 그 자체는 반드시 바람직한 것으로 간주하지는 않으며 흔히 불쾌한 것일 수 있지만(잔디 깎는 경우와 같이), 개인은 목표를 위하여 그 활동을 수행할 것이다.

내재적 목적은 충족(fulfillment)이라고 표현할 수 있다. 이 목적은 전형적으로 어떤 활동이나 상황을 수반하는 미래의 바람직한 주관적 상태에 관한 개념이다. 편의상 충족을 목적의 하위 범주로 취급할 것이지만, 두 번째 욕구인 가치와 개념적으로 연결되는 토대가 된다는 점을 인식하는 것이 중요하다. 충족 상태는 전형적으로 본래 좋은 것으로 간주된다.

충족의 의미는 이 연구를 하면서 당면한 가장 어려운 문제의 하나이었다. 많은 대학생들에게 충족의 의미에 관한 작문을 요구한 적이 있었다. 그 작문의 내용에서 충족에 필수적으로 간주될 수 있는 공통적 특성을 몇 가지 찾아냈다.

한 가지 특성은 긍정적 정서이었다. 충족은 기분 좋은 느낌을 의미한다. 그러나 불행히도 기분 좋은 느낌은 충족의 개념을 정의하는데 아주 부적절하다. 왜냐하면 모든 기분 좋은 느낌이 충족의 개념을 만족시키지는 않기 때문이다. 실제로, 일부 응답자들은 좋은 느낌을 단지 추구하는 것이 충족은 아니라고 명확히 얘기했다. 게임을 하고, 텔레비전을 보고, 맛있는 음식을 먹는 것은 기분을 좋게 할 수는 있지만 그것을 생활을 충족시키는 방편으로 간주하는 사람들은 거의 없을 것이다.

두 번째 요소는 목표 달성이었다. 목표 달성과 기분 좋은 느낌, 특히 이러한 목표를 달성하는데 만족하거나 자부심을 갖는 것이 충족의 개념에서 중요한 요인이다. 그러나 목표 달성도 충족의 정의나 필요한 준거로 도움이 되지는 못한다. 일부 응답자들은 충족의 중요한 요인으로 사랑의 경험을 얘기했지만, 물론 사랑은 통상적인 면에서는 목표는 아니다. 분명히 목표 달성이 모두 충족이라고 보기는 어렵다. 역시 그 정의가 너무 포괄적이다.

충족을 이해하는 요체는 그것이 현실적인 상태가 아니라 일종의 아이디어라는 것이다. 그것은 현재 소유하고 있는 것보다 나은 주관적 상태를 지칭하는 개념이며, 장차 이룰 수 있는 완전한 상태를 뜻하는 이상적 개념이다. 그리고 현재에서 지속적인 충족을 구하는 것은 인간성에 맞지 않을 수 있다. 따라서 충족은 환상이나 거짓을 유도한다는 점에서 신화와 같은 것이다. 사람들은 현재의 느낌을 개선하는 방향으로 자신의 삶을 조직한다. 그러나 이러한 충족의 희망은 실제로는 기대하기 어려울 수 있다. 대학생은 좋은 직업을 얻고 배우자와 자녀를 갖는 꿈을 이룰 것으로 상상할지도 모른다. 그러나 한없이 행복하고 모든 목적을 달성한 느낌에서 본다면, 좋은 직업, 배우자, 자녀가 있는 사람들은 실제로는 보편적으로 충족된 것이 아니다. 그들에게 충족이란 성공의 정점에 달하거나 자녀를 집에서 내보내 대학을 졸업시키는 것을 의미할지도 모른다.

프리드만(Freedman, 1978)은 사람들을 행복하게 만드는 요인을 탐색하여 동일한 결론에 도달했다. 그는 어떤 생활이 사람들을 진정으로 행복하게 하는지 질문하여 그 답변을 기록하였다. 예를 들면, 많은 도시인들은 자기 소유의 농장에서 살면 무척 행복할 것이라고 말했다. 그러나 실제로 그렇게 생활하는 사람들을 찾아가 만나보면 특별히 행복하지는 않았다. 실제 농부들은 도시인들의 상상과 이상에 관계없이 특별히 행복한 집단이 아니다.

충족에 관한 신화는 여러 가지 측면과 의미가 있으며 이에 관한 논의는 앞으로 자주 하게 될 것이다. 현재로서 중요한 점은 충족이 사람들의 생활에 의미를 부여하는 목적의 원천이라는 것이다. 충족은 가끔 이상적인 목표 달성과 연관된 미래 상태에 대한 생각이며, 사람들이 현재의 활동을 해석하고 구성하는데 도움이 된다.

목적은 흔히 중첩된 체계로 나타난다. 이상적으로 인간은 인생의 계획에 의해 세심하게 선정한 몇 가지 장기 목표와 연결되는 일련의 단기 목표에 따라 생활한다. 실제로는 상황이 완벽하고 합리적인 경우는 드물다. 사람들은 자기가 선호하는 장기 목표와 연결되지 않는 단기 목표를 추구할 수 있으며, 일부는 장기 목표를 전혀 세우지 않기도 한다.

중요한 장기 목표를 세우는 것은 인생에 대한 많은 방향과 구조를 제공할 수 있지만 보통은 일련의 단기적인 근접 목표들을 유도하는데 필요하다. 예를 들면, 사장이 되고 싶어 하는 고등학생은 단순히 학교를 중퇴하고 신문에서 사장 구인 광고를 찾으려고 하지는 않는다. 그보다는 근접 목표들로 이루어진 일련의 단계에 의해서 장기 목표를 향하여 노력한다. 이와 같은 단계에는 학력 축적, 직업 입문, 순차적 승진 등이 포함될 수 있다. 중간 단계나 목표 없이 하나의 거대한 장기 목표만을 갖고 있는 사람들은 단념하거나 실패할 가능성이 있다(Bandura & Schunk, 1981).

장기 목표에서 단기 목표들을 대개는 유도해낼 수 있다. 그러나 그 반대는 반드시 사실은 아니다. 단기적이고 하위 수준의 목표 설정은 축적되어 의미있는 장기 목표를 형성한다는 보장은 없다. 언제나 며칠 또는 몇 주일을 내다보며, 겨우 연명할만한 돈을 벌어 의식주에 소비하고, 교우관계를 이어가며, 책임과 의무, 자녀들의 욕구, 가구의 수선과 유지라는 요구에 대응하며, 마감시한에 쫓기고, 각종 공과금을 한없이 지불하고, 끝없는 잡일을 수행하며 자신의 삶의 길을 애써 모색할 수 있다. 이와 같이 살아가는 사람들은 이 모든 근접 목표들이 축적되어 인생에서 적정 수준의 고차적인 목적을 형성하지 않기 때문에 결국 자신의 삶에서 무엇인가 결여되어 있다고 느낄 수 있다.

목표와 충족은 두 가지 유형의 목적이다. 많은 사람들이 그럴 수는 있지만, 개인이 두 유형에 의해서 모두 좌우될 필요는 없다. 인생은 외형적 목적이나 내면적 충족 상태, 어느 하나에 의해서 영위된다면 충분히 의미를 가질 수 있다. 그리고 목표와 충족이 제대로 실현되지 않아도 인생은 의미가 있을 수 있다. 어떤 사람은 종교적 기대가 죽은 다음에 실현되는 영적 충족을 위하여 생활할 수도 있다. 그와 같은 인생은 일생 동안 결코 도달하지 못하는 목적을 지향할지라도 의미가 결핍된 것은 아니다. 중요한 것은 (삶을 의미있게 하기 위해서) 개인의 현재 활동이 미래의 상황이나 결과에 관한 아이디어에서 의미를 이끌어낸다는 것이다.

❖ 가치(정당화)

의미에 대한 욕구의 두 번째 범주는 가치이다. 심리치료를 위한 인생의 의미의 중요성에 관한 유명한 글에서 프랭클(Frankl, 1959)은 가치에 가장 큰 비중을 두었다. 목적의 경우와 같이, 사람들이 가치의 원천을 탐색하고 자신의 행동을 정당화하기 위한 강한 동기를 갖고 있다는 것은 의심의 여지가 없다.

가치는 불행히도 여러 가지 의미를 내포하고 있는 다소 모호한 용어이며, 정당화(justification)와 같은 기술적으로 보다 정확한 용어 사용을 주장할 수 있다. 그러나 가치라는 용어는 보다 친숙하다는 이점이 있다. 의미에 대한 욕구로서 가치에 대한 욕구는 사람들이 자신의 행동을 정당하고 옳은 것으로 느끼려는 동기를 말한다. 사람들은 자신의 과거 행동뿐만 아니라 현재의 행동도 나쁘지 않은 것으로 간주하려고 하며, 자신의 인생이 긍정적 가치가 있는 것으로 생각하고 싶어한다.

어떤 행동이 나쁜 것이라는 믿음 때문에 사람들이 그 행동을 하지 않는 것과 같이, 어떤 행동이 정당하고 좋은 것이라는 믿음은 사람들이 그 행동을 하게 되는 한 가지 이유이다. 따라서 가치는 동기의 한 유형이다. 그러나 그 힘은 행동을 선택하는 것 이상이다. 사람들은 도덕성이 행동을 유발하는 결정적 요인이 아닐 때에는 자신의 행동을 정당화하려고 한다.

많은 경우에 사람들은 실제로 자신의 이익이나 경제적 이유로 동기가 유발되지만 그래도 자신의 행동을 정당화할 필요를 느낀다. 심리학(Wallach & Wallach, 1983)과 문화인류학(Harris, 1978)의 여러 이론에서는 행동의 원인으로 실제적이고 개인적인 이익이 이념적이고 도덕적인 가치보다 우선한다고 지적한 바 있다. 경제적 이익이 도덕적인 것보다 흔히 더 강한 동기라는 점에서 이러한 견해는 많은 경우에 분명히 옳다. 그러나 사람들은 여전히 어떤 정당화를 찾으려고 한다. 자신의 행동에 대한 사람들의 설명은 사실이 아니라 해도 정당성과 가치를 강조할 것이다.

미국 남부의 노예제도의 역사는 경제적 및 도덕적 가치의 상호작용을 뚜렷이 예시하고 있다. 노예제도는 경제적 이유로 분명히 시행되었지만 노예 소유주들은 그 행위를 정당화할 필요를 느꼈다. 그들은 그것을 노예를 위한 정신적 혜택으로 흔히 정당화시켰다(Genovese, 1976; McPherson, 1988; Raboteau, 1978; Wyatt-Brown, 1982). 따라서 그들은 노예제도를 이교도인 미개인에 대한 기독교의 계몽 수단으로 얘기했지만, 사실은 노예 소유주들에게 경제적 이득을 가져오는 수단으로만 운영하였다. 성적 차별도 또 다른 예이다. 학자들은 여성에 대한 차별이 경제적 이유에서 시작된 것으로 설득력있게 주장했지만, 그 차별은 종교와 도덕성 그리고 모든 사람을 위한 최선의 이익에 의해서 정당화할 필요가 있었다(Margolis, 1984).

가치에는 긍정적인 것과 부정적인 것이 있으며, 인생의 의미에는 이 두 가지가 포함되어 있다. 부정적 가치는 어떤 행동에 반대하는 규칙이다. 실제로 대부분의 도덕적 규칙은 부정적인 것이다. 모든 사회는 행동에 관한 도덕 규칙을 갖고 있으나, 면밀히 검토해 보면 이와 같은 규칙의 대부분은 행동을 조심하는 규칙들이다. 이러한 부정적인 면은 서구 문화의 가장 유명한 도덕률, 즉 10계명에서 쉽게 발견될 수 있다. 10계명 중 8개는 살인과 절도와 같은 짓을 하지 말라는 명백한 지시이다. 남은 두 가지 중에서 하나는 안식일을 잊지 않고 준수하라는 것이다. 이것은 성서에 일요일에는 일하지 말라고 설명되어 있으므로 비록 준수하라는 부분에 약간의 긍정적인 면도 있을 수 있지만 역시 부정적인 것이다. 다른 하나는 부모를 공경하라는 것이다. 실제 행동의 측면에서 그것은 가장 모호한 계명이다. 그리고 부정적인 면(부모를 모욕하지 않는 것)과 긍정적인 면(부모의 말에 순종하는 것)을 모두 포함하고 있다. 따라서 10계명 중에서 8개는 금지에 관한 규칙이고 나머지 두 개는 다소 모호한 것이다. 다른 도덕 규칙들도 아마 부정적 측면이 비슷하게 우세를 보일 것이다.

이와 같은 부정적 가치에 관해서 본다면 적절한 행동이란 금지된 행동을 피하는 것이다. 어떤 범죄를 저지른 사람은 실제로는 어떤 나쁜 짓을 하지 않았다고 말함으로써 자신의 행위를 정당화할지도 모른다. 그러나 보다 일반적으로는 좋은 것은 단지 나쁜 것이 없는 것이 아니다. 긍정적 가치라는 것이 있으며, 이것은 어떤 행위를 단지 여러 가지 제한과 금지사항을 피하는 것 이상으로 바람직하게 만드는 것이다. 공유하고 협조하고 영웅적으로 행동하고 그 밖의 이와 같은 행동은 분명히 긍정적 가치를 지니고 있다. 가치에 대한 욕구를 충족시키려고 사람들은 우선 부정적인 것을 피하려고 할 수 있지만 긍정적인 것도 추구하길 원한다.

도덕과 가치의 원천. 수 세기 동안 학자들은 도덕과 가치의 진정한 기초를 이해하려고 노력해왔다. 중세 유럽에서 사람들은 옳고 그름에 관한 지식을 10계명을 시작으로 신의 계시에 귀인시켰다. 이와 같은 이해는 기독교도가 아닌 사람들도 비슷한 도덕을 갖고 있다는 것을 발견함으로써 점차 설득력을 잃게 되었다. 또한 계몽주의 시대에 지성인들이 기독교를 외면하기 시작했을 때 그들은 여전히 옳고 그름을 믿고 있었기 때문에 다른 토대를 모색해야만 했다.

그 후 많은 학자들은 도덕성을 절대적 원리로 이해하려고 하였고, 이 원리들을 발견하기 위한 활발한 탐색이 전개되었다. 가장 유명한 형식은 칸트(Kant, 1797)의 규범적 명제(categorical imperative)이었다. 그러나 이 견해는 연구자들이 모든 문화권에서 정확히 동일한 도덕성을 공유하지는 않음을 알게 되고 철학적 분석에 의해 절대적 도덕성에 관한 가정이 훼손되기 시작함에 따라 점차 기반을 상실하였다.

도덕성의 문화적 상대성의 발견은 도덕성이 마치 단순한 상황과 같이(의상의 유행처럼) 지역 문화의 산물로 치부되는 시대를 초래하였다. 심리학적인 내용을 포함한(Freud, 1913; Cassirer, 1921) 여러 가지 설명이 모색되었다. 이러한 견해는 2차 세계대전 이후까지 사회과학 분야에서 지배적이었다. 그러나 나치의 인종 학살 계획에 대한 보편적인 혐오로 인하여 일부 연구자들은 몇 가지 도덕적 원리의 보편성에 관한 새로운 믿음을 갖게 되었다. 약간의 차이는 있지만, 히틀러(Hitler)의 살육을 어떤 도덕적 체계에서 인정할 수 있는 것으로 생각하는 사상가들은 거의 없었다.

그러므로 도덕성에 관한 이론은 다양한 문화의 도덕적 유사점이나 차이점을 때에 따라 강조하였다. 모든 문화에는 도덕적 규칙과 가치에 관한 체계가 있으며, 이 모든 가치체계가 많은 사소한 차이에도 불구하고 상당히 비슷하다는 것은 분명하다. 아마도 중요한 점은 모든 문화에서는 사람들이 조화롭게 공동생활을 할 수 있도록 하는데 동일한 문제에 봉착하고 있으며, 이러한 문제와 해결책은 다소 다를 수 있으나 공통점도 많다는 것이다.

확실히 도덕체계의 공통적 기능은 사람들이 어느 정도 평화롭게 함께 살 수 있게 하는 것 같다. 살인, 절도, 상해, 거짓말, 배신 그리고 여러 가지 성적 비행은 집단의 조화를 모두 깨뜨리는 것이므로 사회는 이와 같은 행동을 규제하고 금지하고 있다. 긍정적인 면에서 공유, 협조, 동조 그리고 집단 목표의 촉진은 집단의 생존과 번영 능력을 증진할 것이므로 집단적 가치는 이러한 행동을 장려하고 보상한다. 사회는 유지되기 위하여 이러한 가치에 근접해야 한다.

이와 같은 주제는 그 정확한 형태가 꼭 동일할 필요는 없지만 대부분의 도덕체계에서 전형적으로 발견된다. 예를 들어, 성적인 행동은 문화에 따라 그리고 시대에 따라 도덕적 규칙이 가장 다양한 영역에 속할 수 있다. 허용될 수 있는 성적 행동의 체계는 다양하기 때문에 어떤 한 규칙이 우월한 것은 아니다. 집단의 조화를 위해 중요한 것은 모두가 동일한 일반적 규칙과 유형을 따른다는 것이다. 성적으로 신중한 사람들은 서로 잘 어울릴 수 있고, 자유분방한 사람들도 마찬가지이다. 사회가 이 두 유형을 혼합하려고 하면 문제가 생긴다.

도덕적 규칙을 처음에 수립하기는 어렵지만(Freud, 1913), 사람들이 도덕적 규칙을 실제로 학습하는 것은 훨씬 쉽다. 모든 언어에는 좋고 나쁜 것을 표현하는 말이 있으며, 이는 아동들이 처음에 배우는 말에 속한다(Cassirer, 1921).(애완동물조차도 그 말을 배운다!) 처음에 이 말들은 보상받거나 처벌받는 특정한 행동과 연관되지만, 나중에는 그 강조점이 의도 그리고 황금률과 같은 보다 일반적인 원칙으로 바뀐다. 청소년기에 개인은 구체적인 규칙이 유도되는 궁극적인, 보편적인 또는 영구불변한 옳고 그름에 관한 원칙에 대해 의문을 갖기 시작할 수 있다.

그러나 구체적인 규칙은 실제로 궁극적인 원리에서 파생되지 않는다. 그보다는 반대일 수 있다. 좋고 나쁜 것은 예시와 구체적인 것 또는 규칙, 보상, 처벌을 통하여 본보기로서 학습된다. 궁극적인 윤리적 원리에 대한 철학적 탐구는 잡다한 도덕 규칙에 위계를 정하려는 시도이다. 그러나 그것은 도덕적 행동이 실제로 습득되는 방식에 의한 것이 아니며, 그 본질에 반드시 상응하는 것도 아니다. 도덕적 체계의 많은 부분은 실제로는 개별 규칙의 집합에 불과할 수 있다. 그것들은 집단이 함께 생활할 수 있는 지침으로 발전되었으며, 도덕적 지침에 합의하지 못한 집단은 분열되었다. 아동들에게는 개별적 규칙이 제시되고 나이든 아동들에게는 보다 추상적이고 일반적인 원칙을 점진적으로 가르쳤으며, 이와 같은 순서는 도덕적 체계의 실제적인 발달을 반영하는 것이다.

좋고 나쁜 말은 도덕적 판단만이 아니라 유쾌하고 불쾌한 감정을 의미한다. 이것은 아마 단순한 우연의 일치는 아니다. 인간은 좋고 나쁜 것을 느낄 수 있는 감정을 갖고 태어난다. 사회화에 의해서 이러한 감정에 명칭을 부여하고 규칙과의 연합을 다져간다. 그것은 마치 사회가 규칙을 따르고 기분 좋은 느낌을 갖는 의미를 같은 말로 표현함으로써 아동을 잘못 인도하는 것과 거의 같다.

집단 수준에서 도덕성의 기능은 분명하다. 그것은 사람들이 생활하며 함께 일하기 위해 필요하다. 개인적 수준에서 도덕성은 앞 장에서 시술한 의미의 두 가지 기능에 도움이 될 수 있다. 도덕성은 개인이 환경(주로 사회적 환경)을 예측하고 통제하는데 도움이 되며, 자신의 감정을 규제하는 데에도 도움이 된다. 도덕적 지침은 사회 성원들이 상호 행동을 예측할 수 있게 한다. 즉, 약속을 믿을 수 있고, 자산을 안전하게 할 수 있다. 규칙을 준수함으로써 개인은 죄책감과 불안 그리고 배척의 위험을 피할 수 있다.

따라서 도덕성은 문화적 동기를 형성하며, 많은 경우에 자연적 동기와 대립된다. 유기체는 선천적으로 이기적이며, 생물은 자신의 이익과 쾌락을 추구하는 자연적 성향이 있다. 이러한 광범한 형태의 자기 이익은 한계 내에서 규제되고 준수되지 않으면 집단생활에 해로울 수 있다. 도덕성은 이를 달성하기 위한 중요한 수단이다. 도덕적 규칙은 특히 개인의 이익이 타인의 희생을 전제로 할 때 자기 이익의 추구를 억제하도록 흔히 마련된 것이다. 예를 들면, 10계명을 생각해 볼 때, 절도와 간통의 금지는 타인의 희생으로 자기 이익을 추구하지 않도록 하는 것이다.

정당화와 가치의 토대. 이 장의 처음에 목표의 체계를 서술한 바 있다. 단기적, 근접 목표는 흔히 장기 목표를 향한 단계일 수 있다. 비슷한 위계가 가치에도 발견될 수 있다. 특정한 행동은 보다 일반적인 규칙에 의해서 옳거나 그른 것이며, 더 광범한 원칙에 따라 정당화된다.

가치의 위계에 대한 문제는 이 광범하고 근본적인 원리가 어디에서 기인하는가이다. 도덕적 가치에 대한 주장은 무엇에 근거하는가? 예를 들어, 어떤 사람이 타인의 코트를 갖고 가려는 유혹을 받았다고 상상해 보자. 타인의 소유물을 취하는 것은 잘못이라는 일반 원칙에 따라서 이러한 행동은 흔히 잘못된 것으로 간주될 것이다. 이와 같은 보다 일반적인 원칙은 타인에게 해를 끼치는 것은 잘못이라는 토대에 근거하여 정당화될 수 있으며, 10계명이나 자신이 대우받고 싶은 만큼 타인을 대우하라는 일반적 원칙에 따라서도 정당화될 수 있다. 각 단계에서 우리는 책임의 소재에 의문을 가질 수 있으며, 이 의문은 가장 광범한 수준까지 계속될 수 있다. 우리는 결국 왜 신의 의지에 유념해야 하거나 자신이 대접받고 싶은 대로 타인을 대접해야 하는가?

그러므로 도덕적 가치에 대한 견고한 토대가 필요하다. 더 이상의 정당화 없이도 어떤 것이 다른 것을 정당화할 수 있어야 한다. 이 어떤 것이 가치의 토대라고 할 수 있다. 가치의 토대는 다른 외부 원천에서 차례로 가치를 유도할 필요없이 가치의 원천으로 작용한다. 가치의 토대는 더 이상의 정당화 없이 인정된다.

가치의 토대는 그것을 위해 무엇을 한다는 점에서 이유라고 볼 수 있다. 정당화의 위계는 이유에 따라 표현될 수 있으며, 다른 것을 위해 정당화된다. 가치의 토대는 본질적으로 이유에 있다. 사람들은 아이들을 위해서, 명예나 사랑을 위해서, 신을 위해서 어떤 일을 한다고 말할 수 있다. 사람들은 어떤 다른 곳에서 가치를 가져올 필요가 없기 때문에 이와 같은 이유는 가치의 토대로 인정된다. 예를 들면, 대부분의 종교에서 신의 뜻은 가치의 토대로 인정된다. 신자는 신의 의지를 위해서 어떤 일을 할 수 있으며, 신이 원하는 바를 해야 하는 이유를 묻지 않는다. 신의 의지는 많은 다른 행동(또는 금지사항)을 정당화할 수 있지만, 어떤 다른 토대에 의해서 정당화되지는 않는다.

그러므로 가치의 토대는 매우 중요한 문화적 자원이다. 그것은 규칙과 금지사항을 정당화할 수 있고, 다른 행동에 긍정적 가치를 부여할 수도 있다. 가치의 토대 없이는 사람들은 사회적으로 바람직한 방식으로 행동할 어떤 이유를 찾지 못할 수 있다. 이는, 예를 들면, 시민의 행동을 규제하려고 하지만 이러한 요구를 정당한 것으로 제시할 수 있는 가치의 토대가 결여되어 있는 정부에게는 문제를 야기할 수 있다(Habermas, 1973). 특히, 무력으로 권력을 장악하고 사회질서의 변화를 모색하는 부패한 정부는 시민들에게 그 정당성을 부여하는데 만성적인 곤란을 겪는다. 결과적으로 그와 같은 정부는 사람들이 자신의 정책을 받아들이도록 하기 위하여 억압이나 경찰력 또는 제도화된 공포에 의존해야 한다. 그리하여 사람들은 지배자의 정책을 지지하게 되는데, 그 이유는 그 정책을 옳고 정당하게 여기기 때문이 아니라 심야 방문과 영장없는 체포 그리고 고문과 실종을 두려워하기 때문이다. 결국 정부는 시민들이 위협 때문이 아니라 정책을 좋고 옳다고 생각하기 때문에 순응한다면 보다 안정되고 성과를 얻게 될 것이다. 그러나 정부는 안정과 성공을 달성하기 위해서는 효과적인 가치의 토대를 필요로 한다.

가치에 관한 중요한 연구에서 하버마스(Habermas, 1973)는 현대 사회가 헤어날 수 있는 충분한 정당성을 부여할 수 없게 하면서 현대화가 많은 전통적인 가치의 토대를 파괴하는 경향이 있다고 주장하였다. 따라서 정부는 앞의 예에서와 같은 문제에 흔히 당면할 수 있으며, 이는 비협조적인 시민들과 갈등을 일으킨다. 개인은 가치의 붕괴와 적절한 행동에 관한 혼란을 경험한다. 하버마스(Habermas)가 주장하는 바와 같이, 가치의 토대는 찾아보기 어렵고 만들기도 힘들어 그 상실이 국가를 위기로 몰아갈 수 있다. 이와 같은 현대 사회의 문제는 사람들이 자신의 삶에서 가치를 모색하기 위해 애쓰는 과정을 이해하는데 중요하다.

가치의 토대는 가치판단을 내리기 위한 지침을 제공한다. 앞 장에서는 이념이 사람들에게 상황에 관해 판단하고 평가하는 방법을 제시한다고 주장하였다. 따라서 이념은 가치의 토대를 필요로 하는 경향이 있다. 견고한 가치의 토대가 없이는 이념은 그 힘과 효과를 상당히 상실하고, 사람들은 그 이념을 따르거나 사용하지 않을 것이다.

❖ 효능감

세 번째 욕구는 효능감에 관한 것이다. 사람들은 상황을 어느 정도 통제할 수 있다고 믿을 필요가 있다. 일상생활에서 효능감에 대한 욕구는 흔히 자신이 차이를 만든다는 느낌의 형태를 취한다. 간단히 말하면, 효능감은 유능하고 강한 느낌을 의미한다. 의미있는 생활을 한다는 것은 목표와 가치를 갖고 있다는 것 이상이며, 이러한 목표를 성취하고 가치를 실현할 수 있는 능력이 있다고 느껴야 한다.

효능감은 도전에 대처하고 어려운 목표를 달성하는 경험에 의해서 최대화된다. 과제가 너무 쉬우면 만족감이 거의 없고, 과제가 너무 어려우면 실패와 좌절만 남는다. 성인이 아동과 맞서 체스나 정구를 하면 승산이 너무 쉽기 때문에 효능감을 느낄 가능성이 적다. 그러나 전문가와 경기를 하는 것도 마찬가지로 효능감을 경험할 기회가 거의 없다. Brim(1988)은 사람들이 목표 달성에 80% 정도의 일관된 노력이 요구될 때 가장 잘 적응한다고 추정하였다. 절정경험(peak experience)에 관한 칙첸미할리(Csikszentmihalyi, 1982, 1990)의 연구도 비슷한 점을 말하고 있다. 즉, 지루함(너무 쉬워서)과 불안(너무 어려워)의 중간 지점을 유지하기 위해서는 적당히 어려운 과제를 모색할 필요가 있다.

효능감은 통제의 개념과 밀접히 연결되어 있으며, 사실 환경을 통제하는 것이 효능감을 갖추는 중요한 방법이다. 심리학자들은 통제의 이점, 역학, 효과에 상당한 관심을 기울였다. 효능감은 통제의 주관적 측면으로 간주될 수 있다. 의미에 대한 욕구를 논하면서 통제보다 효능감을 강조하기로 선택한 이유는 의미있는 삶을 이루는데 가장 중요한 것이 주관적 지각이기 때문이다. 만일 어떤 사람이 환경에 대한 실질적인 통제 없이 효능감을 얻을 수 있다면 그 사람은 이 욕구가 충족된 것으로 느낄 것이다.

효능감은 통제력을 갖고 있다는 믿음이기 때문에 실제로 통제력 없이 효능감을 갖는 것은 자신을 속이는 것이다. 사람들이 그와 같은 통제의 환상에 실제로 끌리는 것은 의심의 여지가 없다. 랑거(Langer, 1975)가 수행한 일련의 연구는 이러한 통제의 환상이 택할 수 있는 여러 가지 형태를 제시하였다. 그 연구에서 사람들은 무선적으로 선택한 복권에 비해서 자신이 선택한 복권에 비합리적인 선호를 표시하였다. 복권 당첨에 대한 그들의 자신감은 추첨 시간이 다가옴에 따라 (비합리적으로) 증가하였다. 그들은 전적으로 행운이나 우연에 의해서 좌우되는 과제나 게임에서도 연습 후에는 승산에 대한 자신감이 증가하였다.

다른 연구에서는 통제에 대한 환상을 다른 방식으로 제시하였다. 예를 들면, 사람들은 성공한 결과에 대해 그들이 얼마나 통제력을 행사했는지 과대평가하며, 바람직한 목표를 달성할 가능성도 과대평가한다(Alloy & Abramson, 1979; Taylor & Brown, 1988). 이와 같은 왜곡이 매우 심각한 것은 아니지만 널리 퍼져 있다(Baumeister, 1989b; Taylor, 1989).

그러나 통제의 환상과는 별도로, 사람들이(다른 동물도) 통제를 추구한다는 증거는 많이 있다. 통제의 결여는 여러 가지 질병과 죽음까지도 초래한다. 실험연구에 의하면, 통제할 수 없는 긴장은 원숭이와 쥐까지도 사망에 이르는 궤양을 일으킨다(Brady, 1958; Weiss, 1971a, b, c). 통제 범위를 넘어선 상황에 당면하면 심리적으로 극히 약화되어 학습된 무력감으로 알려진 상태를 야기할 수 있다(Seligman, 1975).

통제 결여의 해로운 결과는 여러 가지 미묘한 형태를 취한다. 형제 자매와 침대를 같이 사용하는(따라서 집에서 자신의 환경에 대한 통제가 결여된) 아이들은 어려운 시험에 당면하면 포기할 가능성이 크다(Rodin, 1976). 양로원에서 화초 관리의 책임, 즉 잡일을 수행하지만 얼마간의 통제감과 효능감을 부여하는 책임을 맡은 노인들은 그러한 일을 하지 않는 노인들에 비해 기분이 좋고 실제로 더 오래 산다(Rodin & Langer, 1977).

통제를 분석하면 동기를 1차적 통제와 2차적 통제의 두 범주로 구분할 수 있다(Rothbaum, Weisz, & Snyder, 1982). 1차적 통제는 자신에 맞게 환경을 변화시키는 것이다. 2차적 통제는 반대로 환경에 맞게 자신을 변화시키는 것이다. 야외에서 활동하는 사람은 보온을 위해 불을 피움으로써(1차적 동기) 차가운 기후에 대처할 수 있다. 만일 이처럼 환경을 통제할 수 없다면 그 사람은 열을 상실하는 활동(수영이나 목욕)을 포기하거나 따뜻해지기를 기대하지 않음으로써 차가운 날씨에 그저 스스로를 적응하려고 할 수도 있다.

2차적 통제의 중요한 범주로 지적인 통제(interpretive control)가 있다(Rothbaum 등, 1982). 지적인 통제란 아무런 일을 할 수 없이 어떤 것을 단지 이해하는 것만으로도 통제감을 준다는 사실을 뜻한다. 어떤 상황을 해석하게 되면 그에 대한 이해를 할 수 있고 인정하기도 수월해진다. 이런 식으로 자아는 외부 세계에 적응한다.

통제를 원하는 선천적인 경향이 있을 수 있다. 예를 들면, 호기심은 통제에 대한 선천적인 욕구의 표현일 수 있다. 동물은 자신의 환경을 통제하는 경향이 있을 때 더 장수하며 자손을 더 잘 번영시킬 수 있기 때문에 분명히 그와 같은 경향은 적응적이고 이점이 있다. 그리고 쥐가 문화나 사회화에 의해서 큰 영향을 받는다고 주장하기는 어렵기 때문에 쥐의 통제 동기와 효과의 양상은 자연적 토대에 의한 것이라는 분명한 증거가 된다. 목적에 대한 욕구처럼, 효능에 대한 욕구는 자연적 동기에 중요한 기원이 있다.

통제의 환상에는 당연히 대다수의 실질적인 이점이 없기 때문에 환상적일지라도 통제의 동기에 대한 토대는 설명하기가 더 어렵다. 사실 통제의 환상은 실용적인 관점에서 본다면 심각한 불이익이 있을 수 있다(Baumeister, 1986b). 안전하지 않는데도 안전하다고 생각하는 것은 위험할 수 있으며, 자신의 능력을 과대평가하는 것은 자신의 지적 능력을 벗어나는 일에 관여하게 만들 수 있다.

환상적인 통제력이라도 가지려는 욕구에 대해서는 두 가지 설명이 가장 그럴듯해 보인다. 첫째는 통제에 대한 동기를 유지하는 내부 기제가 통제감을 바라기 때문에 통제의 환상은 단순히 이 기제의 부산물이라는 것이다. 이는 많은 경우에 아이는 성적 욕구의 부산물이라고 말하는 것과 비슷하다. 대부분의 자연적 기제는 어느 정도 비효율적이며, 통제감의 욕구는 다른 사람들과 아주 비슷하게 되려는 것이다. 결국, 효율성을 바라는 욕구는 이따금씩 환상을 동반하며 많은 현실적인 통제를 추구하게 만든다. 둘째는 환상적인 통제가 의미의 두 번째 기능인 정서를 규제하는 중요한 이점이 있다는 것이다. 통제력이 있다는 믿음은 실제로 사람들을 기분좋게 만든다. 사실, 이와 같은 통제의 환상이 결여된 사람들은 우울한 경향이 있다(Alloy & Abramson, 1979; Taylor, 1989). 어떤 이론가들은 낙관적 환상이 정신건강과 적절한 적응에 필요한 부분이라고 결론지었다(Taylor & Brown, 1988).

환상적 통제의 주관적 이점에 관한 좋은 예가 스트레스에 관한 유명한 실험에서 제시되었다(Glass, Singer, & Friedman, 1969). 이 실험의 참가자들은 불쾌하고 예측할 수 없는 큰 소음에 자주 영향을 받는 동안 문제를 해결하려고 하였다. 이러한 조건에서 활동하는 것은 큰 스트레스가 되었으며, 대부분의 참가자들은 소음이 멈춘 다음에도 좋지 않은 후유증을 보였다. 이와 같은 나쁜 효과에는 욕구좌절 인내심의 저하, 집중력과 지구력의 약화, 불쾌감 등이 포함되었다.

그러나 무선적으로 선정된 한 집단의 피험자들에게 실험자는 책상 위에 소음을 멈출 수 있는 단추가 있다고 실험 전에 얘기하였다. 실험자는 단추를 누르지 않기를 바라지만 소음이 너무 심하면 차단하기 위하여 단추를 마음대로 눌러도 좋다고 말했다. 그들은 소음에 의해서 그다지 시달리지 않았으며 나쁜 후유증도 보이지 않았다. 역설적으로, 아무도 그 단추를 누르지 않았다. 실제로 단추는 작동되지 않았기 때문에 눌러도 소음은 멈추지 않았을 것이다.

그러므로 그들은 통제의 환상을 믿은 것이다. 그들은 필요하다면 스트레스의 원천을 차단할 수 있다고 거짓 정보를 들은 것이다. 자신이 상황을 통제할 수 있다는 거짓된 믿음은 스트레스를 최소한의 영향만으로 견딜 수 있는 힘을 크게 향상시킨 것이다. 이 의미는 통제의 환상이 자신의 내적 상태에 큰 이득이 된다는 것이다.

❖ 자아 가치

마지막으로 네 번째 욕구는 자아 가치에 대한 것이다. 사람들은 자신이 긍정적 가치를 갖고 있는 것으로 느낄 수 있는 방식으로 자신의 삶을 이해할 필요가 있다. 실제로는 이러한 욕구는 대개 다른 사람보다 우월할 수 있는 방법을 찾으려는 형태를 취한다. 우월성의 추구는 지위 추구로부터 과시, 스포츠 경쟁, 소문, 인종편견, 봉급협상에 이르기까지 광범한 행동으로 나타난다.

보다 정확히 말하면, 이 욕구는 긍정적인 자아 가치에 대한 토대를 찾으려는 것이다. 사람들은 자신을 존중할 수 있고 다른 사람들도 자신을 긍정적으로 여길 수 있는 기준을 찾으려고 한다. 그것은 자신과 타인의 존중을 바라는 욕구이다.

자아 가치의 욕구는 가치에 대한 욕구와 어느 정도 중복된다. 자아 가치에 대한 긍정적 의식은 덕이 있고 좋은 보상을 받을만하다는 느낌과 전형적으로 연관된다. 그러나 자아 가치는 가치에 대한 욕구와는 다르다. 종족의 우월성과 경력 달성과 같은 자아 가치의 중요한 원천은 도덕적 가치와는 거의 무관하다. 더구나 자아 가치와 도덕적 가치는 때로는 상충될 수도 있다. 예를 들면, 이혼을 고려하는 부부 중에서 떠나는 사람보다는 거부당하는 사람이 전형적으로 자존심에 더 큰 타격을 받지만, 떠나는 사람은 죄책감을 더 많이 느낀다(Vaughan, 1986). 그러므로 부부는 파경의 책임을 경감하기 위한 전략으로 위신은 세울 수 있으나 죄책감을 느끼는 떠나는 역할과 수치스러워도 죄없는 버림받는 역할 중에서 택일해야 한다. 그것은 자아 가치와 미덕 간의 선택이다. 일반적으로 사람들은 죄의식에도 불구하고 자아 가치를 유지하려고 한다는 증거가 있다. 이혼 후, 많은 사람들은 버림받기 보다는 먼저 떠나는 역할을 했다고 주장한다(Hill, Rubin, & Peplau, 1979; Vaughan, 1986). 물론 정당화의 욕구도 충족된다. 사람들은 관계 파탄을 정당화할 수 있는 방법을 모색하는 것과 같이, 전형적으로 다른 방안을 통해서 죄의식을 경감하려고 한다(Vaughan, 1986).

많은 연구 결과에 의하면(Baumeister, 1972; Darley & Goethals, 1980; Jones, 인쇄 중; Swann, 1987; Zuckerman, 1979), 사람들은 자아 가치를 유지하기 위하여 여러 가지 전략을 사용한다. 그러나 이 문제는 현대 미국 사회에서 매우 민감한 것이라고 믿을만한 이유가 있다. 자아 가치는 과거에는 그다지 문제되지 않았으며, 다른 문화권에서는 현재도 그럴 것이다. 이것은 자아 가치에 대한 욕구가 없었다는 것이 아니라 언제나 중요했다는 것이다. 그러나 자아 가치는 현대 서구인의 불안정과 불확실성에서 고통받지는 않았다. 자아 가치는 과거 사회에서 어느 정도 고정적이었다. 대부분의 사회는 명백한 지위체계가 있었고, 개인의 자아 가치는 이 체계의 위치와 직접 연결되었다. 귀족들은 그들의 우월성을 입증할 필요가 없었으며, 농부는 무엇을 하든 귀족을 능가할 수 없었다. 이와 같은 확고한 사회적 위계 없이는 현대인의 자아 가치는 영원히 의심스럽고 재협상의 여지가 있다. 따라서 오늘날 사람들은 자아 가치에 대해 영원히 불안정한 상태에 있다(Derber, 1979).

자아 가치를 높이기 위한 다양하고 독특한 현대의 일부 전략은 이와 같은 보편적인 불안정성과 의심에서 기인될 수 있다. 예를 들면, 1980년대의 커다란 이야기 꺼리의 하나는 텔레비전을 이용한 일련의 복음 전도의 추문이었는데, 목사들이 출연하여 망신을 당했다. 짐 베이커(Jim Baker)는 간통에 연루되었고 재정적 비리도 연달아 드러나 결국 45년 형을 선고받았다. 이 모든 것은 그의 부인 태미(Tammy Faye)에게 수치스러운 것이었다. 처음에 그녀는 남편의 공개적인 성적 추문과 배신을 견디어야 했고, 그 후 재정적 부정이 노출되었으며, 매체에서 묘사되는 자신의 불쌍한 이미지가 화장과 형상을 중심으로 끝없는 웃음꺼리가 되었다. 그녀의 수치심은 가중되어, 짐(Jim)의 성적 비행을 폭로한 제시카 한(Jessica Hahn)이라는 여성과의 면담 기사가 플레이보이(Playboy)잡지에 구체적으로 게재되었는데, 그 기사에서 그녀는 자신이 매춘부가 아니라고 자아 가치에 관한 놀랄만한 주장을 하였고, 그 주장은 함께 게재된 그녀의 나체사진으로 다소 반감되었다. 남편의 여자가 남성 잡지에 성적 상징으로 묘사될 때 목사 부인의 심정은 상상하기 어려울 것이다. 그러나 태미(Tammy Faye)는 한(Hahn)의 나체사진을 보고 자신의 자아 가치가 상승함을 느꼈다. 한(Hahn)이 마르고 평범한 모습이라서 자신이 더 낫게 생각되었기 때문이다(Jahr, 1990).

과거에는 공고한 사회적 위계가 자아 가치를 평가하는 분명한 기반을 제공하였으므로 의미에 대한 이러한 욕구를 효과적으로 충족시켰다. 계층의 각 단계에서 사람들은 자기보다 낮은 계층의 사람들에 대해서 우월감을 느꼈다. 이와 같은 자아 가치의 확고한 원천은 사람들에게 많은 의미를 부여했다. 사회적 이동은 특히 계층의 최상위에 있는 사람들에 의해 저지당했는데, 그 부분적 이유는 그들의 자아 가치를 위협하기 때문이다. 심지어 귀족들은 사회적, 정치적, 경제적 특전의 대부분을 상실했을 때에도 그들의 선천적인 우월성을 인정받기 위해 계속 투쟁하였다(Sennett, 1974).

마찬가지로, 중산층의 증가는 경제적 이득의 문제 이상이었다. 왜냐하면 자아 가치를 재협상할 수 있는 기준을 개방했기 때문이다. 사람들은 자질있는 사람으로 인정받기 위하여 상류사회의 예절과 유행을 배우려고 노력했다(Sennett, 1974). 특별한 학교에서 젊은 여성들에게 상류층 숙녀의 행동을 가르쳤으며, 고객들은 주로 중류층 부모들로서 그들은 딸이 상류층과 결혼하면 자아 가치가 증가할 것으로 기대하였다.

계층의 하위에 있는 가난한 사람들은 노예에 비해서 자신의 우월성을 분명히 고수하였고, 세계 도처의 자유민들은 그들 자신과 이전에 노예이었던 동료들 사이의 자아 가치에서 큰 차이가 있음을 주장하였다(Patterson, 1982). 남북전쟁 초기에 남부에서는 노예 경제에서 개인적 이해나 경제적 이득이 없는데도 불구하고 노예소유 사회를 위하여 싸울 수 있는 가난한 백인들을 동원하는 문제에 당면하였다. 그 해결을 위한 전략은 노예 폐시가 흑인들을 가난한 백인들과 동등하게 만들 것이라고 경고하는 것이었고, 이는 백인들에게 자아 가치의 심대한 상실을 뜻하는 것이었다(McPherson, 1988).

자신과 노예와의 차이를 강조하는 자유민들의 생각과 비슷한 것이 현대에도 있다. 한 연구에서 해고된 관리들의 자아 가치의 상실을 조사한 적이 있다. 그들 중 일부는 후원집단을 형성하고 서로 위로와 도움을 제공하였다. 그러나 그 중 한 사람이 다시 직업을 구하면 그 사람은 직업을 아직 구하지 못한 집단의 다른 구성원들을 경멸하였다(Newman, 1988). 따라서 자아 가치가 낮은 지위에서 벗어나면 자신과 뒤에 남은 사람들 사이의 예상되는 큰 차이를 즉시 강조하고 싶어 한다.

자아 가치는 개인적 또는 집단적 토대를 가질 수 있다. 사람들의 정체성은 어떤 집단이나 범주에 소속함으로써 대체로 결정된다. 자아 가치의 집단적 토대는 다른 범주의 사람들과 비교하여 우월한 범주에 속함을 뜻한다. 이에 관한 예시는 앞에서 자아 가치의 원천으로 사회계층을 언급한 경우를 들 수 있다. 이에 비해서 자아 가치의 개인적 토대는 주로 같은 범주에 속하는 다른 사람들과의 비교에 있다. 사람들은 자신을 직업, 배경, 나이와 같은 여러 가지 면에서 비슷한 사람들과 비교할 수 있다. 이러한 비교를 위해서는 단지 집단의 구성원 이상의 측정 기준이 필요하다. 수행결과가 흔히 한 범주 내의 사람들을 비교하는 효과적인 방법이다.

자아 가치의 개인적 토대와 집단적 토대의 차이는 비교적 돋보이지 않는 메이저리그 야구선수의 예를 생각하면 이해할 수 있다. 우리 사회는 직업선수에게 높은 가치를 두고 있으므로, 명망있는 범주에 속함으로써 이 개인은 집단적 토대를 강조하는 한 높은 자아 가치를 지닐 수 있을 것이다. 메이저리그 야구선수들은 외판원, 트럭 기사, 공장 노동자, 마이너리그 선수 등보다 위신이 높다. 한편 이 사람을 개인적 토대로 비교한다면 그의 자아 가치는 하락될지도 모른다. 그의 범주에 속하는 다른 구성원들, 즉 메이저리그의 다른 선수들에 비하여 그의 수행결과는 성공적이지 못하여 결점과 실패가 야구 통계에 매우 상세히 기록될 수 있다. 이 사람에게 두 유형의 자아 가치가 중요하겠지만, 그는 자아 가치를 집단 비교에 더 두고 싶어 할 것으로 추측할 수 있다.

일반적으로 사람들은 자신의 삶이 의미에 대한 욕구를 충족시킬 수 있는 여러 방법을 제공한다면 보다 안전할 것이다. 단일 원천에 의존하는 것은 위협과 상실에 취약하다(Linville, 1985, 1987). 따라서 우리는 자아 가치를 여러 가지 원천에 두고 있는 사람들이 실패와 퇴보에 더 잘 대처할 수 있을 것으로 예측할 수 있다. 이에 적합한 몇 가지 증거가 있다. 예를 들면, 남녀 모두 그들의 배우자나 연인이 변심하면 자존심의 상실로 괴로워한다(Lawson, 1988; Pines & Aronson, 1983). 남성의 자아와 배신당한 남편에 붙여진 오명의 오랜 역사를 고려해 보면, 남자들이 여자들보다 배우자의 부정에 더 위협받을 것으로 예상할 수 있다. 그러나 그 반대가 사실이다. 즉, 여성이 남성보다 독점욕이 강하다(Blumstein & Schwartz, 1983). 이에 대한 설명은 남성이 자아 가치를 주로 경력 달성에 두는 경향이 있는 반면에,

사랑과 가족은 여성의 자아 가치의 주요 원천이라는 사실에 있다.

게다가 취업하지 않은 여성이 더 독점적이고 질투가 강하다(Blumstein & Schwartz, 1983). 만일 여성이 자신의 경력을 갖고 있다면 남편의 부정에 위협을 덜 느낀다. 왜냐하면 그녀는 또 다른 자아 가치의 원천이 있기 때문이다. 남편의 애정 놀이는 한 인간으로서 그녀의 모든 가치를 부정하지 못한다.[9)]

충족되지 못한 욕구

앞에서 의미에 대한 4가지 욕구를 제시하였다. 만일 그것들이 정말 욕구라면 그것을 충족시키지 못한 사람들은 불쾌, 불만, 불안정 등의 좌절감을 표시해야 한다. 의미에 대한 4가지 욕구를 충족할 수 없는 사람들에 관한 몇 가지 예를 간단히 보기로 하자.

주된 가정은 의미에 대한 욕구를 충족시키는 주요 방법을 상실한 사람들은 그 부족을 보충하려고 노력한다는 것이다. 이 집필을 시작했을 때 나는 사람들이 삶의 의미를 상실하면 그 상실한 것을 대체할 새로운 의미의 원천을 즉시 추구할 것으로 가정하였으나, 이것을 지지하는 일관된 증거를 찾지 못했다. 의미를 상실했을 때 분명히 사람들은 의미의 남겨진 다른 원천에 눈을 돌린다. 그들은 이 다른 원천을 개발하여 상실을 보충하려고 한다. 의미의 남아 있는 원천이 부적절할 때라야 사람들은 아주 새로운 원천을 찾으려고 적극 노력할 것이다. 물론 의미를 상실하고 욕구를 충족하지 못한 시기에는 사람들은 우연히 나타나는 의미의 새로운 원천에 특별히 개방적일 수 있으나, 일반적으로 처음에는 그것을 찾으려고 하지 않는 것 같다.

❖ 목적의 상실

삶의 목적을 전적으로 박탈당한 사람들을 찾기란 매우 어렵다. 목적의 상실은 대개 다른 상실도 수반된다. 복합적인 상실의 문제에 관한 좋은 예는 2차 세계대전 중에 나치수용소로 이송된 사람들의 숙명을 들 수 있다. 실제로 프랭클(Viktor Frankl, 1959)은 그와 같은 수용소 내에서의 관찰을 시발로 인생의 의미 탐색에 관한 새로운 이론을 개발하였다. 그는 사람

---

9) 블럼스타인과 쉬발츠(Blumstein & Schwartz, 1983)가 시사하듯, 이 형태를 순전히 재정적인 면에서 해석할 수도 있다. 결혼생활에 경제적으로 가장 의지하는 부인들은 그들이 의지하는 원천을 손상시키는 경쟁자들에게 가장 분개한다. 그러나 남편의 부정에 대한 부인들의 정서적 반응이 주로 경제적 고려에 의한 것이라고 보기에는 의심스럽다. 부인들의 독점 반응은 매력적이며 사랑스럽고 좋은 아내라는 느낌에 대한 위협에 의한 것이라고 보는 것이 더 그럴듯한 것 같다. 왜냐하면 이러한 것들이 그들의 자아 가치의 핵심을 형성하기 때문이다(Pines & Aronson, 1983).

들이 생존하기 위해서는 목적의식이 필요하며, 그것을 근본적으로 박탈하면 죽게 된다고 확신하게 되었다.

분명히 수용소 이송은 사람들에게 그때까지 자신의 삶을 형성한 대부분의 목적과 충족감을 박탈하였다. 그들은 가정과 직업을 잃고 가족, 친구, 이웃과 단절되었다. 일부 수용소 죄수들은 식품을 획득하여 생존 가능성을 최대화하려고 노력하며, 도움 될 만한 정보를 얻으려 하고, 생존율을 높이는 직업을 수용소에서 구하려 들고, 식품과 교환될 수 있는 담배와 다른 상품들을 축적하면서 스스로 새로운 목적을 찾으려 하였다. 다른 사람들은 자신을 위한 보다 고차적인 목적을 탐색하여, 발생한 것을 언젠가 세상에 알리기 위하여 모든 것을 보고 기억하기로 결심하였다. 따라서 생존은 보다 고차적이고 장기적인 의미를 갖게 되었다.

그동안 다른 죄수들은 이처럼 암울한 자신의 삶의 목적을 재정립하는데 실패하였다. 프랭클(Frankl)은 사람들이 목적의식을 상실했을 때 흔히 죽음에 이르기까지 심신이 와해된다는 것을 관찰하였다. 그는 이와 같은 수동적이고 목적이 없는 자포자기 단계는 다른 사람들에게 빨리 인식되어 놀라게 된다고 말했다.

이러한 증거는 다소 분명치는 않더라도 목적의 박탈이 외면상 죽음을 초래하기 때문에 목적이 삶에서 필요하다는 이론을 근사하게 지지하고 있다. 그러나 불행히도 증거는 분명하지 않다. 무엇보다도 생존이 삶의 목적이라면 목적을 포기하는 것이 생존 가능성을 감소시킨다고 말하는 것은 시시하다. 이것은 생존을 제외한 모든 다른 목적을 포기하는 것이 똑같이 생명을 위협하는 것이라는 의미는 아니다. 목적의식을 생존 이외의 다른 것에 두고 있는 사람들에 관한 증거를 모색하는 것이 더 나을 것이다.

두 번째 문제는 수용소가 사람들에게 목적 이상의 것을 박탈한다는 것이다. 그들의 자아가치는 다양하게 조직적으로 공격당했기 때문에 그들은 효능감을 유지할 기회가 거의 없었다. 또한 그들은 영양부족과 과로에 시달렸다. 프랭클(Frankl)이 결론을 내리고 싶어 했듯이, 목적의 박탈이 죽음의 중요한 요인이었는지는 확신하기 곤란하다.

목적의 상실에 관한 더 좋은 증거는 성인발달에 대한 레빈슨(Daniel Levinson, 1978)의 기초 연구에서 발견된다. 레빈슨(Levinson)은 많은 남자들이 성인 생활의 초반을 특정한 경력을 목표로 하여 조직한다는 것을 발견하였다. 30대에 그들은 흔히 성공이나 승진의 계단을 오르는 것으로 묘사되는 과정인 이러한 목표를 달성하는데 헌신한다. 많은 남자들이 이러한 목표를 달성하면 충만감을 느끼고 내내 행복하게 생활할 것으로 상상하기 때문에 이러한 목표는 전적으로 외적인 것은 아니다.

그러나 40대에 레빈슨(Levinson)의 연구에서 대부분의 남자들은 환멸의 위기를 경험했다. 그들 대부분은 지금까지 그들을 이끌어온 목표를 결코 달성할 수 없다는 것을 깨닫게 되었다. 소수만이 그들의 목표에 도달했지만 성공은 그들이 기대한 모든 것이 아님을 발견하였다. 결국 그들은 내내 행복하게 살지 못했다. 어떻게 하든 중년의 위기나 변화는 발생하였다. 이 변화의 중요한 주제는 의미를 부여하는 목표가 더 이상 지속될 수 없기 때문에 남자는 자신의 삶을 재구성해야 한다는 것이다.

이러한 중년기 변화에 관한 증거는 사람들이 인생의 목적을 필요로 한다는 가설에 분명히 부합된다. 목적의 상실은 남자들에게 상당한 좌절과 불확실 그리고 불행을 유발하기 때문에 꼭 회피하려는 것이었다. 또한 남자들은 새로운 목표를 중심으로 자신의 삶을 재구성하는 경향이 있다는 것을 레빈슨(Levinson)은 발견하였다. 한 전형적 유형은 친밀감과 가정생활을 더 강조하게 된다는 것이었다. 다른 사람들은 외부에서 흥미와 취미를 재발견하고, 새로운 이성 파트너를 찾거나 소수의 경우에는 직업을 바꾸기도 하였다.

가장 보편적인 유형은 가정생활에 더 비중을 두는 것이라는 데에 의미가 있다. 가족은 남성이 30대에도 함께 있었지만 거기에 최대한의 의미를 부여하지는 않았다. 경력이 인생의 목적에서 중요한 원천이 더 이상 아닐 때라야 남성은 자신의 가족을 성취의 주요 원천으로 여겼다. 따라서 목표 상실에 대한 최초의 반응은 새로운 목표를 탐색하는 것이 아니라 자신의 삶에서 이미 존재하는 의미의 원천에 관심을 돌려 거기에서 더 많은 의미를 찾으려 한다는 것이다. 마찬가지로, 취미와 새로운 직업에 대한 관심은 흔히 그동안 소홀히 했거나 잠재해 있던 취미나 재능에 관심을 갖고 삶의 목적의 중요한 원천으로 삼으려는 것이다.

또 다른 증거는 사람들이 목표를 버리는 과정에 관한 클링거(Eric Klinger, 1975, 1977)의 연구에서 알 수 있다. 처음에 목표가 위협받으면 사람들은 그 목표를 더 강하게 추구하는 경향이 있다. 가로막힌 목표는 더욱 그 목표에 매달리게 할 수 있다. 그 후 분노와 좌절의 시기가 있고 때로는 불신도 섞인다. 우울과 비관 그리고 무감각과 더불어 목표를 포기하게 된다. 이 증거를 종합하면, 사람들은 삶의 목적을 필요로 한다는 결론에 이른다. 그들의 목적이 상실되거나 더 이상 의미의 생생한 원천이 되지 못하면 사람들은 고통스러워하고 자신의 인생과 일상생활을 이끌어 갈 다른 목적을 곧 찾는다.

❖ 가치와 정당화의 결핍

가치의 결핍은 자신의 행동을 정당화할 수 없음을 뜻한다. 또 다른 종류의 결핍은 긍정적 가치의 원천 부재, 가치 토대의 부족이다. 이것은 현대 생활의 독특한 문제이므로 나중에 자세히 다루어질 것이다. 앞에서 시사한 바와 같이, 정서를 규제하는 효과적인 한 가지 방법은 도덕적으로 정당하거나 가치있는 방식으로 행동하는 것이다. 그렇게 하면 자신의 행동을 부당하고 나쁘게 보는 사람들은 죄책감과 다른 혐오감을 갖게 될 것이다.

물론 사람들은 도덕적으로 문제의 소지가 있는 행동을 합리화하는데 매우 노련하므로 자신의 행동을 나쁜 것으로 분명히 간주하는 사람들의 예를 찾기가 쉽지 않다. 예를 들면, 범죄자들의 경우를 단순히 검토할 수는 없다. 왜냐하면 그들 중 많은 사람들은 자신의 무죄 또는 최소한 자신의 행위의 정당성을 주장하기 때문이다. 자신을 정당화하려는 욕구가 매우 강하기 때문에 바로 이와 같은 합리화의 기술이 관련된다. 사람들은 자신의 행동을 정당화하려고 그 행동을 왜곡하거나 망각하거나 잘못 해석한다(Greenwald, 1980; Baumeister, Stillwell, & Wotman, 1990).

우리 사회에서 가장 강한 가치 중 두 가지는 살인을 금지하고 자녀에 대한 어머니의 배려와 관심을 신성시하는 것이다. 따라서 어머니가 자녀를 살해하는 것은 상상할 수 있는 가장 흉악한 범죄의 하나로 널리 인정되고 있으므로 보통의 합리화 능력으로는 극복하기 어려울 것이다. 자녀를 살해한 여성들은 자신의 행동을 정당화할 수 없을 때 사람들이 어떻게 반응하는지를 연구할 수 있는 좋은 예가 된다. 그와 같은 여성들에 관한 멋있는 연구를 코르빈(Jill Korbin, 1986, 1987, 1989)이 수행하였다.

이 여성들은 자신의 행동을 정당화할 수 없었던 것은 틀림없다. 코르빈(Korbin)의 연구에서 모든 여성들은 우리 사회에서 상상할 수 있는 가장 중한 범죄를 자행했다는 것을 잘 알고 있었다. 그들은 모든 사람들로부터 비난을 받았고 스스로도 비난했다. 실제로 감옥 안에서 그들은 가장 천대받았으며, 다른 죄수들로부터도 학대를 당하고 적대시 되었다. 이 여성들은 모두 아동의 죽음을 초래한 상황이 발생하기 전에 몇 가지 아동학대의 유형을 보였다. 초기 단계에서 이 여성들은 자신의 학대 행위에 대한 태도에서 정당화의 욕구가 분명하게 드러났다. 어떻게든 그들은 자녀 학대에 대한 죄의식을 최소화하거나 털어버리기 위하여 애썼다. 많은 여성들은 남편이나 어머니에게 자신의 아이를 구타하여 얼마나 마음이 아팠는지 얘기했다. 전형적으로 할머니나 남편은 때로는 아이들이 얼마나 다루기 힘든지 이해한다고 말하며, 다시는 그렇게 행동하지 말라고 흔히 요구하였다. 따라서 그 여성은 부분적이나마 정당성을 부여받았다. 즉, 아이들은 까다롭기 때문에 당신의 행위는 이해할 수 있으며 더 이상 학대를 삼가면 용서할 수 있다는 것이다.

이와 같은 반응은 상황을 분리하는 데에도 도움이 된다. 그 상황을 계속 진행되는 유형의 일부라기보다는 별개의 비전형적인 것으로 규정하여 더 걱정스러운 의미를 부정한다. 학대는 관련 정황에서 벗어나 의미의 일부, 특히 그 여성이 아동학대자라는 의미가 소실된다. 따라서 그 상황은 훨씬 견딜만하게 된다. 일부 여성들은 아이를 치료하러 의사에게 데려갔다. 그들은 의사가 어떻게 반응할지 불안해했다. 흔히 의사는 타박상이나 골절의 발생 이유를 묻지 않고 그 치료에 관심을 집중할 것이다. 이와 같은 방식은 학대 여성에게 자신의 행위가 적절했다고 믿게 만드는 경향이 있었다. 결국 그녀는 부상을 숨기지 않고 아이를 의사에게 데려갔으며, 의사는 그녀를 나쁜 어머니라고 비판하거나 질책하지 않았다. 많은 사람들은 의사를 전지전능한 신처럼 존경하기 때문에 이러한 암묵적인 승인은 그 여성에게 굉장한 안도감을 느끼게 해주었다.

의사의 무반응은 그녀의 행동을 암암리에 면죄해주는 아주 강력한 영향을 미쳤다. 실제로 몇 사람의 경우에는 학대 행동에 대한 치료가 필요할 때마다 아이를 다른 의사에게 데려갔다. 아무 의사도 그녀를 책망하거나 비난하지 않았고, 이 외면상의 합치된 의견은 그녀가 나쁜 어머니가 아니라고 믿게 만들었다. 물론 이러한 전략의 이면에 숨은 뜻은 의사들은 아이를 오직 한 번만 보았기 때문에 아무 의사도 부상의 빈도나 유형을 눈치챌 수 없었다는 것이다. 따라서 그 여성은 자신에게 유리하게 사태를 이끌어간 것이다. 학대하는 동안 그 여성들은 자신의 행위의 의미를 부인하고 그것이 정당하며 심지어 정상적이라고 믿게 되었다. 그들은 학대가 진행 중이거나 확대되고 있다는 것을 부인하면서 지나간 상황을 점차 축소하거나 망각할 수 있었다. 어릴 때의 타박상이나 골절은 빨리 낫기 때문에 아이들의 신체적 회복력은 이와 같은 전략에 도움이 되었을 것이다. 그 여성들은 계속 자신을 좋은 어머니로 생각할 수 있었다.

그러나 죽은 아이는 되살리거나 망각될 수 없다. 보통의 아동학대에서 치명적인 학대로의 변화는 실제로 수개월이나 수년 동안 학대가 점차 확대되는 과정에서 넘어선 희미한 경계선일 수 있다. 그러나 부인하거나 왜곡할 수 있는가라는 점에서 보면 그것은 결코 희미한 경계선이 아니다. 그 여성의 자기 기만적인 모든 전략은 아이가 죽으면 갑자기 완전히 효과를 잃게 될 수 있고, 자기 정당화의 구조는 산산조각 나버린다. 따라서 자기 행동을 정당화하려는 욕구는 갑자기 충족되지 못하고 남겨진다. 당연히 이 여성들은 아주 비참해졌다. 그들은 죄책감과 다른 부정적 감정으로 괴로워했다. 이들의 보편적인 불행감이 자신의 정서 상태를 규제하는 주요 수단으로서 정당화의 욕구를 증명하는 것이다.

그러나 이 여성들이 자신의 부당한 행동에 대처하기 위하여 추구한 방법도 지극히 적절한 것이다. 코르빈(Korbin)의 연구에서 거의 모든 여성들은 출소하자마자 아이를 다시 가져 이번에는 바른 행동을 하고 싶다고 말했다. 따라서 그들은 새 아이에게 적절하고 정당하며 문화적으로 가치있는 일을 함으로써 자신을 구원하려고 애썼다. 물론 이러한 면담 내용을 읽고 이 여성들의 부모역할 노력을 낙관적으로 생각하는 사람은 거의 없을 것이며, 앞으로 나올 아이를 부러워하지도 않을 것이다. 그러나 중요한 것은 이 여성들이 자신의 부당한 행동을 가능한 최대한 지우려고 했다는 점이다. 그들은 또 다른 아이와 새롭게 시작할 수 있으며 어떤 나쁜 행동도 피할 수 있을 것이다. 다른 아이를 갖고 어머니로서 적절히 대함으로써 그 여성은 아동살해에 대한 최악의 의미를 부정할 수 있을 것이다. 그녀는 적절한 사랑과 배려에 의해 정상적인 아이를 양육할 수 있기 때문에 진짜 아동살인자가 아님을 스스로 입증할 수 있다. 따라서 아동의 죽음의 의미는 최소한 일부는 분리될 수 있다. 그녀는 그 죽음을 일반적 유형의 일부이거나 그녀가 사악하다는 증거가 아니라 단일한 별개의 사건으로 간주할 수 있다. 이러한 반응은 사람들이 자신을 정당화하려들고 자신의 삶에서 가치를 찾으려 한다는 가설에 부합된다.

다른 아이를 가짐으로써 대처하려는 욕구는 사람들이 의미의 상실에 어떻게 반응하는지를 다시 보여주는 것이다. 그 여성들은 자선활동을 시작하는 것처럼 자신의 생활에서 전혀 새로운 의미를 찾으려고 하지는 않았다. 자신을 좋은 어머니로서 정당화할 수 있는 힘을 상실하였기 때문에 그들은 결국 좋은 어머니임을 스스로 입증함으로써 이 상실된 의미를 회복하려고 했다.

❖ 효능감의 상실

효능감의 상실은 흔히 문제가 되고 때로는 충격적이기도 하다. 그와 같은 상실이 해로운 결과를 초래할 수 있음을 의심하는 연구자들은 거의 없다. 사실 이미 말한 바와 같이, 하등동물조차도 학습된 무력감의 증세로 고통을 당한다(Seligman, 1975). 인간에게서 학습된 무력감을 입증하려는 첫 시도는 사람들이 통제력을 기대하며 지장을 받으면 즉시 통제력을 재수립하려고 하기 때문에 실패하였다(Roth & Bootzin, 1974). 만일 자동판매기가 돈을 넣어도 아무 것도 나오지 않으면 우리는 그 기계가 작동하도록 조작하려는 경향이 있다. 그러나 다른 증거에서는 장기간 또는 과도한 비효능의 경험은 인간에게서도 학습된 무력감을 야기시킬 수 있다는 것이 입증되었다(Abramson, Seligman, & Teasdale, 1979; Frankel & Snyder, 1978; Roth & Kubal, 1975; Seligman, 1975).

둘 다 환경에 대한 통제의식을 의미하기 때문에 개인적 자유의 개념이 효능감의 개념과 밀접한 연관이 있다(Wortman & Brehm, 1975). 사람들은 자신의 행동과 선택이 제한받는다고 느낄 때 전형적으로 이러한 자유를 다시 주장하려고 한다(Brehm, 1966). 따라서 효능감은 욕구처럼 보인다. 왜냐하면 그것이 박탈되면 사람들은 즉시 통제력을 재수립하려고 하기 때문이다.

임상심리학자들은 다양한 이상행동 유형을 효능감의 상실과 그것을 다시 획득하려는 시도로 야기되는 것이라고 해석하였다. 이에 관한 자극적이고 통찰력있는 예는 전형적으로 자가 단식의 한 유형인 거식증[10](anorexia nervosa)에 대한 오르바하(Susie Orbach, 1986)의 분석을 들 수 있다. 오르바하(Orbach)의 견해는 많은 여성들이 사회문화적 압박과 성격요인을 포함한 여러 가지 이유로 대체로 무력하고 비능률적으로 느낀다는 것이다. 따라서 그들은 섭식에 대한 통제력을 행사하는 것으로 반응한다. 그들은 자신의 신체를 통제하고 자연적인 식욕을 조절함으로써 효능감을 달성한다. 오르바하(Orbach)는 이러한 반응이 서구문화에서 여성의 사회화에 관한 일반적인 흐름과 일치된다고 강조한다. 왜냐하면 여성들은 어릴 때부터 그들의 욕망을 억제하고 신체를 외부 기준에 맞추도록 배우기 때문이다.

10) 역자 주. 신경성 식욕부진증이라고도 하며, 주로 젊은 여성들에게 많이 나타난다. 과도한 불안이나 정서를 지나치게 통제한 결과 발생하는 섭식장애로 장기간 음식물을 회피하기 때문에 위험할 정도로 심각한 체중 손실을 초래한다.

그러므로 거식증은 라틴어의 의미인 식욕상실이 아니라 자신의 식욕 억제에 성공한 것이다(Orbach, 1986). 거식증의 여성은 자신의 생활에서 의미있는 어떤 것도 이룰 수 없는 무력한 실패감에 익숙해 있다. 이에 비해, 식욕을 억제하는 그녀의 능력은 놀라운 성취이며, 거식증의 매력의 핵심 요소이다. 많은 거식증 여성들은 통제력을 잃어 폭식을 하게 될까 끊임없이 전전긍긍한다. 식욕에 대한 통제는 여성 자신과 아마도 외부 세계에 대한 큰 효능감을 상징하는 것이다. 따라서 자가 단식은 힘과 성취 그리고 외부 세계에 대한 숙달을 상징적으로 대체하는 것이다. 거식증은 자신이 강함을, 즉 효능감을 스스로 입증하는 것이다.

거식증에 관한 이러한 견해는 중세 수녀에 관한 연구(Bell, 1985)에서 입증되었다. 중세 교회에서는 여성들에게 자기표현의 기회를 비교적 허용하지 않았다. 의지가 강한 일부 여성들은 벨(Bell)이 "거룩한 단식"(holy anorexia)이라고 명명한 자체 단식의 초기 유형에 탐닉했다. 이 핵심 동기는 효능감과 통제의식을 위한 노력이었던 것으로 보인다. 이 여성들은 먹어야 한다는 남자들의 계속되는 주장을 포함하여 지정된 길을 따라야 한다는 목사의 요구에 저항했다. 그 결과는 남성 주도의 교회 제도에 의해서 제공되는 좁은 역할과 각본에서 벗어나, 여성들이 독자적으로 신을 섬기는 자율성을 위해 투쟁한 흔히 "의지의 경합"이었다. 많은 여성들은 스스로 철저한 금식에 성공하여 결국 영양결핍으로 죽었다. 그들의 성공은 종교적인 면으로도 묘사될 수 있는 바, 몇 사람은 성사로 인성되었다.

효능감은 거식증에 연관된 의미에 대한 유일한 요인이나 욕구는 아니다. 자아 가치도 중요할 수 있다. 오르바하(Orbach)는 많은 거식증 여성들이 만성적으로 자존심이 낮고 의미있는 타인들로부터 존중을 받지 못해 고통을 겪고 있음을 발견하였다. 그녀는 거식증에 들어서는 길이 우리 사회가 흔히 여성에게 장려하고 보상하는 보통의 섭식행동에서 전형적으로 시작된다고 강조하였다. 벨(Bell)의 설명도 비슷한 배경을 가진 중세 여성들에게 가능한 다른 어떤 제한된 경로에서 성취할 수 있었던 명성과 존경을 훨씬 능가한 커다란 위상을 몇 사람의 거룩한 단식자들이 이룩하였음을 생생하게 증명하였다. 예를 들면, 시에나(Siena)의 성인 캐서린(Catherine)은 사제와 군주들에게 해야 할 바를 설교하였다. 거룩한 단식은 문화의 지배적인 가치의 토대, 즉 기독교와의 연관성에서 어느 정도의 정당성을 이끌어낸 것이기도 하다. 대부분의 거룩한 단식자들은 신이 그들에게 어떤 식으로든 신체적 욕망을 극복하도록 명령한 것이라고 믿었다. 그러나 이러한 다른 요인들에도 불구하고 효능감이 거식증의 핵심인 것으로 보인다.

이제 의미의 상실에 대한 반응 형태는 친숙하다. 새로운 의미의 원천을 즉시 추구하기보다는 자신의 생활에 이미 존재하는 의미의 원천을 발전시키는 것이다. 신체적 욕망의 억제는 여성에게 어릴 때부터 주입되어 대부분의 여성들은 성인기에 이르기 전에 섭식행동의 사례를 경험한다. 요컨대, 대부분의 여성들은 식욕을 어느 정도 통제하는 것을 배웠다. 이 학습은 매력적인 날씬한 모습을 수반하는 자아 가치와 연결된 그들의 삶의 의미의 전형적인 작은 부분이다. 거식증 여성들은 삶의 의미의 주변부에서 이러한 학습을 가져다가 중요한 부분으로 만든다. 그것은 여성의 효능감의 주요 원천이 되기 때문에 여성이 극단적으로 변하는 것은 놀랄만한 것이 못된다. 따라서 목적과 가치처럼, 효능감도 기본적인 욕구인 것 같다.

❖ 자아 가치의 결핍

앞에서 자아 가치에 관한 욕구를 묘사하면서 많은 전통 사회에서는 개인적 가치를 상당히 엄격한 사회적 위계에서 자신의 위치와 연결시킴으로써 자아 가치의 견고한 토대를 제공하였다고 언급하였다. 따라서 각 단계에서 사람들은 낮은 계층의 사람들에 대한 우월성을 강조함으로써 자신의 자아 가치에 자신을 가질 수 있었다. 이와 같은 하향비교의 형태는 사회심리학에서 중요한 일반적인 원리이다. 자아 고취나 위안을 필요로 할 때 사람들은 자신보다 열세인 사람을 찾아서 자신이 이 불행한 사람보다 얼마나 우월한지 생각한다(Wills, 1981).

따라서 사회적 위계에서 자신의 위치에 자아 가치를 연결하는 것은 자아 가치의 문제에서 상당히 실행 가능한 해결책이다. 거의 모든 사람은 다른 사람에 비해서 우월한 느낌을 가질 수 있다. 이러한 해법은 최하위층의 사람들에게만 맞지 않는다. 결국 순위가 할당되면 누군가 마지막 위치에 있게 된다. 이 사람들에게는 모든 사람에게 자아 가치를 제공하는 사회체제가 효력을 발휘하지 못한다.

많은 전통 사회에서 노예들은 위계에서 하위층에 속했다. 결과적으로, 정말 자아 가치의 욕구가 있다면 노예들은 자아 가치의 다른 원천을 찾으려는 보편적인 경향뿐만 아니라 전형적으로 좌절과 불행을 나타낼 것으로 예측할 수 있다. 노예들은 실제로 자아 가치의 상실에서 큰 고통을 겪었다. 비록 대부분의 사회에서 노예들은 서면기록이나 증언을 거의 남기지 않았지만, 그들은 존중받지 못하는 인간으로 간주된다는 중압감으로 고통을 받았다는 상당한 증거가 있다(Patterson, 1982). 흔히 명예로 표현되는 자아 가치의 추구는 많은 사회에서 삶의 중요한 특성이었으며, 노예들은 분명히 그로부터 배제되었다.

그렇다면 노예들은 자아 가치의 박탈이라는 사회적 현실에 어떻게 대처하였는가? 그들이 자아의 결핍을 사적으로 수용한 것으로 보이지는 않는다. 어떤 노예집단도 그들의 주인이 갖고 있던 천한 개념을 내면화했음을 시사하는 증거는 장기간의 비참한 노예 역사에서 결코 찾을 수 없다. 그 보다는 노예들은 그들이 찾을 수 있는 위신, 명예, 존중의 어떤 부분이라도 쟁취하려고 노력한 증거는 있다.

노예 소유 사회에서는 노예들에게 전형적으로 자아 가치에 관한 매우 제한된 또는 최소한의 토대를 제공하였으나, 노예들은 이것을 최대로 활용하였다. 비록 모든 노예들이 멸시

당하고 최하위층에 속했지만 모두가 똑같이 멸시당한 것은 아니며, 그들은 이런 빈약한 명예의 표시를 얻기 위해 서로 경합을 벌였다. 따라서 노예들은 자아 가치가 없는 집단에 속했지만, 그들은 자아 가치의 수준이 다양한 새로운 하위집단을 형성하였다. 그들은 자기 집단의 구성원들 사이에서 개별 비교를 하여, 대부분이 우월감을 느낄 수 있는 누군가를 찾으려고 하였다.

자아 가치를 부여하는 한 방법은 노예를 소유하는 것이었다. 대부분의 노예 소유 사회에서는 노예가 노예를 소유하는 것을 허용하였다. 사실 역사적으로 노예를 소유하는 주된 이유는 그것이 위신을 높이는 것이었으므로 주인뿐만 아니라 노예도 노예를 소유함으로써 혜택을 볼 수 있었다. 물론 그 동안 노예의 노예가 되는 것은 상상할 수 있는 최악의 비천한 상황이었다(Patterson, 1982). 이에 비해서, 명망있고 훌륭한 주인을 섬기는 것은 노예에게 유리하게 반영되었다. 남북전쟁 이후 많은 노예들은 이전 주인의 부와 위신을 돌이켜보며 과장했다. 통계적으로 가능한 것보다 훨씬 많은 노예들이 큰 농장에 속했었다고 주장했다(Genovese, 1976).

노예들이 추구한 자아 가치의 다른 원천들은 유력한 위치에 있는 것(우두머리 노예나 감독관), 개인적 자산을 갖는 것, 다른 노예들보다 우월함을 뜻하는 특정 인종에 속하는 것이 포함되었다. 때로는 집단 구분이 두 방향으로 이용되었다. 흔히 자유롭게 된 노예들은 노예로 태어난 사람들보다 우월하다고 여겼으며, 때로는 그 반대이었다. 집안의 노예들은 농장 노예들보다 흔히 우월하게 느꼈고, 그 반대의 경우도 발견되었다(Patterson, 1982). 미국 노예의 교화 초기 단계에서 기독교 노예들은 개종하지 않은 이교도 노예들보다 우월하게 느꼈으며, 그 반대도 사실이었다(Raboteau, 1978).

자아 가치를 위한 보다 야심적인 전략은 이론상 불가능할지라도 비노예 집단보다 우월하게 느낄 수 있는 방법을 찾는 것이었다. 미국 흑인들은 때때로 가난한 백인들보다 우월하다고 느낄 수 있었다. 흑인들의 노래 가운데에는 "나는 가난한 백인보다는 차라리 검둥이가 되고 싶다"는 것이 유행했으며, 연구자들은 흑인 노예들이 "가난한 백인 쓰레기"라는 말을 만들어냈다고 믿고 있다(Genovese, 1976).

노예들은 어떤 점에서는 그들의 주인보다도 우월하게 느낄 수 있었다. 미국 노예들 중에는 기독교의 힘이 그들의 자아 가치에 기여하는 토대라고 부분적으로는 설명될 수 있다. 얼핏 보면, 이러한 힘은 역설적인 것처럼 보인다. 왜냐하면 종교는 노예제도를 정당화하기 때문이다. 그러나 종교는 노예들에게 위엄과 정신적 가치를 부여했다. 특히 많은 기독교 교리들은 신이 비천하고 고통받으며 무력한 자들을 특히 사랑한다고 강조했으며, 현재의 사회적 지위체계는 사후 세계에서 역전될 것으로 약속했다. 많은 노예들은 이 약속을 천국에서 그들이 주인이 되고 지상에서의 주인은 그들의 노예가 될 것을 뜻하는 것으로 받아들였다(Raboteau, 1978).

노예들이 사후세계에서 그들의 주인 위에 군림할 것이라는 기대는 여러 가지 공통적인 관례에 의해서 아주 강화되었다. 남부 노예 소유주들은 자신의 임종 시에 모든 노예들을 불러서 용서를 구하는 것이 보편적이었으며, 이것은 노예들에게 오래 인상에 남았다. 보다 일반적으로, 노예들은 자신의 주인을 잔인하고 위선적이며 부도덕하게 보는 경향이 있었다. 이 모든 것들은 기독교 노예들이 주인에 대해 도덕적으로 우월한 태도를 조용히 개발하여 자신의 자아 가치를 높일 수 있게 하였다(Raboteau, 1978).

요약하면, 여러 증거는 자아 가치가 기본적이며 보편적인 욕구라는 개념에 부합된다. 자아 가치의 주요 원천을 박탈당하면 사람들은 자신에게 남아있는 다른 주요 원천을 강조하였다. 위신의 사회체계에서 노예들은 최하위에 속했으므로 다른 사람들보다 우월하게 느낄 수 있는 하향비교를 할 수가 없었다. 그러나 그들은 자아 가치의 다양한 원천의 부스러기를 긁어모을 수 있었다. 그들은 노예들의 하위집단을 발전시켜 많은 노예들이 다른 사람들보다 우월하게 느낄 수 있도록 하였다. 몇 가지 사례에서 두 세 집단의 노예들이 있었고, 그들은 각각 다른 집단보다 우월하게 느꼈다. 또한 노예들은 다른 노예들과 주인에게까지 우월하게 느낄 수 있는 토대를 부여한 종교적 이념에도 관심을 두었다.

요약 및 결론

이 장에서는 사람들이 인생을 이해하기 위하여 최소한 4가지 기본적인 방식을 필요로 한다고 주장하였다. 의미에 대한 이 4가지 욕구는 생존을 위한 필요조건은 아니지만, 충족되지 않으면 사람들은 고통과 좌절을 나타내고 그것을 충족시킬 다른 길을 곧 모색한다. 분명히, 인생에서 의미의 원천이 박탈당하면 사람들의 첫 반응은 결손을 보충하기 위하여 남아있는 의미의 원천을 확장하려고 한다. 그것이 실패한 경우에만 사람들은 자신의 삶에 아주 새로운 의미의 원천을 추가하려고 한다.

첫째 욕구는 목적이다. 그것은 현재의 상황을 미래와 연관하여 해석할 수 있는 욕구이다. 목표와 충족감은 목적의 두 가지 중요 유형(외적 및 내적)이다. 중년기 변화에 관한 연구는 인간이 10여 년 이상 자신의 활동을 구축해온 목적을 상실하면 방향 상실과 고통을 표시한다는 것을 시사하고 있다. 보편적인 유형은 취미나 가족관계와 같이, 자신의 생활에서 주변적인 부분을 택하여 중심이 되는 의미있는 부분으로 발전시키는 것이다.

두 번째 욕구는 가치, 즉 정당화이다. 사람들은 자신의 행동을 바르고 좋은 것으로 간주하려고 한다. 그들은 과거와 현재의 행동을 정당화하길 바란다. 치명적인 아동학대에 관한 연구에 의하면, 가치나 정당화는 욕구라는 견해를 지지하고 있다. 자녀를 살해한 여성들은 극심한 고통, 죄의식, 그 밖의 문제를 나타낸다. 자신이 좋은 어머니라는 주장을 정당화하기 위하여 그 여성들은 전형적으로 가급적 빨리 또 다른 아이를 가지려고 한다.

세 번째는 사람들이 효능감, 즉 강하고 차이를 만들어 내며 세계에 어떤 영향을 미칠 수 있다는 의식을 필요로 한다. 효능감을 상실하면 사람들은 스트레스와 학습된 무력감을 포함한 고통과 불편함의 여러 가지 증후를 나타낸다. 일부 여성들은 효능감을 얻기 위한 방안으로 자체 단식에(거식증과 같이) 의존한다는 증거가 있다. 많은 경우에 그들은 자신의 삶에서 무력감과 좌절을 느끼지만, 신체적 욕구를 억제하여 강한 통제력을 성취할 수 있다.

마지막으로, 사람들은 자기 존중과 타인들의 존중에 대한 요구를 포함하는 자아 가치에 대한 토대를 필요로 한다. 자아 가치는 타인보다 우월하다는 느낌에 공통적으로 기반을 둔다. 많은 전통 사회에서 사람들은 사회적 위계 속의 자신의 위치에서 자아 가치를 이끌어냈으며, 자신보다 하위에 있는 사람들에게 우월함을 느낄 수 있었다. 최하위층에는 노예들이 있었으며, 그들은 자아 가치의 결핍에 큰 고통을 느꼈다. 그러나 그들도 노예집단을 세분하거나 다른 사람들보다 우월하게 느낄 수 있는 새로운 기준을 모색하여 자아 가치를 찾으려고 하였다.

의미에 대한 4가지 욕구는 사람들이 자신의 삶을 이해하는 체제를 제공하며, 삶의 의미는 그에 따라 분석될 수 있다. 다음 장에서는 사람들이 자신의 생활에서 단일한 의미가 있는 것으로 기대하는 이유와 같은 중요한 문제를 포함하여 인생의 의미의 기능을 검토할 것이다.

제4장 고차적 의미의 신화

가족 휴가 중 어느 비오는 날에 한 청소년 남자 아이가 모든 사람의 신경을 건드리고 있어서 그를 진정시키고 몰두하도록 퍼즐을 주었다. 그는 그런 퍼즐을 좋아하지 않았지만 한 번 시도해 보기로 하고 시작하였다. 진행은 느렸다. 많은 조각들은 색깔이 같고 너무 많아서 알맞은 조각을 찾는데 아주 많은 시간이 걸렸다. 마침내 그는 모두 같은 색인 하늘의 한 부분을 맞추기 시작했는데, 모든 조각을 분류하여 맞는 것을 고를 수 있었다. 그의 계획은 이 조각들을 모양으로 맞춘 후, 나머지를 완료하기 위하여 가장자리 부분을 계속하는 것이었다. 그러나 이 전략도 통하지 않는 것 같았다. 몇 가지 조각을 찾았으나 어느 것도 남은 공간에 맞지 않았다. 이 계획을 포기하는 대신, 그는 필요한 조각을 찾아내기로 결심하였다. 조각을 하나씩 맞추는 것은 매우 지루했지만, 곧 찾을 것이라는 믿음과 찾은 조각으로 퍼즐의 이 부분을 끝낼 수 있을 것이라는 희망을 가지고 그리고 나머지도 끝낼 수 있을 것으로 생각하며 계속하였다. 그는 하늘의 남은 부분을 맞추기 위하여 모든 조각들을 살폈으나 소용이 없었다. 그는 색깔이 다른 것도 맞을지 몰라 여러 가지 방법을 시도하며 처음부터 다시 시작했다. 이 때 고모가 지나가며 어떻게 하고 있는지 물었다. 좌절에 찬 퉁명한 음성으로 그가 어려움을 호소하자, 고모는 그 퍼즐이 오래된 것이라 일부 조각들이 없어졌을지도 모른다고 말했다. 그녀는 심지어 다른 퍼즐의 조각들이 함께 뒤섞여 있을 수 있다고 했다.

나는 아직도 그때 느꼈던 분노와 배신감을 기억하고 있다. 큰 퍼즐은 이미 충분히 어려운 것이고 모든 조각들이 다 있었다고 해도 나와 같은 소년에게는 그다지 재미없는 것이었다. 그러나 없어진 조각들이 있었다는 것은 권리 침해인 것 같았다. 퍼즐과 씨름하는 지루함은 이제 가중되었다. 좌절을 느끼며 특정 조각을 찾는 것은 헛된 일이었을 것이다. 지겨운 탐색이 필요할 것이라는 나의 믿음은 이제 웃음꺼리가 되었다. 그리고 마침내 퍼즐을 완전히 맞췄을 때의 만족감을 기대할 수조차 없었다. 물론 나는 즉시 퍼즐 맞추기를 멈추었고, 어떤 부분은 기억이 모호하지만, 퍼즐을 치우면서 화를 내며 불평했거나 최소한 당연히 토라졌던 것으로 생각한다.

다시 말하면, 퍼즐에서는 모든 조각들이 있어야 하고 다 맞아야 한다. 이것이 오로지 지루해 한 소년과 건네받은 퍼즐의 문제라면 그다지 관심꺼리가 되지 못하겠지만, 인생은 비슷한 기대로 가득 차 있다. 일반적으로 일생 동안 사람들은 상황을 이해하길 기대한다. 그들은 타당한 설명이 무엇인지 모를 때에도 그것이 가능할 것으로 기대한다. 그들은 사실과 규칙이 일관될 것으로 예상한다. 요컨대, 우리는 세상과 그 주변 상황에 의미가 충만한 것으로 굳게 믿는다.

불행히도 우리는 우리의 기대가 합당할 것으로 어떤 보장을 하지 못한다. 일이 단지 이치에 맞지 않고, 설명할 수 없는 모순과 불일치도 가능하며, 인생은 적절한 의미가 없을 수 있다. 우리가 퍼즐에 모든 합당한 조각들이 있을 것으로 믿는 것처럼, 우리의 생활도 어떤 의미가 있을 것으로 믿는다. 그러나 그렇지 않다면 어쩌겠는가?

이 장에서는 인생의 의미에 대해 얘기하는데 필요한 기본적인 아이디어 제시를 마칠 것이다. 핵심적인 생각은 사람들이 세상을 이해할 수 있는 정도에 관해 비현실적인 기대와 가정을 갖고 있다는 것이다. 세상은 사람들이 생각하듯이 질서정연하고 합리적이며 이해할 수 있게 되어 있지 않을 가능성이 크다. 사람들은 자신의 경험을 이해하는 일을 결코 완수하지 못할 것이다. 왜냐하면 사람들이 그럴 것으로 기대하지도 않을 뿐만 아니라 경험이 실제로 합치되지도 않기 때문이다. 여기에는 여러 가지 의미가 내포되어 있다.

충만한 의미의 기대

인간은 의미가 가득한 세상에 살고 있다. 우리가 당면하는 대부분의 사물은 부분적으로는 의미가 있기 때문에 거기 있는 것이다. 그것들은 계획이나 청사진에 의해서 특수한 기능을 위해 사람들이 만든 것이며 매매된다. 자연의 선물도 의미에 의해서 변형되었다. 그것들은 이름이 붙여지고, 분류되고, 분석되며, 사용되고, 설명되었다. 그리고 요구되고, 쟁취되며, 포장되고, 구분되었다. 의미는 우리 주변의 모든 것들을 복잡한 관계로 연계시켰다.

그러나 사회의 커다란 의미는 대부분 밑에서부터 수립된다. 아동들은 특정 사물과 상황의 이름을 학습하면서 시작한다. 동물은 특정한 상황과 명령을 학습한다. 과학자들은 일반적인 원리와 법칙을 점진적으로 발견한다. 따라서 의미로 충만된 세계의 건설은 많은 하위 수준의 구체적인 의미를 종합한 것이다. 의미는 구체적이고 특수한 것으로부터 시작하여 점차 광범하고 포괄적이며 추상적인 수준으로 발전한다.

다시 말하면, 인간의 마음은 세상에서 유형을 지각함으로써 시작되었다. 지각하는 사람은 개별적인 사물과 상황을 함께 연결시키기 시작하였으며, 마음이 그 연결들을 연결하기 시작하였다. 결국 마음은 어떤 큰 유형이나 원리에 따라 모든 것이 합치되는 과정을 이해하기를 기대한다. 그러나 모든 것이 합치되고 이해되지 않으면 어떻게 될까?

근래에 카오스(chaos) 이론[11]에 의해 자연과학에 소개된 세상의 모습을 고려해 보는 것이 도움이 될 것이다. 이 관점에 의하면, 자연은 우연적이 아니지만, 그 유형은 어떤 우연과 함께 작용한다. 물론 유형은 연결과 상호관계, 즉 의미를 암시한다. 특정한 유형과 우연적 영향이 모두 발견되어야 한다. 여기에 함축된 한 가지 의미는 마음이 기껏해야 다른 것이 아닌 어떤 것을 이해할 것으로 기대할 수 있다는 것이다. 즉, 마음은 이러한 유형의 존재를 이해할 수 있으나 세상을 완전히 이해할 수는 없을 것이다. 세계의 현재 상태에 관한 완전한 지식이 가능하더라도 우리는 미래를 아주 정확히 예측할 수는 없을 것이다.

그러나 사람들은 세계를 이해하고 예측하는 우리의 잠재적 능력에 대한 이와 같은 한계를 수용하는데 매우 주저할 수 있다. 인간의 마음은 환경에 있는 유형을 식별하고 활용함으로써 발전하고 번성하였기 때문에 어떤 상황이 유형화될 수 없다는 것을 받아들이기 주저할 수 있다. 그것을 인정하는 것은 성장하고 학습하며 통제하는 마음의 능력에 대한 한계를 인정하는 것이며, 모든 것은 원칙적으로 이해될 수 있다는 우리의 신념에 위배되는 것이다.

이러한 분석은 인생의 의미에 적용될 수 있다. 앞 장에서 이미 시사한 바와 같이, 인생의 의미는 실제로는 작은 부분에서 형성된다. 사람들은 자신의 삶을 하루의 한 시점에서 이해한다. 모든 행동은 각각 매일 의미가 있을 수 있으며, 나이가 들어감에 따라 더 장기적인 단위로 생각하게 된다(Ellenberger, 1958). 13세에는 한 달이 한없이 지루할 수 있지만, 중년기에는 수년을 특정한 일에 헌신하고 결혼생활에 수 십 년을 보낼 수 있다.

유혹을 느끼는 것은 전 생애를 단일하고 일관된 유형에 맞추어야 한다고, 즉 생의 역사에 맞추어야 한다고 생각하는 것이다. 실제로 사람들은 자신의 생활에 적합한 고차적 수준의 의미가 있을 것으로 생각할 수 있다. 따라서 개인의 삶의 의미는 정치적 변화이든 과학적 진보이든 또는 신의 생각이든, 이와 같은 전체 계획에서 나올 수 있다. 그러나 이러한 생각은 잘못된 것이다. 수많은 작고 지엽적인 의미가 모여서 반드시 하나의 큰 의미가 되는 것은 아니다.

생활은 의미가 없어도 분명히 가능하다. 인간이 언어와 의미를 도입하기 오래 전에 동식물의 생활은 지구상에 존재했다. 인생도 우리가 말할 수 있는 한 어떤 보장되고 내재된 의미와 함께 시작된 것은 아니다. 인생의 의미를 유도하기 위하여 인생을 구성하는 일련의 상황에 광범한 해석을 덧붙일 필요가 있다.

잡다한 상황을 한 이야기로 설명하는 것은 결코 완벽할 수 없다. 많은 것들이 누락될 수 있다. 이미 언급한 바와 같이, 카우프만(Kaufman, 1986)은 사람들에게 자신의 삶의 이야기를 말하도록 요청한 결과, 그들의 반응은 4-6개의 서로 무관한 다른 주제를 포함하고 있음

---

11) 역자 주. 카오스 이론이란 무질서하고 예측 불가능한 현상 속에 숨어 있는 몇 가지 정연한 질서를 유도하여 새로운 이해방법이나 사고방식을 제시하는 것을 목적으로 한다.

을 발견하였다. 그러므로 모든 것을 한 이야기로 합치시키려는 노력은 실패할 수 있으며, 인생은 여러 개의 이야기를 내포하고 있다. 직업 이야기는 결혼생활과는 작고 사소한 관계만 있을 수 있다.

그리고 이 중요한 이야기들도 발생되는 모든 것들을 포함하지는 못한다. 일상생활에는 인생의 주요 이야기와는 무관한 순간들이 있을 수 있다. 고차적 의미의 신화는 모든 것이 합치된다고 약속하지만 실상은 그렇지 않다. 많은 순간들은 인생의 주제와는 무관하고 모순되기도 한다.

어떤 사람의 전기에 무엇을 포함시킬 것인가의 문제가 선택의 좋은 예이다. 사소하고 부적절한 상황은 배제되고 중요하고 관련된 것들이 포함되어야 당연하다. 그러나 중요성과 관련성의 바로 그 기준이 인생의 의미에 대한 명백한 생각을 이미 갖고 있고 몇 가지 상황만 그에 적합하다는 것을 의미한다. 예를 들면, 오스굿(Charles Osgood)은 주관적 의미의 측정과 언어와 의미에 관한 심리학적 이론의 발전에 생애의 대부분을 보낸 심리학자이었다. 그러므로 그의 전기에는 10세 소년이었을 때 생일 선물로 로제 숙어사전(Roget's Thesaurus)을 받은 사실이 포함되어 있다(Tzeng, 1990). 그러나 많은 다른 아이들은 선물로 참고서를 받았지만, 대부분 그들의 전기에 포함되지 않았다.

인생의 고차적이거나 심원하거나 광범하거나 통합적인 의미와 어떤 관련이 없는 상황은 평범하다고 부를 수 있다. 따라서 평범한 것은 발생하는 모든 것들을 포함하는 광범한 의미에 포함되지 않는다. 곤충이나 도시 고양이의 삶은 매일 또는 매 시간의 생존, 안락, 쾌락에 전적인 관심을 두고 있다는 점에서 평범한 것이다. 고양이나 곤충은 세계사, 정치, 종교, 그리고 다른 큰 의미에 관심이 없다. 그것들은 먹이를 찾는데 시간을 보낸다.

사람들은 자신의 삶을 완전히 평범한 것으로 인정하기를 분명히 꺼린다. 그들은 자신의 생활이 곤충과 같이 의미가 없다고 생각하기를 싫어한다. 의미에 대한 욕구는 자신의 삶이 일상적인 혼잡을 넘어선 의미가 있는 것으로 해석하려는 욕망을 반영하고 있다. 개인은 자신의 생활이 흥미있는 또는 고무적인 이야기가 되거나 고귀한 주제나 교훈이 되거나 중요하고 거창한 발전의 일부가 되기를 바란다. 인생의 신화에 골몰하는 것은 이 모든 것에는 어떤 심오하고 지속적인 중요성이 있다는 안일한 기대이며, 이해될 수 있고 헤아려 보려고 노력할 가치가 있다는 기대를 단순히 반영할 수 있다.

인생에 적절한 큰 의미가 없다는 인식은 흔히 기분 나쁜 생각이 들게 한다. 주부의 다음과 같은 말은 많은 사람들이 느끼는 평범함에 대한 불쾌한 충격을 표현하고 있다. "어머나! 이게 다야? 이게 인생의 모든 것이라니 정말일까?"(Rubin, 1976). 고무적인 이야기, 소중한 의미, 큰 계획 또는 놀라운 결과는 없다. 인생은 그저 그렇고 그런 식으로 계속되어 결국 그렇게 끝날 것이다.

자신의 생활에서 가장 중요한 의미있는 주제를 찾으려는 사람들도 많은 활동들이 무관한 것임을 인정하지 않을 수 없다. 가장 의미있는 삶에서조차 평범한 것들이 많이 있다. 줄서서 기다리고, 숨쉬고, 소변을 보는 행동은 고상한 해석이 어렵고 어떤 사람의 생활사의 특징적인 부분으로 보기 힘든 좋은 예이다. 때로는 먹는 것이 고결한 의미를 지닐 수 있으나(성탄절 저녁이나 영성체 의식), 다른 때에는 세속적인 생존 욕구를 단순히 용인하는 것이며, 어떤 사람의 생활사에서 제거된 것이다. 감기에 걸리는 것은 흔히 아무 의미가 없으며 비생산적이다. 인생에서 겪는 자질구레한 질병은 전기에서 어느 정도 공간을 차지하고 있는가? 생활사에서 일이 특징적이라면 병에 걸렸을 때는 일을 중지하게 되기 때문에 질병은 생활사에서 공백에 해당된다.

1980년대는 인문학에서 해체이론(deconstructionist theory)이 출현하였다(Culler, 1982). 해체이론가들은 어떤 단일한 해석이 소설 속의 모든 것을 포괄할 수 없으며, 소설의 많은 부분이 주제와는 무관하고 심지어 모순될 수 있다고 주장한다. 소설에서 이것이 사실이라면 생활에서는 더욱 그렇다. 아마 해체론자들의 주장이 옳은 것 같다. 생활의 모든 상황을 큰 주제나 통합적인 의미에 맞출 수는 없을 것이다. 생활은 자연스럽게 해체된다. 생활을 구성하려는 시도, 즉 일련의 의미를 이용하여 모든 것을 연관시키려는 것은 실패하기 마련이다.

고차적 의미의 신화에 관한 핵심은 사람들이 사물을 큰 형태로 합치시키려고 애쓰며 기대하지만 이 소망과 기대는 부당하다는 것이다. 역사, 과학, 예술, 종교는 개인의 삶의 의미가 그 자체보다 적절하다는 기대를 표면상 유지시키는 구조를 제공한다. 그러나 물론 이와 같은 큰 계획은 기껏해야 삶의 특정 부분과 특정 활동에만 의미를 제공한다. 과학자, 예술가, 세계의 지도자들은 과학, 문화, 세계의 역사에 어떻게 기여하든지 여전히 화장실에 가야 하며, 커다란 공헌도 사소한 신체 기능에 의미를 부여하지 않는다.

그러므로 어느 정도의 평범함과 단편성은 불가피한 것 같다. 인생의 의미는 아무리 중요하고 강력하다고 해도 불완전한 것이다. 물론 이는 그것이 무가치하다는 것은 아니다. 그렇지만 그것은 인생을 매우 선별적으로 편집한 것이다.

아마 사람들은 삶에는 어느 정도의 평범함과 단편성이 포함되어 있다는 것을 인정할 것이다. 그러나 자신의 생활이 모두 평범하다고 인정하는 것은 싫고 두려울 수 있다. 앞에서 주장한 것처럼, 사람들은 자신의 삶이 곤충의 삶이나 다름없다는 것을 인정하지 않으려고 한다. 자신의 삶에서 의미를 찾지 못한 사람들은 행복하지 않다(Argyle, 1987; Frankl, 1959; Klinger, 1977). 사람들은 자신의 삶이 의미가 있기를 기대한다. 평범함을 적어도 어느 정도 극복하는 것은 매우 바람직한 것이다.

그렇지만 고차적 의미의 신화는 일반적으로 말하면 모든 것과 모든 상황이 광범하고 통합적이며 고차적인 의미와 형태로 이해될 수 있다는 기대를 형성할 수 있다. 이것은 인간 사고의 일반적인 경향이다. 사람들은 이러한 광범한 의미를 항상 추구하지는 않을지 모르지만 그와 같은 것이 있다고 가정하는 경향이 있다. 이 가정을 의문시하는 것은 아주 혼란스러운 일이다.

고차적 의미의 신화에는 몇 가지 중요한 부분과 함축된 의의가 있으며, 이제부터 이것들을 검토해 보자.

완전함: 해답에 대한 믿음

완전함은 모든 것을 이해할 수 있다는 가정이다. 거창한 계획은 어떤 것을 설명하는데 충분하다고 생각한다. 따라서 그것은 고차적 의미의 신화에서 핵심적 부분이며, 부분이라는 용어는 부적절할지도 모른다. 거창한 계획이 자연 법칙이든 신의 섭리이든, 그 가정은 모든 상황에 적합하다는 것이다.

그러므로 완전함의 신화는 모든 문제에는 해답이 있고, 모든 결정은 최선의 대안이며, 모든 난관은 해결될 수 있다는 것을 보장한다. 사람들은 이와 같은 해답을 바로 찾을 수 없을지도 모른다는 것을 알고 있지만 해결책이 존재하며 이론상 찾을 수 있음을 믿고 있다. 결국 무식하거나 사악한 사람을 제외하고 모든 사람은 모든 일에 당연히 동의하게 된다. 존 스튜아트 밀(John Stuart Mill)이 전에 존 스털링(John Sterling)에게 말했듯이, "네 의견이나 내 의견이 옳다면 그 의견은 조만간 식자층에서 만장일치로 받아들일 것이다."(Houghton, 1957, p. 14).

자연계를 이해하는데 있어서 과학자들은 해결할 수 없는 문제나 부적절한 것들이 있다고 믿기를 꺼려 왔다. 하이젠버그(Heisenberg)의 유명한 불확실성의 원리에서는 어떤 사실은 필연적으로 알 수 없다고 하였다. 더 정확히 말하면, 움직이는 분자의 위치와 속도를 아주 정확히 알기는 불가능하다는 것이다. 20세기에서 과학의 발전은 절대적인 예측에서 확률적인 예측으로 계속적인 변화를 요구하게 되었다. 현실은 확신이 아니라 가능성에 의해서 예측된다. 최선의 정보를 갖고 있어도 미래에 대한 예측은 무엇을 분명히 안다기보다는 지식에 근거한 추측을 하는 정도이다. 그러므로 놀라울 만큼 많은 과학자들은 절대적 결정론과 완벽한 예측 가능성에 대한 믿음을 유지하고 있다. 그들은 우리가 더 많이 안다면 상황을 아주 정확히 예측할 수 있을 것이라고 한다.

물리학에서 숨어 있는 변인들에 대한 논쟁은 완전함에 대한 이와 같은 믿음을 반영하고 있다. 물리학자들은 상상할 수 있는 모든 것을 안다고 해도 어떤 분자의 미래 활동을 100% 정확히 예측할 수 없다는 것을 깨닫게 되었을 때 아주 혼란스러웠다. 한 학파에서는 자연에는 단순히 예측 불가능성이 있다고 결론을 내렸지만 이 견해는 인기가 없었다. 다른 학파에서는 우리가 아직 생각하지 못한 다른 변인들이 있으며 그것들은 완전히 정확한 예측에 대한 열쇠를 쥐고 있을 것으로 결론지었다. 물리학에서 변인들(속도, 질량, 가속도 등)은 오랫동안 크게 변하지 않았으며 확대의 여지도 많지 않은 듯 보이지만, 많은 물리학자들은 정말 다른 변인들이 있다고 주장했다. 이러한 숨어 있는 변인들의 존재에 관한 믿음은 분명한 해결책이 언제나 있게 마련이라는 신념을 나타내고 있다.

사회적 세계에 관심을 돌려보면, 완전함의 신화의 좋은 예는 인공유산에 대한 논쟁에서 볼 수 있다. 사람들은 이 문제에 바른 해결책이 있다고 애써 믿으려 한다. 근래에 대법원은 일단의 전문가들로부터 태아가 언제 정확히 생명체가 되는 것인지 증언을 들었다. 그 가정은 실제로 이와 같은 정확한 시점이 있다는 것이며, 이것이 객관적으로 파악될 수 있을 때 우리는 유산의 문제에 대한 해결책을 알게 될 것이다. 생명을 빼앗는 것은 나쁜 일이지만 임신한 여성이 생명을 빼앗지 않는 수술을 받는 것은 인정될 수 있다.

불행히도 대법원 판사들은 임신 중 어느 시점에서 인간의 생명이 시작되는지에 대한 상충된 견해에 당면하였다. 논쟁은 마치 일부 과학자들이 이념적 편향 때문에 사실을 오해하거나 잘못 전하는 것처럼 계속되었다.

아무도 인정하지 않는 것으로 보이는 것은 결정이 자의적이며 실제로는 해답이 없을 수 있다는 가능성이다. 완전함이 정말 신화라면 해결할 수 없는 문제가 있을 것이다. 아마 생명체 여부의 애매한 부분이 있을 것이며 사회는 이 모호한 부분의 어느 시점에서 정의를 내려야 할 것이다. 입법자들은 태아가 어느 시점에서 인간이 되는가에 관한 문제에는 객관적으로 해답이 없음을 단순히 인정하고 사회의 이익을 최대화하는 선에서 자체적인 해답을 찾아야 한다. 그러나 이것은 그다지 매력적인 의견은 아니며, 그 보다도 사람들은 분명한 해답이 있을 것으로 기대한다.

도덕적 난관이 완전함의 신화를 추구하는 좋은 예이다. 사람들은 도덕성이 관련된 곳에는 옳고 그른 선택이 있을 것으로 믿으려 한다. 수 세기에 걸쳐서 사상가들은 충성심의 갈등과 같은 많은 도덕적 난관을 확인하였다. 예를 들면, 50명의 인명을 살해할 수 있는 폭탄의 위치를 아마도 알고 있는 테러리스트에게 고문을 행하는 것이 옳은가? 그러나 이와 같은 난관에도 정말 정확한 해법이 있다는 믿음이 지속되고 있다. 사람들은 상충되는 요구를 하는 두 가지 도덕적 원리가 있을 수 있으며 어느 것도 상대에 참으로 우선하지 않음을 인정하기 싫어한다.

일관성의 믿음

순수 논리에 관한 연구에서 일관성과 완전함은 신중하게 구별될 수 있지만 심리학에서는 중복된다. 고차적 의미의 신화는 일관성과 완전함을 동반하고 있다. 신화에서는 해답은 언제나 있으며 이 모든 해답들은 서로 모순되지 않는다고 말한다.

사람들은 그들의 삶을 해석하고 의미있는 결정을 내리면서 일관성을 추구하는 경향이 있다. 결국 매우 상반되는 원리에 의해 생활하거나 상충되는 규칙을 따르는 것은 비실용적이다. 모순이 나타나면 사람들은 그것을 해결하거나 최소화하려고 한다.

일관성의 욕구는 사회심리학자들에 의해서 잘 기록되어 있다. 사람들은 자신의 태도나 가치와 행동 사이의 상반된 선택, 상충된 감정 또는 모순에 대처하려고 한다(Festinger & Carlsmith, 1959). 사람들은 지금까지 생각했던 것보다 자신이 낫다는 긍정적 소식을 듣더라도 자신의 가정과 맞지 않는 부분을 발견하면 불편해 한다(Shrauger, 1975; Swann, 1987). 일관성을 추구하는 유형에 관한 증거는 많이 있으나 여기서 상세히 논의할 필요는 없다.

논리적 일관성은 모순의 가능성과 관계가 있는 반면에, 심리적 일관성은 실제 모순을 강조하는 경향이 있다. 즉, 당면 상황에서 상충된 압력이 있을 때만 문제가 생긴다. 개인은 어떤 문제가 없이 장기간 두 가지 신념을 갖고 있을 수 있지만 어떤 상황에서는 그것들이 서로 어긋나는 행동을 하게 만든다. 그때서야 그 사람은 그것들이 모순된다는 것을 알게 된다.

예를 들면, 대부분의 미국 정치가들은 다수의 시민들과 마찬가지로 인플레를 억제하기 위한 정부 지출의 감소, 실업 감소, 빈곤 타파, 우수한 교육기회 제공, 자연환경의 보존 등을 선호한다. 정치 신인은 이 모든 가치를 선거운동 기간에 진지하게 채택할 것이다. 왜냐하면 그 모든 가치들이 미국의 행복한 생활 개념과 일치되는 듯 보이기 때문이다. 그러나 일단 선출되면 정치가는 이 가치들이 모순됨을 깨닫기 시작한다. 고용을 증진시키고 오염과 투쟁하며 교육을 개선하고 빈곤을 타파하는 것은 모두 경비가 소요되며 그와 같은 지출은 정부의 부담을 증가시킬 수 있다. 그 결과, 힘이 있는 정치가들은 힘이 없는 정치가들보다 결정이 복잡하다는 것을 알게 되는 경향이 있다. 따라서 정치가들은 선출된 후에는 그 문제를 보다 복잡하게 생각하기 시작한다(Tetlock, 1986). 요컨대, 거래가 포함된 정책 결정을 해야 하는 경우와 같은 특정 상황에서 갈등과 모순이 분명히 드러난다.

정체감 위기에 관한 연구에서도 숨겨진 갈등이 나타나는 상황에서 모순이 문제가 된다고 결론을 내렸다(Baumeister, 1986; Baumeister, Shapiro, & Tice, 1985). 정체감 위기에서 한 가지 중요한 유형은 자아에 관한 두 가지 정의가 갈등을 일으키는 정체감 갈등을 포함하고 있다. 자아를 두 가지 상호 모순된 방식으로 정의하기는 어렵다. 그 보다는 자아에 관한 다양한 정의가 점차 누적되는 것이 일반적이다. 그리하여 이러한 정의가 어떻게 행동해야 하는지에 대한 갈등을 내포하는 상황에 처하게 된다.

예를 들면, 여대생들은 어머니 역할과 경력을 모두 열망할 수 있다. 왜냐하면 두 야망이 논리적으로 모순되지 않기 때문이다. 그러나 실제로는 이들 중 많은 여대생들은 상충된 요구에 당면할 때와 같이 어떤 시점에서 두 목표가 모순된다는 것을 발견한다. 아이들을 잘 돌보면서 경력을 최대한 발전시킬 수 있는 시간이 충분치 않다는 것이다(Roeske & Lake, 1977). 따라서 모순은 특정 상황에서 나타난다.

일관성은 인생의 의미와 무슨 관계가 있는가? 사람들은 자신의 생활사에서 상당한 정도의 일관성을 기대한다. 그들의 개인적 의미의 내용에서 근본적인 변화는 어렵고 설명이 요구되며, 인생의 의미에서 중요한 변화의 문제에 대해서는 나중에 상세히 설명하게 될 것이다. 그러나 일반적으로 사람들은 일관성을 위해 노력한다.

삶에 관해 일관된 설명을 하려는 욕구는 선별적인 편집을 유도할 수 있다. 이것은 언제나 일어날 수 있지만, 사람들이 자신의 과거를 돌이켜보며 새로운 의미에 적합하게 편집할 때 가장 분명히 나타난다. 예를 들어, 여러 연구에 의하면, 사람들은 자신의 의견을 변경할 때 애초의 견해를 편리하게 잊고서 현재의 견해를 시종 견지해온 것으로 생각한다(Aderman & Brehm, 1976; Baumeister & Covington, 1985; Bem & McConnell, 1970).

자기의 자서전을 변경하는 사람들을 포착하기는 어렵지만, 아마도 비공식적으로는 매우 많이 발생하고 있을 것이다. 로버트슨(Pat Robertson) 목사는 1970년대 초에 자서전을 출판했는데, 그 안에는 신이 그에게 정치에 관여하지 않도록 지시했다는 내용이 담겨 있다. 물론 신의 직접적인 지시는 목사의 생애에 중요한 사건이다. 그러나 수년 후 로버트슨(Robertson)은 공화당의 대통령 후보 지명전에 나서기로 결심하여 자서전을 갱신할 필요가 있었다. 개정판에는 신이 그에게 정치를 하지 말라고 지시한 부분이 삭제되고, 중앙 부서를 운영하는 데 나서도록 요구받았다는 내용으로 대체되었다(Guth & Green, 1988).

거짓된 영속성 : 영원함의 신화

지금까지 고차적 의미의 신화는 완전함과 일관성에 연관되었다. 사람들은 해답을 기대하며, 자아와 세계에 관한 설명이 일치되기를 기대한다. 고차적 의미의 신화에서 세 번째 측면은 안정성이다. 사람들은 자신이 배운 규칙, 원리, 유형이 안정적이고 변치 않기를 기대한다.

의미의 사용은 세계를 이해하기 위하여 아이디어를 형성하는 것이지만, 이 아이디어들이 세계와 정확히 일치하지는 않는다. 일반화하고 추론하며 결론을 이끌어낼 필요가 있다. 이와 같은 의미 사용의 일반적인 유형의 하나로 거짓된 영속성(false permanence)이 있다. 아이디어는 어떤 것이든 그것이 지칭하는 현상의 안정성을 과대 추정하는 경향이 있다. 아이디어는 변하지 않아도 현실은 변한다.

거짓된 영속성을 이해하기 위해서는 이전에 설명한 인생과 의미의 별개의 성질을 돌이켜 볼 필요가 있다. 인생은 과정이며, 이는 거칠 것 없는 변화의 연속을 뜻한다. 영원하고, 안정적이며, 변하지 않는 것이 인생에는 거의 없다. 인생을 구성하는 기본적인 생물학적 사실, 즉 먹고 마시고 배설하는 행위, 성장하는 것, 병에 걸리고 회복하는 것, 욕망과 포만 등은 부단히 변화한다. 마찬가지로, 인생의 사회적인 면도 끊임없이 변하고 있다. 이것은 관계의 형성과 변화 및 해소, 결혼과 출산, 권력 관계의 구조에서 볼 수 있다.

실제로 유기체는 환경에 반응하여 부단히 적응함으로써 살아가며, 이러한 적응은 신체적 및 화학적 구조의 계속적인 변화를 의미한다. 인생의 연속성은 시간의 경과에 따라 실체가 정확히 동일하다는 것보다는 과정의 연속성을 말한다.

인생이 변화를 내포하는 정도는 동일한 유기체를 다른 두 시점에서 비교하면 쉽게 알 수 있다. 예를 들면, 9세 소녀의 25년 후를 고려해 보자. 신체를 구성하고 있는 원자와 분자는 아마 완전히 변했을 것이다. 그녀의 크기와 형상은 아주 다르다. 체력과 욕구의 많은 부분도 다르고 사회적 관계도 거의 완전히 다르다. 9세의 사회적 관계에서 많은 사람들은 34세에는 이미 사라지고, 현재 34세에서 교제하는 많은 사람들은 어렸을 때에는 아마도 없었을 것이다. 두 시기의 사회적 관계에서 발견될 수 있는 사람들도 그녀와의 관계는 아주 다를 것이다. 예를 들면, 그녀의 부모가 그녀를 9세 때와 34세 때 대하는 태도는 매우 다를 것이다.

요약하면, 인생은 끊임없는 변화를 포함하고 있다. 한편, 의미는 안정성과 불변성을 토대로 한다. 바로 언어의 원리가 의미의 안정성을 필요로 한다. 만일 단어의 의미가 매일 달라진다면 생각하거나 의사를 전하기 위해 언어를 사용할 수 없을 것이다. 의미가 변할 때는 새로운 물건을 나타내기 위해서 새로운 단어가 필요한 경우와 같이, 흔히 물리적 및 사회적 세계의 변화에 필요하기 때문이다. 그러나 변화는 의미에 문제가 되며, 본질적으로 그 안정적인 성질에 위배되는 것이다.

의미의 안정성은 완전히 의미로 구성된 체계인 수학에서 잘 나타난다. 3+4 = 7이라는 진리는 수천 년 동안 정확히 동일하게 계속되었고, 어떤 식으로든 진화하거나 변화할 여지가 없다. 사실 우리는 3+4가 하루가 다르게 7, 9, 31, 11로 변하는 수학을 사용할 수는 없다.

의미는 물리적 및 사회적 세계의 변화를 취급해야 한다. 물론 변화의 개념이 있지만, 변화를 다룰 때조차도 의미는 안정적인 개념을 내포하는 경향이 있다. 변화는 계속적인 흐름이라기보다는 안정된 상태에서 다른 상태로 바뀌는 것을 나타낼 수 있다. 더욱이 변화 가능성이 큰 의미는 보다 추상적이고, 복잡하며, 고차적인 개념을 취하는 경향이 있다. 구체적이고 즉각적인 의미는 더 안정적인 경향이 있다. 나무, 바위, 아이, 도움, 12라는 개념은 수백 년 간 아주 안정적이었다. 정의, 신, 국가와 같은 고차적 개념은 여러 번 수정된 것들이다. 그러나 이러한 변화도 흔히 안정된 의미에 의해서 표현될 수 있다. 2세기 전에 정의에 관한 미국인의 개념은 자유스럽고 재산이 있는 모든 백인을 위한 동등한 권리와 공정한 대우를 의미하는 것이었으나, 이제 그 의미는 집이 없는 흑인 여성을 포함한 모든 성인들로까지 확대되었다.

그러므로 인생은 거침없는 변화의 과정인 반면에, 의미는 안정성과 불변성을 토대로 한다. 따라서 의미를 인생에 적용하면 항상 변하는 현상에 안정적인 개념과 아이디어를 첨가하는 것이다. 어떤 점에서 인생과 의미는 모순된 성질을 지니고 있다.

이와 같은 모순의 결과가 거짓된 영속성이다. 아이디어와 개념은 일반적으로 그것들이 나타내는 현상보다 안정되고 변함없는 경향이 있다. 인생에 적용하는 의미가 무엇이든, 의미는 사물의 안정성을 과장하는 경향이 있다. 게다가 의미는 인과관계에 관여하고 상황을 결정하는데 도움을 주기 때문에 인생에서 의미의 사용은 상황을 인위적으로 안정되고 고정된 형태로 변화시키는 경향이 있다. 의미는 안정성을 과장할 뿐만 아니라 생성하기도 한다. 생각과 행동에서 의미는 안정성, 항상성, 불변성을 조장한다.

안정적인 의미와 변화하는 현상간의 긴장은 결혼의 생물학적 과정과 사회적인 개념의 비교에서 알 수 있다. 우리 문화에서 인정되고 제도화된 결혼의 개념은 안정되고 영구적인 것이다. 결혼은 고정되고 변치 않는 조건이며, 분명한 시점에서 시작되어 아마도 평생 지속된다. 결혼 여부에는 분명한 구분이 있으며, 그 정도가 날마다 또는 해마다 변화되지는 않는다. 결혼에 의한 변화는 안정된 한 상태에서 다른 상태로의 전환으로 이해되며, 이혼과 사별에 의한 변화도 같은 식으로 이해된다. 결혼의 상태를 구별하는 이러한 변화는 정확한 시점에서 발생하며 공식적으로 기록된다.

이에 비해서, 결혼의 실제 현상은 상당한 변화를 보인다. 연인들 사이의 매력은 열정적인 성적인 욕망에서 친밀감과 공통 경험으로 바뀔 수 있다. 정서적 유대의 강도는 변화될 수 있고, 상호 감정이 매 시간이나 몇 십 년 동안 정확히 일치하는 부부는 드물 것이다. 상대방과의 태도, 감정, 행동은 점진적으로 때로는 갑자기 변한다.

그러므로 결혼은 변화하는 관계에 안정적인 아이디어를 부여하는 것이다. 결혼의 의미는 안정성과 영구성에 기반을 두고 있으나 인간관계의 생동하는 현실은 변화와 발전과 성장을 포함하고 있다. 따라서 결혼은 아이디어와 제도가 실제 현상보다 안정적임을 의미한다는 점에서 거짓 영속성의 예라고 할 수 있다. 개념은 언제나 충족되지 않을 수도 있는 안정성과 영원함의 기대를 낳는다.

결혼은 아이디어 이상이며, 제도이다. 따라서 결혼은 변화하는 감정과 행위의 양식에 안정된 구조를 부과하는 것이기도 하다. 이 의미있는 구조의 영향은 실제적인 안정성을 증가시키는 것일 수 있다. 결혼을 종료시키는 것은 어려운 일이며, 선서, 책임감, 법적 제한이 부부가 해로할 가능성을 증가시킬 수 있다. 그러므로 의미는 안정성의 정도를 과대평가할 뿐만 아니라 실제로 안정성을 증가시키는데 작용한다.

이혼의 문제는 결혼의 거짓된 영속성을 극적으로 묘사하고 있다. 오늘날 결혼의 40-50%는 마침내 이혼으로 끝난다(Price & McKenry, 1988). 그렇지만 가장 인기있는 결혼 서약은

"죽음이 우리를 갈라놓을 때까지" 함께 있겠다는 엄숙한 선서이다. 사람들은 결혼할 때 이혼을 전혀 예상하지 못한다. 따라서 그들의 생각과 기대는 관계의 영속성을 과대평가한다.

요컨대, 결혼은 자연스러운 생활방식과는 실제로 맞지 않는 안정되고 지속적인 형태로 생활을 구성하는 것이다. 결혼은 인생에 의미를 부여하는 행위이며, 그 과정에서 자연적인 경향과는 상반될 수 있는 변치 않고 안정된 형태로 생활을 변화시키는 것이다. 이것이 바람직한가 아닌가 하는 것은 관계가 없다.

의미의 다른 용도는 거짓된 영속성과 같은 특성을 지니고 있다. 자아와 정체감은 인간의 생물학적 및 사회적인 면이 계속 변한다는 사실에도 불구하고 시간이 지나도 동일한 인간이라는 내용으로 귀결된다(Baumeister, 1986). 다른 사람의 행동을 볼 때 사람들은 전형적으로 그 행동의 일관성을 과대평가하면서 고정되고 안정된 특성으로 해석한다(Jones & Nisbett, 1971; Ross, 1977).

인생과 의미의 이러한 부적절한 결합은 단순히 우연의 일치가 아니다. 즉, 거짓된 영속성을 인생과 의미의 기묘한 모순된 성질의 우연한 부산물로서 묘사하는 것은 잘못된 것이다. 거짓된 영속성은 이 둘 사이의 보다 깊은 연관성을 반영하는 것인지도 모른다. 생물에 관해서는 한 가지 사실을 더 고려해야 한다. 삶은 변화의 과정이지만, 생물은 전형적으로 안정성에 대한 강한 욕구를 나타낸다. 의미는 안정성을 달성하기 위한 삶의 중요한 수단이다. 그러므로 의미가 상황에 안정성과 영속성을 부여하는 경향이 있는 것은 놀라운 일이 아니다.

안정성을 추구하는 것은 인생의 보편적인 소임으로 보인다. 내적 및 외적으로 생물은 안정성을 향해 노력한다. 유기체의 내적 과정은 일반적으로 동질정체[12)](homeostasis)의 형태를 나타낸다. 이러한 과정은 변화, 분열, 욕구에 반응하여 평화스러운 균형을 회복하려는 시도이다. 신체는 변함없는 체중, 체온, 맥박 등을 유지하려고 한다. 외적으로 유기체는 안정되고 예측할 수 있는 환경을 추구한다. 이와 같은 안정성을 추구하는 예는 소유권, 안정된 사회적 집단의 형성, 규칙적이고 예측 가능한 자원에 대한 강한 욕망을 들 수 있다. 사회적으로 사람들은 변함없는 평판과 안정된 관계를 유지하려고 한다.

분명히 대립되는 동기도 있다. 유기체는 흔히 새로운 영역을 탐색하고 사회적 상호작용을 위한 새로운 상대를 찾으려고 한다. 그러나 새로움에 대한 욕망은 안정되고 예측 가능한 토대에 흔히 추가되는 욕망이다. 동물들은 새로운 영역을 탐색하기를 좋아하지만 소유권을 주장하는 영역을 포기하기를 주저한다. 따라서 변화에 대한 관심은 일방적이다. 추가는 좋은 것이지만 감소는 나쁜 것이다. 새로운 것의 추가는 안정성에 변화를 가미한 것이다.

요컨대, 삶은 과감한 변화의 특성을 가지고 있으나 안정성을 열망한다. 인간의 행동도

---

12) 역자 주. 동질정체는 환경에 적응하거나 생명을 유지하기 위한 동기의 발생으로 신체 내부의 체온이나 화학성분 등이 평형을 유지하는 상태를 뜻한다. 예를 들면, 불안과 공포로 인한 긴장을 감소시키기 위해 어떤 동기가 유발되고 이를 통해 평형상태를 유지하게 된다.

동일한 형태를 따른다. 사람들은 안정된 가정생활, 규칙적이고 믿을 수 있는 자원, 안정된 직업 등을 바란다.

생물은 안정성을 위한 노력에서 전형적으로 그들이 갖고 있는 자원을 이용한다. 의미의 지능적인 사용은 인간의 가장 강력한 자원의 하나이다. 실제로 의미는 인간이 안정성을 달성하는데 도움이 되도록 발전된 것으로 보인다. 주변 세계의 유형을 발견하고 일반화하고 전달함으로써 사람들은 그 환경을 예측하고 통제하는 능력을 크게 향상시켰다. 현대적인 공학은 이 과정의 최종 산물이다. 그것은 마치 인간이 세계를 보고 변화를 중단시킬 수 있는 방법을 모색하여 변하지 않는 유형을 발견함으로써 세계를 안정되고 예측 가능한 것으로 만들려고 의미를 사용하는 것과 같다.

그러므로 의미는 안정성에 강하게 연결되어 있으며 그 사용은 자연의 변화에 안정성을 부여하는 경향이 있다는 것은 놀라운 일이 아니다. 거짓된 영속성은 조직적인 왜곡일 수 있으나 이해할 수 있는 것이다.

다음 장에는 거짓된 영속성에 관한 많은 예가 제시될 것이다. 사실 어떤 의미를 삶에 적용하든 거짓된 영속성의 경향은 있을 수 있다. 그러나 거짓된 영속성은 인생이 의미가 있다는 바로 그 점에서 암시적일 수 있다.

이론상 인생의 의미는 삶의 모든 행위와 결과를 통합하는 설명 개념이다. 실제로 인생은 흔히 비일관성, 잘못된 시작, 변화된 계획, 상호 무관한 일, 부정확한 결말이 뒤범벅되어 있다. 단일한 인생의 다양한 노력과 일상적인 상황을 모두 통합할 수 있는 단일한 의미를 이끌어내기를 기대하기란 비현실적이다. 그러나 인생의 의미에 대한 개념은 바로 그것을 정확히 함축하고 있다. 그와 같은 개념이 비현실적이고 부적절한 정도만큼이나 어떤 인생의 의미에 대한 바로 그 개념은 거짓된 영속성을 반영하는 것이다.

성취감의 신화

고차적 의미의 신화에서 마지막 측면은 성취감이다. 앞 장에서 성취감은 현재의 상황에 대한 상당한 개선에 입각한 긍정적이고 바람직한 상태로 설명되었다. 성취감은 규칙적으로 매우 좋은 느낌을 갖는 것이다.

성취감의 개념은 거짓된 영속성을 나타내기 쉬운 것으로 특히 알려져 있다. 실제로 사람들은 때에 따라 좋고 나쁜 느낌을 갖는다. 그러나 그들은 충족을 상상하는 개념을 생각할 때 나쁜 느낌은 전혀 없이 언제나 좋은 느낌에 초점을 두는 경향이 있다. 성취감은 영원한 긍정적 감정을 뜻하는 것으로 보인다.

거짓된 영속성은 우리 문화의 성취감에 관한 특징적인 이상에서 핵심적이라는 것은 분명하다. 예를 들면, 사랑은 영원불변의 상태로 이상화되어 있으며, 인기 영화와 노래 및 대중매체에 그와 같이 묘사되어 있다. 영원불멸의 사랑에 대한 약속은 인기있는 소설과 음악에서 판에 박힌 문구이다. 사람들은 적당한 짝을 찾아서 내내 행복하게 살 것으로 상상한다. 실제로는 낭만적 사랑의 열정은 기간이 제한되어 있고, 사람들은 상당한 기간 동안 만족하게 지낼 수 있지만 아무도 내내 행복하게 살지는 못한다(Sternberg, 1986). 열정적 사랑은 자연적 도취 상태이자 의식의 변화 상태이며, 대부분의 변화 상태와 같이, 매우 일시적이다.

마찬가지로, 사람들은 일에서 성공이 끊임없는 행복을 가져다줄 것으로 상상한다. 유명한 한 연구에서는(Levinson, 1978) 많은 남자들의 성공에 대한 생각이 거의 동화의 특성을 갖고 있는 것으로 결론을 내렸다. 남자들은 어느 정도의 성공을 이루면 그들의 모든 문제와 고민, 갈등이 사라질 것으로 느꼈다. 많은 경우에 중년기 변화나 위기는 직업에서의 목표 달성이 인생의 다른 부정적 특징을 사라지게 하지 않는다는 실망스러운 자각에 이를 때 초래된다.

그러나 또 다른 성취감의 모형은 부유하게 되는 것이다. 복권과 도박의 매력은 부분적으로는 즉시 부자가 되어 모든 문제가 사라지면 부유함의 기쁨을 내내 누릴 수 있을 것이라는 기대이다. 현실에서는 복권에 당첨되거나 부자가 된 소수의 사람들은 끝없는 기쁨 속에서 살지 않는다. 흔히 그들은 돈 때문에 새로운 문제와 갈등에 당면한다(Brickman, Coates, & Janoff-Bulman, 1978). 복권 당첨은 여생을 긍정적 감정 상태로만 있게 될 것임을 분명히 보장하지 않는다. 복권 당첨자들은 이 점을 알고서 놀라 기분이 나쁠 것이다.

성취감의 생각에서 거짓된 영속성의 요소는 우리의 현대 문화에서 특유한 것은 아니다. 인류는 수 세기 동안 이러한 난관에 사로잡혀 왔다. 사람들은 궁극적이고 영원한 성취감의 믿음을 갖고 싶어 하지만, 실제 성취감은 일시적인 것 같다. 예를 들면, 열반(일반적으로 신비스러운 각성과 같은)에 대한 불교의 개념은 이론적으로 영원한 상태이지만, 실제로 기쁨과 무아지경의 보고는 그 기간이 제한되는 경향이 있다. 보다 일반적으로는 세계의 위대한 신화들은 성취감의 문제를 불가피하게 취급해야만 했다. 우리의 선조들이 생각해내고 공유한 성취감에 관한 3가지 큰 신화들을 간단히 고찰해 보기로 하자.

첫째는 호머(Homer)의 오디세이(Odyssey)[13]에 나오는 연꽃 열매를 먹고 모든 괴로움을 잊은 사람의 이야기이다. 이 이야기에서 오디세우스(Odysseus)의 배는 주민들이 그저 온종일 둘러 앉아 야생의 연꽃 열매를 먹는 섬에 상륙하였다. 그들이 연꽃 열매를 먹기 시작하자 항상 행복감에 취해서 다른 어떤 일도 하려는 욕구를 상실하였다. 오디세우스(Odysseus)의

---

13) 역자 주. 호머(Homer)의 서사시로 트로이 전쟁을 목마를 계획하여 승리로 이끈 그리스의 영웅이자 이타카(Ithaca) 왕국의 왕인 오디세우스(Odysseus)의 이야기이다. 전쟁이 끝난 후 포세이돈(Poseidon)의 저주로 10년 동안 방랑하다가 귀향하여 아들의 도움으로 부인 페네로피(Penelope)의 구혼자들을 제거하고 왕국의 통치권을 회복하였다.

사람들 중 일부가 연꽃 열매를 먹고 그곳에 무한정 남기로 재빨리 결정하였다. 오디세우스(Odysseus)는 그들을 강제로 배에 승선시켜 다시 떠났다.

연꽃 열매를 먹는 신화는 사람을 영원히 행복하게 만들 수 있는 어떤 물질을 발견할 수 있다는 생각을 표현하고 있다. 비록 그 위험이 주로 어떤 다른 일에 대한 흥미 상실로 보이지만 그것은 언제나 위험한 유혹으로 묘사되고 있다. 이 신화는 약물 사용에 대한 우리 문화의 태도에 오늘날 분명히 반영되고 있다. 약물은 언제나 행복감을 느낄 수 있다는 똑같은 기대를 전하고 있으며, 약물을 시용하는 사람들은 가끔 다른 활동에 대한 흥미를 잃는다. 약물 사용에 대한 많은 반대는 일과 같은 다른 일에 대한 흥미 상실이 결국 해롭다는 주장에 근거하고 있다. 그러나 약물 사용이 어떤 커다란 해로움 없이 영원한 행복을 느낄 수 있는 수단을 제공했더라면 우리의 성취에 입각한 생활방식에 대한 도전이 상당했을 것이다.

큰 성취감에 대한 두 번째 신화는 아서(Arthur)왕의 전설[14]에 나오는 성배의 이야기이다. 이 이야기에 의하면, 많은 사람들이 성배(예수가 마지막 성찬에서 사용한 잔)를 찾기 위해 떠나서 이상하고 영웅적인 모험과 심오한 경험을 하였지만 극소수만이 목적을 달성하였다. 가까스로 성배를 본 사람들은 즉시 죽거나 은둔생활을 하다가 곧 죽었다.

오늘날의 관점에서 본다면, 성배의 신화는 어떤 자조적인 특성을 지니고 있는 것 같다. 인간의 최고의 경험은 성배의 어렴풋한 모습이며, 많은 기사들은 그 영상을 찾으려고 고통을 겪었다. 요점은 인간이 성취할 수 있는 가장 큰 것은 일종의 의식적인 경험이며, 불교에서의 해탈과 열반의 개념과 어느 면에서 비슷하다는 것을 상징적으로 전하는 것으로 보인다.

성배 신화의 통찰(자조적인 특성도 포함하여)은 우리의 성취감에 대한 생각에서 거짓된 영속성의 인식으로 연결된다. 성배를 본 모든 사람들은 직후에 죽었다. 인생은 제공할 것이 더 이상 없었으며, 최고의 성취 상태를 유지하는 것도 불가능하였을 것이다. 사실, 갤러해드(Galahad)[15]는 성배의 모습을 보고 급격한 실망감을 겪지 않기 위하여 즉시 죽기를 원했다.

세 번째 신화인 파우스트(Faust)[16] 이야기도 죽음을 이용하여 거짓된 영속성을 말하고 있다. 그 이야기의 가장 잘 알려진 내용에 의하면, 파우스트(Faust)는 악마와 거래를 한다. 악마는 파우스트(Faust)에게 지상의 쾌락을 제공하고 그가 너무 만족스러워 그 순간이 영속되기를 바라는 시점에 그의 영혼을 원하게 된다. 파우스트(Faust)는 성숙한 지식인이라서

---

14) 역자 주. 영국 켈트(Celt)족의 전설로 처음에 독일 시인 고트프리드(Gottfried)가 트리스탄(Tristan)과 이졸데(Isolde)의 이야기로 취급하였고 후에 영국 작가 말로리(Malory) 경이 각색하였다. 바위에 꽂힌 검을 뽑아 왕손의 정통성을 부여받은 아서(Arthur)가 호수의 여신에게서 무적의 검 엑스칼리버(Excalibur)를 받고 카멜롯(Camelot) 왕국을 건설하고 귀네비어(Guinevere)왕비와 원탁의 기사들과 같이 통치하다가 성배를 찾으려고 기사들이 흩어지는 과정에서 쇠망의 길을 겪는다.

15) 역자 주. 기사 란슬롯(Lancelot)의 아들이며 13번째 원탁의 기사로 인품이 고결하여 유일하게 성배를 찾은 인물로 알려졌다.

16) 역자 주. 중세 전설의 주인공으로 지식과 권력을 위해 악마에게 영혼을 판 철학자이며, 괴테(Goethe), 토마스 만(Thomas Mann), 구노(Gounod) 등이 그 내용을 이야기로 각색하였다.

모든 형태의 만족이 일시적임을 알게 되었다. 따라서 그는 영원한 성취를 믿지 않았다. 그는 악마도 완전하고 영원한 즐거움과 행복을 그에게 보여줄 수 없을 것으로 확신하고 기꺼이 거래를 하였다.

파우스트(Faust)의 이야기는 거짓된 영속성을 성취감의 아이디어에서 중심에 두고 있다. 본질적으로 파우스트(Faust)는 즐거움과 쾌락 그리고 만족감이 영속되기를 원하지 않으면서도 누릴 수 있다고 내기를 하였으나 결국 지고 말았다. 그 의미는 인간은 쾌락이 영속되기를 바랄 수밖에 없다는 것이다. 거짓된 영속성은 성취감의 개념에서 핵심적이다. 인간은 그 소망이 아주 위험할지라도 영속성을 원하지 않을 수 없다.

신화는 성취감의 영속성을 바라는 것에 대해 매우 부정적으로 말하고 있다. 인간은 영속성을 원하는 순간에 잃고 만다는 것이다. 권력이나 지식과 함께 쾌락을 바라는 것은 인정할 수 있으나 이것들이 영속적인 만족감을 줄 것으로 기대하는 것은 안전하지 않다. 특히, 쾌락을 연장하여 성취감을 추구하는 것은 무익하고 파괴적이다. 파우스트(Faust)의 신화는 인간의 경험이 부단히 변한다고 말하고 있다. 성취감을 연장하기 위하여 변화를 중단하려는 것은 인간성을 상실하는 것이다.

그러므로 성취감에 관한 다양한 관점은 거짓된 영속성의 문제를 인식하고 해결하려고 노력한 것이다. 해결책은 성취감의 보편적인 개념이 이와 같은 신화적이거나 왜곡된 면을 단순히 지니고 있다는 것이다. 성취감의 아이디어는 긍정적 감정의 실제적인 경험에서 유도될 수 있지만, 그 개념을 이상화하기 위하여 강도와 영속성이 가미된 것이다. 집단적인 상상으로는 성취되는 것은 언제나 기분 좋은 것이다. 이러한 개념은 아마 비현실적일 것이다. 감정은 그 성질상 일시적이며 즉각적이고 최근의 사태에 반응한다. 적응수준 영향은 제거될 수 없으므로 사람은 좋은 일에 익숙해져서 새롭고 더 좋은 것을 원하게 된다. 어떤 상황이 그 후 긍정적 감정을 계속 일으킬 수 있다는 생각은 한 번에 충분히 먹으면 다음에 배고프지 않을 것이라는 생각처럼 가능하지 않다.

요약 및 결론

인간은 자신의 세계를 조금씩 이해하기 위하여 지능을 사용한다. 인간은 점진적으로 광범하고 통합적인 유형을 알게 되고, 그들이 구성하는 의미는 서로 연결되어 있다. 고차적 의미의 신화는 모든 것이 일리가 있으므로 이해될 수 있다는 일반적인 믿음이다. 인생의 의미에 적용하면, 그것은 인생이 정말 의미가 있다는 희망이나 신념 또는 기대이다. 심지어 자신의 인생이 실제로 의미하는 바를 분명히 말할 수 없는 사람도 인생이 합당하게 중요한 의미가 있다고 믿을 것이다.

완전함과 일관성은 고차적 의미의 신화에서 중요한 면이다. 완전함은 모든 의문에 답할 수 있다는 믿음이다. 그것은 모든 문제에는 해결책이 있으며, 모든 딜레마는 해결될 수 있고, 모든 의미있는 문제에는 해답이 있다는 믿음을 조장한다. 일관성의 믿음은 세계에는 모순이 없으며, 사람과 사물은 안정되고 예측 가능한 방식으로 이해될 수 있다는 생각이다. 사람들은 완전함과 일관성에 대한 그들의 믿음을 유지하려는 동기가 있다. 그들은 어떤 딜레마에 답이 없거나 인생이 어떤 해결할 수 없는 모순을 지니고 있다는 것을 인정하지 않으려 한다.

거짓 영속성은 상황의 안전성을 과대평가하는 경향을 말한다. 자연에서 사물은 변하지만, 아이디어와 의미는 동일하게 남아 있다. 인생은 본디 변화하는 과정이지만, 생물은 안정성을 바라고 사람들은 의미를 안정성을 이루는 도구로 사용한다. 결과적으로 의미를 인생에 적용할 때 그 영향은 안정성을 증가시키는 경향이 있다.

성취감의 개념은 거짓 영속성뿐만 아니라 고차적 의미의 신화도 반영하고 있다. 일상생활에서 사람들은 좋고 나쁜 감정을 갖고 있으며 둘 다 일시적이다. 그러나 사람들은 인생이 나쁜 감정에서 영원히 벗어나 좋은 감정을 안정적이고 지속적으로 경험할 수 있는 방향으로 진행될 수 있다고 믿는다. 사람들은 일시적인 만족감을 경험하지만, 영원한 만족을 바란다. 그 기대가 천국에서의 영원한 구원이나 영원한 사랑 또는 궁극적인 성공이든, 성취감에 대한 우리 문화의 기대는 영속성을 내포하고 있다. 이와 같은 기대는 믿지 못한다.

제2부

해답의 모색

제5장 자아정체감과 가치관의 결핍

1980년대에 가수 휘트니 휴스턴(Whitney Houston)은 "위대한 사랑"(The Greatest Love of All)이라는 노래로 부와 명성을 얻었다. 개인적으로는 느리고 흐느끼는 것 같은 노래를 좋아하지 않아서 라디오에서 그 노래가 나오자마자 언제나 채널을 돌리기 때문에 실제로 그 가사를 들어본 적이 없었다. 내가 자부심에 찬 제목을 보았을 때 위대한 사랑이 정말 무슨 뜻인지 막연히 궁금해 했다. 그것은 아마도 대부분의 노래가 그렇듯이 여전히 이성간의 사랑이며 위대한 이라는 부분은 또 다른 지나친 자기선전일 것으로 추측하였다. 그렇지 않으면 기독교를 주제로 한 록음악이 이곳저곳에 등장했기 때문에 그 노래도 예수에 관한 것으로 생각하였다. 그러나 수년 후에 휴스턴(Houston)의 말에 따라서 최고의 궁극적인 사랑이 사실 자신에 대한 사랑임을 알았다. 그녀가 소곤거리며 노래한 것처럼, 자신을 사랑하는 법을 성공적으로 배운 것은 위대한 사랑이었다.

그와 같은 대중의 감정은 과거에는 생각조차 할 수 없었을 것이다. 자기애를 용인하는 현대는 어떤가? 정체감으로 알려진, 자아에 대한 현대의 매혹 이면에는 무엇이 있는가? 수년 전에 사회과학자들의 중요한 관심사일 뿐만 아니라 현대 서구 문화에서 후렴처럼 반복된 이와 같은 주제에 나는 충격을 받았다. 나는 우리 사회가 자아의 딜렘마에 그처럼 사로잡히게 된 이유를 이해하려고 시도하였다. 나는 자아가 우리 사회에서 어떻게 구성되어 있으며 과거보다 현대에 더 문제가 된 이유를 이해하려고 수년간을 헌신하였다.

점차 나는 서구 문화가 자아의 기본 원칙을 어떻게 재구성하였으며, 그 결과로 현대의 자아가 과거보다 훨씬 까다롭고 문제가 있다는 것을 이해하게 되었다. 이 일은 자아를 어느 정도 이해하는데 도움이 되었다(Baumeister, 1986, 1987). 그러나 자아에 관한 현대의 딜렘마의 기원을 이해하려는 원래의 문제에 대한 충분한 답변을 제공하지는 않았다. 이 딜렘마는 많은 경우에 인생의 의미에 관한 것이며 정체감을 정의하는 것이 아님을 마침내 이해하게 되었다. 사람들이 자신을 찾을 필요가 있다고 말할 때 흔히 그들이 실제로 의미하는 것은 의미있는 삶을 원한다는 것이다. 그들은 자신의 삶이 용인될 수 있는 형식으로 이해되기를 원한다. 그러나 그것을 큰 소리로 말하는 것은 어쩐지 난처한 일이므로 적당히 애매하면서도 사회적으로 인정받을 수 있게, 자신을 찾는다는 말로 이러한 욕구를 달리 표현한다.

이 장에서는 현대의 정체감에 관한 딜렘마를 이해하려는 시도를 어떤 면에서 완성하려고 한다. 자아가 과거에 비해 단순히 지나치게 성장했거나 불확실하거나 복합적이라는 것은 아니다. 그보다는 현대 사회가 자아를 이용하여 이전 시대에는 하지 않았던 방식으로 인생에 의미를 부여하고 있다. 자아에 대한 이러한 새로운 요구들이 자아에 대한 현대의 매력과 정체감에 대한 노력의 중요한 이유이다.

이 장에서 첫째 과제는 현대 사회가 의미에 관한 4가지 욕구에 대해 어떤 입장을 취하고 있는지 검토하는 것이다. 가장 큰 문제 영역이 가치에 관한 것임은 분명할 것이다. 즉, 우리 사회는 옳고 그름을 알 수 있고 행동을 정당화할 수 있는 확고한 기준을 제공하는 가치의 견고한 토대가 부족하다. 다음으로는 이 장에서 현대의 가치관 차이의 원인, 즉 가치 토대의 부족을 검토할 것이다. 이는 현대 사람들이 확고한 가치의 결핍에 어떻게 반응하는지의 문제로 연결될 것이다. 가치 토대의 부족은 사람들에게 새로운 가치를 찾거나 이전 것들을 다듬도록 할 것이다.

바로 그 점에서 자아가 개입된다. 현대 서구 문화는 자아를 중요한 가치의 토대로 삼으려고 노력해왔다. 사람들은 언제나 자아를 갖고 있지만, 자아는 그처럼 원대한 형식으로 인생에 의미를 제공하는 책임을 항상 이행하려고 하지는 않았다. 현대에 이르러 자아에 대해 매력을 느끼는 이유는 자아가 현대 생활에서 가치의 근본적이고 강력한 원천이 되었기 때문이다. 자아에 대한 이러한 새로운 부담은 쉬운 것이 아니며, 정체감 위기와 자아의 다른 문제들은 오늘날 사람들이 자아에 부여하는 새로운 요구에서 부분적으로 기인한다.

그러므로 현대인들은 어느 가수가 다른 사람이나 신 또는 인간성에 대한 사랑이 아니라 단순히 자신에 대한 사랑에서 궁극적 사랑을 찾았다고 자부하는 것을 듣고 놀라지 않는다. 자기애는 자만과 이단의 좋지 못한 의미의 많은 부분을 수용할 수 있고 바람직하며 의무적으로까지 변화시켰다(Zweig, 1980). 휴스턴(Houston)의 노래에서 표현된 정서는 영화에서 학문적 연구에 이르기까지 문화 전반에 걸쳐 반향을 일으켰다. 코메디언 로드니 데인저필드(Rodney Dangerfield)는 절정의 순간에 그의 이름이 아니라 그녀 자신의 이름을 불러댄 파트너와의 정사 이야기에서 이러한 정서를 풍자하였다. 오늘날에도 그것은 지나친 과장일 것이다. 그러나 자아에 대한 새롭고 긍정적인 견해가 현대 생활의 의미에서 중요한 역할을 하게 되었다는 것은 논란의 여지가 없다.

인생의 의미에 대한 현대의 견해

현대의 삶이 의미로 충만되어 있을 수 있지만, 그것은 의미에 대한 모든 욕구가 충분하고 쉽게 충족된다거나 인생의 의미에 관한 문제 영역이 없다는 뜻은 아니다. 오늘날 사람들이 자신의 삶에서 의미를 어떻게 모색하는지를 이해하려면 의미에 대한 4가지 욕구를 고려하고 현대 사회가 개인에게 이러한 욕구를 만족시키는 방법을 검토할 필요가 있다. 분명히 차이가 광범하기 때문에 일반화도 필연적으로 개괄적이고 조잡할 것이다. 그러나 어떤 욕구가 쉽게 충족되며 어떤 것이 어렵고 문제가 될 수 있는지 이해하는 것은 여전히 중요하다.

인생의 목적에 대한 욕구를 만족시키는 면에서 현대 서구 사회는 많은 목적을 제공하고 있다. 여러 가지 목적과 그 체계는 쉽게 이용할 수 있다. 관료적인 업무에서는 승진과 성취 수준이 다양하다. 소유물도 무한히 축적될 수 있다. 교육체계도 여러 수준의 성취도를 제공한다. 일반적으로, 물질과 경제조직은 사람들에게 추구할 많은 목표를 공급한다.

한편, 충족감은 계속 문제가 된다. 기독교는 우리 문화가 충족감에 대한 높은 기대를 갖도록 가르쳤다. 천국의 구원과 같은 충족에 대한 기독교적인 개념은 영속적이며 중단되지 않고 이루 말할 수 없는 축복으로 구성되어 있다. 우리 사회가 이러한 기독교적인 지침 위주로 생활하지 않으면 사람들은 다른 모형과 충족 수단을 추구한다, 그러나 충족의 세속적인 개념은 우리 조상들의 생활에 목적을 부여한 영적인 모형에 부합된 것은 결코 아니었다. 이것은 아마도 충족에 관한 신화의 불가피한 결과이다. 왜냐하면 영적 모형은 결코 시험되지 않았으나 세속적인 충족은 계속 시험되고 있기 때문이다. 아무도 천국의 생활이 약속한 바와 같이 좋은 것인지 얘기하기 위해 돌아온 적이 없었다.

충족에 관한 최근의 역사를 요약해 보기로 하자(Baumeister, 1986, 1987). 문제는 사후 충족에 관한 기독교적인 기대에 사회가 만족하지 않을 때 시작되었다. 낭만주의 시대가 세속적인 유형의 충족 추구에 당면한 최초의 시기이었다. 특히 시와 문학에서 열정적 사랑과 예술적 창조성은 세속적 충족에 대한 낭만주의 시대의 노력에서 가장 잘 알려진 것이다. 인격과 내면적 자아의 개발은 낭만주의의 충족에 대한 추구와도 관련되었다. 충족에 대한 20세기의 개념은 심리적 적응과 자아실현에 중점을 두었다. 자아실현의 방법에 대한 설명만이 아니라 그 개념은 여전히 아주 모호하며, 이 모호성은 충족에 대한 만족스러운 개념이 결여되었음을 나타내고 있다.

현대 사회가 충족에 대한 널리 인정된 개념을 결여하고 있는 것처럼, 확실히 합의된 가치도 결여되어 있다. 사실 어떤 사람들은 현대의 가치가 혼돈 상태에 있다고 시사하였다. 가치에 대한 논의는 책임에서 권리로 그 강조점이 변화되었고, 의사결정의 관련된 측면도 도덕적 의무에서 법적 의무로 변화되었다(Jackall, 1988). 도덕적 진리에 대한 강력하고 집단적인 신뢰 부족은 만연된 냉소주의, 폭로, 도덕적 상대주의, 교활한 법률 위반자에 대한 찬양(영화와 대중매체에서 흔히 이상화되는)을 포함하여 많은 형태로 반영되어 있다. 흔히 얌전한척 하는 위선자로 간주되는 빅토리아(Victoria)시대의 우리 조상들의 외면상 지나친 도덕적 민감성에 대한 반발도 일부 있는 것 같다. 일반적으로, 현대 사회에서 잘 충족되지 않은 의미에 대한 한 가지 욕구가 있다면 그것은 가치에 대한 욕구, 즉 옳고 그름에 대한 합의된 확고한 기준에 대한 욕구이다. 다음 절에서 이 가치의 차이에 대해서 자세히 검토할 것이다.

의미에 대한 세 번째 욕구는 효능감으로서 현대 사회에서 쉽게 이용할 수 있다. 개인이 자신을 시험하고 입증하며, 기능을 발전시키고, 영향력과 통제력을 행사할 수 있는 방법은 많이 있다. 자녀를 키우는 것부터 투표하고 회사에서 일하며 스키를 타는 것에 이르기까지 사람들이 효능감을 얻을 수 있는 기회는 무한하다. 사람들은 숙달과 기능을 경험할 수 있으며, 물리적 환경에 대하여 전에 없던 수준의 통제력을 행사할 수 있고, 사회적 환경에 대해서도 엄청난 영향력을 발휘할 수 있으며, 자신의 행동이 차이를 가져올 수 있다는 느낌을 확실히 유지할 수 있다.

마지막으로, 우리 사회는 자아 가치를 수립하는 많은 기준을 제공한다. 전통 사회는 사회적 위계에서 개인의 위치에 자아 가치를 연계시켰다. 그와 같은 전통적인 체제의 거부에도 불구하고, 현대 사회는 사람들이 다른 사람보다 우월함을 입증하는 여러 가지 방법을 개발하였다. 노동의 관료적인 구조와 급여 체제는 사람들이 자신의 서열을 정할 수 있는 많은 미세한 구별을 제공하고 있다. 학교는 조심스럽게 등급을 정한 평가를 규칙적으로 제공한다. 학업을 강조하지 않는 젊은 사람들의 경우에 자아 가치는 경쟁 결과와 통계적인 빈도가 비교의 토대를 아주 정확히 제공하는 스포츠에서 획득될 수 있다. 낭만적인 파트너의 수와 매력이 자신의 상대적 가치를 매우 분명히 나타내는 낭만적 활동에서도 자아 가치는 습득될 수 있다. 나중에는 포상과 인정 체제가 자아 가치의 여러 가지 원천을 제공한다.

자아 가치의 개인적 원천보다 집단적 원천을 강조하는 사람들에게도 현대 사회는 여러 가지를 제공한다. 사람들은 자신이 일하는 조직, 지역의 스포츠 팀, 가족과 친척의 업적 등과 동일시할 수 있다. 아마도 집단정신은 과거에 더 강했겠지만, 자아 가치의 집단적 원천은 아직도 많이 남아 있다.

그러므로 인생의 의미에 대한 현대의 견해는 단순히 요약될 수 있다. 현대 서구 문화는 사람들이 자신의 삶의 목적을 세우고, 효능감을 경험하고, 자아 가치를 측정하여 보강할 수 있는 많은 방법을 제공하고 있다. 비록 대부분의 사람들이 자신을 상당히 행복하다고 여기지만, 충족감의 모형은 문제가 있으며, 충족감 모형의 부족은 지속적인 문제가 된다. 충족감에 대한 생생한 개념의 부족은 아마 현대 생활에서 특별하거나 긴급한 문제로 간주되지는 않는다. 그러나 가치는 특별하고 긴급한 문제이다. 현대 사회는 많은 전통 사회가 그랬듯이 옳고 그름에 대한 분명한 메시지를 전하지 않는다.

그러므로 현대 서구 사회에서 인생에 의미를 부여하는데 가장 중요하고 공통적인 문제 영역은 가치의 확고한 토대를 발견하는 것이다. 따라서 현대 세계에서 가치의 변화를 아주 면밀하게 살펴 볼 필요가 있다.

가치관의 결핍

우리 문화에서 가장 중요한 가치의 토대를 몇 가지 검토해 보자. 이제 알게 되겠지만, 이것들 중 일부는 지난 수 세기 동안 그 힘과 영향력 그리고 효과를 상실하였다.

❖ 종교의 쇠퇴

서구 사회의 주요 가치는 기독교에 의해 형성되었다. 이러한 견해에서 본다면, 신이 궁극적인 가치의 토대로 작용하였다. 어떤 희생, 열망, 잔인한 행위도 신의 의지에서 유래된 것이면 정당화되었다. 사람들은 신이 자신의 규칙을 처음에는 10계명으로, 나중에는 예언자들의 가르침에서 분명히 나타냈다고 믿었다. 물론 기독교도들은 예수의 가르침을 특히 강조하였다. 신의 계율과 가치는 여러 세대에 걸친 목사와 교사 및 신학자들의 노력에 의해서도 분명해졌다.

사회 도덕과 기독교적 토대의 연결은 오늘날에도 분명하다. 미국 고교생들에 관한 근래의 조사에 의하면, 그들 중 소수만이 10계명 중 하나 이상을 알고 있지만 압도적인 다수가 10계명을 좋은 생활 준칙으로 동의하였다. 따라서 오늘날 사람들은 여전히 이 가치들의 매력과 호소력을 믿고 있는 듯 보이지만, 일상생활과 의사결정의 중요 부분으로 삼기보다는 흔히 추상적인 말로만 그칠 수 있다. 사람들이 그 계명을 알지도 못한다면 정말 그에 따라 생활한다고 믿기는 어렵다.

종교가 과거와 같이 사회에 더 이상 강한 구속력을 갖지 못하고 있는 것은 명백하다. 그래도 종교는 아직 죽지 않았다. 현대 미국인들의 다수는 여전히 신을 신봉하고 있으며, 많은 이들은 기도하고 교회에 나가며 종교적인 감정을 지니고 있다(Stark & Bainbridge, 1985). 한편, 종교는 많은 정부 기관에서 배제되었고, 교회와 국가를 분리하는 공식적인 정책도 있다. 공교육은 비종교적이며, 일부 교회에서는 자체적으로 학교를 운영하고 있더라도, 실제로 종교적인 문제는 조심스럽게 피하고 있다. 기업과 정부 그리고 공식적인 접대의 일상 과정에서는 종교에 그다지 많은 역할을 부여하지 않는다. 이것은 중세와는 크게 대비되는데, 그 당시에는 교회가 광범한 정치적 및 법적 권한을 지니고 있었고 종교적인 주제가 예술, 문학, 연극에서 지배적이었다.

서구 사회에서 기독교의 영향력 감퇴를 요약하기는 쉽지 않다. 그러나 계몽주의 시대로 알려진 17-18세기에 아주 분명하고 극적인 변화가 이루어졌다. 이 시기 말에 많은 지도적인 지식인들이 기독교의 교리와 가르침을 공공연히 비판하였고, 사회 변화는 새로운 세속적인 견해를 반영하였다. 예를 들면, 미국 혁명[17)]은 보편적인 종교를 허용하고 교회와 국가의 공식적 분리를 선언했다. 프랑스 혁명[18]은 기독교 달력의 폐지, 목사의 교사활동 금지, 세례명을 다른 이름으로 대체하는 유행, 노트르담(Notre Dame) 성당을 이성의 사원으로 개명, 목사의 급여 삭감이나 삭제, 많은 교회의 파괴와 같은 공식적인 탈기독교화 운동에 더욱 적극적이었다(Palmer, 1969). 비록 프랑스 교회는 이와 같은 조치에서 회복되었지만, 이 조치들은 종교의 새로운 취약성을 나타냈고 일부 20세기 국가들의 공식적인 무신론의 징조가 되었다.

기독교 영향의 쇠퇴에 기여한 광범한 요인으로는 최소한 3가지를 열거할 수 있다. 첫째는 내부 갈등이 교리를 흔들리지 않는 진리로 여기는 사람들의 믿음과 교회를 약화시켰다. 중세 후반에 사람들은 교회의 타락을 보게 되었다. 14세기에 교황의 분열은 각자 자신의 교황을 둔 별개의 두 교회 체제를 가져왔고, 다른 쪽 추종자들을 파문하였다. 결과적으로 그것은 유럽의 모든 사람들이 어느 한 교황으로부터 파문당했음을 의미하게 되었다. 이 시기에 유행한 얘기는 교황의 분열 이래 아무도 천국에 가지 못했다는 것이다(Tuchman, 1978). 그 말은 교회가 사람들의 영적인 욕구를 충족시키지 못하고 있다는 느낌을 암시하는 것이다.

물론 제도의 분열은 이념의 분열도 수반하였다. 종교 개혁[19]으로 인하여 교회의 인사와 제도만이 아니라 그 교리의 많은 부분까지도 도전을 받았다. 계몽주의 시대에는 경쟁적인 유형의 기독교 신앙과 경쟁적인 기독교 권력 구조들이 많이 있었다. 종교의 진리에 대한 오래된 중세의 독점은 사라졌다.

기독교의 영향력 감소에 기여한 두 번째 요인은 종교와 다른 지식, 특히 이성 및 과학과의 갈등이 증가한 것이었다. 교회는 많은 자연적 및 역사적 상황을 독자적으로 설명하는데 심혈을 기울였다. 그 때문에 과학과 종교 교리 사이의 여러 가지 갈등이 나타났다. 이러한 갈등은 특히 사회의 식자층에서 교회의 근거를 손상시켰다. 교회는 더 이상 일반적으로 진리에 대한 가장 확실한 길을 제시하지 못하는 것으로 보였다.

세 번째 요인은 새로운 형태의 사회적 및 경제적 생활이 기독교 교리에 더욱 적절하지 않았다는 것이다. 전통적인 농촌 마을에서는 기독교의 가르침이 생활의 많은 면에 침투할 수 있었다. 그러나 현대 생활을 구성하는 공장과 은행 그리고 다른 기관들의 생활은 신앙형태와 쉽게 부합되지 않았다. 새로운 경제체제는 자기이익의 추구에 기반을 둔 것이며,

---

17) 역자 주. 미국 혁명은 1775년 4월 독립군 조직으로부터 1783년 파리조약에서 공식적으로 독립을 인정받을 때까지 계속된 미국 독립전쟁을 의미한다.

18) 역자 주. 프랑스 혁명은 자본가 계층이 봉건제를 타파한 정치적 혁명으로 1789년 루이 16세의 정책에 반발하여 국외 추방한 후 1792년 제1공화국 수립 후 국왕을 반역죄로 처형하였으나 부패로 인하여 1799년에 나폴레옹의 쿠데타를 초래하였다.

19) 역자 주. 독일의 마인츠 대주교가 교회의 재정적 위기를 타개하기 위해 시도한 면죄부 판매를 수도사 마르틴 루터가 1517년 10월 31일에 비판한 것으로부터 파급된 가톨릭 개혁운동으로, 그 후 교회의 예배의식이 성직자 위주에서 신도 중심으로 변화되어 예배와 성경이 라틴어에서 독일어로 바뀌었고 찬송가도 신도들이 모두 합창하게 되었다.

이기심에 반대하는 기독교의 뿌리 깊은 선입관에 대립되는 것이었다. 사실 기독교가 경제적 이득이 근로의 정당한 이유라는 생각을 인정하는 데에는 오랜 시간이 걸렸다. 기독교의 정직성과 다른 덕목들은 가능한 많은 돈을 가능한 빨리 벌어들이려는 목표에 가끔 지장을 초래하였다. 직업, 시장, 금전 등에 대한 자본주의적 경쟁은 이웃에 대한 기독교적 사랑을 일상생활의 중심에 두도록 하기가 더 어려웠다.

현대 사회에는 종교에 관해 특별한 문제를 제기하는 몇 가지 사항이 있다. 그 중에는 종교적 관용과 다원론이 있다. 버거(Peter Berger, 1967)가 강조한 바와 같이, 종교적 진리는 대립되는 진리의 존재에 잘 맞지 않는다. 궁극적이고 배타적이며 형이상학적인 진리에 대한 종교의 주장은 반대 견해도 받아들일 수 있다는 신념과는 양립되지 않는다. 신이 유일하고 진정한 신이라고 주장하며 동시에 다른 신의 숭배를 허용하기는 어렵다. 그러므로 종교는 편협한 경향이 있다(Liebman, 1983). 종교적 관용은 시민들의 갈등과 증오를 최소화하려는 인본주의적이고 비종교적인 정부에 의해서 촉진된 아이디어이며, 종교, 특히 서구 종교 자체가 쉽사리 포용하는 것은 아니다.

이에 대한 예로 스페인의 종교재판(Spanish Inquisition) [20]을 고려해 보자. 현대적 관점에서 스페인의 종교재판은 인간의 권리와 자유에 대한 충격적인 공격이다. 종교적 교리의 세부 사항에 대해서 그들은 어떻게 사람들을 고문하고 죽일 수 있었는가? 그러니 그 재판은 스페인의 기독교도들이 하나의 종교적 진리만이 있다고 믿었으며 그것을 믿지 않는 사람은 죽임을 당했다는 인식을 갖고 접근할 필요가 있다. 대부분 재판관들은 그들이 고문한 사람들에게 호의를 베푼 것으로 믿었다. 그들이 희생자들의 시신을 어떻게 처리하였든, 그들은 불멸의 영혼을 구할 수 있는 유일한 기회를 제공하였으며, 그것은 극히 중요한 것이었다. 요컨대, 재판은 종교적 관용의 현대적 견지에서 보았을 때 수치스러운 죄악이었으나, 종교적 관용은 재판의 토대인 기본 가정과 태도에 위반되는 것이다(Roth, 1964).

종교는 또한 버거(Berger)가 말하는 "개연성 구조"(plausibility structure), 즉 종교적 이념을 흡수하여 진리의 양상을 강화시키는 제도와 관습에 의존한다. 여기에는 흔히 그 구조와 기본 가정에서 종교적 교리를 구현하는 정치 제도와 다른 사회적 현실이 포함된다. 그와 같은 형태는, 결혼하기 위하여 교회에 갈 필요가 있는 것과 같이, 사회생활과 주변 상황의 조직에 종교를 혼합시키는 것이다. 요컨대, 종교는 사람들이 생활하고 활동을 영위하는 보편적 세계의 본질적인 부분으로 간주되며, 국가 권력은 단지 법과 관습을 유지함으로써 종교적 신봉을 강요하는데 도움이 된다.

그러나 현대화는 이러한 개연성 구조를 상당히 파괴하였다. 교회와 국가의 분리는 교회

20) 역자 주. 이교와 이단자를 색출하고 처벌하기 위해 교황 그레고리(Gregory) 9세가 1233년에 설립한 재판소로 19세기까지 운영되었고, 스페인은 1478년에 페르디난드(Ferdinand) V세와 이사벨라(Isabella)여왕이 만들었다.

에게는 쓰라린 타격이다. 그와 같은 분리 속에서 종교는 정치적 현실과 사회생활의 일상에 대한 직접적인 영향력이 단절된 공허한 존재일 뿐이다. 마찬가지로, 현대 사업가는 사적으로 자신의 종교를 믿거나 믿지 않을 수 있으나, 사업은 자신의 종교적 신념과는 무관하게 아주 똑같은 방식으로 수행한다. 사업은 종교적 가치나 신념에 관계없이 대부분 수행된다 (Berger, 1967). 정치인, 과학자, 교사, 상담자들의 활동에도 동일한 얘기를 할 수 있다.

또한 기독교 신앙이 죽었다거나 진부하다고 하는 것은 잘못일 것이다. 많은 사람들은 기독교 교리를 굳게 믿고 있다. 그러나 기독교는 과거와 같이 우리 문화에서 중요한 힘을 지니고 있지 못하다. 기독교는 개인적인 신념과 관습의 문제로 남아 있다. 더 이상 사회 전반의 이목을 끌지 못하고, 공식적인 인정을 받지 못하며, 사회적 및 정치적 생활과 기업 그리고 일상 활동에 대한 형식적인 영향도 대부분 제거되었다. 종교는 사람들이 생활하며 상호작용하는 공동사회의 기본 가정의 많은 부분을 더 이상 규정하지 못한다. 가치의 토대로서 종교는 아직도 사람들에게 강한 호소력을 지니고 있지만, 사회는 슬로건으로 사용하는 경우(예를 들면, "우리는 신을 믿을 수 있는가?")를 제외하면 종교를 그다지 인정하지 않는다.

이와 같은 변화에 따라 종교는 개인의 활동을 구성하고 그들의 생활에 의미를 제공하는 가치의 토대로서 유용성의 많은 부분을 상실하였다. 현대의 많은 사람들은 기독교 교리를 믿든 안 믿든, 대부분의 시간을 완전히 세속적인 활동으로 보낸다. 종교는 직장에서는 찾아볼 수 없으며, 자녀양육과 결혼 생활에서 더 이상 강력한 지침도 아니다. 어느 정도의 정당화는 제공할 수 있을지 몰라도, 현대인들이 당면하는 가치에 대한 모든 욕구를 충족시키는 데 더 이상 적절하지 않다. 가치의 토대로서 종교의 힘은 어떻게 평가하든 상당히 감퇴되었다. 즉, 사회적 및 문화적 제도는 더 이상 종교에 의존하지 않고, 종교를 믿는 사람들도 거의 없으며, 일상생활에서 영향을 미치는 비중도 적다.

요약하면, 종교는 우리 문화에서 지배적인 가치의 토대로서 힘과 영향력을 상당히 잃었다. 사람들이 자신의 행동을 옳고 바람직한 것으로 믿고 싶을 때 종교는 언제나 이용할 수 있는 가치와 정당화의 굳건한 토대로서 더 이상 구실을 하지 못한다.

❖ 도덕성의 약화

도덕성은 옳고 그름에 관한 규칙을 제시하며 명백히 한다. 그러나 현대 세계에서 도덕성은 과거에서와 같은 힘을 더 이상 갖지 못하고 있다.

물론 전통적인 도덕성의 운명은 전통적인 종교의 운명과 연결되어 있다. 수 세기 동안 도덕성은 중요한 종교적 신념을 토대로 정당화되었다. 10계명으로 시작된 공식적인 종교적 가르침은 도덕적 규칙과 원리를 자세히 설명하였다. 그러나 더 중요한 것은 도덕성이 전적으로 종교적 맥락에 입각한 기능을 가졌다는 사실이었다.

이러한 전통적인 견해에서 도덕성은 정신적 목적을 달성하기 위한 수단이었다. 기독교의 세계관은 인간을 미숙하게 태어나서 약점과 결함이 많은 존재로 보았다. 그러나 도덕적 규칙을 따름으로써 보다 나은 존재로 변형될 수 있었다. 인간은 선과 악의 역사적인 우주 속의 드라마에 참여 할 수 있는 완벽하고 이상적인 조건에 맞출 수 있고, 구원을 지향하는 사람들의 대열에 합류할 수 있었다. 따라서 도덕성은 인간으로서 최고의 충족감을 달성할 수 있는 수단이었다(MacIntyre, 1981).

문화에서 기독교가 중심적 위치를 잃고 나서 도덕성은 종교적 지지를 잃고 표류하게 되었다. 더 정확히 말하면, 개인을 위한 기능적 목적이 상실되었다. 도덕성은 아주 매력적이고 바람직한 목표(예를 들면, 정신적 구원)를 달성할 수 있는 수단이 아니었다. 그 대신 사람들이 준수해야 하는 분명한 이유가 없는 외면상 자의적인 규칙이 되었다. 이전에는 천국에 가기 위하여 옳은 것을 행했다. 종교가 없이 이제는 단지 옳기 때문에 그 행동을 해야 했다. 계몽주의 시대 이래 도덕 철학은 도덕적 원리와 의무의 확고한 토대를 모색하기 위하여 큰 성공을 거두지는 못했더라도 노력해왔다(MacIntyre, 1981).

세련된 분위기의 철학자 집단 외부에서는 종교적 가치의 토대 없이 도덕성이 생존할 수 있는지에 대해서 더 크지는 않더라도 비슷한 정도의 관심이 있었다. 빅토리아(Victoria)시대의 사람들은 종교 교리에 대한 진화론자들(Darwinism)과 다른 과학자들의 공격이 바로 사회적 혼돈을 초래할지 안절부절 하며 걱정하였다. 그들은 사람들이 도덕적 의무를 수행할 종교적 토대가 더 이상 없음을 알고 마음대로 행동하여 사회조직이 분열될까 걱정하였다. 사실 빅토리아(Victoria) 시대의 일부 사람들은 자신이 종교적 믿음을 상실한 것을 은닉하고 아직도 열렬히 기독교를 신봉하는 척 하였다. 왜냐하면 자신의 무신론이나 불가지론[21](agnosticism)을 공공연히 인정하면 다른 사람들도 그렇게 하도록 조장하여 사회의 도덕적 기반을 더 약화시키기 때문이었다(Houghton, 1957). 그 동안 지식인들은 도덕성이 종교 없이도 생존할 수 있을지 토론하였다(Meyer, 1976).

사람들의 생활방식의 변화는 오래되고 엄격한 도덕성을 유지하기 더 어렵게 하였다. 농촌 마을의 전통적인 생활에서는 비슷한 소수의 사람들과 함께 평생을 보내게 된다. 만일 누군가 부도덕하고 믿을 수 없으며 부정직하다는 평판을 얻으면 오랫동안 매우 불리한 처지에 놓이게 될 것이다(Shorter, 1975). 그러나 현대의 이웃들은 일시적이다. 따라서 부도덕의 벌은 크게 경감되었다. 새로운 곳으로 이사하여 다시 시작할 수 있기 때문이다.

게다가 현대 경제생활은 개인 경쟁에 기초하고 있다. 이는 동료관계에서 사랑, 명예, 신뢰의 원칙에 따르기 더 힘들게 한다. 농촌생활에서 생존은 흔히 자원과 노동의 공유를 포함하여 집단의 노력과 협동에 의존하였다. 경제적 목적을 위한 직접적인 경쟁은 기껏해야 일

21) 역자 주. 영국 생물학자 토마스 헉슬리(Thomas Huxley)가 처음 제시한 용어로 인간은 물질적 현상 이외에는 어떤 것도 알지 못한다는 주장이다.

상생활의 사소한 면에 지나지 않았다. 따라서 분배, 집단의 결속과 조화, 이웃과 친구에 대한 사랑, 질투와 탐욕의 회피 등과 같은 기독교적 덕목들은 과거의 농촌 생활보다 새로운 형태의 경제생활에 더욱 맞지 않게 되었다.

빅토리아(Victoria) 사회 중류층의 높은 도덕 기준은 다음 세대로부터 점차 거부되고 조롱을 받았으며, 그들은 도덕성을 위선적으로 지각하게 되었다. 특히 성도덕은 20세기에 급진적인 변화를 겪었으며, 이러한 변화는 도덕적 상대성에 대한 일반적인 지각과 설교의 부적절성을 강화시켰다.

일과 기업에서 도덕성의 중요성도 감소되었다. 분명히 회사가 부정직하다는 평판을 피하는 것은 오늘 날에도 중요하다. 그러나 도덕성의 역할은 과거보다 그 중요성이 크게 줄었다. 전통적인 유럽의 동업자 조합에서는 인격과 도덕적 평판의 문제에 중요한 관심을 두었다(Shorter, 1975). 사실 도시에서는 평판이 의심스러운 사람들은 들어와 살지 못하게도 할 수 있었다. 그와 같은 엄격성은 기업의 성실성을 넘어서 고객을 속이지 않는 데까지 확대되었고, 성도덕도 기업 경영의 절대적인 요건으로 고려되었다. 동업조합은 서자나 사생아인 경우도 회원으로 받아들이지 않았다(Shorter, 1975). 현대 기업에서는 예의와 용모에 계속 관심을 보이고 있지만, 도덕성과 덕목은 충성심과 책임감 그리고 특별한 상황에 관련되어 있다. 바른 일을 하는 것에 관한 기업가의 관심은 보편적 원칙을 재정 문제에 적용하려는 것이 아니다. 어느 미국 대기업의 부사장의 말에 의하면, "기업에서 옳다고 하는 것은 가정이나 교회에서 옳다고 하는 것이 아니라, 상급자가 원하는 것이다"(Jackall, 1988, p. 6).

부사장의 일반적인 언급을 들은 연구자는 경영자들의 윤리에 관한 상세한 연구를 수행하였다. 그는 경영자들이 시대에 뒤지거나 전통적인 또는 보편적인 도덕 원리를 적용하는 어리석은 행동을 드러낸다는 이야기를 많이 들었다. 그 전형적인 이야기로, 브레디(Brady)라는 감사 보조원은 일부 최고 관리들이 이익 보고를 속이려고 연금을 부정한 자금으로 사용하며, 현금을 은닉하고 유통시켜 자신의 수행을 돋보여서 연간 상여금을 최대한 높이려고 하는 것을 발견하였다(Jackall, 1988). 브레디(Brady)는 이것을 개인적 이득을 위하여 주주들에게 관련 정보를 속이는 것이기 때문에 신탁의 남용으로 생각했다. 누구를 믿어야 할지 분명치 않아서 마침내 브레디(Brady)는 지위가 높고 도덕적 원칙을 지닌 한 사람을 선택했다. 브레디(Brady)가 문제를 얘기했을 때 그 사람은 충격을 받고 최고경영자 모임에 익명의 보고서를 제출하였다.

브레디(Brady)는 그 모임에서 정확히 어떤 얘기가 오갔는지 알지 못했지만 분명히 잘 되지 않았다. 왜냐하면 그 사람이 모임 도중에 해고당해 무장 경비원의 호송을 받으며 건물 밖으로 쫓겨났기 때문이다. 브레디(Brady)는 이번에는 회사 부사장에게 다시 시도하였으나, 그는 그 문제를 무시하고 그대로 지내라고 종용하였다. 그 후 브레디(Brady) 자신도 바로 해고되었다. 그러나 아마도 가장 놀라운 것은 연구자 자칼(Jackall)이 이 이야기를 다른 경영자들에게 전했을 때, 그들은 최고 경영자 주변을 맴돌지 않고, 상급자에게 듣기 좋은 말만 하며, 싫어하는 문제는 회피하는 것과 같은 회사의 기준을 위반한 브레디(Brady)를 전형적으로 비난했다. 그들은 브레디(Brady)의 곤경을 전통적인 도덕적 책임이나 원칙과 관련된 것으로는 결코 보지 않았다.

도덕성의 감퇴는 과장되어서는 안 된다. 도덕적 인식은 사라졌거나 낙후된 것이 결코 아니다. 아마 우리 사회의 거의 모든 사람은 옳고 그름에 관한 생각이 있을 것이다. 공적 생활은 비록 종교적 편파성은 거의 없지만, 여전히 도덕성에 의해서 큰 영향을 받고 있으며, 정치가들은 부도덕한 것으로 보이면 대중의 지지를 잃게 된다. 근래의 선거에서 유력한 대통령 후보는 단지 간통을 의심받아 후보직을 상실하였으며, 과거에 어느 대통령은 부도덕한 행위에 대한 의심이 확산되어 사직하였다.

그러나 도덕성은 종교와 마찬가지로, 개연성 구조에 의존하며, 이 구조는 손상되었다. 종교와 같이, 합의에 의한 인정이 도덕성의 개연성 구조의 중요한 부분이다. 오늘날, 모든 사람의 개인적 가치와 도덕을 존중할 필요성을 인정하는 것이 보편적이다. 그러나 가치와 도덕을 개인적인 것으로 인정하는 것은 이미 타당성의 부족을 의미하는 것이다. 빅토리아(Victoria) 시대 이전에 가치는 개인적인 것이 아니었으며, 객관적이고 보편적이었다. 이따금 불일치가 있었지만, 옳고 그름에 관한 분명한 궁극적 원칙에 대한 일반적인 믿음이 있었다. 사실, 성경은 비록 사람들이 특별한 경우에 어떻게 적용할지 가끔 의견이 맞지 않을지라도, 모든 사람들이 동의할 수 있는 이러한 원칙을 아주 명확하고 권위있게 제시한 것이다.

절대적인 도덕을 발견하려는 계몽주의 철학자들의 노력은 객관적 도덕의 가정에 의해서 가장 잘 이해될 수 있다. 달리 말하면, 그와 같은 노력은 근로에서의 고차적 의미의 신화에서 드러난다. 왜냐하면 이론가들은 윤리체계가 완전하고 일관성이 있어야 한다고 가정했기 때문이다. 칸트(Kant)는 종교가 도덕적 진리의 적절한 개념적 토대가 더 이상 아니라고 하였지만, 옳고 그름에 대해 항상 알고 있었고 모든 사람이 도덕적 판단에 궁극적으로 동의할 것으로 생각하였다. 그의 관점에서 가능한 유일한 결론은 도덕적 판단이 인간의 본성에 어쨌든 형성되어 있었다는 것이다. 다시 말하면, 마음속에 이러한 지식이 본디 담겨 있었다는 것이다. 왜냐하면 그렇지 않다면 정확하고 분명한 도덕적 판단이 어떻게 항상 가능할 수 있었겠는가? 모든 사람이 동일한 규범적 명제(categorical imperative)를 공유하고 있다고 믿은 칸트에게 개인적 가치의 개념은 낯선 것이었다.

가치의 개인적 성질에 관한 현대적 인식은 도덕성의 개연성 구조의 손상을 반영한다. 이전 시대에는 가치는 개인적 선택이 아니라 객관적 진리로 간주되었다. 거의 모든 사람은 상당히 동일한 가치를 고수하고 있었다. 가치가 개인적일 수 있다는 바로 그 인식은 가치의 힘이 약화되었다는 중요한 지표이다.

종교적 가치의 토대와 확고한 연결이 없이는 도덕성은 그 기반이 불안하다. 사람들은 어전히 옳고 그름을 믿고 있으며 도덕성을 모두 포기하기를 꺼리지만, 과거와 같은 식이 아님은 더 이상 의심의 여지가 없다. 개인적 가치는 개념상, 모두에게 똑같이 견고하고 객관적인 규칙이 아니다. 그 차이는 도덕성이 약화되었음을 보여주는 것이다.

도덕성의 감소는 여러 가지 면에서 기록되고 있다. 한 가지 방법은 지난 수십 년 간의 전국 조사 결과를 비교하는 것이다. 그 결과에서 도덕성은 사람들의 자신에 대한 평가에서 영향력이 약화되었을 보여주고 있다. 도덕성은 또한 수십 년 전보다 개인적 및 사회적 관계에서 중추적 역할도 약화된 것으로 보인다(Veroff, Douvan, & Kulka, 1981).

사실 지난 수십 년간 대중매체에서 도덕성의 취급은 개인적 감정과 결정에 가치의 토대를 두는 방향으로 큰 변화를 보였다. 주베(Zube, 1972)는 여성 잡지에서 도덕적 문제를 어떻게 다루었는지에 대한 변화를 세심하게 조사하였다. 1940년대에 도덕성은 이들 잡지에서 전통적이며 변치 않는 기준으로 취급되었다. 도덕적 기준에서 이탈되는 어떤 행위도 위험한 것으로 간주되었다. 사실 도덕적 기준이 상대적 또는 자의적이거나 변할 수 있다는 바로 그와 같은 개념이 위협적으로 여겨졌다. 선과 악의 구분은 명확히 제시되었다. 개인적 표현이나 충족이 우선할 수 있다는 어떤 암시도 없이, 도덕적 행동에서 강한 자제력의 필요성이 매우 분명히 제시되었다.

이에 비해서 1960년대에는 같은 잡지에서 개인적 충족과 심리적 욕구에 상당히 많은 비중을 둔 반면에, 도덕성은 부차적 위치로 격하되었다(예를 들면, 도덕성은 개인의 충족감을 달성하는데 도움이 되기 때문에 중요하다). 선과 악의 구분은 혼외정사에 관한 호의적인 언급의 시작에서 알 수 있는 것처럼, 상당히 모호해졌다. 도덕성에 대한 언급은 잡지 기사에서 대폭 감소하여 그 중요성에 대한 인식이 약화되었음을 보여주었다(Zube, 1972).

대중매체에서 도덕성에 대한 공격이 1960년대와 70년대 이래 더욱 진행되었다. 1980년대에는 규칙 위반자들을 찬양하는 아주 성공적인 영화들이 득세하였다. 예를 들면, "베버리 힐(Beverly Hills)의 경찰"에서 의기양양한 주인공은 개인적 원한이 있는 범인을 잡기 위해 노력하면서 계속 거짓말을 하고, 명령에 따르지 않고, 자신을 위장하고, 정당한 권위를 경멸하였다. 이와 같은 주인공이 어떤 유형의 모델을 제시하고 있는지 상상할 수 없다. 만일 모두가 똑같은 열정으로 자신의 직무를 수행하면서 모든 규칙과 상충되는 이해관계를 똑같이 무시한다면 혼란스러울 것이다. 마찬가지로 "일하는 처녀(Working Girl)"의 여주인공은 서툰 변명을 거리낌 없이 하면서 비윤리적이고 부정한 일련의 영업에 빠져들고 다른 사람들도 그녀에게 비슷하게 행동하였다. "아무도 완벽하지 않아(Nobody's Perfect)"라는 영화에는 여장을 한 대학생이 여성 테니스 팀의 스타가 되었는데, 행복하게 끝나는 마지막 장면에서 가짜 여성 복식 팀을 결성하여 진짜 여성 팀을 속이고 우승하여 이 사기를 알면서 불법적인 큰 내기를 한 친구를 포함한 모든 사람이 기뻐하였다. 마치 영화를 통하여 전통적인 도덕에 대한 부정을 여러모로 강조하듯이, 주요 텔레비전 방송국에서는 성탄 전야의 황금시간대에 그 영화들을 방영하였다. 광고에서도 반도덕적인 태도에 편승하고 있다. 전국적인 햄버거 체인점의 광고에서는 "가끔은 규칙을 깨뜨려야 한다."는 구호를 게시하고 있다.

도덕성의 감퇴에 관련된 또 다른 잠재적인 강력한 면은 영향력 있는 지식인의 운동이 반도덕적인 견지를 취하고 있다는 것이다. 20세기를 지배하게 된 심리학과 성에 관한 새로운 견해는 도덕성을 억압적이고 권위주의적으로 간주하며, 주로 신경증적인 내면적 갈등과 연관시켰다(Wallach & Wallach, 1974).

물론 우리 문화를 이해하는 진정한 열쇠는 영화배우나 지식인들의 얘기가 아니라 서민들의 생활방식에 있다고 주장할 수 있다. 자칼(Jackall, 1988)은 경영자로 알려진 기업가 계층이 여러 면에서 문화의 중추이며 도덕 전달자임을 발견하였다. 이미 말한 바와 같이, 그들은 상급자가 원하는 말과 행동을 한다는 원칙을 시작으로, 전통적인 도덕성과는 거리가 먼 관점을 습관적으로 택하고 있다.

억압적인 도덕성에 대한 반발은 치료에 입각한 인간의 기능과 관계에 대한 새로운 견해를 수반하게 되었다(Rieff, 1968). 이 견해에서 목표는 인간을 행복하고, 건전하며, 잘 적응하게 만드는 것이며, 옳고 그름의 문제는 의도적으로 경시되고, 도덕성이 자기표현을 방해하는 것 같으면 대개는 거부된다. 사실, 치료적 시각에서는 도덕성을 자의적이고 어리석은 규칙에 사람들을 생각없이 순응하도록 압력을 가해 자유와 자기표현을 방해하는 위험한 요인으로 보려는 경향이 있다(Bellah 등, 1985). 치료 윤리에서는 무엇보다도 자기수용을 가르치며, 도덕성은 이 목표에 종속된다. 사람들은 적대적인 감정도 억제하면 정신건강에 해로울 수 있다는 견해에 따라 그것을 인정하고 표현하도록 조장된다(Tavris, 1982).

그러므로 대중의 의식 속에 매우 명백히 (얼마간은 품위없는 형태로) 그리고 공공연히 도덕성을 비판하는 광범한 지적인 변화가 있다. 이 변화는 사람들에게 자신의 감정을 도덕적 기준에 관계없이 표현하면서 자신을 그대로 인정하도록 호소한다.

요컨대, 도덕성은 현대 사회가 등장함에 따라 상당한 힘을 상실하였다. 사회의 경제적 구조는 중요한 사회적 생존 수단인 도덕성의 중요성과 생존력을 감소하였다. 도덕성의 종교적 토대는 손상되었고, 도덕성 자체는 자의적이고 개인적이며 억압적인 것으로 인식되어 어느 정도 신용을 잃게 되었다. 비록 도덕성과 덕목은 여전히 사회적 중요성을 지니고 있지만 과거와 같이 일상생활에 대한 강제력은 갖지 못하고 있다.

❖ 전통

전통은 과거에는 극히 유력한 가치의 또 다른 토대이었다. 전통은 어떤 행동방식을 정당화하기 때문에 가치의 토대가 된다. 즉, 사람들은 "우리는 언제나 그런 식으로 했기 때문에" 어떤 행동양식을 정당화할 수 있다. 전통은 과거의 어떤 도덕적 명성을 기반으로 하고 있다

(Shils, 1981). 그것은 단순한 습관과 반복 행동을 긍정적 가치가 있는 것으로 변형시킨 것이다. 친숙한 사고와 행위는 적절하고 정확하며 자연스러운 것으로도 보이게 된다.

따라서 전통은 조상과 문화유산을 포함하여 현재의 사회와 과거를 생생하게 연결하는 것이다. 전통은 반복 행위를 질서와 규칙 및 가치의 원천으로 만들어 안정감을 제공한다. 그러므로 전통은 세계에 안정성을 부여하는 의미의 주요 기능을 수행한다. 전통은 사람들에게 가치 토대의 본질인 옳고 그름의 기준을 제공함으로써 사고와 행위의 당위성을 얘기한다. 그와 같이 전통은 인생을 의미있고 가치있게 만드는데 일익을 담당한다(Shils, 1981).

전통은 사회의 근대화로부터 많은 고통을 겪었다. 현대 사회로 전환되는 한 가지 중요한 특징은 합리화, 즉 모든 것을 합리적 계획과 결정에 의한 것이다. 이러한 합리성은 전통적인 행동방식을 대체하였다. 근대화의 다른 측면은 지역사회와 축제와 같은 전통에 입각한 사회생활의 형태를 붕괴시켰다. 어떤 경우에는 현대 정부와 관료조직이 전통적인 행동양식을 더 나은 기능을 하는 것으로 생각되는 새로운 방식으로 의도적으로 대체하려고 한다. 다른 경우에는 전통적 형식의 붕괴가 다른 발달의 부수적 결과로 우연히 이루어졌다(Habermas, 1973).

예를 들면, 유럽의 전통적인 농촌 마을의 생활에는 여러 가지 기본적인 특징이 있었다. 여기에는 우선적 관심으로 이웃 간의 결속, 개별 선택과 자유에 우선하는 강한 권위의 선호, 자발성에 대립되는 관습의 중시 등이 포함되었다(Shorter, 1975). 분명히 현대 사회에서는 자발성과 자유가 관습, 권위, 단합보다 더 중시되는 가치이기 때문에 이러한 유형의 생활을 어느 정도 거부하고 대체하였다.

그러나 사회가 현대화되어감에 따라 전통은 가치의 토대로서의 영향을 상실하고 있다. 그것은 어떤 사고와 행동 방식에 긍정적 가치를 부여하는 힘을 상실하였다. 더구나 전통은 중단되거나 구식으로 전락하거나 불신되면 회복하기가 아주 어렵다. 소수의 사람들은 전통을 가끔 고수하지만 과거와 같은 힘은 상실하였다. 예를 들면, 태평양의 여러 섬에 백인과 서구 사회의 유입은 다양한 토착 문화를 크게 붕괴시켰다(Fagan, 1984). 이따금 그들의 전통 의식의 일부는 관광객들에게 공연으로 보여주기 위하여 아직 유지되고 있다. 그러나 이것이 전통의 유지라고 말하기는 어렵다. 이러한 공연이 꽃무늬 옷을 입고 껌을 씹으며 햇볕에 검게 탄 구경꾼들은 물론이고 참여자들에게도 과거와 같은 정서적 힘과 중요한 의미를 지니고 있다고 생각하기는 곤란하다.

전통적인 생활방식이 붕괴되고 포기되면 회복되기가 극히 어렵다. 이는 사회가 폐기된 전통을 회복하려고 애쓰는 몇 가지 사례에서 볼 수 있다. 근래에 세계 여러 나라에서 이러한 것을 시도하였다. 캄보디아(Cambodia)와 이란(Iran)은 현대적이고 세계주의적인 정부를 전복하고 외국인들을 추방하였으며, 많은 현대적인 제도를 폐지하고 과거의 전통적인 행동유형으로 복귀하려고 시도하였다. 야만적이고 억압적인 폭력이 이러한 퇴행적인 개혁을 초래하는데 필요하였으며, 많은 경찰력의 필요성은 전통적인 생활양식의 가치가 이미 약하다는 명백한 증거이다. 일부 시도는 곧 실패하였고, 다른 것들도 성공할 가능성은 희박하게 보인다.

사실, 황제 율리아누스(Julian)가 급속히 팽창한 기독교에 대하여 로마 제국의 거창한 다신교를 부활시킬 수 없었다면, 중단된 전통을 회복하려는 비슷한 시도가 더 험난한 현대 세계에서 성공할 수 있을 것으로 믿을만한 이유가 없다. 전통이 정말 파괴되었다면 성공적으로 회복할 수 없는 것이 일반적인 법칙이다(Shils, 1981).

전통은 과거의 명성에 입각한 것이다. 그것은 지나간 행동방식이 새롭고 시험해보지 않은 방식보다 더 안전하고 믿을 수 있으며 더 낫다는 원리를 연상시킨다. 물론 이 주장에는 할 얘기가 있다. 사고와 행동 방식은 분명히 결함이 있었다면 오래 생존할 수 없었을 것이다.

그러나 오래된 방식이 더 낫고 믿을 만 하다는 가정은 현대 세계에서 훼손되었다. 과학과 공학 및 광고는 그 거대한 힘을 과거에 관한 호의적인 가치 판단을 역전시키는데 사용하였다. 아주 종교적인 사회와 과학적인 사회에서 낡은 방식과 새로운 방식의 매력을 비교하는 것은 교육적이다. 행동이 종교에 의해 지배되었다면 생활 형태는 오래된 경향이 있었으며, 어느 면에서는 오래된 것이 더 나은 것이다. 종교의 교리는 자체적으로 새롭고 개선된 것으로 선전하지는 않는다. 그 대신, 새로운 종교 교리도 처음의 신앙과의 연관성을 상실한 것으로 비난받는 현대의 종교적 활동에 반응하여 일반적으로 애초의 고대 종교의 이념과 교리로 복귀하는 것으로 제시된다.

이에 비해서, 과학과 공학은 오래된 것을 낡고 그릇된 것과 같은 의미로 만들었다. 오래된 종교적 이념이 더 나은 것으로 생각된 반면에, 보다 새로운 과학적 아이디어는 전형적으로 우수한 것이며 새로운 공학과 산물도 오래된 것에 비해 분명히 우수한 것이다. 오래된 형태와 낡은 기술의 열등함은 기술 사회에서 매일 반복되는 교훈이며, 이것이 전통의 정서적인 힘과 호소력을 약화시키는데 기여한 것은 확실한 것 같다. 보다 일반적으로, 진보에 대한 현대의 믿음이 전통을 적, 즉 진보에 반발하는 장애물로 보이게 한 것이다(Shils, 1981).

이 모든 것은 전통이 바람직하다거나 전통적인 행동방식으로 돌아가야 한다거나 남아 있는 전통에 매달려야 한다고 말하는 것은 아니다. 사실, 여성을 제한된 역할에 국한시키는 것과 같은 억압적이고 차별적인 관습을 유지하는 힘을 포함하여 전통에 대해 비판할 것이 많다. 그 보다 요점은 현대 사회로의 변화가 좋든 나쁘든, 많은 전통을 손상시키거나 파괴하였다는 것이다. 많은 전통은 인생에 가치와 의미를 부여했으나, 이제는 더 이상 그렇게 할 수가 없다.

전통은 상실된 가치의 기반을 대체하기 어렵다는 예를 뚜렷이 제공하고 있다(Habermas, 1973). 새로운 전통은 하루 밤에 생길 수 없다. 정의상, 전통은 장기간의 반복과 준수를 통하여 가치가 축적되어야 한다. 전통에서는 오래된 방식이 단지 오래되었기 때문에 또는 적어도 과거와 연결된 의식을 부여했기 때문에 가치가 있었다. 현대 사회는 행위를 이렇게 정당화하는 방식을 상실하였다. 그 효율성이나 효과를 제시하는 것과 같이, 행동은 실용적이고 합리적인 근거에서 정당화되어야 한다. 그러나 실용적이고 효과적이라는 것은 정당하고 좋은 것이라는 것과 같지는 않다. 따라서 현대 사회는 행위를 정당하고 좋은 것으로 합리화하는 소수의 방법으로 그럭저럭 지낼 수밖에 없다.

❖ 결론: 가치의 결핍

현대 사회의 출현은 주요 가치 토대의 부분적 파괴와 손상 또는 붕괴와 연관되어 있다. 종교, 도덕, 전통은 사람들의 삶에 의미를 부여하며 옳고 바람직한 행동을 알 수 있는 토대를 제공하였다. 그러나 종교, 도덕, 전통은 과거에 누렸던 사회적 또는 정서적 힘을 더 이상 갖고 있지 않다. 명예에 관한 귀족적인 개념, 직업윤리, 몇 가지 유형의 민족주의와 제국주의 등과 같이, 동일한 숙명에 처한 다른 가치의 토대도 몇 가지가 있다.

결과적으로, 현대인은 합법성의 견고한 기준이 적고 옳고 그름을 말할 수 있는 믿을 수 있는 방법도 적게 가지고 인생에 당면하고 있다. 현대인들은 이전 시대의 사람들에 비하여 정당화의 원천이 보다 적고 모호하며 괴리가 많다는 것을 알고 있다.

그러므로 현대 사회는 가치 토대의 만성적인 부족이라는 문제에 일반적으로 당면할 수 있다. 도덕적 가치보다는 경제적 가치가 현대 생활의 주요한 주제이지만, 경제적 가치만을 위한 삶은 경제적 성공에 흠뻑 취한 사람들에 의해서도 일반적으로 부적절하고 불만스럽게 지각된다(Huber, 1987). 자신의 행동을 정당화하고 자신이 바르게 행동하고 있음을 알 수 있는 일반적으로 합의된 강력한 토대가 없다.

때때로 이러한 가치의 부족은 위기의 경지에 달한다. 그러한 위기는 특정한 정부가 시민들에게 요구하는 바를 정당화할 수 없을 때 발생할 수 있다. 정부가 시민들에게 원하는 것이 옳음을 설득할 수 없으면, 그 기능은 심각한 손상을 받게 되고, 사회조직은 전반적으로 급격한 변화를 겪을 수 있다. 예를 들면, 억압적이고 부패한 정부는 대중의 지지를 잃고 그 힘을 상실할 수 있다. 그와 같은 극단적인 경우는 하버마스(Habermas, 1973)가 "정당화의 위기"(legitimation crisis)의 사례로 언급하였다.

그러나 인생의 의미를 논의하는데 중요한 요인은 가끔 생기는 긴급한 위기가 아니라 만성적인 부족이다. 많은 현대인들은 옳고 그름에 관한 견고하고 합의된 기준이 없이 생활에 적응해야 한다. 문화는 사람들이 자신의 활동을 정당화하려는 욕구를 감안할 수 있는 충분한 가치의 토대를 제공하지 못하고 있다. 또는 사람들은 전통적인 도덕성의 요구를 알 수는 있지만 마음 약한 사람이 되는 위험을 감수하며 그 행동 요령을 따라야 하는지 아니면 그 대신 자기 이익을 추구해야 하는지 확신을 갖지 못한다. 따라서 의미에 대한 4가지 욕구 중 하나는 흔히 충족되지 못하고 남아 있게 된다.

앞 장에서 논의한 바와 같이, 의미의 부족에 대한 매우 기본적인 반응이 있다. 그 반응은 부족을 보충하기 위하여 의미의 남은 원천을 개발하는 것이다. 이것은 개인 수준만이 아니라 집단 수준에서도 진행되어야 한다. 다시 말하면, 사회 전체가 개인들에게서 본 것과 같은 형태를 보여야 한다. 가치의 토대 상실에 당면하여 현대 사회는 남아 있는 의미의 원천에 관심을 돌려서 가치의 토대로 기능하도록 그것을 확대하는데 힘써야 할 것이다.

현대 사회에서 강하고 풍부한 의미의 한 가지 원천은 자아이다. 자아와 정체성의 개념, 자아에 관한 학습과 확장 방법은 크게 도움이 될 수 있다. 자아정체감을 가치의 토대로 개발하려는 시도는 현대의 중요한 주제에 속한다. 이 과정을 이해하기 위해서는 두 가지 점에서 배경을 고려해 볼 필요가 있다. 첫째는 자아의 성질과 현대 생활에서 그 변화 과정이고, 둘째는 낡은 가치의 토대를 손상시킨 근대화 과정이 그것을 자아로 대체시킨 과정이다. 다음 절에서 이 전개 상황을 보게 될 것이다.

자아는 상실된 것을 대체하는 가치의 토대로 활용한 유일한 것은 분명히 아니다. 가치의 결핍은 현대 사회의 보편적인 문제이지만, 사회가 여러 가지 의미를 사용하는 방법을 결정하기도 한다. 사실, 다음 장에서 일을 가치의 토대(예를 들면, 일의 윤리)로 승격시키려는 시도를 고려하게 될 것이며, 그 다음 장에서는 현대 생활에서 가족의 소중함도 고려할 것이다. 그러나 자아는 새로운 가치의 토대를 구축하는 가장 성공적인 경우이기 때문에 특별한 주목을 받을 만하다.

현대 자아의 구성

❖ 자아의 정의

자아는 자연과 문화의 산물이다. 자아는 물질적인 신체와 그에 관련된 일련의 정의로 구성되어 있다. 정체감(identity)이라는 말은 이와 같은 정의를 뜻하는 것으로 사용될 수 있다. 다시 말하면, 신체는 물질적인 것으로 구성되어 있고, 정체감은 의미로 이루어져 있으며, 자아는 이 둘을 조합한 것이다. 현재의 목적에서는 자아와 정체감의 구별은 그다지 중요하지 않다.

인간의 정체감은 "나는 누구인가?"라는 질문에 대한 모든 답변으로 대강 정의할 수 있다. 정체감은 사회적 역할과 평판을 포함한 대인관계의 측면, 개인의 잠재력, 우선순위와 가치관을 내포하고 있다. 정체감에 의해서 우리는 사회에서 생활하고 결정을 내릴 수 있다

(Baumeister, 1986).

정체감은 시간이 지나도 동일한 사람이라는 의미를 갖고 있다. 정체감의 이 연속성은 거짓 영속성의 예로 볼 수 있다. 실제로 사회적 자아뿐만 아니라 신체와 동기와 과정은 계속 변하고 적응한다. 정체감은 자아에 어느 정도 안정성과 계속성을 부여한다. 예를 들면, 정체감은 하기 싫은 느낌이 들더라도 지난 주나 작년에 한 약속을 지켜야 한다는 것을 의미한다. 앞에서 말한 바와 같이, 의미의 기능은 세계에 안정감을 부여하는 것이며, 정체감은 이것의 중요한 측면이다. 정체감은 사람들로 하여금 동일한 목표를 지향하며 꾸준하고 일관된 방식으로 선택과 결정을 하면서 안정된 관계를 유지하게 만든다. 정체감 위기를 겪고 있는 경우처럼, 확고한 정체감이 결핍된 사람들은 이와 같은 안정성이 부족한 경향이 있다. 그들의 타인과의 상호작용은 다소 불안정하고, 행동은 목표가 변화하는 혼란스러운 모습이며, 결정은 흔히 자의적 또는 변덕스럽거나 일관성이 없다(Baumeister, Shapiro, & Tice, 1985; Baumeister, 1986).

❖ 자아, 정서적 유대와 가치

자아는 가치의 잠재적 원천이 될 수 있는 특별한 성질을 지니고 있다. 가치의 자연적 기반은 정서적 애착이다(Klinger, 1973). 자아는 이것을 쉽게 형성한다. 어떤 것을 내 것으로 인식하는 것은 그것을 소유하고 싶어 하고, 친숙한 감이 들며, 편파적이 되게 한다. 이에 대한 가장 간단한 형태가 사람들이 그들에게 단지 노출되는 사물에 긍정적 느낌을 갖게 된다는 단순 노출 효과(the mere exposure effect)이다(Zajonc, 1968). 친숙함은 최소한 처음에는 호감을 낳게 된다.

자아의 개념은 정서적 유대를 조성하고 유지하는 특별한 힘을 갖고 있다. 몇 가지 유명한 실험에서(Rogers, Kuiper, & Kirker, 1977), 사람들에게 몇 개의 단어를 제시하고 어떤 판단을 내리도록 하였다. 때때로 그 판단은 단어들이 다른 단어와 운율이 맞는지 또는 그 의미를 알고 있는지와 같은 비개인적인 것이었다. 또 다른 경우에는 그 단어가 피험자 자신을 묘사하는 것인지 물었다. 이 단어들이 다른 것들보다 훨씬 잘 기억되었다. 그것은 단어가 자신에게 해당되지 않는다고 여겨지는 경우에도 사실이었다. 따라서 자신과 단순히 비교하는 것, 즉 자신과의 관련성을 단지 생각하는 것이 기억에 더 강한 인상을 남기며 제시 단어에 더 큰 영향을 미쳤다.

이러한 간단한 효과는 가치의 원천으로서 자아가 작용하는 조짐으로 볼 수 있다. 자아와 연관되는 것들은 특별한 정서적 힘을 얻는다. 교실의 좌석은 모두 똑 같아도 사람들은 자신의 자리에 감정적으로 애착을 느끼며, 다른 사람이 자기 자리에 앉으면 마음이 쓰여서 다음번에는 일찍 와서 자기 자리를 차지하려고 할 것이다. 마찬가지로, 자기 집, 자기 아이들,

자가용 등이 다른 많은 것들 보다 더 좋거나 크게 다르지 않을지라도 특별하고 배타적이며 강한 애착을 느끼는 경향이 있다. 이러한 과정은 살아가는데 중요한 가치의 원천으로서 개인의 자아를 문화적으로 수용하는 것과는 차이가 있지만, 자아가 가치를 형성하고 전수하는 힘이 있음을 보여준다.

이와 관련하여 몇 년 전의 산행이 생각났다. 나는 좋은 지팡이를 구하기 위해 첫날의 대부분을 마음에 들지 않는 나무 가지들을 살피며 보냈다. 어떤 것도 마땅치 않아서 가장 싫지 않은 것을 선택하여 변덕스러운 날씨와 험한 지형의 오랜 산행에서 주간 내내 사용하였다. 마지막 날 종착지에 거의 다 왔을 때 아주 마음에 드는 나무 가지를 발견하였다. 사용하던 지팡이를 즉시 던져 버리고 더 좋고 새로운 것을 집어 들었다. 그러나 어쩐지 낡은 것을 그처럼 버릴 수 없었다. 새로운 것이 분명히 더 좋고 다음 산행에서 내게 도움이 될 것으로 생각되었으나, 낡은 것에 이상한 충성심이 느껴져 다시 집어 들고 남은 산행에서 사용하였다. 그것은 비합리적인 선택이었지만, 자아와 연관하여 발생할 수 있는 정서적인 힘과 가치를 보여주었다.

❖ 복합적인 자아

자아는 현대 세계에서 더욱 복잡하고 문제가 되고 있다는 증거가 있다. 이에 대해서는 다른 책(Baumeister, 1986, 1987)에서 상세히 기술하였으므로 여기서는 간단히 개략적으로만 논의한다.

중세 사회에서는 자아에 대한 견해가 복잡하지 않았다. 자아는 간단히 기본적인 방식으로 규정되었다. 정체감은 가족의 유대나 사회적 지위와 같은 출생 상황에 크게 의존하였다. 자기 회의, 자기 인식, 내면적 과정, 정체감 위기에 대한 생각은 거의 없었다. 또한 자아란 말을 일찍 사용하는 것은 부정적 의미를 내포하였다는 것을 아는 것이 중요하다. 품위 없고 탐욕스러우며 제한된 개인의 자아는 신과 공동사회의 보다 높은 가치와 대비되었다(Baumeister, 1986; Rosenthal, 1984). 도덕성과 덕목은 자아와는 중요한 대립 요인이었다. 기독교적인 도덕성의 비개인적이고 초인간적이며 매우 완벽한 원리와는 대조적으로, 자아는 단순한 인간의 죄 많고 약하고 열등하며 야만적인 성질을 뜻하는 것이었다.

서구 사회가 중세에서 현대 문명으로 발전하면서 자아의 개념은 확대되고 더 복잡해졌다. 개인의 자아를 고정되고 안정적이며 기본적인 표현으로 정의할 수 있는 확실한 방식은 더 이상 효과적이거나 적절하지 않게 되었다. 사회적 이동의 증가, 역할과 관계의 새로운 다양화와 단편성, 인간의 잠재력에 관한 확고한 종교적 견해의 감소, 가치 다원화의 출현이 모두 자아를 더 어렵고 모호하게 만들었다. 대강 얘기하면, 사회가 사람들에게 자신이 누구인지 더 이상 말하지 않고 스스로 정체성을 형성하도록 맡긴 것이다. 이는 자유의 증가를 가져왔지만 새로운 긴장과 어려움도 동반하였다. 인생에서 어색하고 힘들고 불확실하고 문제가 많은 시기인 현대 청소년기의 출현도 부분적으로는 이러한 변화의 결과이었다. 왜냐하면 성인으로서 정체감을 두렷이 해야 하는 부담감이 청소년에게는 아주 무겁고 모호하게 느껴졌기 때문이다(Baumeister, 1986; Demos & Demos, 1969; Kett, 1977).

내면적인 자아의 개념은 꾸준히 확대되었다. 처음에 진정한 자아가 개인의 내면에 숨어 있다는 생각은 사기와 위선에 대한 인식, 즉 사람들은 언제나 겉으로 보는 것과는 같지 않다는 지각에서 자극을 받았다(Trilling, 1971). 20세기에 서구 문명에서는 내면적 자아를 많은 숨겨진 사상, 사적인 감정, 의도, 성격특성, 잠재력, 창의성의 원천, 개인적 충족의 요소, 많은 개인적 문제와 정체감 딜렘마에 대한 해결책, 개인적 가치를 선택하고 거부하는 토대를 간직하고 있는 광대한 영역으로 간주하게 되었다(Baumeister, 1986).

자아의 확장은 근래에 계속되었다. 조사연구에 의하면(Veroff 등, 1981), 사람들은 이전 세대보다 자신의 고유한 특성에 대해 자발적으로 얘기하며 자신에 관해 보다 큰 관심을 나타내고 있다. 그들은 부모 세대보다 자신에 대해서 일반적으로 더 긍정적이다. 그들은 자신을 도덕적 범주에서 평가하는 데에서 벗어나 개별적 성격특성으로 묘사하기 시작하였다. 다시 말하면, 현대의 자아는 사회적 규준과 도덕적 범주에 입각한 표준 모형에 맞추기보다는 개인의 고유한 특성으로 설명된다.

그러므로 자아는 이전 세대의 보편적인 신념 및 가정과는 대조적으로, 그 규모와 중요성에서 극적으로 확대되었다. 이처럼 확장되고 증가된 자아는 새로운 기능을 담당할 수 있다. 특히, 현대 생활에서 당면하는 의미의 결핍을 치유하기 위한 의미의 원천으로 기능하는데 적합할 수 있다. 그러나 자아가 그와 같은 기능을 담당한 이유는 단지 이용 가능성 때문만은 아니었을 것이다. 자아를 확장시키고 가치의 부족을 야기시킨 몇 가지 경향도 자아를 가능한 해결책의 하나로 보이게 한 것이다. 이러한 경향이 다음 절에서 검토될 것이다.

자아의 확장

오래된 가치의 원천을 약화시킨 몇 가지 요인들은 자아를 동시에 강화시키기도 하였다. 사실, 가끔은 자아가 전통적 가치의 보수적인 힘을 파괴하는데 사용한 근대화의 무기처럼 보였다. 이 절에서는 전통적 가치의 손상이 자아의 증대하는 중요성과 어떤 관련이 있는지 설명할 것이다.

❖ 합리적이고 경제적인 개인

이미 말한 대로, 기독교는 근대 세계를 형성한 새로운 형태의 경제생활에 쉽게 적응하지 못했다. 종교는 산업이나 기업과 직접적인 관련성이 없었고, 상업적인 성공은 전형적으로 비도덕적인 일이며 때로는 도덕과 무관한 일이었다. 그러나 새로운 산업경제는 기독교적 생활과 유리되었지만 현대 자아를 강화하고 구체화시켰다. 현대의 경제생활은 개별적이고 합리적인 자기 이익의 추구에 기반을 두고 있으며, 협동적이고 도덕적인 집단 복지를 토대로 한 과거의 형식을 점차 대체하게 되었다.

현대 세계가 형성됨에 따라 개인은 독립적이고 자율적인 경제 주체가 되기 시작하였다. 젊은 남녀는 자신이 태어난 지역사회에서 더 이상 전 생애를 보내지 않아도 되었다. 도시에 가서 직업을 얻고 집을 짓고 가정을 꾸릴 수 있게 되었으며, 만일 불만족스러우면 직업과 거처를 바꿀 수도 있다. 미국의 미개척 지역에서는 위험과 곤란을 감수할 사람에게는 누구나 농장을 제공하였다. 따라서 지역사회에 대한 개인의 의존은 약화되었으며, 성공과 실패(이익과 손실)의 큰 기회는 부분적으로는 개인의 경제 행위와 결정에 좌우되었다.

현대 경제는 교환에 근거하고 있다. 한 사람의 이익은 다른 사람에게는 손실이다. 가격이 비싸면 구매자는 꺼리고 판매자는 기뻐한다. 개인의 경제적 이익은 어떤 점에서는 다른 사람의 이익에 배치된다. 이에 비해서, 전통적인 농촌 마을의 생활은 사람들을 서로 똑같이 경쟁시키지 않았다. 이웃이 경쟁자인 경우는 드물었다. 생존과 번영은 공동 노력과 협동에 의해서 다양하게 이루어졌다. 경찰이나 군대가 없이, 공동 안전은 협동과 상호 선의에 의존하였다. 국가의 복지 프로그램 없이, 재난 시에 우선 도움을 구하러 가는 곳도 이웃이었다. 결과적으로 이웃이 잘 되면 서로 좋았다.

새로운 근대적인 산업 경제는 보다 많은 부의 이동을 초래하였다. 그 결과, 평생 거금을 얻거나 잃을 가능성이 크게 증가하였다. 이와 같은 빈번한 사회경제적 이동은 독립적이고 자율적인 경제적 주체로서 개인의 역할을 부각시켰다. 새로운 경제체제에서 성공하고 번성한 사람들은 그 규칙과 기회를 수용하고 이해하며 이용한 사람들이었다. 자기 이익의 합리적 추구는 새로운 경제에 만연되어 다른 사람들과 함께 살아가고 앞서 가는 수단으로서 중요하게 되었다. 이것은 사회적인 도덕성과 사적인 자기 이익 사이의 전통적인 균형을 바꾸어 놓았다. 봉건적인 과거와 달리, 사회는 자기 이익을 실천한 사람들에게 보상을 제공하였다.

현대 세계의 시민들은 이러한 새로운 풍조에 오랫동안 마음이 편치 않았다. 19세기 내내 사람들은 부의 추구를 정당화하기 위하여 박애주의와 같은 보다 높은 가치에 호소할 필요성을 느꼈다(Huber, 1987). 그러나 중요한 점은 자아를 추구하는 것이 점차 보편화되고 용인되었다는 것이다. 부, 인정, 힘, 자신을 위한 다른 이익이 경제생활에 중요해졌으며, 이와 같은 추구를 비난하는 과거의 도덕적 시도는 진부한 것이 되었다.

경제가 도덕성에 미친 영향은 과장되어서는 안 된다. 현대 경제가 전통적인 도덕성을 불신하였고 덕목에 대한 오래된 개념을 바꾸어 놓았다고 말하는 것은 지나친 일이다. 그러나 경제적 활동이 전통적 가치와 모순되면 그 가치는 주일 설교와 잡지 기사에서 빈말로 언급되는 경우를 제외하고는 점차 제쳐두거나 무시되었다. 다시 말하면, 새로운 경제생활은 오래된 형태의 덕목들을 더욱 부적절하게 만들었다. 처음에 사람들은 사회에 대한 봉사, 인격함양의 진정한 성공, 그리고 종교적 명제를 토대로 재정적 성공을 정당화하면서, 이 둘을 조화시키려고 하였다. 이러한 정당화는 점차 필요없게 되었다. 20세기 초에 바톤(Bruce Barton) 같은 작가들은 "우리는 돈을 벌기 위해 전력을 다해야 한다. 그 사실에 비난할 만한 것이 없다"고 주장할 수 있었다(Huber, 1987).

20세기 초에 사업의 성공을 토대로 도덕성을 정당화하려는 시도가 좀 있었다는 것은 의미있고 놀라운 일이다. 예를 들면, 정직성은 사업에 좋은 것으로 정당화되었다. 부정직한 사업가는 고객이 상대하지 않을 때 실패할 것으로 알려졌다. 바톤(Bruce Barton)은 예수를 훌륭한 사업가의 원형으로 설명할 정도이었다. 20세기 중반에 이와 같은 주장은 극히 보편적이고 인기가 있었다. 도덕성과 종교까지도 개인의 경제적 목적을 달성하는데 도움이 되었기 때문에 매력적으로 제시되었다. 허버(Huber, 1987)는 1950년대를 다음과 같은 말로 그 이전 시대와 비교하였다. "19세기와 그 이전에 인격의 윤리는 부의 축적을 정당화하기 위하여 종교에 의지했다. 새로운 사조가 종교를 돈벌이 수단으로 이용한 것이다(p.332)." 새로운 견해는 빈센트 필(Norman Vincent Peale) 목사가 요약하였는데, 그는 "긍정적 사고의 힘"(power of positive thinking)에서 기독교 신앙의 덕분으로 경제적 성공을 거둘 것이라고 약속하였다.

요약하면, 현대 세계는 무역 증대, 부의 유통 확대, 산업생산을 포함하여 새로운 경제체제를 초래하였다. 이러한 발전은 오래된 전통적 가치가 부적절하고 진부한 것으로 보이게 하는 문제를 야기시켰으며, 또한 개인의 자아의 비중을 증가시켰다.

❖ 정치적 개인주의

새로운 경제적 추세와 같이, 새로운 정치적 경향이 개성을 촉진시켰다. 특히 개인의 자아가 르네상스와 초기 현대 사회에 보급된 권력투쟁의 결과로 강화되었다. 봉건주의에서 현대 국가로의 전환은 쉽지 않았으며, 전형적으로 국가와 중앙정부가 지방의 귀족들로부터 권력을 빼앗은 것이었다.

중세 봉건 유럽에는 중앙 정부가 있었으나 권위나 권한이 크지 않았다. 생활은 지방 귀족들에 의해서 지역적으로 운영되었다. 왕은 때로는 가장 크고 중요한 귀족에 지나지 않았다. 일상생활에서 정부의 역할로 규정된 책임과 봉사는 지역의 귀족들과 농부들에게 집중되었다. 도시들은 흔히 국가나 국제적인 권력구조와 강한 연관성이 없이 지역적으로 움직이는 자급자족의 단위이었다. 대중매체 없이 전국적인 뉴스나 통신체제는 없었다. 국가는 보통 상비군을 유지하지 않았다. 군 복무는 농부들이 귀족에 대해서 의무적으로 수행하는 지역적 문제이었다. 세금, 노동, 기타 의무도 지역적인 것이었다. 사법, 치안과 안전, 복지도 지역적으로 시행되었다.

귀족들은 지역을 토대로 힘을 유지했고 대가족을 구성하였다. 그들은 개인의 권력과 권한을 가족을 통하여 얻었고, 끝없는 권력의 유지는 가족에 의해서 가능했다. 가족 간의 항쟁이 있었고, 결혼은 가족 간의 유대를 공고히 하는 수단이었으며, 충성심도 세습적인 가족 문제이었다.

지역성이 강조되는 세계에서 가족은 특히 사회가 아주 엄격히 구조화되어 있다면 중요한 사회적 주체로 작용할 수 있다. 지역의 귀족들은 어떤 가족이 믿을 수 있는지 알 수 있으며, 충성심이 안정되어 있을 때는 이러한 지식이 효과적인 지배의 근간이 될 수 있다. 이에 비해서 상위의 정부는 개별 가족들을 효과적으로 다루기 어렵다. 예를 들면, 작은 마을의 시장은 마을의 주요 가족들을 잘 알 수 있으나, 미국 대통령은 국가의 주요한 가족들을 모두 만날 수는 없다. 더 적절히 말한다면, 지역의 세력가들에 대한 가족의 충성심은 왕이 쉽사리 손상시킬 수 없다. 왜냐하면 왕은 지역의 세력가들을 충성 조직에서 대체하기 위하여 여러 가족들과 필요한 접촉을 할 수 없기 때문이다.

그러므로 지역 정부의 힘은 대가족 체제에 달려 있다. 중앙 정부가 지역의 군주들로부터 권한을 박탈하려고 한다면 그 힘을 지탱해 주는 가족의 강한 전통을 와해시킬 필요가 있었다. 그리하여 중앙정부는 개인들에게 자신의 의사를 전했다. 현대 초기에 권력투쟁은 지역의 세력가들과 대가족들의 봉건적 동맹과 중앙정부 개인들의 현대적 연합 간에 전개되었다. 결과적으로, 현대 국가의 성장은 개인의 권리와 의무를 강조하는 정치적 개인주의의 성장을 의미하게 되었다,

사회와 가족의 유대를 희생하며 개인을 강조하는 이러한 과정이 오늘날에도 계속되고 있다는 증거가 있다. 바이츠만(Weitzman, 1985)은 이혼법에 관한 근래의 변화를 검토하여 이 변화가 가족을 결합하는 사회적인 요인들을 약화시키고 있다고 결론을 내렸다. 그 미묘한 결과는 사람들에게 자기 이익을 추구하도록 조장한 것이다. 왜냐하면 가족을 위하여 자신을 희생한 사람들이 흔히 이혼하면 심한 경제적 고통을 겪기 때문이다. 요컨대, "새로운 법은 결혼 상대방의 희생으로 자신에게 투자한 배우자에게 경제적 이득을 부여하고 있다" (Weitzman, 1985, p. 374).

그러므로 현대 사회의 형성은 분명한 정치적 변화와 연관된다. 이는 개인으로 하여금 오래된 전통적인 유형과 권력구조에서 탈피하도록 만들었다.

❖ 사회적 발달

정치적 및 경제적 변화와 관련된 사회적 변화도 개인을 강화시켰다. 성인의 정체성을 결정하는 두 가지 가장 큰 요인은 직업과 결혼이다. 수 세기 동안 이 중요한 선택은 가족이 했으며, 개인이 스스로 선택할 수 있는 폭은 아주 작았다. 가족은 도제관계를 마련하고, 농장을 넘겨주며, 군대 장교 임관을 주선하고, 직업을 확고히 하는데 필요한 것은 무엇이든 하였다. 전통적인 유럽에서 청년들은 성공을 합리적으로 기대하며 독자적으로 쉽게 나아갈 수 없었다. 젊은 여성들에게는 더욱 힘들었다. 전통적인 유럽에서는 기회가 제한되었으며, 그것을 얻기 위해서는 가족의 연결이 필요하였다.

마찬가지로, 결혼도 주로 대가족에 의해서 이루어졌다. 생활 수단, 지참금, 다른 요인들이 결혼 기회에 큰 영향을 미쳤으며, 개인이 결혼하려면 가족에게 많이 의존하게 만들었다. 가난한 사람들만이 이러한 압력을 쉽게 회피할 수 있었으나, 그들도 선택의 여지가 거의 없었다(Stone, 1977). 대부분의 사람들은 결혼하지 못했는데, 그것은 그들이 원치 않아서가 아니라 가족이 그와 같은 기회를 부여할 여유가 없었기 때문이다(Bernard, 1982). 모든 위험과 다른 지장에도 불구하고 농촌에서 도시로 이주하는 이유 중 일부는 도시의 산업 생활이 사람들에게 결혼 기회를 제공하기 때문이었다. 그것은 사람들이 시골에서는 전형적으로 가질 수 없는 기회이었다.

현대화는 개인이 직업을 마련하기 위하여 가족에게 의존하는 것을 감소시켰다. 산업혁명은 많은 새로운 일자리를 만들었고, 그 중 한 자리를 구하는데 가족의 지원이 중요하지는 않았다. 19세기 말에 협소하고 전문적인 훈련의 도제 체계와는 달리, 다목적의 보통교육이 대부분의 직업 준비에 적절한 것으로 인정되었다. 공립학교는 모든 사람들에게 이 다목적의 준비를 가능하게 만들었다. 따라서 공교육은 사람들이 직업을 갖기 위하여 가족에게 의지할 필요성에서 벗어나게 하였다.

마찬가지로, 결혼도 더욱 더 개인의 선택에 의존하게 되었다. 몇 세기 전에는 기껏해야 장래 배우자에 대한 선호도 표현만 용인되는 자녀들에게 부모가 결혼을 주선하였다. 이 선호는 결정을 내리는 여러 가지 요인 중 하나로 부모가 고려할 수도 있었다. 그러나 현대사회의 발전은 배우자 선택을 젊은 사람들 자신이 하도록 더욱 조장하였다. 전통적인 제약과 관습은 사람들이 자신이 원하는 상대와 결혼하도록 폐기되었다(Stone, 1977; Smith, 1973).

결혼제도의 혁신을 가져온 중요한 이유는 새로운 정치적, 경제적, 법적인 제도에 의해서 사람들이 지참금이나 재산의 형태로 가족의 지원이 없어도 결혼할 수 있게 되었기 때문이다. 게다가 부모는 장래 배우자들과 더 이상 접촉할 필요가 없게 되었다. 젊은 사람들은 학교와 직장을 다니는 동안 수십 명의 배우자감들과 교제한다.

이러한 사회적 발달은 선택을 개인이 하게 만들었고 가족에 대한 의존도를 감소시켰다. 성인의 정체성을 경력과 배우자 선택으로 규정함으로써 개인은 사회의 간섭을 최소화하면서 스스로 행동할 수 있는 존재가 되었다. 이전에 가족은 개인을 사회와 연결시키는데 중요하였으나, 현대 세계에서는 이러한 기능을 상실하였다(Fass, 1977). 사실, 아직 무엇인가 남아 있다면 가족은 세상을 회피하는 수단이 되었다(Bellah 등, 1985).

❖ 요약

몇 가지 강력한 사회적 요인이 문화가 수 세기 동안 의지해온 중요한 가치의 토대를 약화시키고 손상시켰다. 같은 요인들이 동시에 개인의 자아도 강화시켰다. 새롭게 강화된 개인주의가 현대 세계의 정치적, 경제적, 사회적 관계 형태의 출현과 더불어 성장하였다.

이 누적된 결과는 중세에 획득한 것보다 자아의 개념을 대폭 확대하게 된 것이다. 자아는 잠재력이 풍부하고 의미의 원천이 되는 광대하고 복잡한 실체로 간주되었다. 자아는 인생의 방향에 관한 문제에 해답을 찾기 위하여, 바르고 최선의 결정을 내리기 위하여, 창의적 노력의 원천을 모색하기 위하여 자신의 내면을 들여다 볼 수 있다는 현대식 개념에 반영된 것처럼, 인생의 의미의 원천으로 확립되었다. 다시 말하면, 자아에 관한 새로운 견해는 많은 것이 그 안에 숨어 있다는 것이었다. 이는 아무도 자아 내부에 얼마나 많은 것이 있는지 확신할 수 없다는 의미이었다. 이러한 견해는 또 다른 종류의 의미, 특히 가치가 자아의 내부 깊은 곳에서 발견될 수 있다는 생각을 그럴듯하게 인정하는 태도를 갖게 하였다.

정치적, 경제적, 사회적 경향은 사람들을 개인으로서 생각하고 행동하도록 조장하였다. 현대 경제는 핵가족과 한 사람일지라도 다른 사람들과 제로 섬(zero sum) 거래[22]를 부단히 하는 기본적 경제 단위로 취급하였다. 새로운 국가는 대가족과 지역 세력가들에 대한 강한 동일시를 점차 파괴시키면서 개인의 권리와 의무를 강조하였다. 직업 기회의 확대와 새로운 현대식 결혼 시장은 개인이 집단이나 지역사회 또는 가족에게 얼마나 의존적인지 다시 강조하기보다는 중요한 결정을 개인이 하게 만들었다.

가치의 토대인 자아

지금까지 이 장에서는 현대 사회의 토대가 된 여러 가지 중복되는 경향을 검토하였다. 인생에서 가치의 주요 원천은 약화되고, 불신되고, 손상되어 가치의 부족을 초래하였다. 그

22) 제로 섬이란 모든 당사자의 득실이 결국 제로가 된다는 것이다. 예를 들면, 구매자의 이득은 판매자의 손실이며, 어떤 게임에도 승자가 있으면 패자가 있게 마련이다.

리고 개인적 정체감의 개념은 확대되어 더욱 복합적이 되고 인생에서 보다 많은 역할과 중요성이 부여되었으며, 의미의 강력하고 효과적인 원천으로 변형되었다.

이와 같은 상황은 3장에서 설명한 일반적 유형에 따르면, 한 가지 결과의 가능성을 가져왔다. 사람들이 의미의 중요한 원천을 잃을 때 그들은 결손을 보충하기 위하여 남아 있는 것을 개발하려고 한다. 현대 세계로 전환하는 과정에서 여러 가지 가치의 원천이 상실되었으며, 자아가 잠재력을 가진 의미의 강력한 원천으로 나타났다. 그리하여 사회는 자아를 가치의 원천으로 취급하는 실험을 시작할 것이다. 개인적 정체감은 증진되어 가치의 토대로 기능하게 된 것이다. 다시 말하면, 개인의 자아를 향한 내면적 관심은 현대의 가치관 결핍에 대한 유망한 해결책이다.

정체감은 가치의 토대로서 이 역할을 수행하는데 적합할 수 있다. 앞에서 논의한 바와 같이, 자아는 가치를 만드는데 익숙하고 기본적인 능력이 있다. 왜냐하면 자아와의 관련성은 긍정적인 정서적 유대감을 형성하기 때문이다. 그리고 다른 두 가지 의미에 대한 욕구, 즉 자아 가치와 효능감은 자아에 부여된 정의에 의해서 충족된다. 따라서 자아는 이미 인생의 의미의 원천이며, 가치를 형성하는 것으로 인정할 수 있는 힘이 있다.

자아를 가치의 토대가 되게 한다는 것은 정확히 무슨 의미인가? 가치의 토대는 가치를 수입하지 않고 수출할 수 있는 것이며, 여러 가지 행동이나 노력 또는 희생에 정당화를 필요로 하지 않고 오히려 정당화를 제공할 수 있다. 자아는 어떤 행동을 하고 다른 행동은 하지 않는 타당한 이유로 작용해야 한다. 자아는 그 자체가 목적인 것이다.

현대 자아는 정말로 많은 활동의 토대를 이루는 중요한 가치가 되었다. 우리는 자신을 알고 탐색해야 한다. 20세기는 자아에 대한 높은 가치를 반영하는 자신의 발견, 감정의 인식, 자신에게 옳은 행동의 수행, 자신이 되는 것, 최고의 추구, 정체감 위기, 나 세대(me generation)와 같은 다수의 진부한 표현을 양산하였다. 미국인의 대화에서 이러한 표현의 인기와 친숙성은 자아에 공통적으로 몰두하는 정도를 나타낸다. 그리고 많은 이러한 표현의 도덕적인 성질, 즉 자신을 발견해야 한다는 의미는 이러한 몰입이 가치의 형태를 취하고 있음을 가리킨다.

자아에 대한 현대의 심취는 널리 논의되어 왔다. 현재로서는 자아가 가치의 토대로 인정된 과정을 강조하면서 이 현대적 경향을 간략히 언급하는 것으로 족할 것이다.

자아에 대한 높은 관심과 그에 부여된 중요성은 현대 사회에서 너무나 분명하다. 인기 서적과 영화에서는 자기 이해, 내면적 특성의 탐색과 개발, 적성에 맞는 행동의 중요성을 부단히 언급하고 있다. 후자는 단지 쾌락적인 성향이 아니라 신성한 책임과 비슷하게 간주되며, 내면적 성향과 반대되는 행동을 하는 것은 옳지 못하고 부적절한 것으로 여겨진다. 게다가 자아의 고유함은 당연시되고, 사람들은 자신이 특별하고 고유한 개인으로 취급받을 권리가 있다고 믿는다(Baumeister, 1986). 이러한 권리와 의무는 가치의 토대에서 전형적이며, 자아가 갑자기 권리와 의무의 초점이라는 사실이 가치의 토대가 되었다는 증거이다.

벨라(Robert Bellah)와 그의 동료들(1985)은 도덕적 합의의 감소로 인하여 개인의 자아가 많은 가치의 문제를 독자적인 성향에 의해 해결하게 된 과정을 예리하게 설명하였다. 자아는 개인이 고유하고 특별한 유형의 가치와 가정을 결합할 수 있도록 모든 가능한 가치들 중에서 선택할 수 있는 토대를 지니고 있는 것으로 여겨진다. 벨라(Bellah)와 그의 동료들(1985)이 관찰한 것처럼, "우리가 개인적 자아와는 별개로 내면의 신념을 형성할 수 있을 뿐만 아니라 그래야 한다는 것은 문화적으로 심히 가공된 것이다"(p. 65).

이 연구자들은 미국인들의 가치관, 목표, 관심, 인생관에 대해 면접을 통하여 조사하였다. 그들은 많은 사람들이 자신의 행동을 궁극적으로는 자신에게 최선이거나 최대한 만족스러운 것에 따라 정당화할 뿐이라는 것을 발견하였다. 자아보다 높은 도덕적 권위가 없을 때 자아 자체의 선호가 결국 정당한 것으로 작용한다. 왜냐하면 개인이 의지할 다른 도덕적 기준이 없기 때문이다. "개인의 독특한 선호는 진정한 자아를 규정하기 때문에 자신의 정당성을 나타낸다"(Bellah 등, 1985, p. 75). 그리고 자아는 가치의 타당성을 결정할 수 있는 다른 외적 근거가 없기 때문이다. 다시 말하면, "옳고 그름, 선과 악에 관한 객관적인 기준이 없으면 자아와 그 감정이 우리의 유일한 도덕적 기준이 된다"(p. 76).

현대의 개인들이 탐욕적이고 이기적이어서 자신의 지나친 이기심에 담닉하기 위하여 도덕성을 거부한다는 것은 아니다. 그보다 도덕성은 자아에게 봉사하게 되었고, 자아는 옳고 그름에 대한 궁극적인 조정자로 남게 되었다. 무엇이 옳은지 가장 확실히 알 수 있는 방법은 옳다는 느낌이 들만큼 자신을 충분히 이해하는 것이다. 그것이 사람들이 오늘날 믿고 있는 것이다.

벨라(Bellah)의 연구자들은 면접한 미국인들이 가치에 관하여 끝없이 말했으나 결국 이 가치들은 개인이 자아를 형성하는데 의지할 수 있는 것들이 아니었음을 발견하였다. 그보다 자아가 가치를 형성하는데 필요했다. 따라서 가치는 선택을 하기 위한 토대가 아니라 조정자이었다. 가치는 "개인이 외부 영향의 마지막 흔적을 버렸을 때 선택하는 이해할 수 없고 합리적으로 옹호할 수 없는 것"(1985, pp. 79-80)으로 드러났다. 다시 말하면, 가치는 내면적 자아의 표현으로 간주된다. 또한 자아는 궁극적인 가치의 토대로 작용한다.

비슷한 결론이 여성 잡지 기사의 내용을 애쓰게 분석한 결과에서도 나타났는데, 2차 세계대전 이후 10여 년 동안에 도덕성은 객관적이고 보편적이며 확고한 규칙으로 점차 취급받지 못했음을 보여주었다. 그 대신 개별적인 결정과 개인적 문제로 더욱 간주되었다(Zube, 1972). 따라서 내면적 자아는 개인이 소유하고 있는 가치의 원천 또는 토대인 반면에, 가치는 자아에게 만족스러운 결과가 나타나도록 하기 위하여 자아를 일관된 방식으로 결정과 선택에 관여시킨 부분적 결과이다.

이 모든 것은 품위가 없거나 특이한 것은 전혀 아니다. 감정을 자제하는 것은 의미의 보편적이고 진정한 기능 중 하나이다. 도덕적으로 비난받지 않는 방식으로 행동함으로써 잘못된 행위에 연관된 실제적이고 정서적인 벌을 피할 수 있기 때문에 가치는 불안, 근심, 죄의식, 그 밖의 불쾌한 감정에 대한 중요한 완충제로서 언제나 작용했다. 벨라(Bellah)의 분석에 따르면, 새로운 것은 정서적 결과를 토대로 가치를 선택하거나 거부하는, 정서 규제를 위한 가치 사용의 노골적인 점이다. 아마 과거 사회에서 가치는 지역사회의 위협적인 벌에서 개인을 보호함으로써 불안에 대한 완충 역할을 하였다. 개인은 지역사회가 옳고 정당한 것으로 간주한 것을 행하였고, 그럼으로써 사회적 거부, 추방, 기타 처벌로부터 상당히 안전할 수 있었다. 그러나 이제 지역사회는 통일된 음성으로 도덕성에 관하여 더 이상 논하지 않는다. 그 대신 개인에게는 자신의 감정만이 지침으로 남아 있다.

또한 잡지 기사의 내용분석에서 이 과정의 일부가 드러났다(Zube, 1972). 지난 수 세기에 걸쳐 인기 잡지는 도덕성에 관련된 심리적 자료(예를 들면, 자아의 욕구와 소망)를 제시하는 방식을 변화시켰다. 처음에는 확고한 도덕적 지침이 옳고 그름에 관한 궁극적 기준이었다. 심리학적 설명이 사용되었다면 그것은 행동을 정당화하기 위해서가 아니라 이해하는 방법으로 제시되었다. 그러나 1950년대에 이러한 심리학적 주장은 도덕적 지침을 정당화하는 방법으로 제시되기 시작하였다. 예를 들면, 잡지 기사의 내용은 도덕적으로 옳은 행동을 하는 더 좋은 이유가 그 결과로 보다 행복하고 건전하기 때문이라는 것이다.

1960년대에 심리적 동기가 행동의 근거로 제시되었고, 인습적 도덕성의 중재 역할조차 크게 약화되었다. 개인적 만족과 자기 충족감을 증진시키는 행동이 정당한 것으로 이해되는 것처럼 취급되었다. 따라서 그 내용은 자아를 도덕적 지침에 종속시키는 초기 형태에서 자아에게 득이 되는 정도에 입각하여 도덕적 지침을 정당화하는 형태로, 그리고 전통적인 도덕성은 가능한 언급하지 않고 자아를 정당화의 원천으로 사용하는 형태로 변화하였다. 자아는 행동의 정당성을 제공하는 기능을 단순히 인수한 것이다.

다음 장에서 보게 되듯이, 가치의 토대로서 자아의 기능은 도덕적 원칙 가운데 자신의 선택을 정당화하는 자아의 능력과 자신의 내면적 성질을 탐색하는 책임을 훨씬 능가하는 것이다. 가치의 토대로서 자아는 사랑과 일에 대한 현대식 태도의 기초가 된다. 사랑과 일은 현대 미국인들에 의해서 자아를 개발하고 탐색하며 찬양하는 수단으로 간주되며, 이에 실패하면 그들은 정당성을 상실한다(Bellah 등, 1985). 자아를 질식시키는 관계는 무너뜨려야 하며, 자기표현이나 성장을 장려하지 못하는 직업은 바꿔야 한다. 다른 말로 하면, 자아는 생활의 다른 중요한 면에도 가치를 적용한다. 예를 들면, 여성잡지는 자아에 입각하여 가족을 위한 희생을 계속 정당화하였다(Zube, 1972).

래쉬(Christopher Lasch, 1978)의 유명한 연구에서는 현대 사회를 “자기애의 문화”로 묘사하였다. 래쉬(Lasch)의 의도는 많은 현대인의 성격이 자기애를 상징하는 병리를 지니고 있음을 시사하려는 것이었고, 현대인이 이기적이라고 말하는 것은 아니었다. 래쉬(Lasch)는 전형적인 현대 미국인을 매우 불안정하고, 타인에게 인정받기 위해 의존하며, 지각된 내적 공허감을 채우기 위하여 강렬한 정서적 경험을 절망적으로 추구하며, 억압된 분노가 가득하고, 인생에 의미를 부여하며 노화와 죽음을 받아들이기 쉽게 할 수 있는 폭넓은 가치와 맥락에서 유리되어 있다고 보았다.

노화의 두려움은 래쉬(Lasch, 1978)에게 특히 중요했으며, 그는 "노화의 두려움이 젊음의 예찬이 아니라 자아의 예찬에서 시작된다"(p. 217)고 주장했다. 다시 말하면, 현대의 자기애적 인간은 자신의 개인적 가치를 확인하기 위하여 타인에게 의존하지만, 노화는 이 자아 가치를 감소시킨다. 노화는 개인의 지식과 기능을 진부하게 만들며, 개인의 전망과 잠재력을 고갈시키고, 신체적 매력을 떨어뜨린다. 이와 같은 현대의 자기애적인 개인은 현재에 가치를 부여할 수 있는 미래, 자손, 역사적 연속성, 그 밖의 광범한 맥락에 많은 가치를 두지 않는다. 가치의 유일한 원천으로서 자아에 강조를 한정하게 되면 자아가 타인이 감탄하는 특성을 상실할 때 개인은 우울과 공황에 취약하게 된다. 래쉬(Lasch)의 관점은 오늘날 가치의 주요 원천으로서 자아에 대한 견해와 전적으로 부합된다. 그의 말에 의하면, "자기 몰두는 현대 사회의 도덕적 분위기를 분명히 드러내고 있다"(1978, p. 25). 래쉬(Lasch)는 신프로이드식 용어로 이 모든 것을 해석하려고 하지만, 이러한 인과적 해석을 인정하는가에 관계없이 그의 결론은 도덕과 자아의 새로운 연결을 지적하고 있다.

유사한 결론이 현대 심리학의 세심하고 냉정한 검토에서도 나타났다. 발라흐와 발라흐(Wallach & Wallach, 1983)는 "우리 사회가 자아의 주장이나 표현을 궁극적인 선으로 중시하는 것 같다"(p. 13)는 인식과 함께 연구를 시작하여, 심리학이 이러한 경향을 조장하였을 뿐만 아니라 사회와 다른 가치에 해로운 방식으로 그렇게 했다고 주장했다. 궁극적인 선은 가치의 토대를 정확히 규정하기 때문에, 인용한 문장은 자아가 가치의 토대라는 가설을 분명히 설명한 것이다. 발라흐와 발라흐(Wallach & Wallach)는 사람들이 충성심과 책임감에 대한 자아의 잠입을 의심하게 되었다고 계속 주장하였으며, 이는 벨라(Bellah)와 그의 동료들의 주장과 비슷하다. 발라흐와 발라흐(Wallach & Wallach)도 같은 결론을 내렸다. "보다 큰 가치와 우선순위에 의존하는 것이 의심스러울 때 남아 있는 주요 가능성은 각자 자기 이익의 정당성에 대한 상호 묵인에 따른 대립이다"(1983, p. 15).

발라흐(Wallach)의 주장의 요지는 다음과 같다. 만일 자아 이상의 가치가 용인되지 않으면 사회가 할 수 있는 모든 것은 개인의 변덕, 성향, 선호를 똑같이 타당한 것으로 인정하는 것이다. 따라서 자아는 궁극적인 가치의 원천으로 작용하며, 옳다고 느끼는 것은 옳은 것으로 인정해야 한다. 다른 누군가에게 옳지 않게 느껴지는 경우에는 해결할 수 없는 대립만 있게 된다. 발라흐와 발라흐(Wallach & Wallach)는 자아의 표현과 주장의 정당성을 이렇게 인정하는 것은 래쉬(Lasch)의 주장 일부와 비슷하게, 테러행위를 은연중 묵인하고 조장하는 것으로까지 보았다.

이 모든 것을 조장하고 지속시키는데 심리학의 역할이 발라흐와 발라흐(Wallach & Wallach)의 비판에서 주요 대상이었다. 그들은 대중심리학이 이기심과 자기 이익을 조장하는 제목의 서적을 정기적으로 부각시키고 있다고 강조하였다. 그들이 인용한 책은 "최고의 추구"(Looking out for number one), "이기적이 되는 기술"(The art of being selfish), "자신의 좋은 친구가 되는 법"(How to be your own best friend) 등이 있다. 그들의 말에 의하면, 심리학자들은 자기주장을 정신건강의 증후로 간주하고 개인적 만족을 적절한 적응의 목표와 증거로 취급함으로써 이기심의 정당성을 강조하고 있다. 자신의 진정한 욕망, 감정, 생각을 억제하는 것은 심리적 고통과 정신질환의 원인이다(p. 127). 그들의 말에 따르면, 주류 심리학에서는 예를 들면, 이타적 행동을 이기적 동기에 냉소적으로 귀인시키는 것에서 알 수 있듯이, 이러한 편견을 공유하고 있다.

정신건강에 관한 연구에서도 비슷한 결론이 도출되었다. 우리 사회에서 우울증의 비율은 2세대 전에 비해 10배 이상 증가하였다. 이 증거에서 셀리그만(Martin Seligman, 1988)은 그 원인이 자아에 대한 비중의 증가에 있다고 결론을 내렸다. 그의 견해에 의하면, 미국인들은 사회나 종교에 속하는 것과 같은 인생의 의미와 가치의 전통적이고 폭넓은 원천에서 관심을 돌렸다. 그 보상으로 그들은 자아에 대한 요구를 증대시켰다. 그는 자아에 대한 증대된 요구를 언급하면서 "그것은 마치 어떤 바보가 정상인이 되기 위해 필요한 것을 양보한 것과 같다"(p. 52)고 말했다. 그의 생각은 자아가 인생에 의미와 가치의 원천을 제공하는데 적합하지 않으며, 우울증의 증가는 그 결과라는 것이다.

그러므로 이러한 다양한 견해는 현대 생활에서 자아의 중요성에 모두 동의하고 있다. 이들 관점은 차이가 있음에도 불구하고, 자아가 옳고 그름에 관한 지식의 고차적 원천으로 전형적으로 인식되는 중요한 가치가 되었다는 점에 동의하고 있다. 착한 행동과 기분좋은 느낌의 연결은 단지 인과적이다. 사람은 좋은 느낌을 갖기 위해 바른 행동을 한다. 도덕성은 자아에게 도움을 주려고 축소되었다. 사람들은 자신을 개발하고, 자신에 대해 알며, 자신에게 최선의 행동을 할 책임과 의무가 있다고 느낀다. 자신에게 참되지 않거나 내면적 성질에 위배되는 것은 큰 죄악이거나 적어도 용기 부족으로 간주된다. 가치의 토대는 노력과 희생을 정당화하는 책임을 배양하며, 이 정의에 따라 현대의 자아는 분명히 가치의 토대로 작용한다.

가치의 토대는 권리를 부여하며, 현대 자아도 권리를 갖추게 된다. 자아는 어떤 것도 입증할 필요없이 고유한 것으로 간주되고 존중받을 권리를 주장한다. 만일 무엇을 성취하면 공식적 인정을 받을 자격이 있다고 느끼며, 적어도 래쉬(Lasch)의 견해에서는 공식적 인정은 전형적으로 성취 그 자체보다 더 중요하다.

궁극적으로 가치의 토대에 관한 정의는 그것이 정당화의 독자적인 원천으로 기능할 수 있다는 것이었다, 즉 다른 곳에서 가치를 가져오지 않아도 전수할 수 있다는 것이다. 현대의 자아는 분명히 외부의 정당화에 의존하지 않는다. 왜냐하면 벨라(Bellah)와 다른 연구자들이 주장한 대로, 자아는 어떤 고차적인 가치나 법을 거의 인정하지 않기 때문이다. 개인적 관계와 일과 다른 활동이 정당화를 자아에 의존하기 때문에 자아는 많은 가치를 전수하고 있다. 따라서 자아는 고차적인 가치의 원천이 필요없이 다른 일에 정당성을 제공한다. 이것이 가치의 토대의 핵심이다.

성취감으로서의 자아

이 장은 인생의 의미에 대한 욕구를 만족시킬 수 있는 현대의 기회를 평가하는 것으로부터 시작하였다. 결론은 두 가지 중요한 문제 영역이 가치와 성취감이라는 것이었다. 논의에서는 가치의 토대로서 자아의 새로운 역할을 강조하였다. 그러나 이 새로운 역할과 관련하여 자아를 성취감도 제공하도록 개발하려는 시도가 있었다.

자아를 성취감의 원천으로 만드는 것은 가치의 원천으로 만드는 것보다 두 가지 점에서 부차적이다. 첫째, 구원에 대한 기독교적인 개념이 기독교의 가치 토대로부터 그 호소력의 일부를 얻은 것처럼, 성취감의 모형은 가치의 토대에서 부분적으로 유도된다. 둘째, 더 중요한 것은 가치의 욕구가 현대 세계에서 성취감의 욕구보다 더 긴요하다는 것이다. 사람들은 삶의 목적을 갖고 있는 한 성취감에 대한 욕구는 그다지 크지 않은 것 같다. 왜냐하면 성취감만이 아니라 목적도 인생에 목표를 제공할 수 있기 때문이다. 현대 생활은 사람들에게 풍부한 목적을 제공하고 있다.

자아를 성취감의 부족을 보충하는데 사용해 온 두 가지 방법이 있다. 이론상, 내면적 자아의 발견과 개발은 성취감의 한 방안으로 간주되었다. 이러한 유형의 성취감에는 여러 가지 이름이 있으나, 자아실현(self-actualization)이 보편적인 것 중 하나이다. 그러나 실제로는 타인에 비해 우월하게 되는 것이 성취감으로 느껴지기 때문에 자존심(self-esteem)의 추구도 성취감에 이르는 두 번째 길로 간주될 수 있다. 이들은 각각 논의할 가치가 있다.

❖ 자아실현

현대에서는 내적 자아의 개념이 실질적이면서도 흔히 알지 못하는 많은 면을 내포하고 있는 것으로 점차 발전되었다. 이는 발견하여 표현될 필요가 있는 잠재력으로 간주되었다. 이러한 내적 잠재력을 개발하는 과정은 개인적 성취의 형태로 여겨지고 있다. 매슬로우(Abraham Maslow, 1966)가 말한 바와 같이, 사람들은 성취감을 누리기 위하여 자신의 내적 성질을 발견하여 인정하고 발전시켜야 한다. 왜냐하면 그렇게 하지 않으면 불행, 질병,

신경증, 좌절감, 기타 병리가 생길 위험이 있기 때문이다. 자아실현이나 자기표현과 같은 용어는 이러한 성취감의 개념을 나타내기 위해 사용되어 왔다.

아마도 성취감에서 자아의 새로운 역할에 대한 최초의 중요한 자극은 창의성에 관한 낭만주의적 개념이었다. 이전 세기에서는 창의성을 신으로부터 인간에게로 전해지는 영감의 산물로 간주되었다. 이에 비해서, 낭만주의자들은 예술과 시를 개인의 내면 깊숙한 곳에서 나타나는 것으로 생각했다. 즈바이크(Zweig, 1980)는 룻소(Rousseau)가 자기표현으로서의 예술에 관한 이론을 최초로 서술한 사람이라고 결론을 내렸다.

그러므로 낭만주의자들이 의심할 여지없이 뛰어난 가치가 있다고 간주한 진리와 아름다움은 풍부한 내면생활의 산물로 여겨졌다. 더 일반적으로 말하면, 충만된 생활을 위해서는 내면적 자아에 대해 알고 활용하는 것이 필요했다. 성취감을 이루기 위해서 개인은 자신의 내면에 있는 것을 발견하여 개발하고 표현할 필요가 있었다.

여러 이론가들은 성취에 대한 현대적 개념이 자아를 연관시킨 과정을 강조하였다. 칼 융(Carl Jung)은 자아의 탐색과정이 개인적 성취감을 유도한 과정을 설명하는 우울하지만 공식적인 체계를 제공한 최초의 사람이었을 것이다. 개별화(individuation) 과정에 관한 그의 설명은 그것을 인생의 중요한 과제로 제시하였는 바, 집단 정신활동에서 유도된 거짓 자아상에 따라 생활하기 보다는 진정한 자신을 학습하는 것이다. 개별화의 첫 단계는 타인에게 대하는 행동과 진정한 자아의 차이를 인식하는 것이다. 그리하여 자신의 단점과 자신에 관한 불쾌한 진실을 포함한 자기의 어두운 면을 인정해야 한다. 끝으로 자신의 성격에서 남성적인 요소와 여성적인 요소를 인식하여 성고정관념에 따른 사회화를 극복해야 한다.

오늘날 개별화에 관한 융(Jung)의 설명에 큰 관심을 보이는 심리학자들은 비교적 소수이지만, 그 설명은 사람들이 자신을 이해하는 과정에 관한 최초의 중요한 이론을 제공하였다. 융(Jung)은 문화 전체가 점차 인정하게 된 견해를 분명히 제시하였는데, 그것은 자신을 찾기 위해서는 타인에게 관심을 두지 않아야 한다는 것이다. 벨라(Bellah)와 그의 동료들(1985)은 그들이 면담한 현대 미국인들 중에서 이와 같은 신념에 주목하였다. 그들의 반응은 자신을 실현하기 위해서는 사회에서 부과한 견해와 가르침만이 아니라 가족과 지역사회로부터도 분리되어야 한다는 것이었다.

자아실현을 통한 성취 과정에 관한 대부분의 설명은 융(Jung)보다 더 모호했다. 그 과정은 재능을 개발하고 내적인 성질에 충실하는 일인 것 같다. 가끔 자아실현의 개념은 내적 탐색이라는 모호한 비유로 단순히 포장된다. 벨라(Bellah)와 그의 동료들은 응답자들의 말을 다음과 같이 요약했다. "대부분의 미국인들에게 인생의 의미는 거의 스스로 탄생하는 자기 자신이 되는 것이다"(1985, p. 82). 래쉬(Lasch, 1978)는 현대의 자기애적 성격이 자아를 최고의 창의성과 같은 것으로 간주하게 된 과정을 설명하였다. 이 모호함은 이론가들의 잘못이라기보다는 대부분의 사람들이 실제 지니고 있는 불완전한 개념을 반영하는 것이다.

모든 사람이 자아실현을 원하지만 아무도 그 의미와 과정을 확신하지 못한다.

자아실현의 이러한 모호한 욕구의 원인이 심리학이든, 선전이든, 사회에 깊숙이 내재해 있는 경향에 반응하는 것이든, 그것은 현재의 목적으로는 중요하지 않다. 중요한 것은 오늘날 사람들이 내적 자아의 발견과 개발에 관한 모호한 개념을 토대로 성취감의 개념을 갖고 있다는 것이다. 내적 자아의 면밀한 개발이 행복이나 창의성 또는 만족감에 이르는 믿을 만한 수단인지 아니면 일종의 허가된 조직적인 이기심인지 확인할 방법이 없다. 아마 이 두 가지 다 혼합되어 있을 것이다. 요점은 자아가 성취감의 의미에 관한 지속적인 애매함에 대한 최근의 해결책을 제공하는데 이용되고 있다는 것이다.

❖ 자존심

자신에 대한 긍정적인 견해를 유지하는 것도 성취에 관련된 과제로 취급된다. 자존심은 적응의 핵심적 특성으로 널리 인정되고 있으며, 자신을 경시하는 견해가 미성숙하고 병든 인간의 표시라는 일반적 관점을 나타내는 것이다. 이에 비해서, 자신과 타인에 의해 호의적으로 판단되는 것은 성취감에 대한 긍정적 표시로 간주된다.

분명히 자아 가치의 추구는 그 자체로서 의미에 대한 욕구로 설명되있다. 그러나 많은 경우에 그것은 성취감의 의미를 취할 수도 있다. 자신이 중요하다는 생각은 일종의 성취감이 된다. 사람들은 자신의 자아 가치가 확고히 공식적으로 수립될 수 있다면 무한한 긍정적 감정을 느낄 것으로 상상한다.

자존심을 통한 한 가지 분명한 성취감은 명성의 개념이다. 레오 브로디(Leo Braudy, 1986)는 이 개념에 관한 유래와 분석을 제시하였다. 명성에 대한 욕망은 오래된 것이며 다양한 형태를 취하고 있다. 그러나 이 욕망은 현대에 특히 강렬하고 널리 퍼져 있다. 모두가 유명인의 성공에 대한 함정과 고통의 이야기를 들었지만 대부분은 그래도 명성을 바란다. 브로디(Braudy)는 명성이 적절한 형식의 성공을 거둘 수 있는 사람에게는 적어도 이론상으로는 누구에게나 가능한 현대의 현상을 일컬어 “명성의 민주화”(democratization of fame)라는 말을 사용하였다. 이에 비해서, 과거에는 명성이 사회의 최상위 층에서 출생한 소수의 엘리트들에게 국한되었다. 오늘날, 가난하고 불우한 소수 집단 사람들조차도 성장하여 운동경기 등을 통하여 매스컴에 수백 번 등장할 수 있다. 성취의 모형으로 운동의 명성에 대한 매력은 많은 사람들에게 비판을 받았는데, 그 이유는 승산이 성공에 불리하기 때문이다. 예를 들면, 한 통계학자는 2차 세계대전부터 1980년대까지 미국 농구협회의 전기 41시즌에서 오직 2,901명이 최소 한 게임에 출전한 것으로 계산하였다. 성공의 피라미드는 아주 가파르고, 그것을 소중히 여기는 수백만 명이 실망을 감수해야 한다. 진정한 스타는 2천 명 중에서도 소수에게만 가능하다.

명성의 많은 매력은 그것이 자아에게 가치를 부여한다는 것이다. 명성은 자아를 중요한 면에서 확인하며(Braudy, 1986), 그것이 현대인이 바라는 바이다. 명사의 지위를 추구하는 것은 자아 가치의 실체와 분명한 증거를 제시하는 일종의 "세속적 종교"(secular religion)로 설명되었다(Braudy, 1986, p. 588). 명사로서의 명성은 자신이 누구이고 무엇인지, 즉 자아의 속성에 대한 존중의 문제이다. 래쉬(Lasch, 1978)의 말에 의하면, "오늘날 남자들은 그들의 행동이 아니라 개인적 속성을 칭찬하는 인정을 추구한다"(p. 59). 명성에 관한 브로디(Braudy)의 연구는 자신의 모습에 칭송받는 순수함에 관하여 비슷한 결론을 이끌어냈다. 프리드만(Jonathan Freedman, 1978)은 여러 가지 대규모 조사를 통하여 "대부분의 사람들이 원하는 것이 권력이나 영향력이 아니라 명성, 특히 매력과 연관된 것"(p. 208)이라고 결론지었다.

다시 말하면, 일단 명성을 얻으면, 자신과 자신의 성격의 모든 면이 칭송을 받으며, 대중들은 처음에 명성을 얻은 행동과는 거의 관계가 없고 세속적인 습관이나 기억에 끝없이 매혹된다. "투나잇 쇼(The Tonight Show)"와 같은 토크쇼(talk show)의 출연자들, 가수나 영화배우에 관한 잡지에서 면담한 저명인사들, 텔레비전에서 약력이 소개된 운동선수들, 피플(People)지와 같은 타블로이드판 신문이나 고급 잡지의 표지인물 등, 이 모든 사람들은 그들이 유명하게 된 업적보다는 여러 가지 평범한 개인적 사항이 소개된다.

이 모든 것에는 고차적 의미의 신화적 요소가 있을 수 있다. 그 가정은 개인이 한 가지 점에서 유명할 정도로 특별하다면 모든 면에서도 특별하다는 것이다. 그러므로 사람들은 유명한 축구선수의 취미나 자녀에 대한 느낌, 유명한 여배우의 정치적 견해나 집을 단장한 경험에 관해 듣고 싶어 한다. 사람들은 흔히 이러한 사소한 것들이 그 사람의 성취 과정을 어떻게든 드러낼 것으로 생각할 수 있다.

그러므로 현대에서는 무엇을 했는지 보다는 누구인지에 대한 타인의 존중에 비중을 두고 있다. 이는 과거의 견해와는 차이를 보인다. 명성과 존중이 행위보다는 자아에 직접 부여되기 때문에 성취감의 중요한 요소로 자아를 지향하는 태도가 증가한 것이다(Braudy, 1986; Lasch, 1978).

행위보다 자아를 존중하는 것은 성취감의 개념과 관련하여 전형적으로 발견되는 거짓 영속성을 분명히 야기시킨다. 단일한 성취는 일시적이지만 자아와 성격은 지속적이다. 사람들은 성취를 안정적이고 지속적인 것으로 생각하고 싶어 하기 때문에 대중의 존중이 성취의 생생한 모형으로 작용한다면 그것은 지속적이 될 것이다.

앤디 워홀(Andy Warhol)[23]은 명성의 궁극적인 민주화를 제안한 사람으로 널리 인용되고

---

23) 역자 주. 미국의 영화 제작자이자 팝아트의 선구자로서 대중예술을 주창하였고, 친숙한 사물과 인물의 반복적인 영상을 얻기 위하여 실크 스크린 인쇄기법을 사용하였다. 1987년 59세에 담낭수술 후유증으로 사망하였다. 2009년 12월부터 4개월간 서울시립미술관에서 그의 작품 전시회가 개최된 바 있다.

있다. 세계의 모든 사람에게는 15분 정도 지속되는 명성의 기회가 있다는 것이다. 물론 아무도 그의 제안을 만족할 만한 성취의 모형으로 받아들이지 않는다. 명성은 기대를 유지하려면 영속적이어야 하기 때문이다. 브로디(Braudy, 1986)의 말에 의하면, "현대의 명성에 의해 보장된 정신적 충족감이 제공되면 신화로 이어지며, 결코 제거될 수 없다"(p. 588). 사실 명성의 신화에 관한 이러한 거짓 영속성은 특히 현대에 중요하다. 브로디(Braudy)는 명성의 매력의 일부는 죽은 다음에도 지속됨으로써 일종의 불멸성을 제공하는 것이라고 결론지었다. 그러나 일시적인 명성은 분명히 불멸성을 제공하지 않는다.

물론 대부분의 사람들에게 그와 같은 거창한 명성은 거리가 멀다. 그러나 명성을 통하여 개인적 성취감을 이끌어내는 방법이 적어도 두 가지는 있다. 첫째는 유명인에게 특별한 애착을 강화하는 것이다. 팬이 되는 것은 영웅적이고, 감탄할 만하며, 성공한 사람들과의 연관성에서 존경을 얻게 되는 한 방법이다(Braudy, 1986). 팀이 이기면 익명의 팬 자신도 성취감을 느낀다. 스타가 이혼으로 고통을 겪으면 팬도 기분이 좋지 않다.

한 극단적인 유형의 팬은 자신의 생활을 록음악에 심취하는 열성적인 여성으로서 흔히 악단의 멤버들과 성적 관계를 추구한다. 바레(Des Barres, 1987)의 이와 같은 집단생활에 관한 설명은 유명한 사람에 대한 애착을 통한 성취감의 관점을 명확히 하고 있다. 바레(Barres) 자신도 명성을 꿈꾸고 있지만, 유명한 가수와 같이 자는 것으로 대부분 만족한다. 사실 그녀가 만족하고 있다는 것은 잘못된 것이다. 왜냐하면 그 말은 그녀의 생활의 감정적 기복을 요약하지 못하기 때문이다. 일이 순조롭고 가수들이 그녀와 같이 잠을 자면 그녀는 희열을 느낀다. 그러나 좋아하는 가수가 다른 팬들과 어울리는 것을 보게 되면 그녀는 언제나 매춘부라고 부르거나 다른 치사한 방식으로 그 팬을 심하게 경멸한다. 공연 직전에 멤버 중 한 사람과 성관계를 할 수 있으면 그녀는 황홀경과 감사의 마음에 압도된다. "나는 아직도 그가 내게 호의를 베풀고 있는 것처럼 느꼈어요"(1987, p. 45). 다른 경우에 약속된 전화가 오지 않으면 그녀는 가득한 공허함, 절망감과 무가치감에 젖는다.

유명한 사람의 관심 표시에 전적으로 의존하지 않고 자존심을 지키기 위해 그녀는 주변의 젊은 열성팬들에게 가수의 비위를 맞추는 방법, 즉 음악적인 면에서부터 공연장 뒤 무대 출입, 성적 기교에 이르기까지 가르친다. 그녀에게 젊은 열성팬들의 의미는 그녀의 독자적인 정보에 탄복하며 인정받는 그녀의 청중이 있다는 것이었다.

이 열성팬이 작은 집단의 관심을 받는데 성공한 것은 보통 사람이 명성의 혜택을 누릴 수 있는 두 번째 방법이다. 우리는 전국적인 명성보다는 지역적인 존경을 추구할 수 있으며, 타인에게 우월감을 느낄 수 있는 여러 가지 길을 찾을 수 있다. 성공하고 효과를 거둘 수 있는 상황을 모색하여 거기에서 주변 사람들의 존경을 얻을 수 있다.

그러므로 자아 가치는 의미에 대한 욕구가 될 수 있지만, 일단 삶의 주도적 목적이 되고 강한 정서적 결과와 연관되면 성취감의 모형으로도 기능하기 시작할 수 있다. 이는 개인의 가치 수준이 불확실하여 타협의 여지가 있는 사회에서 특히 그럴 수 있다. 견고한 사회적 계층에서 자신의 위치에 의해 개인의 가치가 고정될 때 우리가 할 수 있는 것은 자신의 직무를 잘 수행하거나 못하는 것이다. 좋은 군인이나 시민이 되는 것은 의미에 대한 욕구를 충족시킬 수 있더라도 성취감의 모형은 아니다. 그러나 현대 사회는 모두가 같은 양의 자아 가치를 가지고 출발하여 여생을 그 양을 증감하며 보낸다는 가정을 계속 지향하고 있다. 그와 같은 결과와 연관된 강한 정서가 자아 가치를 성취감의 개념으로서 더욱 매력적이고 생생하게 만들고 있다. 단지 영속성만이 결여되어 있다. 물론 거짓 영속성은 성취감의 신화의 어느 곳에나 있다.

자아와 도덕성 : 궁극적인 결합

그러므로 자아는 최고의 선에 관한 현대식 개념이 되었다. 그것은 더 이상의 정당화가 필요없이 많은 것을 정당화할 수 있는 확고한 가치의 토대를 제공한다. 또한 성취감의 모형도 제공한다. 이와 같은 자아의 새로운 역할에 관한 한 가지 중요하고 강력한 의미를 고려해 볼 필요가 있다. 그것은 자기 이익과 도덕성의 관계에서 근본적이고 놀라운 변화이다(Wallach & Wallach, 1983, p. 263).

대부분의 서구 역사에서 사회가 유지해 온 가치와 도덕은 자기 이익과 대립되는 기능을 하였다. 겨우 지난 수 세기 동안에 자아에 긍정적이고 바람직한 의미가 부여되었다. 플랭클린(Ben Franklin)은 개인주의(individualism)가 이전 세대에 알려진 용어인 이기주의(egoism)와는 전혀 다른 새로운 아이디어를 나타내는 그의 시대의 새로운 용어라는 것을 알았다(Bellah, 1985, p. 37). 두 용어의 중요한 차이 중 하나는 이기주의에 내포된 좋지 않은 의미에 비해서, 개인주의는 긍정적 가치를 지니고 있다는 것이다.

자아라는 용어의 역사에 관한 조사(Rosenthal, 1984)에서도 비슷한 결론이 나왔다. 이 용어는 대부분의 중세에는 중립적이거나 부정적인 의미를 언제나 나타냈다. 17세기에서야 긍정적인 의미를 지닌 것처럼 보이는 자아에 관한 용법이 사용되기 시작했다. 1800년경인 낭만주의 시대에 들어서 자아에 관한 전적으로 긍정적인 의미가 사용되었다. 차이점을 예시하기 위하여 로젠탈(Rosenthal)은 두 세기 차이가 있는 옥스포드(Oxford)영어사전의 다른 판에서 두 가지를 인용하였다. 이 사전의 1680년 판에는 자아의 전형적인 용법으로 "자아는 세계에서 반기독교적이고 신에 반하는 것이다"라고 예시되었다. 이에 비해 1870년 판에는 "자아에 대한 존중과 그 궁극적인 선은 인간성의 아주 고상한 부분에 속한다"고 제시되었다(Rosenthal, 1984, p. 18). 그러므로 두 세기 사이에 자아는 궁극적으로 나쁜 것에서 좋은 것으로 변화된 것이다.

이 모든 것은 단순히 말하는 것 이상이다. 과거로 돌아가 보면, 도덕성은 자기 이익에 반대 요인으로 작용하였다. 사람들은 타인을 무시하거나 이용하는 것이 될지라도 자신에게 최선이 되는 행동을 하려는 욕구를 갖고 있는 것으로 이해되었다. 이와 같은 자기 이익의 추구는 반사회적인 것으로 간주되었다. 왜냐하면 집단에게 가장 좋은 것은 사람들이 협조하고 서로 도우며 자신보다 집단의 복지를 우선하는 것이기 때문이다. 따라서 사회적 도덕성은 자기 이익을 이기심, 탐욕, 그 밖의 경멸적인 어투로 비난했다. 사회 집단은 개인에게 집단의 이익과 복지를 자신의 것보다 우선하도록 압력을 가함으로써 이를 후원하였다. 이렇게 행동하지 못하는 사람들은 비판받거나 추방당하거나 처벌받았다.

그리하여 수 세기 동안 개인은 자기 이익과 도덕성의 상충되는 요구 사이에서 자신의 삶의 중요한 선택을 하였다. 개인의 인격은 이 두 가지 대립되는 힘 속에서 취하는 균형에 의해 규정되었다. 덕이란 탐욕, 나태, 비겁, 욕망을 포함하여 여러 가지 형태의 자기 이익을 정복하는 것을 의미하였다. 인격의 한 형식으로서 덕은 자신을 집단의 가치와 도덕에 동일시하는 것을 의미하였다. 이에 비해서, 악은 지역사회의 욕구와 가치에 반하는 경우에도 자아의 충동과 욕망을 우선하며 그에 따라 행동하는 것을 의미하였다. 영웅은 타인을 위하여 노력하고 고통을 겪으며, 그 과정에서 지역사회를 도왔다. 악당은 타인을 희생하며 자신의 이기적 욕심에 탐닉하였다.

그러므로 자기 이익과 도덕적 가치는 상반되는 힘의 균형을 이루었다. 그러나 20세기에 이러한 균형은 파괴되었다. 도덕성은 자기 이익과 연합하게 되었다. 그것은 단지 사람들이 자신에게 최선의 행동을 할 권리가 있다는 것이라기보다는 그렇게 하는 것이 거의 신성할 정도의 의무가 되었다는 것이다. 현대적인 메시지는 인생에서 옳고 가치있는 일은 자신에게 집중하는 것, 내면을 아는 것, 내적 자원을 표현하고 개발하는 것, 자신에게 최선의 행동을 하는 것 등이라는 것이다. 과거에는 타인의 최선의 이익을 자신의 것보다 우선하는 것이 덕이었는데, 이제는 그 반대로 하는 것이 도덕적 의무라는 것이다.

자신의 생활을 적절히 영위하며 최고의 성취감을 이루기 위해서 과거에는 신에 대해 알 필요가 있는 것으로 생각되었다. 이제는 자신에 대해 아는 것이 중요하다고 여겨진다. 생활을 어떻게 영위하느냐의 중요한 문제에 대한 해답은 더 이상 신이나 신성한 장소에서 나오지 않는다. 그 대신, 자신의 내면 깊숙한 곳에서 나타나는 것으로 추측된다.

현대에 와서 자아를 가치의 토대로 인정하는 것은 사랑에 관한 관점에 문제를 초래하였다. 이것은 다음 장에서 상세하게 검토할 것이지만, 자아의 새로운 도덕적 영향을 예시하기 위하여 여기서 언급할 가치가 있다. 현대 미국인들에 관한 면담에서(Bellah 등, 1985), 많은 사람들은 사랑과 책임을 새로운 의미로 이해하려고 노력하고 있다는 것이 나타났다. 오늘날 많은 미국인들은 사랑이 자신을 희생하거나 불행하게 만들거나 자신의 최선의 이익에 반하는 행동을 하게 만드는 것이라는 생각을 더 이상 받아들이지 않을 수 있다. 만일 관계가 자아에 대한 만족, 통찰, 즐거움, 성취감을 가져오지 않으면 잘못된 것으로 간주되어 그 관계를 끝내고 보다 만족스러운 새로운 관계를 찾는 것이 정당하며 아마도 그렇게 할 의무감마저 느낄 것이다. 오늘날의 가치관에 따르면, "일종의 이기심은 사랑에 본질적이다"(Bellah 등, 1985, p. 100). 즉, 사랑은 자신의 개성을 주장하고 표현하는 것을 뜻한다.

현대 미국인들은 사랑이 힘든 일을 동반할 수 있다는 원리를 분명히 이해하고 인정할 수 있다. 그러나 그들은 흔히 사랑이 순수한 자기 부정이나 자아에 대한 실질적인 대가를 필요로 한다는 것은 인정하지 않는다(Bellah 등, 1985, pp. 109-110). 더구나 많은 사람들은 관계가 한 개인으로서 자신의 성장이나 만족감을 증진하지 못할지라도 책임감 때문에 그 관계 속에서 자신을 잃거나 몰입하거나 머물게 될 위험이 있다고 느낀다. 관계는 그 것을 정당화하는 자아에 달려 있다.

서구 문화는 사람들이 자기 이익을 추구하는 것을 충분히 정당한 것으로 느끼게 하지만, 분명히 탐욕과 이기심을 뻔뻔스럽게 포용하는 정도에까지 이르지는 않았다. 성공에 대한 미국인의 관점의 역사를 보면, 경제적 탐욕에 대한 도덕적 정당성의 필요를 점차 느끼지 않는 경향을 드러내고 있다(Huber, 1987). 초기에 미국인들은 부를 축적한 남자가 실제로는 사회를 돕는다거나 적어도 사회의 이익을 위해 부를 환원한다면 행복할 수 있는 이유를 상세하게 설명하려고 애썼다. 그러나 그와 같은 정당화의 필요성은 20세기에 희박해졌다. 경제적 성공은 다른 말로 정당화할 필요없이 그 자체로 좋은 것으로 간주되고 있다. 그것은 자아에 도움이 되며 그것으로 족하다.

이기심을 비판하는 사람들조차도 자신에게 진실되고, 자기 지식을 개발하고, 자신의 감정을 인정하고 표현하며, 자신의 재능을 발달시키는 권리와 의무를 여전히 인정할 것이다. 현대의 자아는 도덕적으로 보다 고차적인 욕구와 관련을 맺게 되었다. 이기심과 탐욕과 같은 저급의 충동은 여전히 도덕적인 우려를 제기할지라도 자아의 고상한 가치는 널리 인정되고 있다.

요약 및 결론

자아 또는 정체성의 추구는 현대 생활에서 중요한 관심과 비중을 차지하고 있다. 그러나 자아에 대해 이처럼 관심을 두는 이유는 그 동안 제시된 여러 가지 잡다한 설명으로는 부족하다. 자아와 정체감에 대한 현대의 매혹은 단지 도덕적 약점과 자기 탐닉, 사람들에게 소비와 향락을 조장하는 광고의 산물, 아이에게 모유를 수유하거나 학교에서 훈육하는 방법 등에 관한 다소 우연적인 것 이상이다. 그보다 중요한 문제는 자아가 인생에 의미, 특히 가치를 부여하는데 중요한 역할을 담당하게 된 것으로 보인다.

사회가 현대적 형태를 갖춤에 따라 사람들이 의미를 모색하는 방법은 변화되었으며, 의미의 일부 원천, 특히 가치의 토대가 교체되지 않고 상실되었다. 종교, 전통적 도덕 그리고 전통 그 자체의 힘이 감소되어 심각한 가치의 결핍을 야기시켰다. 의미있는 삶을 위한 현대의 추구는 가치의 결핍이 가장 심각한 장애임을 흔히 발견한다. 사람들에게 옳고 그름에 관한 확고한 해답을 제시하는 대신에, 사회는 잡다한 견해를 제공하고 사람들이 그 중에서 선택하도록 한다. 그 결과, 사람들은 자신의 행동이 좋은 것이고 삶이 가치가 있는지 확신하기 어렵다.

의미의 원천의 상실에 대한 통상적인 반응은 그 부족을 보충하기 위하여 남아 있는 것을 활용하는 것이다. 현대화가 풍요 속에서 사람들에게 남긴 것은 자아이었으며, 자아는 의미와 가치의 결핍에 대비하는 실행 가능한 수단이었다. 개인적 정체감에 매혹되는 것은 가치의 결핍에 대한 반응이다. 자아는 더 이상의 정당화가 필요없이 노력과 희생을 정당화할 수 있는 궁극적인 선으로 인정된다.

이 과정은 몇 가지 이유로 예상된 것이었다. 그것은 모두가 개인을 강조하며 그 권리와 이익을 인정하고 정당화하는 현재 생활의 정치적, 경제적, 사회적인 현실에 부합되기 때문이다. 더구나 자아의 확장된 개념은 가치의 원천과 성취감의 모형으로서 더욱 활용되었다. 그리고 이러한 발전은 도덕성과 자기 이익의 오래 지속된 관계를 역전시켜 사회의 기본적인 도덕적 분위기에 급격한 변화를 가져왔다. 도덕성은 항상 자기 이익에 대한 견제 요소로 작용하였으며, 덕은 자아를 극복하는 것을 의미하였다. 이제 도덕성은 자기 이익에 권리와 책임의 긍정적인 힘을 부여하였고, 새로운 종류의 덕목들이 자아를 탐색하고 개발하며 표현하는 것을 강조하고 있다.

제6장 일, 일, 일

일은 현대 생활에서 중요한 위치를 차지하고 있으며, 일의 의미를 신중히 고려하지 않고는 인생의 의미에 관한 어떤 설명도 완전하지 못할 것이다. 미국의 성인들은 특히 일하러 가기 위해 옷을 입고 출퇴근하며 밤에도 일에 대한 생각을 하면서 누워 있는 시간을 계산하면, 깨어 있는 시간에 그 어떤 것보다도 일을 많이 하며 보낸다.

일이란 무엇인가? 물리학에서는 노력, 즉 거리에 비례하여 행사한 힘에 의해서 일을 규정한다. 심리적으로 일은 신체적 즐거움의 즉각적인 보상에 의해서가 아니라 내적 단련과 흔히 외부의 보상에 의해서 유지되는 노력이다. 그것은 마음이나 몸이 자연적으로 원해서가 아니라 필요하다고 인정되는 노력이다. 그리고 사람들은 일의 필요성을 내면화하고 수용하기 때문에 일은 대부분의 경우에 자아의 적극적인 순종으로만 가능하다. 궁극적으로 우리는 스스로 자리에서 일어나 아침에 출근해야 한다. 만일 완강히 거부한다면 아무도 우리를 일어나게 할 수는 없다.

그러므로 일은 외부의 동기에 따라 자신의 의지와 주도성을 조절하는 문제이다. 일은 실제로는 원하지 않는 많은 것들을 행하는 것이다. 일은 주로 외적 보상을 위해서 수행된다. 이는 사람들이 자신의 일을 사랑하지 않거나 그로부터 만족을 얻지 못한다고 말하는 것은 아니다. 많은 사람들은 그렇게 하고, 그렇지 않은 사람들도 많다. 그러나 이러한 만족은 나중에 얻게 된다. 그것이 일을 하는 이유는 아니다. 음악, 윈드서핑, 음주, 텔레비전과는 달리, 일은 순수한 즐거운 경험을 위해 고안된 활동이 아니다. 일은 외부의 책임과 동기에 응하기 위해 연장된 자제력과 노력이다. 일은 성취가 아니라 주로 목적에 의해서 추진된다.

일을 해야 하는 이유

일에 대한 욕구의 원천을 이해하는 것이 중요하다. 유사 이래 대부분의 사람들은 집에서, 농장에서, 다른 일터에서 일을 해야 했다. 소수의 불행한 사람들은 실업의 수모와 박탈감을 겪고, 행복한 소수는 여유로운 삶의 특혜를 누렸다. 그러나 대부분에게는 일의 필요성이 단순히 불가피한 삶의 현실이었다.

일은 식품과 다른 생존 수단을 획득하기 위한 필요에서 시작되었다. 거의 모든 동물은 끊임없이는 아니더라도 정기적으로 식량을 탐색하는 활동이 필요하다는 것을 안다. 어떤 동물은 자신을 위한 집을 짓고 유지하는 활동도 한다. 인간은 식량과 숙소를 필요로 하며, 이를 획득하는 것이 일에 대한 욕구의 토대가 된다.

그러므로 일은 자연적이고 외적인 동기에 의한 것이다. 일은 이러한 자연적인 욕구를 충족시키려는 수단으로 시작되었다. 문화적인 영향과는 별도로, 사람들이 식량과 피난처 그리고 다른 욕망을 일하지 않고 충족시킬 수 있었다면 그들은 아마 일하지 않았을 것이다.

따라서 자연은 인간에게 일의 욕구가 아니라 대부분의 경우에 일의 결과로만 만족될 수 있는 욕구를 부여하였다. 일의 이러한 자연적인 토대를 기억하는 것이 중요하다. 문화가 일에 부여하는 의미가 무엇이든, 일의 기본적 욕구는 자연적 동기에 뿌리를 두고 있다.

그러나 문화는 식량과 거처를 획득하는 일의 기본을 거의 알 수 없을 정도로 일의 의미를 크게 변화시켰다. 최소한, 일은 생물학적으로 필수적이 아닌 많은 이득을 위하여 수행하는 것이 분명하다. 최소한의 식량과 거처만으로는 부족하다. 사람들은 좋은 식품과 많은 편의시설, 즐거움, 보안시설이 가득한 매력적인 집을 원한다. 많은 경우에 일은 위신과 같은 비물질적인 보상도 지향한다.

사실, 문화에 의한 일의 변화는 때로는 생물학적인 욕구가 일의 기본적 원인이라기보다는 흔히 일에 그저 장애가 되는 지경에까지 이른다. 예를 들면, 일 중독자들은 체력이 한계에 이르기까지 일하며, 음식과 휴식은 일의 목적이라기보다는 일에 귀찮은 방해가 된다(Machlowitz, 1980).

그러므로 일의 욕구는 다음과 같이 요약될 수 있다. 일은 자연적 동기가 아니라 생존을 위한 자연적인 욕구와 쾌락, 안전, 위안을 위한 욕구에 기반을 두고 있다. 따라서 일은 생물학적으로 선천적인 목적을 달성하는 수단으로 시작된다. 그러나 문화는 일의 활동에 상당한 의미를 덧붙여, 많은 경우에 일의 이면에 있는 자연적 동기가 근로자들에게 인식되지 못하고 있다.

일의 사회적 문제

사회가 생존하고 번성하기 위해서는 그 구성원들이 상당히 많은 일을 해야 한다. 모두가 일을 해야 할 필요는 없지만, 어느 정도의 일은 해야만 한다. 할 일은 있게 마련이며, 누군가 그것을 해야 하고, 그렇지 않으면 사회가 무너질 것이다. 더구나 일이 외적인 동기로 이루어진다면 사람들은 일하려고 하지 않을 것이다. 그렇다면 사회의 문제는 사람들을 일하도록 하는 것이다.

이와 같은 일의 많은 부분은 거창하게 의미있는 단위로 구성되지 않고 자주 행할 필요가 있는 단순하고 단기간의 과제로 되어 있다. 일은 진부한 것이다. 일의 상당 부분은 반복적이고 아주 지루하다. 오늘날 가장 재미있는 직업도 어느 정도 지루한 면이 있으며, 전혀 재미없는 과제도 늘 많이 있다.

요컨대, 사회는 사람들에게 그들이 특히 원치 않는 많은 재미없는 일들을 하도록 할 필요가 있다. 일에는 노력과 희생이 필요하며, 사회는 사람들에게 이와 같은 노력과 희생을 하도록 만들어야 한다.

일의 사회적 문제에 대한 아주 보편적인 한 가지 해결책은 일을 장려할 수 있는 유인체제를 갖추는 것이다. 이 유인가는 일이 외적 동기를 갖도록 만든다. 채찍에서 보수에 이르기까지 사회는 사람들에게 일하도록 만들려고 다양한 상벌을 이용했다.

유인체제는 일반적으로 공평성과 착취의 문제로 시달린다. 일부 사람들은 다른 사람들보다 열심히 일하지만 보상은 적게 받는다. 모두가 아주 공평하다고 여겨지는 체제를 구축할 수는 없을 것이다. 사실, 사람들의 환상이 자신의 일의 양과 질을 과대평가하게 만들 수 있으며, 보상이 공정한 경우에도 사람들은 자신이 더 많이 받을 가치가 있다고 느낄 것이다. 그 사이에 어떤 사람들은 다른 사람들의 일이나 경제체제를 유리하게 이용하여 혜택을 받지 못한 사람들에게는 부당한 착취로 여겨질 것이다.

그러므로 유인체제의 사회적 문제는 정당화의 문제이다. 사회는 그 구성원들에게 유인체제가 충분히 공정하고 정당하기 때문에 인정해야 한다고 설득할 필요가 있다. 그들은 그 체제를 완벽한 것으로 간주할 필요는 없으며 사회도 결국 불평을 용인할 것이지만, 일은 계속하여 완료할 것임을 충분히 받아들여야 한다.

유인과는 별개로, 사회는 일에 의미를 부여함으로써 일을 장려할 수 있다. 사람들은 중요한 가치를 위한 노력과 희생을 인정할 것이다. 따라서 사회의 문제는 다시 정당성을 모색하는 문제이다. 사회가 일에 적절한 가치 구조를 부여할 수 있다면 일은 완수될 것이다.

가치와 정당화는 의미에 대한 중요한 욕구를 구성하기 때문에 이것이 인생의 의미에 대한 일의 적합성을 이해하는데 중요한 문제 영역이다. 그 동안 일은 의미의 여러 가지 다른 요구들을 충족시킬 수 있다. 일은 거의 언제나 어떤 형태의 효능감을 제공하며, 분명히 고도로 숙련된 일은 광범한 효능감의 기회를 부여한다. 또한 일은 그 목적이 흔히 도랑을 파거나 서류를 분류하는 것처럼 단지 단기간의 수준 낮은 것들이더라도 여러 가지 목적에 의해서 표현될 수 있다. 일이 장기간이 아닌 단기간의 목표를 제공하는 경향이 있는 것은 일의 평범함을 반영하는 것이다.

비록 그 기준과 의미가 크게 다를 수 있지만 자아 가치는 흔히 일에 관련된다. 고대 사회에서는 일에 대한 평판이 좋지 않아서, 일하는 것은 낮은 자아 가치의 표시이었다. 일은 노예나 농부 또는 지위가 낮은 사람들을 위한 것이었다. 상류 인사들은 원칙적으로 일을 하지 않았다. 고된 일은 위신이나 명예 또는 사회적 지위와 단지 맞지 않았다(Anthony, 1977; Rodgers, 1978). 이러한 태도는 특히 유럽에서 어떤 형태로든 장기간 지속되었다. 19세기에 미국을 방문한 유럽인들은 한가한 귀족을 발견하지 못하여 아주 깜짝 놀라며 당황해 했다. 모두가 일을 한다는 것이 그들에게는 아주 이상한 느낌을 주었다.

미국의 가치관은 일이 자아 가치의 긍정적 원천이라는 극단적인 반대 입장을 나타내고 있다. 일하지 않는 사람들은 흔히 경멸당하고 무시당하며 비난받았다. 억압받는 집단과 소수 집단은 일할 기회를 많이 요구하였다. 일에서 성공하는 것은 위신과 존경을 받는 가장 중요한 토대이었다.

그러므로 일은 전형적으로 효능감과 목적의 욕구를 충족시키며, 자아 가치의 토대로 기여한다. 일이 흔히 충족시키지 못하는 의미에 대한 유일한 욕구는 가치이다. 사회의 관점에서 보면, 일은 흔히 정당성이 부족하다.

그렇다면 사회의 핵심적인 문제는 일에 가치를 부여하는 것이다. 사회는 사람들에게 과제를 완성하는데 필요한 희생과 노력을 하도록 원하며, 이를 위해서는 일을 정당화하거나 유인체제를 정당화하는 것이 요구된다.

일의 3가지 의미

인생의 의미에서 일의 역할에 대한 간단하고 단일한 해답은 있을 수 없다. 일은 모든 사람에게 동일한 의미를 갖지 않는다. 1980년대 미국인의 생활에 관한 연구에서 분석된 바에 의하면(Bellah 등, 1985), 일의 의미는 넓게 3가지로 분류될 수 있다. 이 분류는 직업(job), 소명(calling), 경력(career)으로 이름붙일 수 있다. 직업으로서 일은 개인적으로 큰 관여나 만족감 없이 봉급을 받기 위하여 일을 하는 것을 말한다. 소명으로서 일은 개인적 책임이나 숙명이라는 생각에서 수행된다. 소명은 사회의 선을 위한 책임감에서 비롯되거나 자신의 능력에 대한 의무감과 성취감에 입각한 것일 수 있다. 마지막으로, 경력으로서 일은 성공과 인정에 대한 욕망에 의해서 유발된다.

일의 이 3가지 의미는 서로 중복되지 않고 엄격히 구분된 것으로 간주해서는 안된다. 왜냐하면 어떤 사람들은 분명히 두 가지나 세 가지 요소 모두를 결합할 수 있기 때문이다. 그러나 그것들은 일과 인생의 의미있는 주제와의 관계를 이해하는 아주 다양한 방법의 원형으로서 중요하다. 이들을 개별적으로 검토해 보자.

❖ 직업으로서 일

일을 단지 직업으로 간주하는 사람들은 그들의 인생에 가장 의미있는 또는 중요한 주제로서 일에 의지하지 않는다. 직업은 도구적 활동, 즉 주로 어떤 다른 것을 위하여 수행되는 것이다. 사람은 수입을 위해 그리고 자동차, 독립, 매력적인 주거지, 가족 등, 그 수입으로 가능한 것을 위해 일을 한다. 일을 직업으로 보는 견해는 비록 사무직에서 생각보다 더 보편적이지만 하위 계층에서 가장 보편적이다. 학력이 낮은 사람들은 높은 사람들보다 일에서 만족감을 덜 추구한다(Veroff 등, 1981).

직업지향적인 일에 관한 매력적인 모습은 일리노이(Illinois) 엔진 공장에서 기계공으로 일하면서 시카고(Chicago)대학의 박사학위 논문을 작성한 젊은 사회학자, 마이클 버라워이(Michael Burawoy, 1979)가 제시하였다. 그의 설명에 의하면, 근로자들은 그들의 제조활동에서 즐거움이나 만족감을 거의 느끼지 못했지만 게임처럼 일에 몰두하였다. 수년 동안 공장 경영부서에서는 근로자들이 좀 더 많은 부품을 생산함으로써 어느 수준까지 소득을 증진시킬 수 있는 유인체제를 수립하였다. 그러나 그 수준 이상의 생산은 보상이 제공되지 않았다. 근로자들은 한도를 초과하지 않고 최대한의 소득을 보장하는 적정량의 일을 할 수 있는 게임에 아주 빠져들었다. 그 체제는 관련된 모두가 공평하다고 여기며, 흔히 일에 대한 유인체제를 파괴하는 과열경쟁 같은 문제를 피하고, 대체로 근로자와 관리자의 마찰을 최소화하며 작용할 정도로 완벽하였다. 일에 대한 유인체제를 정당화하는 사회적 문제는 적어도 이 공장에서는 해소되었다.

일을 게임처럼 변화시키는 것은 일의 진부함과 권태로움을 극복하여 상당히 견딜 수 있게 하는데 도움이 되었다. 그 결과, 사람들은 일에 대한 내적 동기가 완전히 없어도 열심히 일을 하였다. 시계를 보며 귀가시간을 기다리는 대신에, 근로자들은 사소한 성공과 실패의 경제적 의미를 계산하면서 게임에서 자신의 진전을 점검하였다. 근로자는 게임의 성공에서 오는 만족감을 누릴 수 있었기 때문에 과제 자체의 성취감 부족의 측면은 은폐되었다. 요컨대, 경영자는 흥미있고 성취감을 주며 개인적으로 가치있는 일을 제공하지 않아도 근로자들의 동기를 유발하고 생산적인 노력을 보장하는 효과적인 방법을 발견하였다.

일의 직업으로서의 의미에 관한 이러한 예를 제시하였으니, 이제 일의 이러한 의미가 인생의 의미를 부여하는데 어떤 역할을 하는지 고려해 보자. 게임에서의 성공에 대한 강조는 아마도 효능감에 대한 생각을 환기시켜, 기술과 만족감을 중요하고 바람직하게 여기는 느낌을 가져왔다(Burawoy, 1979). 공장 내에서는 게임의 기술이 상대적인 자아 가치의 기초를 제공하였고, 게임의 전문가들은 타인의 존경을 받았다. 따라서 근로자들은 일 자체에 무관심하게 보였고 그들의 관점에서 질은 게임과 관계가 없었기 때문에 사실 질적 통제의 문제는 경영자의 관점에서 긴급한 것이었지만, 어느 정도의 자아 가치는 그와 같은 활동에서 가능했었다.

물론 모든 형태의 일이 그와 같이 게임으로 재조직될 수 있는 것은 아니다. 직업으로서의 일은 평범하고, 공허하며, 억압적이다. 노동자 계층의 생활에 관한 연구에서 러빈(Rubin, 1976)은 기술자의 일에 대한 공통적인 경험을 "쓰라림, 체념, 소외감 그리고 지루함"(p. 159)으로 묘사하였고, 근로자들은 "이것이 인생인가?"라는 질문을 회피하면서 매일 일하기 위하여 스스로 무감각하게 지내야 한다고 결론지었다(p. 158).

분명히 의술이나 야구와 같은 어떤 직업은 기술을 연마할 기회를 제공한다. 다른 직업들은 나중에 실망하게 되는 고도의 효능감에 대한 기대를 조장한다. 예를 들면, 교사들은 학생들이 협조하고 성공하기를 기대하며, 사회사업가나 사회복지사들은 사람들을 돕고 치료할 수 있기를 기대하고, 이러한 효능감의 기대가 충족되지 않을 때 그 사람은 탈진에 취약하게 된다(Cherniss, 1980). 브레버맨(Braverman, 1974)은 일에서 효능감을 찾을 수 있는 기회가 상당히 감소되었다고 주장하였다.

특히 노동자 계층의 직업은 일의 다른 의미에 관한 대리 만족과 위로가 결여되어 있기 때문에 흔히 근로자에게 많은 효능감을 제공하지 못한다. 결과적으로 효능감을 기반으로 한 취미가 노동자 계층에서 특히 보편적일 수 있다. 러빈(Rubin, 1976)은 그와 같은 많은 사람들이 자동차 수리, 기옥 수신, 목공 등의 부자석인 일을 하고 있는데. 이런 활동이 일에서 결핍된 효능감을 제공하기 때문이라고 시사하였다. 그러나 효능감이 직업에 포함되어 있다면 아주 매력적인 특성이다. 러빈(Rubin)의 응답자들은 자신의 직업에 능숙하며 그렇게 인정받는다고 반복적으로 설명함으로써, 효능감과 자아 가치를 시사하였다.

자아 가치는 직업을 갖고 있다는 사실만으로도 나타날 수 있다. 수입이 낮은 직업은 흔히 성질상 일시적이며 그런 직업에 종사하고 있는 사람들은 안정된 일상적인 활동으로 항상 받아들이지는 않기 때문에, 직업을 찾고 유지하는데 성공하는 것은 어떤 계층에서는 위신의 표시일 수 있다(Miller, 1981; Rubin, 1976). 이는 역시 효능감과 자아 가치의 결합을 뜻하며, 일의 유형이나 일에서 나타나는 업적이나 서비스와는 무관하다. 중요한 것은 직업이 있고 그것을 유지할 정도로 잘 하고 있다는 사실이다. 확실히 숙련직은 비숙련직보다 효능감과 자아 가치의 풍부한 원천이 되지만, 비숙련직도 어느 정도는 제공한다.

그러므로 안정된 직업을 유지하는 것은 자아 가치의 중요한 토대가 될 수 있다. 이를 지지하는 증거가 러빈(Rubin, 1976)의 연구에서 제공되었다. 적당한 급여를 집에 가지고 오지 못하는 가장은 특히 직업적 태도가 중요한 하위 계층에서는 대체로 남성성이 부족함을 나타내는 분명한 증거로 취급되었다. 우리 사회는 남성성과 유능한 부양자를 동일시하기 때문에, 수입이 너무 적어서 가족에게 적절한 요구를 충족시키지 못하는 경우와 같이, 제대로 부양하지 못하는 것은 남자답지 못한 것이다. 따라서 안정된 직업을 갖는 것은 가장에게 자아 가치의 핵심적 토대[24)]의 상실을 방지하는 중요한 보호수단이었다. 직업을 갖고 있다는 단순한 사실 외에도, 자아 가치는 수입의 양과 흔히 연관될 수 있다.

의미의 다른 욕구에 관해서 본다면, 직업은 거의 모든 종류의 일에서와 같이, 전형적으로 단기적인 목표로 가득하며, 장기적인 목적에서는 그다지 많은 것을 찾지 못할 것이다. 그리고 일을 정당화하기 위한 중요한 가치의 토대는 거의 필요 없는 것 같다. 직업은 식품, 피난처, 기타 편이시설을 제공하는 주요한 수단이며, 그러한 필요만으로 일하려는 충분한 동기가 되고, 정당화의 문화적인 원천은 필요하지 않다. 직업으로서 일의 욕구는 비록 문화가 피상적인 변화는 시킬 수 있겠지만, 문화적이 아닌 자연적인 동기에 주로 기인한다.

❖ 경력으로서 일

일을 경력으로 정의하는 것은 성공과 지위의 기록에 주로 관련된다. 경력에 의한 일의 관점은 일 자체에 대한 열정적인 애착이 아니고, 일에서 나타나는 산물과 서비스에 중점을 두지도 않으며, 일을 다른 목적을 위한 수단으로 간주하는 직업에 의한 접근방식과도 비슷하지 않다. 그 보다는 일에 대한 반응에서 나타나는 자아에 관한 정보를 강조한다. 출세를 지향하는 사람에게 일은 자아를 만들어내고, 규정하며, 표현하고, 입증하며, 찬미하는 수단이다.

관료의 경력은 아마도 현대의 일에 관한 유력한 단일 모형일 것이다. 이것은 현대 대기업이나 다른 기관의 고용 조건에서 대부분 기인한다. 정부 관료나 대기업 직원의 경력은 전형적으로 승진과 봉급 인상의 기록이다. 음악가, 운동선수, 소설가, 과학자, 법률가의 경력은 전형적으로 그들을 인정하는 수상과 명예 및 구체적인 업적에 관한 기록이다.

경력으로서 일은 외적이거나 내적인 동기의 범주에 속하지 않는다. 외부의 정보와 보상은 자아에 관한 중요한 내용을 전할 때 동기를 감소시키지 않는다(Rosenfeld 등, 1980). 그와 같은 내용과 의미는 경력에 의한 일의 관점에서 중요하다. 결과적으로 경력제일주의자들은 흔히 동기가 매우 높다.

어떤 경우에 경력을 중시하는 근로자들은 대단한 노력을 할 수 있다. 그들은 경력을 촉진시키기 위하여 여가시간, 사회생활, 가정을 포함한 큰 희생을 감수한다. 그러나 이와 같은 장시간의 열정적인 헌신의 표시는 일 자체에 대한 사랑이나 업적과 서비스에 대한 책임을 반영하는 것이 아니다. 그 보다 이러한 노력과 희생은 성공하고, 재능있고 가치있다고 인정받으며, 성공적인 경력을 나타내는 위신과 지위를 얻기 위한 경쟁적인 동기에 의한 것이다. 경력을 중시하는 근로자는 일의 성질에 분명히 무심하지는 않으며, 최소한 적당히 재미있거

---

24) 직업의 상실은 모든 계층에서 자아가치를 위협하기 때문에 분명히 자아가치의 중요한 부분이다. 전문직에서 직업을 갖고 있다는 것을 그다지 중시하지 않는 유일한 이유는 직업을 잃지 않는 한 그것을 당연시하기 때문이다.

나 사회적으로 긍정적 가치가 있는 일을 선호한다. 그러나 이러한 이점은 부차적인 것이다.

많은 직업에서 최대의 노력과 희생은 경력이 시작되었지만 승진하지 못하면 그만두어야 하는 젊은 사람들에게 요구된다. 예를 들면, 유명한 법률회사에서 최고의 법과대학 졸업생들을 고용하였지만 6년 후에 그들은 승진을 하거나 회사를 떠나야 한다. 높은 자격에도 불구하고 해마다 소수만이 바라던 승진을 하게 된다는 것을 알기 때문에 흔히 장시간 힘들게 일하는 것을 비롯하여 경쟁이 매우 치열하다. 비슷한 형태가 공인회계사와 대학교수와 같은 여러 직업에 존재한다.

이와 같은 경력의 제약과 압력으로 야기된 경쟁적 노력의 극단적인 경우는 스튜아트(Stewart, 1984)가 보고한 사례에서 볼 수 있다. 아이비엠(IBM)에 대한 정부의 반독점 사례에서 아이비엠(IBM)의 변호사들은 엄청나게 일을 하였고 그것이 모두 세심하게 기록되었다. 임금이 시간에 따라 계산되었기 때문이다. 한가한 저녁시간이나 주말은 드물었고 매일 18시간 근무가 일상이었다. 이들 변호사 대부분은 휴가도 없었고 일부는 수술까지 연기해야 하였다. 이러한 환경에서 승진을 바라는 젊은 변호사는 매일 11시간씩 일하며 그것으로 족하다고 기대할 수는 없다. 초인적인 노력이 필요할 뿐이다. 한 변호사는 하루에 24시간 일을 한 대가를 아이비엠(IBM)에 청구하여 회사의 기록을 세웠다. 또 다른 변호사는 승진 경쟁에서 뒤떨어지지 않으려고 뉴욕(New York) 사무실에서 캘리포니아(California)까지 비행하는 기내에서도 일하며 하루 24시간을 쉬지 않고 일해서 만회를 시도하였다. 그는 시차로 인하여 하루 27시간의 임금을 아이비엠(IBM)에 청구할 수 있었다.

경력으로서 일은 인생의 의미에 강력한 원천이 될 수 있다. 사실, 어떤 경우에 개인은 경력에서 많은 의미를 찾을 수 있어서 의미의 다른 원천이 거의 필요 없고, 그 결과 외부 활동에서 많은 것을 하려고 하지 않는다. 그와 같은 사람들을 일중독이라고 하며, 전형적으로 그들은 일 이외에는 어떤 것에도 시간이나 관심을 기울이지 않는다(Machlowitz, 1980).

경력이 인생에 의미를 부여하는 능력은 부분적으로는 의미의 욕구를 충족시키는 힘에서 나온다. 경력으로서 일은 단기적 및 장기적인 목적을 제공한다. 여기서 장기적인 목적은 어떤 수준의 지위, 권력, 성취, 위신에 도달하는 것처럼, 전형적으로 야망이다. 이러한 목적의 세부 내용은 임용이나 승진 조건과 같은 직장의 지위 구조에 의해서 규정된다.

자아 가치는 경력의 핵심적인 면이다. 사실, 경력은 의미의 이러한 욕구를 충족시키는 가장 효과적인 토대 중 하나이다. 지위와 업적의 많은 등급이 일에 대한 다른 접근방식보다도 자아 가치를 훨씬 정확하게 규정한다. 성공의 계단에 오르는 것은 효능감을 부여할 수 있으며, 효능감은 직무상의 의무를 수행하고 인정을 얻는데 필요한 기능과 능력을 숙달하는데 관련된다. 따라서 자아 가치와 효능감은 직업보다도 경력의 관점에서 아주 밀접히 연결되어 있다.

그러나 경력의 성향에 가장 관련이 깊은 기능과 효능감이 직무 수행에도 반드시 연관되는 것은 아님을 주목해야 한다. 결정적인 것은 어떤 과제에서의 숙달보다는 인상관리에서의 기술이다. 관리자들에 관한 연구에서 자칼(Jackall, 1988)은 어떤 수준을 넘으면 능력은 모든 관리자와 경영자들 사이에 대강 비슷하게 여겨지기 때문에 승진의 주요인이 아님을 관찰하였다. 그 대신, 경력에서의 성공은 인상, 평판 그리고 개인적 충성에 좌우된다. 고위 관리들의 동질성 또는 동조성은 적당한 인상을 유지하는 중요성에 대한 이해할 수 있는 반응이다.

가치와 성취감은 경력으로서의 일에 반드시 제공되지는 않는 의미에 대한 욕구의 주요 범주에 속한다. 경력이 반드시 성취감을 제공하는 것은 아니다. 왜냐하면 목표들이 아주 상세하게 구성되어 목적에 대한 욕구가 성취감 대신에 목표에 의해서 충족되기 때문이다. 일은 목표를 지향하는 것으로 해석할 수 있으며, 개인은 가정생활과 같이, 일 이외에서 성취감을 추구할 수 있다.

그러나 현대 생활에서 경력은 자아에 의해서 가치와 성취감을 제공할 수 있다. 앞 장에서 주장한 바와 같이, 현대 문화는 자아를 가치의 토대와 성취감의 소재로 발전시켰다. 경력은 개별적 자아의 발전과 규정을 기반으로 하고 있다. 자기 이익의 추구는 현대의 가치에 의해서 탐욕과 자만심에서 신성한 의무와 성취해야 할 책임으로 변형되었다. 이와 같은 맥락에서 경력은 인생의 의미의 원천으로서 발전하게 되었다. 여론 조사원 얀켈로비치(Daniel Yankelovich)를 포함한 다수의 관찰자들은 이러한 태도가 이미 확고하고 더욱 고취되고 있다는 결론을 내렸다. 1950년대에 미국인들은 일을 물질적인 보상을 획득하는 수단으로 간주한 반면에, 이제는 많은 사람들이 자아를 표현하고 개발하는 본질적인 곳으로 보고 있다(Harris & Trotter, 1989). 얀켈로비치(Yankelovich)는 일이 근래에 미국인의 생활에서 자극의 중심이 되었다고 결론지었다.

특히, 자아가 가치의 토대로 인정되면 경력을 통한 자아의 발전은 매우 바람직하고 가치 있는 활동으로 정당화된다. 경력은 자아로부터 정당성을 부여받는다. 경력을 최대한 추구하지 못하는 것은 적절한 가치에 대한 모욕과 거의 같은 것으로 간주된다. 이것이 현대 관료체제의 생활을 실존적으로 검토한 특이한 영화 **브라질**(Brazil)의 주제이다. 등장인물의 누구도 주인공이 가능한 빨리 승진하는데 그다지 관심이 없었다는 것을 인정하지 않거나 믿을 수 없었다. 그는 생기있는 개인적 환상과 꿈을 즐기고 사무실에서 문제없는 나날을 보내며 편한 직업으로 조용한 생활에 만족하였다. 모두 그가 성공하도록 애쓰거나 그가 야망이 없음을 꾸짖었다. 있는 그대로의 생활에 만족하고 승진을 싫어하는 사람은 타인의 불신과 우려 그리고 곧 불인정을 야기한다.

다음 장에서는 가족도 고대와 같이 현대 사회에서 가치의 토대로 인정되며 가족 부양자의 경력에 가치를 부여한다는 것을 보여줄 것이다. 중세 미국에서 친숙하고 전통적인 가족은 성인 남자의 경력을 통하여 금전과 자산, 위신과 사회적 지위를 얻었으며, 그가 경력을 최대로 발전시키지 못하면 두 번째 가치의 토대, 즉 가족을 배신하는 것으로 간주되었다. 남자가 야망이 없고 경력을 최고로 상승시키지 못하면 그는 가족을 속이는 것이므로 대단히 잘못된 것이었다.

앞 장에서는 높은 자존심을 성취감과 같은 것으로 보아 현대의 사상이 자아를 성취감의 모형으로 발전시켰다고 주장하였다. 개인적인 우월감과 더불어 명성과 타인의 인정은 현대 서구 사회에서 충족된 생활의 매력적인 모형을 이루고 있다(Braudy, 1986). 경력은 이러한 유형의 성취감을 이루는 가장 널리 인정된 방법일 것이다. 그 가정은 일이 자존심을 느끼게 할뿐만 아니라 타인의 존경, 감탄, 환호를 이끌어내는 저명한 위치로 우리를 상승시킬 것이기 때문이다. 많은 사람들은 개인적 성취감을 기약하는 경력에서의 성공에 대해 약간 신비스러운 견해를 갖고 있다. 그들은 어떤 목표에 이르면 자동적으로 내내 행복한 생활을 동반하게 될 것으로 생각한다(Levinson, 1978). 따라서 경력은 정말 성취감의 모형을 제공할 수 있다.

요약하면, 경력으로서 일은 흔히 인생에서 의미의 흥미롭고 중요한 원천이 된다. 경력은 효능감을 발달시키는 일련의 목표나 기회 그리고 자아 가치를 수립하는 명확하고 탁월한 기준을 제공한다. 또한 자아를 가치의 토대로 발전시켜 가치의 욕구를 충족시킬 수 있다. 현대의 경력은 정당한 의무를 수행함으로써 개인적 성취감의 기대를 제공하는 측면이 있다. 따라서 경력은 의미의 모든 욕구를 충족시킬 수 있다.

❖ 소명으로서 일

현대인의 의식에 소명은 일의 의미로서 직업이나 경력보다 친숙하지 않다(Bellah 등, 1985). 소명의 개념은 개인이 특정한 일을 하도록 위임받은 느낌이 있다는 뜻이다. 즉, 무엇이 어떤 일을 계획한다는 것이다. 아마 소명의 개념을 사명의 내적 및 외적 원천을 포함하는 것으로 이해하는 것이 최선일 것이다. 원래의 개념은 외부에서 시작되는 요구, 특히 신의 소환을 말하는 것이다. 예를 들면, 목사는 신이 특정한 곳에서 또는 특정한 방법으로 신의 일을 대행하도록 원했다고 느낄 것이다. 다른 사람들은 특히 위험한 시기에 사회의 부름을 받은 것으로 느꼈을 것이다. 예를 들면, 과거의 전쟁에서 남자들은 군사 활동이 직업이나 경력으로서 매력이 없더라도 군대에 지원하는 것을 그들의 의무로 느꼈다.

내면의 소리는 자아실현의 개념과 연결된다. 왜냐하면 그것은 개인 자신의 본성이 어떤 유형의 일을 선택하도록 요구한 것으로 생각하기 때문이다. 소명은 특별한 재능이 있고 그것을 개발해야 한다는 신념에서 나올지도 모른다. 이와 같은 정신적 소명의 개념은 예술 활동과 관련하여 낭만주의와 빅토리아(Victoria) 시대의 사람들에 의해서 발전되었다. 예를 들면, 소설가는 자신의 마음속에 잠재해 있는 소설로 인하여 소설가의 직업을 갖게 된 것으로 느낄 수 있다. 이와 같은 소명은 일의 세계에서 찾는 진정한 본질적인 동기에 가장 가까운 것인지 모른다.

예술적인 소명의 생생한 예는 고갱(Gauguin)의 개략적인 생애에 입각한 모옴(Maugham)의 유명한 소설, 달과 6펜스(The Moon and Sixpence)에 제시되었다. 주인공은 주식중개인으로서의 편안한 중류층 경력을 갑자기 포기하고 런던(London)으로 사라진다. 그는 한 여자와 같이 도주한 것으로 모두가 생각했다. 친구가 그를 찾아 파리(Paris)로 가서 값싼 더러운 아파트에서 혼자 살고 있는 그를 보고 깜짝 놀랐다. 친구를 대면했을 때, 그는 자신이 적절한 행동에 대한 정상적인 기대를 저버렸다고 곧 인정했지만 후회는 하지 않았다. 친구는 마침내 부정한 여자에 대해 물었고, 그러자 그는 웃었다. 부정한 연인은 없었다. 그는 그림을 그리고 싶은 불가항력적인 욕구 때문에 도주한 것이다. 이 내적 욕구는 안전, 경력, 가족에 대한 책임, 그 밖의 모든 것에 관한 생각을 무시하였다. 친구는 그가 어떤 경험이나 훈련 또는 재능에 대한 확신이 있는지 물었으나, 그는 다만 그림을 그려야 한다고 대답했다. 더구나 그에게 그림의 중요성이 가족과 경력의 희생을 당연한 것으로 보였으며, 사실 소설에서도 이러한 견해를 점차 암묵적으로 인정하였다. 따라서 내적 소명은 전통 사회의 매우 중요한 가치관을 극복할 정도로 강한 가치의 토대를 갖고 있는 것으로 묘사되었다.

중요한 가치의 토대와 강력한 연관성은 소명의 가장 중요한 측면인 것 같다. 따라서 일의 다른 의미와는 달리, 소명은 가치의 욕구를 만족시키는 본질적으로 아주 효과적인 방법이다. 일은 옳고 좋은 것이며 필요한 것이라는 강한 의식이 있으며, 많은 위험, 비용, 고난, 희생은 정당화된다. 후자의 친숙한 사례로는 선교사들의 활동을 들 수 있다. 이들은 기독교를 다른 사회에 전파하라는 신의 요구를 느꼈다. 선교의 사명은 개인에게 문명사회와 친구 집단으로 이루어진 편안하고 친숙한 생활을 포기하고, 매우 불확실하고 위험한 여행을 시작하여, 익숙했던 여러 가지 편리함과 사회적 접촉이 없는 의심많고 적대적인 이방인 속에서 수년간의 험난한 활동을 하도록 요구하였다. 직업으로서 선교활동은 비교적 매력이 없고, 경력으로서도 전망이 빈약하다. 그러나 사람들은 그 소명에 관련된 강한 가치 때문에 결함을 받아들였다.

소명은 성취감을 기약할 수도 있다. 소명의 개념은 전형적으로 개인의 어떤 비상한 재능이나 고유한 특성이 이러한 일에 특히 적합하다고 구분했음을 의미한다. 따라서 소명을 따르는 것은 자신의 자질을 최대한 개발하여 사용하는 것이다. 소명은 숙명이며, 성취감을 이루는 길이다. 소명의 원천이 외부에 있든 내부에 있든 이러한 면은 사실이다.

비록 종교적이고 예술적인 직업이 소명의 원형이라고 해도, 또 다른 소명의 예로 주부와 어머니를 들 수 있다. 우리 사회는 이 역할, 특히 어머니의 역할에 많은 가치를 두고 있으며, 매우 신성시되어 그에 대해 어떤 부정적인 말을 하는 것은 벌 받을 짓으로 여긴다 (Margolis, 1984). 이 역할에 관한 유용한 묘사는 로파타(Lopata, 1971)가 제시하였다. 서구 사회는 여성들이 흔히 훈련이나 준비가 필요 없을 정도로 신에 의해서 또는 본성에 의해서 이 역할에 맞게 되어 있는 것으로 생각하였다. 이는 젊은 주부나 어머니에게 불안과 부적합한 느낌을 남기는 사실이었다. 어머니나 주부가 되는 능력은 자연스럽게 나타나는 것으로 모든 사람은 생각한다. 즉, 모든 여성은 주부와 어머니의 소명을 지니고 있다고 오랫동안 가정되어 왔다.

로파타(Lopata)의 연구에서 주부들은 결정을 내리고, 타인을 돌보며, 스스로 주인이 되는 느낌을 즐겼다. 역할의 이러한 면은 여성들에게 효능감을 제공하였다. 효능감을 얻는 기회는 주부의 책임의 많은 면에도 내재되어 있었다. 예를 들면, 많은 케이크는 필요한 첨가물을 의도적으로 다 넣지는 않고 제작되어 여성이 스스로 무언가를 첨가해야 하기 때문에 케이크에 개인적인 손맛을 남긴다는 느낌을 가질 수 있었다(Lopata, 1971; Margolis, 1984).

자아 가치는 이상적인 주부의 이미지에 맞는 생활에 내재되어 있었다. 그 이상은 모든 여성이 결혼하여 자녀를 키우는 것이다. 이 이상화된 이미지의 불행한 결과는 자녀가 성장하여 집을 떠나면 여성이 쓸모없이 되어버린 강한 느낌을 갖게 된다는 것이다. 어머니가 된다는 것은 긍정적인 자아 가치의 원천이지만, 주부가 되는 것은 부정적인 것이므로 대부분의 주부들은 자신을 주부로 묘사하길 싫어하였다. 가장 중요한 것은 주부의 역할이 성취감이 있는 것으로 제시되었다는 것이다. 여러 가지 문제와 좌절 및 실망이 상소되었지만 자녀의 성장을 지켜보는 것과 같은 깊은 만족감도 중요하게 언급되었다(Lopata, 1971).

그러므로 소명은 현대 생활에서 가장 문제가 되는 두 가지 의미에 대한 욕구, 즉, 가치와 성취감을 강조하고 있다. 소명은 특히 현대 세계에서 인기있고 보편적이라고 생각할 수 있을지 모르지만, 그렇지 않다. 그것이 보편적이 아닌 이유는 비교적 제한된 직업이 그러한 기회를 실제로 제공할 수 있을 뿐만 아니라, 소명의 본디 종교적 맥락이 더 이상 보편적이 아니고 경력을 택하려고 신에게 의지하는 사람들도 거의 없기 때문이다.

소명은 흔히 인생의 의미에 대한 개인적 욕구 충족과 특히 강하게 결부되는 경력에 관한 태도와 결합될 수 있다. 예를 들면, 어떤 사람은 신이 부여한 재능과 동기가 직업적인 운동에 대한 소명을 형성하고 있다고 느껴서 운동을 시작할 수 있다. 그와 같은 경력은 출세를 지향하는 사람에게 성취를 통한 자아의 화려한 발산을 가져다준다. 또한 자신의 잠재력을 달성시키는 소명의식을 부여하고 팀이나 국가 또는 운동 그 자체의 신성한 원인을 제공하기도 한다. 높은 이상이 간혹 약화되면, 개인은 자신의 영광을 위해 노력함에 따라 경력에 의한 자아의 가치 토대가 그 약화된 부분을 만회하고 동기를 강하게 유지할 수 있다. 그러나 다른 경우에는 개인은 자신의 운동에 대한 노력을 타인을 도우며, 집단 노력에 기여하고, 체력의 한계를 탐색함으로써 인간의 조건을 규명하려는 고상한 목적을 위한 이타적이고 자기희생적인 헌신으로 간주할 수 있다.

경력과 소명의 결합은 오늘날 많은 유형의 전문 직업의 매력을 나타내는 것 같다. 특별한 재능과 흥미에 따라 사람들의 직업은 의학, 법률, 과학, 그 밖의 유사 분야로 구분된다. 이러한 사람들의 직업 생활은 성취의 기대와 사명감 또는 높은 가치의식을 지닌 소명과 성취, 인정, 승진에 관심이 있는 경력을 상당히 결합한 것임을 보여준다. 개인의 생활이 일의 이러한 두 가지 의미와 결합할 때 일은 필연적으로 개인에게 중요한 의미의 원천이 될 것이다. 그러한 개인에게 일은 의미에 대한 모든 욕구를 충족시키기에 충분할 것이다.

❖ 요약

일의 3가지 의미는 엄밀히 구분되어 있지 않다. 그것들은 일의 개인적 동기와 그 일에서 개인이 유도해내는 의미의 유형에 매우 다른 함축성을 지니고 있다. 일은 그 정의상 외적 동기와 관련되어 있지만, 일의 3가지 의미는 이 동기에서 동일하지 않다. 일의 의미로서 직업은 거의 전적으로 외적 동기를 지향하고 있다. 경력은 외적 동기나 내적 동기가 아닌 모호한 영역인 자아에 관한 정보에 입각한 것이다. 소명은 때로는 내적 동기에 관련될 수 있으나 또 다른 경우에는 외적 동기와도 연관된다. 고차적 의미의 수준에서 개인은 소명을 내적인 것으로 받아들이지만 일상적인 과제에는 매력을 느끼지 못할 수 있다.

아마 모든 유형의 일은 단기적인 목표를 제공할 것이다. 경력과 소명은 매우 의미있고 장기적인 목표도 제공한다. 비록 고도로 숙련된 일처럼 어떤 형태의 일에서는 다른 것보다 효능감을 느낄 수 있는 기회가 더 많지만, 효능감은 일에 관한 모든 의미에서 감지할 수 있다.

직업은 그것으로부터 위신을 얻는 한 자아 가치를 제공하며, 어떤 기술에 대한 인정도 자아 가치를 부여할 수 있다. 그러나 경력은 개인의 자아 가치에서 본질적인 원천이다. 사실, 존경과 인정이 누적되어 경력의 특징을 흔히 규정한다. 소명은 집단적인 자아 가치를 부여할 가능성이 더 크다. 우리는 병자를 치료하든, 이교도를 참다운 신앙으로 교화하든, 예술을 창조하든, 고상한 취지의 노력에 의하여 존경과 위신을 이끌어낼 수 있다.

일은 가치와 정당성이 부족한 경향이 있다. 직업으로 볼 때, 가치는 거의 찾을 수 없고, 정당성은 급여가 공평한가의 문제일 뿐이다. 소명은 전형적으로 어떤 강력한 가치의 토대와 결부되어 있으므로 이러한 일은 아주 정당한 것으로 경험할 수 있다. 자아를 가치의 토대로 인정하지 않는 한, 경력도 가치를 갖지 못한다. 현대 사회에서 자아에 부여한 높은 가치는 경력을 강력한 가치의 원천으로 삼게 하였다. 그 결과, 사람들은 흔히 자신의 경력을 발전시키려고 매우 열심히 일한다.

일의 윤리의 변화

앞에서 주장한 것처럼, 일의 중요한 사회적 문제는 사람들을 열심히 일하게 만드는 가치와 정당성을 모색하는 것이다. 사회는 다양한 가치의 토대를 일과 결부시키려고 하였다. 이러한 유형의 궁극적인 시도가 일의 윤리이었다. 일의 윤리는 일 자체가 가치의 토대임을 제안한 것이다. 성공이나 실패, 칭찬이나 비난, 성과나 서비스에 관계없이, 일의 윤리는 일하는 과정이 궁극적인 선이라고 주장하는 것이다. 일하는 것은 옳고 좋은 것이며, 일은 그 자체를 위해 당연히 수행되어야 하는 것이다. 따라서 일의 윤리는 정당성의 딜렘마를 해결하는 아주 영리한 방법이었다. 사람들이 일의 윤리를 인정했더라면 일은 결코 가치를 다시 잃지 않았을 것이다. 그러나 일의 윤리가 얼마나 진지하고 널리 인정되었는가?

일의 윤리가 발전되고 약화된 과정에 관한 철저한 검토는 상당한 지면을 요하기 때문에, 일단 개요만 제시한다. 보다 상세한 설명은 부록에 제시되었다(Rodgers, 1979). 그 역사적인 면은 다소 놀라울 만하다. 일의 윤리는 현대 역사에서 나타났으므로 그 영향은 길지 않았다. 그것은 실제 믿고 인정받기보다는 분명히 말로만 논의되었다. 한 동안 사람들은 그것을 진지하게 받아들였으나 그 숫자는 점차 감소되었다. 일의 윤리를 포용하려는 문화적 시도는 이제 다 끝난 실패로 간주되어야 할 것이다.

그러므로 오늘날의 세대가 조상들이 일의 궁극적 가치로 지녔던 굳은 신념을 상실했다는 불평을 흔히 듣게 된다. 그러나 이러한 불평은 여러 가지 점에서 잘못된 견해에 입각한 것이다. 사실 일의 윤리는 위선적인 사기나 집단적인 자기기만의 시도로 볼 수 있고, 기껏해야 결국 실패로 끝난 고상한 환상이었다.

종국적으로, 일의 윤리는 작용하지 않았다. 일의 윤리는 낡은 가치 체계의 이점을 고수하려는 사회에 새롭고 세속적인 가치 체계를 수립하려는 시도이었다. 그러나 사회적 추세, 일의 성질의 변화, 일의 윤리 자체의 모순 등이 그 파멸을 초래하였다. 그 변화를 간략히 살펴보자.

고대에 사람들은 일을 존중하지 않았다. 기독교가 힘을 발휘했을 때에도 비슷한 태도가 유지되었으나 점차 일에 대한 긍정적 견해가 나타났다. 이와 같은 것이 발생하는 데에는 일하는 것이 자신에게 정신적으로 득이 되는 수단이라는 인식이 있었다. 점진적으로 일은 정신적인 약점에서 정신적 이점과 연마활동으로 변형되었다. 일에 대한 오래된 편견은 보다 긍정적인 태도로 서서히 대체되었다.

신교도와 청교도들은 일을 일종의 신성한 의무로 간주하여 일하는 것이 신의 지시를 이행하는 의미가 되었다. 더 중요한 것은 청교도들이 신은 경건하고 바른 사람에게만 결국 득이 되도록 하기 때문에 일의 성공이 신의 호의적인 표시라는 견해를 점차 발전시켰다는 것이다. 따라서 일의 성공은 영적인 가치와 연결되었다.

이와 같은 신념은 여러 가지 이유로 심리적으로 중요하다. 첫째, 공식적으로 일은 구원을 얻는데 중요한 원인은 아니었지만, 구원을 지향하고 있다고 믿으며 종사하는 일상적인 과제에서 심리적으로 큰 힘을 발휘하였다. 결과적으로, 청교도들 그리고 그들과 비슷한 경향이 있는 기독교도들은 일에서 성공하려고 최선을 다해 노력하였다.[25] 실패는 자신에 대한 가장 중요한 믿음을 위태롭게 만들었을 것이다. 그 이면에서 작용한 원리는 의심스러우면 열심히 일한다는 것이었다. 그리고 그들은 언제나 의심을 품고 있었다.

일에 대한 이러한 청교도적인 태도가 중요한 두 번째 이유는 그것이 일의 활동에 관련된 거짓 영속성의 정도를 크게 증대시켰다는 것이다. 청교도적인 견지에서 일의 성과는 불멸의 영혼에 관한 영원히 변치 않는 조건의 표시로 간주되었다. 그 결과, 일의 성공이나 실패의 의미는 즉각적인 경제적 또는 실용적 결과 이상이었다. 그것은 내면적 자아를 영원한 것으로 규정하고 평가하는 의미의 변화를 가져왔다.

일의 성공과 자아의 내면적 가치의 청교도적인 연결은 매우 견고한 것으로 입증되었다. 그것은 일의 윤리에서 특징이 되어 유지되었다. 그것은 공식적인 청교도주의가 사라진 오랜 후에도 현대 경력지향주의에서 여전히 관찰될 수 있다. 일의 성공은 내면적 가치를 나타내는 것으로 가정되고, 실패는 외부의 원인에 의한 것일 때에도 개인의 부적절성에 대한 강한 느낌을 초래한다(Newman, 1988).

그러므로 일과 특히 그 성공은 내면적 품성과 강력히 연결되어 있다. 일의 성공에 필요한 자제력, 인내심, 그 밖의 특성은 종교적 의미를 갖게 되었다. 좋은 기독교인이 되어 천국에서 기독교인의 충족감을 얻으려는 노력은 일에서 성공하려는 시도와 연결되었다. 왜냐하면 두 가지 모두 의지를 품위있게 행사함으로써 게으르고, 사악하고, 약하고, 쾌락을 추구하는 면을 극복하는 것과 관련되기 때문이다(Lasch, 1978). 따라서 도덕성은 일의 성공을 초래하는 특성과 중요한 연관성을 획득하였다.

교회가 등장하여 일이 그 자체로 긍정적 가치가 있는 것으로 마침내 선언하였다. 다시 말하면, 일이 가치의 토대로 간주되었다. 일의 윤리의 본질은 일이 도덕적으로 유익하고 정신적으로 교육적이라는 것이다. 일은 인격을 형성한다. 궁극적으로 일의 윤리에서 가장 견실한 부분은 가치의 토대로서의 역할이었다. 사람들이 힘든 일의 윤리에 따라 자신의 생활을 영위하지 않을 때에도 그들은 자신을 정당화하고 타인을 비난하기 위하여 일의 윤리에 계속 의존하였다. "결국 일의 윤리의 어떤 다른 유산은 살아남지 못했으나 다른 사람의 무위도식이나 게으름에 대한 항의는 오래 지속되었다"(Rodgers, 1978, p. 232).

일반적으로, 일에 대한 존중은 일의 윤리의 전성기인 19세기 후반에 최고조에 달했다.

---

25) 이는 막스 베버(Max Weber)가 기여한 부분이다. 이에 관한 근래의 논의는 와인트라우브(Weintraub, 1978)의 저서에 구체적으로 제시되어 있다.

남자들은 일에 헌신하였고 여자들은 일에서 배제된 것에 분개하였다. 놀랍게도 빅토리아(Victoria) 시대의 도덕주의자들은 일에 대한 존중이 사라진 것을 슬퍼하였다. 그들은 성실히 일하는 태도에 대한 오래된 존경과 인정이 서서히 손상되고 있다고 말했다(Rodgers, 1978). 그것은 역설적인 오류이었다. 즉, 사회는 열심히 일할수록 더욱 나태해졌다.

이와 같은 보편화된 나태함에 관한 잘못된 견해에 대해서 중요한 것은 현재에 대한 가치판단을 위해서 과거의 기준을 이용한다는 것이다. 일을 지향하는 현재는 일에 대한 존중과 정당성이 현재보다 높았던 것으로 잘못 알려진 과거와 비교되었다. 일의 윤리는 기본적으로 최근의 산물이었으나 전통이 있고 마치 옛날부터 오랫동안 준수된 것처럼 취급되었다.

빅토리아(Victoria) 시대의 이와 같은 잘못된 자기 지각은 두 가지 중요한 형태와 관련되었다. 첫째는 거짓 영속성의 가정이 있었다. 일의 윤리는 과도기적인 역사적 현상이었으나 그 당시에는 훨씬 오랜 기간 동안 안정적인 것으로 여겨졌다. 다시 말하면, 잠정적인 현상이 거짓된 영속성의 본질인 지속적인 것으로 오해되었다.

둘째, 일의 윤리가 오래되었다는 구실은 고차적 가치의 느낌을 부여했다. 종교와 전통 및 다른 가치에서 보여주듯이, 가치는 계속 준수되어 시간이 지나면서 증대된다. 가치는 축적된다. 일의 윤리를 오래된 것으로 착각하는 것은 이 원리를 부당하게 이용하여 최근에 수립된 원칙을 오래된 신념이라는 장식으로 위장한 것이다.

문화에 의해서 일의 윤리가 오래된 것으로 가장되어야 한다는 것은 이해할 만하다. 일의 윤리는 실제로 그 이면에 많은 힘을 갖지 못하고 있었다. 그것은 증대되는 중류 사회의 이념적 욕구에 대한 반응으로 모호하고 모순된 잡다한 기독교 원리에서 발전되었다. 그러나 기독교 자체는 이 당시 사회 전반에 걸쳐 힘과 영향력을 상실하여, 일에서 정당성의 주요 원천이 박탈되고 있었다. 일의 윤리가 오랜 전통의 힘을 지니고 있다는 가식은 그 불확실한 주장을 중요한 가치가 되도록 뒷받침해 주었을 것이다.

기독교 영향력의 쇠퇴는 일이 가치로서의 정당한 원천을 잃었음을 의미하였다. 일의 도덕적 호소력은 훼손되었다. 그러나 사회는 일에 대한 보편적인 혐오나 경멸로 돌아갈 수는 없었다. 결국 산업혁명이 시작되어 모두가 일을 더 오래 더 열심히 하게 되었다. 이에 비해서, 일이 그 자체로 좋은 것이며, 인격을 강화시키고 성취감을 가져오며 내적인 품성을 입증하는 활동이라는 개념은 모든 혼란스러운 의미에서 벗어나 긍정적이고 유용한 가치를 제공하였으며, 사회의 현재 요구에도 잘 부합되었다. 사회는 일에 관련된 많은 가치를 필요로 했기 때문에 일이 가치의 토대, 즉 궁극적인 선이라는 개념에 아주 공감적이었다.

그러므로 일의 윤리는 기독교의 배경에서 나타났으나 종교적 맥락을 탈피하였다. 문화는 현대적이고 세속적인 사회를 지향하였으며, 사람들이 일 그 자체에 높은 가치를 둘 수 있을 때 가장 기능을 잘 발휘했을 것이다. 일의 윤리는 종교적 동기가 약화되는 시기에 사람들을 열심히 일하도록 만들려는 도덕적인 주장으로 이해될 수 있다. 또한 덕과 성취감을 이룰 수 있는 인생을 영위하는 방법에 대하여 새롭고 세속적인 해답을 제공하려는 시도로 이해될 수 있다. 일의 윤리는 시대를 보다 전통적인 기독교 체제에 적합하도록 맞추었기 때문에 사람들에게 호소력이 있었다.

일의 윤리는 몇 가지 심각한 결함을 갖고 있었다. 여기에는 자기 부정의 찬양과 동시에 자기 성취의 기대 그리고 의무 수행과 물질적 성공에 대한 상반된 강조와 같은 자체 모순이 포함되어 있다. 또한 일의 윤리는 실제로 상충되는 경향이 있는 내적 동기와 외적 동기를 야기시키려고 하였다(Deci, 1971; Deci & Ryan, 1980, 1985; Lepper, Greene, & Nisbett. 1973). 이러한 내적 결함은 최적의 시기에도 계속 성공할 수 있는지 의문을 제기하고 있다.

사회 변화로 인하여 일의 윤리는 성공하기 더 어렵게 되었다. 일의 윤리에서는 개인적 관심을 중시하지만 일의 조건에서는 집단주의가 강조되는 모순과 같이, 이상과 사회적 조건의 부조화가 증가하였다. 즉, 일의 윤리의 이상은 개인 기업가가 자신을 위해서 일하는 것인 반면에, 실제 일은 대기업을 위해 더욱 일하는 것이었다. 노동의 분업으로 인하여 사람들이 자신의 일의 성과에 자부심을 갖는 기회가 감소됨에 따라 일은 더욱 재미없는 것이 되었다(Braverman, 1974). 예를 들면, 기능공은 어떤 것을 완성할 때 만족감을 가질 수 있지만, 조립작업을 하는 사람은 자신의 제품을 확인하기가 훨씬 어렵다. 따라서 제조업이 기능공 형태에서 조립작업 형태로 전환된 것은 일의 윤리에 타격이 되었다.

사회적 분위기가 일의 윤리에 적대적이 된 또 다른 요인은 열심히 일을 해도 최상층으로 진입하지 못할 것이라는 자각이 증대한 것이었다. 일의 윤리의 전성기에 인기있는 소설을 가득 메운 가난뱅이에서 부자가 되는 이야기는 완전히 비현실적으로 점차 인식되었다. 과거에는 몇 명의 심부름 소년들, 더 정확히 말하면, 몇 명의 공장 노동자들은 나중에 회사 사장이 되었다(Rodgers, 1973; Huber, 1987).

그러므로 1900년에 일의 윤리의 중요한 기대 두 가지가 지켜지지 않을 것이 분명해졌다. 일, 특히 제조업과 육체노동은 재미있거나 만족스럽지 않았다. 헌신적인 노동이 부, 지위, 독립, 권한을 가져오는 것으로 믿을 수도 없었다. 다시 말하면, 일에 대한 내적 및 외적 보상이 마련되지 않았다. 일의 윤리는 속임수처럼 보였다. 충족되지 못한 기대는 인지부조화를 초래하여 일의 윤리를 유지하는 사회적 역량을 감소시켰다.

경제에도 중요한 변화가 있었다. 이익의 가장 중요한 결정 요인으로 소비가 생산을 대신하였다(Potter, 1954). 경제의 중요한 요인으로 생산에서 소비로의 변화는 사회 전반에 감지되었다. 일찍이 사회는 사람들이 일을 하여 많이 생산하기를 요구하였으나 이제는 많이 구매하길 바라고 있다. 전반적인 이념이 이 새로운 요구에 합치되었으며, 이러한 부합은 일의 윤리에 아마도 치명적인 타격이 되었다. 그 이래 문화는 사람들에게 더욱 소비하고 쉬면서 즐기도록 요구하였다. 일하고 저축하며 만족을 연기하는 것이 일의 윤리의 가치 표시이었으나, 새로운 경제 현실은 소비하고, 여가를 가지며, 인생을 지금 즐기도록 조장하기 시작했다.

그러므로 문화가 새로운 경제 여건과 생활조건에 적응함에 따라 그 이념도 변화되었다. 잡지 기사, 설교, 의학적 조언에서는 여가의 가치와 바람직성을 강조하기 시작하였으며, 과로의 위험을 경고하였다. 여가의 윤리가 약화되는 일의 윤리에 대항하여 나타났다.

마지막으로, 일에 대한 외적인 보상의 계속적인 강조는 일의 윤리를 점진적으로 손상시켰다. 일이 교육적이고 성취감을 준다는 신념은 더욱 유지할 수 없게 되었다. 아무리 많은 이념적인 설교도 공장 노동자들에게 그들의 재미없고 반복적인 일이 인격을 향상시키거나 행복하게 할 것이라고 설득할 수는 없었다. 급여와 지위의 외적 보상에 대한 관심이 내적 동기보다 우선하게 되었다. 내적 만족감이 있는 직업에서도 외적 보상이 지배적인 경향을 보였다.

일의 윤리는 일에 대한 내적 보상을 강조했었다. 때로는 외적인 성공이 고된 일의 내적인 이득과 함께 수반될 것이라고 약속했지만, 내적인 이득이 우선이었다. 전반적으로 문화가 일의 내적인 보상에 대한 신뢰를 잃고 외적인 동기에 더 관심을 보이게 되면서 일의 윤리는 쇠락을 맞게 되었다. 돈을 벌기 위해 무엇을 한다는 것은 도덕적이고 정신적인 이득을 위해 무엇을 한다거나 내적인 즐거움을 위해 행하는 것과는 심리적으로 양립할 수 없는 것이다.

❖ 결론

일의 윤리는 문화에 의해서 일을 독자적인 가치의 토대로 만들려는 시도이었다. 그것은 일의 긍정적인 가치의 특징을 표현하였다. 이와 같은 신념은 일이 정신적 미덕이며, 정신개발을 위한 수단이고, 자아를 향상시키는 중요한 방법임을 증명하는 후기 기독교 교리에서 성장하였다. 이 기독교 교리는 일의 성공이 긍정적인 내적 특성과 연결되어 있음을 강력히 암시하였다.

기독교 영향력의 쇠퇴는 문화가 일에 높은 가치를 둘 수 있는 외적인 토대를 제거하였다. 이것은 산업혁명이 보다 많은 일을 요구하고 그 형태를 변화시키는 시기에 발생하였다. 요컨대, 사회는 사람들이 일을 하도록 고취할 필요가 있었으므로 일에 높은 도덕적 가치를 두는 견해를 수용하였다. 일은 더욱 세속화되어 문화는 일의 도덕적 위상을 기독교적 가치의 토대에서 분리하였다. 그런 식으로 일은 기독교 영향의 숙명과는 무관하게, 그 자체로 긍정적 가치가 있는 것으로 계속 인정받을 수 있었다.

일의 윤리는 인간의 실제 경험과 계속 양립할 수 없게 되었기 때문에 약화되었다. 경험이 포괄적인 신념과 상충될 때 신념은 변하는 경향이 있으며(Festinger, 1957), 일에 대한 태도는 실제 경험과 어울리게 점차 변했다. 특히 일의 윤리는 계속 실망스러운 기대를 낳게 되어 희망을 잃게 되었다. 일의 윤리는 일을 개인적으로 관여함으로써 상당한 진전을 가져오는 것으로 제시하였으나, 실제로 발전은 제한적이었고 어떤 형태의 일은 더욱 따분한 것이 되었다. 일의 윤리는 문화적인 요인이 보다 많은 자기표현과 자기 충족을 지향하는 시기에 자기 부정을 장려하였다. 경제가 소비와 광고를 강조하는 식으로 변할 때 자기 부정의 윤리에 대한 여지는 거의 없었다. 일의 윤리는 독자적인 기업가를 위한 것이었지만, 대기업과 관료체제가 가장 보편적인 근로 장소가 되었다. 그리고 일의 윤리는 심리적으로 양립하기 어려운 방식으로 내적 및 외적 보상을 함께 제시하였다. 외적 보상이 우세하게 되면서 내적 동기를 강조하는 일의 윤리는 빛을 잃게 되었다.

어떤 점에서 일의 윤리에는 난처한 부조화가 있었다. 그것은 도구적 활동의 궁극적 목표인 일을 그 자체가 궁극적 목표인 가치의 토대로 만들려고 하였다. 수단이 목적이 되기를 바란 것이다.

이처럼 불리한 사회적 조건에서 일의 윤리가 생존할 수 있는 유일한 희망은 그 조건을 충족시키기 위해 발전하는 것이었다. 일을 경력으로 보는 관점은 일의 윤리를 수정한 내용을 어느 정도 흡수한 것이다. 경력에 의한 방법은 얼마간 흥미있고 내적인 동기를 유지할 수 있는 일에서 가장 보편적이다. 적어도, 보상이 흔히 자아에 반영되어 내적 동기의 상실을 방지할 수 있기 때문이다(Rosenfeld, Folger, & Adelman, 1980). 자아는 중요한 가치의 토대가 되어, 일에서 독자적인 정당성을 제공할 필요가 없게 되었다. 일은 점차 중요시되는 자아로부터 그 가치를 유도할 수 있었다.

경력지향주의에서는 일의 윤리의 의무감 그리고 자기부정과 자기희생의 요구에 관한 낡은 개념을 포기한다. 기껏해야 어느 정도의 자제력이 결국 자아를 찬양하고 이득을 얻기 위하여 출세하려는 잠정적인 수단으로 요구된다. 그러나 이것은 좀 더 일하려고 여가 시간을 포기하는 것처럼 실용적인 조치이며, 분명히 실용적인 목표를 지향하고 있다. 경력지향주의는 사람들을 설득하지 않고 더 오래 열심히 일하도록 독려한다.[26)]

그러면 일의 윤리의 변화에서 무엇을 배울 수 있는가? 일의 윤리는 초기에 문화가 자연에 대하여 승리하였으나 궁극적으로는 패배하였음을 극적으로 표현하였다. 문화는 어떤 것이 좋고 바람직하다고 설득할 수 있으며, 청교도의 이념에서 업적을 중시하는 기업 관행에 이르기까지 이를 지지하는 신념이 강한 동안에는 그와 같은 설득이 성공할 수 있다. 그러나 결국 사람들은 자신의 일상 경험과 잘 맞지 않는 신념을 거부하고 버리게 될 것이다.

보다 중요한 것은, 일의 윤리가 가치관의 결핍에 대한 초기 반응이었다는 점이다. 기독교 정신이 생활 주변으로 밀려났을 때 사람들에게는 일상생활을 이끌어 갈 강력한 가치관이 없었으며, 일의 윤리가 전통적인 신념을 계승하면서도 현대에 적합한 강한 가치를 제공하였다. 그것은 일종의 이념적 실험이었으며, 시대에 계속 맞지 않아서 실패한 것이다.

---

26) 분명히, 일을 경력으로 보는 관점은 하류층이나 노동자 계층에서는 없었으며(Miller, 1981; Rubin, 1976), 그와 같은 곳에서 일의 윤리가 노동자의 자아 가치를 확인하는 것 이외에는 할 수 있는 것이 그리 많지 않았다.

일의 윤리의 최종 결과는 사회의 전반적인 방향과 일치되었다. 즉, 자아정체감이 결국 오랜 종교적, 도덕적, 전통적 확신이 손상되어 발생한 공백을 보충하는 가치의 토대가 되었다.

일의 윤리의 역사에서 변치 않은 것은 일의 기본적인 사회적 문제, 즉 사람들을 계속 일하게 만들기 위하여 정당성을 제공할 필요성이었다. 일은 수행해야 하는 것이며, 단순한 이기적 혜택은 사람들이 자신의 활동에서 가치를 발견하려는 욕구를 충족시키는데 충분하지 않았다. 일의 윤리의 역사에서 3가지 단계는 서로 다른 가치의 토대(기독교 정신, 일의 윤리, 자아)에서 모두 동일한 결론(일은 좋은 것)에 도달했다.

정당성이 변해도 결론이 여전히 동일할 때 결론은 정당성에 좌우되지 않는 것이 명백하다. 그 대신 정당성은 예정된 결론에 맞춰 선정된다. 어쨌든 분명히 현대 사회는 사람들이 일에 높은 가치를 두도록 유도해야 한다. 일의 윤리는 이러한 욕구를 충족시키려는 시도이었다.

성공의 의미

가장 단순한 형태에서 일의 성공은 과제를 완성하여 목표에 도달하는 것을 말한다. 따라서 그것은 일의 외적인 목적과 연결되어 있다. 그러나 문화는 성공을 단순한 과제의 완성에서 훨씬 복합적인 것으로 변형시켰다. 성공에 관한 근래의 의미는 자아 가치를 함축하고 있고, 때로는 정당성을 요하기도 하며, 성취감을 기대하기도 한다.

일과 자아 가치의 연결 그리고 일을 정당화하는 문제는 오래된 것이다. 초기 기독교 정신은 일을 낮은 자아 가치와 결부시켰고, 일의 필요성에 대해 성서에 입각한 정당성을 제공하였다. 게다가 어떤 형태의 일은 죄나 오명으로 더럽혀졌으며, 이러한 일은 영적 성취에 장애로 간주되었다.

일의 영적 결함은 특히 일의 성공에 문제가 되었다. 기독교 정신은 일이 사막의 모래를 이리저리 운반하며 나날을 보내는 은둔자들의 경우처럼(Clebsch, 1979), 어떤 물질적 보상을 가져오지 않는 한 정신적 참회나 수행으로 받아들였다. 그러나 물질적 성공, 특히 경제적 이득은 탐욕과 다른 죄에 연결되었다. 따라서 일의 성공은 구원을 얻는데 해가 되었다.

탐욕은 여전히 중요한 죄이었지만, 나중에 교회는 일에 대한 반대를 완화하였다. 물론, 실제로 사람들은 돈을 벌기 위해 일하지 않았기 때문에 문화는 수 세기 동안 경제적 이득을 정당화하는 문제와 씨름하였다. 또한 자아 가치와 일을 조화시키는 문제도 있었다. 왜냐하면 일을 경멸하는 오래된 귀족적인 태도는 돈을 버는 것이 존경받지 못하는 것이라는 유산을 남겼기 때문이다.

사회적 이동이 증가함에 따라 자아 가치의 문제는 해결되었다. 사회적으로 출세하는 길은 부유하게 되는 것이며, 많은 결혼은 가난한 귀족과 신흥 중산층의 배우자가 만나는 것이었다(Stone, 1977; Sennett, 1974). 빈곤과 파산의 수치심의 경우와 같이, 경제적 성공의 이점은 모두에게 분명했다. 따라서 일은 성공적인 경우에 자아 가치와 긍정적으로 연결되었다.

그 동안 신교도와 청교도의 관점은 신이 총애하는 사람들에게 물질적 성공으로 보상한다는 것이었다. 따라서 일에서 경제적 성공은 자아 가치에 신학적인 연관성을 얻게 되었다. 새로운 미국인들은 이러한 견해에 깊은 영향을 받아 일에서 성공한 사람들은 실패한 사람들보다 어쨌든 좀 더 낫다는 견해를 받아들였다. 대체로 미국은 여전히 이를 믿고 있다(Newman, 1988).

20세기 초에 성공은 역경에 대한 인격과 의지의 내면적인 힘에 의한 도덕적 승리를 뜻하는 것이 더 이상 아니었다. 그 대신, 성공은 타인과 잘 어울리며 협조체제에서 효과적으로 일하는 것을 뜻하는 것이 되었다. 내적인 품성이 아니라 사회성이 핵심이었다. 일의 성공은 높은 자아 가치를 증명하였으나, 이것이 특별히 도덕적인 품성을 뜻하는 것은 아니었다.[27)]

요약하면, 현대 서구 사회, 특히 미국은 일의 성공이 개인의 우월성과 연결된다는 생각을 받아들였다. 이러한 우월성의 종교적이고 도덕적인 면은 특히 대기업에서 일의 새로운 조건에 의해 성공이 대인관계 능력과 충성심 그리고 단체생활의 다른 품성에 좌우되면서 점차 희박해졌다(Kett, 1977; Rodgers, 1978). 또한 성공적인 인물의 더욱 모호한 특성으로서 능력, 요령, 카리스마, 지도력이 계속 포함되었다.

그러므로 일의 성공과 자아 가치의 연결을 강화시킨 것은 순조롭고 안정된 발전에 의한 것이었다. 이에 비해서, 충족감과 성공의 연결만이 아니라 일의 성공에 관한 정당화와 가치의 개념이 복잡하게 발전하는 데에는 많은 굴곡과 변화가 있었다. 일의 성공이 도덕적 의미를 상실했을 때 성공을 도덕적으로 정당화하는 문제는 더욱 복잡하게 되었다.

기독교 정신은 일에 대한 태도에서 부조화를 야기하는 대부분의 갈등을 현대 초기에 마침내 해결하였다. 일은 도덕적 의무이며, 도덕성은 성취감(즉, 구원)을 이루는 주요 수단이고, 어떤 관점에서는 물질적 성공이 내적 특성과 품성에 입각한 신의 총애의 표시이었다. 어떤 경우이든 열심히 일하는 것은 도덕적 의무이었고, 성공하는 것도 도덕적으로 인정할 만한 것이었다. 인정받지 못하는 유일한 것은 주로 탐욕 때문에 열심히 일하는 것이었다. 선량한 기독교인들은 경제적 성공을 지나치게 바라지는 않아야 했다.

불행히도 기독교 정신은 사람들의 일에 대한 일부 견해가 널리 인정됨에 따라 그 지배력을 상실하였다. 그것은 일의 개념을 도덕적 의무(즉, 일의 윤리)이며 부지런히 노력하여 개인적 성취감을 달성하는 모호하고 세속적인 것으로 간주하게 되었다. 또한 탐욕을 받아들일 수 없는 문제로 여기게 되었다. 일에 관해서 문화가 당면한 주요 딜렘마는 개인적 이득

---

27) 고용에서의 성차별 때문에 여성의 자아 가치가 여성 자신보다는 남편의 성공에 의해 판단되는 시기가 있었다.

을 위한 노력을 정당화하는 것이었다. 성공에 관한 현대 이론은 축재를 도덕적으로 방어할 수 있는 길을 모색하기 위하여 오랫동안 노력하였다.

앞에서 시사한 바와 같이, 도덕성은 사람들이 공동생활을 가장 잘 할 수 있게 하는 데에 기반을 두고 있다. 일이 공동 복지에 기여하면 대개는 도덕적으로 바람직한 것으로 간주될 것이다. 사실 그것이 일에 대한 초기의 중요한 기독교적인 정당화에 속했다(Le Goff, 1980). 그러나 경제적 경쟁은 일반의 이익을 조장할지라도 타인을 희생으로 개인적 성공을 강조하며, 타인에게 해를 끼치더라도 사람들 자신에게 최선인 것은 무엇이든 하도록 분명히 고무시킨다. 소수의 사람들은 부정직과 착취로 많은 사람들의 노력과 희생을 통하여 성공할 수 있었기 때문에 초기 자본주의에서는 이 사실을 명백히 하였다. 따라서 경제적 경쟁은 사람들에게 타인을 희생하여 성공하도록 격려하기 때문에 도덕적 문제를 제기하였다.

당연히, 개인의 경제적 성공에 대하여 도덕적으로 문제가 되는 욕구를 처음으로 정당화한 것은 서비스의 개념이었다(Huber, 1987; Rodgers, 1978). 이 원리는 19세기에 계속 반복되었다. 사회를 위하여 자신의 부를 이용하는 한 축재는 인정할 만한 것이었다. 다른 사람들의 부를 탈취하는 것뿐만 아니라 그들에게 맡겨 두는 것도 도움이 되지 않는다고 주장할 수 있으나, 이러한 반대는 "부의 책무"의 개념에 의해서 처리되었다(Huber, 1987; Rodgers, 1978). 이 개념은 소수의 현명한 관계자들이 부를 일반의 이익을 위하여 합의된 형식으로 사용할 수 있기 때문에 그들에게 어느 정도의 부를 관리하도록 하는 것이 사회를 위해 최선이라는 것이다. 이 이론의 좀 더 냉소적인 유형은 부자만이 장서를 기부할 수 있으며, 많은 빈곤한 사람들에게 돈을 분배한다면 음식과 술로 허비된다는 것이다.

물론, 부를 균등히 분배하는 것보다 악덕 자본가의 소위 대중적인 박애주의로부터 일반의 이익이 정말로 더 추구되었는지는 의심스럽다. 그러나 그것은 관계가 없다. 요점은 문화가 축재를 정당화하는 방법을 모색하기 위해 노력하였으며, 이 신념은 정확한 것이든 잘못된 것이든, 그와 같은 의미를 부여하는 수단이었다는 것이다. 이 신념의 부정확성은 그저 인지 부조화를 야기시켰을 것이고, 여러 가지 방법으로 처리될 수 있었다.

부조화를 처리하는 한 가지 중요한 방법은 새로운 적절한 인지를 추가하는 것이다(Festinger, 1957). 축재의 정당화는 도덕적 덕목과 경제적 성공을 새롭게 연결하는 것으로 처리되었다. 내면적 품성은 성공을 쟁취하는 믿을 수 있는 수단으로 강조되었으며, 19세기의 성공에 관한 소설은 참다운 품성과 인격이 물질적 성공으로 보상된다는 주제를 한없이 반복하였다(Huber, 1987; Rodgers, 1978). 예를 들면, 호레이쇼 알저(Horatio Alger)의 소설은 가난하지만 도덕적으로 올바른 소년이 내면의 품성 때문에 마침내 부귀영화를 누린다는 주제로 많은 유형이 제시되었다.

그러나 20세기에 물질적 성공의 정당성에 대한 강조는 성공을 주제로 한 인기 소설에서 사라졌다(Huber, 1987). 축재의 욕망에 대한 솔직한 인정은 허용되었고 더욱 보편화되었다. 성공에 관한 안내서는 성공을 추구하는 것이 도덕적으로 인정되는 이유보다는 그 성취 방법에 더욱 중점을 두었다.

성공을 정당화할 필요성이 감소되는 중요한 이유는 자아가 중요한 가치의 토대로 발전되었기 때문이다. 문화적 가치의 가장 강력한 토대가 기독교이었을 때 물질적 성공은 탐욕과 다른 죄를 유발했기 때문에 도덕적으로 문제가 되었다. 그러나 자아가 중요한 가치의 토대로 인정되자 이러한 문제는 사라졌다. 물론 사람은 자아를 위하여 성공을 원한다. 자아는 일의 성공에 필요한 모든 가치를 쉽게 부여한다.

전에 내가 알고 있던 남자가 예일(Yale)대학 교수직을 지망하여 면접을 하였다. 이 직업에 수반되는 높은 위상은 예일(Yale)에서 정년보장을 받기가 아주 어렵다는 사실로 상쇄되기 때문에, 몇 년간 근무한 후에 점잖게 해고될 것을 예상해야 한다. 자연히 예일(Yale) 교수진들은 그러한 단점에도 불구하고 선호하는 후보자들이 지원하기를 바란다. 학과장은 그 후보에게 이 사실을 다음과 같이 설명하였다. "우리는 당신이 전성기를 예일(Yale)에서 보내기를 기대한다." 내 친구는 실망하여 면접을 마치고 와서 모든 사람들에게 이 이야기를 화를 내며 설명하였다. "나는 전성기를 내 자신을 위해 보낼 계획인데..." 주변 사람들이 공감한 그의 분노는 경력에 대한 다음과 같은 현대적 시각을 반영하고 있다. 즉, 자아가 주요한 가치의 토대이며, 가식을 하는 것은 어리석을 뿐이다. 성공은 문화, 번영, 예일(Yale) 대학에 대한 기여가 아니라 자아에 대한 기여에서 그 가치를 얻는다.

사실, 신을 찬양하는 방법으로 축재를 묘사하는 것은 복잡한 신학적인 술책인 반면에, 오늘날 일의 성공은 분명히 자아를 미화하는 가장 중요한 방법의 하나이다. 근래의 한 조사에서 나타난 결론은 자신의 일에 필요한 능력의 요구에 관한 사람들의 민감성이 증가하였다는 것이다. 즉, 사람들은 자신의 일에서 특정한 수준의 능력이 필요함을 더욱 인식하고 있으며, 자신이 이 수준에 맞출 수 있는 것으로도 더욱 인식하고 있다(Veroff 등, 1981). 연구자들은 "사람들이 자신의 일에서 요구가 많고 그 일에 자신이 적합한 능력이 있는 것으로 더욱 인식하고 있다"고 결론을 내렸다(Veroff 등, 1981, p. 286). 일에서 성공은 자아를 유능하게 보이는 중요한 방법이다.

다음 장에서 보게 되듯이, 자아를 중요한 가치의 토대로 승격시키는 것은 가족 및 친밀한 관계에 연관된 가치 갈등을 야기하였다. 따라서 그것은 모든 가치의 문제에 대한 포괄적인 해결책이 아니었다. 그러나 일에 관해서 자아는 성공과 돈에 대한 욕망, 그리고 이러한 목적을 달성하는데 필요한 노력과 희생을 쉽게 정당화할 수 있는 효과적인 가치의 토대임을 입증하였다.

앞 장에서 상세히 주장한 것처럼, 20세기는 자아를 성취감의 모형으로도 승격시켰다. 특히, 자신과 타인에게 개인적 우월성을 믿게 만드는 것은 성취감의 한 표현이다(Braudy, 1986). 그리고 이것은 초기에 매우 문제가 되었던 일의 의미에 관한 곤란한 의문을 해결하였다. 19세기에는 일을 통한 성취감을 기대할 수 있는 길을 오로지 세속적인 상황에서만 찾으려고 애썼다. 많이 논의된 "참다운 성공"의 개념이 한 가지 해결책이었다. 참다운 성공은 경제적 이득을 넘어서 흔히 도덕적 성취와 더불어 내면적 만족과 행복을 추가한 것이었다(Huber, 1987).

참다운 성공의 개념은 일종의 개인적 성취감의 기대이었으며, 4장에서 설명한 성취감의 신화에 수반되는 일상의 문제에 취약하였다. 참다운 성공의 꿈은 어떤 수준에 도달할 수 있으며 여행을 끝냈음을 의미하였다. 그리하여 노력의 열매와 인격의 완성을 누리며 내내 행복하게 살 수 있었다. 물론 실제로 그와 같은 꿈은 사람들이 내내 행복하게 살지 않기 때문에 거짓으로 판명되는 경향이 있다.

그래서 성취감의 신화에서 참다운 성공의 유형은 근래 대중의 의식에서 사라졌다. 사실 참다운 성공의 개념은 요즘 막연히 낡고 위선적인 느낌이 있다. 일의 외적 보상에 대한 강조는 계속 증가하고 있다. 조사연구에 의하면, 1950년대부터 70년대까지 사람들의 태도는 권력과 성취에 대한 개인적 만족에 여전히 큰 비중을 두고, 일 자체를 위하여 일하려는 내적 동기에는 그보다 비중을 두지 않는 방향으로 변하고 있었다. 사람들은 일을 자신을 표현하고, 존경을 얻으며, 자아실현을 이루는 중요한 수단으로 더욱 믿었다(Veroff 등, 1981).

그 이유는 자아가 이러한 기능의 일부를 의미의 원천으로 삼았기 때문일 것이다. 특히 귀족적인 혈통과 같은 낡은 방법이 더 이상 그 목적을 성취하지 못하니까, 결국 일은 자신이 타인보다 우월함을 입증하는 최선의 수단 중 하나이다(Baumeister, 1986). 일의 성취에서 개인적 관여는 특히 교육받은 계층과 자아실현을 강하게 원하는 사람들 중에서 높고 계속 증가하고 있다(Veroff 등, 1981). 요컨대, 자아를 의미의 원천으로 이용함으로써 일을 통한 성취감의 기대는 유지될 수 있다.

일을 통한 자아와 성취감의 연결은 현대에 보편적이다. 그것은 명성에 비해 유명인사가 증가하는 데에서 볼 수 있다(Lasch, 1978). 큰 성공을 거둔 사람은 누구나 자신이 다른 사람들의 탐구의 대상임을 곧 발견한다. 그들은 실제 성공과는 무관하게 보이는 것까지 자아에 관한 어떤 사실도 그저 알려고 한다. 왜냐하면 성공은 그 특정한 자아의 산물이자 표현으로 간주되기 때문에, 자아의 모든 다른 양상도 그렇다. 인기 텔레비전 쇼의 제목을 빌리면, "상류층의 생활방식"을 연구함으로써 사람들은 그들이 성공할 수 있는 내적인 비밀을 배울 수 있을 것으로 생각한다. 사원들은 사장에 관해 잡담을 하며 추측을 한다. 10여 개의 토크쇼(talk show)에서는 모든 계층에서 성공한 사람들, 특히 연예인과 운동선수들을 끝없이 면담한다.

아마도 요점은 오늘날 사람들은 성공이 자신에게 우월한 존재로 간주할 수 있는 자격을 주는 것으로 믿는 것 같다. 일의 성공에 대한 이러한 현대적 개념은 많은 사람들이 1980년대를 요약한 것으로 생각한 토마스 울프(Tom Wolfe)의 인기소설인 허영의 횃불(The Bonfire of the Vanities)에서 예리하게 설명되고 풍자되었다. 그 소설의 주인공인 먹코이(Sherman McCoy)는 자신을 딸의 만화에서 들었던 제목인 **우주의 지배자**(a Master of the Universe)의 한 유형으로 생각하고 싶어 함을 알았다. 비록 그 표현이 난처한 것이었지만, 자신의 성공한 경력과 그에 따른 부와 지위로 인하여 주변에서 자신을 보게 되는 방식을 잘 나타내기 때문에 마음속에서 불쑥 튀어나온 것이었다.

성공한 경력이 사람들에게 자신을 우월하게 생각하도록 조장한다는 것은 의심의 여지가 없다. 이에 관한 좋은 예는 직업 축구선수들의 파업에서 볼 수 있었다. 파업 중에 구단측은 프로 축구 활동을 원하는 다른 선수들을 고용하였다. 그들에게 그것은 평생의 기회이었고, 그들 중 많은 사람들은 막연하고 지겨운 가난에서 즉각적인 명성과 부를 얻었다. 이 모든 동화같은 내용은 시합 첫 날에 시선을 모았는데, 텔레비전에서는 경기장의 두 대체선수들이 시합 전 전국 프로 축구 리그전에서 자신의 첫 날이자 어쩌면 유일한 날을 기념하기 위하여 서로 사진을 찍어주는 모습을 담았다. 그 동안 코치, 감독, 본부 요원들은 자신의 직무에 충실하며 경기장의 대체 선수들을 지켜보고 있었다. 파업이 끝날 무렵에 한 신문기자가 감독에게 대체선수와 정규선수의 가장 큰 차이점이 무엇인지 물었다. 그 기자는 기능, 마음가짐, 직업의식에 관한 답변을 예상했으나 감독은 주저없이 “자아”라고 답했다.

분명히, 일을 통한 성취감의 자아를 기반으로 한 새로운 유형에는 많은 문제가 있다. 만일 성취감이 물질적 성공의 동반을 약속한다면, 사람들은 목적을 달성한 후에 실망과 환멸감을 느끼게 될 수도 있다. 결국, 일을 통한 성취감의 신화는 자기 성취에 새롭게 초점을 둔 것일지라도 여전히 신화이다. 성공의 계단에서 갈망하던 수준에 도달한 남자들은 자신의 생활이 이전과 같은 작은 문제와 짜증나는 일에 휩싸여 있다는 사실에 실망과 좌절을 경험한다(Levinson, 1978). 명성을 얻은 사람들은 자신의 생활이 붕괴되고 자신의 이야기가 일반대중의 상상력과 각본에 맞게 왜곡되는 것을 발견한다(Braudy, 1986). 예외적인 성공은 흔히 성공에 대한 책임과 계속 성공할 수 있는 능력에 대한 불확실성을 수반하는 부담스러운 기대를 야기하기 때문에 그러한 성과에는 가끔 우울, 자학, 그 밖의 병리적 반응이 뒤따른다(Berglas, 1986).

그 동안 미국인들은 유명인들의 문제, 결점, 실패담에 관해 계속 듣고 싶어 했다. 여러 주간지들은 이러한 욕구를 충족시키기 위하여 유명 인사들의 꾸밈없는 이야기를 명예훼손을 피하면서 정기적으로 출판하고 있다. 저명인사들의 자살, 이혼, 약물중독은 언제나 관심을 모으고 있다. 오늘날에도 미국인들은 외견상 성공적인 사람들의 문제, 도덕적 결함, 불행에 관한 뉴스를 좋아한다. 이와 같은 인물의 결함을 드러내는 전기를 쓰는 경향이 금세기 초에 나타나서 계속 번창하고 있다(Altick, 1965). 일련의 심리학 이론에서는 성공적인 사람들을 신경증적 요인에 의해서 동기가 유발되거나 관상동맥 질환의 경향이 있는 성격유형으로 묘사하였다.

그러나 이러한 반응과 결과는 명성과 성공이 우월하고 훌륭한 사람들에게만 가능하며 물질적 성공이 성취감 또는 적어도 만족감과 적응을 수반한다는 기본 가정을 반영할 뿐이다. 사실 그것은 성공의 문제를 새로운 맥락에서 보게 한다. 도덕적 문제 대신에, 성공은 스트레스, 신경증, 사생활의 노출과 같은 자아의 위험을 초래한다. 따라서 자아는 현대의 성공을 정당화하는데 사용된 중요한 가치의 토대이며, 성공의 득실은 자아에게 미치는 영향에 의해서 판단된다.

❖ 결론

그러므로 일의 성공에 관한 서구 사회의 견해에서 3가지 결론이 도출될 수 있다.

첫째, 고대 세계에서는 일의 성공에 대해 부정적이거나 모호한 견해가 있었으나 현대 세계에서는 일의 성공이 긍정적 자아 가치의 강력한 토대를 제공하고 있다. 둘째, 경제적 성공에 대한 욕망은 오랫동안 도덕적 가치와 정당성의 문제를 갖고 있었으나 이것도 사라진 것으로 보인다. 현대에 와서 자아를 가치의 토대로 신뢰하는 것은 이 문제를 해소하는데 도움이 되었다. 자신을 위해 돈, 명예, 위신을 얻는 것은 확고하고 기본적인 가치의 원천으로서 자아에 관하여 모두 양립할 수 있다.

셋째, 성공은 성취감에 대하여 오랫동안 모호한 관계를 유지하였다. 처음에 기독교에서는 많은 유형의 일을 성취감의 주요 모형인 구원의 가능성에 해로운 것으로 비난했다. 그러나 나중에 기독교의 견해는 역전되어 일의 성공을 신의 총애의 표시로 간주하기 시작하였다. 오늘날 성공에서는 종교적 색채가 대부분 사라졌다. 비록 물질적 성공은 그 모든 약속을 이루게 하진 못하지만, 일의 성공은 자아의 충족을 약속한다.

그러므로 성공에 관한 현대적 의미는 자아와 경력지향주의에서 발견된다. 경력은 수상, 승진, 급여 인상 등을 통하여 개별적 자아를 증명하고 미화하는데 주로 관심을 두고 있다. 우선적인 관심은 일 자체를 즐기는 것이 아니라 일의 결과가 자아에 반영되는 과정에 있다. 따라서 일은 신의 중재나 인격 형성에 의해서가 아니라 명성, 영광, 권력, 부, 존중, 일에 대한 인정을 얻음으로써 자아를 완성하는 길이다. 그 기제는 일이 직접 영향을 미치는 것이 아니라 우리의 일에 대한 타인의 지각과 반응에 의해서 조절된다.

그러므로 성취감의 신화는 물질적 성공에 집중되었으나 그것이 신화적 요소를 약화시키지는 않았다. 특히 부와 명성의 추구는 내내 행복하게 생활할 것이라는 신비한 기대를 가질 수 있으나, 부와 명성이 영원한 행복을 가져온다는 증거는 없다. 거짓 영속성은 성취감의 신화에 여전히 중심적이며, 일의 성공에 의한 성취감의 기대를 분명히 포함하고 있다.

요약 및 결론 : 현대 생활에서 일

몇 가지 중요한 문제들이 처음부터 일을 문화적으로 적응시키는데 방해가 되었다. 이러한 문제들은 일에 관한 문화적 개념이 변하고 발전됨에 따라 계속 표면화될 가능성이 있다.

다양한 역사에 걸쳐서 그리고 현대 사회에서 일에 관한 대부분의 의미는 외적인 목적에 초점을 두고 있다. 일은 본래 즐겁지는 않지만 생존과 편이에 필요한 것을 하려는 자연적인 욕구에서 나타난다. 이러한 단기적이고 외적인 목적이 사람들이 일을 해야 하는 이유이다.

일은 거의 언제나 근로자에게 얼마간의 효능감을 제공한다. 따라서 일은 대개 효능감의 욕구를 만족시키는 효과적인 방법이다. 분명히 어떤 직업은 다른 것보다 큰 효능감을 제공한다. 기능공, 음악가, 다른 많은 전문직은 고도로 숙련된 능력을 통하여 차이를 드러내는 경험을 자주 할 것이다. 이에 비해서, 일부 교사와 사회사업가와 같은 탈진할 수 있는 상담자들은 자신의 노력이 낭비되고 어떤 영향도 미치지 못한다고 느끼기 시작할 때 흔히 소외감을 갖게 된다(Cherniss, 1980).

일이 단지 생계 확보의 수단(즉, 직업)이라는 태도는 일의 자연적 발생에 가장 가까운 것이며 현재에도 영향을 미치고 있다. 특히 하위 계층(Rubin, 1976)과 학력이 낮은 계층(Veroff 등, 1981)은 일을 주로 가족 부양과 생활에서 보다 많은 본질적 보상을 추구하는 수단으로 보는 경향이 있다.

한 동안 문화는 일을 소명, 즉 본성과 외부 상황(기회나 신의 명령)의 조화에 의해서 나타나는 특별한 숙명의 결과로 인정하려고 하였다. 종교는 더 이상 직업 선택의 중요한 결정 요인이 아니지만, 소명의 개념은 인간의 재능과 능력을 최대한 개발해야 한다는 점에서 살아 있다. 소명에 따른 책임감의 근원으로 자아에 대한 의무가 신에 대한 의무를 대체한 것으로 보인다. 그러나 이것은 소명의 개념에서 품위가 다소 부족한 형태이다. 소명을 과학적 연구, 정치적으로 적극적인 활동, 군복무나 종교적 활동과 같은 식으로 다른 사람들을 돕거나 어떤 면에서 사회발전에 기여하는 경력으로 느끼는 사람들이 아직도 분명히 있다. 그러나 많은 경우에 이와 같은 소명에 대한 의식은 경력에 대한 의식과 자유롭게 혼합되는 경향이 있다.

일을 경력으로 보는 견해는 오늘날 중상류층, 특히 사회의 교육받은 계층에서 지배적인 것 같다. 경력은 일에 관련된 성공, 업적, 지위를 기록한 것이다. 그와 같은 경력은 자아가치를 위한 강력한 토대가 된다. 그것은 자기 이익의 개별적 추구와 개인적 정체감의 개발을 강조하는 사회에서 매우 적합하다. 특히 현대 사회는 일과 자아 가치의 강력하고 긍정적인 연결을 수용하기 때문에 이 접근 방식에 잘 맞는다. 일이 없는 것은 자존심에 매우 위협적이지만, 일의 성공은 위신과 높은 자존심을 부여한다(Newman, 1988).

사회는 비록 모든 사람은 아니지만 사람들의 일을 필요로 한다. 문명 초기에 일에 관한 바람직하지 못한 성질은 일이 사회에서 그다지 존경받지 못하는 구성원들, 특히 농부와 노예들에게 부과되었다는 사실에서 유래되었다. 그러나 현대 산업사회에서 일은 하위 계층에 한정될 수 없으며, 대부분의 사람들은 일을 해야 한다. 그리하여 사회는 사람들에게 생계수단을 확보하는데 필요한 최소한도 이상으로 일하려는 동기를 제공해야 하는 문제와 씨름해야 한다. 이러한 동기가 부족하면, 사람들은 매일 2시간 정도만 일하는 남아프리카의 부쉬맨(Bushmen)과 같은 생활을 선호하며(Harris, 1978), 문명을 이루는데 필요한 정도의 일을 하지 않으려는 경향을 보일 것이다.

동기는 긍정적인 정당성과 경제적인 유인가를 제공함으로써 부여되었다. 아마 후자가 더 직접적인 힘이 있을 것이다. 사람들은 돈을 벌고 성공에 수반되는 다른 보상을 위해서 열심히 일한다. 불행히도, 이러한 유형의 동기는 사회에 또 다른 문제를 제기한다. 왜냐하면 개인 간에 상호 경쟁을 조장하여 혹사와 착취 및 다른 반사회적 유형을 초래할 수 있다.

문화는 일을 가치의 토대, 즉 그 자체로 좋은 것으로 취급하는 실험을 하였다. 일의 윤리는 1세기 반 정도 번성하였으나 결국 약화되었다(Rodgers, 1978). 자체 모순과 현대 근로조건에 맞지 않아서 사라진 것이다.

기독교에서는 일의 자아 지향적 동기를 오랫동안 비난했지만 기독교의 쇠퇴와 더불어 자아가 중요한 가치의 토대로 부상하였고, 이것이 일에 관한 다수의 이념적 및 심리적 딜레마를 해결하였다. 자아가 가치의 토대이면, 자아 지향적 동기는 전적으로 인정할 수 있는 일의 동기가 된다. 일은 자아를 표현하고, 입증하고, 개발하고, 미화하는 수단이기 때문에 좋은 것으로 생각하게 되었다. 일은 자아실현(성취감)과 위신 및 자존심(자아 가치)을 제공하며 고차적 의무(가치)의 신성한 면도 지니고 있다.

오늘날 일의 문제는 성취감에 관한 대부분의 세속적인 기대와 같이, 기대한 모든 것을 충분히 전달할 수 없다는 것이다. 일은 성취감을 시험함으로써 그 신화와 충돌한다. 목적이 특정한 승진이거나 돈이거나 명성이든, 일단 달성하면 성취는 잠정적임을 알게 된다. 성취감의 기대에 대한 거짓 영속성이 드러난다. 내면적인 만족, 즉 일에 대한 사랑의 강조는 불안한 해결책이다. 왜냐하면 일은 문화가 기약하는 것처럼 정말 재미있거나 만족스럽지 않기 때문이다. 사실 근래에 이러한 지각은 더 강해졌으며, 조사에서도 사람들이 자신의 일을 본질적으로 재미있는 것으로 나타내려고 하지 않는다는 것이 드러났다(Veroff 등, 1981).

그러나 사람들은 일이 지루하고 억압적이며 불만족스럽다는 것을 오랫동안 공공연히 인정하려고 하지 않았다. 오늘날, 사람들은 사회적 참여와 접촉을 통하여, 증대되는 성취감을 통하여, 근무일에 정신없이 활동하게 만드는 게임 구조를 통하여, 그리고 권력 행사를 통하여 일에서 어떤 형태로든 만족감을 재빨리 찾는다. 대부분의 사람들은 그들이 각자 부유하더라도 일하는 것을 멈추지 않을 것으로 말하지만, 그들에게 선택의 자유가 있다면 새로운 다른 일을 택할 것이라고 말한다(Argyle, 1987). 그들은 일에 관한 어떤 것을 좋아하고 대체로 일을 좋아하면서도 실제 일은 이상보다 못하다고 여긴다.

가치의 토대로서 자아의 중요성은 특히 경력지향적인 직업에서 사람들이 매우 열심히 일하도록 고무한다. 희생과 노력은 자신에 대한 의무로 충분히 정당화된다. 일에 강력한 영향을 미치는 다른 가치의 토대는 다음 장에서 자세히 검토하게 될 가족이다. 사람들이 결혼하여 자녀를 갖게 되면 일에 대한 태도는 변하며(예를 들면, 안정과 수입에 비중을 더 많이 둔다), 더 많은 노력과 불만족에 대한 인내가 정당화된다(Veroff 등, 1981).

그러나 문화가 변해서 자아가 더 이상 중요한 가치의 토대가 아니라면, 그리고 이것은 드문 일이지만, 일에 관련된 전반적인 정당화의 체제는 심하게 흔들릴 것이다. 사람들이 일을 자아를 표현하고 개발하는 수단으로 볼 수 없다면, 자발적인 희생과 노력, 경력에 대한 열성적인 헌신 등은 모두 손상될 것이다. 그리하여 직업으로 보려는 태도가 다시 보편화될 것이다. 자아에 대한 문화적 강조 없이는, 자기 이익의 추구를 정당화하고 열심히 일하려는 의욕을 환기시키기 위하여 다른 강력한 가치들이 필요할 것이다. 동유럽에서 공산주의 체제의 붕괴는 집단복지가 개인의 경제적 유인보다 강한 동기가 아님을 시사하고 있다. 현대 세계에서 이득을 취하고 자아를 미화하려는 욕망은 열심히 일하는 가장 효과적인 이유인 것으로 보인다.

제7장 열정적 사랑과 가정의 행복

영국의 에드워드(Edward) 8세는 20세기에 개인적으로 가장 힘든 한 가지 선택을 하였다. 장남으로서, 출생 직후부터 언젠가 왕이 될 준비를 하면서 양육되었으며, 그는 자신의 아버지가 사망한 후 1936년에 왕위를 계승하였다. 그러나 왕실의 의무에 대한 요구는 그의 마음과 맞지 않았다. 그는 사랑하는 여인과 결혼할 결심을 하였지만, 그녀는 왕족이 아닌 볼티모어(Baltimore) 출신의 이혼녀이어서 인정받을 수 없었다. 에드워드(Edward)는 왕인 자신도 원하는 대로 할 수 없다는 것을 마침내 깨달았다. 현대를 극적으로 상징하는 결정으로서, 그는 일보다 사랑을 택했다. 즉위한지 1년도 못되어 그는 왕위를 버리고 6개월 후에 사랑하는 사람과 결혼하였다.

에드워드(Edward)의 선택은 인생의 현대적 의미에서 사랑에 부여된 중요성을 반영하는 것이다. 만일 단순히 개인적 기호의 문제이었다면, 영국 왕족은 일찍부터 기대하는 이미지에 따라야 한다는 것을 배우기 때문에 에드워드(Edward)는 그것을 아마 극복했을 것이다. 그러나 사람들은 그들의 사랑이 인생에 불가피한 의미, 목적, 가치를 제공한다는 것을 알게 되었다. 그들은 사랑없는 인생을 살고 싶어 하지 않으며, 흔히 다른 사람을 사랑하려고 하지도 않는다. 에드워드(Edward)의 약혼녀가 우연히 사망하였다면 그는 왕위에 그대로 남아 나중에 다른 여인과 사랑에 빠졌을 것이다. 그러나 언제나 그렇듯이, 사람들은 그들의 인생에서 의미의 원천이 대체될 수 있다는 것을 인정하지 못한다. 그는 그녀와 결합되어야 했으며, 다른 사람은 안된다.

이 장에서는 인생의 의미에서 두 가지 상관된 원천인 사랑과 가족의 애착을 검토할 것이다. 사랑과 가족은 일처럼, 문화가 정의하는데 따라서 크게 변화되기 쉽다. 예를 들면, 현대사회에서 결혼은 주로 사랑을 토대로 이루어지며, 부모는 자녀를 사랑하도록 강력히 기대되지만, 이러한 개념은 결코 보편적이 아니다. 다른 문화와 시대에서 사랑은 결혼을 위한 사소한 또는 관계없는 기준이었으며(Shorter, 1975; Stone, 1977), 사랑이 부모와 자녀의 유대관계의 특징을 어느 정도 나타내는지도 논란의 여지가 있다(Aries, 1962; Hunt, 1970; Stone, 1977).

소속의 욕구는 사랑과 가족에게 공통적이다. 사람들은 사회적 유대를 형성하고 유지하려는 강하고 깊숙한 욕망을 갖고 있다(Bowlby, 1969, 1973; Baumeister & Tice, 1990; Hogan, 1983; Shaver, Hazan, & Bradshaw, 1988). 가족의 유대는 사회적 유대관계 중에서 가장 초기에 시작되어, 가장 널리 인정되고, 가장 지속적이며, 사랑이 극히 강한 유대를 형성한다(Shaver & Hazan, 1988). 소속감의 욕구에 대한 자연적인 토대가 정말 있다면 사랑과 가족의 애착에 대한 힘은 문화적인 산물이나 의미에 의해서 이루어진 것이 아니다. 여전히 문화는 이러한 자연적인 동기에 상당한 의미를 부가하고 있으며, 문화적인 규정은 동기에 영향을 미치고 변화를 가한다.

더욱이 자연이 우리에게 소속감의 욕구를 부여한다면 사랑과 가족은 의미에 대한 욕구를 만족시키는 강력한 방법이다. 사람들이 인생에서 의미있게 여기는 것에 관한 연구에서(Klinger, 1977), 가장 많은 89%가 대인관계를 중요한 원천으로 인용하였다. 마찬가지로, 베로프 등(Veroff et al., 1981)의 조사에서도 가족의 역할이 자아의 핵심적인 느낌에 가장 가깝고, 일보다도 더 가까운 것으로 나타났다.

의미를 제공하는 이러한 유대관계의 힘에 관한 더 이상의 증거는 유방암 환자들에 관한 연구에서 발견된다. 이 여성들은 흔히 그들의 우선순위를 엄격히 재평가한다. 그들은 자신의 인생에서 가장 중요하고 의미있는 측면이 가족이라고 결론을 내린다(Taylor, 1983; Taylor, Lichtman, & Wood, 1984). 사실, 수십 명의 암환자들을 면담한 후에, 한 연구자는 감화를 받고 자신의 인생 계획을 바꾸어 자녀를 갖게 되었다.

사랑과 가족은 거의 모든 문화에서 어느 정도의 긍정적 가치를 지니고 있는 것으로 보인다. 현대 서구 사회에서는 특히 이점에서 분명하다. 예를 들면, 에드워드(Edward)왕의 선택은 다른 시기와 장소에서는 가능하지 않고 이해할 수도 없었을 것이다. 그러나 현대에 사랑과 가족은 모두 중요한 가치의 토대로 승격되었다. 이에 대한 한 가지 이유는 가치관의 결핍이라고 할 수 있다. 즉, 다른 중요한 가치의 원천이 없을 때 사랑과 가족은 사람들에게 더욱 중요하게 되었다. 이것은 근래에 사람들이 친밀한 관계를 더욱 중요시한다는 사실과 일치된다(Veroff 등, 1981). 따라서 사랑과 가족은 자아와 정체성처럼, 현대 생활에서 높은 우선순위와 가치를 지니고 있다.

사랑과 가족이 중요한 가치의 토대로 전환되는 기초는 오래 전에 마련되었다. 기독교에서는 비록 정신적 사랑과 열정적 사랑을 구분하여 열정적 사랑을 대체로 싫어했지만, 사랑을 중심적인 위치에 두었다. 기독교는 사랑, 특히 인류에 대한 신의 사랑과 예수가 인정한 인간들 간의 사랑에 부여한 신학적인 중요성 때문에, 이따금 "사랑의 종교"라는 특징을 나타낸다. 가족도 흔히 혈연에 대한 의무의 형식으로, 역사적으로 높은 가치를 지니고 있다.

3장에서 의미에 대한 욕구를 논의했을 때, 성취감은 목적이지만 흔히 가치와도 연결된다고 강조하였다. 가치와 성취감은 모두 방식은 다르지만 이론의 여지가 없는 절대적인 선의 개념에 근접한 것이다. 가치는 궁극적인 도덕적 선을 가정하는데 비해, 성취감은 궁극적인 주관적 선(즉, 좋은 느낌)과 관련된다. 사랑과 가족은 강한 긍정적 느낌을 주며 성취감에 관한 현대적 이상을 구현하기 때문에 가치와 성취감의 연결을 강조한다. 사랑이나 가족이 없는 생활은 중요한 성취감이 결여된 것으로 간주된다(Blake, 1979; Hoffman & Manis, 1979; Lawson, 1988; Macfarlane, 1986).

가족관계가 인생에서 성취감의 중요한 원천이라는 신념은 문화적으로는 상대적이며 역사적으로는 근래의 일이다. 그것은 가족의 구성과 목적의 이해 정도에 달려 있다. 역사적 및 문화적 증거를 검토한 후, 맥파레인(Macfarlane, 1986)은 대부분의 사회에서 가족 간의 주된 유대는 부모와 자녀 간에 이루어진다는 결론을 재확인하였다. 사회에서 가족의 정치적 및 경제적 기능은 대단하다. 그러나 현대 서구 사회에서 가족의 주된 유대관계는 부부 간이다. 더구나 현대 서구 사회는 가족의 목적을 정치적 및 경제적 기능보다는 친밀감, 자기표현, 의사소통이라고 본다.[28]

그러므로 사랑과 가족은 동질적이고 단일한 개념이 아니라 다양한 의미를 잡다하게 구성한 것이다. 사랑과 가족이 인생에 의미를 제공하는 과정을 이해하려면 각각을 살펴볼 필요가 있다. 사랑부터 보기로 하자.

사랑의 의미

모든 사랑이 동일한 것은 아니다. 문화적으로 사랑이라는 말은 다양한 종류의 긍정적인 사회적 결속을 뜻하는 것으로 사용하지만 그 유형은 매우 다르다. 어머니날에 공손하게 "사랑한다"고 말하는 것은 유혹의 순간에 숨 가쁘게 "사랑한다"고 말하는 것과 감정, 태도, 행동이 똑같지 않다.

그러나 문화적으로 사랑이라는 말이 다양하고, 심지어 아무 상관도 없는 것들을 지칭하는 것으로 인식하는데 시일을 요했다. 포괄적인 단일 용어의 선호는 고차적인 의미의 신화를 암시하는 것이다. 즉, 궁극적인 면에서 사랑의 여러 가지 유형에는 중요한 공통점이 있다는 암묵적인 가정이 있을 수 있다.

게다가 사랑이 동질적이라는 환상은 가치의 토대로서 사랑의 잠재력을 강화하는 것이다. 그것은 사랑을 광범한 종류의 현상에 적용함으로써 그 영역을 확대하는 것이다. 병에 걸려 있고, 소외되고, 흥분하고, 고독하고, 최근에 사별한 사람들은 모두가 사랑을 찾는 것이 고

28) 그러나 대다수의 주부들에게 자녀와의 유대가 일차적이며, 아내보다는 어머니 역할이 우선한다(Macfarlane, 1986; Locke, 1945). 분명히 대부분의 여성들은 결혼하면 남편을 우선하지만, 자녀가 생기면 우선순위가 바뀐다(Lopata, 1971).

통에서 벗어나는 길이라고 말한다. 그러나 표면상 이러한 합치된 의견은 그들이 다른 종류의 사랑에 대해 말하고 있다는 사실을 숨기고 있다.

관계에 관한 정밀한 요인분석을 토대로 한 연구에서 사랑에 관한 3가지 차원이 확인되었다(Sternberg, 1986; Sternberg & Grajek, 1984). 사랑에 관한 이 이론의 강한 실증적 기반은 이전에 널리 인정된 "동반자적"(companionate) 사랑과 "열정적"(passionate) 사랑의 구분에서 중요한 진전을 보이고 있다(Walster & Walster, 1978; Shaver 등, 1988). 스턴버그(Robert Sternberg)가 설명한 새로운 견해는 사랑의 3가지 측면, 즉 열정, 친밀감, 책임을 구분하고 있다.

열정은 낭만, 신체적 매력, 성을 포함한 강렬한 감정을 말한다. 이러한 형태의 사랑은 영화와 소설에서 가장 흔히 미화된 것이다. 그것은 오랫동안 다른 느낌을 갖게 하고 세계관을 변화시키기 때문에 변화된 의식 상태로 볼 수 있다. 열정의 의미있는 면이 경시되어서는 안되지만, 열정은 자연스러운 신체적인 매력의 과정에서 시작된다. 사실, 사랑의 초기 단계에서 신체적 매력이 가장 큰 힘을 발휘하는 것으로 보인다. 예를 들면, 첫 데이트에서 신체적 또는 성적 매력이 만족과 즐거움의 주요 예측 요인이다(Walster, Aronson, Abrahams, & Rottman, 1966).

열정적 사랑의 기간은 흥분과정과 변화 상태에서 전형적으로 알 수 있듯이, 보통은 짧다. 열정은 정서적 친밀감이나 책임감보다 훨씬 빨리 상승한다. 열정은 빨리 상승하기 때문에 다른 유형의 시랑보다 빨리 식는다. 따라서 연구에 의하면(Greenblatt, 1983), 성적 관계의 빈도도 사랑의 초기 단계에서 가장 높고 관계가 지속되면서 꾸준히 감소한다.

그러므로 열정은 단기간의 낭만적 관계에서 중심적이지만 장기간의 관계에서는 전형적으로 부분적인 면에 속한다. 의미가 열정에 추가될 수 있으나, 열정은 의식적으로 통제하기 어렵기 때문에 의미는 열정을 억제하는데 가장 유용하다.

사랑의 두 번째 차원은 친밀감이다. 친밀감은 부모, 연인, 자녀, 친구 등, 모든 사랑 관계에서 공통된 핵심 요인이다. 친밀감은 다른 인간과 가깝고, 연결되어 있으며, 결합된 느낌을 말한다. 친밀감의 온정은 가끔 열정의 뜨거움과 대비된다. 관계의 초기 단계에서 친밀감은 서서히 증가하며, 이는 관계 초기의 매력을 증진시키는 강렬한 감정을 일으킨다. 그러나 어느 시점에서 친밀감은 두 사람이 서로에 관하여 대부분을 알게 되었을 때 안정된다.

친밀감의 안정은 시간이 지남에 따라 열정이 감소되는 것과는 같지 않다. 친밀감은 두 사람이 경험을 공유함에 따라 여전히 강하며 서서히 증가하기도 한다. 그러나 친밀감의 증가와 연관된 감정적 고조는 두 사람이 편안하고, 친숙하며, 잘 알고, 예측할 지경에까지 이르면 멈출 수 있다. 친밀감은 어떤 수준에 익숙해지면 정서적인 증감에만 반응하는 적응수준의 효과(adaptation-level effect)를 나타낼 수 있다.

감정은 매일 분명하게 나타나지는 않기 때문에, 두 사람은 서로가 얼마나 강하게 애착되어 있는지 알지 못하는, 스턴버그(Sternberg)가 "잠재적 친밀감"(latent intimacy)이라고 일컫는 형태를 보일 수 있다. 그 결과, 사람들은 파경의 징후가 있을 때 그들의 정서가 강함을 알고서 놀랄 수 있다. 왜냐하면 그때까지 유대감의 강도가 그들에게 분명치 않았기 때문이다.

사랑의 세 번째 유형은 결단과 책임감으로서 그 의미는 본성을 통제한다는 것이다. 결혼의 개념은 의식적인 결정에 의해서 어떤 사람을 영원히 사랑한다는 약속을 의미한다. 결정과 책임은 간단한 관계에서는 사소하거나 무관할 수 있으나 장기간의 관계에서는 흔히 결정적인 역할을 한다. 사실 책임감은 어렵거나 시련에 찬 시기에 관계를 지속하는데 도움이 될 수 있다.

열정, 친밀감, 책임은 사랑의 성질에서 3가지 중요 요소로 간주될 수 있다. 스턴버그(Sternberg)의 이론에서는 세 요소들이 상호 배타적이 아니라 사랑의 관계에 따라 다양한 정도로 혼합되어 있다고 말하고 있다. 더구나 문화가 사랑의 과정과 경험에 큰 영향을 미칠 수 있는 기준과 정의를 부여한다. 그 이유는 부분적으로 사랑, 특히 성에 연관된 다양한 사회적 문제를 해결하기 위해서이다.

사회적 문제인 성

문화는 사랑에 왜 의미를 부과하는가? 여러 가지 이유가 있다. 사랑에 의해 다져진 사회적 결속은 집단을 결합시키는 강력한 수단이지만(Freud, 1930), 질투와 갈등은 파괴적일 수도 있다. 문화에 의해 사람들의 공동생활을 관리하기 위해서는 사랑의 과정에 대한 어느 정도의 통제가 바람직하게 보인다. 특히 성은 사회의 원활한 운영에 여러 가지 장애를 가져올 수 있다.

성은 열정적 사랑과 같지는 않지만, 둘은 흔히 함께 나타나며 비슷한 과정을 따른다. 성은 열정의 행동적 표현으로 볼 수 있다. 사적인 감정보다 외현적인 행동을 문화적으로 통제하기가 더 쉽기 때문에 성은 사랑에 의미를 부과하는 가장 손쉬운 문화적 방법이라고 할 수 있다. 그리고 사랑에 관련된 가장 큰 사회적 문제 중 다수가 사적인 감정보다는 그 행동적 표현에서 나타난다.

사랑보다 성에 문화적으로 관심을 집중하는 또 다른 이유는 성이 의식적 통제가 더 쉽기 때문이다. 사랑의 감정적인 측면은 의식적으로 통제할 수 없으므로, 문화가 그것에 부여하는 의미에 관계없이 이 의미는 감정을 직접 통제할 수는 없다. 어떤 사람을 사랑하거나 사랑하지 않도록 강요할 수는 없다. 그러나 특정인과 성관계를 갖거나 갖지 않기로 결정할 수는 있다. 비록 성적 홍분 자체는 의지로 조절될 수 없지만(Masters & John, 1970), 이 홍분에 따라 행동 여부를 선택할 수는 있다.

대부분의 사회는 최소한 적당한 상대에 대하여 성행위에 관한 분명한 규칙을 지니고 있다. 이 규칙에는 융통성이 있으며, 어떤 상대에게 어떤 활동이 용인될 수 있는지에 대한 아주 자세한 구분이 있다. 어떤 형식의 장기간의 관계가 거의 보편적이다. 독신자들은 어떤 문화에서는 금욕생활을 하지만 다른 문화에서는 난잡한 생활이 용인되기도 한다. 일부일처제도(monogamy)가 가장 보편적인 관계이며, 일부다처제도(polygamy)가 있고 일처다부제(polyandry)는 비교적 드물다. 일단 짝을 이루면, 비록 많은 문화권에서 외도를 용인하지만, 개인의 성적 활동은 어느 정도 규제된다(Tannahill, 1980).

성비는 문화가 성을 규제하는 중요한 결정 요인이다. 어떤 사회에서는 아마도 선별적인 영아살해의 결과로(고대 세계에서 보편적이듯이) 또는 불균등한 이민 때문에(개척시대에서처럼) 남자보다 여자가 더 적다. 남자가 상대적으로 더 많을 때, 여자는 소유물로 중시되고 성적 자유는 제한된다. 이에 비해서, 미국과 같이, 어떤 사회는 남자보다 여자가 더 많다. 상대적으로 여성이 더 많은 경우에는 성도덕이 느슨하게 된다. 혼전 및 혼외 관계가 흔하고 용인된다. 요컨대, 여성이 상대적으로 더 많으면 사회는 보다 허용적이 된다(Guttentag & Secord, 1983).

배우자에 대한 정절 여부는 자아 가치에 강한 함축성을 오랫동안 내포하고 있다. 현대 초기 영국에서는 여성에 대해 가장 나쁜 말이 음탕하다는 것이고, 기혼 남성에게 거짓말쟁이 다음으로 가장 수치스러운 것이 부정한 남편이었다(Stone, 1977). 따라서 배우자의 정절은 적어도 의미에 대한 한 가지 욕구에 중요한 함축성을 지니고 있다.

일부 하등동물에게 성적인 소유욕이 있다는 것은 잘 확립된 사실이다. 그렇다면, 일부 이론가들이 주장하듯이, 인간에게는 경제적 동기가 그 주요 원인이라고 말하기는 어렵다. 질투와 소유욕은 자연적 동기에서 기인할 수 있다. 성적 소유욕이 자연적 동기에서 나온 것이라면, 그것은 문화적으로 보편적이어야 한다. 일부 학자들은 어떤 사회에서는 이성간 질투가 없는 것 같다고 주장하였지만, 근래의 재조사에서 그와 같은 사회에서도 질투의 증거가 발견되었다. 라이스(Reiss, 1986)는 모든 사회에서 어느 정도의 성적 질투는 존재하는 것으로 보인다고 결론을 내렸다. 경제적 동기가 그것을 다소 변화시킬지 몰라도 기본적인 경향은 선천적인 것 같다.

여성에 대한 정절의 요구는 남성의 보다 큰 힘을 단순히 반영하는 것인지도 모른다. 다시 말하면, 남성이 사회를 지배할 때마다 그들은 여성에게 배우자에 대한 정절을 지키도록 단순히 요구하는 것일 수 있다. 아마 여성은 할 수만 있다면 남성에게도 똑같은 정절을 주장할 것이다(Guttentag & Secord, 1983).

이것은 사람들이 여러 명의 성적인 상대를 얼마나 강하게 원하는가의 광범한 문제를 제기한다. 세계의 역사를 보면, 남자들이 원하는 대로 할 수 있는 충분한 힘이 있을 때 그들의 행동에 관한 흔적이 많이 남아있기 때문에 남자들의 욕망에 대한 증거는 비교적 명백하다.

남자들은 장기간의 안정적인 배우자를 분명히 선호하지만, 다른 여성과도 성적인 관계를 흔히 추구한다. 예를 들면, 중세 유럽에서 왕과 귀족들은 거의 언제나 결혼했지만, 혼외정사도 끝없이 자행하였다. 에드워드(Edward) 8세는 평민에게 끌린 최초의 영국 왕이 아니었다. 그가 몇 세기 전에 살았더라면 사회적으로 인정받을 수 있는 왕비와 결혼하고 그녀를 정부로 계속 곁에 두었을 것이다. 중국 황제는 전형적으로 왕비 외에 수십 명의 부인과 첩을 두었다(Tannahill, 1980). 같은 형태가 계속 반복되고 있다. 따라서 남성은 장기간의 안정적인 애착 외에 성적인 다양성을 선호한다.

여성의 경우에는 양상이 다소 논란의 여지가 있다. 왜냐하면 여성이 그들에게 적합한 관례를 수립할 수 있는 사회가 비교적 적었기 때문이다. 성적으로 새로운 경험, 즉 새로운 사람과 성관계를 가질 것이라는 전망은 행복한 결혼생활을 하는 경우에도 여성에게 자극적임은 분명하다(Fisher & Byrne, 1978). 한편, 대부분의 여자들은 남자들보다 난잡하지 않다는 여러 징후가 있다.[29)]

그러므로 간통에 관한 연구에서는 일반적으로 여성이 남성보다 상대가 적다는 것이 발견되었다(Blumstein & Schwartz, 1983; Lawson, 1988). 여성이 빗나가면 감정적이고, 깊숙하며, 장기적인 사건이 되는 경향이 있는 반면에, 부정한 남성은 성적인 다양성 외에는 하룻밤의 관계로 만족하는 경향이 많다(Blumstein & Schwartz, 1983; Lawson, 1988). 그리고 근래의 에이즈(AIDS) 위기 전에 남성 동성애자들은 여성 동성애자들보다 더 많은 상대와 교제하는 경향이 있었다. 이러한 차이는 분명치는 않더라도 남성의 성적 욕망이 여성보다 난잡하다는 견해와 일치된다. 배우자가 없는 남성은 배우자가 없는 여성보다 성적 활동이 빈번하고 상대도 훨씬 다양하다.

이와 같은 유형이 얼마나 깊숙이 스며들어 있는지는 확인할 방법이 없다. 한 가지 견해는 진화론이며, 그에 따르면 선천적인 것으로 간주하고 있다. 진화론은 가장 많은 자손을 가진 사람들이 자신의 특성을 물려줄 가능성이 가장 클 것이라는 원리에 입각한 것이다. 남성은 많은 여성에게 동시에 임신시킬 수 있기 때문에, 남성의 성적 경향이 난잡해야 자손을 가장 많이 가질 수 있을 것이다. 그러나 여성은 여러 남성으로부터 동시에 자녀를 가질 수 없기 때문에 같은 추리를 적용하지 못한다. 사실, 일부 연구자들은 한 남성과 강한 애착을 형성하고 유지함으로써 여성은 아이를 성인이 될 때까지 양육하는데 필요한 보호와 지원을 얻을 가능성이 가장 크기 때문에 일부일처제가 여성에게 가장 적합할 것이라고 시사하고 있다. 결과적으로, 여성은 부양을 잘 해줄 수 있는 남성에게 성적 매력을 느낀다고 알려져 있다. 요컨대, 이 견해에서는 남성이 여성보다 성적 다양성을 원하는 경향이 있는 것은 선천적이라고 결론을 내리고 있다.

---

29) 매춘부와 일부 예외적인 여성들은 성적 상대가 누구보다도 많을 수 있다. 그리고 매춘부의 행동은 성적 욕구보다 경제적 이유를 반영하는 것일 수 있다.

한편, 태도와 행동의 차이는 사회화에 의해서 유발될 수 있다. 여성은 남성보다 더 일찍 그리고 더 강하게 성욕을 통제하고, 난잡한 행동을 피하며, 사회적 관계를 유지하기 위하여 어떤 형태의 성적 만족을 포기하도록 교육을 받는다. 생리적 토대는 같을 수 있으나 여성은 남성에 비해서 또 다른 상대방을 원하지 않도록 더 잘 교육받았으며, 결혼제도는 이를 유지하고 있다. 역사를 통하여 부정에 대한 벌은 남성보다 여성에게 더 심했다(Bullough & Brundage, 1982; Tannahill, 1980). 오늘날 불공평한 벌의 일부는 재정적인 것이다. 이혼녀는 전형적으로 생활수준이 크게 하락되지만 그 남편은 흔히 상당히 향상되기 때문에, 이혼은 남성보다 여성에게 더 큰 위협이 된다(Weitzman, 1985).

이것이 중요한 문제를 제기한다. 궁극적으로 외도는 기본 관계에 위협이 된다. 면밀한 종단적 연구에 의하면(Blumstein & Schwartz, 1983), 여러 명의 상대와 성관계를 갖는 부부는 충실한 부부보다 파경을 맞을 가능성이 크다고 확인되었다. 이것은 다른 사람과의 성관계를 용인하기로 동의한 "자유결혼"(open marriage)을 한 부부 중에도 사실이다. 많은 경우에 사람들은 결혼생활의 불만과는 무관한 이유로 외도를 시도하는 것으로 나타났다. 그들은 단지 변화를 원하며, 통제 가능한 다른 관계를 유지할 수 있기를 기대한다. 이러한 기대는 흔히 환상에 지나지 않으며, 부정한 배우자는 다른 사람과 사랑에 빠져 종종 이혼에 이른다(Lawson, 1988). 때로는 배신당한 배우자의 반발이 이혼을 초래한다(Blumstein & Schwartz, 1983; Lawson, 1988).

이혼은 개인과 사회 모두에게 파괴적이다. 보통 그렇듯이, 이혼은 자녀가 있을 때 특별한 문제를 일으킨다. 오래 전에는 "결손가정"(broken home)의 자녀들은 오명을 쓰고 동정을 받았다. 오늘날에는 그들이 너무 보편화되어 오명은 사라졌지만 이혼이 아이들에게 힘든 것은 분명하며, 이혼한 부부가 자녀를 공평하게 분담하여 적절히 양육하는 문제에 대한 만족스러운 해결책은 아직 발견되지 않았다(Price & McKenry, 1988; Weitzman, 1985). 가장 보편적인 것은 자녀들이 어머니와 함께 있고, 아버지는 간헐적으로 자녀를 방문하며 어느 정도 재정적 지원을 제공하는 것이다. 실제로 아버지의 자녀 접촉은 시간이 지나면서 감소되며, 아버지들은 자녀의 양육에 대한 통제와 접촉 부족에 분개하여 예정된 자녀 양육비를 지불하지 않는 것으로 악명이 나 있다(Price & McKenry, 1988; Teyber & Hoffman, 1987).

혼전 성관계는 결혼을 파괴시킬 위험은 없으나, 몇 가지 문제가 있다. 첫째, 혼전 임신은 사회적으로 위치가 분명치 않아서 충분한 보호와 지도를 받지 못할 수 있는 아이를 출산할 수 있다.

게다가, 혼전임신은 사회의 결혼 과정을 여러모로 방해할 수 있다. 어떤 문화에서는 혼전 성관계를 가진 여성은 바람직한 배우자로 간주되지 않으며, 특히 자녀가 있는 여성은 남편 후보들이 기피할 수 있다. 물론 어떤 경우에는 이것이 문제가 되지 않으며, 자녀의 존재가 여성의 매력을 증진시키기도 한다(Mcfarlane, 1986). 가끔 제시되는 대안은 남자가 임신시킨 여성과 결혼하도록 만드는 것인데, 흔히 10대가 관련되어 있는 이와 같은 강제적인 결혼(shotgun marriage)은 결코 만족스럽지 못하다. 실제로 오늘날 10대의 결혼은 늦게 결혼하는 것보다 결혼생활의 적응 곤란 및 높은 이혼율과 연관된다(Price-Bonham & Balswick, 1980). 만일 부부가 결혼할 사회적 준비가 되지 않았는데도 그렇게 하도록 압력을 받는다면, 그들의 생활은 육아로 인한 재정 압박 때문에 학업 중단과 같은 심한 손상을 입게 될 수 있다. 일반적으로, 혼전 성관계는 혼외 관계보다는 사회적으로 해결될 수 있는 문제이지만, 그 해결책이 사회의 보편적 태도와 반드시 일치되는 것은 아니기 때문에 종종 심각한 문제가 되기도 한다.

성에 관대한 태도와 연관된 마지막 한 가지 위험은 성병에 관한 것이다. 이 위험은 1960년대와 70년대의 성혁명의 배경에 숨겨져 있었지만 1980년대에 매우 익숙해졌다. 최초의 두려움은 치료할 수 없었기 때문에 사람들을 놀라게 한 헤르페스(herpes)의 유행에서 시작되었다. 그 다음에 에이즈의 확산이 헤르페스의 공포를 사소한 것으로 보이게 하였다.

역사가인 스톤(Lawrence Stone, 1977)은 우리 문화의 성도덕이 1세기 반의 간격으로 허용과 신중의 주기를 거치고 있다고 추정하였다. 그는 이 주기가 종교적 열정의 변화에 기인한다고 하였으나 성병도 또 다른 원인이었을 것이다. 즉, 신중한 시기에는 성적 접촉의 자제가 병의 확산을 방지하기 때문에 성병의 발생이 적다. 그 후 성적 긴장 시기가 노래하여 사람들이 제한에서 벗어나 성을 자유롭게 향유하기 시작한다. 난잡한 행동은 성병을 촉발시켜 얼마 후 사람들은 큰 고통을 겪기 시작한다. 그러면 그들은 성적 활동을 자제하고 자녀를 성적으로 엄격하게 양육한다.[30)]

그러므로 사회는 여러 가지 잠재적 문제를 회피하거나 최소화하기 위하여 성적 행동을 규제할 필요가 있다. 성적 욕망은 기복이 있으며, 흔히 새로운 상대에 의해서 유발된다. 그대로 두면, 즉 사회화가 성적 욕망에 어떤 영향력을 행사하지 않는다면, 대부분의 사람들은 아마도 꾸준히 교제하는 상대 외에 여러 명의 상대를 갖게 될 것이다. 그러나 지나치게 난잡한 행동에는 신체적 및 사회적 위험이 수반된다. 소유욕이 강한 배우자는 질투심으로 배우자나 상대방을 살해할 수도 있다. 실제로, 외도는 결혼 생활에 대체로 파괴적이며, 가정을 붕괴시키고 자녀를 애꿎은 희생자로 만들어 사회에 실질적인 문제를 야기시킨다. 혼전 관계는 사회에서 확고한 위치가 없는 아이들을 배출할 수 있다. 난잡한 행동의 사회적 비용은 성병에 관련된 건강 문제로 증대된다.

다시 말하면, 성에 효과적인 의미를 부여하지 못하는 사회는 심각한 문제에 당면할 수

30) 이러한 제한적인 태도 변화는 희생을 요구하기 때문에 전형적으로 어떤 근거가 있어야 한다. 과거에는 성적 쾌락에 오랫동안 반대해온 기독교가 성적인 면에서 조심스러운 자녀양육 방식에 대한 근거로 쉽게 이용되었다. 문화에 대한 기독교 영향의 쇠퇴로 이 방법은 오늘날 힘을 발휘할 수 없고, 의학적인 면에서 지원이 필요할 것 같다. 오늘날 성적으로 조심스러운 자녀양육 방식이 성공하려면 의학적 위험에 대한 경고가 충분한 영향력을 행사할 수 있는지 지켜봐야 한다.

있다. 성을 적절히 규제하지 못하면, 폭력, 불안정한 결혼, 성병의 창궐, 부모에 의해서 적절히 사회화되거나 양육되지 못한 버려진 아이들의 보호 문제 등이 생길 수 있다. 따라서 사회가 성을 규제할 수 있는 어떤 의미를 부여하여 사회질서를 붕괴시키지 않도록 해야 한다. 성에 관해서는 문화가 본성을 통제해야 하며, 최소한 시도는 해야 한다.

신성한 가족

가족은 근래에 우려되는 논의의 대상이 되었다. 사회적 추세와 변화는 가족의 성질을 변형하고 가족을 파괴할 것이라는 공포를 낳고 있다. 이러한 두려움은 과장된 것인지도 모른다. 가족은 아주 견고하며, 많은 변화를 거치면서도 파괴되거나 손상되지 않는다. 현대 서구 가족에 대한 관점을 파악하기 위하여 몇 가지 대안을 간단히 고려해 볼 가치가 있다.

가족은 거의 모든 사회에서 기본 단위이지만, 많은 다양한 개념이 있다. 가족은 생물학적 관계에 결혼과 가끔은 부가적인 결합(입양)으로 구성된다. 이러한 여러 관계의 상대적 중요성과 가족의 사회적 기능은 상당히 다양하다.

역사를 통해 대부분의 사람들은 농부였다. 농경생활에서 가족은 결정적으로 중요한 경제적 기능을 가졌다(Burgess & Locke, 1945). 가족은 조그만 기업처럼 같이 일을 해서 상품을 만들어 사용하고 판매도 하였다. 재산, 특히 농장은 다음 세대로 전수되었다. 결혼은 흔히 부부가 생계를 유지할 수 있을 때까지 지체되었다. 부모는 자녀를 결혼시키기 위하여 지참금과 같은 돈을 모아야 했다.

이러한 장애에 비추어 보아 모두가 결혼할 수 있었던 것은 아니다. 남자는 농장을 갖고 여자는 지참금을 모을 때까지 결혼할 수 없었다. 어떤 농경 사회에서는 장남만이 결혼할 수 있었다(Bernard, 1982). 부모는 배우자 선택에 상당한 영향력을 행사할 수 있었으며, 어떤 경우에는 당사자들도 그 문제에 거의 말을 할 수 없었다. 재정적 부담이 가장 컸고 부모의 지시에 순종해야 하는 압력이 가장 강했기 때문에 흔히 상류층이 선택의 여지가 가장 적었다(Macfarlane, 1986). 미국에서는 개척지로 인하여 새로운 농장을 언제나 얻을 수 있는 토지를 충분히 공급하였기 때문에 유럽과는 이 점에서 차이가 있었다. 전통적인 유럽에서는 농장의 수가 한정되어 있으므로 다소간 포화상태이었다.

농경생활에서 자녀는 재정적으로 중요하였으며, 자녀가 없는 결혼생활은 경제적으로 파탄을 맞을 수 있었다. 자녀는 젊을 때 흔히 가족에게 중요한 노동력을 제공하였다. 산업혁명 후에 아동들은 공장에서 일을 했고 가족에게 수입을 추가하였다. 더 중요한 것은 과거 사회에서는 일반적으로 사회보장, 연금, 의료보험과 같은 제도가 거의 없어서 노인들은 자녀들에게 노후를 의존해야 했다.

따라서 일반적으로, 아동들은 중요한 경제적 자산이었으며, 일부 농업사회에서는 현재도 그렇다. 부모와 자녀의 유대는 극히 중요하고 강했다. 사람들이 자신의 배우자를 선택할 수 없고 자녀에게 경제적으로 많은 투자를 하였다는 점을 감안할 때, 가족의 기본적 유대가 부모와 자녀 간에 이루어졌다는 것은 이해하기 쉽다. 부부 간의 유대는 2차적이었다(Macfarlane, 1986).

그리고 가족은 흔히 개인을 사회적 맥락의 특정 위치에 정립시키는 주요 수단이었다. 정체성은 출생 직후부터 가족을 토대로 하였다. 전통적인 유럽에서 가능한 직업과 농장은 소수에 불과하였으며, 개인은 그것을 얻으려면 가족에게 전적으로 의지하였다. 어린 아들은 농장을 물려받을 수 없기 때문에 가족은 그에게 도제훈련이나 군복무를 시켰다. 이 청년이 자신의 운명을 싫어하거나 그에 부응하지 못하면, 완곡하게 말해서 스스로 성공하기 위해 방향을 바꿔야 했으나 현실적으로 그런 기회는 거의 없었다. 가족의 유대와는 별도로, 남자는 "텅 빈 사회적 공간에 떠다니는 그저 미미한 존재"에 지나지 않았다(Stone, 1977, p. 29). 딸은 부모에게 의지하여 남편을 구하거나, 일을 찾거나, 수녀원에 들어갔다.

분명히 현대 미국 가족은 이런 전통적인 모습과는 다르다. 가족은 경제적 단위로서의 기능을 상실하였다. 자체적인 소비를 위하여 상품을 규칙적으로 함께 생산하는 현대 가족은 거의 없다. 사실, 아동근로법과 의무교육은 아동들이 가족에게 경제적으로 거의 기여할 수 없게 하고 있다. 일은 대부분 가정이나 그 인근에서 이루어지지 않는다. 부부는 매일 집을 떠나 다른 곳으로 일하러 가며 저녁에 귀가한다.

새로운 도시 산업경제가 수많은 직업을 창출했기 때문에 결혼은 이제 거의 모두에게 가능하다. 이와 같은 변화의 정도는 결혼률을 비교함으로써 알 수 있다. 버나드(Bernard, 1982)와 스톤(Stone, 1977)은 과거에는 성인 여성의 65%가 언제나 미혼이었으나 오늘날에는 20% 정도라고 결론을 내렸다. 사람들은 결혼하기 위하여 부모가 사망하거나 은퇴할 때까지 더 이상 기다릴 필요가 없다.

사람들은 직업을 구하기 위하여 부모에게 의존하지도 않는다. 교육이 많은 직업에 필요한 기능과 자격을 제공하며, 비숙련직업은 교육을 받지 못한 사람들에게도 가능하다. 이 점에서 가족의 주요 역할은 자녀를 취학시키고, 다양한 직업 기회를 가질 수 있는 대학까지 가능한 마치게 하는 것이다. 따라서 가족은 젊은 사람에게 직업을 구해주는 기능을 상실하였다.

세대간 부의 흐름은 역전되었다. 과거에는 아동들이 근로와 수입에 기여하였으며 나중에 연로한 부모를 부양하였으므로, 그 흐름은 아동들로부터 부모에게로 상승하였다. 현대 사회에서 그 흐름은 주로 하강한다. 부모는 투자는 많이 하지만 그에 대한 재정적 소득은 거의 없기 때문에 자녀들은 어떤 면에서 값비싼 사치품이나 취미가 되고 말았다. 자녀가 중요한 소득원과 재정 보증 수단에서 주요 지출과 재정 부담 대상으로 변화되었기 때문에 현대 사

회에서 출산율이 저하된 것은 놀라운 일이 아니다.[31)]

마지막 변화는 핵가족의 비중이 증가하였다는 것이다. 일부 문화권과 중세 유럽의 일부 지역에서는 중심 단위가 부모, 조부모, 자녀, 친척이 동거하는 대가족이었다. 자신의 이익을 보호하기 위하여 대규모 단위에 대한 사회적 욕구 때문에 이것은 어느 정도 필요하였다. 조직적인 경찰력과 사회지원 세력이 없어서 사람들은 자신을 보호하기 위한 친척이 필요하였다. 위협에 대처하거나 잘못을 바로잡을 때, 수십 명의 억센 사촌들은 여러모로 편리했을 것이다. 마찬가지로, 재해가 닥쳤을 때, 친척들은 굶주리지 않도록 도울 수 있고, 자녀를 돌보거나 창고를 짓는 일상적인 일에서도 도움이 되었을 것이다.

현대 중앙집권 국가의 출현은 핵가족의 변화와 관계가 있다. 미국에서 핵가족은 조부모와 다른 친척을 부모의 권위를 손상시키는 해로운 영향력으로 간주한 청교도적 육아이념(Greven, 1977)과 지리적 유동성을 포함하여 여러 요인에 의해서 강화되었다. 현대 서구 사회에서 핵가족은 중심 단위이며, 다른 친척과의 유대는 상당히 약화되었다.

이 모든 변화의 와중에서 가족의 의미도 변화되었다. 가족의 기능적 목적은 경제적인 것에서 주로 정서적인 것으로 바뀌었다. 즉, 가족은 경제적 관계에서 친밀한 관계로 변화되었다. 이것은 사람들이 자신의 배우자를 스스로 선택하게 된 변화에 의해서 크게 촉진되었다. 배우자 선택은 대가족의 경제적 이익을 위해서라기보다는 함께 있으려는 욕구를 토대로 진행되었다(Shorter, 1975). 기본적 유대는 부모 자녀간이 아니라 부부간에 이루어졌다(Macfarlane, 1986; Veroff 등, 1981). 자녀들도 유용하고 약삭빠른 재정적 투자보다는 정서적 즐거움과 성취감의 원천으로 간주되었다(Shorter, 1975).

가족의 의미 변화는 도시 산업세계의 위협과 추악함에 관한 19세기 경험의 영향을 받았다. 가족은 불쾌하고 더러운 생활전선으로부터 도피처로 간주되었다. 남자들은 부인들이 부분적으로는 일의 세계의 더럽고 창피하고 비도덕적인 경험에 노출되지 않도록 집에 머물러 있기를 원했다. 가족은 "냉혹한 세계의 천국"이 되었다(Lasch, 1977). 사람들은 사회의 바람직하지 못한 개입으로부터 가족과 가정을 지키려고 "사생활의 보호막"을 수립하였다(Shorter, 1975).

요컨대, 가족은 생존과 번영의 수단에서 그 자체가 목적으로 변화되었다. 가족관계는 경제적인 것에서 정서적인 것으로 변했다. 가족은 합리적인 이해보다는 사랑을 토대로 형성되었다. 사람들은 함께 있기를 원해서 결혼한다. 아이들도 재정적 보상보다는 정서적 만족을 위해서 갖게 되었다.

---

31) 물론 여러 가지 요인이 출산율 저하에 기여하였지만, 이와 같은 중요한 경제적 변화가 통상적으로 큰 영향을 미친다.

❖ 성취감으로서 가정의 행복

가족 그 자체를 목적으로 하는 것은 인생의 의미에서 중요한 두 가지 유형인 성취감과 가치를 제공하는 능력을 증가시켰다. 가족에 의한 성취감의 모형은 천생배필과 사랑하는 자녀들과 가정을 이루는 기쁨 속에서 내내 행복하게 생활하는 통속적인 이미지에 입각한 것이다. 이와 같은 이상은 "낭만적 결혼의 신화"(myth of romantic marriage)로 불리웠다(Lawson, 1988). 사람들은 결혼에서 친밀감과 의사소통 및 만족감에 대한 비현실적인 기대를 갖게 되어 얼마간 실망하는 경향이 있다(Veroff 등, 1981; Rubin, 1976). 결국 낭만적 결혼의 신화는 성취감의 신화이므로, 흔히 그렇듯이, 거짓 영속성의 특징이 있다.

친밀한 핵가족에서 경험하는 사랑은 분명히 성취감의 모형으로 간주하게 되었다. 남편의 열정적 사랑과 어머니 역할의 즐거움에 대한 경험은 여성의 인생에서 중요한 성취감의 원천으로 간주되었으며, 그것을 놓친 사람은 동정을 받았다(Blake, 1979; Callan, 1985b; Margolis, 1984). 사랑을 위해 왕위를 포기한 에드워드(Edward)의 선택에 모두가 동의하지는 않았지만, 그것을 이해할 수는 있었다. 사랑이 없는 인생은 왕이라 해도 큰 희생과 손실이 예상된다.

성취감과 친밀감을 느끼는 정서적 관계에 대한 주된 문화적 개념은 사랑이며, 현대 가족은 사랑이 가득할 것으로 기대된다. 그러나 이 기준은 사랑의 여러 유형의 차이를 숨기고 있으며, 이것은 사소한 것이 아니다. 사실, 사랑의 여러 유형 간의 혼동이 사회적 혼란뿐만 아니라 많은 슬픔과 괴로움의 원천이라고 주장할 수 있다.

요즘, 가족은 남녀의 결혼으로 시작되며, 결혼의 결정은 주로 상호 간의 사랑을 토대로 한다. 이러한 사랑은 흔히 낭만적이고 열정적인 애착의 형태를 취한다. 강도에 있어서 열정적인 사랑과 필적할 만한 것은 거의 없으므로, 사람들은 열정적으로 사랑하는 사람과 결혼하려는 동기가 강하다. 그러나 우리가 검토한 바와 같이, 열정적 사랑은 여러 면에서 의식이 변화된 상태이며, 변화된 세계관과 비합리성을 유발하는 경향을 포함하고 있다. 이것이 매력의 일부이긴 하지만, 장기적으로 실용적 결과를 가져오는 결정을 내리는데 최선의 상태를 꼭 부여하는 것은 아니다. 오늘날 미국의 많은 주에는 결혼할 때 중독 상태에 있어서는 안된다는 법이 있다. 이 법은 아마도 후회할 잘못을 저지르지 않도록 보호하려는 것이다. 그러나 열정적 사랑은 일종의 중독이며, 문화가 실수로 간주하지 않는 경우를 제외하고, 같은 실수를 범할 가능성이 크다.

수 세기 전에, 영국 사회에서 자신의 배우자를 선택하는 관습이 확산될 때, 사람들은 열정적 사랑을 결혼 결정을 내리는데 바로 잘못된 조건인 일종의 불안정한 정신 상태로 간주하였다. 스톤(Stone, 1977)의 권위있는 말로 표현하면, "낭만적 사랑과 욕망은 결혼의 일시적이고 비합리적 토대로 강력히 비난받았다"(p. 70). 이상적으로는 안정적이고 친밀한 우정과 개인적 관심과 습관의 조화를 토대로 배우자를 선택하는 것이었다. 열정적인 매력에 의해 선택하는 것은 어리석은 행동으로 생각되었다. 그러나 오늘날 그것이 배우자 선택의 중요한 기반이 되었다.

열정적 사랑은 배우자 선택의 어리석은 토대인가? 열정적 사랑이 그렇게도 기쁜 상태라면 배우자를 선택하는데 다른 고려는 당연히 무시되어야 한다. 정치적 견해나 개인적 기분 또는 신경증적 경향이나 관심이 잘 맞지 않는다 해도 무슨 상관인가? 서로 같이 있는 황홀함에 비할 것은 아무 것도 없다. 열정적 사랑이 상당히 안정되고 지속적이라면 배우자 선택의 중요한 토대로 사용하는 것은 일리가 있을 것이다. 그러나 불행히도 열정적 사랑은 사랑의 3가지 유형 중에서 가장 기간이 짧은 것 같다.

그러므로 현재 우리 사회에서는 개인에게 일시적인 상태에 입각하여 장기적인 책임을 지도록 장려하고 있는 것이다. 잘못된 점은 물론 성취감의 신화에서 전형적인 거짓된 영속성이다. 문화는 열정적 사랑이 영원할 것이라는 메시지를 개인에게 퍼붓고 있고, 노래와 영화, 소설 및 기타 매체에서 그와 같은 주제를 계속 강조하고 있다. 지배적인 생각에 따르면 사랑은 영원한 것이다. 그렇지만, 불행히도 현실에서 사랑은 영원하지 않으며, 열정은 희미해진다.

따라서 현대 체제는 개인에게 수긍할 수 없는 어려운 난관을 제시한다. 사람들은 열정적 사랑에 의해서 결혼하지만, 흔히 머지않아 생기는 현상인 열정이 식은 후에도 배우자와 계속 같이 살아야 한다는 것을 알게 된다. 내내 행복한 사랑의 기쁨 속에서 살아가는 낭만적인 꿈은 흔히 결혼생활의 갈등과 긴장, 책임감과 청구서, 친척들의 참견, 육아의 긴장과 혼란의 평범한 현실에 의해서 너무나 쉽게 부서져버린다(Rubin, 1976).

아마 대부분의 경우에 최선의 결과는 열정적 사랑을 다른 유형의 사랑, 즉 친밀감과 책임으로 대체하는 것이다. 우정과 책임감은 열정이 진정될 때 결혼을 유지하는 요인이 될 수 있다. 그러나 물론 이것이 반드시 순조롭게 전환되지는 않는다. 열정적인 매력을 느낀 대상이 장기적인 면에서 친구와 동반자로 반드시 적당한 인물인지는 모른다.

어려움을 더욱 복잡하게 만드는 것은 문화가 여전히 낭만적 결혼의 신화를 조장한다는 사실이며, 그리하여 사람들은 흔히 배우자에게 열정적인 매력을 계속 느끼지 못하면 결혼을 성공적으로 여기지 않는다. 열정적 사랑이 결혼에서 약화되거나 사라지면 재연될 가능성은 없지만, 인간은 다른 사람에게 열정을 느낄 수 있다. 많은 사람들은 혼외관계가 결혼생활에서 부족한 성적인 자극과 정서적 친밀감을 제공할 것이라는 믿음으로 시작한다. 그들은 그 관계가 심각하게 발전되지 않게 할 수 있다고 잘못 생각한다. 그 관계가 열정적인 사랑으로 진전될 때 주변에서는 배우자보다는 사랑하는 사람과 결혼해야 한다고 권고한다. 그 결과, 그들은 배우자와 이혼하고 연인과 결혼하여(Lawson, 1988), 여정을 새로 시작하고 일시적인 매력에 입각하여 인생의 반려자를 선택하는 잘못을 반복한다.

이전 시기에는 이러한 문제에 대한 해결책은 이혼을 불가능하게 만들어 사람들이 계속 함께 살도록 강요하는 것이었다. 이것은 분명히 사람들이 잘못된 이유로 결혼하는 것을 방지하지는 못했지만, 남겨진 아이들과 같은 사회적 혼란을 감소시켰다. 따라서 문화는 대인간 매력에 거짓된 영속성을 포함한 의미를 단순히 부여하였던 것이다. 본질적으로 문화는 사랑이 영원하다고 주장하였다.

이와 같이 강조하면서, 문화는 사랑의 책임과 결정의 측면에 비중을 둠으로써 사람들에게 결혼생활이 잘 되어가도록 장려하였다. 이러한 관점에서 사람은 자신의 성장과 성취감마저 희생하면서 사랑을 위하여 희생해야 한다. 모든 징후에 의하면 이러한 견해가 20세기 초에 보편적이었으나 이제는 대부분 구식이 되어 버렸다(Bellah 등, 1985; Lawson, 1988). 오늘날 성인들은 자신의 부모의 결혼생활에서 선망과 경멸을 복합적으로 느낀다. 그들은 확고한 책임과 보장에 감탄하면서도, 같은 희생을 하기를 원하지는 않으며 그것을 위선적으로 생각한다(Bellah 등, 1985). 현대의 견해는 열정이나 다른 성취감을 규칙적으로 경험하지 못하면, 그 결혼은 잘못된 것이므로 그로부터 벗어나야 한다는 것이다. 이것이 혼란스럽고 고통스러우며 아이들에게 힘겨운 것이라면 그것은 불행한 일이지만, 자신에게 최선의 행동을 해야 한다.

그러므로 가족은 신성한 것이지만, 그 정당성의 일부는 가치의 토대로서 자아에게서 나온다. 가족을 위한 최선과 자아를 위한 최선 사이에 갈등이 생길 때 심각한 가치의 문제가 발생한다. 마지막 절에서 이 문제를 다시 논할 것이다. 우선 가족의 신성함을 당연히 검토할 필요가 있다.

❖ 가치의 토대로서 가족

가족 자체를 목적으로 한다는 것은 가족을 가치의 토대로 간주한다는 의미이다. 그러므로 현대 가족은 다른 가치의 원천에 호소할 필요 없이 희생과 노력을 정당화할 수 있다. 어느 정도 사람들은 가족의 유대나 명예가 중요한 가치가 있다고 언제나 느꼈지만, 이러한 태도는 지난 세기에 증가되었다. 사실. 빅토리아(Victoria) 시대의 사람들은 사생활을 중요한 가치로 격상하여 생활의 다른 면에 비해 신성하고 중요하게 생각하였다(Sennett, 1974; Shorter, 1975; Lasch, 1977).

가족을 새롭게 신성시한 시기가 중요하다. 문화가 가정생활에 큰 비중을 둔 것은 19세기이었다. 이 시기에 종교와 다른 가치 기반의 영향력이 감소한 결과로 가치의 결핍이 나타났다. 자아와 정체감에 매혹되듯이, 가족은 가치의 결핍에 대한 현대의 반응에 속하는 것으로 보인다.

사랑과 가정생활의 여러 가지 면은 가족이 중요한 가치의 토대가 되는데 적합하였다. 첫째, 사랑과 가족에 대한 강조는 서구 가치의 원천이며 요체이었던 기독교 신학에서 표현된 가치와 일치되었다. 따라서 사람들이 기독교를 멀리 하기 시작했을 때, 일의 가치에 대한 굳은 신념을 유지하듯, 사랑과 가족의 가치에 대한 굳은 신념을 유지할 수 있었다. 둘째, 사랑의 경험에 관한 긍정적인 측면이 궁극적인 선으로서의 주장을 정당화하였다. 셋째, 사랑이 개인에게 긍정적이고 바람직한 변화를 초래할 수 있다는 문화적 개념이 오랫동안 유지되어 왔다. 사실, 여인의 사랑에 의해서 구원받은 남자의 이야기는 과도기에 간행된 인기 소설에서 매우 보편적이었다(Fiedler, 1982).

넷째, 가치는 시일이 지나면서 축적되는 경향이 있으며, 가족에 대한 사랑은 이러한 가치의 축적을 이용하는데 아주 적합하다. 열정적 사랑이 점점 식어갈 때, 부부는 계속해서 함께 살아온 생활을 강하게 느끼기 시작한다. 그들은 재정문제와 양육의 스트레스를 감내하면서 그들의 관계에 의미를 더하는 공동생활의 경험을 계속 쌓아가고 있다. 많은 연구자들(Price & McKenry, 1988; Simpson, 1987)이 이혼과 낭만적 관계의 파탄에서 사람들이 경험하는 스트레스가 관계의 기간에 정비례한다는 것을 발견한 것은 놀라운 일이 아니다. 왜냐하면 이러한 지속적인 기간이 관계가 불만족스러울 때에도 유대를 강화시키는 의미를 증가시키기 때문이다.

부모와 자녀의 유대도 마찬가지로 성취감의 강력한 원천으로 여기며, 분명히 중요한 가치의 토대로 기여한다. 자녀를 위한 행동은 더 이상의 정당화를 요구하지 않는다. 우리 문화는 부부간의 사랑만큼이나 부모자녀간의 사랑의 긍정적 가치에 비중을 두고 있다. 부모와 자녀는 서로 사랑하며 서로의 생활을 풍요롭게 한다. 불행히도 이 관계에 대해서도 많은 오해와 자기기만이 있다. 다음 절에서 세대 간의 유대를 상세히 검토해 보자.

부모 역할의 모순

서구 문화가 가족을 중요한 성취감의 소재로 간주하게 되었을 때, 가정생활에 대한 기대도 강했다. 행복한 가족의 이미지는 성취감의 중요한 모형으로 문화 속에 지금도 강하게 자리잡고 있다. 사랑, 결혼, 자녀는 충만된 생활의 중요한 요소들이다(Blake, 1979; Hoffman & Manis, 1979). 사실, 행복한 생활은 일반적으로 이와 같은 사랑, 결혼, 자녀의 모습을 정확히 의미한다.

사회과학자들이 행복에 관한 통계적 예측 요인을 검토하기 시작했을 때, 그들은 예측대로 사랑이 정말 강력한 촉진제임을 발견하였다. 그들은 결혼이 특히 남성에게(Bernard, 1982) 행복을 증진시킨다는 것도 발견하였다(Argyle, 1987; Campbell, 1981). 그러나 연구자들이 자녀의 영향을 검토했을 때 그들의 기대는 놀랍게도 부정되었다. 자녀는 행복을 감소시키는 것으로 나타났다.

부모가 되면 행복이 감소한다는 이러한 결과는 연구자들의 가정을 반박하는 것 이상이었다. 그것은 가장 강한 문화적 신념의 일부에 반하는 것이었다. 그 결과, 처음에는 그 증거를 아무도 믿을 수 없었다. 수많은 반복연구를 통하여 그 결과가 검증되었고 계속 사실로 확인되었다. 자녀는 결혼의 만족과 같은 행복의 몇 가지 원천을 방해할 뿐만 아니라 전반적인 인생의 행복을 감소시키는 것으로 입증되었다(Bernard, 1982; Glenn & Weaver, 1978).

자녀가 행복을 감소시킨다는 결론은 이제는 많은 증거에 의해 지지되고 있다. 이에 관한 상세한 내용은 부록에 제시하였으며, 여기서는 간략히 언급할 것이다. 현대 미국에서는 성인 생활의 정상적인 과정에서 행복의 절정기가 두 번 있다. 처음은 결혼 후 첫 아이의 출산 이전까지이다. 다음은 막내가 출가하고 배우자가 사망하기 전까지이다. 따라서 자녀가 없는 시기가 최고로 행복한 때이다. 비슷한 결론이 정상적인 과정에서 이탈한 사람들에게서도 도출된다. 결혼하여 자녀가 없는 사람들은 평균적으로 아주 높은 행복 수준을 보인다. 이에 비해, 자녀가 있으면서 결혼하지 않은 미혼 부모들은 행복 수준이 흔히 실업자나 지병이 있는 사람들과 비슷한 정도로 아주 낮다.

또한 부모가 되는 것은 결혼생활에 흔히 나쁜 영향을 미친다는 것도 언급할 가치가 있다. 상당한 증거에 의하면, 결혼의 만족은 부부에게 자녀가 있을 때 감소하며, 자녀가 성장하여 출가할 때까지 충분히 회복되지 않는다. 결혼은 인생에서 행복과 만족에 기여하는 중요한 요인이므로, 부모 역할의 부정적 영향은 결혼의 긍정적 영향을 방해할 수 있다.

그러나 거의 모두가 자녀를 원하는 것은 너무나 분명하다(Blake, 1979; Glick, 1977). 아이들에게 장차 어른이 된다는 개념은 엄마나 아빠가 되는 것이 포함된다. 대학생들은 장래에 결혼하여 자녀를 갖는 것도 꿈꾸고 있다. 그리고 물론 거의 모두가 자녀를 갖는다. 실제로 자녀가 없는 사람들도 보통은 자녀를 원한다. 이 사실은 자녀의 부정적 효과데 대한 연구자들의 놀라움을 배가시켰다. 자녀가 없는 비교집단은 대부분이 자녀를 절실히 원했지만 불임인 부부로 구성되었다. 따라서 그들은 생활에서 압도적인 실망감을 경험하였고 그것이 대다수와 다른 점이었다. 그럼에도 불구하고 그들은 더 행복하였다.

행복을 감소시키는 일을 하려는 욕구는 매우 비합리적이고 직관에 어긋나는 것 같다. 사람들은 비정상적인 상황에서도 고통을 원하지 않는다(Baumeister & Scher, 1988). 따라서 설명이 필요한 것은 사람들이 행복이 감소되는 데에도 자녀를 지속적으로 원하는 이유이다. 이를 부모 역할의 모순이라고 말할 수 있다. 예를 들면, 한 가지 가능한 설명은 사람들이 자녀가 있으면 행복할 것이라고 잘못 믿다가 그렇지 않다는 것을 너무 늦게 알게 된다는 것이다. 그렇다면 문제는 사람들이 계속해서 이런 잘못을 반복하는 이유이다. 그것은 열정적 사랑 때문에 잘못 결혼하였지만 그 잘못을 그다지 심각하게 여기지 않는다는 것으로 비유될 수 있을지 모른다. 배우자 선택의 문제에도 불구하고 대부분의 사람들은 결혼에 만족하고 행복해 한다. 사람들은 예로부터 자녀를 가졌기 때문에 뒤늦게 진실을 발견했을 것이다.

그러나 사람들은 잘못을 완전히 깨닫지는 못한다. 조사 결과가 다른 사실을 제시하더라도, 그들은 자녀가 자신을 행복하게 만들고 결혼을 강화시켜 줄 것으로 계속 믿는다. 부모에 대한 사람들의 견해는 소망적 사고, 환상, 왜곡, 선택적 기억에 의해서 크게 채색되어 있다. 이것은 놀라운 것이 못된다. 왜냐하면, 일반적으로 행복은 꽤 많은 왜곡을 내포하고 있는 것 같기 때문이다. 현재로선 두 가지 점이 중요하다. 첫째, 사람들은 자녀로부터 긍정적인 면을 유도하여 이를 행복으로 잘못 설명하는 것 같다. 둘째, 문화적 영향으로 사람들은 부모를 현실에 맞지 않게 긍정적으로 보고 있다.

문화의 역할은 복합적이고 충분한 연관성도 파악하기 어렵지만 여기서 간략하게 논의할 수 있다(Aries, 1962; Stone, 1977; Macfarlane, 1985). 세계사에서 대부분의 문화는 자녀의 바람직함에 대한 생각을 공유하고 있으며, 대개는 이 견해에 환상 이상의 실체가 있다. 즉, 아이들은 대부분의 역사에서 축복이라는 것이다. 부모 역할의 부정적 영향은 최근의 현상일 수 있다. 게다가 문화는 흔히 사람들에게 자녀를 갖도록 장려하였다. 왜냐하면 인구 증가는 역병, 고도의 유아 사망률, 이방인의 침범, 기타 위협에 당면하여 사회가 생존할 수 있는 최선의 방안이었기 때문이다.

이와 같은 문화적 압력을 배경으로 오늘날 사람들은 행복의 상실에도 불구하고 계속 자녀를 갖고자 한다. 다시 말하면, 문화는 사람들에게 부모 역할의 대가를 자세히 검토하지 않고 자녀 출산을 분홍빛 환상으로 에워싸도록 장려한다. 그렇다면 사람들은 왜 여기에 빠져드는가? 사람들은 사회가 제공하는 어떤 선전에도 빠져들 만큼 어리석지는 않다. 앞 장에서 사회가 일의 윤리를 주입하는데 얼마나 크게 실패했는지 보여주었다. 사람들은 자녀를 갖는 데에서 행복이 증진되지 않더라도 어떤 중요한 이점을 유도한다고 결론을 내려도 괜찮을 것 같다.

행복한 생활과 의미있는 생활은 반드시 동일한 것은 아니다. 이 차이가 부모 역할의 모순에 대한 관건이 될 수 있다. 모든 것을 고려해 볼 때, 자녀는 부모의 행복을 증진시키지 않지만, 강력한 의미의 원천이다. 부모가 되는 것은 행복을 추구하는데 부실한 전략이지만 의미있는 삶을 성취하는 데에는 탁월한 것일 수 있다.

생활을 의미있게 하는데 자녀가 기여하는 바는 의미의 욕구를 고려하면 이해될 수 있다. 자녀는 분명히 부모의 삶을 이루는 목적을 제공한다. 그들은 목적을 거의 즉각적으로 제공한다. 그들에게는 장단기적인 욕구가 있고, 부모는 매시간에 따른 요구와 위기에서부터 자녀의 교육에 투자할 계획을 세우는 것까지 모든 일에 대처해야 한다. 부모가 아닌 사람들은 일이나 경력과 같은 삶의 목적의 다른 원천을 찾아야 한다(Callan, 1985a, b, 1987; Matthews & Matthews, 1986).

부모 역할은 또한 인생의 목적에 기여할 수 있는 성취감의 모형을 제공한다. 앞에서 강조한 바와 같이, 부모, 특히 어머니의 역할은 문화가 선호하는 성취감의 이미지 가운데 하나이다. 사실, 대부분의 성취감의 개념은 신비스럽게 과장되기 쉬우며, 부모 역할의 즐거움도 예외는 아닐 것이다. 그러나 분명히 자녀 양육 과정에서 깊은 만족과 즐거움의 순간이 있으며, 이것은 부모 역할을 성취감을 주는 것으로 보는데 충분할 것이다.

사람들은 부모 역할이 성취감을 가져오는 것으로 분명히 기대한다(Blake, 1979; Callan, 1985; Hoffman & Manis, 1979; Veroff 등, 1981). 대다수의 부모들은 부모 역할이 정말 성취감의 주요 원천이라고 주장한다(Veroff 등, 1981). 부부가 불임임을 발견하면 생활이 공허하고 보람이 없으며 헛된 느낌을 갖는 시기를 거치는데, 이것은 그들이 부모역할을 성취감을 주는 것으로 믿었다는 견해와 일치된다(Callan, 1987).

사실, 대부분의 사람들은 자녀가 없는 부부가 성취감이 부족하고 공허한 삶을 살 것으로 믿는다(Blake, 1979). 자녀가 없는 부부는 대체로 생활에서 다른 성취감의 원천을 찾기 때문에 이러한 믿음은 부정확한 것이다(Callan, 1987). 그러나 이 믿음은 자녀가 성취감에 필요하다는 뿌리 깊은 가정을 드러내고 있다. 이러한 믿음은 하위계층과 저학력 층에서 가장 흔하다(Blake, 1979). 이와 같은 차이에는 몇 가지 다른 설명이 가능하지만, 사람들이 부모 역할을 통해 성취감을 얻는다고 믿는 생각과 또 다시 일치된다. 사회의 부유층과 식자층은 흥미있고 보람있는 일을 포함하여 성취감을 느낄 수 있는 다른 방법들을 이용한다. 결과적으로 그들은 성취감을 위해 부모 역할에 하위계층과 저학력층만큼 의존하지 않는다.

효능감을 충족시키는데 자녀가 기여하는 정도는 평가하기 곤란하다. 매일같이 많은 좌절과 무력감을 경험하지만, 부모의 두려움과 걱정에도 불구하고 결국 자녀는 성장하여 점잖은 시민이 되고, 이러한 발전이 효능감과 성취감을 제공한다. 이와 함께 자녀의 성공도 부모에게 효능감을 추가할 수 있다. 주변 세계에 미칠 수 있는 자신의 영향력에 관한 의심은 새로운 능력을 습득하고 있는 자녀가 있다는 것을 주기적으로 확인함으로써 완화된다. 이와 같은 안도감은 부모 역할에 관한 영화에서 인기있는 주제이다. 예를 들면, 현대인의 사랑(Modern Love)이라는 영화의 한 장면에서 젊은 부부가 적응과 경력 문제에 시달리던 중 딸의 첫 단어를 듣고 감격에 겨워하였다. 그들은 이구동성으로 소리 질렀다. "우리가 이 애를 키워 드디어 말을 했어!" 마침내 자녀를 부양할 수 있는 능력에 의해서 효능감을 얻게 된 것이다. 아버지는 부양 역할에서 만족감을 느끼고, 어머니는 자신이 필요한 존재라는 느낌을 받는다(Lopata, 1971; Osherson & Dill, 1983).

효능감의 욕구는 자신의 노력으로 차이를 만들 수 있다는 느낌에 대한 욕구로 정의되었다. 장기적으로 볼 때, 부모 역할은 이를 달성하는 탁월한 길인 듯 하다. 처음에는 아무도 없었는데 출산하여 교육시키고 사회의 구성원으로 키운 것이다. 요컨대, 자녀의 즉각적인 영향은 효능감에 해가 되거나 아무런 의미가 없을지 몰라도(McLaughlin & Micklin, 1983),

장기적 영향은 긍정적인 것 같다. 물론 자녀가 기대한 대로 성장하지 않으면 실망과 좌절이 클 수 있다. 로파타(Lopata, 1971의 연구대상인 주부들 중에서 상당수는 자녀의 성장에 실망감을 표현하였다.

자녀 양육에서 나타나는 의미있는 성취감은 사람들이 나이가 들어감에 따라 특히 중요하다. 성인 초기에는 경력이 효능감을 제공할 것으로 기대한다. 일을 통하여 실질적인 영향을 미칠 것으로 기대하는 것이다. 전형적으로, 이러한 기대는 크게 좌절된다. 다른 사람들을 돕고 사회에 기여하길 원했지만 그들은 고마워하지 않으며 문제는 예상보다 더 심각하다. 병약한 사람을 치료해도 기대만큼 회복되지 않는다. 사업에서 크게 성공하고 싶었지만 시장은 기대한대로 반응하지 않는다. 소기업은 실패 확률이 높고, 회사는 대부분의 사원들이 정상에 오르지 못하는 피라미드식 구조를 지니고 있다. 직장에서 은퇴하면 일한 흔적은 거의 남지 않는다. 만일 서류 정리하는 일을 하였다면, 서류는 잘 정리되어 있고 누군가 일을 바로 인계받아 자신의 업적을 기록하기 위하여 전임자의 흔적을 지운다. 제조업에서 일했다면, 만든 제품은 곧 팔리거나 구식이 되어 폐기해버린다. 서비스를 제공하였다면, 고객과 문제들은 여전히 남아 있다. 노후에 시내를 돌아보며 자신이 만든 건물을 볼 때마다 성취감을 느낀다는 석공을 면담한 터켈(Studs Terkel, 1972)의 이야기에서 묘사된 것과 같은 만족감을 누릴 수 있는 사람은 거의 없다.

그러므로 일은 일하는 시기에는 효능감을 제공할 수 있으나, 나이가 들어갈수록 상당히 지속적인 영향을 미친 것으로 느끼기가 더욱 힘들어진다. 그리고 은퇴하면 그렇게도 신속히 망각된다는 사실에 충격을 받는다. 그러나 자녀는 그와 같은 실망을 느끼지 않게 한다. 일에서 궁극적으로 성취한 것이 아무리 사소하다고 해도 사회의 새로운 구성원을 양육함으로써 분명히 영향을 미친 것이다. 부모는 자녀와의 연속성을 강조하고 과장하는 경향이 있으며(Thompson, Clark, & Gunn, 1985), 이런 경향은 자녀 양육에서 효능감을 얻으려는 욕구에 기인할 것이다.

확실히, 문화적 차이는 있다(Lopata, 1971). 어떤 사회와 시대에서는 부모의 행동이 자녀에게 그다지 영향을 미치지 못하는 것으로 생각되었다. 그러나 현대 문화에서는 부모의 행동이 자녀의 성격에 가장 중요한 결정 요인이라고 더욱 간주하게 되었다. 이는 부모에게 큰 책임감과 때로는 죄책감을 부여하였지만, 효능감과 의미에 대한 욕구의 또 하나인 자아 가치를 제공할 수 있는 능력도 증진시켰다.

자녀가 자아 가치의 강력한 원천이 될 수 있는 것은 의심의 여지가 없다. 자녀와 그들의 성취에 자부심을 갖는 것은 현대에서 전혀 새로운 것이 아니다. 이것은 자아 가치의 다른 원천이 거의 없는 성인들에게 특히 중요할 수 있다. 예를 들면, 전통적인 주부들은 자녀가 집을 떠난 후에는 자아 가치의 주요 원천을 상실하고 사회적으로 시대에 뒤진 것으로 간주된다고 느끼기 때문에 인생의 “빈 둥지”(empty nest) 단계를 두려워하였다(Lopata, 1971).

의미에 대한 마지막 욕구는 가치와 정당화이며, 자녀는 이 욕구를 충족시키는데 특히 중요할 수 있다. 자녀는 가족을 중심으로 한 가치의 토대에서 중요한 부분이다. 자녀의 복지는 그 자체가 목적이며, 문화는 이 메시지를 강화시키고 있다. 자녀를 위한 노력과 희생은 쉽게 정당화된다. 자녀를 위한 행동에는 커다란 긍정적 가치가 부여된다. 자녀의 소망과 욕구는 옳고 그름의 강력한 기준을 제공한다. 부모는 어떤 결정을 하는데 이 기준에 의해서 흔히 영향을 받는다. 거주지와 휴가 형태와 같은 선택도 자녀에게 최선의 방향으로 이루어진다.

그러므로 부모의 책임, 즉 자녀의 복지에 대한 고려는 매우 효과적이고 강력한 가치의 토대가 된다. 로파타(Lopata, 1971)가 요약한 것처럼, 자녀에게 좋은 것은 "거의 어떤 행동도 합당한 설명이 된다"(p. 182). 이 말은 정당성을 제공하는 광범하고 거의 무한한 부모 행동의 잠재력을 가리킨다. 가치가 결핍된 이 시대에 부모 역할과 같은 강력한 가치의 토대는 사람들에게 특히 매력적이며, 문화적으로 그 가치를 포용하도록 조장할 모든 이유가 있다.

위에서 알 수 있듯이, 부모 역할은 인생에서 의미의 강력한 원천이 될 수 있다. 이와 같은 의미를 제공하지 못하면 부모 역할의 매력도 잃게 된다. 예를 들면, 칼란(Callan, 1985a)은 다수의 새내기 어머니들이 이러한 의미를 경험하지 못한 것을 발견하였다. 일부는 효능감을 느끼지 못하고 부적절함과 무능감만 경험하였고, 다른 사람들은 어머니가 되어노 새로운 지위와 위신을 느끼지 못하면 자아 가치를 높이지 못했다. 또 다른 이들은 성취감을 얻지 못하고 자녀 양육이 지루함을 느꼈다. 어머니 역할에서 의미에 대한 이와 같은 욕구를 충족시킨 여성들에 비하여, 이 경우에 처한 어머니는 둘째 아이를 가질 가능성이 매우 적었다.

현대 부모의 역할은 행복보다 의미의 원천으로서 더 중요하며, 인생의 의미에 대한 욕구는 행복에 미치는 부정적 영향에도 불구하고 부모 역할의 매력이 계속되는 모순을 이해하는데 열쇠가 될 수 있다. 불임 여성들에 관한 연구에 의하면, 그들은 불임 사실을 알게 된 후 적어도 얼마 동안은 인생에서 의미의 상실로 고통을 겪는 경향이 있으나 어머니들보다 결코 불행한 것 같지 않았다(Callan, 1985). 다시 말하면, 그들이 부모가 될 수 없는 것이 행복을 약화시키지는 않지만 인생의 의미에 대한 상실감을 깊게 느낀다는 것이다.

인생의 의미를 제공하는데 부모 역할의 중요성은 조사연구에서도 입증되었다. 한 연구에서는 사람들에게 자녀의 가치에 관해 자유반응 형식의 질문을 하였다. 그들의 답변 중 많은 내용은 부모 역할이 자기성취, 목적의식의 증가, 성숙한 느낌, 좋은 활동에 대한 만족, 더 나은 인간이 된 느낌, 자아의 확장, 성인 성격의 새로운 면의 발견과 같은 의미를 강조하였다(Hoffman & Manis, 1979). 마찬가지로, 1977년의 갤럽(Gallup) 조사에서도 자녀가 없는 사람들은 공허하고, 고독하며, 불만스러운 생활을 할 것이라는 보편적인 신념을 확인하였다(Blake, 1979).

그러므로 부모의 역할은 인생의 의미의 원천으로 엄청난 잠재력을 지니고 있다. 그것은 행복을 증진시키지 못하며, 모든 증거가 지적하듯이 행복의 상실을 가져오기까지 한다. 그러나 인생을 보다 의미있게 만든다. 사람들은 자신의 삶이 행복할 뿐만 아니라 의미있기를 바라며, 가끔 의미에 대한 추구는 행복에 대한 추구를 압도할 수 있다. 부모 역할은 이에 관한 중요한 사례가 될 수 있다.

사람들이 시간과 노력 및 재정을 투자한 것을 정당화하려는 욕구처럼, 부모 역할의 모순을 설명하는 다른 요인들이 분명히 있다. 이에 관해서는 부록에 제시하였다. 그것들은 부모 역할이 인생에서 의미의 강력한 원천으로 매력적이라는 생각과 아주 잘 부합된다. 인생의 의미를 추구한다는 것은 긍정적 느낌을 갖고 일관성과 사회적 결속을 유지하기 위하여 긍정적 환상을 유지하며 감정을 조절하는 것을 포함한다. 부모의 역할은 이 모든 것을 포함하고 있다.

이와 같은 점에서, 부모 역할에 관한 보편적인 욕망은 물질적인 이득이 없고 주관적인 대가에도 불구하고 이해가 된다. 사람들은 행복하기를 원하지만 의미있는 생활도 원한다. 자녀는 행복을 감소시키더라도 삶을 훨씬 의미있게 만든다.

사랑, 가족 그리고 자아

이 장에서는 사랑과 가족을 현대 생활에서 강력한 가치의 토대로 묘사하였다. 앞 장에서 자아는 현대의 또 다른 가치의 토대로 제시되었다. 이 중요한 가치의 두 가지 토대의 관계는 검토해 볼만 하다. 가끔 그것들은 상호 지원하고 강화하지만, 다른 경우에는 갈등을 일으킬 수 있다. 그것들은 서로 다른 행동이 옳다고 할 때 갈등에 처하게 된다. 게다가 근래에는 자아가 사랑과 가족의 갈등에서 점차 우위를 차지하는 분명한 형상이 나타났다.

두 가치의 토대가 상호 지원하고 강화하는 이유가 몇 가지 있다. 사랑받고 있다는 것은 자존심을 매우 높여줄 수 있다. 왜냐하면 연인들은 서로 호의적이고 이상적인 시선을 유지하는 경향이 있기 때문이다(Fromm, 1956). 이에 비해서 자신을 사랑받지 못하는 존재로 보는 것은 자존심을 잃게 된다. 성인들의 경우에는 사랑과 자존심이 긍정적 상관이 있으며(Freedman, 1978), 부모자녀 간의 사랑도 같은 효과를 지니고 있다.

마찬가지로, 가족의 유대도 자아의 가치를 증진시킬 수 있다. 가족에 속한다는 것은 집단적인 자아 가치의 중요한 원천이 될 수 있으며, 어떤 문화와 시대에서는 매우 중요한 요인이었다(Stone, 1977). 사실, 고대 아테네에서는 어머니가 된다는 것은 여성에게 가능한 자아 가치의 최상의 원천이었다(Guttentag & Secord, 1983).

그러나 다른 요인들이 자아와 가족 간의 갈등을 조장할 수 있었다. 미국 문화는 자립적인 성공을 강조하였으며, 성인이 되어 존경을 받는 길은 가족과 분리되는 것이었다. 가족과 그 배경의 영향을 떨쳐버리고, 그 가르침을 거부하며, 독자적인 가치를 수립하도록 기대하는 것이다(Bellah 등, 1985).

자아와 가족의 관계는 우리 문화에서 변하고 있다. 1950년대의 조사에서는 사람들이 결혼 능력에 의해 자아를 판단하는 경향이 있었으나, 1970년대에 이것이 역전되었다. 결혼은 자기표현과 행복 및 복지의 증진을 포함하여 자아에 기여하는 것으로 판단되었다(Veroff 등, 1981). 따라서 과거에 가족은 자아를 측정하는 기준을 제공하였으나, 이제는 자아가 결혼을 평가하는 기준이 되었다.

자아에 유리한 변화의 증거는 남성의 역할에 적합한 가치의 변화에 관한 에렌라이히(Barbara Ehrenreich, 1983)의 관찰에서도 볼 수 있다. 2차 세계대전 후에 남성은 가족을 부양할 책임이 있다는 것이 일반적인 인식이었다. 결혼을 피하는 것은 비도덕적이고 자기중심적으로 간주되었으며, 장기간 독신으로 지내는 것은 미성숙하거나 성적으로 이상하거나 정신적으로 문제가 있는 것으로 의심되었다. 그러나 그 후, 남성이 가족 부양의 책임을 거부하는 것이 점차 용인되었다. 얽매이지 않는 남성의 부담없는 생활양식이 선망의 대상이 되었다. 사회는 남성이 재산증식에서 성적인 쾌락을 즐기는 것까지 자신의 행복을 추구하는 것을 허용하고 조장하기까지 하였다. 에렌라이히(Ehrenreich)는 이러한 태도 변화를 "가족부양 윤리의 붕괴"(collapse of the breadwinner ethic)라고 하였다. 그것은 가치의 기준으로서 그리고 공식적으로 인정된 정신건강의 규준으로서 자아의 요구와 가족 역할에 대한 도덕적 및 사회적 책임으로부터의 이탈을 의미하였다.

비슷한 변화가 여성에게도 발생하였다. 여성 잡지의 내용을 세밀하게 분석한 결과에 의하면(Zube, 1972), 2차 세계대전 이래, 기본적 가치관에 대한 내용이 변화되었다. 처음에 가족은 매우 도덕적으로 제시되고 논의되었으나, 나중에는 강조점이 개인적 성취와 만족으로 변화되었다. 따라서 가족에 관해서도 자아는 지배적인 가치의 토대로서 전통적인 도덕성을 대체하였다.

어떤 경우에 사람들은 자신의 성공을 모두 자신의 공으로 돌리고 싶어 하기 때문에 자존심을 최대한 높이기 위하여 가정배경을 숨기려는 욕구를 분명히 느낀다. 그들은 가족의 덕으로 일을 용이하게 처리했다는 인상을 주지 않으려고 한다(Quattrone & Jones, 1978). 예를 들면, 한 남자는 면접자에게 자신을 아무 것도 없는 상태에서 성공적인 기업을 소유하여 운영할 정도로 일으켜 세운 자수성가한 사람으로 묘사하였다. 그는 그 기업을 자기 아버지가 세웠고 그에게 넘겨준 사실은 적당히 경시하였다(Bellah 등, 1985).

그러므로 기본적이고 궁극적인 가치로서 자아와 가족 간에는 여러 가지 갈등이 가능하다. 또한 그 둘이 상호 지원하고 강화시키는 여지도 있다. 그러나 현대 생활에는 그들 간의 갈등이 증가될 수 있으며, 이러한 경우에 개인의 자아가 득세하고 있다고 생각할만한 이유가 있다.

❖ 가족과 자아 가치에서 성차

이미 논의한 바와 같이, 가족의 유대는 자아 가치에 중요할 수 있다. 그러나 자아 가치에 미치는 가족관계의 영향은 성에 따라 좌우되었다.

사회과학의 인습적인 지혜에 의하면, 서구 문화에서 오래 지속되는 형태는 다음과 같다. 남성은 자아 가치의 주요 원천을 일에서 유도하였다. 그러나 여성은 고용의 성차별 때문에 비슷한 기회를 박탈당해, 자아 가치의 주요 원천이 가족이었다. 강하고 출세한 존경받는 남편에 대한 애착과 성공적인 자녀 양육이 여성의 가치의 척도이었다. 여성은 자녀의 성공에 자부심을 느끼도록 조장되었다(Margolis, 1984). 남자는 매력적이거나 존경받는 부인과 자녀의 성취에서 어느 정도 위신을 세웠으나 이러한 것들은 그의 경력에 2차적이었다.

이와 같은 익숙한 분석은 요점을 놓칠 수 있다. 가족 간의 실제적인 상호작용이 자아에 관한 상징적인 정의보다 자아 가치에 중요할 수 있다(Lopata, 1971). 사실, 남자들이 부인에게서 자아 가치를 대신 유도해내는 것은 극히 드문 반면에, 부인들이 남편을 통하여 자아 가치를 이끌어내는 경우가 더 흔하다(Blumstein & Schwartz, 1983; Freedman, 1978). 그러나 결혼생활에서 상호작용의 일상적인 유형이 두 사람 모두의 자아 가치에 큰 영향을 미칠 수 있다. 배우자 간의 존경과 이해의 표현은 자존심을 결정하는 중요한 요인이 될 수 있다. 사실, 결혼생활의 질은 사람들이 자신의 배우자를 호의적으로 평가하는 정도에 크게 좌우된다(Schafer & Keith, 1984).

전통적으로 가족은 경제적 생산단위이었다. 이에 관한 분명한 예는 모두가 함께 일하는 가족농장을 들 수 있다. 아버지는 보통은 수장이었고 그의 자아 가치는 다른 가족에 대한 우월성에서 확실히 증가되었다. 그는 결정을 내리고 지시를 하였으며, 다른 가족들은 그에 따랐다. 그동안 그의 부인은 그의 지시에 따라야 하기 때문에 그녀의 자아 가치는 낮은 위치로 인하여 저하되었다.

자아 가치의 개인적 토대와 집단적 토대의 차이가 여기서 관련이 있다. 부인은 가족의 일원으로서 높은 집단적 자아 가치를 이끌어낼 수 있지만 다른 가족, 특히 남편과 비교해서 개인적 자아 가치는 낮았다. 요컨대, 가족은 집단적으로는 높은 자아 가치를 제공하지만 개별적으로는 그렇지 않았다. 여성이 집단적인 사고와 집단적 가치에 편향되고, 여성심리가 개인적 동기보다 집단적 태도를 강조하게 된 것도 놀라운 일이 아니다(Gilligan, 1982; Block, 1973).

남자의 경우에 상황은 전혀 달랐다. 부인과 자녀가 있다는 것은 집단적 자아 가치의 주요 원천이 아니었다. 예를 들면, 만년 독신자의 의미는 노처녀라는 것보다 부정적이 아니었다. 그러나 가족 내에서 남자의 개인적 자아 가치는 대단히 높았다. 따라서 남성적 태도는 개인적 관심과 방식을 강조하는 경향이 있었다(Block, 1973; Gilligan, 1982).

그러므로 가족은 여성에게는 높은 집단적 자아 가치를 부여하지만, 남성에게는 높은 개인적 자아 가치를 제공하였다. 이 차이가 아마도 여성에게 관계를 집단적으로 고려하고 남성에게는 개인적으로 생각하도록 조장하였다. 오늘날, 이 차이의 토대는 사라졌으나 부분적으로 그렇다. 일은 과거보다 여성에게 자아 가치의 원천으로 더 많이 이용될 수 있다. 가족관계에서도 평등을 향한 변화가 강화되었다. 그러나 가족은 여전히 여자보다 남자에게 개인적 자아 가치의 주요한 원천이다. 예를 들면, 남편이 부인보다 전형적으로 권위를 유지하고 있는 것이 여전히 사실이다(Blumstein & Schwartz, 1983).

남편은 과거와 같이 부인에게 광범한 법적, 경제적, 사회적 힘을 갖고 있지 않으며, 가족 내에서 우월한 역할을 유지하기 위해 체력에 크게 의존하지 않는다. 그러나 배우자 선택 형태는 남성의 이점을 보호할 수 있다. 성적 불평등은 배우자 선택 관례에서 남성이 여성보다 전형적으로 우월한 입장에 있기 때문에 유지되었다. 현대 결혼시장의 자유에서 본다면, 이러한 차별에 대해 어느 한 쪽 성을 비난하는 것은 잘못일 것이다. 그 보다는 남녀가 협조하여 이루어야 할 것으로 보인다.

배우자 선택의 몇 가지 형태가 남성의 우월한 위치를 유지하는데 기여하고 있다(Guttentag & Secord, 1983). 남편은 전형적으로 부인보다 나이가 몇 년 더 많다.[32] 이 연령차는 흔히 사춘기 데이트에서부터 시작되어 대학시절에는 아주 현저해진다. 또한 남성은 전형적으로 부인보다 교육을 많이 받고 좋은 직업을 갖고 있으며 수입이 더 많다. 남자 의사와 관리자들은 여성 간호사, 사무원, 비서와 결혼하지만, 여성 의사와 관리자들은 남자 간호사, 사무원, 비서와 결혼하는 경우가 드물다.

결혼시장의 이러한 유형에 관한 의미가 선행연구에서 검토되었다(Bernard, 1982; Guttentag & Secord, 1983). 낮은 지위에서는 여성 배우자가 많은 반면에, 남성은 비교적 적다. 높은 지위에서는 상황이 역전된다. 지위가 낮은 남성과 지위가 높은 여성은 결혼시장에서 배제되는 경향이 있다. 즉, 그들은 적합한 배우자의 선택 범위가 제한되어 고통을 받는다.

예를 들면, 대학에서 1학년 여학생은 모든 상급 학년의 남학생들과 데이트를 하는 반면에, 1학년 남학생은 외롭게 주말을 보내거나 멀리 떨어져 있는 고교시절 여자 친구와의 관계를 유지하려고 애쓰게 된다. 그러나 4학년이 되면 남학생의 데이트 상대는 교내의 모든 여학생을 포함하게 되지만, 여학생의 상대는 4학년 남학생으로 축소된다. 4학년 여학생들은 흔히 외롭게 주말을 보내거나 멀리 있는 작년 남자 친구와의 관계를 유지하려고 애쓰게 된다.

그러나 남녀관계 자체에서 결혼곡선의 함축된 의미를 고려해야 한다. 전형적인 형태의 부부관계에서 남편은 부인보다 나이가 많고 학력이 높으며 좋은 직업을 갖고 있고 수입도

---

32) 20-54세 사이의 부부간 평균 연령 차이는 4.1세이다(Atkinson & Glass, 1985; Spanier & Glick, 1980).

많을 것이다. 비록 함께 결정을 내리며 균등하게 권한을 사용하려고 얼마간 노력하겠지만, 남성은 실제로 대개 더 큰 권위를 갖게 된다. 그는 더 많이 알고 있고 더 많은 재정적 기여를 하기 때문에 그의 생각이 우위를 차지하는 것이 부부에게 적절하게 보일 것이다. 부인 역할의 열등한 지위는 계속될 것이다.

이러한 유형이 중요한 결과를 가져온다는 증거가 있다. 여성은 남편의 직업의 위상이 비교적 높으면 결혼에 더 만족하지만, 여성의 직업적 위상은 남편의 결혼 만족도에 관계가 없다(Glenn & Weaver, 1978). 남편은 부인이 자신만큼 소득이 있을 때 당황하고 고통을 받는다(Fendrich, 1984). 따라서 오늘날, 전형적인 남편은 부인이 일하는데 개의치 않지만, 부인의 일이 자신의 우월한 위치에 위협이 되면 신경을 쓴다(Fendrich, 1984; Glenn & Weaver, 1978; Blumstein & Schwartz, 1983).

그러므로 자아 가치에 대한 의미는 가족 내의 개인적 비교에 관한 한 남편이 전형적으로 득을 보고 부인은 손해를 입고 있다는 것이다. 결혼생활의 상호작용에서는 남편이 부인에 비해서 현명하고, 중요하며, 강하다는 것이 계속 확인된다. 이와 같은 느낌은 상호작용 유형에 보편화될 수 있다.

이러한 정상적인 유형에서 벗어나면 특히 남성은 고통을 느낀다. 실직한 남편에 관한 연구에 의하면(Newman, 1988; Elder, 1974), 가족의 상호작용 형태가 심하게 붕괴되었으며, 이러한 문제는 남편이 임금이 낮은 직업을 택할 때, 특히 부인보다 임금이 낮을 때 계속되었다. 어떤 딸은 자기 아버지가 가족 내에서 과학, 정치, 지리 등, 모든 것에서 언제나 전문가이었다고 설명하였다. 가족은 그가 실직하기 전에는 이러한 평가에 의문을 제기하지 않았으나, 실직 후에는 만능 전문가로서 믿지 않게 되었다. 그러나 그가 우월한 위치를 유지하는 동안에는 가족의 존경을 받았다.

이러한 불평등은 언제까지나 계속될 수 있다. 왜냐하면 남편은 수입이 더 많기 때문에 중요한 결정을 더 많이 내리게 되어 힘을 확장시킨다. 부부가 자녀를 갖게 되면 육아를 위해 누가 휴직해야 하는지 결정하는 과정을 거치며, 결론은 거의 언제나 부인이 경력을 희생하는 것으로 이루어진다. 결국 부인의 수입이 적기 때문에 그녀의 경력을 희생함으로써 부부의 수입은 덜 감소하게 된다. 한 조사에 의하면, 산모 휴가는 아버지 휴가보다 400배나 많은 것으로 나타났다. 부인이 시간제로 일하며 자녀를 돌보는 새에 남편은 승진단계에 오르기 때문에 결국 불평등은 확대된다. 이 때문에 남성은 더욱 개인적 자아 가치를, 여성은 집단적 자아 가치를 지향하게 된다.

현저한 경력 차이의 영향이 갑자기 아주 중요하게 되는 이혼을 하기 전에는 이와 같은 반응의 누적된 결과를 분명히 알기 어려울 것이다. 남편은 성공하여 자리를 잡고 수입도 좋은 반면에, 부인은 장래가 제한되어 시간제 일을 하거나 몇 년을 쉬게 된다. 이혼 후에 남성의 생활수준은 상승하는 반면에, 여성은 전형적으로 하강한다(Newman, 1988; Price &

McKenry, 1988; Weiss, 1984; Weitzman, 1985).

노동자 계층의 가족에 관한 연구도 비슷한 형태를 보이고 있다. 노동자 계층의 직업은 중류층 직업과 전문직보다 자아 가치를 증진하는 기회를 적게 제공하며, 그 결과 기술직 남성은 자신의 자아 가치를 집에서 확인하는 것이 더욱 중요하게 되었다. 왜냐하면 그것이 그들에게 강하고 중요하며 존경받는 느낌을 가질 수 있는 주요 기회이기 때문이다(Rubin, 1976). 한편, 일하지 않는 주부들은 취업주부들보다 자아 가치의 원천으로 가족에게 더 많이 의존한다는 증거가 있다(Blumstein & Schwartz, 1983; Callan, 1987; Lopata, 1971; Pistrang, 1984; Rubin, 1976).

이와 같은 성차에는 더 깊은 원인이 있을까? 그럴 가능성이 있다. 프로이드(Freud) 시대에는 성인의 행동을 오래 전에 잊었던 아동기 경험에 의해서 설명하는 것이 유행이었다. 그러나 과학적 연구에 의하면, 이 미묘하고 무의식적이며 오래된 원인을 기록하기는 어려운 반면에, 사람들은 분명하고 즉각적이며 긴급한 일에 의해서 영향을 받는다. 성인 남자의 우월감과 자아 가치는 배변훈련이나 여성의 성기관이 자신과 다르다는 아동기에서의 발견에 의해 영향을 받은 것으로 생각되었다. 그보다는 성인 남자보다 아는 것이 적고, 수입이 적으며, 어리고 약하며, 성인 남자를 존경하고 의지하며, 대부분의 중요한 결정에서 그의 판단에 따르는 사람과의 일상적인 접촉에 의해 영향을 받는다.

이 모든 견해에서 보면, 자아 가치에 미치는 가족의 영향이 성에 따라 다르다는 것은 놀라운 일이 아니다. 핵가족의 일원이라는 것은 남성에게 집단적인 자아 가치에서 그다지 많은 것을 제공하지 않지만, 남성은 가족에게서 우월하게 대접받기 때문에 가족과의 상호작용이 개인적 자아 가치를 제공한다. 이러한 상호작용은 남편을 우월하게 느끼도록 해주는 사람인 여성에게 개인적 자아 가치를 감소시킬 수 있지만, 가족의 일원이라는 것은 자부심의 중요한 원천이 될 수 있다.

❖ 자아, 사랑 그리고 가족의 갈등

때때로 자아의 이익은 가족의 요구와 갈등을 일으키는 것으로 생각된다. 이것은 현대인이 당면할 수 있는 가장 큰 딜레마 중의 하나일 것이다. 왜냐하면 가장 강력하고 깊숙이 자리한 두 가치 중에서 어려운 선택을 해야 하기 때문이다. 다른 많은 문화권과 과거 역사에서 사람들에게 이것은 쉬운 선택이었거나 최소한 어떻게 하는 것이 옳은지 아는 것은 아주 쉬웠을 것이다. 가족에 대한 의무가 자신에 대한 의무보다 우위에 있다기보다는 지배적인 도덕적 태도가 자신에 대한 의무와 같은 것을 거의 인정하지 않았다.

자아와 가족의 갈등은 다양한 형태를 취할 수 있다. 그 중에서 공통적인 것은 자아가 관계 속에서 성장하거나 표현할 수 없고 욕구를 충족시킬 수도 없다는 느낌이다. 이것은 남편, 부인, 부모, 자녀 등, 가족의 어떤 역할에서도 발생할 수 있다. 관계가 정서적 만족이나 물질적 이득의 강력한 원천이라는 사실이 자아 성장에 도움이 된다는 것을 반드시 의미하지는 않는다.

사실, 관계는 흔히 희생을 요구하며, 이는 자아를 개발하고 찬양하는 문화적 요구에 반하는 것이다. 에릭슨(Erik Erikson, 1950)은 중년기 사람들이 흔히 자아 발전과 다른 사람들을 위한 희생 사이에서 갈등을 겪는다고 하였다. 그들은 자기중심과 다음 세대를 양육하기 위한 이타적 관심인 생산성 사이에서 선택해야 한다. 달리 말하면, 에릭슨(Erikson)의 요지는 부모 역할에서 다음 세대를 위한 사랑어린 관심을 강조하기 위해서는 자아가 추구하는 바를 어느 정도 포기해야 한다는 것이다.

부모 역할은 이와 같은 갈등에 관한 가장 분명한 예일 것이다. 부모 역할에 관한 요구와 책임은 성인 초기 생활의 중심인 자기 지향적 태도에 영향을 미친다. 예를 들면, 많은 여성들은 자녀가 생기면 자아 희생이 요구된다는 것을 예리하게 인식하고 있으며, 이러한 희생을 긍정적 및 부정적인 측면으로 표현한다. 긍정적인 면에서 그들은 자신의 변화를 보다 성숙되고 책임감이 있는 것으로 묘사한다. 부정적인 면에서 어머니의 역할로의 변화에 대한 주요 불만은 할 일이 많아 책을 읽거나 자기 개발 유형의 활동을 하지 못한다는 것이다(Lopata, 1971).

성인의 낭만적 사랑도 자아를 무력화시키고 억압하는 것으로 느껴질 수 있다. 1980년대에 여성심리에 관한 일련의 서적은 이와 같은 갈등에 초점을 두었다. 이 서적들에서는 사람들에게 사랑을 위하여 자신을 너무 희생하지 않도록 조언하였다. 여성들은 특히 이 문제에 빠져드는 경향이 있는데, 그들은 일반적으로 남자들보다 타인을 위하여 자신의 욕구와 소망을 기꺼이 희생하기 때문이다(Eagly, 1987; Gilligan, 1982).

그러므로 자기 이익은 사랑과 갈등을 일으킬 수 있다. 배우자에 대한 관심은 자신의 성공, 성장, 자기표현의 기회보다 우선하기 시작한다. 때때로 이 결과는 명백히 나타날 수 있다. 예를 들면, 일부 전통적인 가족의 경우에 남편은 부인에게 바깥일을 하거나 대학에 다니지 말라고 함으로써 배우고 성장하며 자신의 능력을 탐색하지 못하게 한다(Lawson, 1988; Rubin, 1976). 다른 경우에 갈등은 더 미묘하여, 결혼생활에 적응하기 위해 옛 친구와 술친구 또는 개인적 취미를 포기하게 된다(Pistrang, 1984; Rubin, 1976).

몇 가지 현대적 견해가 자아와 결혼의 갈등을 강화시켰다. 현대 문화는 사람들에게 결혼이 자기성취와 만족을 제공할 것이라는 높은 기대를 갖게 하였다(Lopata, 1971; Burgess & Locke, 1945). 벨라 등(Bellah et al., 1985)은 많은 현대 미국인들이 결혼을 무한히 풍부하고 복합적이며 자극적인 자아를 상호 탐색하는 과정으로 상상한다는 것을 발견하였다. 따라서 사람들은 사랑이 자아를 충족시키고, 결혼이 자아가 성장하고 표현될 수 있는 상황을 제공할 것으로 기대한다. 불행히도 이러한 기대는 매우 이상적인 생각이며, 현실은 흔히 실망적이다.

벨라 등(Bellah et al., 1985)은 대부분의 사람들이 사랑으로 인하여 자신이 대가와 희생을 치룰 수 있다는 것을 정말로 믿지 않음을 발견하였다. 그들은 누군가 사랑하는 사람을 위하여 무엇을 하려고 정말 원했다면 그것은 희생이 아니라고 말했다. 사람들은 행복한 결혼을 위해서 힘든 일이 요구될 수 있지만 그것이 자신에 대한 요구나 희생을 의미하는 것으로 인정할 수는 없었다. 따라서 사랑을 위한 진정한 자기희생은 생각할 수 없었으며, 정의상 불가능한 것이다.

이 모든 것은 이전 세대의 결혼과 매우 대조적이다. 벨라(Bellah) 등에 의하면, 현대 미국인의 견해로는 사랑과 결혼은 중요한 가치의 토대를 이루고 있지만, 자아와는 전혀 상대가 되지 못한다. 결혼이나 사랑이 자아와 갈등을 빚게 되면 자아가 우선이다. 이러한 변화는 보편적은 아니지만, 문화가 전개되는 방향을 나타내고 있다. 새로운 태도는 관계가 자아에 해로우면 정리되어야 한다는 것이다. 무의미하거나 억압적인 결혼은 계속되지 않아야 한다, 사람은 계속 나아갈 권리와 책임도 있다. 이 권리와 책임의 원천은 물론 자아에 있다.

간통에 대한 태도 변화의 증거는 자아가 사랑과 결혼에 우선한다는 결론을 지지하고 있다. 로슨(Lawson, 1988)의 연구에서 많은 사람들은 자신의 결혼을 불만족스럽게 생각하여 간통을 하는 것으로 나타났다. 그녀는 자아를 가치의 토대로 취급하는 경향을 측정하였다. 사람들이 이러한 자아의 견해를 고수할수록 간통을, 특히 우연적으로 범하는 경우가 많았으며, 그에 관한 죄의식도 적었다. 특히 여성은 가정생활이 억압적이거나 자기표현의 기회가 거부되면 불륜관계로 빠져든다. 예를 들면, 어떤 여성은 그녀의 남편이 야간 강좌를 수강하지 못하게 하자 외도를 시작하였다. 따라서 자아가 신성시 될수록 결혼은 신성시 되지 않는다.

간통은 흔히 사랑과 가족 간의 갈등을 일으킨다. 로슨(Lawson)은 많은 사람들이 관여 정도를 통제하고 제한할 수 있다고 믿고 외도를 시작하지만 이 믿음이 잘못된 것임을 발견하였다. 그 사람은 정서적으로 만족스러운 혼외관계에 빠져들어 사랑을 계속할지, 결혼을 계속할지 선택해야 한다.

가치의 토대 간의 갈등은 극히 파괴적일 수 있으며, 간통도 여기에 분명히 예외가 아니다. 로슨(Lawson)은 많은 사람들이 사랑과 결혼을 선택해야 하는 상황에서 큰 고통을 겪는다고 하였다. 결혼이 유지된다면 손상을 입을 가능성이 크다. 혼외관계를 청산한 후에 부부는 함께 있을 수 있어도 의사소통에서의 손상, 신뢰감 부족, 상호 애정 상실 등의 상당한 대가를 흔히 지불한다.

아마도 로슨(Lawson)의 연구에서 가장 중요한 면은 많은 사람들이 자아에 대한 책임 때문에 자신의 혼외관계를 정당하게 생각하고 그로 인한 이혼도 정당하다고 느낀다는 사실이다. 이러한 발견은 가치의 토대 간의 현대 경쟁에서 자아가 결혼과 가족을 패배시킬 수 있다는 명백한 증거이다. 비슷한 형태가 근래 이혼에 관한 연구에서 나타났다(Vaughan, 1986).

이혼을 준비하는 과정에서 많은 사람들은 자아를 관계보다 높은 가치로 생각하는 '자아의 이념'(ideology of self)을 의도적으로 발전시켰다. 관계 파탄을 정당화하기 위하여 보다 상위의 가치가 필요하고, 오늘날 사람들은 자아가 효과적인 것으로 생각한다. 즉, 미안하지만, 내 자신 때문에 관계를 단절할 수밖에 없다는 것이다.

요약하면, 사랑이 자아를 억압한다면 진정한 사랑이 아니기 때문에 사랑은 자아와 모순될 리 없다는 현대의 태도는 계속 유지되고 있다(Bellah 등, 1985). 사랑과 자아가 서로 갈등에 싸인다는 것은 있을 수 없으며, 가족의 유대보다 중요하게 간주된다. 그 사람은 자아를 위해서 또는 다른 사랑을 통한 자기표현을 위해서 관계를 청산하는 것을 정당하게 생각하며, 심지어 그와 같은 책임이 있다고 여긴다. 분명히 이러한 태도는 높은 이혼율을 부추기는 경향이 있으며, 이러한 태도가 보편화되는 한 이혼율이 상당히 저하될 것으로 기대할 수는 없다.

이러한 것들이 사회에 반드시 해가 되는 것은 아니다. 그러나 심각한 문제가 될 수 있는 것은 같은 생각이 자녀와의 관계에도 적용될 수 있다는 것이다. 만일 남편이나 부인에 대한 사랑이 자기희생을 요구할 수 있다면, 더욱 요구가 많고 은혜도 모르는 자녀에 대한 사랑도 그럴 수 있다.

결국, 이혼은 반드시 심각한 사회문제는 아니다. 사람들은 사회를 파괴시키지 않고 관계를 시작하고 끝낼 수 있다. 두 사람이 낭만적 관계를 해소하면 독신 생활로 되돌아갈 수 있고, 새로운 상대를 찾거나 단순히 자신을 돌볼 수 있다. 감정이 상하고, 불편하고, 지출이 늘겠지만 사회에 심각한 문제는 없다.

그러나 이에 비해서, 자녀는 스스로 돌볼 수 없고 새로운 부모를 찾을 수도 없기 때문에 자녀를 포기하는 것은 사회에 큰 부담이 될 것이다. 사람들이 자아를 탐색하고 개발하려는 욕망으로 자녀에게서 자유롭게 되기를 원할 때 사회문제는 심각할 수 있다. 사실, 현재 이혼에 관련된 가장 큰 사회문제는 한쪽 부모, 흔히 아버지와 자녀 사이의 관계 단절이다. 아버지들은 이혼 후에 자녀를 포기한 것으로 간주된다. 그들은 자녀를 더욱 만나지 않게 되고, 관심을 적게 보이며, 재정 부담도 적게 한다.

물론, 같은 추리가 자녀의 관점에도 적용된다. 부모가 자녀의 자기표현과 성장에 흔히 방해가 되기 때문에 자녀가 부모의 이혼을 원했다면 쉽게 제시할 수 있는 대안이 없다. 이 문제에 대한 가시적인 해결책은 없다. 개별적인 견지에서, 한 가지 경감 요인은 부모와 자녀의 유대가 시간적으로 다소간 제한되어 있어 견딜 만하다는 것이다. 즉, 자녀는 성장하여 독립생활을 하기 때문에 애착관계로 인한 많은 고통스럽고 억압적인 면을 끝낼 수 있다. 자녀와의 관계에서 숨 막히고 좌절감을 느끼는 부모는 문제가 저절로 사라질 때까지 기다릴 수 있다. 이것은 자녀에게도 마찬가지이다. 그들은 나이가 들면 부모의 억압적인 영향력과 권위에서 벗어나 독립할 수 있다. 관계는 전형적으로 지속되지만 그 빈도는 감소되고 형태도 변한다. 가장 중요한 것은 자아에 대한 부담이 사라져 자아와 관계의 갈등이 크게 줄어든다는 것이다.

잠재적인 사회문제를 고려해 볼 때, 사회가 어떤 희생에도 불구하고 부모와 자녀의 유대를 유지하는 것이 중요한 것 같다. 문화적으로는 현재 법에 의해서 그리고 태도와 규준에 의해서 이를 성취하고 있다. 법적으로 부모는 자녀와 헤어지지 못하게 되어 있다. 태도 면에서는 부모 역할이 성취감을 주며 자아에게 끝없는 표현과 성장 및 만족의 기회를 제공한다는 견해가 사회에서 유지되고 있다. 부모 역할의 모순을 인정하지 않는 것은 다른 태도가 얼마나 위험한지 분명히 어느 정도 알기 때문이다. 사회는 사람들이 부모가 되어 자녀의 부담을 더 이상 지기 싫다고 결정할 여유를 줄 수 없다.

위험은 전적으로 현대에 나타난 것은 아니다. 수세기 동안 한쪽 부모가 가족을 떠나 포기한 사례들이 있었다(Macfarlane, 1986; Stone, 1977). 떠난 사람은 주로 남성이었는데, 다른 곳에서 독자적으로 새로운 생활을 시작할 기회가 여성보다 많았기 때문이다. 그러나 언제나 이것은 사회적으로 문제가 되었다. 왜냐하면 버려진 가족은 고통을 받고 재정적 지원과 다른 도움을 받기 위해 흔히 사회에 의존하게 되기 때문이다.

그러나 현대에 새로운 것은 가족의 포기를 정당화할 수 있는 태도가 인정된다는 것이다. 자아가 가족보다 가치의 토대가 높고 자신을 위해 만족스럽지 못한 결혼생활을 그만 두는 것이 정당하다고 모두가 인정한다면, 부모가 자녀를 포기하지 못하게 할 수 있는 사회적 태도의 영향력이 거의 없다. 과거에 사람들은 이기적 목적을 위해 자녀를 가끔 포기하였지만 그것은 비난을 받았고 부당한 것이었다. 그 비난은 도주하려는 충동을 느낀 일부 사람들을 억제하였을 것이다. 그러나 오늘날 이기적 목적은 과거에 비해 정당성을 인정받는다. 부모의 책임이 자아에 대한 책임보다 크고 신성하지 않다면 그리하여 자아가 이 점에서 우위에 있다면 사회는 심각한 혼란과 파괴에 취약하게 될 것이다.

이것이 한가로운 걱정인가? 현재 이것은 주로 추측이지만 우려할 만한 경향이 있다. 고의로 자녀를 갖지 않는 경향이 증가하고 있다. 이혼 후 남성이 행복하고 성취감을 갖는데 비해, 여성은 자녀와 함께 무력하게 가난한 생활을 계속하게 되는데 대해 불평하기 시작하였다(Ebeling, 1990). 부모가 비행을 범하는 자녀를 정신병원에 위탁하는 비율이 과거에 비해 2배 이상 증가하였으며, 일부 연구자들은(Barrett & Greene, 1990) 이 입원사례의 2/3는 불필요한 것이라고 주장하고 있다. 즉, 부모가 자녀를 무기한 피하는 수단으로 위탁한다는 것이다.

걱정하는 주된 이유는 이것이 별개의 경향으로 문제를 나타내는 것이 아니라 문화발전의 방향이 전적으로 이렇게 변하고 있다는 것이다. 결국, 자발적으로 자녀를 갖지 않는 것은 사회에 어떤 문제를 야기시키지 않게 부모 역할의 모순에 적응하는 것이다. 최악의 사회문제는 사람들이 자녀를 가진 후에 그들을 원치 않을 때 발생한다. 가치의 토대로서 자아는 결혼을 압도할 수 있게 되었으며, 다음 장에서 보듯이, 일부 측면에서는 종교도 침범하고 있다. 부모 역할의 신성함도 시험 당할 수 있다. 그렇다면 부모 역할이 성취감을 준다는 환상을 우리 문화에서는 어떻게 잘 유지하고 있는가?

성공적인 환상과 그렇지 못한 환상

앞 장에서 서구 사회는 일의 윤리, 즉 일을 가치의 토대이며 성취감의 모형으로 승격시킨 신념을 유지하는데 성공하지 못했다고 하였다. 이 장에서는 같은 사회가 비슷한 과제, 즉 부모 역할을 가치의 토대이며 성취감의 모형으로 만드는 일에 성공한 것을 보여주었다. 이 두 가지 신념은 문화적으로 환상을 구성하려는 비슷한 노력으로 간주될 수 있다. 분명히 사회가 그와 같은 환상을 장기간 대규모로 유지하거나 유지할 수 없다고 단정하는 것은 잘못이다. 한 쪽은 실패했는데 다른 쪽은 왜 성공했는가?

두 환상은 여러 면에서 비슷하다. 일의 윤리와 부모 역할은 오래 지속되는 행복감, 즉 일의 위신과 만족감 그리고 어머니로서의 축복에 관한 비현실적인 기대를 제공하기 때문에 둘 다 성취감의 신화에 연관되어 있다. 또한 둘 다 부정적인 결과도 얼마간 갖고 있다. 사람들은 가능하면 직업을 그만 두며, 부모는 부모가 아닌 사람보다 행복하지 못하다.

두 가지 태도에는 자체 모순도 있다. 자기성취와 자기부정 사이의 긴장은 일의 윤리와 부모 역할에서 모두 분명하게 나타났다. 일에 대한 현대의 핵심적 측면인 개인주의와 집단주의 사이의 긴장은 가족에 대한 현대의 견해, 즉 자아와 가족 간의 갈등과 비슷하다. 더욱이 현대 사회는 일과 부모 역할에 대한 대안을 계속 제시하고 있다. 여가의 윤리가 일과 맞서고 있고, 결혼 여부에 관계없이 자녀가 없는 것이 더욱 용인되고 있다.

그러나 일의 윤리와 부모의 윤리 간에는 몇 가지 차이가 있다. 물론, 다른 쪽의 실패에도 불구하고 한 쪽의 성공에 대한 설명을 모색하기 위해서는 이러한 차이에 시선을 돌려야 한다. 우선 중요한 차이점은 동기의 사회심리에 있다. 일의 윤리는 내적 만족과 외적 이득을 강조함으로써 내적 및 외적 보상의 상충을 빚게 되었다. 따라서 일은 전형적으로 외적 보상이 내적 동기보다 우선하는 일상적인 유형에 따라 외적 요인과 동기를 더욱 지향하게 되었다. 그러나 부모 역할은 풍부한 외적 동기의 영향을 받지 않았기 때문에 내적 동기를 높게 유지할 수 있다.

실제로, 부모 역할은 외적인 면에서 경비가 더욱 많이 소요되었기 때문에 장기적으로는 내적 동기를 강화시키는 경향이 있었다. 자녀는 중요한 재정적 자산과 수입의 원천에서 주요 경비와 부담으로 변화되었다. 따라서 일은 수입원이며, 그 표면적 단서는 사람들에게 외적 보상을 위해 일하고 있다는 것을 상기시켜 일을 생계수단으로 간주하도록 만든다. 이에 비해서 부모 역할은 경비가 소요되어 사람들에게 내적 만족을 위해 하는 것으로 보게 만든다.

두 번째 차이는 사회가 일의 환상보다 부모 역할의 환상을 더 필요로 한다는 것이다. 사회는 모든 성원들이 최대한 열심히 일하기를 바라지 않으며, 그들이 필요한 과업을 완수하는데 충분할 정도로 일하게 할 수 있는 분명한 유인가들이 많이 있다. 다시 말하면, 사회는 많은 사람들이 일하기보다는 다른 활동을 하겠다고 느껴도 붕괴되지 않을 것이다. 그러나 사회는 많은 사람들이 자녀를 포기하거나 아예 갖지 않기로 결심한다면 심각한 문제를 안게 될 것이다.

이 차이와 관련된 것은 부모 역할이 일보다 훨씬 선택의 여지가 있다는 사실이다. 앞에서 강조한 바와 같이, 일과 부모 역할은 수 세기 동안 불가피한 것이었다. 일은 아직도 대부분의 사람들에게 불가피한 것이다. 그러나 현대의 피임 방식에 의해서 결혼하더라도 자녀를 갖지 않을 수 있다. 따라서 사회는 부모 역할의 환상이 일의 환상보다 더 필요하다. 사람들은 자신의 감정에 관계없이 일을 하지만, 부모 역할이 가치가 없다는 견해는 사회적으로 상당한 위험이 있다.

세 번째 차이는 결과에 있다. 이 차이는 성취감의 신화의 성질 때문에 특히 중요하다. 사람들은 성취감을 기꺼이 기대하지만 목표에 도달해도 기대를 충족시키지 못하면 고통을 느끼게 된다. 수년 동안 일을 한 후에도 사람들은 흔히 중요한 것을 많이 이루었다고 느끼지 못한다. 오늘날 일의 성질은 근로자들에게 그들의 업적으로 지적할 만한 것을 거의 남기지 않는다. 사실, 예외는 있다. 건축가는 자신이 세운 집을 볼 수 있고, 의사는 자신이 애쓴 치료에 만족감을 느낄 수 있다. 그러나 대부분의 사람들에게 그와 같은 구체적인 결과물은 없다. 곧 쓸모없게 되는 수천 장의 메모를 하고, 판매고를 올리며, 무수한 회의에 참석하고, 사무 절차를 고안하기도 한다. 일의 야망은 충분히 실현되지 않고, 큰 기대도 충족되지 않는다.

이에 비해서, 몇 년 간의 부모 역할 후에는 자녀가 성장하고 강한 정서적 유대감을 느끼며 자녀의 생활에 자부심을 갖는다. 사람들은 부모 역할이 끝난 후 그 경험을 매우 긍정적으로 돌이켜 본다. 그들은 스트레스와 희생을 잊고, 모든 걱정은 근거 없었던 것으로 판명된다. 그리고 육아 과정의 특별히 유쾌하지 않은 기억조차도 그 결과인 성인 자녀와의 관계가 그 노력을 가치있게 만들 수 있다. 따라서 카우프만(Kaufman, 1986)은 자신의 생활사의 중요한 면으로 부모 역할, 특히 어머니의 역할을 긍정적으로 추억하는 노인들이 놀랍게도 거의 없다는 것을 발견하였다. 그러나 이 노인들은 성인 자녀와의 최근 관계에 큰 비중을 두고 크게 만족하였다.

성취감의 신화는 그것을 미래로 연장함으로써 가장 효과적으로 유지된다. 부모 역할은 그것을 더 오래 연장하여 일보다 기대를 더 오래 유지한다. 노동자 계층의 직업에서 사람들은 전형적으로 생애 초기에 경력의 정점에 도달하며(Rubin, 1976), 사무직의 경우에도 40세 경이면 얼마나 승진할지 대개 알게 된다. 따라서 중년기에 이르면, 대부분의 사람들은 자신의 경력의 실망스러운 결과에 당면하여 한계를 감수하게 된다. 그러나 그 나이에 부모 역할은 성과를 보기 시작한다. 자녀가 독립하기 시작하기 때문에 집에서 그들을 돌보는 문제는 감소되고 떨어져서 그들과 즐길 수 있게 된다. 50세경에 부모는 흔히 10대와의 마지막 갈등에서 벗어나 관계가 상당히 개선된다. 자녀는 성인 초기에 이르고 성취될 수 있는 기대감은 아직 많이 남아 있다. 그리고 자녀도 거창한 결과를 성취하지 못할 것이 분명해지기 전에 손자가 태어난다. 따라서 부모의 노력의 엄청난 결과의 가능성은 나이가 들어도 아주 많이 남아 있는데, 일의 엄청난 결과의 가능성은 오래 전에 소실되었다.

그러므로 여러 가지 이유로, 부모 역할은 일에 비해서 성취감의 신화적인 기대와 더 잘 일치될 수 있다. 말년에 사람들은 자녀로부터 여전히 만족과 즐거움을 이끌어내며, 손자들에게 큰 일을 성취할 것이라는 기대를 갖고 있다. 그러나 일에서 영광스러운 업적에 대한 큰 꿈은 전형적으로 중년 후기에 사라진다.

사회 변화의 방향도 관련이 있다. 일의 현대적 발전은 일의 윤리를 점차 활력이 없게 만들었다. 왜냐하면 일의 구조 변화가 가치의 토대와 성취감의 모형을 더욱 유지할 수 없게 만들었기 때문이다. 이러한 변화에는 자체 고용의 기회 감소, 일의 세분화, 일상적이고 반복적인 일의 증가 등이 포함되어 있다.

이에 비해서 사회는 모든 유아에게 내재된 광범하고 특유한 잠재력을 더욱 예민하게 의식하게 되었다. 19세기에는 어머니 역할의 즐거움을 낭만적으로 묘사하였으나 20세기에는 아버지 역할에게도 이러한 태도가 확대되었다. 이전 세대에 비해서, 오늘날의 부모들은 자녀와 함께 더 잘 지내는 처지에 있다. 근래에 육아의 스트레스와 부담을 경감시킨 몇 가지 편리한 점으로는 일상적인 일의 부부간 공유, 자녀를 적게 갖는 경향, 보육 기회의 증가 등이 있다.

성공적인 환상과 그렇지 못한 경우에 관한 추상적인 비교에서 추측할 수 있는 것은 무엇인가? 사회는 일의 환상보다 부모 역할의 환상을 더 필요로 한다는 것이다. 사회변화의 방향과 개인 생활의 전형적인 형태는 일의 윤리의 부조화는 극적으로 표현하지만 부모 역할의 모순은 은닉하거나 완화하는 경향이 있다. 따라서 부모 역할의 현실과 환상의 차이는 일의 현실과 환상의 차이에 비하여 분명히 적다. 외적 보상은 일의 내적 만족감을 손상시켰지만, 부모 역할의 비싼 대가로 인하여 사람들은 그 이점과 만족감에 집중하게 되었다.

그렇다면, 잠정적인 결론은 환상이 대규모로 유지될 수 있다는 것이다. 사회가 환상을 가장 필요로 할 때, 현실과 환상의 괴리를 숨길 수 있을 때 그리고 내적 모순에 의해 많은 정신적 갈등과 혼란이 야기되지 않을 때 그 성공 가능성은 가장 크다.

요약 및 결론

사랑과 가족에게 의미를 부여하는 것이 문화적으로 중요하다. 만일 그렇지 못하면, 특히 성적 행동을 규제하지 못하면 여러 가지 문제가 발생할 수 있다. 사랑과 성의 자연스러운 충동은 사람들에게 기복이 있을 수 있으나, 평탄하게 운영되는 사회에서는 이 관계가 상당히 안정될 필요가 있다. 사회는 허용될 수 있는 성적 행동에 대한 구성원들의 합의를 필요로 하며, 그들이 자녀를 돌보고 사회화시키기를 바란다. 의미는 안정을 이루는 강력한 수단이기 때문에 문화는 성과 출산의 자연적인 과정에 의미를 부여한다.

사랑과 가족은 현대 생활에서 중요한 가치의 토대를 형성한다. 이에 대한 비중이 증가된 것은 현대에 이르러 자아와 정체감이 강조되는 것처럼, 가치의 결핍에 대한 사회의 반응이라고 할 수 있다. 현재의 태도는 진정한 사랑이 자기 이익과 갈등을 일으킬 수 있다는 것을 인정하지 않기 때문에 이 두 가치는 서로 도움이 될 수 있다. 그러나 자기 이익이 결혼과 가족의 책임과 상충될 때 자아는 더 중요한 가치의 토대로 보인다.

과거에 가족은 재정적 및 사회적 필요에 의해서 결합된 경제적 단위이었다. 가족의 이러한 전통적 기능의 많은 부분은 상실되었지만 가족은 여전히 남아 있다. 가족은 친밀한 정서적 관계의 조직으로 변화되었다. 오늘날, 사람들은 가족이 성취감, 자기표현, 정서적 만족을 제공해주길 기대하고 있다.

사랑과 가족에 대한 현대의 견해는 환상으로 가득 차 있다. 열정, 친밀감, 책임의 사랑의 요인간 차이는 애매하고 무시되었다. 성취감의 신화에서 전형적인 것처럼, 거짓된 영속성이 약속되며, 사실 사랑과 가족은 오늘날 가장 중요한 두 가지 성취감의 신화이다. 사람들은 부모 역할을 행복하고 성취감이 있으며 의미있는 생활을 영위하는데 필수적인 것으로 간주하며, 결혼생활을 강화시킬 것으로 믿고 있다. 그러나 증거에 의하면, 부모 역할은 행복을 감소시키며, 결혼생활에 해로운 긴장을 부여한다.

부모 역할의 모순, 즉 행복에 대한 희생에도 불구하고 자녀를 가지려는 보편적인 욕망은 매우 교육적이다. 우선, 사회에서 필요한 경우에 그리고 상황이 유리할 때 대규모의 환상이 유지될 수 있다는 것이다. 또한 행복은 사람들의 생활을 주도하는 유일한 요인이 아니라 삶의 의미도 필요하다는 것이다. 부모 역할은 행복의 원천으로 비효과적이고 비효율적이지만, 의미의 강력한 원천이다. 사실, 그것은 많은 현대 생활에서 의미에 대한 욕구를 충족시키는 가장 효과적인 수단이다. 특히, 가치와 성취감은 의미있는 생활을 추구하는데 가장 흔한 두 가지 난관이며, 부모 역할이 이에 대한 강력한 해결책을 제시하고 있다.

제8장 종교

1950년대 록음악에서 가장 논란이 된 인물의 하나가 리틀 리차드(Little Richard)이었다. 그의 노래는 그 당시의 기준에 비해서 탐욕과 간통에 관련된 성적 표현이 노골적으로 드러났다. 더구나 그는 자제하듯이 노래하기는커녕, 피아노와 드럼으로 빠른 리듬에 맞춰 고성으로 노래를 불렀다. 성적인 내용과 빠른 박자로 인하여 인기 음악에서 두각을 나타내었고, 음악적 재능도 있었다. 그는 믿을 수 없을 정도로 유명하고 부유해졌다. 세계 각지를 여행하며 콘서트를 개최하였다.

콘서트 여행 중 호주에 왔을 때 그는 한 빛나는 별(사실은 스푸트니크 위성)이 저녁 하늘을 스치며 그에게 신호를 보내는 것을 보았다. 리틀 리차드(Little Richard)는 강한 종교적 경험을 하여 그 날 다시 태어났다. 그는 자신의 여정에 놓인 죄 많은 행동을 보았으며, 음악을 즉시 포기하고 주님께 헌신하였다. 그는 제 7일 안식일 교회의 목사로 수년간 봉사하였다. 그의 음반회사에서는 이 사실을 숨기고 이전 음반을 계속 발매하려고 하였으나, 그는 더 이상의 취입을 거절하고 자신의 종교 생활을 추구하였다.

리틀 리차드(Little Richard)의 생활의 극적인 변화는 종교적 이상과 신념의 힘을 반영하고 있다. 사실, 종교는 중요하고 신비스러운 현상을 이해하는 효과적인 방법을 오랫동안 제공하여 사람들이 그에 대처하고 적응하는데 도움을 주었다. 리틀 리차드(Little Richard)는 하늘에 있던 스푸트니크(Sputnik)를 신의 징표로 보았다. 분명히 다른 사람들은 그 위성을 보고 다른 해석을 하였으나, 그는 결과적으로 자신의 인생의 방향과 의미를 변화시켰다. 일단, 그가 세상에 대한 종교적 견해를 수용하자 모든 것이 새롭고 강렬하게 보였고, 생활의 광범한 변화가 필요했다. 인생의 의미에 대한 이러한 확신의 증가는 종교적 전환 경험의 여파에서 보편적이다(Paloutzian, 1981).

종교는 인생의 의미에 관한 몇 가지 문제에 답을 제시하는데 적합하다. 사실, 어떤 면에서는 특히 잘 부합된다. 이전의 두 장에서 주장한 것처럼, 사람들은 일과 사랑 및 가정생활에서 많은 의미를 발견하지만, 많은 사람들은 인생의 의미의 문제를 종교적인 문제로 생각한다.

현대는 외면상 종교가 약화된 여러 가지 경향을 보이고 있다. 종교가 기반을 잃고 곧 소멸될 것으로 결론짓는 것은 쉽지만 잘못된 것이다. 증거를 면밀히 보면, 교회 신도수와 참석율의 감소에도 불구하고(Stark & Bainbridge, 1985), 종교적 신념은 미국에서 여전히 아주 강하다. 미국인의 80% 이상이 신을 믿고 있으며, 겨우 6%만 신의 존재를 강력히 부인하고 있다.

종교는 제도 면에서 영향력을 많이 상실하였고, 특히 식자층에서 지지를 잃어 종교의 무력한 모습을 보이고 있다. 그러나 특히 사회의 보이지 않는 부분에서 신앙은 강하게 남아 있다. 사람들에게 신을 흔히 어느 정도 가깝게 느끼는지 6점 척도에서 나타내도록 하였을 때 44%는 매우 높게 반응하였고, 특히 교육적인 혜택을 받지 못한 남부에서 비율이 높았다(Bainbridge, 1985). 분명히 많은 사람들은 신을 믿을 뿐만 아니라 신의 존재를 자주 느끼는 것으로 믿고 있다.

현대는 과학과 종교의 표면적 갈등에 의해 곤란을 겪고 있다. 이러한 갈등은 오해의 소지가 많으며, 나중에 이에 대해 언급될 것이다. 그러나 우선 의미의 기능이 과학과 종교의 표면적 갈등에 유용한 시각을 제공할 수 있다는 것을 언급할 가치가 있다.

이 책의 앞부분에서 의미의 두 가지 기능을 제안하였다. 구체적으로, 의미는 환경을 예측하고 통제하기 위해 사용되며, 자신, 특히 자신의 정서 상태를 규제하기 위해 사용된다. 과학은 자연환경을 예측하고 통제하는데 종교보다 분명히 효과적임이 입증되었다. 과학은 자연환경을 탐색하는데 주력하고, 종교는 초자연적인 존재와 힘에 관심을 두고 있으므로 이것은 전혀 놀랄 일이 못된다. 과학과 종교의 갈등은 흔히 자연계에 관한 상이한 예측에 관련되며, 과학적 견해가 전형적으로 우세하다.

그러나 의미의 두 번째 기능에서 보면, 과학은 종교보다 훨씬 못하다. 종교는 불운에 대처하고 고차적 가치를 신봉하는 것에서 알 수 있듯이, 정서 상태를 조절하는데 강력한 도움이 된다. 또한 종교는 사람들이 자신의 행동을 규제하는데 도움이 되는 도덕률을 지지하고 있다. 과학은 이 경우에 도움이 되지 않는다. 사람들이 종교에 등을 돌리면, 그들은 종교가 제공할 수 있는 강력한 위안, 기쁨, 도덕적 확신을 잃게 될 것이다.

믿음과 소속감

종교적 활동의 유형은 크게 믿음과 소속감의 두 범주로 구분될 수 있다. 종교는 사람들에게 믿음, 즉 사람들이 보다 넓고 궁극적인 상황을 이해할 수 있는 자연과 초자연적 실재에 관한 원리를 전형적으로 제공한다. 또한 종교는 사람들에게 자신의 생활이 비슷한 생각을 가진 사람들의 집단이나 커다란 조직의 일부라는 느낌을 주는 공동체도 제공한다.

❖ 믿음에 대한 욕구

고차적 의미는 보다 넓은 시간대와 관계된다(Vallacher & Wegner, 1985, 1987). 이러한 추리에 따르면, 가장 고차적인 의미는 영속성을 연상할 수 있다. 영원한 진리는 종교의 영역이다. 따라서 종교는 특별한 날에 사람들이 행하는 특정한 일에 영원한 진리나 가치와 같은 가장 폭넓은 맥락을 부여한다. 이것이 큰 호소력을 설명하는 종교의 중요한 측면이다. 예를 들면, 의식에 참가하는 사람들은 아무리 평범하거나 사소한 행동일지라도 모두 신의 섭리의 일부이며 우주의 이치를 담고 있다는 새로운 느낌에 기뻐한다(Rothbaum, 1988). 종교는 진부함을 극복할 수 있다.

그러므로 종교적 사고는 가장 고차적인 의미에서 자신의 행동을 인식하려는 욕구가 최고에 이른 것이다. 사실 고차적 의미의 신화는 종교에서 아주 분명하다. 피터 버거(Peter Berger, 1967)의 말을 빌리면, "종교는 우주를 인간적인 의미로 이해하려는 대담한 시도이다"(p. 28). 종교는 개인에게 일어난 일은 좋은 것이든 나쁜 것이든, 의미가 있다는 것을 보장한다. 단일 사건도 광범한 양상의 일부임을 믿고 싶어 하는 욕망은 종교에 의해 충족될 수 있다.

10장에서 고통은 의미에 대한 욕구를 자극한다는 것을 보여줄 것이다. 의미가 부여되면 고통은 흔히 상당히 감소된다. 고차적 의미의 수호자로서 종교는 고통에 대응하여 보다 참을 수 있게 하는데 큰 힘을 지니고 있다. 그리고 의미의 주요한 기능의 하나가 감정을 조절하는 것이고, 종교는 이 기능을 효과적으로 수행할 수 있다. 사람들이 상황을 이해할 수 있는 것으로 정말 느낀다면 그들의 고통은 감소된다.

거짓 영속성은 고차적 의미의 신화에서 흔히 핵심적이며, 종교에서 매우 분명히 나타난다. 종교적 교리는 가능한 한 영원하다고 주장한다. 이 영원함은 종교적 매력의 중요한 부분이지만, 장애의 원천이기도 하다. 왜냐하면 종교적 교리를 완고하게 만들기 때문이다. 종교가 낡은 교리를 폐기하고 새롭고 개선된 것을 도입하기는 쉽지 않다. 실제로 새로운 교리도 오래된 것으로 흔히 잘못 주장하게 된다. 예를 들면, 한 때 로마제국은 일련의 새로운 종교 의식과 운동에 휩싸였다. 이를 설명하면서 유명한 학자 엘리아드(Mircea Eliade, 1982)는 이 모든 새로운 믿음이 1세기가 채 되지 않았는데도 불후의 오래된 것이라는 주장이 있었다고 강조한 바 있다.

고차적 의미의 신화는 종교에 여러 가지 함축성을 내포하고 있다. 우선, 종교는 달리 사태를 이해할 방법이 없는 사람들에게 매우 강한 호소력이 있다. 사람들은 어떤 일이 의미가 있는 것으로 생각하고 싶어 하며, 종교는 그와 같이 이해하도록 도와준다. 종교와 과학의 갈등은 계몽주의 시대에 발생하였으며, 그때 과학은 현상을 이해하는 다른 방법을 제공하여 종교적 원리를 불필요하거나 잘못된 것으로 만들었다. 사람들은 천체 운동 같은 것을 설명하는데 더 이상 종교가 필요하지 않았다. 오늘날에도 신앙과 교육은 강한 부정적 상관이 있다(Stark & Bainbridge, 1985; Shupe & Stacey, 1983). 잘 교육받은 사람들에게는 세상을 이해하는데 종교가 필요한 것 같지 않다. 종교는 어떤 일을 달리 이해할 길이 없는 사람들에게 가장 매력이 있다.

교육받은 사람들은 종교에 등을 돌림으로써 어떤 위험에 봉착할 수 있고, 과학이 그들의 모든 욕구를 충족시키지도 못할 것이다. 종교는 정서를 규제하는 강력한 수단이기 때문에 종교를 포기하면 그것을 대체할 것이 필요하다. 융(Jung, 1928)은 20세기 초에 현대인들이 영적 욕구를 만족시키기 위하여 심리학에 대한 관심을 보이는 것을 관찰하였다. 심리학은 사람들이 외상에서 회복하고, 삶의 방향을 모색하며, 내적 자아와 광범한 사회적 맥락과의 관계를 이해하는데 도움이 되기 때문에, 이 점에서 종교에 대한 가장 과학적인 대체물로 볼 수 있다(Rieff, 1968).

그러나 심리학은 충분히 만족스러운 종교의 대체물은 아니다. 심리학이 가치중립적인 과학이라는 가장은 분명히 과장되었지만 개인의 영적인 욕구를 충족시키는 능력에 한계가 있다. 심리학의 이상인 적응은 정신적 충족감과 덕목을 충분히 대체하기는 어렵다(Rieff, 1968). 사실, 종교적인 기반을 이용하지 않고 종교적 욕구를 충족시키려는 시도에서 심리학은 불리한 점이 있기 때문에 할 수 있는 것이라고는 가치의 토대로서 자아에 대한 책임을 긍정하는 것이며, 그것은 해로운 결과를 가져올 수 있다(Wallach & Wallach, 1983).

고차적 의미로서 종교의 신화의 두 번째 결과는 종교의 교리가 경합되는 다른 견해와 흔히 모순된다는 것이다. 결과적으로, 교리는 다른 견해에 대해 다소 경쟁적이고, 적대적이며, 편협한 경향이 있다. 리브만(Liebman, 1983)이 주장하듯, 종교적 교리는 불가피하게 극단적이고 옹졸한 경향이 있다. 결국, 종교에서 궁극적 실체에 관한 절대적 진리의 주장은 타협의 여지가 많지 않다.

❖ 소속감에 대한 욕구

종교는 신앙의 문제만은 아니다. 소속감도 중요하다. 종교적 관용과 다원화가 특징인 현대 미국 생활에서 이것은 인정하기 어려울 수 있다. 우리 사회는 종교적 차이에 그다지 비중을 두지 않는다. 그러나 다른 시대와 장소에서는 종교가 사회집단을 결속시키는 강한 유대감을 제공하였다.

종교적 결속의 몇 가지 표시는 너무도 익숙하다. 많은 전쟁은 적어도 부분적으로는 종교적 차이에 입각한 것이었다. 십자군이 중동의 회교도 영역을 침범하였을 때 많은 현지 기독교인들은 동포들보다도 침략자들을 지지하였다. 그들은 침략해온 기독교도들보다도 회교도들의 지배 하에서 더 잘 지냈음을 깨닫기 시작했을 때에도 같은 종교를 신봉하는 사람들에게 계속 충성하였다(Runciman, 1951-54). 비슷한 사례들이 신구교간의 끝없는 전쟁 동안에 일어났다. 많은 사람들은 동포들보다도 외부 침략자들과 합세하였다(Parker, 1987).

종교 집단에 관한 연구에서는 소속감의 중요성이 지적되었다. 스타크와 베인브리지(Stark & Bainbridge, 1985)는 이교를 포함하여 종교 집단의 이합집산에 관한 많은 증거를 검토하여 사회적 유대가 가장 중요한 요인이라고 결론을 내렸다. 사회적으로 소속되지 않은 사람들은 이미 강한 사회적 유대감이 형성된 사람들에 비하여 새로운 종교 운동에 가담할 가능성이 아주 크다. 흔히 이러한 가담은 특정한 교리나 신앙의 힘에 의해서라기보다는 공동체에 소속하려는 욕구에 의해서 생긴다. 실제로, 사람들은 집단 회원과의 관계나 우정을 토대로 대개 종교 집단에 가입한다. 더욱이 사람들은 대가족이나 친밀한 공동체의 일부라는 느낌 때문에 집단에 소속되기를 좋아한다(Robbins, 1988). 종교 집단에서 강한 사회적 유대감을 형성한 사람들은 그 안에 잔류하는 경향을 보이는 반면에, 그와 같은 유대감을 형성하지 못한 사람들은 떠나는 경향이 있다. 따라서 모든 면에서 사회적 유대감은 이념보다 강력하다. 사람들은 특정한 교리에 대한 믿음 때문이 아니라 사람들과 그 관계 때문에 종교 집단에 가담하고 떠나기도 한다. 사실, 사람들은 흔히 자기 종교의 교리를 충분히 이해하지 못한다(Albrecht, Corwall, & Cunningham, 1988)

확실히, 종교적 신념의 중요성을 모두 부정하는 것은 무모한 일일 것이다. 그러나 신학적 원리의 섬세한 면이 각 교회를 세분할 수 있다고 해도 개인의 참여도, 신념, 습관에 아주 부합된 것은 아니다. 사람들이 종교 집단에 가담하고 이탈하는 것은 주로 사회적 유대감 때문이다. 감리교도인가 장로교도인가는 미묘한 교리의 차이에 입각한 신중한 선택이라기보다는 친구, 이웃, 친척들과 함께 교회에 가고 싶은 욕망을 반영하는 것일 것이다.

소속감에 대한 강조는 종교적 이념을 사회집단의 토대로 볼 수 있게 한다. 종교는 사람들이 함께 생활하고 일하도록 하며, 그것이 문화의 주요 과제이다. 사실, 종교적인 사람은 상황과 경험을 궁극적인 의미와 진리의 관점에서 설명할 수 있다. 그러나 똑같이 중요한 것은 이러한 설명에 동의하는 사람들의 집단에 소속되어 있다는 느낌이다. 종교 집단의 구성원들은 상황에 대해 서로 이야기를 나눌 수 있고, 그들의 해석은 서로 이해될 것이다.

그러므로 종교는 사회집단을 위해 중요한 기능을 수행할 수 있다. 그러나 그러한 기능의 수행은 쉽지 않으며, 종교는 그 수행에 어려움을 겪는 경향이 있다. 실제로, 공동체에 의미 있는 기준을 제공하는 과제로 인하여 종교는 모순된 요구와 난처한 상황에 흔히 처하게 된다. 다음 절에서 이 어려움을 검토해 보자.

종교의 사회적 문제

앞의 두 장에서는 인생의 의미의 중요한 두 원천을 다루었고, 그 각각은 사회적 문제와 연관되었다. 일에서 문제되는 것은 사람들에게 필요한 과업을 행하도록 하는 것이었다. 사랑과 가족에서 문제는 성적 행동을 자녀 부양과 같은 여러 가지 재정적 문제와 조화시키면서, 다른 사회적 관계를 파괴시키지 않고 성적 욕망과 정서적 욕구를 충족시키는 길을 찾는 것이었다.

종교의 문제는 다소 다르다. 종교는 그 자체가 사회적 문제의 불가피한 원천은 아니며, 오히려 그 해결책이 될 수 있다. 종교는 사람들에게 우주의 이치를 설명하고, 그들의 노력과 희생 및 상황을 정당화하며, 상호 협조를 위한 행동 규칙을 제공할 수 있다.

그러나 실제로 이러한 사회적으로 바람직한 목표를 달성하는데 상당한 어려움이 있다. 그 어려움의 일부는 고차적 의미의 신화에 종교가 깊숙이 관여함으로써 발생한다. 영원한 진리와 틀림없는 일관성에 대한 주장은 종교를 다소 융통성이 없게 만드는 경향이 있다(Liebman, 1983). 그 결과, 종교는 사회의 상반되는 이해와 정파에 똑같이 잘 기능할 수 없게 되어 사회변화에 적응하는데 장애를 야기한다.

우선 대립되는 사회적, 정치적 정파에 관하여 검토해 보자. 이 과정에 대한 설득력있는 설명을 스타크와 베인브리지(Stark & Bainbridge, 1985)가 제시하였다. 대부분의 역사를 통해서 새로운 종교 운동은 주로 가난한 사람과 억압받는 사람들 사이에서 시작되었다. 이 사람들은 자신을 현재 사회와 맞지 않는 것으로 보기 때문에 기성 종교에 대한 새로운 해석을 포함하여 새로운 운동에 수용적이다. 기존 지배층은 현상 유지를 정당화하는 종교와 연합하는 경향이 있으나, 억압받는 사람들은 변화를 갈망한다. 따라서 그들은 새로운 종교적 운동에 보다 수용적이며, 현행 체제를 유지하는데 흔히 관심을 두지 않는다.

대부분의 새로운 종교적 운동은 한동안 전개되다가 서서히 사라진다(Stark & Bainbridge, 1985). 일부는 관계 당국이 적극적으로 억제한다(Cohn, 1970). 그러나 간혹 이 새로운 운동의 하나가 대중의 폭넓은 호응을 얻어 사회 전반에 확산된다. 이 새로운 종교는 힘을 얻어 이전 신앙이나 종파를 대체할 수 있다.

그러나 이와 같은 일이 생기면 현재의 상황에 대한 새로운 종교의 반대는 빛을 잃게 된다. 이제 새로운 종교의 지지자들이 지배층이 되어 종교가 현 상황의 붕괴를 예측하기보다는 유지를 정당화하기를 바란다. 종교는 이 새로운 과제를 충족시키기 위하여 그 교리를 발전시키고 변화시킨다. 그러나 그 과정에서 빈곤층과 억압받는 사람들의 지지를 잃고, 그들은 또 새로운 운동을 받아들이게 된다(Stark & Bainbridge, 1985).

초기 기독교 역사는 이 과정에 대한 좋은 예를 제시하고 있다. 처음에 기독교는 로마제국의 가난하고 억압받는 사람들에게 매력적인 소수 집단의 종교이었으며, 공식적으로는 이교에 속했다. 기독교는 평등에 관한 혁신적인 원리, 탐욕의 죄, 사회질서의 전환을 설교하였다. 기독교도들이 관계 당국에 의해서 박해를 당한 것은 전혀 놀랄 일이 아니다. 그러나 기독교가 제국에서 득세하였을 때 그 입장을 바꿔 현재의 상태를 정당화하기 시작하였다.

현재의 상황이 당연하다는 것이다. 성 아우구스티누스(St. Augustine)[33]는 사회를 인간의 신체와 비슷한 것으로 생각하여 손가락이 눈이 되려고 해선 안 되는 것처럼, 개인이 자신의 처지에 만족해야 한다고 말했다(Weintraub, 1978). 이와 같은 원리는 분명히 현재 상황을 지지하였으며, 구세주가 나타나 기존 권력 구조를 정치적으로 타파해주길 기대하던 기독교의 초기 단계에서는 제시되지 않았을 것이다.

그러므로 종교는 사회의 모든 계층에서 매력을 유지하기는 어렵다. 강자는 현상 유지를 원하는데 비해서, 가난하고 억압받는 사람들은 변화를 원한다. 종교 조직은 현상 유지와 변화 사이에서 택일해야 하며, 흔히 둘 다 할 수는 없다.

종교의 두 번째 문제는 상황 변화에 관한 것이다. 지배층과 지배적 종교는 그대로 있더라도 사회는 발전되며, 새로운 문제가 발생한다. 한 시대에 잘 작용한 것은 다른 시대에는 쓸모없거나 부적합할 수 있다. 사회적 현상으로서 종교적 교리는 사회가 변하면 진부해진다. 그것들은 더 이상 사회적으로 필요한 행동을 야기시키지 않거나 감정을 조절하여 사람들이 고통에 대처할 수 있게 하는데 도움이 되지 않는다.

벨라(Bellah, 1975)는 저버린 서약(The broken covenant)에서 미국이 국가적 사명과 구성에 관한 도덕적 및 신학적 가정에 입각하여 설립되었다고 주장하였다. 이 가정에는 미국인이 도덕적 특권을 가진 선민일 뿐만 아니라 미국이 특히 소규모 농민들로 구성된 독자적인 근로자들의 땅이라는 견해가 포함되었다. 사회가 변하면서 이러한 견해는 진부해지고 기능을 발휘하지 못하게 되었고, 오늘날 미국의 종교는 시대에 뒤떨어졌다. 예를 들면, 농업과 경제적 자립은 대부분의 시민들에게 불가능한 것이 되었고, 소수 민족에 대한 차별을 정당화한 고상한 사명감은 크게 감퇴하였다.

시대에 부응하는 어려움에 관한 또 다른 친숙한 예는 현대 가톨릭교회의 노력에 의해 알 수 있다. 교회는 교황의 절대 권위의 원칙에 의해 제약을 받았다. 이전에는 교황들의 말에 반박할 수 없었으며, 이제는 다양한 견해를 피력하는 교황들이 많다. 피임에 대한 가톨릭의 반대는 구성원들에게 심각한 장애가 되어 많은 사람들이 이 갈등으로 교회를 이탈하였다(Albrecht 등, 1988; Hoge, 1988). 피임 반대는 자녀가 부모에게 재정적으로 득이 되고 사회가 많은 시민을 필요로 하던 과거에는 이점이 있었으나, 현대 사회에서 많은 자녀는 개인과 사회 모두에게 불리하다. 교회는 피임에 대한 입장을 간단히 바꿔 이득을 볼 수 있을지 모르지만, 고차적 의미의 신화는 일관성을 내포하므로 생각을 간단히 바꿀 수는 없다.

진정으로 변할 수 없는 종교는 곧 진부해진다. 사회 변화의 문제에 대한 종교적 해결은

33) 역자 주. 교회사에서 최고의 사상가로 알려진 성 아우구스티누스(AD 354-430)는 누미리아 타가스테(현재 알제리 지역)에서 출생하여 선과 악의 이원론에 기반을 둔 마니교를 믿으며 방탕하게 생활하다가 어머니 모니카의 헌신적인 기도로 34세에 기독교로 개종하고, 사랑의 속성과 인간의 내면을 탐구하면서 얻은 삶의 의미에 관한 자신의 사상을 담은 100여 권의 저서를 남겼다. 그의 참회록은 톨스토이, 루소와 함께 세계 3대 참회록에 속한다.

변화를 반드시 인정하지 않더라도 그 묘책을 모색하는 것이다. 클레브쉬(Clebsch, 1979)는 유럽의 여러 시기에서 기독교가 강조한 다양한 특징을 보여주었다. 시대에 따른 기독교의 모순과 비일관성은 전형적으로 경시되었다. 기독교의 모순된 주제는 사회적 상황 변화에 신앙이 적응할 수 있는 융통성을 부여했기 때문에 힘의 원천이었다.

보다 강한 해결책은 새로운 종교적 운동이 나타나 기존의 종교를 구식이라고 비난하는 것이다. 종교가 현재 상황과 맞지 않으면, 새로운 종파가 나타나 원래의 교리를 현대 생활에 적합한 방식으로 재해석할 수 있다. 이것은 실제로 종교를 다듬고 재해석하는 과정이지만, 종교적 변화의 사실은 교묘히 은폐된다. 기성 종교는 그대로 있는데 사회가 변했다고 말하는 대신, 새로운 운동은 기성 종교가 타락하여 원래의 교리에서 이탈하였다고 말한다. 예를 들면, 기성 종교는 타락하고 부패하여 예수가 의도한 가르침을 더 이상 구현하지 못한다고 비판한다. 새로운 종파는 새로운 내용의 믿음을 제시하는 대신, 원래의 내용으로 복귀한다고 주장한다(Stark & Bainbridge, 1985).

미국식의 이러한 종교적 변화 과정은 맥로플린(McLoughlin, 1978)이 매우 잘 분석하였다. 미국은 흔히 각성기라고 하는 종교적 격변의 시기를 여러 번 거쳤다. 이러한 변화는 기존 종교가 사람들의 사회생활과 영적 욕구에 맞지 않을 때마다 발생하였다. 그의 견해에 의하면, 이러한 큰 각성기는 기준과 경험, 낡은 신념과 새로운 현실, 사라지는 행동 유형과 새로운 유형 간의 괴리를 극복하기 위하여 문화 체제가 활성화되어야 했던 시기이다(1978, p. 10). 각성기는 사람들에게 오래된 가치와 신념으로 복귀하도록 요구하는 자연적 또는 전통주의적 운동을 가장한다. 실제로 그것은 종교 교리를 현재 사회생활과 문제에 적합하게 재해석하는 변화 운동이다. 큰 각성기는 정치적, 경제적, 사회적 제도가 재구성되는 시기를 동반하였다(McLoughlin, 1978).

다시 말하면, 종교는 사회에 정당성을 부여한다. 상황이 변해도 사회는 궁극적인 신념과 가치 체계의 승인 없이는 변할 수 없다. 사회변화는 종교를 재해석한 다음에 사회제도의 변화로 진행된다. 따라서 종교적 이념은 경제적 요인을 매개하여 자체 변화나 새로운 기회에 대한 반응, 사회의 재구조화를 가져온다.

인생의 목적의 발견

앞 절에서는 인생에 의미를 부여하는데 종교의 기능을 이해하는 토대를 제시하였으며, 여기서는 종교가 이 과제를 성취하는 방법을 검토할 것이다. 의미의 4가지 욕구에 대한 종교의 반응은 복잡하고 재미있는 이야기를 전하고 있다. 목적에 대한 욕구부터 검토하는 것이 적당한 것 같다.

❖ 구원 체제의 출현

종교는 인생의 목적을 항상 처방해주지는 않는다. 초기 종교적 사상에 관한 엘리아드(Eliade, 1978)의 권위적인 개관은 세계 각지의 원시 종교적 신념에 관한 분명한 모습을 제시하였다. 엘리아드(Eliade)는 이러한 종교들이 서로 어떤 미묘한 차이가 있는지 설명하려고 애썼지만, 열성적인 학자를 제외하면 누구에게나 아주 비슷하게 보일 것이다.

초기 종교는 지구와 인류의 존재를 흔히 토착 신화에 의해서 전형적으로 설명하였다. 그것들은 조상 숭배와 같이, 죽은 사람을 대하는 법을 설명하는 것만이 아니라 사후 생명에 대한 개념도 제시하였다. 주술적 도취가 흔히 초자연적 힘을 다루는 중요한 수단이었다. 초기 종교는 자연 환경의 중요한 특성도 설명하였다. 이것이 초기 인류에게는 불의 기원과 수렵 신화의 일부를 설명하는 것이었는데, 그 신화에는 사냥이 성공하려면 동물을 보호하는 야수의 신에 대처해야 한다는 생각이 전형적으로 포함되어 있었다. 후에 인류가 농업으로 전환하면서 수확, 계절의 변화와 같은 주기, 성장의 신비, 태양 숭배 등에 관한 종교적 설명이 등장하였다. 대개는 최초의 홍수 이야기가 있었고, 제물과 그 용도에 관한 설명도 흔히 있었다. 마지막으로, 사회질서에 관한 신이나 우주의 의미, 옳고 그름, 정의 등에 관한 초보적인 도덕 개념이 있었으며, 이것들은 모두가 서로 연관되었다.

이 정도가 초기 종교에 속했다. 기원 전 10,000년의 증거는 매우 개략적이며, 주로 추론에 의한 것이지만, 기원 전 10,000년에서 2,000년 사이의 종교적 믿음에 관한 증거는 매우 광범하고 분명하다. 이 장기간에 종교적 사상은 세계의 형성 과정을 설명하였고, 초자연적인 힘에 대처하는 법을 제시하였으며, 사후 세계에 대한 어느 정도의 기대도 제공하였다. 그러나 인간의 생활에는 중요한 성취의 가능성이 내포되어 있다는 시사는 거의 없었고, 도덕적 사고도 사회의 조화에 관한 초보적인 생각에 국한되었다.

이 시기 말에 고대 종교는 새로운 유형의 사고를 발전시켰다. 유대교가 역사에 대한 종교적 관점을 도입하였다. 특히 이란인과 유대인들 중에서 선과 악의 문제에 대한 관심이 증가하였다. 신학은 더욱 세련되고 복잡해져서, 그리스의 다신교에서는 많은 신들과 그에 관한 이야기가 많았다. 이러한 새로운 방향에도 불구하고, 어떤 종교도 인생의 목적에 대한 분명한 원리를 제시하지 않았다.

과도기. 종교가 인생의 목적에 관한 암시를 내포하기 시작했기 때문에 기원 전 2,000년대는 과도기로 볼 수 있다. 전형적으로 의식의 형태로 초기 신비주의 사상이 세계 각지에서 나타났다. 인도에서는 향정신성 약초인 소마(soma)를 빚어 마시면 신비스러운 경험을 하게 된다는 사실에 분명히 고무되어 이 사상을 선도하였다. 소마가 인기를 잃자, 비슷한 경험을 하려는 방법이 탐색되기 시작하여 요가, 고행, 명상 등이 나타났다. 유대 밀교도 또 다른 형태의 초보적인 신비주의이었다.

그 동안 그리스 종교에서는 신성한 의식 중에 보고 배운 것은 사후 축복을 보장한다는 개념에 입각한 엘레우시스 제전(Eleusinian mysteries)을 발전시켰다. 거듭난 신인 디오니소스(Dionysus)도 그리스 이교에서 저명한 인불이었다. 그는 인간인 여인과 결혼한 신의 산물이었고 이 잡종은 결국 신에 속했기 때문에 인간의 신과 같은 잠재력을 나타내는 상징적 존재이다. 그는 또한 강렬한 종교적 경험과도 관련되어 있었다.

과도기적 형태는 이 시기의 독일 신화에도 분명하였다. 그 신화에서는 인간의 행동, 특히 전투에서의 용맹이 사후 운명을 결정한다고 믿었다. 무용은 사후 생활의 특혜를 의미하는 오딘(Odin) 신[34)]의 축제장인 발할라(Valhalla) 전당에 입장을 승인받았다.

그러므로 기원 전 2,000년대에 종교는 세계 각지에서 인생에 대한 목적의식을 지향하며 발전되기 시작하였다. 종교는 인생에서 경험한 것이 사후에 큰 차이를 가져올 수 있음을 시사하기 시작하였다(Eliade, 1978).

구원의 등장. 그리스도 사망 전후 몇 세기에 종교는 모든 세계에서 근본적인 변화를 겪었다. 구원의 개념이 나타나 인생의 목적에 관하여 근본적으로 새로운 견해를 제시하였다. 그 개념은 인간의 잠재력에 관한 심상이나 개념, 인간의 완전한, 궁극적인 경험을 나타냈다. 보통 그 안에는 이러한 상태에 도달하기 위하여 인생을 영위하는 법에 관한 지침이 포함되었다. 구원은 인간의 성취감의 중요한 개념을 나타낸다. 사실, 구원은 성취감의 개념의 원형으로 간주될 수 있다.

엘리아드(Eliade, 1982)에 의하면, 최초의 구원체제는 인도에서 기원 전 600년경에 시작되었다. 이것은 브라만교(Brahmanism)와 힌두교(Hinduism)이었다. 이 종교에서는 모든 인생이 고통이지만 종교가 그 비참한 상태를 치유할 수 있으므로 절망할 필요는 없다고 주장한다.

브라만교는 강력한 힘으로 등장하였다. 부처(Buddha)는 신과 신의 사상을 부정하고 그 대신 인간의 구원을 강조하였다. 열반(nirvana)은 환생과 인간의 고통의 순환에서 벗어나는 것을 의미하였다. 도덕적 순수성, 의식, 비법(특히 명상)이 이러한 성취감에 도달하는 방법으로 강조되었다.

불교만 있었던 것은 아니다. 또 다른 인도의 구원 종교인 자이나교(Jainism)[35)]의 강한 경쟁자가 있었으며, 여러 가지 정도가 약한 구원체제도 있었다. 그 동안 서구에서 그리스 종

34) 역자 주. 북구 최고의 신으로 학습과 전쟁을 관장하며, 때로는 그리스 신화의 헤르메스(Hermes)나 로마 신화의 머큐리(Mercury, 신들의 사자)와 동일시된다.

35) 역자 주. 기원 전 6 세기 경에 힌두교에 대한 반발로 생긴 고대 인도의 종교로, 모든 생명을 존중하고 그 불멸을 믿으며 고행을 강조하였다.

교는 오르페우스교(Orphism)[36]와 관련하여 가장 잘 알려진 구원의 개념을 발전시켰다. 오르페우스교는 사후에 영혼의 이동에 관한 새로운 생각을 추가하였기 때문에 엘레우시스 제전을 개선한 것으로 표현되었다. 오르페우스교는 구원을 이루는 중요한 방법으로 분명한 통찰과 신성한 지식을 강조하였고, 물론 죽음과 부활이 중심 주제이었다.

로마에서는 식물의 신 아티스(Attis)와 대지의 여신 퀴벨레(Cybele)를 숭배하는 구원 의식이 기원 전 200년경에 나타났다. 이 종교는 황홀한 경험을 포함한 강렬한 의식을 거행하는 특징이 있었다. 새로운 신자들은 미친 듯 춤추며 피가 날 때까지 자신을 채찍질했다. 의식의 절정에서 일부 남자들은 이러한 경험에 정신을 거의 잃고 자신의 성기를 절단하여 거리로 뛰쳐나가 가까운 집의 창문 너머로 집어던졌다(Tannahill, 1980).

그 다음에 기독교가 유대교 신앙에서 주로 구원에 관한 커다란 사상을 추가하여 등장하였다. 예수는 도덕적 덕목, 성실한 믿음, 신성한 지식(영적 지식)이 천국에 들어가는 길을 보장한다고 설교하였다. 천국은 사후 축복으로 이해되었다. 이러한 믿음은 기본적으로 또 다른 구원 종교이며 기독교와 불교의 주요 경쟁자인 회교에서 지속되었다.

마지막으로, 페르시아의 종교는 기원 전 250년에서 서기 200년 사이에 비슷한 형식으로 발전되었는데, 태양의 신 미트라(Mithra)가 구원에 관한 기능을 담당하였다. 기독교와 회교와 같이, 미트라 숭배는 적절한 방법으로 행동하는 모든 사람에게 구원을 약속하였다. 그러나 모든 종교에서 여성에게는 불공평하거나 불리하게 대했다. 특권과 신비스러운 재능은 필요없었다.

그러므로 세계 도처에서 종교는 인생의 목적에 관한 분명한 개념을 갑자기 전하고 있다. 수천 년 동안 종교는 구원의 개념이 없었다. 다소 갑자기 종교는 여러 곳에서 인간의 존재에 관한 아주 새로운 관점을 제시하기 시작하였다. 새로운 종교는 본질적으로 구원 체제이었다. 왜냐하면 인간이 무엇이 될 수 있는지, 왜 이 상태에 도달하기를 원해야 하는지, 이를 위해서 필요한 단계는 무엇인지를 설명하고 있기 때문이다.

❖ 비참한 인생

그러므로 역사의 어떤 시점에 이르기까지 종교는 사람들에게 목적의식을 제공하지 않았다. 게다가 종교가 인생의 목적에 관한 문제를 전혀 언급하지 않았던 수천 년이 지난 후, 수백 년 동안에 아주 다양한 지역에서 변화가 발생하였다. 모든 점을 고려해 볼 때, 그것은 종교의 성질에서 급격하고 광범하며 근본적인 변화이었다. 분명히 사람들이 종교에 대해 바라는 점에서 기본적인 변화가 있었다.

---

36) 역자 주. 서사시의 여신 칼리오페(Calliope)의 아들로 음악가이자 시인인 오르페우스(Orpheus)가 만든 고대 그리스 종교이며, 엄격한 윤리를 강조하였다.

이와 같은 근본적인 변화에 대한 설명은 쉽지 않다. 다양한 요인들이 있었을 것이다. 인간의 정신의 기본적인 변화가 한 요인이다(Jaynes, 1976). 그러나 한 가지 가능한 이유는 생활경험의 변화 때문이다. 인간의 생활에 스트레스와 문제가 증가했기 때문에 사람들은 종교에서 큰 보상이 필요하게 되었다. 성취감에 대한 종교의 교리는 일상생활의 불쾌함을 상쇄하는데 도움이 되었기 때문에 즉각적으로 광범한 호소력을 갖게 되었다.

이러한 견해는 그 자체로 종교적 사상에 분명히 적합하다. 구원에 대한 인도 사상은 인생이 비참하다는 전제 아래 시작되었으며, 나중의 종교에서는 지상의 생명에 대한 어두운 견해를 공유하는 경향이 있었다. 인간은 고통받는 존재이지만, 덕망있는 신자들에게는 영원한 축복을 약속하는 것이 신의 섭리이기 때문에 이것은 인정할만한 것이다. 사실, 많은 기독교인들이 자발적인 청빈, 순교, 자기 체벌을 통하여 자신에 대한 고통을 적극적으로 추구하는 만큼, 기독교는 예수의 고통을 인간 경험의 모형으로 제시하였다.

인생이 비참하다는 생각은 극히 광범하고 통합적인 사상이다. 그것은 특정한 문제를 훨씬 벗어난 일반적인 것이기 때문에 고차적 수준의 의미를 환기시킨다. 중요한 요인은 고통의 양이 아니라 상황의 차이에 관한 생각과 비교하여 그 전체적인 양상을 이해하는 것이다. 개와 어린이들은 자주 심한 고통을 겪지만 대안을 상상할 수 없기 때문에 어른들보다 삶을 그대로 인정하는 경향이 있다. 만일 정말 새로운 사고방식이 있었다면 대안을 좀 더 상상할 수 있었을 것이며, 현재는 비교가 되어 고통스러웠을 것이다. 또한 새로운 사고는 많은 사람들과 불쾌한 경험을 의미있게 연결시켜 인생이 고통으로 가득하다는 결론을 유도할 수 있었을 것이다.

그러므로 종교에 의해서 목적을 발견한다는 설명은 구원체제가 주로 삶을 불쾌하게 보는 사람들에게 매력적이라는 가정에 입각한 것이다. 이와 같은 가정은 삶이 유쾌하게 되면 종교적 열정이 감소할 것이라는 예측을 함으로써 검증될 수 있다(Stark & Bainbridge, 1985). 이것은 매우 큰 가정이지만, 증거에 비추어 보면 분명히 타당한 것 같다. 현대 서구 사회의 부유층에서 종교는 그 힘과 매력을 분명히 많이 상실하였으며, 그들의 생활이 비참하지 않기 때문에 사람들은 그에 대한 절실한 정서적 욕구를 느끼지 않는지도 모른다. 신앙은 전시와 다른 고통의 와중에 증가하는 것이 보편적이다. 종교의 미래는 인생의 고통의 정도와 관계되는 것으로 예측할 수 있다. 상황이 편리해지면 종교는 기반을 잃게 되지만, 사태가 악화되면 사람들은 다시 종교적이 될 것이다.

근래의 증거는 여전히 비참한 인생의 가설과 부합된다. 베이비붐 세대들이 중년에 접어들면서 교회의 좌석은 다시 증가하고 있다. 독신자, 자녀가 있는 기혼자, 부모의 3집단이 앞에서 서술한 행복의 수준과 일치한다. 특히 어린 자녀가 있는 기혼자들은 종교에 대한 관심이 가장 높고, 행복 수준은 가장 낮았다. 독신자들은 종교에 대한 관심이 중간 수준이고 행복 수준도 그와 비슷했다. 가장 행복한 집단은 자녀가 없는 부부들이며, 종교에 대한 관심도 가장 낮았다(Woodward, 1990).

만일 이 가설이 정확하다면, 구원체제는 본능에 대한 문화의 승리를 나타낸다. 선천적 동기는 충분한 즐거움이나 만족을 제공하지 못하므로 사람들은 문화적 동기인 종교를 지향한다(Berger, 1967). 종교에서는 본능이 고통을 일으킨다고 인정하며, 사람들에게 미래의 궁극적인 행복을 약속한다. 구원체제의 출현은 본성과의 관계에 대한 관점의 변화를 동반하였다는 것이 주목할 만하다. 고대 종교는 인간의 본성에서 신적인 면을 발견하여 사람들에게 공존하는 법을 가르쳤다. 새로운 종교는 본성에 대해 훨씬 애매한 태도를 취했고 흔히 선천적 동기에 대해 적대감을 표현하였다. 성적 쾌락, 신체적 편안, 물질적 풍요, 음식 탐닉, 기타 자연적 즐거움은 새로운 구원체제에서 강한 비판을 받았다. 기독교, 불교, 회교의 이상은 이 모든 것을 버리도록 요구하는 것이다. 요컨대, 종교에서 성취감은 본성을 극복하는 문제로 간주된다.

❖ 현대의 고통

고통에 대한 인내력이 종교의 핵심적인 면으로 인정되었으며, 수 세기 동안 개인과 사회에 가장 중요한 이점 중 하나이었다. 마르크스(Marx)는 종교를 대중의 아편이라고 비난하였지만, 그 의미를 꼭 부정적으로 볼 필요는 없다. 아편을 진통제로 대체한다면, 긍정적이고 위험한 면에서 종교의 기능을 모두 이해할 수 있다. 인생은 고통을 내포하고 있으므로, 진통제는 환영한다. 사람들이 그들의 고통에 혁명적인 폭력 대신에 종교적 열정으로 반응한다면 그것은 반드시 나쁜 것은 아니다. 진통제는 중독을 초래할 수 있지만 고통을 즉각 감소시킨다.

신정론(theodicy)은 인간의 고통에 위안이 되는 종교적 설명에 대한 형식적인 용어이다(Berger, 1967). 이것은 반드시 복잡한 신학적 주장이 아니다. 사실, 유럽의 농부들은 흔히 사람들이 상상하지 못해도 신의 섭리를 가정함으로써 가족의 굶주림이나 죽음에 대처하였다. 이러한 대처는 프로이드(Freud, 1930)가 지적으로 피상적이라고 조롱하였지만, 극히 효과적이고 강력한 것이다. 고통에 고차적인 의미가 있다고 기꺼이 믿는다면 그리고 이 믿음이 고통을 참을 수 있게 한다면 최소한의 위험으로 큰 이득을 얻을 수 있다.

목적에 대한 욕구를 충족시키기 위해서는 현재의 사태를 미래와 관련하여 이해해야 한다. 불쾌한 현재 상황은 매우 바람직하거나 유쾌한 미래 상황과 관련된다면 인정될 수 있다. 불편이나 심한 고통도 그 후 영원한 행복을 기약할 수 있다면 몇 년간 견딜 수 있다. 자녀 사망이나 사업 실패와 같은 큰 불행도 미래의 행복과 관련하여 인내할 수 있다. 그러나 사람들이 미래의 행복에 대한 약속을 믿지 않는다면 현재의 고통을 완화하는 능력은 크게 감소할 것이다.

물론 이것이 러시아가 종교를 배제하지 못한 핵심적 이유이다. 이 세계의 정치적, 사회적 기약은 다른 종교적 기약과 대체되었으며, 사람들은 이것을 그 당시에 인정하였다. 그러나 수십 년 간의 희생에도 불구하고 이상적인 사회와 축복의 시대를 초래하지 못했을 때, 사람들은 이러한 기약을 믿지 못하게 되었다. 따라서 생활 자체가 상당히 개선되어도 러시아 사람들은 만족하지 못했다. 종교적 기약은 부당함이 입증될 수 없기 때문에 종교적 믿음은 다시 나타났다. 이와 같은 안전하고 믿을 수 있는 약속만이 현재의 고통과 박탈을 견디게 할 수 있다(Stark & Bainbridge, 1985).

신정론은 의미가 감정 상태를 조절하는 과정을 나타내는 분명한 예이다. 불행한 일이 생기면 사람들은 기분이 상한다. 기적과 같이, 어떤 생각이나 의미는 기분을 좋게 할 수 있다. 종교의 가장 중요한 기능의 하나는 사람들에게 이러한 생각을 제공하는 것이다. 그 기능은 사람들에게 불운을 해석하는 방법을 제시하는 것이다. 특히 바람직한 미래 상황과 관련시키는 것이다. 성취감은 인생에서 궁극적인 선이자 목적이며, 종교는 어떤 다른 것보다 성취감에 대한 보다 인상적이고 설득력있는 약속을 제공한다.

❖ 결론

지난 2,000년 동안 종교는 사람들에게 성취감을 분명히 약속하였다. 사실, 현대 종교는 성취감의 개념과 방법에 의해서 거의 정의될 수 있다. 구원은 인생에 방향을 제시하며, 결정을 인도하고, 고통과 박탈을 참을 수 있게 만든다(Paloutzian, 1981).

구원에 대한 종교의 약속은 성취감의 신화를 나타내는 것이다. 그것은 전형적으로 영원하고 중단없는 행복을 약속한다. 항상 기분이 좋고, 원하는 모든 것을 갖게 되며, 모든 것을 알게 된다.

도덕적 덕목은 성취감을 이루는 대부분의 방법 중에서 중요한 요인이다. 종교적 구원은 오로지 덕망높은 사람들에게만 가능하다. 이 원리는 몇 가지 중요하고 사회적으로 도움이 되는 의미를 지니고 있다. 무엇보다도, 사람들이 사회적으로 바람직한 방식으로 행동하도록 격려한다. 그와 같이, 종교는 도덕적인 기능에 의해서 사람들이 공존할 수 있도록 도움을 준다. 정직하고, 자비롭고, 관대한 사람들은 서로 공유함으로써 다른 사람들보다 훌륭한 시민이 되는 것이다.

이 원리의 두 번째 이점은 사람들의 고통을 위로하는 종교의 힘을 크게 확대한다는 것이다. 많은 경우에, 사람들은 자신의 손해로 이득을 보는 어떤 사람에 의해서 고통을 받는다. 그들은 자신을 억압한 사람들이 구원을 박탈당하는 처벌을 받는다고 생각하면 분명히 큰 위안이 될 것이다(Raboteau, 1978). 물론 이것은 부유하고 힘있는 사람은 저버리고 가난하고 억압받는 사람은 보상받을 것이라고 널리 약속하였기 때문에 기독교의 초기에 그리고 그 후 지속적으로 매력의 중요한 부분이었다.

구원에 대한 믿음은 개인의 삶에 의미를 부여하는데 중요한 기능을 할 수 있다. 그것은 개인에게 어떤 결정을 왜 내려야 하는지 얘기하고, 표면적 결과가 해로운 것이라 해도 그 결정이 옳다는 자신감을 부여할 수 있다. 저항이 행복을 빼앗더라도 유혹에 저항하는 것이 최선이다. 왜냐하면 결국 이 저항이 구원의 기회를 향상시키기 때문이다. 따라서 종교적 구원은 인생에 최고의 의미를 지닌 목적을 제시한다. 일상적인 문제에 대한 구체적인 결정과 지침은 고차적인 원칙에서 유도될 수 있기 때문에 구원은 일상생활에도 도움이 된다.

궁극적인 가치의 토대

종교는 개인뿐만 아니라 문화 전반에도 극히 중요한 가치의 원천이다. 사실, 정치적 운동과 지배자들은 인기있는 종교적 견해와 흔히 연합하려고 한다. 종교가 정치 체제나 집단에 제공하는 주요 이점은 본질적으로 강력한 가치의 토대가 된다는 것이다. 종교는 권력이나 정치 프로그램에 대한 주장을 정당화할 수 있다. 사람들은 관계당국이 옳다고 지각하면, 즉 권력에 대한 정당한 권리가 있는 것으로 지각하면 기꺼이 협조할 것이다. 권력에 대한 욕구의 동기가 의심스러우면 정치적 운동은 그 정당성이 약화되는 경향이 있다. 종교는 이 정당성을 제공할 수 있다.

그러므로 종교의 중요한 면은 정의를 이해하는 토대를 제공하는 것이다. 만일 우주가 특정한 방식으로 이루어졌다면 창조주의 계획에 협조하는 것이 옳고 거슬리는 것은 잘못된 것이다. 신의 의지는 더 이상의 정당성이 필요치 않다. 어떤 신자도 신이 원하는 바를 내가 왜 해야 하는지 또는 왜 고려해야 하는지 반문하지 않는다. 신의 의지는 옳고 그름에 대한 궁극적이고 비판할 수 없는 기준이다.

가장 강한 가치의 토대로서 종교는 도덕성과 불가피하게 연결된다. 신의 의지가 옳고 그름의 궁극적인 기준이라면, 일상적인 도덕적 문제는 신의 계명에 호소함으로써 결정될 수 있다. 경험적으로, 종교 체제는 도덕 체계의 버팀목으로 흔히 도움이 되었다.

종교와 도덕의 관계에 대한 증거는 발견하기 어렵지 않다. 10계명은 일상적인 사회적 행동을 신의 권위에 의해 규제하는 도덕 법칙의 분명한 예이다. 종교와 도덕은 흔히 같이 나타나고 같이 없어진다. 사회에서 종교적 신앙의 약화는 영원함도 사라질 것이라는 보편적인 두려움이 수반되었다(Meyer, 1976; Houghton, 1957). 가치의 토대가 없으면, 가치 자체도 위험에 처하게 된다.

종교적 원리에서 도덕성을 유도하는 것은 다소 인위적일 수 있다. 도덕 규칙이 종교적 신앙에서 정말 유도되었다면, 종교적 신앙의 차이에 따라 도덕적 규칙도 아주 다양하게 나타날 것으로 예측할 수 있다. 그러나 도덕 체계는 다양한 원리적 기반에도 불구하고 아주 비슷하다. 도덕성은 사람들이 함께 생활할 수 있는 기본 규칙의 사회적 준거로 간주될 수 있기 때문에, 도덕 규칙은 주로 사회적 편이를 위한 것이다. 이러한 욕구가 매우 비슷하기 때문에 도덕도 비슷한 경향이 있다. 토크빌(Tocqueville)은 19세기 미국에서 종교적 교리보다 도덕적인 문제에 대한 합의가 더 많았다고 하였다. "여러 종파에서는 각자의 형식으로 신을 숭배하지만, 모두가 같은 도덕성을 설교한다"(Hammond, 1983, p. 212).

근본주의 기독교가 정치 영역에 개입하려는 시도도 다양한 교리가 모두 비슷한 도덕적 견해를 옹호한다는 동일한 가정에 입각한 것이었다. 따라서 전략은 원리의 문제는 피하고 그 대신 도덕의 문제를 강조하는 것이었다. 사실, 가장 널리 알려진 정치적인 근본주의 기독교인들의 연합체는 자신을 "도덕적 다수당"(Moral Majority)이라고 함으로써 신학적 원리보다는 도덕적 원리와 일체감을 나타냈다(Wuthnow, 1983). 기독교의 정치적 보수주의 지도자들은 실제로 종교보다는 도덕에 대해 전적으로 그리고 훨씬 쉽게 동의했기 때문에 이것은 효과적인 전략이었다. 그들은 자신의 종교적 입장이 국가의 양심으로서 정치적인 기능을 할 것으로 믿었다(Liebman, 1983c).

대부분의 종교적 구원체제에서 도덕적 덕목은 성취감을 달성하는 중요한 수단이었다. 기독교 시대에는 덕목을 공허한 도덕적 의무가 아니라 천국으로의 구원에 이르는 중요한 과정으로 간주하였다(MacIntyre, 1981). 마찬가지로, 불교와 다른 동방 종교에서도 도덕적 순수성은 정신을 순화시켜 계몽에 이를 수 있는 필요한 수단으로 간주되었다(Coleman, 1988).

성취감의 관련성은 종교적 가치의 토대로서 힘과 효과를 설명하는데 도움이 된다. 종교는 도덕성에 적당한 상황을 부여한다. 지난 수세기 동안 신을 부정하는 철학자들이 성공하지 못했던 것, 즉 옳은 것을 행해야 하는 이유를 말해준다(MacIntyre, 1981). 도덕 체계가 신학 체계 보다 훨씬 비슷하다는 사실은 종교가 사회적으로 필요한 정당성을 그대로 제공하고 있음을 뜻한다. 옳고 그름에 대해 정말 새롭게 생각하기보다는, 대부분의 종교는 사회의 도덕성을 대체로 그대로 인정하고, 그 규칙을 따르는 사람들에게 영적인 보상에 대한 약속을 추가하면서, 그것을 단지 신의 의지로 포장하는 경향이 있다.

확실히 종교는 도덕성에 영향을 미친다. 이는 변화에 대한 저항에서 가장 쉽게 알 수 있다. 도덕적 사상은 사회적 유형이 변함에 따라 발전하지만, 종교 체제는 흔히 쉽게 변할 수 없다. 기독교의 성에 대한 금지에서 유대교의 음식에 대한 규제에 이르기까지, 종교는 사회의 요구에 과거에는 적합하였으나 이제는 순수한 실용적인 견지에서 필요없게 된 규칙을 준수하는 경향이 있다.

그러므로 일반적으로 종교는 도덕적 규칙을 만들어내는 것처럼 보이지만, 기존 규칙을 그대로 인정하고 신이 내린 정당한 것으로 포장하는 것 같다. 이 주장은 종교가 그저 요구에 의해 정당성을 부여하는 것처럼 들린다. 이러한 비난에는 어느 정도 타당성이 있다. 사회적 관습이 종교적 원리와 근본적으로 맞지 않을 때 종교적인 사람들은 이를 변화로 간주하지 않을지 모르지만, 원리가 발전하기를 기대할 수 있다. 사회는 비교적 분명한 도덕적 규칙에 대한 욕구를 지니고 있는 반면에, 종교적 교리는 변할 수 있다. 따라서 사회가 바라는 도덕적 규칙을 정하는 것이 종교의 책임이다.

종교적 교리의 위장된 광범한 변화를 초래하는 종교의 교리와 사회적 행동의 기본적 갈등에 관한 좋은 예는 전쟁에 관한 중세 기독교 원리에 제시되어 있다(Russell, 1975). 전쟁 사회에 적응하는데 기독교 교리의 어려움을 이해하기는 어렵지 않다. 기독교는 예수의 가르침과 “평화의 왕자”라는 예수의 별칭 그리고 10계명에서도 분명히 알 수 있듯이, 본질적으로 그리고 순전히 평화주의적 종교이다. 이 계명들은 흔히 전쟁 이면의 동기인 살상에서부터 타인의 재산에 대한 욕심에 이르기까지, 전쟁의 많은 주요 활동을 금지하였다.

평화주의적 종교는 군사력으로 수립되었으나 작은 봉건 국가로 분해되어 서로 끝없이 전쟁을 벌인 가장 큰 제국의 하나에서 급속히 부상하였다. 사실, 로마의 영토와 기독교를 인수한 게르만 민족은 덕목과 명예 그리고 남자다움을 용맹함으로 이해하는 오랜 전통이 있었다. 역설적인 결과는 평화의 종교가 전쟁을 기반으로 한 문화를 지배하려고 시도하였다는 것이다.

그러므로 기독교 사상가들은 실제로 전쟁이 정당화되는 시기에 관한 정교한 이론을 발전시켰다. 살인 금지에 대한 포괄적인 계명은 비실용적이므로 실제로는 정상적인 상황에서 살인 금지의 계명으로 완화되었다. 이것은 살인이 허용되는 여러 특수 상황을 가정하는 길을 열었다. 정당한 전쟁의 이론은 처벌의 개념에서 시작되었으며, 전쟁을 이론적으로 소송과 비슷하게 취급하였다. 즉, 잘못된 것을 바로잡고 부당하게 탈취된 자산을 되찾는 방법으로 간주하였다. 이와 같은 이론은 신앙을 옹호한다는 개념을 잘 이용하여, 극단적인 경우에 기독교 군대가 비기독교인들을 공격하고, 약탈하고, 노예화하고, 심지어 죽이도록 허용하였다.

전쟁에 대한 정당성을 제공하려는 시도는 기독교 사상가들에게 끝없는 곤란을 야기하였다. 어떤 사람들은 전쟁을 즐기지 않고 적에 대한 원한을 품지 않으면 전쟁에서 싸우는 것은 무방하다고 생각하였다. 이론상, 기독교 군인은 사랑스럽지만 잘못된 행동을 한 자녀를 벌하는 이상적인 부모와 비슷한 태도를 지녔다. 그들 대부분은 목사들이 실제로 전투에 참여하는 것을 반대하였으나, 십자군 기사단은 이 원칙에 만족할 수 없었다. 일부는 신이 정당한 이유를 선호하여 전쟁에 패한 자는 부당하게 싸운 것이므로 대가를 받아야 한다고 믿었고, 다른 일부는 승자도 속죄해야 한다고 믿었다. 신이 올바른 자의 승리를 보장한다는 믿음은 십자군의 실패로 돌이킬 수 없게 흔들렸다. 사상가들은 이교도 적에 대한 기독교인의 서약이 구속력이 있는지에 관해서 양분되었고, 여러 가지 군사전략의 신학적 의미를 결정하려고 노력하였다. 또 다른 해결할 수 없는 문제는 신하가 전쟁을 부당한 것으로 간주하면 군 복무에 의해 군주에게 서약한 충성을 지켜야 할 의무가 있는지 하는 것이었다.

이러한 신학적 행동을 "고상한 이론에 낮은 잔꾀"로 냉소적으로 간주할 수 있다(Russell, 1975). 교회는 그 지지자들이 원하는 것은 무엇이든 합리화시키고 있는지 모른다. 한편으로는 보다 자비로운 견해를 취할 수도 있다. 교회는 폭력적인 사회에서 공격성을 통제하려고 애쓰고 있는지도 모른다. 또는 가장 받아들일 수 없는 유형의 공격에 집중함으로써 급진적인 평화주의와 타협하여 현실적이 되려는 것인지도 모른다. 따라서 이러한 이론은 여러 가지 종교적 휴일을 제외하고 기독교인들이 월요일, 화요일, 수요일에만 싸우도록 규정한 "신의 휴전"과 같이, 제한과 제약을 부과하려는 다른 노력과 비교될 수 있다(Russell, 1975).

그 가치 판단에 관계없이, 중세 기독교의 전쟁에 대한 정당화는 사회적 행동과 종교적 정당화 간의 타협에 관한 절박한 연구를 제시하고 있다. 표면적으로, 이론과 실제는 완전히 모순되었지만 타협이 이루어졌다. 교회는 폭력의 정당성 정도를 파악하기 위하여 본질적이고 급진적인 평화주의를 포기하였다. 본질적으로, 그 권위를 이용하여 어떤 전쟁은 허용하고 가장 반대할 만한 것은 비난하는 방법을 찾은 것이다.

❖ 종교와 자아

종교는 우리 문화에서 가장 강력한 가치의 토대의 하나로 군림하였기 때문에, 자아에 부여한 강력한 가치에 의해서 오늘날 그 위치가 어떤 영향을 받는지 고려해 볼만 하다. 앞 장에서는 일과 가족이 자아에 대한 새로운 비중을 수용했음을 보여주었다. 종교도 다르지 않다.

많은 종교적 견해는 개인의 자아에 솔직히 적대적이었다. 기독교에서 7가지 최악의 죄 중에서 두 가지가 자부심(자아에 대한 사랑)과 허영(자신에 대한 타인의 선망을 바라는 것)이었다(Clebsch, 1979). 회교의 수피(Sufi) 신비주의에서는 파나(fana)를 종교적으로 최상으로 여겼으며, 파나는 자아로부터의 자유를 뜻하였다(Shafii, 1988). 즉, 자아의 망각이 신과 융합되는데 필수적으로 간주되었다. 불교에서도 자아를 정신 개발에 큰 장애가 되는 위험한 유혹적인 환상으로 간주하였다(Kapleau, 1980).

그러므로 현대 서구 문화에서 자아를 신성시하는 것은 종교에 어려운 문제를 조성한다. 그러나 일부 증후를 보면, 받아들이는 것이 시작되고 있다는 것을 알 수 있다. 어떤 기독교 종파에서는 그들이 종교를 자아에게 이롭거나 지지하는 것으로 제시할 수 있으면 많은 집회의 관심을 끌 수 있을 것으로 생각한다(Woodward, 1990). 따라서 많은 교회는 주중에 시설을 이용하여 다양한 자조 프로그램을 제공하거나 기존 프로그램을 실시하도록 허용하고 있다. 교회는 운동시설이나 자기수용에 대한 집단 활동도 제공하고 있다.

그 동안 종교와 자아 간의 적대감을 부활시키는 어떤 것도 경시되거나 배제된다. 일부 교회는 종파의 이름도 제거한다. 한 목사는 "사람들이 종파의 표시를 더 이상 좋아하지 않는다. 그들이 알고 싶어 하는 것은 오직 자신과 무슨 관계가 있는가이다."라고 말하며 자기 교회의 이름에서 "침례교"라는 이름을 삭제하였다(Woodward, 1990, p. 53). 자아는 행동을 지시하는 교회의 권위를 인정하지 않기 때문에 주제 넘는 도덕적 설교는 금기사항이다. 일부 목사들은 설교와 강론에서 비난과 죄에 대한 언급조차 모두 배제하는 극단적인 조치를 취했다. 한 성직자의 딸은 "사람들에게 어떤 식의 지시 없이 있는 그대로 전적으로 받아들인다."고 말하면서 자기 교회의 번영을 설명하였다(Woodward, 1990, p. 54).

일부 현대 교회에서는 자아가 이제 최고의 가치의 토대라고 분명히 인정하는 움직임을 보였다. 유일신교의 보편주의 연합회(The Unitarian Universalist Association)는 뉴스위크지(Newsweek)에 본질적으로 신흥교회로 언급되었고, 그 종교 방식은 개인이 권위의 궁극적 원천임을 강조하는 것이다(Woodward, 1990, p. 56). 다른 교회도 잠재적인 신도들에게 가장 중요한 선물로 자아에 대한 긍정을 강조하였다.

자아의 이익에 부응하는 종교 조직을 비판할 수는 있지만, 그것이 부당한 것일지 모른다. 전통적인 견해를 고수하며 자아를 악의 근원으로 계속 간주하는 종교 집단이 분명히 있다. 그러나 종교는 문화의 지배적인 가치와 조화를 이룰 때 가장 잘 번성할 수 있는 것 같다. 오늘날 종교는 자아의 가치와 연합하거나 자신의 부차적 위치를 인정해야 할지 모른다. 그러나 그와 같은 위치가 대다수의 사람들과 접촉을 상실하는 것보다 훨씬 나을 수 있다.

❖ 결론

종교는 궁극적인 선과 옳고 그름에 대한 최고의 기준을 수립할 수 있는 매우 특별한 위치에 있다. 종교는 아마도 문화가 소유할 수 있는 가장 강력한 가치의 원천이다. 종교적인 사람들은 어떤 행동이 특히 좋은 것이고 어떤 것이 받아들이기 어려운 것인지 알 수 있으며, 그들의 가치는 분명하고 확고하므로 의미에 대한 이러한 욕구는 충족된다.

최고의 가치의 토대를 소유한다는 것은 종교를 사회에서 중요한 영향을 발휘하게 만든다. 정치적 집단은 도덕적 힘을 얻기 위하여 종교와 연합을 도모하려고 하며, 사람들은 권력 욕구를 가진 사람보다는 신의 의지에 훨씬 쉽게 협력할 것이다. 또한 종교는 도덕적 권위, 즉 가치의 토대를 이용하여 행동에 영향을 미칠 수 있는 힘도 있다. 그러나 이 힘은 과장되어서는 안된다. 사회적 행동이 종교적 가치와 크게 다를 때, 이 가치의 교리적 토대는 변할 수 있다.

가치의 토대로서 자아에 대한 강조는 장기간 지속된 종교적 태도에 근본적인 도전을 제기하였다. 많은 현대인들에게 자아는 종교보다 강한 가치이다. 이 때문에 현대 서구 종교는 자아의 가치와 연합하기 위해 자신의 입장을 변경하고 있는지 모른다.

효능감의 유혹

효능감은 주변 세계에 대한 통제감이다. 종교는 사람들에게 이와 같은 통제력을 행사할 수 있도록 오랫동안 약속해왔다. 종교의 모든 약속 중에서 이것이 가장 실행하기 어려운 것일 수 있으므로 신용을 잃을 심각한 위험이 있다. 따라서 효능감은 종교에서 문제 영역이다. 초자연적 힘을 이용하여 자연 세계를 통제하려는 시도는 종교의 다른 측면과는 구별되는 마법과 같은 것으로 칭할 수 있다(Stark & Bainbridge, 1985).

현대 과학은 종교적 마법보다 환경을 통제하는 훨씬 효과적인 방법임이 입증되었다. 이것은 과학과 종교의 갈등을 이해하는데 중요하다. 종교가 내세, 신의 존재, 그 밖의 초자연적 문제에 관한 교리에 국한한다면 과학을 두려워할 것이 없다. 왜냐하면 과학은 그와 같은 주장을 논박할 수 없기 때문이다. 그러나 종교가 현재 세계의 어떤 실증적 결과를 전하겠다고 약속한다면, 이와 같은 약속은 반박에 취약할 수 있으며, 과학적 방법이 이길 것이다(Stark & Bainbridge, 1985).

그러나 물론 현대 과학은 최근에 발달된 것이다. 실제적인 문제는 과학적 해결 오래 전에 있었다. 고대 종교는 사람들에게 자연적 상황을 신의 행위로, 특히 인간의 행동에 대한 신의 감정을 반영하는 것으로 이해하도록 할 수 있었다. 적당한 행동, 의식, 희생, 기타 방식이 사람들로 하여금 신의 환심을 사서 인간을 자비롭게 대하도록 설득하는 방법으로 개발되었다.

종교가 마술과 같은 특혜를 제공하려는 유혹에 저항하기는 어려웠다(Stark & Bainbridge, 1985). 신봉할 수 있는 여러 가지 신앙이 있을 때 사람들은 마법의 교묘한 성공으로 구체적인 증거를 제공할 수 있는 것을 추종하는 경향이 있다. 인간이 성직자에게 신의 도움을 구한다면, 성직자는 약속을 하거나 다른 곳을 찾도록 고민할 수 있다. 사람들은 정신적 지도자들이 실제적인 도움을 제공하길 원한다. 그들은 병든 자녀를 치료하고, 죽어가는 작물에 비를 가져오는 사람을 추종할 것이다. 예수도 추종자들에게 감동을 주고 매력을 느끼도록 병자를 치료하고 죽은 자를 일으켜 세우며, 물 위를 걷는 것과 같은 마법적인 힘에 의지하였다.

신이 인간의 문제에 적극적으로 관여한다는 가정은 고대와 현대에 모두 해당된다. 사람들은 신이 선호한 사람들은 돕고 그렇지 않은 사람들에게는 시련을 야기하면서 상황에 개입한다고 믿는다. 중세 시대에 사법체제의 한 가지는 싸움에 의한 재판이었다. 논쟁에 휘말린 양측은 투사를 선정하고 이들이 싸운다. 싸움에서 이긴 측이 법적 논쟁의 승자로도 인정된다. 왜냐하면 신이 부당한 측을 싸움에서 이기도록 하지는 않았을 것으로 모두가 생각했기 때문이다. 이러한 생각은 십자군 전쟁이 소강상태일 때 이와 같은 싸움을 목격한 회교도들에게 괴상하고 야만적으로 여겨졌다(Maalouf, 1987).

싸움에 의한 중세의 재판을 불합리하고 이상한 것으로 무시하지 않아야 한다. 비슷한 신념이 오늘날에도 지속된다는 것을 인식할 필요가 있다. 우승을 한 후, 운동선수들과의 면담에서는 승리를 부여한 신에 대한 고마움이 흔히 나타난다. 이 선수들은 분명히 신이 이전에 싸움에 의한 재판에 관여한 것처럼 운동경기에도 관여한 것으로 믿는다. 유일한 차이점은 이제는 신이 칼끝의 방향이 아니라 축구공의 궤적을 변화시킨 것이다.

그러나 마술에 손대는 것은 큰 위험이 있다. 왜냐하면 종교적 인물이 지킬 수 없는 약속을 하게 되기 때문이다. 마오리족(Maori)의 성자 테우아(Te Ua)는 그의 의식이 전사들에게 전투에서 영국군의 총탄을 피할 수 있게 할 것이라고 약속하였으나, 탄환은 기적처럼 비켜가지는 않았으며 반란은 실패하였다.[37] 마찬가지로 미국 인디언들의 죽음의 춤 의식은 특별한 의상이 백인들의 공격을 격퇴할 것이라고 보장하였으나 이 잘못된 생각은 매우 실망스러웠다. 일부 인디언들은 의상이 공격에 견딜 수 있는 힘이 있을 것으로 믿은 것은 분명하다. 한 인디언은 죽음의 옷을 걸치고 원 안에 서서 남자들에게 자신을 겨냥해 총을 쏘도록 하였다. 그는 총상으로 곧 과다출혈을 보였으며 상처가 없다고 우겼지만, 그의 부족들은 그 종교적 믿음에 대한 신뢰를 크게 상실하였다(Miller, 1959).

그러므로 종교는 자연환경에 대한 통제력을 행사하려고 하면 스스로 불신당하는 위험에 처하게 된다. 그러나 이것은 종교가 의미에 대한 이러한 욕구를 충족시키는데 기여하는 바가 없다는 뜻은 아니다. 두 가지 다른 중요한 면에서 종교는 효능감의 욕구에 반응한다.

첫째, 통제의 환상은 흔히 효능감의 욕구를 만족시키는 중요한 수단이다. 그러나 사람들은 아무리 환상적일지라도 종교에서 강한 효능감을 이끌어내는 것이 아주 분명하다. 많은 사람들은 오늘날에도 신의 도움에 의해 어떤 구체적인 결과를 초래하려는 부인할 수 없는 시도로 기도를 한다. 조사 결과에서 알 수 있듯이(Stark & Bainbridge, 1985), 사람들이 기도의 효과를 믿는 것도 분명하다. 미국인의 절반 이상은 최소한 하루에 한번 기도를 하며, 96%는 이따금 한다고 말한다. 기도를 들어주었는지 물었을 때 88%는 분명히 그렇다고 반응하였다. 효능감의 환상은 객관적이거나 과학적인 타당성이 없을 때에도 유지하기가 비교적 쉽다. 때때로 인간은 기도한 것을 믿는 경우가 있으며, 가끔 기도나 의식 후에 비가 오기도 한다. 축구 경기에서 시합 전 양 팀이 기도하면 한 팀의 기도가 응답을 얻는 것처럼 보일 것이다. 승리는 신의 도움의 증거로 상기되고, 패배는 신의 불쾌함이나 간청인의 부적절한 방식(잘못된 의식이나 기도) 때문이라고 설명되거나 단지 잊어버린 것일 수 있다(Fiske & Taylor, 1984). 요컨대, 신이 일상생활에 개입하지 않더라도 사람들은 신이 개입한다는 믿음을 유지할 것이므로, 종교가 효능감을 제공한다는 주장은 지속될 것이다.

---

37) 그러나 마오리족 모두가 이 안전 의식을 믿었다는 사실에는 의문도 있다(Burridge, 1969; Fagan, 1984).

둘째, 사람들은 단지 어떤 것을 이해할 때 어느 정도 통제력이 있다고 느낀다(Rothbaum, 1982). 홍수나 역병을 겪은 후 사람들은 신이 그들에게 화를 낸 것으로 생각하여 계획을 세워 신을 달래기 위한 조치를 취한다. 그것은 사람들이 앞으로 예상되는 재난을 피할 정도로 통제감을 부여할 수 있다. 사람들이 어떤 일의 발생 이유를 이해한다면 예측 능력이 생겨 그에 적응하게 된다.

그러므로 종교는 환경에 대한 직접적인 통제력을 제공할 수 없을지라도 사람들에게 효능감을 부여한다. 흔히 종교는 그와 같은 약속이 결국 신앙을 불신하는 위험에 봉착하더라도 직접적인 통제도 약속한다.

자아 가치

의미에 대한 4가지 욕구 중에서 마지막 것이 자아 가치이다. 종교는 자아 가치의 효과적인 토대, 특히 집단적인 토대이다. 종교 집단에 속한다는 것은 흔히 외부 사람들보다 우월한 느낌을 수반한다.

세계 종교사에서 유대교는 종교에 자아 가치를 부여한 중요한 선구자이었다. 그 시대의 다른 종교와는 달리, 초기 유대교에서는 신이 유일한 참다운 신이며, 유대인들은 이 신이 총애하고 선택한 사람들이라고 주장하였다. 따라서 유대인은 그 정의상 다른 인간에 비해 우수한 민족이라는 것이다.

기독교와 회교는 원하는 사람은 누구에게나 문호를 개방했기 때문에 처음에는 유대교보다 배타적이거나 엘리트 의식이 훨씬 적었다. 그러나 그들의 신앙을 믿지 않는 사람들에 비해 강한 우월감을 배양하였다. 외부인들에 대한 비난이 이교도나 이단이라고 부를 정도로 빠르게 증가되었다. 기독교와 회교는 모두 교리에 동의하지 않은 사람들을 정치적, 법적, 군사적으로 학대한 오랜 역사를 지니고 있다. 때로는 이러한 학대는 강탈, 고문, 살인으로 이어졌다.

다른 종교를 믿는 사람들에 대한 이와 같은 우월의식은 때로는 그 사람들을 인간성이 부족하거나 인간 이하로 간주하였다. 20세기에도 유대인 대학살은 비인간적인 태도에 의한 것이었다. 나치주의자들은 유대인 대학살을 해충 박멸과 같은 말로 이야기하였다.

어느 정도, 종교적 편견은 인종편견을 수반하였고, 이 둘을 분리하기는 어렵다. 백인 기독교인들은 흑인과 인디언들의 종교에 관계없이 그들보다 우월하게 느낀 것은 분명하다. 그러나 흑인과 인디언들이 기도교인이 되었을 때 백인의 우월감이 감소된 것도 분명하다. 미국의 많은 노예주들은 기독교로 개종한 노예가 해방될 것을 우려했기 때문에 처음에 흑인 노예들에게 기독교를 전파하는 것을 반대하였다. 그들은 기독교인이 되면 흑인들이 백인과 평등하다는 의식을 갖게 될 것을 두려워하였다. 사실, 많은 남부 주에서는 기독교인이 된다고 해서 노예가 자유를 주장하는데 충분한 기반이 되지는 못한다고 명백히 규정하는 법을 통과시킬 필요성을 느꼈다(Roboteau, 1978).

미국 노예들이 개종에 의해 그 결과가 미심쩍은 자아 가치와 우월감의 기준을 제거한 유일한 예는 아니었다. 스페인의 이단자 탄압은 거주 유대인들이 기독교로 대대적으로 개종함으로써 시작되었다(Roth, 1964). 스페인의 문제는 처음에는 비기독교인의 존재 때문이라고 여겨져서, 그 대책은 모든 유대인들을 즉시 추방하거나 개종시키는 것이었다. 스페인의 회교도도 나중에 같은 조치를 당했다. 대부분의 유대인들은 이 위협 속에서 세례를 받았다.

그러나 개종함으로써 그들은 차별적인 법의 속박에서 갑자기 벗어나 그들 중 많은 사람들이 곧 부유하고 힘을 갖게 되었다. 다른 기독교인들은 개종한 이 유대인들을 선망하게 되어 개종이 진심이었는지 의심하기 시작하였다. 스페인의 이단자 탄압은 이 새로운 기독교인들이 여전히 유대교 관습을 믿고 있는지 확인하기 위하여 억지로 개종한 유대인들의 진실성을 조사하려는 목적으로 힘을 얻었다. 돼지고기 혐오나 개인적 청결 습관은 사람들을 불성실한 기독교인으로 취급하여 종교재판의 희생자가 될 위험에 빠뜨렸다(Roth, 1964).

분명히, 사람들을 비교하여 자아 가치의 차이를 구분하는데 종교는 어느 정도 기여하였다. 종교 집단의 구성원들은 그들의 품성과 신앙심에서 경쟁할 수 있다. 개인적 판단의 원리가 좋은 기독교인과 좋지 않은 교인을 구분하는 강력한 토대를 제공한다. 예를 들면, 칼뱅교도(Calvinist)들은 세속적인 성공이 흔히 그 사람을 우월한 존재로 구분하는 신의 총애 표시라고 믿었다. 사람들은 누가 신의 총애를 더 받았는지 보기 위해서 자신의 경제적 성공과 도덕성을 이웃과 비교하기 시작하였다.

물론, 종교 조직은 자체적인 위계가 있으며, 사람들은 자신보다 낮은 위치에 있는 사람들에 비해서 우월감을 느낄 수 있다. 기독교에서 위계조직의 최상위에는 교황이 있고, 교황 선거는 남자의 자아 가치를 높이는 것으로 보인다. 1492년에 로드리고 보르기아(Rodrigo Borgia)가 교황으로 선출되었을 때 그는 내가 교황이라고 소리친 후, 곧 신성한 예복을 입고 로마 군중에게 자신을 드러냈다(Chamberlin, 1969). 그는 자신의 선출이 높은 신앙심보다는 뇌물 공여 기술의 결과라는 인식에도 개의치 않았다. 물론, 대부분의 다른 교황들은 자부심을 표현하는데 좀 더 신중하였다. 그러나 교황의 절대 권위의 주장은 우월한 존재로 존경받는다는 명백한 증거이다.

종교가 교회의 위계조직에서 상위에 있는 사람들에게 자아 가치의 중요한 원천이라는 것을 믿기는 어렵지 않다. 그러나 종교는 사회의 권력 구조에서 하위에 있는 사람들에게도 똑같이 중요하다. 노예의 종교에 관한 연구에 의하면(Roboteau, 1978), 종교는 노예에게도 자아 가치의 매우 중요한 원천임을 보여주었다. 미국 남부에서 기독교로 개종한 흑인 노예들은 이교도로 남아있던 다른 노예들보다 우월하게 느낄 수 있었다. 교회의식은 노예들에게 품위 의식을 제공하였으며, 자신의 생활이 노예 신분의 불명예로부터 벗어나는 중요한 가치가 있다는 느낌을 주었다(Roboteau, 1978).

사실, 개인적 신앙심과 품성을 개발함으로써 노예들은 자신을 주인과 동등하고 도덕적으로는 우월하게 간주할 수 있게 되었다. 많은 노예들은 천국에서 주인이 되고 지상의 노예주들은 노예가 될 것으로 기대하였다. 따라서 그들에게 종교는 주인보다 우월하게 느낄 수 있을 정도로 자아 가치에 대한 확실한 타당성을 보장하였다. 생활의 어떤 다른 면에서도 그와 상응하는 제안을 그들에게 제공할 수는 없었다.

그러므로 종교는 자아 가치의 중요한 원천이다. 이것은 종교의 부차적인 면이 아니라, 사람들이 우월감을 유지하고 극대화하기 위해 다른 이점을 경시할 만큼 분명히 중요한 측면이다. 지위 고하를 막론하고, 모두 자신의 믿음에서, 특히 참다운 신자들의 엘리트 모임에 대한 소속감에서 품위와 자존심을 이끌어낼 수 있다.

요약 및 결론

종교는 가장 고차적인 의미와 관련된다. 그 결과, 종교는 생활이나 상황을 처음부터 영원한 미래에 이르는 맥락에서 해석할 수 있다. 따라서 종교는 인생에 고차적 의미를 제공할 수 있는 고유한 능력이 있다. 종교는 언제나 인생을 의미있게 하는 최선의 방법은 아닐지 모르지만 가장 믿을 수 있는 방법이다.

종교는 의미에 대한 4가지 욕구를 모두 충족시킬 수 있다. 구원체제로 시작하여, 종교는 인생에서 궁극적인 성취감의 개념과 방법을 사람들에게 제공한다고 주장하였다. 따라서 종교는 인생의 목적을 구원에 의해서 규정하였다. 인간이 경험할 수 있는 최고의 선으로서 구원은 중요한 가치도 제공하였다. 더 일반적으로 말하면, 종교는 옳고 그름에 관한 기준을 제공함으로써 가치에 대한 욕구를 만족시킨다. 강력하고 영향력있는 종교는 보통 사회의 도덕적 규칙과 연합하여 그 규칙이 더 이상 자체적인 정당화가 필요없는 신의 의지를 토대로 정당화된다. 또한 도덕성은 영적 구원의 형태로 성취감을 이룰 수 있는 절대적인 수단으로 흔히 간주되었다.

종교는 사람들에게 세계를 이해하는 방법을 제공함으로써 효능감의 욕구를 만족시킨다. 종교는 사람들이 자신에게 일어나는 일을 이해할 수 있게 한다. 때때로 종교는 세상에 대한 기본적인 통제 수단을 직접 제공한다고 주장했으며, 사람들은 신이 그들을 위하도록 함으로써 상황을 개선할 수 있다고 믿게 되었다. 오늘날에도 사람들은 기도가 실제적인 이득을 얻는데 효과적인 수단이라고 믿는다. 그러나 수세기 동안 사람들에게 환경을 통제할 수 있다는 구체적이고 분명한 약속을 한 종교는 불신받을 위험이 있었다.

마지막으로, 종교는, 자아가치, 특히 종교 집단의 구성원이라는 데에 입각한 자아 가치의 중요한 토대를 제공한다. 신자들은 비신자들을 흔히 억압하고 해롭게 대할 정도로 우월감을 느낀다. 종교에 의한 도덕성과 교회의 인정에 의해서 신자들은 서로 우월감을 느낄 수 있다.

대부분의 역사를 통해서 종교는 사람들을 사회적으로 결속시키고 우주를 설명하는데 중요한 역할을 수행하였다. 대부분의 사람들은 어느 정도 종교적 믿음을 계속 갖고 있기 때문에 현대 사회가 세속화되었다는 것은 과장되었다. 그러나 종교는 사회와 일상생활에서 그 중심적 위치를 잃었으며, 특히 교육받은 계층이 종교적 믿음을 상실하였다. 과학은 사람들이 환경을 예측하고 통제할 수 있게 하는데 종교보다 효과적이라고 입증되었지만, 종교만큼 효과적으로 의미에 대한 욕구를 충족시킬 수는 없다. 결과적으로, 현대의 무신론적이거나 불가지론적인 개인은 우리의 독실한 조상들과 비교하여 인생을 의미가 있는 것으로 믿는데 큰 어려움이 있다. 차이는 감정을 조절하는데 미치는 의미의 영향에서 가장 분명히 나타난다. 종교는 사람들이 불운의 의미를 발견하여 그에 대처하는데 도움을 주었으나, 과학적 이해는 같은 위안을 제공할 수 없다. 따라서 종교적 믿음의 감퇴는 사람들이 스트레스와 외상에서 회복하기가 더 힘들 것으로 예상할 수 있다.

제3부

적응, 행복, 위협

제9장 행복

종교에 관한 긴 논쟁에서 프로이드(Freud)는 인생의 의미에 관한 문제에 당면하게 되었다. 그는 종교가 인생의 의미와 목적에 관하여 시사하는 바가 있음을 인정하였다. 그러나 그는 이것을 어떻게 평가할 수 있는지 의문을 가졌다. 우리는 종교적 해답이 정확한지 어떻게 아는가? 그래서 그는 극적으로 그 문제를 포기하였다. 일반 사람들의 목적의 의미에 대한 생각은 분명하다고 그는 말했다. 사람들은 행복하기를 원한다. 그들은 행복해지길 바라고 그 행복이 계속되길 기대한다. 행복은 인생의 가장 중요한 목적이다(Freud, 1930).

종교에 관한 프로이드의 비판적인 견해에 동의하는지에 관계없이, 행복은 인간의 중요 관심사임은 명백하다. 사람들이 인생에서 실제로 노력하는 것을 관찰함으로써 인생의 목적을 평가하려는 생각은 프로이드 시대에는 급진적이었으나, 오늘날에는 보다 합리적으로 보인다. 행복은 의미가 있다는 것과는 같지 않지만 중요한 연관성이 있다.

행복과 불행은 단일 차원에 있는 것으로 생각할지 모르지만 그렇지 않다. 긍정적인 감정과 부정적인 감정은 꼭 관련된 것은 아니다. 예를 들면, 나쁜 감정이 없다는 것은 좋은 감정이 있다는 것과 같지 않다(Bradburn, 1969; Watson & Tellegen, 1985). 행복의 긍정적 및 부정적인 면은 그것을 예측하는 요인을 포함하여 여러 가지 점에서 다르다. 이 장에서는 행복의 긍정적인 면에 초점을 맞출 것이며, 다음 장에서 고통이나 외상 또는 불행을 검토할 것이다.

행복이라는 용어는 여러 가지를 일컫는데 사용된다. 일부 사람들은 행복을 유쾌하고 긍정적인 현재 상태를 의미하는 것으로("우연히 돈을 찾게 되면 행복하다"), 안전과 불쾌한 감정에서 벗어나는 것으로("이 일이 끝나면 아주 행복할 것이다") 또는 장기간 삶에 대한 만족감으로("20년간의 결혼생활에 행복하였다") 사용한다. 행복의 이와 같은 3가지 유형의 관계는 긍정적이지만 그 정도는 아주 약하다(Diener, 1984).

행복의 성질은 수세기 동안 철학적 토론의 주제이었다. 현자들은 행복이 쾌락을 이기적으로 추구하거나 고차적이고 가치있는 목적을 위해 자아를 억제함으로써 가장 잘 이루어지는 것인지 논쟁하였다. 행복의 문제에 대한 해답은 아마도 문제가 잘못 제기되었기 때문에 애매한 것이었다. 사실, 그 해답은 고대 철학자들이 추천했던 것과는 전혀 다를 수 있는 목표의 제한이나 자기기만과 같은 몇 가지 특징을 가지고 있다.

우리는 행복에 관해 알기 위해서 더 이상 개인적 지혜나 사려깊은 사고, 전문가의 조언에 의지할 필요가 없다. 이용할 수 있는 정보가 상당히 축적되어 있다. 조사연구나 실험연구에 의해서 연구자들은 행복을 검토하였다. 많은 연구에서는 행복이라는 용어의 모호함을 피하기 위하여 사람들이 현재 일시적인 감정 상태를 묘사하기 위해 사용하는 주관적 안녕(subjective well being)이나 생활만족감(life satisfaction)과 같은 보다 정확한 기술적인 용어를 사용하였다. 그리고 이와 같은 풍부한 정보는 개념을 이해하는데 유용한 토대가 된다.

행복에 관한 정보에 결점이 없는 것은 아니다. 조사에 응하면서 사람들은 행복에 대한 생각을 과장하는 경향이 있다. 대부분의 미국인들은 매우 행복하다고 말하지만, 그들의 생활이 정말 멋있는지 의심해야 한다. 비록 극단적이지만, 이러한 명백한 과장의 생생한 예는 러빈(Rubin, 1976)이 제공하였다. 그녀는 한 트럭 기사에게 아동기에 관한 면접을 하였다. 그는 아동기가 행복하였고 가족관계도 행복했다는 것만 말했다. 상당히 달래고 캐물은 후에 그녀는 그에게 아동기에 관해 좀 더 상세한 내용을 상기시킬 수 있었다. 아버지는 알코올 중독이었고, 어머니는 이혼을 원했지만 아이들 때문에 그렇게 하지 못했다. 아동기에 관한 그의 주요 기억은 부모가 술을 마시고 있던 술집 밖에서 장시간 추위와 배고픔에 떨며 차 속에 앉아 있었던 것이다. 정말 행복한 아동기였다!

그러나 우리가 행복과 다른 변인의 관계에 집중한다면, 과장하는 경향이 반드시 문제가 되는 것은 아니다. 따라서 예를 들어, 부자들이 가난한 사람들보다 행복하다고 말한다면, 모두가 자신의 행복 수준을 과장했다고 하더라도 부가 행복을 예측한다고 결론지을 수 있다. 부자들이 자신의 행복을 과장하고 가난한 사람들이 그렇지 않다면 결론은 의심할 만하다. 다행히도 왜곡이 불공평하거나 터무니없다고 시사하는 것이 거의 없으므로, 사람들이 일반적으로 주장하는 것만큼은 행복하지 않다고 해도 행복에 관한 대부분의 결론은 상당히 믿을 수 있는 것으로 간주할 수 있다. 또한 사람들은 일반적으로 연구자에게 얘기할 때 불만을 감추려는 경향이 있기 때문에 이에 관한 어떤 표시에도 면밀히 주의하는 것이 중요할 것이다.

대부분의 이와 같은 자료는 서구 문화, 특히 미국인의 반응에 입각한 것이다. 서구 문화에서는 행복을 긍정적인 정서로 생각하는 경향이 있다. 사실, 많은 연구자들이 행복이라는 용어를 기피한 한 가지 이유는 많은 사람들이 그것을 일반적인 안녕감이나 생활만족감보다는 현재의 정서 상태를 의미하는 것으로 사용하기 때문이다. 그러나 다른 문화에서는 행복에 관해서 적어도 한 가지 다른 개념이 있다. 그것은 평화라고 부를 수 있는 것과 더 가까우며, 안정되고 조용하며 유쾌한 상태에 입각한 것이다. 최고조의 긍정적 정서를 추구하는 대신에 안정 상태를 유지하려는 것이다. 순간적인 기쁨은 지나가버리지만, 유쾌하고 만족스러운 상태는 언제나 느끼는 것이다.

이와 같은 평화스러운 행복이 원칙적으로 행복의 아주 생생한 모형이며, 많은 사람들에게 잘 어울릴 수 있다. 실제로 정서 상태가 본디 잠정적이라는 사실에 비추어 보면, 행복은 긍정적인 정서 상태를 계속 유지하려고 하기 보다는 평화에 의해서, 즉 정서적 동요가 없는 평온 상태에 의해서 추구하는 것이 더 낫다고 주장할 수 있다. 그러나 우리 문화에서는 행복을 평온함보다는 기쁨으로 더 생각하는 경향이 있으므로, 이와 같은 발견의 대부분은 그에 따라 이해되어야 한다(Freedman, 1978).

행복 : 주관적 지각과 객관적 상황

행복에 대하여 지적할 첫째 사항은 외적이고 객관적인 상황보다는 내적이고 주관적인 지각과 훨씬 밀접한 연관이 있는 것 같다는 것이다. 이것은 결코 분명하지 않다. 대부분의 사람들은 자신의 행복이 주로 객관적 상황에 의한 것으로 생각하며, 그것이 연구자들이 검토하기 시작한 부분이기도 하다. 정말 객관적 요인의 영향은 있지만, 주관적인 것이 훨씬 중요하다.

상황이 사람들을 행복하게 만든다는 것에 관해서는 많은 고정관념이 있다. 그 한 가지는 부자가 가난한 사람들보다 행복하다는 것이다. 왜냐하면 편하고 안전하며 풍요롭게 생활하는 것이 몹시 불안정하고 의미없이 고생하는 가난에 찌든 생활에 당면하여 더럽고 궁핍하고 품위없이 생활하는 것보다 압도적으로 낫기 때문이다. 또 다른 고정관념은 반대의 입장을 취하고 있다. 부자는 신경증적이고 지쳐있고 비참한 반면에, 가난한 사람들은 인생에서 단순한 즐거움을 누릴 수 있다는 것이다. 로빈슨(Edward Arlington Robinson)은 이러한 생각을 부유하고 잘 생긴 느긋한 신사의 자살에 관한 그의 유명한 시 “리차드 코리”(Richard Cory)에서 잘 포착하였다.

연구자들은 객관적 상황이 행복을 예측하는 과정을 검토하기 시작하여 곧 차이를 나타내는 것들을 발견하였다. 광범한 통계적 유형에 입각하여, 가장 행복한 사람들은 다음 기준에 부합되었다. 그들은 결혼하였고, 자녀가 없고, 품위있는 직업이 있으며, 소득과 학력이 높았다(Argyle, 1987; Campbell, 1981; Diener, 1984; Freedman, 1978). 이 기준을 충족시킬 수 있으면 행복의 가능성은 최대가 될 수 있다. 이러한 특성에서 차이가 나면 행복의 가능성은 감소된다. 더구나 그 효과는 가산적이어서, 그 특성에서 차이가 많이 날수록 행복의 가능성은 크게 감소될 것이다.

그러나 행복의 공식을 단순히 받아들이기 전에, 그 효과가 얼마나 작은지 인정하는 것이 중요하다. 이 분야에서 연구자들이 가장 크게 놀란 것 중의 하나는 각 변인에 의한 차이가 작다는 것이다. 부유한 사람들의 행복 수준이 가난한 사람들보다 높다고 하지만 그것은 사소한 차이에 불과하다. 가난한 사람 중에도 행복한 사람들이 많고, 부자들 중에도 불행한 경우가 많다. 거의 모든 예측 변인에 이와 같은 원칙이 적용된다. 분명히 모든 고정관념에는 모순되는 것일지라도 어느 정도 진실이 담겨 있다.

객관적인 요인이 이 차이를 가져오지만 오직 작은 차이이다. 따라서 객관적인 상황이 변하면 행복에 이르는 길은 불안하고 미덥지 못할 수 있다. 이 의미는 행복이 매우 주관적이라는 것이다. 행복의 주된 차이를 가져오는 것은 실제 상황이 아니라 그에 대한 느낌이다. 연구자들이 객관적 및 주관적 요인을 모두 검토하기 시작했을 때, 그들은 주관적 요인이 전반적인 행복을 훨씬 강하게 예측한다는 것을 언제나 발견하였다.

주관적 및 객관적 요인의 차이는 돈을 예로 들면 쉽게 알 수 있다. 행복에 미치는 돈의 영향을 연구하는 한 가지 방법은 어떤 사람이 돈을 얼마나 갖고 있는지 파악한 후, 그가 얼마나 행복한지 보는 것이다. 이미 언급한 것처럼, 소득이 높은 사람들은 낮은 사람들보다 약간 더 행복하다. 차이의 대부분은 낮은 소득에 수반되는 긴장과 스트레스에 기인하는 것으로 보인다. 돈이 부족한 많은 사람들은 목적을 충족시키는 방법에 대해 끝없는 문제를 겪는다. 이러한 문제들은 공과금 납부에 대한 갈등과 지출에 대한 배우자와의 언쟁으로 이어진다(Argyle, 1987; Campbell, Converse, & Rogers, 1976).

행복에 미치는 부의 영향력은 약했지만, 연구자들이 사람들에게 자신의 소득에 대한 만족도를 물었을 때 그들의 반응은 전반적인 행복과 강한 관계를 보였다(Campbell, 1981). 그러나 분명히 중복된 면이 있었다. 소득이 높은 사람들은 낮은 사람들보다 만족도가 높았지만, 소득은 어느 정도가 적당하고 만족스러운지 사람들에 따라 다른 의미를 줄 수 있다. 행복에 중요한 것은 객관적인 소득 정도가 아니라 주관적인 지각이다.

이와 비슷하게, 직업의 여러 가지 객관적 특징도 행복에 거의 관계가 없다. 예외적으로, 일하고 싶은데 실직 상태에 있는 것은 불행의 큰 원인이 된다. 그러나 일에 대한 개인적 만족감이 전반적인 행복감의 중요한 예언 요인이다. 중요한 것은 직업 자체가 아니라 그에 대한 느낌이다. 일을 좋아한다면 그것이 무슨 일이든 좋아하지 않는 것에 비해서 삶에서 행복감을 느낄 것이다.

우리 사회에서 대부분의 사람들은 자신의 일에 상당히 만족한다고 말한다. 그러나 자신의 직업에 만족을 못하는 사람들에게 직업은 불행의 주요 원천이다(Argyle, 1987; Benin & Nienstedt, 1985). 더구나 행복에 가장 큰 영향을 미치는 직업의 측면은 도전, 흥미, 자율성, 결과에 대한 정보, 내용의 의미, 산출의 성격과 같은 주관적 요인들이다(Argyle, 1987; Campbell 등, 1976). 이러한 특징들은 직업의 특성이나 작업환경 자체보다는 개인과 직업의 상호작용, 즉 조화에 좌우된다.

건강의 척도도 같은 형태를 보인다(Diener, 1984). 사람들에게 어떤 요인이 행복에 중요한지 묻는다면, 그들은 건강이 극히 중요하다고 말하는 경향이 있다. 그러나 실제로 질병의 빈도와 심각성과 같은 건강의 객관적 척도는 행복과 약한 관계를 보일 뿐이다. 어떤 사람들은 노인과 만성 질환이 있는 사람들을 제외하고, 건강은 대부분의 성인들에게 행복과 무관하다고 결론지었다(Campbell 등, 1976). 한편, 건강에 대한 주관적 평가는 전반적인 행복에 대한 강력한 예측 요인이다(Diener, 1984). 건강에 만족한 사람들은 그렇지 못한 사람들보다 전반적으로 더 행복하다. 물론 어느 정도 중복이 있을 수 있다. 왜냐하면 객관적으로 건강한 사람들은 그렇지 못한 사람들보다 자신의 건강에 좀 더 만족하는 경향이 있다. 그러나 행복을 결정하는 중요한 요인은 객관적으로 얼마나 건강한가 보다는 건강에 대한 주관적 느낌이다.

그러나 객관적인 상황이 비교적 중요하지 않은 것으로 치부하기 전에, 한 가지 중요한 요인을 인정할 필요가 있다. 그것은 사회적 유대감을 형성하고 유지하는 것이다. 따라서 결혼한 사람들은 독신자보다 행복하며, 친구가 있는 사람들은 없는 사람들보다 행복하다. 고독은 불행, 우울, 그 밖의 슬픔과 많은 관계가 있다(Argyle, 1987). 고독은 객관적 상황보다는 주관적 평가를 반영하는 것으로 말할 수 있다. 그러나 대부분의 사람들은 행복하려면 다른 사람들이 필요하다는 증거가 많이 있다. 이 사람들이 누구인지 또는 어떤 관계인지는 큰 문제가 되지 않는 것 같지만, 어느 정도의 유대감은 행복에 중요하며 필요하다(Freedman, 1978, p. 48). 고도의 행복이 사회적 고립과 함께 하기는 어렵다.

이 모든 발견의 일반적인 의미는 객관적 상황이 전반적인 행복에 얼마간 영향을 미치지만, 상황에 대한 주관적 지각은 상당히 큰 영향을 미친다는 것이다. 행복은 외부 상황의 직접적인 결과라기보다는 주로 이 상황에 대한 지각과 평가에 좌우된다.

이와 같은 주관적 해석의 중요성은 2차 세계대전 중에 미군의 목표와 만족감을 다룬 고전적 연구에서 나타났다. 이 연구에서 두 가지 사실이 드러났는데 같이 고려하면 놀라운 것이었다. 첫째, 전시에 미군은 고졸자가 중퇴자보다 승진할 가능성이 많았다. 둘째, 고졸자는 중퇴자보다 승진 가능성에 관해 그다지 행복하지 않았다(Merton & Kitt, 1950).

이 두 사실은 서로 모순되는 것으로 보였다. 고졸자는 중퇴자보다 객관적으로 더 좋은 기회를 갖게 되지만 그들은 그것에 주관적으로 만족감이 적었다. 간단히 말하면, 고졸자들은 더 나은 조건에 있지만 행복감은 적었다.

이 외면적인 역설을 해결하려면 군인들의 개인적 관점을 이해할 필요가 있다. 고등학교를 졸업한 군인들은 인생에 대한 기대가 비교적 높았다. 그들은 민간 생활을 하는 친구들의 수준과 자신을 비교하였다. 이 친구들은 군인들보다 형편이 좋았다. 이 집단의 다른 군인들은 군 생활을 잘 해서 승진한 고등학교 졸업 학력의 군인들과 자신을 비교하였다. 그리고 이와 같은 상향비교는 그들이 비교적 성공하지 못한 느낌을 갖게 만들었다. 따라서 높은 기준을 세우고 성공한 친구들과 비교함으로써 그들은 자신의 군 경력에 실망하고 불만을 갖게 되었다.

이에 비해서, 고등학교를 중퇴한 군인들은 기대가 낮았다. 그들은 민간인 친구들과 비교하였으며, 인간인 중퇴자들은 그다지 잘 하지 못하고 있었다. 다른 사람들은 고등학교 중퇴자인 동료 군인들과 비교하였고, 그들은 전형적으로 진급하지 못했다. 이러한 비교에 의해서 그 남자들은 자신의 승진 기회가 적절한 것으로 느꼈다. 졸업자들과 달리, 중퇴자들은 기대한 만큼 잘 하고 있는 것으로 생각하여 졸업자들보다 행복하였다.

좋지 못한 상황에도 불구하고 더 행복하다는 역설적인 면은 행복을 결정하는데 주관적 해석이 매우 중요하다는 것을 분명히 드러내고 있다. 행복은 여러 가지 기대와 기준에 따라 상대적이다. 행복은 추정의 결과로 이해되어야 한다. 상황을 평가하여 기대하거나 원하던 것과 비교하는 것이다. 의미있는 기준은 행복을 결정하는데 실제 상황만큼 중요하다.

달리 표현하면, 행복은 현실이 소망과 기대에 부합될 때 이루어진다. 현실이 만족스럽거나 기대가 낮기 때문에 행복에 이를 수 있는지도 모른다. 삶에서 기대가 적을수록 얻는 것에 더 만족하게 될 것이다. 따라서 기대를 낮게 갖는 것이 행복에 대한 방책이다.

의미에 대한 욕구

얼마간 중복은 되지만, 행복한 것은 인생의 의미를 발견하는 것과 같지는 않다. 이 관계를 설명하는 최선의 방법은 의미있는 생활이 행복을 위해 필요하지만 충분하지는 않다는 것이다. 인생이 의미는 있지만 행복하지 않을 수 있다. 게릴라나 혁명적인 삶은 흔히 열정적인 의미는 있지만 행복한 것은 아니다. 그러나 그 반대는 가능성이 적다. 삶이 공허하고 목적이 없다면 행복을 영위하는 사람은 거의 없을 것이다.

의미있는 생활이 행복에 필수적이라는 생각은 의미에 대한 4가지 요구에 의해서 검토될 수 있다. 첫째 욕구는 목적인데, 사실 목적의식과 성취감이 인간을 행복하게 만든다는 증거가 있다. 만족스럽고 실행 가능한 목표에 따라 생활이 영위된다고 확신하는 사람들은 다른 사람들보다 행복한 경향이 있다(Argyle, 1987). 더욱이 사람들은 목표를 단기간에 달성할 수 있는 일, 특히 성취하는데 별반 어렵지 않게 보이는 일이 있을 때 가장 행복하다(Palys & Little, 1983). 이것은 목표가 있을 뿐만 아니라 거창하고 장기적인 야심을 단기 목표로 세분하는 것이 중요함을 강조하는 것이다(Bandura & Schunk, 1981). 다른 증거에 의하면, 행복한 사람들은 많은 목표를 가지고 있는 경향이 있는 반면에, 불행한 사람들은 장기적인 전망이 없거나 그에 무관심한 경향이 있다(Emmons, 1986; Wessman & Ricks, 1966). 따라서 목적의식과 행복은 사실 어느 정도 연관성이 있다.

사람들의 개인적 노력에 관한 연구에서는 여러 가지 면에서 목적과 행복이 결부되었다

(Emmons, 1986). 목표를 달성한 사람들은 그렇지 못한 사람들보다 긍정적인 정서를 느끼는 경향이 있다. 가장 중요한 것은 소중한 개인적인 목표가 있다는 사실이 그 목표의 성취 여부에 관계없이 높은 생활만족감과 연관되어 있다는 것이다. 따라서 목표를 달성하는 것이 사람들에게 기쁨과 즐거움을 주지만, 중요한 목표를 갖고 있는 것만도 행복을 느끼는데 중요한 요인이다.

목표의 상호 일관성 여부도 행복에 영향을 미칠 수 있다. 목표의 갈등과 모호성은 부정적 정서, 우울, 신경증, 신체화 장애와 연관되었다(Emmons & King, 1988). 목표의 갈등이 행복에 미치는 부정적 영향의 일부는 여러 가지 생각과 억제에 기인하는 것일 수 있다. 사람들은 모순되고 모호한 목표를 향해 노력할 가능성이 적지만, 다른 목표에 비해 그에 관해 생각은 더 많이 하게 된다(Emmons & King, 1988).

행복을 증진시키기 위하여 목표는 달성 가능해야 한다. 사람들은 자신의 목표가 적당히 어려워서 "몰입"(flow)이라는 상태를 야기할 때 가장 행복하게 느끼는 것 같다(Csikszentmihalyi, 1982). 목표가 너무 어려우면 불안하고, 너무 쉬우면 지루하다. 행복은 너무 어렵거나 쉽지도 않은 목표와 도전의식을 갖는 것이다(Emmons, 1986).

그러므로 생활의 목적을 갖는 것은 행복에 기여한다. 최고의 행복을 위해서 인간은 분명히 여러 가지 목표를 가져야 하며, 그 목표들은 상호 알력이 없고, 혼란스러운 감정을 야기하지 않아야 하며, 달성하는데 너무 어렵거나 쉽지 않게 보여야 한다.

가치도 행복에 기여한다. 개인의 기본적 가치에 대한 믿음은 행복과 관련이 있다(Argyle, 1987; Freedman, 1978). 사실, 개인의 생활이 목적과 가치에서 의미가 있다는 느낌은 행복에서 매우 중요한 측면이며, 생활의 거의 모든 면에 대한 만족에 영향을 미치는 것으로 보인다. 삶의 의미가 없으면 생활의 모든 면에 대한 만족감이 감소한다(Freedman, 1978).

의미에 대한 다른 두 가지 욕구는 효능감과 자아 가치이다. 이것들도 행복에 중요한 영향을 미친다. 사실, 그 영향은 목적과 가치의 영향보다 더 강한 것 같다.

자아의 특성은 행복과 관계가 약한 것 같다. 역시 주관적 지각이 객관적 사실보다 중요하다. 지능의 행복에 대한 기여도는 낮거나(Campbell, 1981) 사소하다(Diener, 1984). 지능이 높든 낮든 행복의 가능성은 거의 동등하다. 마찬가지로, 외모의 영향도 매우 작고, 그 영향은 주로 젊은 여성에게 국한된다(Argyle, 1987; Campbell 등, 1976). 못생긴 남자, 못생긴 아이들, 못생긴 할머니는 잘 생긴 사람들과 거의 비슷한 정도로 행복하다.

이와 같은 미약한 영향에 비하여, 주관적 평가는 행복에 큰 역할을 한다. 모든 연구자들은 자존심의 정도가 행복에 대한 가장 강한 예측요인에 속한다고 지적하였다(Argyle, 1987; Campbell, 1981; Diener, 1984). 자신을 높이 평가하는 사람들은 매우 행복한 반면에, 자신을 낮게 평가하는 사람들은 불행한 경향이 있다. 광범한 연구결과를 캠벨(Campbell, 1981, p. 195)이 요약한 바와 같이, "자아에 대한 불만은 우리가 고려한 생활의 어떤 다른 영역에 대한 불만보다도 전반적인 안녕감에 해로운 영향이 있다." 사실, 동일한 사람의 생활에서도 상대적인 불행의 시기는 자존심의 저하와 관계가 있다(Diener, 1984).

이 모든 결과에서 인과의 방향은 예측하기가 어렵다. 연구에 의하면, 자존심이 높은 사람들은 낮은 사람들보다 행복하지만, 자신을 좋게 생각하는 것이 행복하게 만드는지 또는 그 반대인지는 분명치 않다. 전반적인 행복감과 높은 자존심은 서로 강화시키는 상승효과가 있는 것 같다. 그러나 오직 분명한 결론은 둘 사이에 중요한 연관성이 있다는 것이다.

효능감도 행복과 관련이 있다. 자신의 생활과 운명을 통제하고 있다고 느끼는 사람들은 다른 사람들보다 행복하다(Campbell, 1981; Diener, 1984). 선택의 여지가 많다는 느낌도 보다 긍정적인 감정과 관계가 있다(Argyle, 1987).

어떤 사람들은 효능감이 다른 것과는 별개로 행복에 정말 영향을 미치는지 의아해 할 수 있다. 결국 생활의 통제감은 상황과 깊은 관계가 있다(Campbell, 1981; Diener, 1984). 부유하고, 학력이 높고, 전문직에 종사하고, 건강하고, 매력적이고, 지성적인 사람들은 그렇지 않은 사람들보다 자신의 생활을 더 잘 통제하고 있다는 느낌을 갖는 경향이 있다. 그러나 효능감의 영향은 이 다른 요인들과는 별개라는 증거가 있다. 회귀분석에 의하면, 효능감이 다른 요인들을 통계적으로 통제한 경우에도 행복을 예측하는 것으로 확인되었다(Campbell, 1981).

효능감은 생활의 실제 상황과 밀접히 관련될 수 있지만, 자존심과 자기만족은 객관적인 상황과 분명히 관계가 거의 없다. 사실, 실직은 어떤 연구(Argyle, 1987)에서는 자존심에 위협을 주는 것으로 나타났지만, 다른 연구에서(Campbell, 1981) 실직자와 이혼자의 자존심은 평균보다 상당히 낮지는 않은 것으로 나타났다. 따라서 효능감의 영향이 인위적이라고 우려할 필요는 없다. 효능감과 자존심은 유사한 형태를 취하는 것으로 보이며, 자신에 대한 호의적인 견해는 객관적인 상황에 관계없이 행복과 직접 관련된다.

그러므로 의미에 대한 욕구는 모두 행복에 어느 정도 영향을 미치는 것으로 나타났다. 이 영향은 대부분 상호 독립적이며 가산적이라고 생각할 수 있다. 그러나 일부는 상호작용을 한다. 즉, 의미에 대한 욕구는 때로는 혼합되어 작용할 수 있다. 예를 들면, 행복은 목적과 효능감이 모두 있을 때 최대가 될 수 있다. 다시 말하면, 사람들은 분명한 목표가 있고 이 목표를 달성할 수 있다고 느낄 때 행복하다(Emmons, Diener, & Larsen, 1986).

높은 자존심과 삶에 대한 강한 통제감을 지닌 사람들은 예외적으로 행복하다(Campbell, 1981). 자존심과 통제감이 높은 집단의 15% 정도를 보면 예외적으로 긍정적인 안녕감을 발견하게 된다. 그리고 이러한 주관적 요인의 이점은 객관적 상황과는 대체로 관계가 없다. 이들을 객관적 기준과 외적인 면에서 다른 사람들과 비교해 보면 특별히 더 나은 것이 없었다.

많은 다른 요인들이 자아에 대한 이와 같은 지각을 변화시킴으로써 행복에 영향을 미칠 수 있다. 예를 들면, 행복에 미치는 소득의 영향은 고소득이 자신을 긍정적으로 평가하도록 만들기 때문일 수 있다. 많은 사람들이 소득에 무관하게 자존심을 유지할 수 있기 때문에 소득의 직접적인 영향은 약할지도 모른다. 직업적 위상은 소득에 관계없이 행복을 예언하며, 그 위상이 사람들에게 자존심을 부여하기 때문에 그 영향은 자존심에 의해 조절되는 것으로 보인다(Campbell, 1981).

실업은 행복과 가장 관계가 깊은 요인 중 하나이기 때문에 행복이 자존심에 의해 매개되는 또 다른 예에 속한다. 은퇴한 사람들은 상황이 실업자와 여러모로 비슷하지만 일반적으로 행복감의 저하를 보이지 않기 때문에, 실업이 행복에 미치는 영향은 단지 소득이 없거나 할 일이 없다는 문제가 아니다. 그러나 은퇴는 자존심을 위협하지 않는다. 이에 비해서 실직은 자존심과 효능감 및 통제감을 저하시킨다(Argyle, 1987; Newman, 1988). 실직이 행복에 미치는 영향은 자기 평가에 대한 부정적 효과에 좌우된다(Campbell 등, 1976). 실직에도 불구하고 자존심을 유지할 수 있다면 행복감의 상실은 최소화될 수 있을 것이다.

자료가 분명치는 않지만, 행복에 미치는 다른 영향은 자존심과 통제감의 변화에 의해서도 조절될 수 있다. 따라서 학력은 행복을 증진시키는 것으로 보이며, 이 영향은 고소득과 같은 다른 변인들을 통제하더라도 그렇다. 학력은 자아 가치와 효능감을 높일 수 있다. 마찬가지로, 별거와 이혼은 행복에 매우 부정적인 영향을 미치며, 실패와 거절의 의미 때문에 그리고 사라지고 있는 이혼의 오명 때문에 자존심에도 부정적 의미를 부여한다. 자존심에 위협을 주는 이혼의 요인들은 고도의 긴장과 스트레스를 야기하며(Price & McKenry, 1988), 행복의 감소에도 영향을 미칠 수 있다.

결론적으로 말하면, 의미에 대한 욕구는 행복과 분명한 관계가 있다. 목표가 있고 생활이 확고한 가치를 기반으로 하고 있다는 느낌은 행복에 효과적인 토대가 된다. 자아 가치와 효능감의 기여는 목적과 가치보다 더 중요할 수 있다. 자아 가치와 효능감에 대한 주관적 평가는 행복의 중요한 결정 요인이다. 따라서 예외는 있지만, 행복은 인생의 의미와 연관되는 일반적인 경향이 있다. 행복한 사람들은 다른 사람들에 비해서 자신의 생활을 주관적으로 의미있게 설명한다.

기준 변화의 문제: 쾌락의 단조로움

지금까지 행복은 객관적인 상황보다 주관적 평가에 더 많이 좌우된다고 주장하였다. 주관적 평가는 상황을 여러 가지 기준에 의해 측정하는 것이다. 행복의 정도는 실제 생활만큼 기준의 높이에도 영향을 받는다. 따라서 행복을 이해하려면 기준의 설정과 변화를 이해하는 것이 매우 중요하다.

기준에서 중요한 문제는 적응수준 효과(adaptation-level effect)이다(Helson, 1964). 사람

들은 현재의 상태보다 약간 높게 목표와 기대를 설정한다. 그들은 이 목표에 도달할 수 있으면 행복하고 만족할 것으로 생각한다. 그들이 목표를 달성하면 한동안 기분이 좋지만 곧 더 높은 기준을 다시 설정한다. 다시 말하면, 성공의 기쁨은 본디 일시적이다.

야망에 관한 연구는 이 점을 멋있게 지적하고 있다(Brim, 1988). 사람들은 놀이와 개인생활에서처럼 일에서도 스스로 목표를 설정한다. 목표를 달성하면 그들은 곧 더 높은 목표를 설정한다. 같은 수준에서 수행을 계속하면 자부심이나 기쁨 또는 만족감은 점차 감소될 것이다.

행복은 상대적이며, 기준에 좌우된다. 불행히도 그 기준은 계속 변할 수 있다. 기준은 도달범위에서 벗어난다. 어떤 연구자들은 행복의 추구를 "쾌락의 단조로움"(hedonic treadmill)에 비교하였는데, 왜냐하면 여러 단계를 거친 후에도 여전히 목표에 가까워지지 않기 때문이다(Brickman & Campbell, 1971). 매 단계에 따라 한 목표에 근접하게 되지만 새로운 목표가 바로 등장하게 된다.

기준 변화, 즉 쾌락의 단조로움의 문제는 여러 맥락에서 언급되었다. 예를 들면, 전국적인 생활수준의 대규모 개선은 분명히 사람들을 행복하게 만들지 않는다. 미국 가정은 평균 소득이 2/3 정도 급증하여 평균 구매력이 1945년에서 1973년 사이에 크게 증가하였다. 그러나 이에 상응하는 행복감의 증가는 없었다. 실제로 자료를 면밀히 관찰해보면, 국가의 행복수준은 경제적인 면과는 관계없이 또는 그에 반대되는 방향으로도 변했다(Campbell, 1981). 마찬가지로, 국가간 비교에 의하면, 행복과 생활수준이나 부와 같은 측정 가능한 생활조건의 관계는 기껏해야 미약하고 상반되게 나타났다(Campbell, 1981). 어떤 점에서 높은 생활수준은 행복을 감소시킨다. 자살률은 저개발 국가보다 번영하고 발전된 국가에서 높으며, 미국에서는 생활수준이 낮은 주보다 높은 주에서 높다(Baumeister, 1990; Lester, 1984).

사람들에게 행복을 증진시키기 위해 어떤 점이 가장 개선되어야 하는지 물었을 때 가장 흔한 대답은 돈을 많이 원한다는 것이다(Argyle, 1987). 그러나 실제로 돈은 행복과 미약한 관계만 있을 뿐이다. 사람은 새로운 재산 정도에 곧 익숙해져서 점차 당연시하기 때문에 재산 증식은 행복을 실제로 증가시키지 못한다.

유일한 방법은 자신의 소득이나 저축을 계속 변하는 포부가 아니라 다른 기준과 유리하게 비교할 수 있는 방법을 모색하는 것이다. 하향비교가 특히 효과적일 수 있다. 사람들은 자신이 동료들보다 소득이 많다고 느끼면 그것에 만족할 수 있다. 아가일(Argyle, 1987)은 이 주제에 관한 모든 증거를 검토하여 행복을 보장하는 소득의 정도는 없다고 보았으며, "사람들이 정말 원하는 것은 남보다 많이 갖는 것"(p. 207)이라고 결론지었다. 다시 말하면, 돈은 비교 기준, 즉 다른 사람보다 많이 갖고 있으면 행복한 느낌을 준다. 모두가 조금씩 더 갖고 있다면 순수한 행복감은 거의 변화가 없을 것이다.

한 가지 잔인한 변화를 동반한 적응수준 효과의 설득력있는 예를 브릭맨 등(Brickman, Coates, & Janoff-Bulman, 1978)이 제시하였다. 그 변화는 사람들이 주로 상향적인 적응을 보인다는 것이다. 생활이 악화될 때는 좋아질 때만큼 쉽게 익숙해지지 않는다. 분명히 이 문제가 반대로 된다면 사람들은 더 좋았을 것이며, 불행의 고통은 곧 사라지고 성공의 즐거움이 지속될 것이다. 그러나 프로이드(Freud, 1930)가 관찰하였듯이, 자연은 인간이 행복하게 되도록 의도하지 않은 것 같다.

브릭맨 등(Brickman et al., 1978)은 생활이 예외적으로 변화된 두 유형의 사람들을 연구하였으며, 이들은 정상적이고 비교적 평범한 생활을 하는 사람들과 비교되었다. 첫째 유형의 사람들은 거액의 복권에 당첨된 집단이었고, 둘째 유형은 사고에 의해서 신체가 심하게 마비된 사람들이었다. 복권 당첨과 사고는 1년 이내의 비교적 최근에 발생하였다.

우선, 이 두 집단에게 최근의 중요한 생활변화를 평가하도록 요청하였다. 당연히 통제집단에 비하여 사고 희생자들은 부정적 변화를, 복권 당첨자들은 아주 긍정적 변화를 보고하였다. 그러나 친구와 얘기하고, 식사를 하며, 텔레비전을 보고, 쇼핑을 하는 것과 같은 여러 가지 일상적인 활동에서 얻는 즐거움을 평가하도록 요구하였을 때, 복권 당첨자들은 다른 두 집단에 비해 이러한 활동에 대한 즐거움이 훨씬 적었다. 분명히 어떤 좋은 일이 생기면 일상적인 일에 대한 즐거움이 상실되는 경향이 있다.

마지막으로, 연구자들은 사람들에게 과거, 현재, 미래의 일반적인 행복감의 정도를 평가하도록 요청하였다. 가장 중요한 발견은 복권 당첨자들이 이 평가에서 통제집단과 차이가 없었다는 것이다. 거액의 상금을 받은 최근의 특별한 행운에도 불구하고 이들은 그와 같은 행운을 경험하지 못한 통제집단보다 행복하지 않았고, 미래가 보다 행복할 것으로 기대하지도 않았다. 복권 당첨자들은 획득한 상금에 매우 기뻤지만, 분명히 일상적인 즐거움의 상실이 횡재의 긍정적 가치를 상쇄하여 장기적으로는 행복의 변화가 없었다.

생활이 개선되면 사람들은 구체적인 개선에 기뻐하지만 다른 행복의 원천이 그 힘과 매력을 상실하기 시작한다. 따라서 순수한 행복감은 변화없이 그대로 남아있다. 복권 당첨자들은 갑자기 횡재하는 부러운 경험을 하였고 분명히 이를 즐겼지만, 일상적인 즐거움과 성공은 긍정적인 정서를 일으키지 못했다. 부자가 되는 것은 그 자체가 놀라운 것이지만 초기의 즐거움이 사라진 후에는 더 행복하게 되지는 않았다.

사고의 희생자들은 전반적인 행복감에서 통제집단과 차이를 보였다. 그들은 과거의 행복을 통제집단보다 더 높게 평가한 반면에, 현재의 행복은 더 낮게 평가하였다. 연구자들은 이것을 "향수 효과"(nostalgia effect)라고 하였다. 왜냐하면 그다지 매력없는 현재에 비해서 지나간 행복을 과장하는 것이 분명히 포함되어 있기 때문이다. 사고 희생자들은 그들의 마비 상태가 생활에 얼마나 방해가 될지 알지 못하기 때문에 미래의 행복을 예측하는데 주저하였다.

그러므로 전반적인 행복감은 특히 개선과 관련될 때 적응수준 효과의 영향을 받는다. 생활이 좋아지면 사람들은 곧 새로운 상황에 익숙해지며 그들의 행복 수준은 개선되기 전 상태로 복귀한다. 생활이 심하게 악화되면, 대부분의 사람들은 결국 큰 충격 이전에 누렸던 행복과 같은 수준으로 돌아오지만, 신속하거나 철저하게 적응하지는 못한다(Taylor, 1983). 그러나 부정적인 변화는 긍정적인 것보다 안녕감에 더 지속적인 영향을 미치는 것으로 보인다.

행복에 대한 실용적인 문제는 보다 낮은 기준을 유지하고 일상적인 성공과 즐거움을 잃지 않는 것이다. 행복에 대한 최선책은 큰 행운을 얻는 것이 아닌 것 같다. 사실, 복권 당첨자들은 1년 이내에 그와 같은 행운을 얻지 못한 사람들과 비슷한 행복 수준에 이르게 되었다. 최선책은 진전이 이루어지거나 상황이 개선될 때마다 축하하면서 서서히 성공해가는 것이다. 현재의 즐거움이 사라진 후에 다음 단계를 계속하며, 새로운 더 높은 기준을 받아들이는 것이다. 누구나 정상에 오르기를 바랄 수 있지만, 그 즐거움을 누리기 위해서는 계단을 하나씩 올라야 한다.

사람들은 생활하면서 이러한 교훈을 점진적으로 배워간다는 증거가 있다. 여러 면에서 노인들은 젊은 사람들보다 행복하고 만족한 것으로 보인다(Campbell, 1981).[38] 만족감의 점진적인 증가에 대한 예외는 건강 문제이다. 노인들은 만성적이고 괴로운 건강 문제를 안고 있는 경향이 있기 때문에 이 면에서 그들의 행복감이 낮은 것은 당연하다.

생활만족감이 연령에 따라 증가하는 것은 어느 정도 점진적인 상황 개선 때문이다. 성취가 누적되고, 재정이 점차 안정되며, 자녀가 성장하여 집을 떠나게 됨에 따라 육아의 스트레스도 감소된다. 그리고 노인들이 젊은 사람들보다 생활에 만족하는 더 중요한 이유가 있다. 기준이 점차 낮아지는 것이다. 노인들은 기대를 낮추고, 생활 현실을 수용하며, 포부를 축소한다. 사람들이 나이가 들어가면 생활에서 요구를 줄여가며 그에 따라 점차 행복해진다.

부족과 환상 : 정신건강에 해로운 현실

행복의 최선책은 계속해서 조금씩 더 나은 성공을 이루어가며 새롭고 보다 높은 기준과 목표를 달성해가는 것이라고 앞에서 논의하였다. 그러나 누구의 생활이 과연 그와 같은 형태를 취하겠는가? 얼마나 많은 사람들이 부단한 성공을 그것도 점차 더 낫게 이룰 수 있겠는가? 이따금 실패하는 것도 문제를 정말 해결하지 못한다. 사실, 사람들은 실패 후에 가끔 목표와 기대를 축소할 수 있다(Brim, 1988). 그러나 적응수준 효과는 악화되기보다는 개선되는 경우에 훨씬 쉽게 작용하기 때문에 사람들은 행운보다 불행에 적응하기가 더 어렵다.

38) 강렬한 쾌감의 빈도는 연령이 증가하면서 감소되지만, 노인들의 생활에 대한 만족감은 증가한다.

더구나 기준과 기대는 실패 후에 약간 현실적이 될지라도 여전히 현재의 수행보다는 높다.

그러므로 실제로는 계속 행복을 유지할 정도로 자신의 목표와 기대를 충족시킬 희망은 많지 않은 것 같다. 사람들이 얼마 동안은 목표에 미달될 것은 분명하며, 이 미달은 행복을 감소시킬 것이다. 분명히 사람들은 어느 정도의 실패, 실망, 그 밖의 부족을 인정할 수 있지만, 실질적인 부족의 정도는 받아들이기 어려울 정도로 많을 수 있다. 대부분의 사람들이 과거에 가장 잘 했던 것보다 높게 목표를 설정한다면 많은 실패와 실망은 필연적일 것이다.

그러나 자료에 의하면, 사람들은 대체로 행복하다. 사람들에게 행복의 수준을 평가하도록 요구하면 가장 흔한 반응은 가장 높게 또는 그 다음으로 높게 평가하는 것이다(Argyle, 1987). 그러므로 이 증거는 우리를 난처하게 만들었다. 우리의 분석에서 시사하는 것은 사람들이 아주 행복할 만큼 자신의 기준을 충족시킬 수 없었지만, 증거에 의하면 그들은 자신을 매우 행복한 것으로 표현하는 경향이 있다. 차이의 일부는 사람들이 면접자에게 좋은 인상을 주기 위하여 자신의 행복을 과장하는 경향에 기인할 수 있다. 예를 들면, 사람들은 낯선 사람에게 그들이 결혼 문제가 있거나 비참한 직업을 택했다는 것을 인정하지 않으려고 한다(Argyle, 1987). 그러나 이것은 차이 전체를 설명하는 데에는 부족하다. 사람들은 객관적 상황에 입각하여 정말 행복하게 느낀다.

이 문제를 해결하는 길은 사람들이 성공의 빈도와 상황의 특성을 그들의 마음 속에서 과장한다는 것이다. 간단히 말하면, 자신을 속이는 것이다. 그들은 세계에 관한 지각을 왜곡하여 냉정한 객관적인 견해에 의한 것보다 매력적으로 자신의 생활에 대한 견해를 제시한다. 그들은 자신의 실패를 잊고, 성공을 과장하며, 좋은 성과를 거둘 가능성을 과대추정하고, 미래를 낙관적으로 바라본다. 그들은 좋지 않은 부분을 잊고 무시하며 성공을 강조한다.

아마 사람들은 자신의 목표와 기대를 실제로는 언제나 충족시키지 못할 것이다. 그러나 그들은 때로는 기대를 충족시키기도 한다. 그러면 그들은 기대를 대부분 충족시킨 것으로 믿는다. 그리고 목표와 기대를 대부분 충족시켰다면 행복할 권리가 있다고 느낄 것이다.

사람들은 자신에게 자신과 세계에 관한 긍정적인 모습을 제공하기 위하여 현실에 관해 약간 왜곡된 견해를 갖게 된다는 증거가 많다. 이러한 증거는 자아와 세계에 관한 정확한 지각이 정신건강과 적절한 적응의 중요한 요소라고 생각하는 임상적 관점과는 모순된다. 가장 행복하고 건강한 사람들은 현실에 관한 지각에서 체계적인 왜곡과 환상을 나타내는 사람들일 수 있다(Taylor, 1989).

테일러와 브라운(Taylor & Brown, 1988)의 문헌조사에서는 이 점을 효과적으로 제시하였다. 이 연구자들은 정상적이고 건강한 사람들이 3가지 일반적인 유형의 환상을 보인다고 하였다. 첫째, 그들은 자신에 대해 비현실적으로 긍정적인 견해를 갖고 있다. 둘째, 그들은 삶에서 자신의 통제력을 과장한다. 셋째, 그들은 비현실적으로 낙관적인 경향이 있다. 이 3가지 환상은 의미에 대한 4가지 욕구 중에서 3가지를 대신한다. 낙관주의는 목적과 신뢰감을 포함하고, 자아 가치와 효능감은 과장과 연관된다. 4번째 욕구인 가치와 정당화는 이 문헌조사에서는 분명히 취급하지는 않았지만, 사람들은 자신의 행동을 실제보다 정당한 것으로 기억하고 잘못은 잊어버리는 것처럼, 어떤 일을 자신에게 유리하게 왜곡할 것이다(Baumeister, Stillwell, & Wotman, 1990). 따라서 현재로서는 행복은 인생의 의미의 4가지 면에서 모두 자신에게 유리하게 주관적으로 왜곡하는 것이라고 생각하는 것이 합리적으로 보인다.

자신을 과장하는 것부터 시작하여 환상에 관한 증거를 보다 면밀히 검토해 볼 가치가 있다. 사회심리학에서 다방면에서 수집된 바와 같이, 사람들은 자신에 대해 지나치게 긍정적인 견해를 지니고 있다. 사람들은 성공에 대한 책임은 인정하지만, 특히 자아가 관련된 과제에서 실패에 대한 책임은 부인한다(Bradley, 1978; Zuckerman, 1979). 사람들은 자신에 대한 부정적인 평가보다 긍정적인 평가를 더 잘 인정하고 회상한다(Brown, 1986; Kuiper & Derry, 1982; Kuiper & MacDonald, 1982). 그들은 자신의 수행을 실제보다 더 나은 것으로 회상한다(Crary, 1966). 사람들은 자신을 주로 유리하게 볼 수 있는 차원에서 다른 사람들과 비교하려고 하며, 그것이 여러 면에서 다른 사람들보다 우월하게 느끼게 만든다(Brown, 1986; Larwood & Whittaker, 1977; Svenson, 1981). 사람들은 자신의 능력을 고유하고 예외적으로 본다(Campbell, 1986; Suls & Wan, 1987). 예를 들면, 한 조사에서 미국 성인의 90% 정도가 자신을 평균 이상의 운전자라고 평가하였다.

사람들이 자신의 통제력을 과장하여 지각하는 경향은 이미 논의하였다. 사람들은 특히 일이 잘 될 때 통제력을 과장한다. 사실, 사람들은 일이 실제로는 재수에 속하는 것일지라도 자신에게 통제력이 있는 것으로 믿는다(Crocker, 1982; Langer, 1975).

대부분의 사람들은 미래에 대해 일반적으로 긍정적인 태도를 유지한다(Free & Cantril, 1968). 사람들은 좋은 일이 다른 사람들보다도 자신에게 생길 것으로 믿으며 자신의 미래에 대해 특히 낙관적이다. 예를 들면, 그들은 보통 사람들보다 자신의 일을 좋아하게 되며, 소득이 높고, 재능있는 아이를 갖게 될 것으로 생각한다. 그들은 또한 보통 사람들보다 자동차 사고를 겪거나 범죄의 희생자가 되거나 우울하게 되거나 직업을 찾는데 어려움을 경험할 가능성이 적을 것으로 생각한다(Johnson & Tversky, 1983; Kuiper, MacDonald, & Derry, 1983; Robertson, 1977; Weinstein, 1980). 자신의 미래에 관해 생각해 보게 했을 때, 대학생들은 나쁜 가능성보다 좋은 가능성에 대해 4배나 많이 생각하였다(Markus & Nurius, 1986, 1987). 그리고 모든 연령의 사람들은 장래 여러 가지 일을 얼마나 잘 할지 과장하는 경향이 있다(Talor & Brown, 1988).

이와 같은 낙관적인 환상은 다소 방어적으로 보인다. 즉, 문제와 불행을 보상하는데 도움이 된다. 예를 들면, 한 연구자는 많은 노동자 계층의 사람들이 불쾌한 현실에도 불구하고 또는 그 때문에 흔히 미래의 행복한 꿈에 집요하게 매달린다고 하였다. 어느 여성은 아동기에 알코올 중독의 아버지에게서 학대를 받을수록 친절하고 똑똑하며 잘 생긴 미래의 남편이 자신과 아이들을 사랑하고 풍요롭게 살게 해줄 것이라는 꿈을 꾸었다고 말하였다(Rubin, 1976). 다른 사람들은 잡지에서 멋있는 주택 사진을 보며 그와 같은 곳에서 자신의 생활을 상상하며 시간을 보냈다고 하였다.

예외, 즉 이러한 환상에서 자유로운 사람들을 잠시 고려해 볼 가치가 있다. 그들은 주로 우울하고 지존심이 낮은 사람들이다. 우울한 사람들은 그렇지 않은 사람들보다 자신의 통제력을 정확히 지각하는 경향이 있다(Alloy & Abramson, 1979). 정상적인 사람들은 다른 사람들이 그들을 아주 호의적으로 본다고 생각하지만, 우울한 사람들은 다른 사람들이 실제로 보는 것에 더 근접하게 자신을 본다(Lewinsohn, Mischel, Caplin, & Barton, 1980), 우울하고 자존심이 낮은 사람들은 다른 사람들보다 자신의 일에 대한 부정적 평가를 더 잘 받아들이기 때문에 좋은 평가와 나쁜 평가를 모두 인정하는 균형된 모습을 보인다(Campbell & Fairey, 1985; Coyne & Gotlieb, 1983; Kuiper, 1978; Kuiper & Derry, 1982; Kuiper & MacDonald, 1982). 끝으로, 이 사람들은 미래에 대한 예측이 더 정확하며 균형을 이루고 있다(Campbell & Fairey, 1982; Coyne & Gotlieb, 1985; Lewinsohn, Larson, & Munoz, 1982).

이러한 증거는 기본적 주장을 지지하는 것이다. 환상, 왜곡, 자기기만은 정상적이고 잘 적응된 사람들이 세계를 지각하는 방식에서 절대적인 것으로 보인다. 사물을 있는 그대로 보는 것은 우울 그리고 낮은 자존심과 관계가 있다.

개인의 행복을 유지하는데 환상의 중요성은 인생에서 중요하고 의미있는 부분, 즉 부모 역할과 관련된다. 부모 역할의 모순에 관해서는 이미 논의한 바 있다. 즉, 자녀에 대한 보편적인 욕망과 부모가 되면 행복할 것이라는 믿음은 자녀의 존재가 부모의 행복 수준을 저하시킨다는 명백한 경험적 증거와 상반된다는 것이다. 이 모순을 언급하는 것은 그것이 특히 놀라운 형태의 환상과 관련되기 때문이다.

부모 역할에 관한 많은 연구에서는 사람들에게 자녀를 가진 것을 후회하였는지 다양한 시점에서 물었다. 따라서 그러한 의심이나 후회가 자녀의 연령 변화에 따라 얼마나 있었는지 파악할 수 있었다. 이와 같은 반응이 성인의 연령 단계에 따라 분포되는 양상에 대한 분명한 통계적인 근거가 있다. 어떤 것이 발생하지 않을 확률은 시간이 지남에 따라 감소한다. 예를 들면, 0 : 0의 점수는 축구 경기 중반 이후보다 초반에 훨씬 가능하다. 득점이 없을 가능성은 시간이 지남에 따라 감소하기 때문이다.[39]

그러나 역설적으로, 부모의 후회에 대한 보고는 반대 유형을 보였다. 자녀의 나이가 많을수록 부모는 자녀를 가진 것에 의심이나 후회를 해본 적이 없다고 말했다. 물론 이것은 축

39) 또는 극단적인 경우에 변함이 없다.

구에서 전반전보다 후반전에 총 득점이 적을 수는 없는 것처럼, 통계적으로 불가능하다.

한 가지 분명한 설명은 부모가 자신의 후회를 망각한다는 것이다. 익숙한 생활양식이 뒤죽박죽이 되고, 재정 부담이 갑자기 증가하며, 만성적으로 수면 부족을 경험하는 어린 자녀를 둔 부모는 가끔 회의와 후회를 한다는 것을 쉽게 인정한다. 그러나 자녀가 성장함에 따라 이러한 후회는 그 유발 요인인 스트레스와 문제와 함께 잊혀진다. 자녀가 나이가 들어갈수록 부모 역할에 대한 경험은 긍정적으로 변하며, 이는 분명히 부분적으로는 불쾌한 경험을 선별적으로 망각하기 때문이다. 따라서 왜곡된 기억은 행복을 증진시킨다. 궁극적으로 자녀는 성장하여 집을 떠나고, 부모는 자신의 역할을 아주 긍정적인 경험으로 돌아볼 가능성이 크다.

그러므로 대부분의 사람들은 자신과 상황에 대한 지각을 체계적으로 왜곡하여 행복을 이루는 것 같다. 이러한 왜곡은 크지는 않을지라도 극히 보편적이다(Baumeister, 1989; Taylor, 1989). 사람들이 조직적으로 크게 왜곡한다는 증거는 없다. 과대망상은 정신건강이 아니라 정신질환과 관련된다. 대학생들에게 SAT점수를 상기해 보도록 요구했을 때 극히 낮은 점수를 얻은 사람이 매우 높은 득점을 했다고 주장하는 경우는 드물다. 그보다는 모든 사람의 기억은 실제 점수보다 50점 정도 높이는 것 같다. 큰 왜곡은 일상생활에서 유지하기가 어려울 수 있고, 부정적 평가로 곧 파멸될 것이다.

그러므로 사람들은 사태를 약간 왜곡하는 것으로 보인다. 그들은 자신이 하는 모든 것을 실제보다 약간 나은 것으로 회상한다. 그들은 자신의 개인적 특성을 모두 실제보다 약간 나은 것으로 간주한다. 그들은 사실이 보장하는 것보다 약간 더 자신있고 낙관적이다. 과대망상과 냉정할 만큼 솔직함 사이에 중도를 취하는 적절한 정도의 환상이 있는 것 같다(Baumeister, 1989). 이러한 환상과 전략을 사용하지 못하면 우울과 자존심 저하를 가져오는 것 같다.

자기기만과 환상은 그 자체로 행복을 이루는데 충분치 못하기 때문에, 행복하기 위하여 사람들은 자신의 많은 목표와 기준을 충족시키는데 근접해야 할 필요가 있다. 가난한 사람은 자신이 엄청난 부자임을 스스로 납득시키지 못한다. 그러나 매우 유복한 사람은 자신보다 덜 부유한 이웃과 친척들에게 주목하여 자신이 기대한 것보다 더 잘 했음을 스스로에게 납득시킨다. 행복의 공식은 실제로 약간 잘 해서 이를 더 개선하거나 자기 마음 속에서 과장하는 것이다. 따라서 생활에 영향을 미치는 작은 부족함과 실패는 당면 상황에서 지워버릴 수 있다. 보통 사람은 자신을 평균보다 약간 낫거나 못하게 또는 예외적으로 꽤 나은 것으로 간주할 수 있다. 이와 같은 환상은 기준 변화의 문제를 해결하는데 도움이 되어, 사람들을 행복하게 만들 수 있다.

행복의 안정성

이 장에서는 처음에 사람들이 행복을 인접 상황에 대한 정서적인 반응으로 생각한다고 강조하였다. 이러한 생각이 정확하다면 행복은 좋고 나쁜 일이 생길 때마다 수시로 변할 것이다. 그러나 행복은 흔히 직접적이고 객관적인 상황과는 비교적 무관하게 고차적인 의미에서 장기적인 평가를 뜻한다. 기대를 낮추고 즐거운 환상을 유지하여 이득을 볼 수 있는 주관적 평가는 행복을 결정하는 중요한 요인으로 보인다.

요약하면, 행복은 외적 상황보다는 개인의 내적 과정에 더 좌우된다. 이러한 내적 과정은 특성, 습관, 세계에 대처하는 전략을 반영한다. 외적 상황과는 달리, 이러한 특성, 습관, 전략은 상당히 안정적이다(Cantor & Kihlstrom, 1989). 이는 행복에 중요하고 놀라운 의미를 지니고 있다. 행복이 급속히 그리고 상당히 변할 것이라는 초기의 가정과는 반대로, 행복의 수준은 장기간 매우 안정적이다. 증거에 의하면, 사람들의 행복 수준은 정말 일생 동안 놀랍게도 안정적이다. 한 중요한 연구에서는(Costa, McCrae, & Zonderman, 1987) 거의 5천 명의 미국 성인들을 10년 간격으로 두 번 조사하였다. 두 시기의 상관은 극히 높았으며(r – .48), 여러 집단의 조사 대상에서 모두 균일하게 높게 나타났다. 이에 비해서 행복과 소득, 결혼 상태, 연령, 인종, 성 등과 같은 다른 요인들의 상관은 .13이하로 나타났다. 코스타 등(Costa et al., 1987)은 "결혼 상태, 성, 연령, 인종과 같은 중요한 생활 장면보다 과거의 행복 지수에서 미래의 행복을 훨씬 정확히 예측할 수 있다"(p. 304)고 결론지었다.

이들은 이사, 이혼, 전직과 같은 중요한 생활 변화도 결국은 행복에 비교적 작은 영향을 미쳤을 뿐이라고 계속해서 강조하였다. 사람들은 행복이 인접 상황에 좌우되며, 불행한 결혼생활에서 벗어나는 것처럼 상황을 변화시키면 행복 수준도 크게 변할 것으로 믿는다. 그러나 이러한 믿음은 잘못되거나 몹시 과장된 것으로 보인다. 행복은 장기적으로 상당히 안정적이다.

두 친구의 예가 이러한 행복의 안정성을 보여주고 있다. 한 친구는 변함없이 행복하게 보였다. 나는 그를 좋을 때와 나쁠 때 모두 보았고, 그는 실패와 불운을 헤쳐 나가려고 노력하면서도 언제나 친절하였다. 그는 작은 일에도 열정적으로 즐겼으며, 항상 기분좋은 일을 찾을 수 있었다. 한번은 산책을 하면서 그가 관계를 맺고 있는 곤경에 처한 여인과의 문제를 얘기했다. 그는 몇 분 동안 고민과 노력을 토로했다. 그 다음 그는 이야기를 그쳤다. "자, 이 정도로 그치고,"라고 말하며 좀 더 즐거운 생각으로 관심을 돌렸다.

다른 친구는 연속해서 큰 성공과 좋은 기회를 얻었으나, 부와 명성에도 불구하고 계속 비참하게 지냈다. 그는 상황에 관계없이, 중요한 사람들이 자신을 미워한다고 생각하거나 걱정하였다. 그의 인생에서 가장 성공을 거둔 어느 날, 우리는 자동차 여행을 떠났는데 그는 커다란 자부심에 들떠 있었다. 그러나 두 시간이 지난 후, 긍정적 감정은 사라지고 그는 장차 발생할지도 모르는 재난에 고민하며 자기 연민에 빠졌다.

안정된 행복을 유지할 수 있는 한 가지 요인은 적응수준 효과이다. 이혼이나 승진과 같은 상황 변화는 분명히 행복하거나 불행한 일시적 감정 변화를 일으킨다. 그러나 사람들은 이러한 변화에 꽤 빨리 적응하여 상당히 안정된 행복의 기준선으로 복귀한다.

이 의미는 결국 행복이 외부 상황보다는 개인의 안정된 특성에 더 좌우된다는 것이다. 확실히 상황도 어느 정도 영향은 미친다. 안정성 .48의 상관은 완전한 것은 아니지만, 어떤 사람들의 행복 수준은 10년 정도 지나야 변한다. 그러나 외적 상황보다는 지속적인 성격 특성이 행복을 이해하기 위한 첫째 요인이다. 그러면 행복을 예측하는 중요한 요인으로서 성격 특성은 무엇인가? 행복한 성격 유형을 이루는 것은 무엇인가?

일부 특성들은 행복과 관련된 것으로 이미 논의되었다. 높은 자존심과 환경에 대한 통제감은 성격의 안정되고 중추적인 면이며, 행복과 높은 관계를 보인다(Argyle, 1987; Diener, 1984). 이 특성을 가진 사람들은 매우 높은 수준의 행복감을 보이고 있다. 분명히 이와 같은 사람들은 외적 상황과는 거의 무관하게 삶을 긍정적인 방향으로 경험하게 만들도록 자신을 존중하고 환경에 대처하는 방법을 발전시켰다(Campbell, 1981).

행복을 이해하는 또 다른 방식은 긍정적 및 부정적 정서의 균형을 검토하는 것이다. 긍정적 감정을 많이 겪고 부정적 감정을 적게 경험한 사람들은 그 반대의 경우보다 행복하다. 긍정적 정서와 부정적 정서는 서로 상관이 없기 때문에 별개의 예측 요인들이 관련된다. 즉, 긍정적 정서를 예측하는 성격 특성이 있고, 부정적 정서를 예측하는 다른 특성이 있다.

긍정적 정서는 가끔 외향성으로 묘사되는 특성과 밀접히 관련되어 있다(Costa & McCrae, 1980, 1984). 이 특성으로는 사회성, 활동성, 온정, 군집성, 자기주장, 자극 추구 경향이 있다. 이 특성이 강한 사람들은 다른 사람들에 비해 긍정적 정서를 많이 느낀다.[40] 그 이유는 외향적인 사람들이 다른 사람들과 사회적 유대를 더 잘 형성하고 유지할 수 있기 때문이며, 사회적 유대는 분명히 행복의 중요한 구성 요인이다.

부정적 정서는 때로는 신경증으로 불리우는 특성들과 관련되어 있다(Costa & McCrae, 1980, 1984). 이 특성들에는 불안, 적대감, 충동성, 우울, 자의식, 정신신체적 질병, 취약성 등이 있다. 이 특성이 강한 사람들은 다른 사람들에 비해 부정적이고 불쾌한 감정을 갖는 경향이 있다. 따라서 불행한 사람들이 정말 있으며, 그들은 전형적으로 불평과 걱정이 많고, 우울하고, 까다롭고, 자기 비판적이다. 역겨운 사람들은 불행하기 쉽기 때문에 그들을 부러워할 필요는 없다.

긍정적 및 부정적 정서와 관련된 또 다른 특성이 있다. 그것은 경험에 대한 개방성으로

40) 미간행 자료에 의하면, 이 연관성에는 문화적 차이가 있을 수 있으므로, 서구 문화권 이외로 일반화하는 데에는 신중을 기해야 한다.

부를 수 있다. 많은 공상과 환상, 예술에 대한 관심, 여러 가지 감정과 가치와 같은 것을 의미한다. 이것들은 강하지는 않지만 행복에 어느 정도 영향을 미친다(Costa & McCrae, 1984).

신경증과 외향성은 성격의 매우 안정된 측면이며, 이 안정성은 성인의 생활에서 행복의 안정성을 잘 설명한다. 확실히 행복은 개인이 상황을 평가하는 방법에 좌우되지만, 이 평가는 외부 상황보다 성격 특성과 습관적인 전략에 더 좌우된다. 게다가 성격 특성은 사람들에게 주변 세계와 일관된 방식으로 상호작용을 하게 만들어 행복에 영향을 미친다. 예를 들면, 친구를 쉽게 사귀는 경향이 있으면 외롭게 지내는 것보다 행복에 기여하는 사회적 유대감을 가질 가능성이 크다. 다른 사람들을 회피하는 사람은 즐거움, 온정, 사랑, 그 밖의 행복한 느낌을 경험할 기회가 적다. 다시 말하면, 성격은 상황 평가에 영향을 미칠 뿐만 아니라 외적 상황을 결정하기도 한다.

그러므로 행복한 사람은 생동감있고 정력적이며, 외향적이고 사교적이며, 자존심이 높고, 상황에 대한 통제력이 있다고 생각하는 사람으로 보인다. 그와 같은 사람들은 무슨 일이 생기든 행복한 경향이 있으며, 이러한 특성이 보다 바람직한 상황을 유지하는 데에도 도움이 되는 것 같다.

이러한 결과의 의미는 일부 사람들이 분명히 적응수준의 난관을 해결한다는 것이다(Costa & McCrae, 1980). 적응수준 이론에서는 좋은 상황과 나쁜 상황은 주관적 감정에 오로지 일시적 영향만 미치며 곧 기준선으로 되돌아간다고 주장한다. 이것은 모두가 일생 동안 동일한 중간 수준의 행복을 느낄 것이라고 생각하게 만들지 모른다. 그러나 분명히 그렇지는 않다. 사람들은 적응하여 기준선으로 복귀하지만, 분명히 다른 기준선을 갖고 있다. 좋은 상황이나 나쁜 상황은 모두에게 전형적으로 적절한 감정을 야기시키지만, 행복한 사람들은 행복한 수준으로, 불행한 사람들은 불행한 수준으로 돌아간다.

요약 및 결론 : 행복의 변화

행복에 대한 사람들의 믿음은 많은 잘못된 가정에 입각한 것으로 보인다. 사람들은 소득 증가가 행복을 현저하게 그리고 지속적으로 증가시킬 것으로 잘못 믿고 있다. 자녀가 있어도 행복이 증가될 것으로 생각한다. 사람들은 행복이 주로 외부 상황에 좌우된다고 일반적으로 믿는다.

그러나 행복은 본질적으로 해석의 결과이다. 상황에 관한 직접적인 지각이 아니라 기대, 욕망, 목표, 다른 사람들이 갖고 있는 것과 같은 여러 가지 기준에 의해서 비교되는 상황에 좌우된다. 3가지 다른 요인들이 개인의 행복을 결정한다. 첫째, 외적 상황이다. 둘째, 이 외부 상황에 대한 지각이다. 셋째, 상황을 비교하는 개인의 기대와 기준이다.

그러므로 원칙적으로 개인은 유리한 상황의 결과로, 상황을 즐거운 형식으로 왜곡되게 지각함으로써 또는 기대를 낮춤으로써 행복할 수 있다. 실제로 외적이고 객관적인 요인은 행복에 최소한의 영향을 미치는 것으로 드러났다.

객관적인 상황이 행복에 기여하는 바가 아주 약한 한 가지 이유는 적응수준 효과가 강력하기 때문이다. 사람들은 새로운 상황, 특히 호전된 상황에 신속히 익숙해져서 호전될 때마다 느낀 즐거움과 자부심은 곧 사라진다. 상황이 악화되면 적응하기가 더 어렵지만, 결국 사람들은 이 변화에도 적응하여 이전과 비슷한 행복 수준으로 돌아간다(Taylor, 1983). 적응수준 효과는 행복에 가장 큰 실제적인 문제를 제기하였다. 따라서 행복을 위한 한 가지 방법은 무엇이 일어나든 기대를 낮게 유지하려고 하는 것이다. 또 다른 방법은 성취의 계단을 하나씩 음미하며, 천천히 안정된 방식으로 생활을 영위하는 것이다.

그러나 전형적인 형태는 포부와 기대가 성취보다 앞서 계속 상승하여 언제나 더 많은 것을 바란다는 것이다. 결과적으로, 어느 정도의 실패, 실망, 부족은 불가피하다. 이와 같은 차질에 대처하는 것이 행복의 두 번째 문제이다. 분명히 보편적인 전략은 일반적으로 상당히 노력하여 목표 달성에 근접하고, 상황을 장밋빛으로 지각하여 남은 차이를 보충하는 것이다. 소량이지만 빈번한 자기기만은 행복의 중요한 요인을 형성하는 것으로 보인다. 이러한 보편적이고 긍정적인 환상은 실제 결과와 소망 또는 기대의 차이를 극복하는데 중요하다.

중요한 생활 사태는 행복에 영향을 미치지만, 이 영향은 일시적인 경향이 있다. 결국, 행복은 개인의 성격과 인생관에 좌우된다. 따라서 행복의 방법은 다음과 같다. 긍정적인 사회적 유대감이나 인간관계를 형성하고 유지한다. 의미에 대한 기본적 욕구를 충족시킨다. 달성 가능한 범위의 낮은 목표와 포부를 유지한다. 객관적으로 상당히 잘 수행하려고 한다. 자화자찬하며 낙관적인 환상을 갖는다. 어떤 사람들은 다른 사람들보다 이러한 활동에 능하며, 이 재수 좋은 사람들은 실제 상황에 관계없이 일반적으로 행복한 느낌으로 생활을 영위하는 경향이 있다. 다른 모든 사람처럼, 이들은 중요한 사건에 대해 일시적 변화는 겪을 수 있지만 곧 습관적인 만족과 안녕의 수준으로 돌아온다.

행복의 안정성이 있다면 증진될 수 있는지 의문을 가질 수 있다. 행복을 위한 중요한 방법은 즐거운 환상을 갖는 것이지만, 이는 실질적인 조언으로 그다지 가치있는 것은 아니다. 왜냐하면 사람은 자기기만의 프로그램을 적극적으로 작동시킬 수는 없기 때문이다. 그러나 어쩌면 자신의 행동을 알지 못하면서 자기기만을 발전시킬 수도 있다.

20세기에 미국인들은 자조(self-help) 프로그램이라고 할 수 있는 일련의 유행에 매료되었다(Huber, 1987). 이것은 20세기 초의 신사고운동(New Thought movement)과 함께 시작되었다. 신사고는 정신력으로 물질적 성공과 개인의 행복을 성취할 수 있다고 약속한다. 이 유행은 자기 암시, 특히 에밀 꾸에(Emile Coue)의 자신에게 반복하는 유명한 조언, 즉

"매일 점점 좋아지고 있어"라는 말을 포함하고 있다. 바톤(Bruce Barton)은 기독교 교리를 자기선전의 지침과 물질적 성공을 위한 방식으로 재해석하여 유명하게 되었다. 친구를 사귀고 사람들에게 영향을 미치는 방법에 관한 카네기(Dale Carnegie)의 단순한 충고는 부, 명성, 행복에 대한 마법과 같은 첩경을 보장하였다. 빈센트 필(Norman Vincent Peale)은 성공과 행복에 이르는 확실한 방법으로 긍정적 사고의 힘을 역설하였다. 그 밖에 다수의 사람들이 비슷한 메시지를 전했으며, 이러한 경향은 오늘날에도 계속되고 있다. 사실, 근래의 현대 심리학(Psychology Today) 잡지에서도 사람들에게 정상에 오르기 위하여 생산성을 최대화하는 법을 다음과 같이 권하였다. 잘못에 대해 자신을 비난하지 않고 일시적 좌절로 간주하며, 자신의 성공을 인정하고, 변치 않는 업적으로 존중한다(Roberts, 1989, p. 43).

우리는 미국 서점에서 성공과 행복을 성취하는 중요한 수단으로 긍정적 태도의 개발을 권유하는 인기서적을 앞으로도 계속 판매할 것으로 느긋하게 기대할 수 있다. 이것은 가벼운 자기기만 활동과 아주 다른 것인가? 이러한 서적의 부단한 매력의 일부는 자기기만을 분명한 목표로 인정함이 없이 가르치고 있다는 것이다. 자신감, 자존심, 효능감, 낙관주의가 이러한 책에서 계속 장려되고 있으며, 이것은 연구자들이 행복의 예측 요인으로 발견한 것과 밀접히 관련된다.

자조에 관한 서적들이 과연 행복을 장기적으로 증진시키는지는 매우 불분명하지만, 최소한 정확한 공식의 일부는 발견한 것 같다. 즐거운 환상을 유지하는 것은 행복의 중요한 부분이며, 환상을 유지할 수 있다면 이러한 서적과 프로그램은 큰 도움이 될 것이다. 자조에 관한 서적의 저자들은 자기기만을 가르치려고 시도한 것은 인정하지 않으려 할지 모르지만, 실제로는 그것이 사람들을 행복하게 만드는 최선책일 수 있다.

제10장 괴로움과 불행

행복은 의미가 충만된 상태이다. 행복한 사람들은 의미있는 생활을 한다. 그들은 목적을 지니고 있고, 자신의 행동이 옳고 정당하다고 느끼며, 개인적 효능감이 있고, 긍정적인 자아 가치를 확고히 갖고 있다. 그들은 자신의 생활과 상황을 여러 가지 기준과 기대에 비교하여 순조롭게 진행된다고 생각한다. 그들의 생활은 유쾌하고 매력적인 의미로 가득하다.

이에 비해서, 괴로움은 의미를 갈구한다. 의미의 결핍이나 상실이 흔히 괴로움과 불행의 핵심이다. 세계는 중요한 면에서 이해가 되지 않는다. 괴로움은 의미에 대한 욕구를 자극한다. 사람들은 자신의 즐거움보다 고통을 훨씬 많이 분석하고 탐색한다. 출판업자와 잡지 편집자들은 고통을 당하는 사람들이 즐거움을 누리는 사람들보다 의미를 많이 추구한다는 것을 분명히 알고 있다. 책과 잡지 기사의 많은 부분은 사람들의 문제와 불운에 관심을 두고 있다. 고차적 의미를 취급하는 학문서적도 불운의 의미에 비슷한 비중을 두는 경향이 있다. 사학자들은 평화와 만족 및 번영의 시기보다는 큰 전쟁과 범죄 및 재난의 시기를 더 많이 기록한다. 심리학자들은 성공과 만족보다 병리, 실패, 희생, 불운에 더 많은 비중을 둔다. 소설이 아마 가장 교육적일 것이다. 왜냐하면 소설은 사람들이 읽고 싶어 하는 개인적인 생활과 상황을 상세히 설명하기 때문이다. 비록 행복한 결말이 소설에서는 인기가 있더라도 대부분의 여백을 행복에 할애하는 소설은 거의 없다. 그 대신 소설에서는 범죄, 고통, 갈등, 그 밖의 문제를 취급한다. 따라서 피들러(Fiedler, 1982)가 결론을 내린 것처럼, 주로 행복한 결혼을 설명하는데 관심을 두는 소설은 실제로 거의 없는 반면에, 결혼의 갈등이나 실패에 관한 소설은 아주 많다.

괴로움과 불행은 의미의 상실이나 결핍의 특성을 갖고 있는 경향이 있다. 따라서 괴로움에 대한 반응은 흔히 의미를 찾기 위한 것으로, 불운을 이해하고 개인적 괴로움에 의해서 이따금 위협받는 폭넓은 의미를 회복하려는 것이다.

❖ 의미, 상황 그리고 괴로움

행복이 쾌락 이상이듯이, 괴로움과 불행은 단지 괴로운 감각 이상이다. 사실, 의미는 괴로움에 많은 차이를 가져온다. 같은 감각도 어떤 상황에서는 수용될 수 있고, 다른 상황에서는 참을 수 없다.

괴로움에 미치는 의미의 영향은 이전에 언급한 거식증의 현상을 고려하면 이해될 수 있다. 일부 여성들의 경우에 섭식 거부는 자신의 힘, 효능감, 통제력을 입증하는 방법이 될 수 있다. 그것은 자신의 신체와 그 갈망에 대한 승리를 의미할 수 있으며, 외부적이고 남성 지배적인 사회에서 부과된 제한된 처방에 대한 반발을 뜻할 수 있다(Bell, 1985; Orbach, 1986).

벨(Bell, 1985)의 거식증 연구대상인 수녀들은 열정적인 생활을 하고 있었다. 그들은 동정을 바라지 않았고 그것을 인정하지도 않았을 것이다. 이 강인한 사람들이 섭식 거부 이외에는 성취와 자기표현의 길을 찾지 못한 것이 유감스럽지만, 그들은 불행한 희생자로 보이지 않는다. 그들은 기아의 방법을 적극적으로 선택하였으며, 그것은 그들에게 의미심장한 성취의 길이었다. 이 여성들에 대한 설명은 무아지경과 행복감, 피로감의 억제, 주관적 보상, 신과의 특별한 관계, 자율적인 느낌, 존경과 명성에 대한 언급으로 가득하다. 이 특별한 여성들은 다른 여성들에게 선망의 대상이었다.

이와 같은 의미있는 자발적인 섭식 거부와 기근과 같은 외적 상황으로 굶게 되는 사람들의 경우를 비교해 보자. 그들의 괴로움은 아무 것도 증명하지 못한다. 그들은 일찍 원치 않는 무의미한 죽음을 맞게 된다. 그들의 괴로움은 엄청나며 철저히 회피하고 싶을 것이다. 당연히 다른 사람들은 그들을 동정하며 흔히 도와주려고 한다. 선망이나 경쟁은 없다.

그러므로 섭식을 거부하며 신체적 손상을 가져오고 결국 죽음에 이르는 동일한 신체적 과정은 어떤 상황에서는 심한 불행이 되지만, 다른 상황에서는 그렇지 않다. 그와 같은 숙명을 겪는 사람들 중 일부는 동정을 받고, 다른 사람들은 선망을 받는다. 신체적 고통은 그 상황이 어떤 의미를 부여하면 불행을 수반하지 않는다. 불행은 보충할만한 의미가 없을 때만 나타난다.

보다 일반적으로 말하면, 사람들은 목적, 정당화 또는 자아 가치의 증진과 같은 의미가 있으면 고통과 박탈 그리고 다른 좋지 않은 상황을 기꺼이 견딘다. 학생들은 나중의 보상과 목적을 위하여 오랜 가난을 참는다. 운동선수들은 운동의 보상 때문에 신체적 고통, 탈진, 부상도 감수한다. 사실, 직업 축구선수들은 전형적으로 보통 사람들보다 평생 지속되는 고통과 부상 위험, 조기 사망을 예상할 수 있지만 자존심, 존경, 다른 긍정적인 이점 때문에 그것을 계속할 것이다(USA Today, 1989, 1월).

그러므로 불행은 불쾌한 상황 이상이다. 불행은 불쾌한 상황에 적절한 보상이 될 만한 의미가 없을 때 생긴다. 괴로움의 상황이 그 영향에 결정적이다. 따라서 괴로움의 시작은 의미의 상실을 수반할 수 있다. 대개, 사람들은 생활이 상당히 안정되고 예측할 수 있는 편안한 상태에서 지내며, 주변 세계도 이해한다. 괴로움이나 시련의 시작은 이러한 이해할 수 있는 세계에서 분리되어 이해할 수 없는 고통스러운 상태에 처하는 것이다. 이 상황에서 회복하기 위해서는 사람은 불운이나 괴로움에 대처할 수 있는 의미를 찾아서 주변세계를 되돌려 놓을 필요가 있을 것이다.

괴로움에 의해서 제기된 의미의 문제는 괴로운 상황에 국한되지 않는다. 큰 시련은 세계의 성질에 관한 전반적인 가정을 손상시킬 수 있다. 야노프 불만(Janoff-Bulman, 1989)은 세계에 관한 이러한 종합적 견해를 "가상세계"(assumptive worlds)라는 말로 표현하였다. 그것은 다양한 상황과 사실을 이해할 수 있는 본질적으로 광범한 해석이다. 가상세계는 2가지 방법으로 습득된다. 사람들은 어느 정도 자신의 경험에서 일반화함으로써 그 세계를 구축한다. 또한 사람들은 부모와 그 밖의 문화 전달요인을 포함한 다른 원천에서도 그것을 습득할 수 있다. 어떤 방법이든, 가상세계는 사람들의 관련된 상황, 경험, 정보의 대부분에 부합된다. 그것은 사람들이 자신의 일상생활을 이해하는데 도움이 된다.

그러나 어떤 무서운 일이 발생하면 그것은 세계에 관한 이와 같은 가정에 흔히 맞지 않는다. 몹시 싫은 상황은 세계관에 전혀 맞지 않아서 생활과 활동에 의미를 부여하는 광범한 구조가 작용하지 않는다. 우리의 즉각적인 경험은 일반적인 믿음과 전혀 맞지 않게 되어 상당한 인지부조화를 겪게 된다.

야노프 불만(Janoff-Bulman, 1989)은 상당한 증거에 입각해서 현대 미국인의 전형적인 가상세계가 적어도 3가지 광범한 신념을 포함하고 있다고 결론지었다. 첫째, 사람들은 세계를 관대한 곳으로 간주하며, 여기에는 "내게는 이런 일이 생길 수 없어"와 같이 자신을 강인하게 생각하는 경향을 포함한다. 둘째, 사람들은 공평함에 대한 생각을 가지고 있으며, 현실세계에서 그럴만한 가치가 있는 것을 얻는다고 믿는 경향이 있다. 셋째, 사람들은 각자 좋은 일을 겪을 가치가 있다고 가정하며, 긍정적인 자아 가치를 갖고 있다. 이러한 신념에 따르면, 생활이 즐겁고, 세계는 합리적이며 쾌적할 것이다.

그러나 괴로움은 이러한 가정과 모순될 수 있다. 예를 들면, 범죄나 사고에 의한 희생은 관대한 세계관을 부인하며, 세계가 공정하다는 생각을 위협하고, 자신에게 바람직한 일이 생길 것으로 믿는 긍정적인 견해를 방해한다. 희생자는 세계를 안전하고 공정하게 그리고 자신을 가치있게 계속 간주하기가 어렵다. 그러므로 희생으로 인한 어려운 점의 일부는 자신과 세계에 관한 기본적인 가정이 최근의 강력한 경험과 조화될 수 없다는 점에서 자신의 세계가 파괴된다는 사실이다. 지금까지 이러한 가정은 일상생활의 다양한 상황을 해석하는 기준을 제공하였으나, 가장 필요할 때 유지할 수 없게 된 것이다.

그러므로 희생에서 회복하기 위해서는 상황 자체를 이해하는 것 이상이 필요하다. 심한 외상 후에 희생자는 외상을 훨씬 뛰어넘는 방식으로 자신과 세계에 관한 생각을 회복하거나 새롭게 이해해야 한다. 예를 들면, 배우자의 사망은 사람들에게 심각한 외상이며, 자신과 세계에 관한 생각을 완전히 무너뜨린다. 회복하기 위해서는 우선 상실의 의미를 이해하고, 그 다음에 자신의 가상세계를 재수립해야 한다(Janoff-Bulman, 1989; Parkes & Weiss, 1983).

괴로움

괴로움은 반드시 의미에 의해서 생기는 것은 아니다. 예를 들면, 대부분의 질병은 생각이나 말이 아니라 병균에 의해서 생긴다. 한편, 시험에 실패하거나 실직하는 것은 의미의 직접적인 결과이므로 어떤 괴로움은 의미있는 활동에 의해서 생길 수 있다.

원인에 관계없이, 괴로움은 의미와 혼합되는 경향이 있다. 질병은 신에 의한 경고나 시련, 처벌에 대한 무의식적인 욕망의 표현, 자신을 적절히 보호하지 못한 표시로 해석될 수 있다. 사람들은 괴로움의 의미를 해석하려고 한다. 결과적으로, 괴로움은 의미로 충만되는 경향이 있다.

불행의 과정에서 첫 단계는 흔히 어떤 상황을 나쁜 것으로, 즉 재해, 좌절, 파국 등으로 칭하는 것이다. 불행은 해석과 함께 시작된다. 이것은 상당히 분명하고 사소하게 보일 수 있지만, 대부분의 상황이 여러 가지로 해석될 수 있기 때문에 실제로는 그렇지 않다. 스트레스와 대처에 관한 영향력있는 이론에서 포크맨(Folkman, 1984)은 해로울 수 있는 상황이 흔히 긍정적 또는 부정적 방식으로 해석될 수 있으며, 이 초기 해석이 이후의 반응과 결과를 결정하는데 중요하다고 주장하였다.

특히, 포크맨(Folkman, 1984)은 초기 해석을 위협, 도전, 상실의 3가지 범주로 구분하였다. 상실은 이미 저질러진 손실, 위협은 손실의 가능성, 도전은 성장과 숙달 및 이득의 기회를 말한다. 만일 좌절을 도전으로 해석한다면 위협이나 상실로 해석했을 때만큼 불행하게 생각되지는 않을 것이다. 실제로, 좌절을 도전으로 해석한다면 긍정적 감정을 경험할 수 있는 반면에, 위협과 상실로 해석하면 분노와 공격과 같은 부정적 감정을 초래하는 경향이 있다. 두 학생이 시험공부를 할 때 한 사람은 시험을 위협으로, 다른 한 사람은 도전으로 생각한다면, 그들의 감정은 매우 다를 것이다.

그러므로 불행은 고차적 해석과 함께 시작된다. 상황은 자신에게 의미하는 바에 따라, 즉 현재의 일이나 야망 또는 관심에 따라 해석된다. 우선 상황의 의미를 결정한 후에 그에 대처할 수 있는 자원을 평가한다. 불행은 자신의 자원을 능가하는 싫은 상황이 나타날 때 시작된다(Folkman, 1984).

다음 절에서는 여러 가지 괴로움을 검토할 것이며, 그 중요한 문제는 의미의 연관성이다. 더 정확히 말하면, 문제는 괴로움이 일반적으로 의미의 상실과 연관되어 있는가이다.

❖ 고통

고통은 불행을 고려하는데 논리적인 출발점이다. 왜냐하면 신체적 고통이 분명히 가장 보편적이고 친숙한 괴로움의 유형이기 때문이다. 게다가 고통은 자연스러운 경험이다. 의미는 고통에 필요한 요인이 아니다. 아동들은 말하기 전에 고통을 느끼며, 다른 종의 동물은 언어를 전혀 몰라도 고통을 느낀다. 고통이 의미와 별개라면 그 영향이 어느 정도 의미를 포함하고 있는지 제시하기는 어려울 것이다.

고통은 의미에 저항하는 것 같다. 고통을 말로 표현하기는 매우 어렵다. 흔히 감각 자체보다는 어떤 상황이 고통을 유발시켰는지 설명함으로써 고통을 더 잘 전할 수 있다(Scarry, 1985). 예를 들면, 발의 강한 통증과 그 주변의 무감각에 관한 정확한 설명은 신발을 신은 누군가 맨발인 내 발가락을 밟았다고 말하는 것만큼 그 내용이 이해되지는 않을 것이다.

이것은 의미가 고통에 아무 영향도 미치지 못한다는 뜻이 아니라 그 반대이다. 동일한 부상도 한 상황에서는 심한 고통을 야기할 수 있지만, 다른 상황에서는 아무런 고통을 느끼지 않을 수 있다(Melzack & Wall, 1983). 전투에서 군인들이나 중요한 시합에서 운동선수들은 고통을 느끼지 못할 수 있는 반면에, 일상생활에서 비슷한 부상은 심한 고통을 유발할 것이다. 이러한 차이의 많은 부분은 관심의 방향에서 기인하는 것으로 보인다. 고통에 주의를 기울이지 않으면 고통을 덜 느낀다. 정말, 사람들은 가끔 고통스러운 자극에 주의를 기울이지 않을 수 있으며, 그에 따라 견딜 수 없는 극심한 고통을 참을 수 있다(Melzack & Wall, 1983). 이것이 바로 사람들이 치과에서 충치 치료를 받을 때 하는 행동이다.

그러나 고통과 의미의 가장 중요한 관계는 고통이 세계의 의미있는 측면을 제거할 수 있다는 것이다. 고통은 세계를 해체시켜 관심을 지금 여기에 집중하게 만든다(Scarry, 1985). 복잡하고 추상적인 생각은 고통이 증가하면서 더욱 어려워진다. 의식은 즉각적인 고통에 더욱 집중하게 되고 이 의식마저 점차 희미해진다(Goleman, 1985). 중요한 면에서 고통은 세계를 정지시킨다. 의미있는 세계에서 복잡한 자아의 존재를 방해한다. 주관적으로 세계는 인접 환경으로 축소되고 자아도 신체로 움츠러든다(Scarry, 1985).

이와 같은 자아의 위축은 고통을 현실적으로 이용하는데 중요하다. 그 중 하나가 고문이다. 사람은 여러 가지 책임감, 충성심, 이념적 신조, 감정, 야망을 소유한 복잡하고 상징적이며 추상적인 정체성을 지니고 고문 상황에 임한다. 고문은 이 모든 것을 파괴한다. 결국 그 사람은 고통을 피하려고 어떤 말이나 행동도 하게 될 것이다. 그는 자신의 충성심을 포기하고, 강한 신념에 반대되며, 친구와 동료를 심한 위험에 처하게 만드는 말을 할 것이다.

이러한 일은 심한 고통에 당면하여 의미가 명확한 실체를 잃게 되기 때문에 발생한다. 세계는 지금 여기로 축소된다. 책임있고 충실하며 의미있는 자아는 사라지고, 오직 신체와 그 고통만 남게 된다(Scarry, 1985).

피학대 성향(masochism)에서 고통의 매력은 분명히 부담스러운 세계와 자아의 의미있는 면을 지워버리는 능력에서 나온다. 피학대 성향에서 고통은 자기파괴적인 충동의 표시로 잘못 해석되었지만, 근래의 증거에 의하면 피학대 성향의 사람들은 고통을 추구함에 따라 어떤 실질적인 위험이나 해를 피하는 것으로 나타났다. 피학대 성향은 자아의 의미있는 면을 제거하는, 즉 자아를 복합적이고 상징적인 정체감에서 단순한 신체로 국한하는 방법으로 이해될 수 있다. 이러한 변화는 특히 성적인 쾌락과 연결되었을 때 강력하고 매력적인 도피처를 제공한다. 고통은 피학대 성향의 중심 특성이다. 고통의 감각은 관심을 지금 여기에 효과적으로 집중시킬 수 있다(Baumeister, 1988, 1989).

고문과 피학대 성향의 예는 고통으로 인하여 의미를 잃게 된다는 것을 보여준다. 이것은 일종의 정신적 공백을 가져와서 새로운 의미를 모색하는 길을 열 수 있다. 고통은 현재의 의미를 제거하고 다른 새로운 해석을 낳게 만들 수 있다. 고문과 피학대 성향에 이와 같은 대체의 증거가 상당히 있다.

고문은 심하게 각색되어(Scarry, 1985) 새로운 가장된 의미를 구성하게 된다. 고문 자체는 정보를 원치 않을 때에도 심문으로 진행된다. 흔히 그 목적은 다른 사람들을 가공적인 음모에 연루시키는 말을 포함한 허위 자백을 이끌어내는 것이다. 의사들은 고통과 괴로움을 완화하기보다는 강화하고 법원에서는 진실과 정의를 수립하기보다는 부정을 정당화하는 잘못된 선고를 내리기 때문에 의학적 및 사법적 절차는 거꾸로 된 것이다. 빈 병에서 욕조에 이르기까지 일상적인 물건들이 고문 도구로 나쁜 기능을 새롭게 하고 있다. 절망적이고 순진한 고문 희생자는 자신의 신념과 동료를 배신한 혐의자로 전락되는 반면에, 고문하는 사람의 죄는 은닉되고 부인된다. 고통을 끝내는 것이 자신과 세계에 관한 생각을 지키는 것보다 우선이다. 따라서 희생자는 고문하는 사람이 바라는 대로 말하게 된다. 그러나 고문에 의한 자백은 전형적으로 허위이며 진실한 고백이 아니다.

피학대 성향도 겉으로 보이는 것과는 다르다(Baumeister, 1989). 상황은 수동적이고 무력한 존재로 가장하는 피학대 성향의 인간에 의해서 흔히 계획되고 전개된다. 사실, 영화 "S와 M"의 장면은 피학대 성향자의 감정이 무관한 것처럼 무시되도록 인상을 주려는 온갖 노력에도 불구하고 전형적으로 피학대 성향자의 욕망, 환상, 인내의 한계를 맴돌고 있다. 이 장면에서 피학대 성향자는 자신의 정상적인 정체감을 포기하고 흔히 새로운 이름과 성격, 역할, 심지어 성전환까지 불사하는 다른 인간이 될 수 있다. 그 사람의 일상적인 자아와 세계는 일시적으로 사라지고 전혀 새로운 것으로 대체된다.

고문과 피학대 성향에 관한 이러한 관찰에 의하면, 고통으로 인한 의미의 상실은 새로운 의미의 여지를 마련할 수 있다. 자아와 세계를 다시 정의하기 위해서는 우선 기존의 친숙한 의미를 해체하는 것이 필요하며, 고통이 이를 달성하는데 효과적인 수단으로 보인다.

만성적인 고통에 관한 연구에서도 고통의 의미 파괴에 관하여 비슷한 결론을 내리고 있다. 개인은 만성적인 고통으로 어려운 문제에 봉착하며, 흔히 이러한 문제는 의미의 부족이나 상실로 나타난다. 만성적 고통은 전형적으로 사람들이 해결해야 할 수수께끼로 느껴진다(Hilbert, 1984). 만성적 고통을 느끼는 사람들은 그 고통을 해결할 수 있는 어떤 진단을 필사적으로 열렬히 바라고 있다. 그들은 의사가 제공하든 문화에 의해서든, 지속적인 고통에도 불구하고 세계를 이해할 수 있는 어떤 기준을 위해 분투한다. 그러나 문화는 지침을 제공하지 않고, 의사들도 흔히 헛수고를 한다. 그 결과로, 의미있고 예측 가능하며, 질서정연하고, 이해할 수 있는 세계는 사라지고, 이와 같은 상실은 만성적 고통에 대처하는 어려움을 가중시킨다(Hilbert, 1984).

요점을 말하면, 고통이 자아와 세계를 매우 제한되고 직접적인 물리적 차원으로 축소시키고, 많은 고차적 의미를 인식하지 못하게 하여 새로운 가공적 의미까지도 받아들이도록 만든다. 따라서 고통의 경험은 의미의 상실을 수반한다.

고통은 의미의 상실을 야기하는 신체적 고통이 유일한 형태는 아니다. 스트레스도 비슷한 효과가 있다는 증거가 있다. 스트레스는 고차적 또는 의미있는 사고가 제거되어 지금 여기에 제한된 관심을 집중시키게 된다. 한 연구(Pennebaker, 1989)에서, 불가피한 소음에 노출된 사람들은 저차원의 사고가 증가하고 보다 의미있는 사고는 감소하였다.

지루함도 비슷한 속성을 지닐 수 있다. 지루함은 주로 광범한 의미가 없을 때 증가하는 것으로 보인다. 반복적이고 따분한 일은 광범한 의미가 없을 때 몹시 지루할 수 있지만, 적당한 상황에서는 같은 활동도 참을 만하고 바람직할 수도 있다. 예를 들면, 가만히 벽을 응시하며 앉아 있거나 무릎을 꿇고 바닥을 닦거나 원을 그리며 맴도는 것은 많은 사람들에게 매우 귀찮고 무의미한 활동, 즉 한 마디로 지루하게 느껴질 것이다. 그러나 명상에서는 이러한 활동이 매우 의미가 있으며, 정신세계를 추구하는 사람들은 아무 것도 하지 않고 1주일을 보내는 경우에도 지루하다는 불평을 거의 하지 않는다. 이와 마찬가지로, 체육시간을 기피하는 학생에게는 지루하고 싫은 미용체조가 큰 시합을 위한 단체 훈련에서는 열렬히 환영받을 수 있다.

요약하면, 고통은 고차적 의미를 인식하지 못하게 한다. 강력한 상황이 어떤 의미를 부여할 때 고통은 감소되고 괴로움도 상당히 약화된다. 그렇지 않은 경우에는 고통은 매우 싫은 것이며 의미의 결핍을 수반한다. 스트레스와 권태도 동일한 유형을 따른다. 의미의 부족은 사람들에게 새로운 의미와 해석을 받아들이게 만들 수 있다.

❖ 불운과 고통

고통은 단지 감각이지만, 많은 사람들은 불쾌한 감각보다는 불쾌한 감정을 느낀다. 이 절에서는 여러 가지 불운으로 발생한 정서적 고통이 역시 의미의 상실과 관련되는지에 관한 증거를 검토할 것이다.

그러나 구체적인 불운의 형태를 보기 전에 우울에 관한 일반적인 발견을 검토하는 것이 적절하다. 왜냐하면 우울이 가장 보편적인 유형의 정서적 고통이기 때문이다. 사람들은 실패, 희생, 상실 등에 대한 반응으로 우울해지기 때문에 여러 가지 유형의 불운은 모두 우울과 연관되어 있다. 우울할 때 의미의 상실에 관한 증거를 찾기 위해 멀리 살펴 볼 필요는 없다. 클링거(Klinger, 1977)는 우울과 개인 생활의 의미를 조사하여 강한 부정적 상관(r = -.48)을 발견하였다. 우울한 사람들은 다른 사람들보다 생활이 훨씬 공허하고 의미없게 나타났다.

죄책감. 죄책감은 사람들이 무슨 잘못을 한 것으로 생각할 때 생기는 불안의 유형으로 생각할 수 있다. 죄책감은 의미에 대한 한 가지 욕구인 가치와 명백히 관련된다. 죄책감은 개인이 자신의 행위에 대해 충분한 정당화를 제시할 수 없다는 점에서 의미의 결핍을 나타낸다.

죄책감은 나쁜 의미의 존재를 포함하기 때문에 의미가 전혀 없다는 것은 아니다. 이와 같은 의미란 광범하고 고차적이며 일반적인 원리나 기준을 내포하고 있다. 손가락질을 하거나 팔을 휘두르는 것이 나쁜 것은 아니며, 총을 쏘거나 무엇을 호주머니에 집어넣는 것도 꼭 부도덕한 것이 아니다. 그러나 살인과 절도는 나쁘고 부도덕한 것으로 간주된다. 따라서 도덕적 판단은 행동에 관한 하위 수준의 정의가 아니라 특수한 상황에서 보다 복합적인 정의에 적용된다.

사람들은 흔히 의미있는 사고를 중지하려고 시도하며 죄책감을 대한다. 범인은 자신의 행동에 관한 윤리적 또는 사회정치적 의미보다는 방법과 세부사항에 관심을 둔다(Wegner & Vallacher, 1986). 나치 살인자들도 의식을 둔화시키려고 다량의 알코올을 사용할 뿐만 아니라 기술적이고 실용적인 문제에 국한하여 관심을 집중하였다(Lifton, 1986). 나치주의자들은 그들의 행위에 관하여 의미있는 생각을 하지 않으려는 확고한 습관이 있기 때문에 동맹국들이 그들의 중대한 범죄 행동을 직시하도록 만들기가 어려웠다. 나치주의자들은 자신의 행위를 동료 시민들에 대한 잔혹한 대량 학살에 참여하기보다는 단추를 누르고 목록을 조사하고 명령을 수행하는 것으로 간주하도록 배웠다. 나치주의자들의 자녀가 자기 아버지의 전시 활동에 관해 놀랍게도 알지 못하는 것에서 보듯, 나중에 많은 나치주의자들은 자신의 행위를 단순히 부인하고 생각조차 하기 싫어하였다(Sichrovsky, 1988).

이와 같은 일이 다시는 생길 수 없다는 생각을 하지 않도록 하기 위해서 1980년대에 미국

대학생들을 대상으로 수행된 한 실험(Wegner, 1987)의 의의를 고려해 보는 것이 도움이 될 것이다. 이 학생들에게 한 번에 한 사람씩 순진한 희생자에게 경고없이 큰 소리와 빛을 내게 하여 무섭고 불쾌한 경험을 전하도록 하였다. 피험자들의 반수에게는 이 실험이 인간의 극단적 자극에 대한 경악 반응에 관한 귀중한 자료가 될 것이라고 얘기했고, 나머지 반수에게는 이러한 의미있는 정당화를 제시하지 않았다.

다음에는 각 집단의 반을 비교적 의미없고 기계적이며 저차원의 사고에 관심을 집중하게 하였다. 이것은 소음과 빛을 내는데 필요한 복잡한 절차를 설명하는 것이었다. 이 복잡한 조작 절차는 여러 가지 단서에 따라 움직이는 것이었다. 이러한 복잡한 지시는 피험자들을 자신의 행동에 대한 포괄적인 의미보다는 행동의 세부사항과 절차에 주의를 집중시키게 만들었다. 이에 비해서, 집단의 나머지 반은 과제가 너무 쉬웠다. 그들의 할 일은 소음과 빛을 내도록 전선을 연결한 특수 의자에 앉기만 하는 것이었다.

연구자들은 사람들이 피해자에게 불쾌한 경험을 자발적으로 줄 수 있는지 정말 알고 싶었다. 당연히, 그들은 피험자들에게 겁주는 타당한 이유를 제시하면 기꺼이 그와 같은 행동을 하며, 이러한 타당한 이유는 특히 기술적인 세부사항에 몰입하지 않은 피험자들에게 잘 작용한다는 것을 발견하였다. 더 중요한 것은 이무런 이유도 듣지 못한 학생들의 반응이었다. 그들은 그 역겨운 일이 쉬울 때보다 비교적 복잡할 때 훨씬 잘 수행하였다. 의자에 앉기만 했던 학생들은 자신의 행동의 의미를 생각할 수 있었으며 순진한 사람을 놀라게 하는 것이 윤리적이거나 좋은 일이 아니라고 분명히 단정하였다. 그러나 차원 낮은 기술적 절차에 주의를 집중한 학생들은 그 포괄적인 의미와 원칙에 관해 생각할 수가 없었다.

그러므로 의미있는 사고를 방해함으로써 사람들은 부당한 행동을 더 잘 수행할 수 있다. 더 일반적으로 말하면, 죄책감은 복잡하고 고차적인 해석에서 유발되기 때문에 사람들은 흔히 의미있는 사고를 하지 않고 죄책감에서 도피하려고 할 수 있다. 기술적인 세부사항에 집중하는 것이 의미, 즉 죄책감을 회피하는 방법이다.

실패. 불안과 고통의 또 다른 범주는 무능이나 부적합하다는 느낌과 관련된다. 실패는 흔히 무능력이나 부적합의 의미를 전달한다. 검사불안에서 평가에 대한 우려, 성적 수행능력에 대한 불안에 이르기까지 광범한 유형의 실패는 불안과 연관되어 있다.

가장 의미심장한 실패는 가장 불안을 야기하는 것이다. 어떤 면에서는 작거나 사소한 것들을 실패라고 주장할 수 있다. 마실 것이 필요해 냉장고를 열었을 때 아무 것도 없다면 실패로 볼 수 있으나 불안을 야기하지는 않는다. 자신에게 위협적인 의미를 전달하는 실패라야 불안을 야기할 것이다.

비록 직접적인 증거는 제한되어 있지만, 실패가 그다지 의미없는 저수준으로의 의식변화를 유도한다는 일반적인 합의가 있다. 심리학자들이 인간의 사고를 기술하기 위하여 인공두뇌학적 정보교환이론을 사용하기 시작하였을 때, 그들은 사람들이 생각하고 행동하는 수준이 여러 가지라는 것을 곧 인식하였으며, 실패로 인하여 사람들은 낮은 수준으로 내려가게 된다고 결론지었다(Carver & Scheier, 1981, 1982; Powers, 1973). 이 하향변화의 일부는 문제에 대한 해결책을 추구하는 것일 수 있다. 예를 들면, 친구 집으로 자동차를 몰고 갈 때는 방문 목적과 예상되는 결과를 고려하는 비교적 의미있고 높은 수준의 생각을 할 것이다. 어느 길을 택하거나 운전하는 것에는 신경쓰지 않을 것이다. 그러나 교통 문제와 같이 친구 집에 가는데 문제가 생긴다면 어떻게 돌아갈 것인지 계획하고 선택하는 낮은 수준의 생각을 하게 된다. 자동차가 움직이지 않아 그것조차도 방해를 받으면 더 낮은 수준으로 관심을 집중하여 차를 운전하는데 신경을 쓸 것이다.

행동확인이론(action-identification theory)도 같은 점을 지적하였다. 사람들은 대체로 정신을 보다 의미있는 수준에 집중시키려고 하지만 실패하면, 더 낮은 수준으로 관심을 전환하게 된다(Vallacher & Wegner, 1985, 1987). 낮은 수준에 관심을 두는 것은 실용적인 이점이 있다. 예를 들면, 한 연구에서 시험 도중의 사고 수준에 따라 학생들의 시험 점수가 조사되었다. 점수가 가장 좋은 학생들은 문제를 읽고, 페이지를 넘기며, 답을 점검하는 것과 같은 낮은 수준에 관심을 두었다. 수행이 좋지 않은 학생들은 시험을 자신의 지식을 평가하거나 학점을 따기 위한 수단으로 생각하는 것과 같이 포괄적인 의미를 충분히 고려하며 임했다.

그리고 정서적 고통이 보다 의미있는 고차적 사고에서 나타난다는 것도 한 가지 이유일 것이다. 실패에 관한 생각은 학점 이수에 관심을 두고 있다면 매우 위협적일 수 있다. 그러나 답을 점검하며 페이지를 넘기는 데에만 관심을 집중한다면 실패에 대한 생각으로 인한 걱정은 훨씬 적을 것이다. 따라서 의미가 적은 사고 유형으로 도피하는 것이 불안을 회피하는 효과적인 방법이다.

근래의 한 연구(Vallacher, Wegner, & Frederick, 1987)에서 실패로 인하여 사람들은 정말 낮은 수준의 의미가 적은 사고 형태를 취하게 된다는 것이 더 정확하게 제시되었다. 학생들은 미술 과제를 수행하고 매우 좋거나 나쁜 평가를 받았다. 이 평가는 실제로는 무선적으로 이루어졌다. 과제의 질도 좋은 평가를 받은 집단과 좋지 않은 평가를 받은 집단이 비슷하였다. 다음에 학생들에게 자신의 수행에 관해 다른 사람에게 설명하도록 하였다. 좋은 평가를 받은 학생들은 자신의 활동을 예술적 창작과 재능의 표현과 같은 고차적이고 의미있게 설명하였다. 그러나 나쁜 평가를 받은 학생들은 자신의 활동을 선을 그리거나 손을 움직이는 것과 같이 수준이 낮고 탈구조적인 방식으로 묘사하였다. 따라서 실패는 의미있는 생각에서 벗어나게 하였다.

손해와 상실: 희생. 의미의 상실은 손해나 상실의 경험에서 친숙한 것이다. 외상이나 희생에 대한 초기 반응은 의혹이나 충격이며, 둘 다 의미있는 사고를 효과적으로 중지시킨다. 외상을 경험한 사람들에 관한 연구에서도 모든 경우에 공통적인 유일한 특성이 의혹과 충격이라는 초기 반응으로 나타났다(Schmale, 1971; Silver & Wortman, 1980). 당사자는 방

금 발생한 상황의 의미를 단순히 수용할 수 없으므로 의미있는 생각을 하지 못한다(Janoff-Bulman, 1985). 예를 들면, 외상후 스트레스 장애(post-traumatic stress disorders)는 공포, 우울, 무력감과 함께 충격과 불안을 수반한다.

의미의 부정은 사람들에게 지적, 정의적 무감각을 추구하도록 자극할 수 있으며, 알코올과 약물 및 자살 등으로 모든 것을 잊고 지내려고 할 수 있다. 수면까지도 약물중독의 매력을 발휘할 수 있다. 크루잔(Joyce Cruzan)은 딸 낸시(Nancy)가 자동차 충돌 사고로 혼수상태에 빠진 후 자신이 언제나 잠만 자려고 한 것을 발견하였다. "나는 하느님이 어떻게 이런 일이 생기도록 했는지 모르겠어요. 어떤 것이나 어떤 사람도 마주 대하고 싶지 않았어요."(Diamond, 1990, p. 180).

부인은 희생에 대한 많은 초기 반응에서 핵심이다. 당사자는 "이런 일은 내게 생길 수 없어."라고 반응한다. 야노프 불맨(Janoff-Bulman, 1989; Janoff-Bulman & Timko, 1987)은 부정이 외상의 의미에 대하여 적응하려는 반응이라고 주장하였다. 외상은 자아와 세계에 관한 희생자의 기본 가정과 많이 모순된다. 회복을 위해서는 자아와 세계를 이해하는 방법을 재수립하는 것을 포함하여 상당한 적응과 재해석이 필요할 것이다. 부정은 희생자가 준비될 때까지 이 과정을 연기할 수 있기 때문에 부담을 완화시켜 의미를 하나씩 재구성하는 과제를 감당할 수 있다.

부정의 기능에 관한 이러한 생각은 사별에 대한 관찰과 부합된다(Parkes & Weiss, 1983). 최근에 사별한 사람은 충격과 무감각이 보편적이다. 나중에 그 사람은 외면상 강박적인 회고를 통하여 상실을 재해석하며 생활을 계속할 수 있다. 무감각과 의혹은 교통사고와 같은 돌발적인 죽음에서 가장 강하며, 그와 같은 죽음을 이해하지 못하는 가장 큰 어려움에 관련되어 있다.

희생자의 무감각은 흔히 무의식적인 것 같다. 즉, 의미의 상실은 자동적이다. 희생자는 자신이 경험한 것에 위안이 될 수 있는 의미있는 맥락을 천천히 모색하기 시작한다. 이러한 보편적인 의미의 탐색은 외상이 충족시켜야 할 의미의 공백을 야기시켰음을 나타낸다. 이와 같은 의미의 공백을 나타내는 흔한 표시는 당사자가 "왜 나인가?" 의아해 한다는 것이다. 따라서 큰 사고로 인하여 마비되거나 불구가 된 희생자들에 관한 유명한 연구에서는 모든 희생자들이 "왜 나지?"라는 의문을 제기하고, 대부분 어떤 식으로든 답을 얻었다는 것이 드러났다(Bulman & Wortman, 1977). 이와 마찬가지로, 유방암이 있는 여성들에 관한 연구에서도 대다수의 여성들이 "왜 나지?"라고 묻고, 여러 가지 해답을 찾은 것으로 나타났다(Taylor, 1983).

모든 희생자가 이러한 의문을 갖지는 않는다. 외상에 대해 영구히 그리고 효과적으로 부인하는 소수의 사람들이 분명히 있다. 그들은 그 의미를 찾으려고 하지 않는다. 그러나 이러한 경우는 비교적 드물다(Tait & Silver, 1989).

의미의 탐색은 수년간 계속될 수 있다. 근친상간의 희생자들에 관한 유명한 연구에서는 많은 사람들이 자신에게 그와 같은 일이 발생한 이유를 나중에도 오랫동안 스스로 의문을 품어왔음을 보여주었다(Silver, Boon, & Stones, 1983). 비록 근친상간은 이 여성들에게 20여 년 전에 발생한 것이지만, 80%가 어떤 이유나 의미를 여전히 탐색하고 있었다. 이 희생자들의 반수는 그 사건에 관해 조금도 이해하지 못했다.

의미의 결핍은 상황을 쉽게 설명하지 못할 때 가장 강렬하다. 근친상간이 부당하게 지각될 때 당사자는 그 의미를 찾기가 특히 어렵다(Silver 등, 1983). 또 다른 예는 자녀를 가질 수 없다는 것을 알게 된 부부의 경우이다. 그들은 크게 실망하여 설명할 방법을 찾기 시작한다. 불임사례의 10% 정도에서 사실이듯이, 의학적인 원인을 찾을 수 없을 때, 적응은 가장 어렵고 고통스럽다(Matthews & Matthews, 1986). 사실, 일부 불임 부부들은 자신의 불임을 혼전 성관계에 대한 신의 징벌로 간주하는 것과 같이 자신을 비난하기 시작한다.

이와 마찬가지로, 사별은 의미의 탐색이 손상되면 그로부터 회복하기가 가장 어렵다. 의미의 탐색이 지체되기 때문에 예정된 사별보다 예상치 못한 사별이 더 어렵다(Parkes & Weiss, 1983). 잘 알고 있는 사람이 곧 죽는다는 것을 안다면, 보다 일찍 해석활동을 시작할 수 있으며 그 사람과의 마지막 관계를 조절할 수 있으므로 의미의 탐색과정을 촉진시킬 수 있다. 이에 비해서, 그 사람이 갑자기 죽는다면, 기회가 있을 때 그 사람과 더 많은 시간을 같이 보내지 못했거나 더 잘 대하지 못한 것을 후회할 수 있다.

불운의 의미에 대한 탐색은 흔히 그 사건에 대한 광범한 재음미를 포함한다. 고통에 관한 생각은 무의식적으로 떠오르며, 실제로 많은 희생자들은 이러한 고통스럽고 골치 아픈 기억을 억제하는데 어려움이 있다(Tait & Silver, 1989). 그 사건에 관한 어떤 의미를 찾고, 어떤 면에서 자신의 고통을 이해할 수 있는 사람들은 재음미에 의한 어려움을 덜 느낀다(Silver 등, 1983).

희생과 마찬가지로, 실패가 재음미를 야기하는 것도 사실일 수 있다. 실패에 대한 재음미의 문제를 탐색한 연구는 없지만, 그것이 사실이라는 일화적인 증거는 있다. 로스 앤젤레스 타임즈(The Los Angeles Times)에서는 운동선수들의 고통스러운 재음미에 관한 사례를 보도한 적이 있다. 한 사람은 91세인 남자인데 심야에도 여전히 일어나서 1912년 올림픽 달리기에서 1/10초로 금메달을 놓친 것을 기억하고 있었다. 또 한 남자는 자신이 속한 농구팀이 준결승전에 임했을 때 자유투에서 연속해서 28점을 얻었으나, 동점에서 한 골을 실수하여 상대팀에게 졌다. 10년이 지난 후에도 그는 매일 그 끔찍한 시합에 관해 생각하였다(Tait & Silver, 1989).

❖ 탐색 또는 부정

그러므로 증거에 의하면, 괴로움은 의미의 상실과 관련되어 있다. 때때로 이것은 고통, 손해, 상실에 대한 반응에서처럼, 새롭고 보다 고차적인 의미를 적극적으로 탐색하게 만든다. 사람들은 그들의 정상적인 일상 경험을 구성하고 있는 자아와 세계에 관하여 종합적인 이해를 하지 못하고 경험을 재통합하여 이해하려고 함으로써 정상적인 생활을 재개할 수 있다. 그러나 다른 유형의 고통은 의미의 부정을 강조하는 것으로 보이며, 그와 같은 경우에 사람들은 문제가 해체된 상태로 두고 그대로 만족할 수 있다. 기껏해야 그들은 자신이 겪은 고통을 이해하는 긍정적이고 바람직한 방법을 제공할 수 있는 새로운 기준을 받아들일지는 몰라도 적극적으로 추구하지는 않을 것이다.

이 의미는 고통이 두 가지 매우 다른 유형의 반응을 야기할 수 있다는 것이다. 한 유형의 사람들은 경험을 해체되고 망각된 상태로 두고 부정과 회피에 계속 의존한다. 또 다른 유형은 경험을 인정할 수 있는 방식으로 재해석하여 자신의 생활에 효과적으로 통합한다.

일화적인 증거는 이러한 인상과 분명히 일치된다. 과거를 현재와 단절하여 과거 행동의 의미에 대해 더 이상 괴로워할 필요가 없도록 자신의 잘못을 일관된 생활 이야기로 통합할 수 있는 사람들은 부정하고 은폐할 필요성을 가끔 보이지 않는다. 사실, 부활에 관한 종교적 경험은 잘못을 이전 생활의 일부로 인정하는 것일 수 있다. 부활은 이와 같은 과거의 죄를 부정하고 은폐할 필요를 없게 만든다.

보다 체계적인 증거는 이교와 다른 이단적 종교단체에 가입한 사람들에 관한 연구에서 찾아볼 수 있다. 이러한 집단의 구성원 대다수는 2년 이내에 그만둔다(Bromley, 1988; Wright, 1988). 이러한 집단에서 떠나는 것은 개인에게 그들의 행동을 해석해야 하는 심각한 문제를 제기한다(Rothbaum, 1988). 첫째, 그들은 주류 사회에서 이단으로 간주하는 집단에 가담했기 때문에 그들의 가입은 주류 사회의 관점에서는 정당화가 결여되어 있다. 둘째, 그들은 이단적인 집단에 속해 있는 동안 주류 사회를 부도덕하고 퇴폐적이며 무의미하고 붕괴될 위험이 있다고 전형적으로 비난한다. 집단을 떠나면 그들은 자신이 비난한 형태와 가치관을 가지고 주류 사회로 복귀해야 하며, 주류 사회가 비난한 이교 집단의 과거 구성원이라는 부담을 안고 돌아와야 한다.

과거 이교도의 일부가 곧 또 다른 이교 집단에 가담하는 것은 놀라운 일이 아니다(Rothbaum, 1988). 그러나 그들 대부분은 이 부조화를 일으키는 갈등에도 불구하고 자신의 생활을 재개하는 방법을 모색해야 한다. "한 종교 집단에서 자신의 과거에 관한 모든 것을 부정하기는 어려우며 나쁜 것이라고 배운 또 다른 세계를 포용하기도 어렵다"(Hall, 1988, p. 238). 그들은 집단 속에서 배운 것 중에서 주류 사회에 전이되거나 도움이 될 만한 것이 거의 없음을 발견하여, 이전에 수 개월이나 수 년 동안 유지해온 거의 모든 친구들과 신념을 버리고, 강한 실패감을 느끼며 떠난다(Rothbaum, 1988).

생각했던 대로, 두 가지 분명한 반응 형태가 나타난다. 한편으로는, 이교에서 떠난 많은 사람들은 자신의 경험을 잊으려고 한다. 그들은 은밀하고 조용히 그만둔다(Wright, 1988). 그들은 자신의 이교도 신분을 인생의 짧은 이야기나 실수 또는 학습경험으로 회고할 수 있지만, 신분을 숨기고 싶어 한다. 바커(Barker, 1988, p. 179)의 말에 의하면, "엄청난 수의 변절자들은 새로운 생활을 시작하려고 하거나 이교에 대한 언급없이 과거의 생활에 익숙해지려고 노력하였다." 또 다른 연구에서는 이전에 이교도이었던 사람들 대부분은 자신의 신분에 대한 얘기를 주저하거나 단편적이고 혼란스럽게 설명하여 종합적 해석이 결여된 것을 보여주었다(Beckford, 1985). 이교를 비판하는 것과 같은 공식적 입장을 취하는 자발적인 변절자들은 비교적 적었다(Barker, 1988; Rothbaum, 1988). 요컨대, 많은 변절자들은 자신의 생활에서 이교에 몸담은 것을 이해하기 어렵기 때문에 기억 속에서는 회피하고 싶은 혼란스럽고 별개의 사건으로 남는다.

또 다른 면으로는, 소수의 이전 이교도들은 자신의 이교 신분에 대한 해명 방안을 마련하여 반사회적인 일탈행위로 인한 비난받을 책임에서 벗어나고 그 경험을 자신의 생활에 통합하는 토대를 제공할 수 있었다. 그 중에서 중요한 것은 반이교 운동에 관여한 사람들이다. 그 사람들은 전형적으로 자신이 세뇌당해서 이교에 가담하게 된 것으로 정당화하며, 이교의 허위로부터 자유롭게 되고 다른 사람들에게도 그 자유를 전해주려고 변절한 것으로 정당화한다. 따라서 그들은 이교에 가담하고 떠난 것에 대해 모두 개인적 죄책감을 면할 수 있다(Hall, 1988).

이 후자의 방식은 억지로 개종한 사람들, 즉 이교의 견해에 반대하여 개인을 주류 사회의 관점으로 다시 교화시키려는 체계적인 노력에 따른 사람들 중에서 특히 보편적이다(Bromley, 1988; Wright, 1988). 이 사람들에게는 외적 요인에 의해서 그들의 신앙이 제거되었고 과거의 신념이 수동적으로 주입되었다. 그 결과, 그들은 어떤 대체물이 제공되지 않는 한 믿을 만한 내용이 비교적 적다(Barker, 1988). 반이교 운동에 참여하는 것은 그 사람들에게 이교 신분을 통합하는 방식으로 새로운 의미를 자신의 생활에 부여할 수 있는 한 가지 대체물이다(Wright, 1988). 즉, 기독교도로 다시 태어난 것이다. 이교에 관한 그들의 지식은 새로운 생활에 유용하며, 이교의 세계관에 대한 그들의 거부는 이교에 대한 공격과 다른 희생자들을 구원하는 방향으로 전환된다.

반이교 활동은 이교 신분의 기간을 자신의 생활 이야기 속으로 통합하는 유일한 방법은 아니다. 소수의 운 좋은 사람들은 이교 집단에 속했을 때 배웠거나 중시한 것을 이용할 수 있는 길을 찾는다. 이전에 이교도이었던 많은 사람들이 이와 같은 기회를 발견하지 못했지만, 발견한 사람들은 자기 생활의 중요한 기간을 부인할 필요가 없었기 때문에 변절 후 생활에 보다 쉽고 행복하게 적응한 것으로 보인다. 그들은 유용한 것을 배웠기 때문에 이교에 속한 기간은 자신의 생활에서 건설적이고 발전적인 부분이었다고 스스로에게 말할 수 있다. 막다른 길로 향하는 잘못된 전환이 아니었다.

그러므로 괴로움과 불운은 잠정적이거나 영구적인 의미의 상실을 야기한다. 가끔 부인은 무한히 계속되지만, 그렇지 않은 경우에 당사자는 경험을 바람직한 방법으로 이해할 수 있는 새로운 의미를 적극적으로 탐색한다. 죄책감이나 실패감은 당사자로 하여금 그 경험을 해체시키도록, 즉 과거의 단편적이고 비교적 의미없는 사건으로 잊거나 부정하도록 촉진시킬 수 있다. 그러나 사람들은 문제에 대한 책임과 비난을 모면하고 그 경험을 자신의 생활에 통합할 수 있는 사고방식을 포용하기도 한다.

❖ 결론: 의미의 공백

괴로움은 흔히 의미의 문제와 관련되어 있다. 괴로움의 초기 결과는 흔히 당사자가 종합적 의미의 상대적 결핍을 경험하는 단계인 소위 의미의 공백이다. 가끔 사건 자체는 정상적이고 의미있는 사고를 방해한다. 간혹 사건은 당사자의 세계에 관한 일반적인 믿음과 가정에 모순되기 때문에 정상적인 사고의 토대가 손상된다. 그리고 가끔 당사자는 불쾌한 생각을 피하는 방법으로 의미있는 사고를 하지 않으려고 할 수 있다. 그러나 그 결과는 마찬가지이다. 상황을 통상적인 방식으로는 이해하지 못하는 상태에 있게 된다.

고통을 느끼면 복잡하거나 추상적인 또는 의미있는 사고를 하기가 어렵다. 그 결과, 의식은 즉각적인 감각에만 국한하게 된다. 그에 따른 의미의 공백은 다양한 새로운 또는 거짓된 의미로 보충될 수 있다.

외상과 희생은 당사자의 자아와 세계에 관한 기본적인 신념과 모순되는 경향이 있다. 세계는 더 이상 안전하고, 관대하고, 공평한 곳이 아니며, 당사자는 자신이 좋은 미래를 기대할 만큼 착한 사람인지 의문을 가질 수 있다. 희생자들은 자신의 세계가 부서진 것으로 말할 수 있다. 그에 따른 의미의 공백은 회복하는데 수년이 소요될 수 있다. 당사자는 세계에 관한 새로운 기본 가정, 즉 외상 자체를 이해하고 생활을 계속할 수 있는 충분한 자신감의 토대를 부여하는 포괄적인 가정을 탐색해야 한다.

죄책감과 실패는 자아에 관한 매우 혼란스러운 의미를 전할 수 있다. 그와 같은 사태는 자아를 실패자나 악인으로 규정할 수 있고, 이와 같은 정의를 기꺼이 인정하는 사람들은 거의 없다. 따라서 사람들은 그러한 의미를 받아들이지 않을 수 있다. 이러한 부인은 흔히 의미있는 생각을 피함으로써 달성된다. 그 사람은 주의를 다른 곳으로 돌리거나 알코올과 같은 물질의 도움으로 사건과 그 의미에 관해 생각하지 않으려고 한다. 이 경우에 의미의 공백은 어느 정도 의도적인데, 왜냐하면 그것이 당사자가 원치 않는 생각을 하지 않도록 보호하는 기능을 하기 때문이다.

그러므로 의미의 공백은 이 모든 다양한 괴로움에서 공통적이다. 최근의 강력한 경험은 세계를 이해하는 친숙한 방법적 맥락에서 의미가 부족하다. 따라서 당사자는 새로운 의미와 가정에 개방적이고, 일부는 이것들을 적극적으로 탐색한다. 그동안 의식은 공허하고 제한되며 해체되고 현재의 상황에 국한된다.

공허하고 의미없는 상태는 사람들이 오래 지속하기를 원치 않는 것으로, 흔히 무감각하고 지루하게 느낀다(Baumeister, 1990a, b, 1991; Pennebaker, 1989). 그러나 그로부터 도피하기 위하여 그들은 광범한 의미가 있는 사고를 재개하는 방법을 모색할 필요가 있다. 그러므로 대처과정은 해석하는 방법에 크게 좌우된다. 따라서 대처과정에서 의미의 용도가 다음 절의 중요한 내용이 될 것이다.

대처와 환상

괴로움의 특성이 의미의 상실이라면 괴로움에서 탈피하는 것은 의미의 획득, 즉 의미의 모색이나 구성과 관련된다. 이 절에서는 사람들이 불행에 대한 반응으로 의미를 구성하는 과정을 검토할 것이다. 의미의 추구는 의미에 대한 4가지 중요한 욕구에 순응하는 것이다. 어떤 면에서 괴로움은 의미에 대한 욕구를 자극한다고 말할 수 있다.

의미의 탐색은 사람들에게 괴로움에 대처하는데 도움이 되는 일종의 기적이다. 괴로움에 대한 설명은 그것을 좀 더 견딜만하게 만든다. 분명히, 괴로움이 처음에 의미에 의해서 유발될 때, 의미를 변화시키면 괴로움을 줄일 수 있다는 것은 그다지 놀라운 일이 아니다. 예를 들면, 행동을 합리화하거나 재해석함으로써 죄책감을 회피할 수 있다. 그러나 이미 알고 있듯이, 의미는 신체적 통증과 같은 단순하고 기초적인 괴로움도 완화시키는 것 같다. 고통은 의미에 의해서 시작되지 않기 때문에 의미가 고통을 감소시킬 수 있다는 것은 놀라운 사실이다. 이 사실은 인간의 생활에서 의미의 적응력에 대한 명백한 증거이다.

사람들은 불운과 괴로움에 해석을 함으로써 대처한다. 사람들이 해석을 만들어낸다고 하는 것은 정직하지 못한 것처럼 들린다. 그 말은 사람들이 진실이 아닌 설명과 이론을 만들어낸다는 것을 의미하는 것 같다. 이 의미는 적어도 부분적으로는 정확한 것이다. 비록 사람들은 분명히 거짓임을 알 수 있는 설명을 보통은 인정하지 않을지라도 그 의심스러운 이론에 동의하여 설명이 정확한 것으로 스스로 믿는다. 괴로움의 역사는 괴로움을 설명하기 위해 만들어낸 거짓 해석의 사례, 예를 들면 요술, 귀신, 미신, 악마의 영향, 의학적 오류, 구전 등으로 가득하다.

필리스(Phyllis Chambers)의 이야기(Wolfe, 1989a, b)는 반복되는 위협에 대처하는데 소망적 사고와 편파적 해석의 사용을 예시하고 있다. 에이레(Ireland)에서 가난하게 살다가 처녀가 되어 미국에 도착한 필리스는 결혼하여 아들을 낳았다. 그녀는 아들 로버트(Robert)가 사회의 엘리트 대열에 합류할 것으로 예상하여 교육도 그와 같은 준비를 하기 위한 것이었다. 그녀는 아들을 엘리트 학교에 등록시키고 두각을 나타내도록 압력을 가했다. 그는 친구들과 견줄 경제적 여유가 없었기 때문에 훔치기 시작했다. 음주와 약물 사용이 학업보다 우선하게 되었다. 그러나 그의 문제가 증가함에 따라 그녀도 언제나 변명꺼리를 찾았다. 그가 아마도 음주와 약물 사용으로 행진 도중에 의식을 잃었을 때 그녀는 독감 때문이라고 우겼다. 그가 절도 혐의로 사립학교에서 퇴학당했을 때 그녀는 아들이 남학교에서 적응할 수 없었기 때문이라고 모두에게 말했다. 그가 또 다른 학교에서 신용카드 사기로 퇴학당했을 때 그녀는 아들이 관계를 끊은 여자 친구의 질투로 함정에 빠졌다고 말했다. 아들이 또 다른 학교에서 낙제를 했을 때에는 자신을 돌아보기 위해 1년을 쉬는 것이라고 하였다. 낙제를 반복한 후에도 그녀는 아들을 아이비 스쿨(Ivy League school)에 입학시키려고 계획을 세우고 교제하느라고 분주하였다. 마침내 아들이 술집에서 만난 여성을 살해하여 유죄 선고를 받고 투옥되었을 때 그녀는 면회를 계속 다녀오면서 이웃들에게 아들의 인기와 매력적인 모습, 교도소 야구팀에서의 운동기술, 심지어 교도소 내의 대학 준비 과정에서 잘 하고 있다는 것까지 자랑을 하였다.

이 절에서는 사람들이 괴로움에 대처하기 위해 꾸며내는 믿기 어렵고 환상적인 해석을 강조하고 있다. 이러한 설명을 강조하는 이유는 사람들이 해석의 중요한 역할, 즉 의미 자체에 대한 욕구를 가장 분명히 드러내기 때문이다. 결국 정확한 해석은 실용적인 가치를 갖는 경향이 있다. 사람들이 정확한 해석만 인정한다면 이는 의미 그 자체에 대한 어떤 욕망을 나타내는 것이 아닐 것이다. 의미는 문제해결의 수단이 될 수 있다. 다시 말하면, 무엇이 잘못되었는지 헤아려보는 것만도 잘못을 시정할 수 있는 편리한 방법일 수 있다.

그러나 사람들이 거짓되고 불건전한 설명으로 불운에 반응하고 이 설명으로 잘 회복하는 것 같다면, 의미 그 자체가 목적이라고 믿을만한 이유가 있다. 불건전한 설명은 그 정의상 실용적 가치가 없다. 따라서 사람들이 불건전한 설명에서 이득이 있다면 이 설명의 실용적인 면 때문이 아니라 설명에 대한 욕구를 충족시키기 때문이다.

이 절에서 강조하는 것은 환상이다. 환상은 거짓으로 입증된 것이 아니라 꼭 진실로 보기는 어려운 생각을 뜻한다. 환상에는 정확한 정보도 있고 왜곡된 것도 있으며, 그 가치는 정확성에 있는 것이 아니다. 이 사용법은 사회심리학의 현재 방식과 부합된다(Taylor, 1983, 1989l Taylor & Brown, 1988).

특히, 종교적 믿음은 환상으로 묘사될 수 있다(Freud, 1923). 그리고 이러한 사용법은 종교적 믿음이 허위임을 의미하는 것은 아니다. 종교 교리의 진위 확인은 사회과학에서 이룰 수 있는 범위를 크게 벗어난 것이다. 요지는 생활에 대처하고 의미를 부여하는데 종교적 믿음의 가치는 그 객관적인 정확성에 있는 것이 아니라는 것이다. 종교적 믿음은 객관적으로 진실이든 아니든 중요한 심리적 이득이 있을 수 있다는 점에서 환상이다.

사람들이 잘못된 설명에서 심리적 이득을 취할 수 있다면, 그 다음 문제는 설명이 대처 과정에 도움이 되는지를 무엇이 결정하는가이다. 다시 말하면, 설명을 평가하는 기준으로 정확성을 배제한다면 어떤 다른 기준이 있는가? 사실, 이와 같은 추리는 어떤 설명도 다 좋다는 혼란스러운 가능성을 초래한다. 대처하는데 도움이 되는 것이 설명의 실용적 가치와 유용성보다는 단지 설명할 수 있다는 것이라면, 어떤 설명도 다소간 족할 것이다. 설명은 완전히 대체할 수 있는 것이다.

현재, 모든 설명은 대체할 수 있다는 이와 같은 혼란스러운 생각을 반박할 수 있는 증거는 없다. 이 분야의 전문가들 대부분은 모든 설명을 똑 같이 타당한 것으로 단정하는 데에는 주저하고 있는 것 같지만, 지금까지 어떤 유형의 설명이 다른 유형보다 낫다는 증거는 거의 없다. 증거에 의하면, 설명할 수 있는 사람들이 그렇지 못한 사람들보다 더 잘 대처하며(Bulman & Wortman, 1976; Silver, Boon, & Stones, 1983; Taylor, 1983), 그것이 일관된 차이를 나타내는 유일한 요인이다. 어떤 설명을 한다는 것이 해답이다. 괴로움을 신의 뜻이거나 당연하게 여기거나 어떤 운전자 탓이나 숙명으로 돌리거나 하는 것은 적응을 잘 하는데 큰 차이를 가져오지는 않는 것 같다. 그러나 만족스러운 설명을 할 수 없으면 적응하는데 서투르게 된다. 거의 모두가 "왜 나지?"라고 묻게 되며, 어떤 해답을 찾는 것이 중요하다(Bulman & Wortman, 1976).

일부 연구에서 차이를 보인 설명에 대한 한 가지 차원은 자체 귀인, 즉 자신이 괴로움의 원인이라는 결론이다. 그러나 자체 귀인에서도 일관된 유형은 없었다. 일부 연구에서는 자신을 불운에 대한 책임이 있는 것으로 보는 것이 좋은 대처와 적응에 연관되어 있는 것으로 나타난 반면에, 다른 연구에서는 그 반대로 나타났고, 또 다른 연구에서는 아무런 관계도 발견되지 않았다(Taylor, 1983).

자체 귀인에는 모순되는 결과를 야기할 수 있는 미묘한 차이점이 있는 것 같다. 한 가지 의미있는 시사점은 후회할만한 행동에 대해 자신을 비난하는 것과 고통을 당할만한 사람으로 자신을 비난하는 것 사이에는 중요한 차이가 있다는 것이다(Janoff-Bulman, 1989). 전자는 좋지 않은 행동에 대해 자신을 비난하는 것이고, 후자는 가치없는 인간으로서 자신을 비난하는 것이다. 전자는 자신의 운명을 통제한다는 느낌을 유지하는데 도움이 되기 때문에 사람들이 대처를 더 잘 할 수 있다. 자신의 행동으로 이와 같은 불운을 맞았다면 장차 비슷한 실수를 피함으로써 더 이상 같은 불운을 회피할 수 있다. 이것은 위안이 되는 생각이다. 이에 비해서, 가치없는 인간이기 때문에 잘못을 했다면, 여전히 가치는 없으므로 불운은 계속 다가올 것이다. 이와 같은 인식은 미래에 대한 부적합하고, 우울하고, 염세적인 태도를 유발할 수 있다. 여러 유형의 자기 비난 중에서 이러한 미묘한 차이는 현재 가능한 증거에 부합하는 것으로 보이지만, 확실한 증거는 아니다.

자기 비난에 관한 증거의 불일치는 어떤 식으로든 설명이 특정 유형의 설명보다 더 중요하다는 포괄적인 결론을 강조하는데 주로 도움이 된다. 대처와 적응은 불운을 이해하는 방법을 찾는데 좌우되며, 그 해석의 내용은 큰 문제가 되지 않는 것 같다.[41)]

대처과정에서 이루어지는 가공적인 설명을 이해하기 위해서는 의미의 수준에 관한 생각으로 되돌아 갈 필요가 있다. 불운은 사람들의 사고 수준을 저하시킨다. 설명을 꾸며내는 것은 보다 광범하고 포괄적인 상황이 관련된다는 점에서 고차적인 의미를 탐색하는 것이다. 이와 같은 고차적 수준의 사고는 긍정적인 감정을 야기시킨다. 사람들에게 자신의 행위에 대한 고차적 의미를 설명하도록 요구하면, 한결같이 긍정적이고 바람직한 의미를 제시한다(Vallacher & Wegner, 1985). 광범한 의미의 구성은 대개 기분좋고 즐거운 마음으로 이루어진다.

그러므로 괴로움은 광범한 의미가 있는 가정과 통합적인 해석을 해체시킨다는 점에서 의미의 상실을 포함한다. 회복은 긍정적이고 바람직한 느낌과 관련되는 새로운 의미를 다시 형성하는 것이다.

사람들은 인접상황에서 폭넓은 가정과 의미를 유도하는 과정을 어떻게 모색하는가? 이념이 중요한 원천이다. 따라서 대처과정에서 종교적 또는 정치적 신념의 가치는 사람들이 지금 여기의 상황에서 자아와 세계를 인정하고 위안이 될 정도로 이해할 수 있게 하는 것이다. 다양한 설명이 대처하는데 도움이 될 수 있다는 것이 사실이라면, 그처럼 많은 정치적 및 종교적 신념이 있다는 것은 놀라운 일이 아니다. 다양한 이념은 얼마간 다른 방안을 제시하지만, 모두 비슷한 목표로 유도하며 비슷한 이점을 제공한다.

이러한 결론을 지지하는 증거는 매우 다른 신앙을 가진 사람들의 생활 위기에 관한 연구에서 제시되었다(Ebaugh, Richman, & Chafetz, 1984). 이 연구에서는 가톨릭교, 신교, 바하이교(Bhais, 세계 평화를 주창하며 이란에서 시작된 종교)를 비교하였는데, 이들 집단 간에 생활 위기의 빈도나 유형의 차이는 없었으며, 약간의 차이도 통계적으로 적절히 통제하면 사라졌다. 그러나 대처 양식은 차이를 보였다. 예를 들면, 가톨릭과 바하이교도들은 기도를 하거나 사회적 지지를 구하고, 신교도들은 종교적 지도자와 상의하거나 긍정적 사고를 하며, 가톨릭교도들은 단순하고 소극적으로 인정하는 것으로 반응하였다.

그러므로 집단의 이념은 위기의 유형이나 빈도를 예측하지는 못하더라도 대처 양식은 예측한다. 사람들은 모두 비슷한 문제를 지니고 있으나, 그들의 다양한 종교로 인하여 달리 대처한다. 각 신념이나 이념은 넓은 의미를 형성하는데 조금씩 다른 방식을 시사하지만,

41) 연구자들은 사람들이 실제로 사용하는 해석을 전형적으로 취급하였다. 대처과정에 소용없는 해석이 많이 있을 수 있지만, 아무도 그것을 인정하지 않기 때문에 나타나지 않는다. 그러나 현재의 증거에 의하면, 사람들이 실제로 사용하는 설명 중에서 어떤 것이라도 설명이 없는 것보다는 낫다. 어떤 설명도 다 동등하게 효과적인 것은 아니지만, 실제 사용한 설명은 모두 동일하게 잘 작용하는 것 같다.

어떤 방식이 다른 것보다 낫거나 일반적으로 효과적이라는 증거는 없다.

이 시점에서 대처와 관련하여 의미에 대한 욕구를 고려해 보자. 일반적인 주장은 괴로움이 의미에 대한 욕구를 자극하기 때문에, 대처와 적응은 4가지 욕구에 적절한 환상을 구성하는데 관련될 수 있다는 것이다.

❖ 목적

목적에 대한 욕구는 현재의 활동을 바람직한 목표나 성취 상태로 이어지는 것으로 간주하는 욕구이다. 따라서 괴로움이 의미에 대한 욕구를 자극한다고 말하는 것은 사람들이 불운을 고차적이고 보다 바람직한 목적으로 이어지는 것으로 해석할 수 있다면 더 견딜만하게 느낀다는 것이다.

물론, 중요한 목적이 있으면 사람들이 고통을 기꺼이 감수하는 것은 사실이다. 목표와 성취를 위하여 고통을 감수한다는 증거는 많이 있다. 조깅을 하는 사람들은 건강과 안녕을 위해 고통과 지루함을 참고, 다이어트를 하는 사람들도 적당히 매력적이고 건강한 몸을 만들기 위해 기아와 공복의 고통을 견딘다. 학생들도 지식을 습득하고 좋은 직업을 위한 자격을 취득하려는 희망으로 빈약한 숙식과 스트레스 및 사생활 노출을 견디며 적은 경비로 생활한다. 전시에 온 국민은 흔히 추상적이거나 상징적일 수 있는 국가의 목표를 달성하기 위하여 희생과 박탈 및 죽음까지도 받아들인다.

그러므로 사람들은 이유가 있으면 괴로움을 기꺼이 수용한다. 그러나 그들은 이유를 만들어 고통에 반응하는가? 이미 고통을 겪은 후에 목적을 추구하기 시작하는가? 그에 대한 긍정적인 증거가 있다.

한 가지 적절한 증거는 유방암 환자에 관한 연구에서 발견된다(Taylor, Lichtman, & Wood, 1984). 연구자들은 환자들에게 암으로 인하여 생활이 어떻게 변화되었는지 물었다. 17%는 부정적 변화를 보고하였으나, 과반수는 긍정적 변화를 시사하였다. "이 여성들이 흔히 상처를 남기는 수술을 한 후 고통스러운 경과조치를 겪고, 몹시 두려워하며 재발의 위험 속에서 살고 있음을 감안할 때 이런 변화는 잠재적 위기에서 개인적인 이득을 모색하는 놀라운 능력이다."(Taylor, 1983, p. 1165).

이 암환자들이 묘사한 구체적인 변화는 흔히 자신의 생활에서 목적의 재평가와 관련되었다. 그들은 자신의 우선순위를 재조정하였다(Taylor, 1983). 전형적인 유형은 작은 불평이나 가족 간의 언쟁 또는 가사활동과 같은 일상적인 목표와 관심에 부여된 우선순위를 낮추는 것이었다. 친밀한 관계와 개인적인 일과 같은 만족과 성취의 주요 원천이 암 발생 후 더 큰 비중을 갖게 되었다. 요컨대, 이 여성들은 자신의 생활에서 고차적 의미를 발전시키며, 즉 중요한 목표를 중심으로 활동을 재구성하면서 암에 대처하였다. 게다가, 그들 대다수는 암으로 인하여 삶을 새로운 시각으로 보게 되어 이러한 재평가를 하게 된 것이라고 주장하였다. 다시 말하면, 암이라는 불행이 그들의 생활에서 정말 중요한 곳에 관심을 기울이도록 하는 귀중한 목적에 도움이 되었고, 삶을 최대한 활용할 수 있게 하였다.

이와 같은 형태의 대처과정에 관한 분명한 설명을 모린 피셔(Maureen Fischer)가 제공하였다. 그녀의 딸은 3세에 뇌종양으로 사망하였다. 피셔부인은 여러 자선단체에 기부금을 요청하여 치명적인 질병으로 고생하는 자녀를 둔 가족들이 자유롭게 쉴 수 있는 접대용 숙소를 세웠다. 이 부모들이 그녀에게 딸의 사망에 관한 비극에 어떻게 대처했는지 물었을 때, 그녀는 "나는 그것을 비극으로 생각하지 않았어요. 얻은 것이 무엇인지 생각했어요. 좋은 면을 생각했지요."라고 대답했다. 딸의 죽음은 그녀에게 생활이 고통스럽고 난처한 많은 사람들에게 즐거움을 가져다 줄 수 있는 일을 하도록 하였다(Newsweek, 1990, p. 6).

그러므로 이 사람들은 좋은 일이 생겼다고 말함으로써 나쁜 일을 축소하였다. 대부분의 사람들은 암 발생을 극히 불행한 것으로 간주하겠지만, 이 여성들 대다수는 이득만 얘기하고 어떤 부정적인 결과도 보고하지 않았다. 특히, 그들은 불행이 자신을 더 나은 사람으로 만들었고, 삶에서 적절한 가치와 진정 중요한 것을 깨닫게 하였으며, 좀 더 많은 것을 달성하거나 누리도록 하였다고 말했다. 이것은 고통이 의미의 공백을 야기시켜 사람들에게 고차적 의미를 탐색하도록 자극한다는 모형과 부합된다.

종교적 대처의 역할은 전혀 다른 예를 제공한다. 수 세기 동안 많은 사람들은 불행을 신의 뜻이거나 자신의 구원을 향한 긍정적 단계로 믿음으로써 위안을 받았다(Berger, 1967). 때때로 긍정적인 이점이 발견된다. 예를 들면, 아동의 죽음에 관한 속상한 문제를 다루면서 빌리 그래함(Billy Graham, 1987) 목사는 아동의 죽음이 생존자들의 종교적 관여를 새롭게 하거나 부모들이 다른 사람들을 위로하고 도움을 주는 활동을 하도록 유도한 여러 가지 사례를 설명하였다. 그의 말은 표면적인 불행이 소중하고 고차적인 목표에 기여한다는 것이었다.

다른 경우에 불행은 개인이 자신의 신념과 힘을 입증하여 궁극적인 성공을 이룰 수 있는 신의 시련으로 간주된다. 예를 들면, 성 루이(St. Louis)는 자신의 십자군 전쟁 노력의 실패가 신의 시험이며, 만일 통과한다면 궁극적이고 영광스러운 성공에 의해 보상받을 것이라는 신념을 굳게 믿고 있었다(Runciman, 1954). 그의 믿음은 또 다른 원정의 실패에서 그가 죽을 때까지 헛된 노력을 계속하게 만들었다. 그는 결코 보지 못했으나 해방시키기 위해서 생명을 바친 도시 이름인 예루살렘(Jerusalem)을 중얼거리며 죽었다. 이 경우에 실제로 십자군 전쟁은 기독교도를 위한 신성한 땅을 확보하는데 완전히 실패하였기 때문에 그의 믿음은 환상이었음이 분명하다. 그러나 그는 생애에서 좌절을 겪을 때마다 명백히 설정한 고차적 목적을 달성하기 위한 과정의 일부로 간주하여 그로부터 회복하였다. 이와 마찬가지로, 이 전쟁에서 양측의 많은 군인들은 성전에서 전사하면 영혼이 바로 천국으로 직행할 것으로 믿었다(Runciman, 1951-54; Russell, 1975). 따라서 고통스러운 죽음이라는 최악의 불행은 천국에서의 영원한 구원이라는 최대의 성취로 직접 연결될 것이라는 믿음에 의해서 견딜 수 있게 되었다.

인간은 신의 고차적인 목적을 이해할 수 없다고 믿는 습관이 있으므로, 표면적인 불행은 그것을 예측할 수 없는 경우에도 긍정적이고 바람직한 목표에 기여할 것으로 계속 믿을 수 있다(Freud, 1930). 이것은 신앙심이 깊은 사람을 모든 사건은 아무리 고통스러워도 신의 뜻의 일부라고 믿게 하기 때문에 일종의 원인에 관한 백지 수표이다. 이것은 사람들이 괴로움에 대처하는데 도움이 되는 신앙의 엄청난 힘을 설명하고 있다. 그것은 무엇인지 상상할 수 없더라도 고차적 목적이 있다고 약속함으로써 고차적 의미의 신화를 최대한 이용하고 있다. 신앙이 충분히 강하다면 나쁜 일이 미지의 좋은 결과도 내포하고 있다고 믿을 수 있다.

요약하면, 잘 규정된 목적은 괴로움을 감소하여 보다 견딜만하게 만드는 것 같다. 사람들이 괴로움을 경험할 때 그들은 흔히 이러한 효과가 있는 목표를 추구하기 시작한다. 많은 사람들은 돌이켜 보면서 자신의 괴로움이 기여한 목적 때문에 가치가 있었다고 말한다.

❖ 가치와 정당화

정당화의 환상은 죄책감이나 후회 그리고 이와 비슷한 유형의 고통을 다루는 인기있는 방법이 될 수 있다. 비난이나 비슷한 공격에 당면할 때, 사람들은 자신의 행위를 옳고 타당하며 적절한 것으로 정당화하는 정교한 주장을 흔히 늘어놓는다.

잘못된 행동의 전례에는 자신의 행위에 대하여 나중에 정당화한 가해자들이 많다. 흔히 그들은 부당하게 보이는 행동을 정당화하려고 긍정적이고 바람직한 원리에 호소한다. 예를 들면, 나치 의사들은 질병에 대한 의학적 처치에 비유하여 인종 학살 활동에 참여한 것을 정당화하였다. 그들은 신체를 구하기 위하여 감염된 사지를 가끔 절단할 필요가 있다고 말했으며, 대규모 살인은 사회적인 절단과 같은 것이었다(Lifton, 1986). 마찬가지로, 명령수행이나 자신 또는 국가의 수호 또는 모호한 조약의 존중과 같은 도덕적 원리가 미국의 베트남 개입과 같은 도덕적으로 의심스러운 행동을 정당화하기 위하여 이용되었다(Karnow, 1983).

정당화의 구축은 흔히 고차적 수준의 의미로 변화시키는 것을 뜻한다. 일반적으로 그릇된 것으로 여기는 행동에 관여하게 되면 그 행위를 보다 광범한 맥락에 비추어 봄으로써 정당화시킬 수 있다. 살인이 좋은 예이다. 거의 모든 사회에서는 살인에 대한 도덕적 제재를 가하고 있지만, 사람들은 자기방어 행위, 신성한 의식의 제물, 명예 유지, 전시 의무와 같은 특정한 상황에서 이해함으로써 그것을 정당화할 수 있다. 살인을 자행한 사람들은 그와 같은 행동에 고통을 느끼지만, 그 사건을 이처럼 해석함으로써 정당화할 수 있고, 고통은 감소될 수 있다.

많은 정당화는 목적이 수단을 정당화한다는 원리에 의존한다. 수단은 의심스러울 수 있지만 바람직한 목표에 연관된 상황에서는 받아들일 수도 있다. 가해자들은 정당한 느낌을 갖고 망설임을 극복해야 된다는 의무감마저 느낄 수 있다. 명령을 수행해야 하는 사람들은 가장 큰 고통을 겪을 수 있으며, 어떤 경우에는 부단히 정당화를 생각해낼 필요를 느낀다.

콩퀘스트(Robert Conquest, 1986)의 우크라이나(Ukraine) 강제 집단농장화의 역사에서 전형적인 설명이 제시되었다. 그 당시는 소련이 공산주의를 전파시키는 험난한 시기이었다. 결정적인 단계는 우크라이나 농부들에게 닥친 기근이었다. 체포, 추방, 처형과 함께 기근으로 인하여 14백만 명 정도의 사람들이 사망한 것으로 추정되었다. 이 명령을 수행할 책임을 맡은 행동파들은, 이 명령이 이행되면 죽을 수 있는 주민들의 절망적인 절규를 흔히 들으면서, 굶주린 농부들의 집을 수색하여 식량이나 귀중품을 압수하는 업무를 담당하였다. 그 중 한 사람은 다음과 같이 회상하였다.

> *이 모든 것을 보고 듣는 것은 참기 어려웠다. 게다가 그런 일을 하는 것은 더욱 힘들었다. 나는 마음 약한 동정심에 흔들려선 안 된다고 스스로 설득하였다. 우리는 역사적인 필요성을 알고 있고, 혁명적인 사명을 수행하는 것이었다, 우리는 사회주의 조국 건설을 위해 노력하고 있는 것이다. 5개년 계획을 위하여.*(Conquest, 1986, p. 233)

이 행동대원은 목적을 위한 수단의 정당성, 즉 공산주의 승리를 위해 무엇이든 가능하다는 신념을 받아들였다고 계속해서 말했다. 그는 동정이나 도덕적 결벽성을 보이는 것은 잘못이라고 생각하였다. 그와 동료들이 가난한 농부들의 집을 발가벗기고 있는 동안, 그는 아이들의 울음소리와 여성들의 울부짖음에 귀를 막으며, 이 일이 농촌에 필요한 큰 변혁을 이루어 미래 세대가 더 잘 살 수 있고, 이 희생자들은 공공의 적이거나 그 앞잡이이기 때문에 고통을 받는 것으로 생각하였다.

그러므로 명령을 수행하는 사람들은 상당한 고통을 겪으며 그들의 상관이 제공한 정당화를 인정해야만 한다. 이와 같이 권위있는 수준에서 정당화의 환상은 세심하고 적극적으로 유지된다. 이와 같은 정당화의 환상을 광범하게 유지하려는 노력은 가끔 특이한 결과와 표면상 자의적인 망설임을 낳는다. 다음 3가지 예는 잔학한 행동을 하면서 도덕적 원칙의 환상을 유지하려는 문제와 엉뚱한 행동을 보여줄 것이다.

멕시코의 아즈텍(Aztec) 제국에 대한 스페인의 정복은 문화의 파괴와 민족 대다수의 죽음을 초래하였다. 정복자들은 분명히 이 모든 것에 그다지 괴로워하지 않았지만, 스페인의 왕립 법원에서는 평화스럽고 순진한 토착민들에 대한 전쟁의 정당성, 특히 이 전쟁이 그들의 노예화나 전멸을 가져왔을 때 큰 의심을 품었다. 일단의 법률가들이 스페인의 정복을 정당화하기 위하여 노력하였다.

그들이 찾은 최선의 해법은 교황이 원주민을 교화시키고 구원하기 위한 책임을 스페인에게 부여했다는 사실에 입각한 것이었다. 스페인의 법률가들은 스페인 왕이 원주민들과 싸워 교화시킬 권리가 있다고 주장하는 소위 교서라는 서류를 만들었다. 그 교서에는 원주민들에게 평화롭게 항복하여 기독교로 개종하는 대안이 제시되고, 거절하면 죽임을 당하거나 노예로 전락될 것이라고 부가하였다.

그 이래, 스페인군의 전형적인 작전은 이 서류를 원주민들에게 읽어주고 그들의 반응을 확인한 후, 평화롭게 항복을 유도하거나 필요시 전쟁을 하는 것이었다. 물론 많은 정복자들은 교서를 관료적인 무의미한 것으로 간주하였다(Fagan, 1984). 그들은 흔히 텅 빈 부락 앞에서 원주민 언어가 아니라 스페인어나 라틴어로 공식적인 낭독을 한 후, 군사적인 공격을 진행하였다. 행동은 전반적으로 위선적으로 볼 수 있지만, 스페인 당국이 신세계에서 자신의 행위가 정당함을 보장하려는 진지한 열망을 반영하는 것이다(Fagan, 1984).

두 번째 예는 고문에 관한 것이다. 고문의 보편적인 목적은 희생양이나 내부 실패에 대한 설명을 제공하는 것과 같이, 체제의 목적을 위해 사용될 수 있는 잘못에 대한 자백을 이끌어내는 것이다. 고문하는 측에서는 고문당하는 사람들이 고통을 모면하기 위하여 어떤 것도 쉽게 자백할 것으로 어느 정도 인정하기 때문에 이 자백의 진정성을 표면상 보증하기 위한 여러 가지 방책을 세운다. 가장 분명하고 직접적인 것은 고문하는 사람이 피해자에게 말을 하는 것이 아니라 피해자가 무엇이 있었는지 말하게 하는 것이다. 그에게 말을 하도록 고통을 줄 수는 있어도 무엇을 말하라고 얘기할 수는 없다. 따라서 이론적으로, 체제에서는 고문을 무고한 시민들에게 허위자백을 강요하기 위한 것이 아니라 진실을 파악하기 위해서만 사용한다.

물론, 실제로는 많은 피해자들이 무고하기 때문에 어떤 것도 자백할 수 없다. 흔히 그들은 고문을 계속 당하기보다는 고문자가 요구한 어떤 자백에도 동의하겠지만, 고문하는 체제의 망설임 때문에 고문자는 자백할 내용을 요구하지 않는다. 결과적으로, 피해자는 고문자가 무엇을 자백하길 원하는지 추측해야 하는 끔찍한 상황에 이르게 되어, 고문자가 원하는 것에 우연히 걸리길 바라면서 여러 가지 과거의 잘못을 꾸며내려고 한다. 흔히 고문에 관한 보고에는 피해자가 무엇을 자백해야 하는지 알고 싶어 하는 사례가 포함되지만, 고문자는 모호한 암시 이상은 제시하지 않기 때문에, 피해자는 무엇인가 인정될만한 것을 찾게 될 것이라는 기대로 여러 가지 범죄를 꾸며내기 시작한다(Becker, 1986; Roth, 1964).

똑같이 고상하면서도 무의미한 고문에 관한 다른 비슷한 망설임은 흔하다. 예를 들면, 스페인의 종교 재판소는 고문에 의한 자백은 무효라는 도덕적으로 고결한 원칙을 고수하였다. 그 결과, 재판 절차는 자백을 얻기 위해 고문을 사용하고 고문하지 않아도 자백할 준비가 되어 있는지 살피는 것이었다. 따라서 자백을 하고 나면, 하루나 이틀 회복할 시간을 준 후, 다른 곳에서 자백이 고문에 의해서가 아니라 진실에 의한 것임을 선언하면서 그 내용을 반복하거나 인정하도록 요구하였다. 물론, 자백을 거절한 사람들은 추가 고문을 예상할 수 있었지만, 이러한 방식은 그들이 무력한 사람들을 단순히 협박한 것이 아니라 진실된 자백을 진정 추구한 것임을 의미함으로써 관계 당국을 만족시켰다(Roth, 1964).

세 번째 예는 어떤 점에서 가장 이상한 것으로 제 2차 세계대전 도중에서 발견된다. 전쟁 말기에 수천 명의 유태인들이 매일 강제수용소에서 살해되었다. 그러나 나치 정권은 이 행위가 법에 의한 것이고 필요한 것이라고 주장하였다. 이 때문에 수용소 간수의 부패나 가학 행위는 공식적으로 용인될 수 없었다. 한 가지 사례가 우연히 드러났을 때 공식적인 조사가 승인되었다. 일단의 친위대 법률 전문가들이 죽음의 수용소 안에서 수개월을 보냈다. 마침내 러블린(Lublin)과 부켄발트(Buchenwald)의 수용소장인 카알 코흐(Karl Koch)가 두 명의 유태인 살인죄로 선고를 받고 나치 당국에 의해 처형되었다(Hoehne, 1969). 모든 수용소에서 200명 정도의 다른 사람들이 비슷하거나 보다 가벼운 위반으로 선고를 받았다. 수용소가 분명히 대규모 인종 학살의 목적으로 건설되었는데 나치 정권이 강제수용소 간부들을 간헐적인 살인 행위로 처형한 것은 사리에 맞지 않는 것 같지만, 규율과 법에 의한 적절한 살인과 독단적이거나 부패한 행동은 구별되었다. 후자의 경우를 처벌함으로써 정권은 정의에 대한 주장을 유지할 수 있었다. 우리는 불쾌한 임무를 수행하고 있지만, 짐승은 아니다.

부당한 행위에 대한 정당화를 광범하게 조사하면 그 범위를 훨씬 넓힐 수 있지만, 현재로서는 이와 같은 예로 족할 것 같다. 일반적으로, 도덕적인 의심이 가는 행동은 그 수행에 책임있는 사람들의 고통을 유발하며, 그 결과로 그들은 자신의 행위에 대한 정당성을 열렬히 그리고 필사적으로 받아들인다. 마찬가지로, 고위 당국과 기관은 정당화를 구성하여 유지한다. 때로는 기관과 현장 요원들이 이 가공품을 유지하기 위하여 협력한다. 그러나 다른 경우에는 그들은 서로 대립한다. 현장 요원과 행동대원들은 자신들이 억압적인 상황에 놓인 친절하고 공정하며 선량한 사람들이라는 지각을 유지하기 위하여 일부 사람들을 도피시키거나 살아남도록 함으로써 공식적인 지시에 불응한다. 그리고 주기적으로, 특히 잔학한 행위가 노출되면, 고위 당국은 개인의 월권을 개탄하며, 요원 몇 사람을 희생양으로 재판하여 처형한다(Conquest, 1986; Hoehne, 1969).

고통을 겪는 사람들이나 희생자들이 고통을 완화하기 위하여 가치와 정당화의 환상에 의존하는지 확인해 볼 가치가 있다. 이와 같은 경우가 있다는 몇 가지 증거가 있다. 아마 가장 포괄적인 예는 기독교에서 채택한 개인적 고통에 대한 긍정적인 정당화이다. 이 관점에서 개인적 고통은 긍정적인 가치를 부여하는 그리스도의 고통을 모방한 것이었다. 기독교의 역사에서 그리스도의 고통을 함께 느끼는 방법으로 고통을 적극적으로 추구하는 사람들의 극단적인 사례를 많이 볼 수 있다(Bell, 1985; Clebsch, 1979). 순교, 금욕주의, 그 밖의 고통은 그리스도와 함께 하는 것으로 기독교인들의 마음에 들었다. 그러나 더 넓게 말하면, 많은 평범한 기독교인들은 자신의 불행을 그리스도의 고통과 비슷하기 때문에 긍정적 가치가 있는 것으로 받아들일 수 있었다는 것이 타당할 것이다. 이러한 견해의 일부는 기독교 교리의 약화 이후에도 고통에 의해 인품이 형성된다거나 자기부정과 희생이 덕을 쌓는 최선의 길이라는 통속적인 믿음으로 지속되었다.

일반적인 요지는 괴로움을 높은 도덕적 가치가 있는 각본의 일부로 간주할 수 있으면 훨씬 참을만할 것이라는 점이다. 이 요지를 지지하는 증거는 1981년 불법 파업 후에 레이건(Reagan) 대통령에 의해 해고된 항공 관제사들에 관한 연구에서 제시되었다(Newman, 1988). 이 사람들은 직업에서만이 아니라 생활수준과 사회계층의 위치에서 상당한 손실을 입었다. 그들 대부분은 장기간의 실직 후에 지위와 보수가 낮은 새로운 직업을 얻었다. 결국, 그들의 기능과 자격은 항공관제가 아니면 무용지물이었고, 정부가 그와 같은 기능을 가진 사람들을 고용하는 유일한 주체이었다.

파업이 실패한 후, 그들은 그것을 자유, 충성, 민권, 이타심의 고상한 원칙을 위한 도덕적 개혁운동으로 돌아보게 되었다. 그들은 자신의 불법적인 파업을 마틴 루터 킹(Martin Luther King)이 옹호한 비폭력적인 시민 불복종 운동에 비유하였다. 상당한 급료 인상의 요구가 파업 전 대화와 최초의 파업에서 두드러지게 나타난 반면에, 파업이 실패한 후에는 이러한 이기적인 동기는 고상한 도덕적인 동기를 위해 무시되었다. 결국 관제사들은 그들의 고통을 정당한 이유가 있는 희생으로 비교적 잘 받아들일 수 있었다(Newman, 1988).

요약하면, 그들은 자신을 봉급 인상을 요구하는 불법 파업에 실패한 조합원으로 보는 대신에, 도덕적이고 애국적인 이상을 위하는데도 불구하고 진가를 인정받지 못하는 개혁자들로 자신을 간주하였다. 이와 같은 해석은 도덕적인 대의에 의한 위안도 없이 해고당한 관리인들의 경우와 같이, 비슷한 퇴락을 감수하는 다른 많은 사람들보다 그들의 고통을 훨씬 견딜만하게 만들었다(Newman, 1988).

당연함의 허구는 피해자가 정당화의 환상을 꾸며내는 또 다른 예를 제공한다. 우리 사회의 일반적인 믿음은 세상은 공평하며, 사람들은 대체로 얻을만한 것을 얻는다는 것이다. 이러한 믿음은 흔히 사람들이 당연히 얻을만하다는 가정으로 바뀐다(Lerner, 1980). 이러한 믿음은 피해자를 비난하는 모형의 토대가 되어(Ryan, 1971), 자신의 불행에 대한 책임이 있는 것으로 가정되었다. 이것이 타인의 고통에 대한 가장 보편적인 반응이지만, 어떤 경우에는 사람들은 자신의 괴로움에도 동일한 논리를 적용한다. 그들은 자신의 고통을 자신의 실책, 범죄 또는 잘못에 대한 벌로 간주하여 받을만하다고 여긴다.

한 유명한 실험에서 피험자들에게 비교적 가벼운 고통을 예상하도록 하였다. 그들은 벌레를 먹게 될 것이라고 믿었다. 이 피험자들이 이처럼 다소 불쾌한 일에 스스로 적응할 기회를 가졌을 때, 그들은 여러 가지 물건의 질량을 추정하는 중립적인 과제를 선택하는 대안이 제시되었다. 놀랍게도, 피험자들이 불쾌한 과제를 예상한 시점에서 대부분(80%) 중립적 과제를 수행하기보다는 그대로 계속하여 벌레를 먹기로 하였으며, 다른 상황에서도 그들 중 반은 중립적 과제보다 다른 형태의 고통(전기 충격)을 선택하였다. 이에 비해서, 통제집단은 중립적인 과제를 기대하도록 유도되었으며, 비슷한 선택 기회가 제공되었을 때 벌레를 먹는 과제를 선택한 사람은 아무도 없었다(Comer & Laird, 1975).

이와 같은 표면상 역설적인 고통의 선호는 어찌된 것인가? 실험 기간의 여러 시점에서 실시한 설문조사에서 몇 가지 증거가 제시되었다. 많은 피험자들은 자신들이 고통을 받을 만하다고 생각하여 처음에 불쾌한 기대에 대처하였다. 따라서 선택의 기회가 제시되었을 때 그대로 계속하여 고통을 택하는 경향이 있었다. 이것은 일부 사람들이 자신에게 보다 용납될 수 있게 하기 위하여 고통을 정당화하는 당연함의 환상을 꾸며낸다는 명백한 실험적 증거이다(Comer & Laird, 1975).

이러한 결과는 사람들이 단지 양심의 가책을 느끼고 있다는 문제가 아니다. 아마 대부분의 사람들은 후회할만한 일을 한 적이 있을 것이다. 이 실험은 정상적이고 건강한 사람들이 예상되는 고통에 당면하면 미안하게 느끼는 어떤 것이나 벌을 받을만하다고 느끼는 어떤 이유를 찾는다는 것을 보여주고 있다. 이러한 이유는 그들이 예상한 고통을 납득할 수 있게 하였다.

비슷한 결론을 이전에 언급한 사고의 희생자들에 관한 연구에서도 이끌어낼 수 있다(Bulman & Wortman, 1977). 그 연구에서 모든 피험자들은 스스로에게 "왜 나지?"라고 묻고, 대부분 어떤 답을 만들어냈다. 이 답들은 매우 다양했지만, 몇 가지는 그들이 고통을 받을만하다는 결론을 분명히 하였다. 이와 같은 자기 비난의 사례는 사고를 유발한 판단 착오의 수준을 벗어난 것이다. 이 사람들은 자신의 일반적인 생활이 적절하지 않았기 때문에 벌을 받을만하다고 느낀 것이다. 그들 가운데 한 사람은 "무엇인가 나쁜 일을 한다면, 뿌린 대로 거둘 것이다. 나는 그렇게 믿는다."고 말했다(Bulman & Wortman, 1977, p. 360).

그러므로 가해자와 피해자 모두 중도에 그리고 사후에 고통을 겪으며, 그 고통에 의미를 부여하기 위한 정당화의 환상을 만들어낼 것이다. 사람들은 가치를 발견하여 대처하며, 많은 경우에 이 정당화의 환상은 고통을 견디는데 도움이 되는 것 같다.

❖ 효능감

통제는 고통에 대한 많은 해석에 관련되어 있다. 때때로 사람들은 통제의 환상을 만들어 대처하며, 다른 경우에는 장차 통제를 보장하는 환상을 만들어낼지라도 어떤 통제도 부정하는 환상을 만들어 대처하기도 한다. 어느 쪽이든, 그 결과는 그 사람에게 장차 통제에 대한 보장과 효능감을 제공하는 것이다.

통제의 환상은 위협적인 불행에 대처하는 보편적인 방법의 하나이다. 앞에서 가끔 사람들은 불행에 대해 자신을 비난함으로써 대처하는 것을 보았다. 예를 들면, 사고에 의해 무력화된 희생자들에 관한 연구에서 자신의 부주의나 잘못으로 사고를 초래한 책임을 인정한 사람들은 잘 적응한 사람들이었다(Bulman & Wortman, 1977). 이러한 형식의 자기비난은 사람들이 과거의 잘못을 반복하지 않는 한, 더 이상의 불행을 피할 수 있는 것으로 믿게 한다.

유방암 환자에 관한 연구는 이 점을 더욱 명백히 하고 있다. 한 연구에서 여성들의 2/3는 암의 재발에 대해 얼마간 통제력을 지니고 있다고 믿었으며, 1/3은 많은 통제력을 갖고 있다고 믿었다(Taylor, 1983). 암의 재발 방지 능력에 대한 이와 같은 높은 자신감은 의학적으로 근거가 없는 것이므로 효능감의 환상으로 간주될 수 있다.

암의 재발을 방지할 것으로 여성들이 믿는 특별한 방법에는 여러 가지가 있었다. 어떤 사람들은 긍정적 태도로 족할 것으로 생각하였다. 다른 사람들은 자기최면이나 상상, 명상에 대한 믿음을 제시하였다. 일부 사람들은 그들의 결혼이나 다른 관계가 암을 유발하였기 때문에 관계를 변화시키거나 포기하면 재발을 방지할 것으로 기대했다. 또 다른 사람들은 붉은 고기 섭취를 줄이고 으깬 아스파라가스를 다량으로 먹는 식으로 섭생을 다양하게 변화시켰다. 어떤 특정한 방식이 효과적이라는 의학적 증거가 없기 때문에, 이러한 다양한 방식은 이해할만하다. 그러나 이러한 방식의 매력은 실제 효능감에 있는 것이 아니라 여성들에게 효능감을 부여하는데 있다. 그들이 잘못했더라도 그것에 대해 무엇인가 할 수 있다고 느꼈다면 적응과 회복은 촉진되었다(Taylor, 1983).

모든 환상이 통제력을 과장하는 것은 아니다. 사실, 사람들은 흔히 책임을 부정함으로써 대처한다. 물론, 이것이 죄책감에 대처하는 보편적인 방식이다. 부당한 행동을 했을 때, 사람들은 자신의 행동이 어쩔 수 없었다고 말하거나 자신을 상황에 따른 수동적인 희생자로 묘사하거나 책임을 다른 사람에게 전가한다(Baumeister, Stillwell, & Wotman, 1990; Lifton, 1986; Sichrovsky, 1988). 이 모든 방식은 사람들이 잘못된 행위에 뒤따르는 고통을 피하는데 도움이 된다. 왜냐하면 통제력의 부인은 책임을 모면하고 현재나 미래의 고통에 대한 연관성을 배제하기 때문이다. 어쩔 수 없었다면 벌을 받지 않아도 되며, 죄책감을 느낄 필요조차 없다.

사람들은 실패에 당면했을 때에도 통제력을 부인한다. 사회심리학에서 전형적인 발견의 하나는 사람들이 성공에 대해서는 책임을 지지만 실패에 대해서는 책임을 부인한다는 것이다(Bradley, 1978; Cohen, 1964; Feather, 1969; Fitch, 1970; Johnson, Feigenbaum, & Weiby, 1964; Langer & Roth, 1975; Medow & Zander, 1965; Streufert & Streufert, 1969; Weiner et al., 1971; Wortman, Costanzo, & Witt, 1973). 예를 들면, 한 유명한 연구에서 피험자들에게 그들이 받은 긍정적 또는 부정적 결과에 대한 통제력의 정도를 추정하도록 요구하였다. 실제 통제력의 정도는 실험자가 면밀히 조절하였다. 모든 정상적인 피험자들은 일이 성공적으로 나타날 때 통제력의 정도를 과대추정하였고, 일이 잘못된 것으로 나타나면 통제력을 부인하는 경향을 보였다(Alloy & Abramson, 1979).

실패에 대한 책임을 부인하는 것은 효능감에 관한 환상의 한 형태이다. 왜냐하면 그것은 유쾌하고 편안한 결론을 유도하기 위하여 사실을 왜곡하는 것과 관련되기 때문이다. 비록 이 전략이 통제력을 부인하는 것으로 보이지만, 미래의 효능감에 대한 기대를 유지하는 것이다. 실패에 대한 비난을 인정한다면 미래의 노력은 또 실패를 가져올 수도 있음을 의미한다. 그러나 지난 실패에 대한 책임을 부인한다면 성공이나 실패가 자신의 행동에 달려있는 미래의 상황에 실패할 것으로 가정할 이유가 없다. 다시 말하면, 이 전략은 특정한 실패를 받아들이며 그것이 무능을 의미한다는 것은 부인하는 것이다. 이는 자신의 능력에 대한 믿음을 유지시킴으로써 미래의 성공에 대하여 낙관적인 태도를 견지할 수 있다. 실패는 그 연상되는 의미가 제거된다는 점에서 해체된다. 폭넓은 효능감은 손상되지 않고 유지될 수 있다.

효능감에 관한 논의를 마치기 전에, 이해도 이차적 통제의 형태로 고려될 수 있음을 반복할 가치가 있다(Rothbaum, Weisz, & Snyder, 1982). 합리적이고 예측할 수 있는 세계에서 생활한다고 느끼면 위안이 되고, 예측할 수 없는 세계에서 산다고 느끼면 위협을 받는다. 이것이 사람들이 불행 후에 의미를 모색하는 이유를 설명하는 것이다. 의미의 발견은 세계를 뜻이 통하는 질서정연한 곳으로 이해하는 포괄적인 방식으로 상황을 종합하는 것이다(Janoff-Bulman, 1989).

다시 말하면, 사람들은 생활을 예측할 수 있는 세계에 관한 일련의 가정을 세워야 일차적 및 이차적 통제력을 발휘하여 세계를 변화시키고 자신도 변화시킬 수 있다. 불행은 이러한 가정을 위반하여 자신을 취약하게 만든다. "세계가 갑자기 고장이 난 것이다"(Janoff-Bulman, 1985, p. 18). 뒤이어 광범한 무력감이 나타날 수 있다. 그러나 의미를 발견함으로써 세계에 대처할 능력이 있다는 믿음을 포함하여 질서정연한 세계에 대한 의식을 되찾을 수 있다.

한 영향력있는 연구자 집단은 모든 증거를 종합하여 해석에 의한 통제력은 본질적으로 보상을 주는 것이라고 결론을 내렸다(Rothbaum, Weisz, & Snyder, 1982). 다시 말하면, 세계를 이해한다는 것은 목적에 대한 수단 이상의 의미이다. 그것은 목적 그 자체이며, 그것만으로 바람직한 것이다. 세계가 우리를 잘 대해주는 관대한 것이라는 느낌은 분명히 바람직한 것이다. 그러나 세계가 우리의 모든 선호에 따르지 않는다 해도 그 세계가 최소한 이해할 수 있고 예측할 수 있는 곳이라는 느낌을 갖고 싶어 한다. 미신과 원시 종교의 광범한 역사를 보면, 비록 사람들의 이론이 취약하거나 아주 잘못된 것이라도, 그들이 세계를 이해하고 있는 것으로 믿으려 한다는 견해가 분명히 인정되고 있는 것 같다. 비록 그것에 대해 아무 것도 할 수 없을지라도 그것을 이해하고 있다는 느낌은 바람직한 것이다.

예를 들면, 최근에 상을 당한 사람들은 더 이상 그와 같은 상실이 생기지 않을 것으로 믿기 위하여 발생한 상황을 이해하는 방법을 모색할 필요가 있다. 세상을 이해할 수 있다면, 불행이 순간적으로 생기는 곳이라고 여기는 것보다 위험을 덜 느낄 것이다. 연구자들은 남아 있는 가족들에게 이해하기 가장 힘든 돌발적인 죽음이 그들에게 가장 고통스럽고 회복하는데 가장 어려움을 야기한다는 것을 발견하였다(Parkes & Weiss, 1983).

요컨대, 사람들이 효능감의 환상을 만들어 불행에 대처하는 것은 확실하다. 공통적인 요소는 그들이 장차 좋은 일이 생기도록 할 수 있다고 스스로 믿으려 하는 것 같다. 사람들이 그와 같은 효능감의 환상을 만들어내지 못하면 적응과 회복은 흔히 손상을 입는다. 사람들은 어떤 실패나 잘못에 대해서는 책임을 부인하여 미래에 대한 좋지 않은 의미를 제거한다. 그들은 희생을 초래했을지도 모르는 자신의 과거 행동을 비난한다. 상황을 단지 이해하는 것이 그것을 변화시킬 기회는 없더라도 통제감을 제공한다. 이해할 수 있으면 사태에 더 잘 적응하여 수용할 수 있다. 따라서 일반적으로, 효능감은 중요한 욕구이며, 고통과 불행에 의해서 고무된다.

❖ 자아 가치

희생이 자아 가치를 손상시킨다는 것은 거의 분명하다(Janoff-Bulman, 1989). 개인적 실패와 같은 다른 유형의 고통도 위협이 될 수 있다(Newman, 1988). 따라서 대처는 흔히 자아 가치를 재수립하는 것과 연관될 수 있다. 즉, 자신의 긍정적이고 바람직한 특성을 확인하는 것은 외상과 좌절에서 벗어나는 중요한 부분이다.

불행에 대처하는 흔한 방법은 하향비교에 의해 자존심을 높이는 것이다(Wills, 1981). 이 과정은 암 환자들에 관한 연구에서 철저히 분석되었다(Taylor, 1983). 유방암 연구에서 거의 모든 여성들은 그들이 다른 사람들보다 더 잘 적응하고 있다고 믿는 전략을 구사하고 있는 것으로 밝혀졌다. 전형적으로 그들은 자신과 비교하는 대상을 신중히 선택함으로써 이를 달성했다. 그들은 자신보다 안 좋은 사람을 발견하여 자신의 입장이 더 낫다는 것에 주목함으로써 스스로 위안을 삼았다.

유방암에는 정도의 차이가 많다. 연구자들은 여러 정도에서 여성들이 자신을 더 심한 경우의 사람들과 비교하는 것에 관심을 두었다(Taylor, 1983). 종양을 제거한 여성들은 유방을 전부 제거한 여성들과 자신을 비교하였다. 다른 여성들은 자신보다 젊은 여성들과 비교하였다. 한 할머니는 이렇게 말했다. "내가 정말 마음 아프게 생각하는 사람들은 이 젊은 여인들이예요. 이렇게 젊을 때 유방을 잃는 것은 끔찍해요. 나는 이제 73세인데 유방이 뭐가 필요하겠어요?"(Taylor, 1983, p. 1166). 기혼여성들은 자신을 미혼자들과 비교하여 더 낫게 느꼈다. 상황이 안 좋은 사람들은 통증이 심하거나 임종을 맞는 사람들과 비교하였다. 이러한 발견은 사람들이 위협이나 스트레스를 받으면 자존심을 향상시키기 위해서 자신을 높이는 비교를 한다는 일반적인 유형에 부합된다(Wills, 1981).

실험연구에서는 사람들이 자아 가치가 손상되면 재수립하려고 애쓴다는 것도 발견하였다. 한 연구에서 사람들에게 성격검사에 대한 반응에 입각하여 전문적인 평가가 부여되었다. 실제로는 평가가 무선적으로 부여된 것이었다. 나중에 연구자들은 사람들에게 자신에 대한 사적인 평가를 하도록 요청하였다. 좋지 않은 평가를 받은 사람들은 좀 더 호의적인 평가를 받은 사람들보다 역설적으로 자신을 더 호의적으로 평가하였다. 이 의미는 사람들이 위협이나 손실을 상쇄하려고 자신에 대한 생각을 과장함으로써 자존심에 대한 위협에 반응한다는 것이다(Greenberg & Pyszczynski, 1985). 이러한 반응은 최초의 평가가 다른 사람들에게 알려졌을 때만 일어났다. 분명히, 사람들에게 정말 가장 위협적인 것은 자신에 대한 좋지 않은 것을 다른 사람들이 안다는 것이다(Baumeister & Jones, 1978). 자아 가치는 단순히 자신에 대한 평가가 아니다. 그것은 타인에 의해 자신이 어떻게 지각되는지 또는 최소한 타인이 어떻게 생각한다고 믿고 있는지에 크게 좌우된다(Shrauger & Schoeneman, 1979).

비슷한 역설적인 유형이 다른 연구에서도 발견되었다(McFarlin & Blascovich, 1981). 피험자들은 시험을 본 후, 실제로는 무선적인 성공이나 실패에 대한 정보를 들었다. 그리고 다음 수행에 대한 자신감이 측정되었다. 자존심이 높은 사람들은 성공보다는 실패 후에 더 강한 자신감을 나타냈는데, 이는 아주 비합리적인 것이다. 이에 대한 설명은 초기의 실패로 인한 직접적인 위협에 대한 반응으로, 자신을 유능하게 생각하는 긍정적인 견해와 연관된다는 것이다.

이와 같은 유형의 공통적인 점은 근래의 실패나 외상에도 불구하고 긍정적인 자아 가치를 유지할 수 있다는 것이다. 한 가지 전략은 실패를 비난할 외적 요인을 발견하는 것이며, 이는 자신에게 불리하게 반영되지 않는다(Baumeister & Tice, 1985). 만일 그것이 가능하지 않으면, 소위 보상적인 자아 증대(compensatory self-enhancement)라는 형식, 즉 실패로 비난받지 않는 자아의 다른 긍정적인 특성을 강조할 수 있다(Baumeister & Jones, 1978; Greenberg & Pyszczynski, 1985). 수학에 실패하면 체육이나 음악, 시, 협동성 등에서 전문성을 증명하여 긍정적인 자아 가치에 대한 주장을 유지할 수 있다. 여느 때처럼, 의미의 상실에 대한 반응은 남아 있는 의미의 긍정적인 원천에 의지하여 그것을 더욱 강조하는 것이다.

일반적으로, 사람들은 자신을 높이기 위하여 여러 가지 행동을 한다(Greenwald, 1980). 추가 증거에 의하면, 많은 형태의 고통은 자아에 대한 이러한 긍정적인 견해에 위협이나 손상을 내포하며, 사람들은 자아에 대한 긍정적인 견해를 회복하려는 노력으로 불행에 반응하고 대처한다. 요컨대, 고통은 의미에 대한 다른 욕구를 자극하는 것처럼, 자아 가치를 보강하려는 욕구를 조장하는 것으로 보인다.

의미의 상실과 고통

지금까지 이 장에서는 많은 유형의 괴로움이 의미의 상실과 관련된다는 것을 보여주었다. 의미의 상실과 고통의 연관성이 얼마나 광범한지 당연히 의문을 가질 수 있다. 일반적으로 의미의 상실은 고통을 가져오는가? 이에 답하기 위해서는 광범하고 안정적인 의미의 구조에서 상실, 분열, 모순의 결과를 검토할 필요가 있다. 이 문제는 두 가지로 구분할 수 있다. 첫째, 사건이나 상황에서 광범한 의미를 배제하면 어떻게 될까? 둘째, 자신의 행동이 자아에 대한 오래된 속성이나 세계에 대한 다른 믿음과 모순되면 어떻게 되는가?

첫째 질문은 의미의 구조를 손상시키는 외적 사건에 관한 것이다. 우리는 사별, 희생, 질병과 같은 많은 상황 전개가 불행과 고통을 유발한다는 것을 이미 보았다. 그러나 이러한 상황은 그 자체가 불쾌한 것이므로 모든 의미의 상실이 고통을 가져온다고 결론짓는 것은 확실하지 않다. 고통의 상당한 부분은 의미와 안정된 가정의 붕괴에서 나타난다. 즉, 의미의 상실은 불쾌한 감정에 상당히 기여하는 것으로 보인다. 그러나 고통은 의미의 상실보다는 모두 불쾌한 상황 자체에서 감지되는 것인지도 모른다.

가장 확실한 경우는 바람직한 상황이 의미를 제거하거나 파괴한 경우일 것이다. 이 경우는 예측하지 못하고 의도하지 않은 것이다. 왜냐하면 의도적인 변화는 보통 당사자의 많은 의미와 연결되기 때문이다. 예를 들면, 직장에서의 큰 승진은 친구나 동료 집단과 소원해지는 것과 같이 어떤 의미를 변화시킬 수 있지만, 그 개인의 직업 목표에서는 상당한 연속성을 지니고 있을 것이다. 승진은 대부분의 경우에 정말로 의미의 상실은 아니다.

한 가지 정보는 빈민가나 바람직하지 않은 곳에서, 특히 보다 나은 거주지로, 강제 이주하는 사람들의 경우에서 알 수 있다. 관계 당국이나 정부 또는 연구자들이 나은 거주지로 간주하는 곳이 개인에게는 반드시 개선으로 간주되지 않을지도 모르기 때문에 어느 정도 애매한 점은 있다. 이러한 위험에도 불구하고, 미국의 보스톤(Boston)이나 나이제리아의 라고스(Lagos)에서 빈민가 일소 계획과 같은 이주에 관한 여러 연구가 있었다(Fried, 1963; Marris, 1974). 이러한 연구의 결론은 사람들이 새로운 거주지의 이점과 편의를 인정하면서도 이러한 이주를 싫어하고 고통스럽게 여긴다는 것이다. 친숙한 가정의 상실은 사별과 비슷한 슬픔을 일으키는 경향이 있다.

분명치는 않지만, 비슷한 증거가 이혼에 관한 연구에서도 제시된다. 많은 경우에 결혼관계는 불쾌한 적이 있었기 때문에 독신 상태로의 전환은 개선으로 봐야 한다. 흔히 개인은 그렇게 인식하고 있다. 그렇지만, 이혼 과정에서 고통과 슬픔이 있다(Price & McKenry, 1988). 사실, 불쾌한 상황에서 도피하는 것이 정서적 고통을 야기할 수 있다는 것이 이혼 연구에서 발견된 놀라운 사실이었다. 대부분의 이혼에서 상당히 모호한 면이 있기 때문에 이러한 증거는 확실치 않을 수 있으며, 좋은 면에 대한 후회도 있을 수 있다. 그러나 이혼이 결국 생활의 개선을 가져올 것으로 생각하더라도 의미의 상실에서 얼마간의 후회와 고통은 있게 마련이다.

이혼에 관한 연구에서는 또 다른 관련 정보가 포함되어 있다. 파경에서 고통의 정도를 예측하는 믿을만한 요인은 관계의 기간이다(Price & McKenry, 1988; Simpson, 1987). 부부가 함께 한 기간이 길수록 고통도 크다. 이에 대한 가장 그럴듯한 설명은 장기간의 관계가 단기간보다 좋은 경험과 나쁜 경험을 모두 포함하고 있다는 것이다. 전체적으로 축적된 의미가 많은 것이다. 이는 의미의 상실이 고통을 가져온다는 견해와 부합된다. 관계가 길어질수록 의미는 증가하고, 이와 같은 의미가 단절되면 고통은 증대된다.[42]

비슷한 결과가 결혼의 질과 사별에 관한 연구에서도 제시된다. 한 유명한 연구에서는 연구팀이 기대한 것, 즉 가장 행복한 결혼이 가장 고통스러운 사별을 가져올 것이라는 사실을 발견하지 못했다. 그 보다, 갈등이 많은 결혼이 회복이 가장 어려웠다. 처음 수주일 동안에 결혼생활에 갈등이 많았던 미망인들은 결혼생활이 행복했던 미망인들보다 상실을 더 잘 견디는 것으로 보였으나, 결국 그들은 적응하는데 아주 힘들었다. 결혼생활이 완전히 안 좋은 경우는 소수에 불과했다. 이 경우에도 결혼생활이 행복하거나 모호했던 미망인들에 비해서 기간이 짧고 피상적이었으나 슬픔은 있었다(Parkes & Weiss, 1983). 따라서 고통을 유발하는 것은 행복의 상실이 아니라 의미의 상실이다.

또 다른 증거는 자신의 기대를 능가하는 성공에 따른 반응에 관한 연구에서 발견되었다. 사람들은 자신의 기대를 능가하는 성공에 그저 기뻐할 것으로 생각할 수 있다. 그러나 항상 그렇지는 않다. 흔히 기대하지 못한 큰 성공에는 어느 정도의 불편함이 있다. 자존심이 낮은 사람들은 처음 큰 성공 후에는 과제를 피하는 경향이 있다(Baumeister & Tice, 1985). 그 한 가지 이유는 이 사람들이 다시 시도하여 실패하면, 실패가 처음 성공을 요행으로 만들어 그에 대한 신용을 상실하게 될 것을 두려워하기 때문이다. 마찬가지로, 사람들은 자신을 자기보다 더 긍정적으로 생각하는 사람을 피하는 경향이 있다(Swann, 1987). 아주 불안한 사람들은 다른 사람들이 자신에게 너무 많은 기대를 하지 않도록 성공을 피하기까지 한다(Baumgardner & Brownlee, 1987). 보다 일반적으로는, 많은 사람들은 엄청난 성공에 대해서 우울, 신경증, 부적응이나 파괴적 행동, 기타 고통의 표시를 나타낸다(Berglas, 1986).

그러므로 다양한 증거가 첫째 질문에 대해 종합될 수 있다. 그 답은 의미의 상실이 비록 긍정적이고 바람직한 결과에 의한 것일지라도 고통을 유발할 수 있다는 것이다.

두 번째 질문은 자신의 행동이 자신의 신념, 태도, 가치관 및 다른 의미 구조와 모순되면

42) 또 다른 설명으로는 기간이 길수록 관계가 좋다는 것이므로 고통도 크다는 것이다. 그러나 이를 실제로 입증하는 사실은 없다. 특히 결과적으로 이혼을 맞으면, 관계가 길수록 더 좋았을 것으로 가정하기는 어렵다. 동거 기간이 길수록 이혼 부부는 서로 괴롭히고 상처받고 고민한 시간도 많았을 것으로 주장할 수 있다.

어찌 되는가에 관한 것이었다. 인지부조화(cognitive dissonance)에 관한 적지 않은 실험연구에서 이 문제가 탐색되었다. 그와 같은 불일치는 변화를 수반하기 때문에 광범한 의미를 해체시키는 것으로 보인다. 사람들의 행동이 태도와 모순될 때 태도는 변하기 쉽다는 증거가 엄청나게 많이 축적되어 있다(Cooper & Fazio, 1984). 이 용어가 시사하듯, 불일치는 피하고 싶고 불쾌하게 느껴진다. 그러나 이것은 단지 연구자들의 편견일 수도 있다.

일부 연구에서는 태도와 행동의 불일치가 불쾌하게 느껴지는지를 직접 검증하였다. 한 유명한 연구(Zanna, Higgins, & Taves, 1976)에서 이 문제를 직접 취급하였다. 피험자들에게 위약(placebo)을 주고 여러 가지 부작용이 나타날 것이라고 말했다. 특히, 어떤 사람들에게는 유쾌한 상태가 그리고 다른 사람들에게는 불쾌한 상태가 나타날 것이라고 하였다. 그 후 모든 피험자들에게 자신의 태도와 반대되는 입장을 지지하는 글을 쓰도록 요구하였다. 연구자들은 피험자들에게 자신의 견해에 반대되게 함으로써 흥분하도록 기대했지만 그들은 자신의 흥분 상태를 약 때문이라고 비난하였다. 이러한 결과는 약이 불쾌한 상태를 유발할 것으로 기대한 경우에만 발생하였다. 약이 유쾌한 상태를 일으킬 것으로 기대하였을 때 사람들은 속지 않았다. 약은 유쾌한 상태가 되도록 하는 것이었는데 그들은 불쾌하게 느꼈기 때문에 그 느낌이 약 때문이 아님을 알았다. 이 의미는 인지부조화는 불쾌한 상태라는 것이다.

모든 의미의 상실이 불쾌하다거나 모든 바람직한 의미의 상실이 고통을 가져온다고 일반화하는 것은 좀 이를지도 모른다. 그러나 현재 가능한 증거로는 그와 같은 방향을 가리키고 있다. 적어도, 의미의 상실이 통상적으로 어느 정도의 고통이나 괴로움 또는 혐오감을 일으키는 것은 분명한 것 같다.

요약 및 결론 : 괴로움과 대처의 형식

불행은 의미의 상실과 관련되어 있다. 이는 여러 가지 이유로 가능하다. 사건은 피하려고 하는 바람직하지 못한 의미를 야기할 수 있으며, 자아와 세계에 관한 광범한 견해를 부정하여 더 이상 기능하지 못하게 할 수 있다. 그 결과는 의미의 공백, 즉 바람직한 의미의 결핍과 자아와 세계를 만족스럽게 이해하는 능력의 부족을 가져온다.

많은 고통은 이러한 의미의 상실에 직접 기인할 수 있다. 의미에 관계없는 불쾌한 신체적 고통도 의미의 공백을 수반할 때 더욱 불쾌하다. 만성적인 통증을 경험하는 사람들은 흔히 그것을 수수께끼처럼 느끼며 이해할 수 있는 방법을 찾는데 몰두한다.

어떤 형태의 고통은 사건에 인정하기 어려운 의미가 있을 때 시작된다. 한 가지 예는 어떤 사람이 무능하거나 부적합하다는 의미를 주는 중요한 과제에 실패하는 것이다. 그와 같은 경우에 대처의 첫 단계는 가끔 의미있는 사고를 아예 하지 않음으로써 골치 아픈 의미를 배제하는 것이다. 낮은 수준의 산만한 정신 상태로 변화되면 의식은 지금 여기로 한정되고, 감정은 제지되며, 감각과 동작이 의미있는 경험과 행동을 대신한다. 이런 상태는 전형적으로 불만스럽고 지루하게 느껴지기 때문에 고통의 문제에 항구적인 해결책으로 지속되지는 않는다. 그러나 효과적인 단기 해법이다. 무감각은 고통보다 낫다.

충분한 대처에는 새로운 의미의 발견이 필요하다. 의미의 공백은 보충되어야 한다. 개인은 자아와 세계에 관해 생각하는 폭넓고 바람직한 방법을 회복해야 한다. 오래된 방식은 외상에 의해 손상될 수 있으므로 재수립되거나 대체될 필요가 있다. 외상에서 충분한 회복은 외상을 뒤로 하고, 효과적으로 기능하며 행복을 느낄 수도 있는 상태로 복귀하는 것을 뜻한다. 그리고 앞 장에서 보았듯이, 행복은 흔히 환상을 필요로 한다. 외상이나 불행에서 벗어나 행복하기 위해서는 세상이 좋은 곳이며 자신이 선하고 유능하다는 것을 다시 확인할 필요가 있다.

삶에서 의미있는 환경을 복원하려면 흔히 세상에 대한 믿음의 기반뿐만 아니라 긍정적인 자존심과 자신감의 새로운 원천을 발견해야 한다. 분명히 가장 큰 장애물은 불행 자체의 의미일 것이다. 따라서 대처에는 흔히 괴로움과 불운을 이해하는 새로운 방법, 즉 그것을 자아와 세계에 관한 긍정적인 가정과 조화시키는 방법의 모색이 필요하다. 불행에서 의미를 발견하는 것이 흔히 회복의 열쇠가 된다. 많은 사람들은 사건의 발생을 믿지 않거나 그 의미를 인정하지 않는 것과 같은 부인으로 시작한다. 그러나 부인은 대개 장기적인 해결책으로는 만족스럽거나 효과적이 아니다. 부분적으로는 작은 일들이 계속 불행한 것들을 상기시키기 때문에 그것들을 영원히 차단할 수는 없다.

그렇다면, 대처 활동은 인정할 수 있는 의미를 부여하고 가장 골치 아프거나 걱정스러운 의미를 제거하는 긍정적 상황을 외상에 부여하는 것이다. 그와 같은 의미는 보통 어떤 일의 재발 가능성을 감소하거나 최소화할 것이다. 그것은 사건이 그 사람이 가치가 없다는 것을 나타내지 않는 이유를 설명할 것이다. 그리고 미래에 관한 낙관적 사고를 가능케 할 것이다.

의미의 추구는 의미에 대한 4가지 욕구를 대체로 따르는 경향이 있다. 고통은 그것이 기여하는 고차적 목적을 사람들이 탐색하게 만들거나 가치와 정당화의 환상을 꾸며내거나 미래에 대한 효능감을 회복하는 방법을 찾게 하거나 자아 가치를 수립하게 만든다. 이따금 대처는 이와 같은 욕구와 관련될 수 있다.

불행이 의미에 대한 욕구를 충족시키는 방식으로 처리될 수 있다면, 그 대응은 성공할 것이며 고통이나 우울은 끝나게 될 것이다. 이념의 중요한 한 가지 기능은 사람들에게 특정한 불행으로부터 세상을 보는 넓고 바람직한 방법으로 전환하는 과정을 보여주는 것이다. 이념은 특수한 것을 일반적인 것에 연관시킨다. 결과적으로, 사람들은 긍정적인 의미를 회복하여 생활을 계속하게 만드는 방식으로 고통을 이해하는데 도움이 되는 이념을 선호한다.

사람들이 특정한 사건에서 폭넓은 의미로 나아갈 때 즐겁고 행복한 의미를 발전시키는 경향이 있다(Vallacher & Wegner, 1985). 그들은 자신의 행동이 생활을 황폐화시키거나 서구 문명의 쇠망에 기여하거나 삶의 종말을 가져오는 것으로 보는 것처럼 불행한 의미를 구성하지는 않는다. 그보다는 자신의 행위에 대하여 긍정적 상황과 결과를 조성하는 경향이 있다.

모든 사람들이 심한 외상에서 충분히 회복되지는 않는다(Silver & Wortman, 1980). 많은 소수 집단은 계속 고통을 겪고 있고, 행복을 향유할 능력이 부족하며, 과거의 괴로움에 관한 아픈 기억을 유지하고 있다. 그러나 의미의 문제를 해결하는 것이 중요한 요인인 것 같다. 불행의 의미를 발견하는 사람들은 나중에 불행에 의해 고통을 훨씬 적게 겪는다(Silver 등, 1983; Taylor, 1983).

그러므로 불행의 과정은 3단계로 분석될 수 있다. 첫 단계는 불행의 발생이다. 이는 개인 자신의 행동이나 외부의 통제할 수 없는 상황에서 일어날 수 있다. 어느 쪽이든, 고통의 핵심적인 면은 그것이 자아와 세계를 이해하는 개인의 방식과 부합되지 않는다는 것이다. 거짓된 영속성 때문에 그리고 흔히 혼란스러운 의미나 귀인 때문에 사건의 의미는 사건 자체의 범위를 벗어난다. 그것은 일단 발생하면 다시 발생할 수 있으며, 개인이 고통을 받을 만하거나 실패하게 되어 있는 쓸모없는 낙오자임을 표면상 입증하는 것이다. 불행은 그 자체로 나쁜 것이지만, 사람들이 그것을 재앙의 시작일 뿐이라고 여길 때 고통은 가중된다. 이러한 의미는 사람들이 일이 잘 안 될 때 느끼는 불행을 증대시킨다.

두 번째 단계는 도피단계이다. 이것은 의미있는 사고를 하지 않거나 명백히 거부하는 것이다. 흔히 이러한 정신적 무감각은 자기보호 반응이다. 외상의 불쾌한 의미에 관한 생각을 피하기 위하여 개인은 의미있는 생각을 모두 회피하는 것이다. 의미는 감정을 유발하고, 감정은 고통스럽기 때문에 고통을 겪는 사람은 의미의 사용을 피한다. 텅 빈 감정없는 상태는 매우 불쾌한 상태에 대한 개선책으로 느껴질 수 있다. 사건과 그 의미를 부정하는 것은 휴식처럼 환영받는다. 정신은 세부적인 것, 지금 여기 그리고 일을 단기적으로 처리하는데 집중한다.

세 번째 단계는 재구성단계이다. 의미의 공백은 보충되어야 한다. 즉, 개인은 다시 폭넓고 의미있게 생각하고 느낄 수 있는 방법을 모색해야 한다. 행복의 기반을 제공한 환상이 회복되어야 한다. 불행은 자아와 세계에 관한 이와 같은 광범하고 긍정적인 가정에 조화를 이루어야 한다. 불행은 개인이 자신의 자아 가치, 효능감, 가치관이나 삶의 목적에 배치된다는 느낌이 없이 회상할 수 있어야 한다. 이러한 것이 이루어질 때 고통은 사라진다.

제11장 죽음의 의미

야콥 리브쉬츠(Yakov Livshits)는 러시아 혁명기간에 공산주의자의 주장을 충실히 따르는 볼셰비키(Bolsheviks)의 일원이었다. 수 년 후, 그의 헌신은 큰 지역의 철도 인민위원의 승진으로 보상을 받았다. 그는 잠시 트로츠키(Trotsky)를 지지했으나 트로츠키가 추방되자 개심하여 당에서 인정받고 상당한 지위에 있게 되었다.

그 후 그와는 무관한 어떤 상황이 전개되었다. 스탈린(Stalin)이 국내에서 자신의 적들을 제거하기로 작정하고, 이를 위해 그들에 대한 음모를 조작했다. 그들은 고문과 유인책으로 범죄를 자백하게 되었다. 그 유인책으로는 관대한 선고를 받게 될 것이라고 약속하거나 고백이 그 당시 당의 원칙에 따르는 최선책이라고 주장하는 것이다. 음모의 집단은 어느 곳에서나 발견되었다. 이것은 공산주의 체제가 실패하고 기대에 미치지 못한 면을 비난할 수 있는 손쉬운 방법이기도 하였다.

불행히도, 철도 조직은 특별히 잘 진행되지 않았음이 드러났고, 스탈린이 제거하기로 결정한 사람들 중의 하나가 철도의 책임을 맡아 자기 사람들을 권위있는 자리에 배치하였다. 철도 동무들이 이따금 철도 파업을 수단으로 이용하여 혁명을 붕괴시키고 자본주의를 재도입하기로 작정했다는 터무니없는 이론에 의해 철도 음모가 발각되었다. 리브쉬츠는 철도에서 두드러진 위치에 있는 사람들 중의 하나이었기 때문에 고발당해 처형되었다.

그 후 전개된 것은 그에게 이해가 되지 않았다. 그는 아무에게도 위험하지 않았고, 조직에서 파업하지도 않았으며, 평생 헌신한 혁명을 붕괴시키는데 관심도 없었다. 그러나 그는 체포되어 고백하면 관대한 처벌을 받을 것이라는 통상적인 약속을 받으며 자백을 강요당했다. 그는 재판에 회부되어 고백하고 사형선고를 받았다. 그가 처형장으로 가면서 마지막으로 표현한 다음과 같은 말은 완전한 당혹감을 나타낸 것이었다. "왜, 무엇 때문에?"

이 사람의 이야기 속에 죽음에 관한 많은 의미가 담겨있다(Conquest, 1990). 그는 자신의 죽음이 당에서 필요하다는 말을 들었고, 자백함으로써 당에 봉사할 수 있었다. 그러나 그는 자백하면 생명을 구할 수 있을 것이라는 말을 들었을 것이므로 처형은 당이 그를 배신한 행위이었다. 그의 죽음은 많은 다른 사람들이 수개월 동안 공동 노력한 의미의 결과로 다른 사람들에 의해서 정확한 순간에 집행되었고 완전히 계획적이었다. 그러나 이 모든 계획에도 불구하고 그것은 사고이기도 하였다. 왜냐하면 자신의 행동에 의한 것이 아니었기 때문이며, 그가 초래하거나 방지하기 위해 할 수 있었던 것은 아무 것도 없었기 때문이다.

이 장에서는 죽음의 의미를 자세히 검토할 것이다. 죽음은 생을 종료시키기 때문에 인생의 의미와 중요한 관계가 있지만, 흔히 이 관계는 독특하거나 자의적이다. 더욱이 인간은 자신이 죽게 될 것이라는 사실을 이미 오래 전에 알고 있는 지구상의 유일한 생물일 것이다. 인간은 죽음의 의미를 알고 있으며, 가장 단순하고 분명한 의미를 자신에게서 은닉하기 위해 더 많은 의미를 덧붙이려고 한다.

죽음의 문제는 분명히 근본적이고 보편적인 것이다. 죽음의 사실은 그 현상을 인정하기 주저하는 바와 같이, 보편적이다. 그러나 죽음에 관한 생각은 매우 다양하다. 죽음의 문제는 다양한 의미로 치장하여 다양한 방법으로 취급되었다.

죽음은 언제나 문제로 인식되었지만, 문제의 성질은 여러 가지로 변화되었다. 현대 서구사회에서 그 문제는 어떤 면에서 특히 예민하고 불안한 것으로 믿을만한 이유가 있다. 아리에스(Philippe Aries, 1981)는 지난 2천년 동안 서구 문명에서 죽음에 대한 태도를 검토하여, 대다수의 조상들과는 극히 대조적으로, 현대는 보이지 않는 죽음을 이상하게 강조하며, 그 생각을 피하려 하고, 숨기며 언급하지 않는다고 결론을 내렸다. 나중에 보게 되겠지만, 죽음의 문제가 오늘날 특히 강렬한 것은 그럴만한 강력한 이유가 있다.

죽음에 관한 사회적 문제

죽음은 사회질서를 파괴시키고 사회적 문제를 야기한다, 사회 성원들은 각자 맡은 입장이 있으며 다양한 역할과 기능을 지니고 있다. 그 사람이 죽으면 그 위치와 역할은 재할당되어야 하며, 기능도 다른 사람에게 인계되어야 한다. 요컨대, 개인의 죽음은 보충되어야 할 사회적 공백을 야기한다. 죽음의 사회적 문제는 특히 통치자의 경우에 분명하며, 소규모로는 같은 문제가 사회계층 전반에서 발생한다. 그 사람이 다른 사람들을 위해 규칙적으로 행한 모든 것은 이제 누군가에 의해 수행되어야 한다.

현대 사회는 사람들이 죽기 전에 중요한 역할을 단계적으로 제거하는 해결책을 계속 채택해왔다. 예를 들면, 직장에서의 역할 이행은 사람들이 근무 중 급사하기 전에 은퇴시킴으로써 순조롭게 이루어진다. 은퇴가 다가옴에 따라 당사자는 대체인력을 고용하고 훈련시켜 조직에서 변화를 계획할 수 있다.

그러므로 죽음의 사회적 문제에서 첫 번째 사항은 고인을 대체하는 것이다. 두 번째의 더 큰 사항은 죽음이 사회적 관계의 취약성을 부각시킨다는 점이다(Kearl, 1989). 사람들은 세계가 안정되고 예측 가능하며 통제할 수 있는 곳으로 생각하고 싶어 하며, 사회는 이러한 믿음을 여러 면에서 촉진시킨다. 그러나 죽음은 이 환상을 무너뜨린다. 사람이 죽을 때마다 사회는 변화하고 적응해야 하며, 그 과정에서 사회가 안정성을 얼마나 보장할 수 없는지 명백히 나타난다. 마찬가지로, 사람들은 함께 어울릴 필요가 있으며 사회는 이를 성취하는 데 기여하지만, 죽음이 이러한 욕구를 방해한다. 인간의 연대감은 잠정적이고 약한 것으로 드러났다. 사회가 취약하거나 불안정하다면 죽음은 이와 같은 일반적인 문제를 고통스럽게 깨우쳐줄 수 있다.

이러한 두려움의 중요성은 장례의식에서 분명히 나타나는데, 그것은 죽음이 남긴 빈자리를 보충하는 과정에서 매우 중요한 부분이다. 모든 사회는 죽음을 인정하는 의식이 있다 (Kearl, 1989). 물론 장례는 삶을 위한 것이며, 생존자들이 그들의 상실을 인정하고 배치가 이제 수정되어야 함을 자각하는데 도움이 된다. 의식은 사람들이 가까운 사람을 잃고 인간의 연대감이 정말 일시적이고 취약하다는 것을 깨닫게 되어 느끼는 불행에서 회복하게 만든다.

그러므로 죽음은 사회가 사람들에게 함께 생활할 수 있는 안정되고 안전한 구조를 제공하겠다는 약속을 실제로는 지킬 수 없음을 보여주기 때문에 사회에 상징적인 위협을 나타낸다. 그와 같은 면에서 죽음은 사회적 배치가 소용이 없음을 암시하는 것 같다. 이 의미는 잘 확립된 안정된 사회가 불안정한 사회보다 덜 위협적이라는 것이다. 사회가 보다 취약할수록 개별적인 죽음에 의한 상징적 위협에서 더 고통을 받는다. 연구에 의하면, 이러한 일반적인 원리는 입증되었다. 다양한 사회에서 사회가 불안정할수록 장례의식은 더 복잡하다 (Childe, 1945; Stannard, 1977).

일반적으로, 사회는 그 구성원들이 죽음에 대한 통제를 포기하기를 바란다. 대부분 죽음은 자연과 우연에 맡겨져 있으나, 범인의 처형과 같이 고의로 초래될 때 사회는 사람들에게서 그 통제권을 빼앗으려고 한다. 최소한의 파괴로 순조롭게 기능하는 사회를 보증할 수만 있다면, 죽음에 대한 통제를 가능한 많이 하는 것이 사회에 득이 된다. 공중위생과 의술의 발전은 죽음을 더 많이 통제하여 사회적 관계를 안정시키는데 기여하였다. 그리고 결투, 보복, 자살 등에 대한 금지는 죽음의 주도권을 개인의 손에서 벗어나게 하였다.

사회는 왜 죽음을 그토록 통제하려고 하는가? 여러 가지 이점이 있기 때문이다. 죽음은 변화와 대체의 문제를 야기하기 때문에 사회가 더 많이 통제할수록 이 문제에 더 잘 대응할 수 있다. 만일 사람들이 서로 죽이지 않는다면 사회는 내적으로 더 순조롭고 효율적으로 기능할 수 있다. 더욱이 반대자들이 죽는다면 사회는 법과 관습에 대한 복종을 강요할 수 있다. 처형은 법을 위반하는 사회 성원들을 제거하고 사회의 지시에 순종해야 함을 다른 성원들에게 상기시킨다. 그러나 이러한 이점보다 더 중요한 것은 외부 세계에 대처하는데 따른 이점이다. 만일 사람들이 사회를 위하여 기꺼이 죽는다면 사회는 그 경쟁 상대에 대하여 큰 이점이 있을 것이다. 이 원리는 다른 사회적 단위에도 적용된다. 사람들이 기꺼이 죽을 수 있는 이상, 원리, 조직, 집단은 다른 것들에 비해 강한 위치에 있다. 다른 아무 것도 없다면 갈등이 무력시위로 변화될 때, 많은 사람들이 생명의 위험을 무릅쓰고 기꺼이 투쟁하는 데에서 사회는 이득을 보게 된다.

사회가 죽음으로부터 득을 볼 수 있다는 사실은 죽음을 필요로 할 수 있다는 보다 큰 문제를 제기한다. 죽음의 부족은 사회에 문제가 될 수 있다. 이는 그 성원들이 더 이상 기꺼이 죽으려고 하지 않는 퇴폐적인 사회의 경우에서 분명히 알 수 있다. 예를 들면, 로마인들은 그들의 역사 말기에 더 이상 군복무를 원하지 않았으며, 야만인 용병을 고용하는 해결책은 결국 비참한 결과를 가져왔다(Gibbon, 1963/1788). 그러나 죽음의 부족은 우리 사회에서 다른 면에서 문제가 되고 있다. 수명의 증가는 젊은 사람들의 생산적인 활동과 세금으로 부양될 필요가 있는 노인층의 팽창을 초래하였다. 많은 전문가들은 21세기 전반부에 이 거대한 노년층에게 생계유지와 주거, 배려, 의료 서비스를 제공하는데 경제적 어려움으로 인한 중요한 사회적 문제에 당면하게 될 것이라고 전망하고 있다.

요약하면, 개인의 죽음은 사회에 변화와 대체의 문제를 제기한다. 죽은 자의 역할은 기계의 마모된 부분을 대체하는 것과 비슷하게 새로운 사람들에게 부여되어야 한다. 죽음을 잘 처리하는 것은 사회의 변화를 순조롭게 하는 것이며, 은퇴와 같은 현대 제도는 이것을 크게 촉진시켰다. 크게 보면, 너무 많거나 적은 죽음은 적절한 수의 사람들을 유지해야 한다는 점에서 사회에 문제를 제기할 수 있다. 또한 사회는 죽음을 규제할 필요도 있다. 특히 시민들이 서로 죽이지 않도록 하여 죽음을 법과 질서와 같은 공식적인 통제 아래 두어야 하며, 이는 예상치 못한 죽음에 의한 분열을 최소화할 것이다. 그 과정에서 죽음은 사회에 꼭 부정적인 것은 아니다. 죽음을 사회적으로 통제하는 것은 협동을 증진시키고 사회에 힘을 부여할 수도 있다.

죽음에 관한 개인적 문제

죽음은 전반적으로 사회에만 문제가 아니라 개인에게도 문제가 된다. 죽음의 문제에는 고통에 대한 두려움, 기회의 상실, 허무와 무의미, 개성에 대한 위협 등과 같은 여러 가지 면이 있다.

고통에 대한 공포. 죽음은 흔히 고통스럽기 때문에 그 과정은 사람들이 회피하고 싶은 것일 수 있다. 안락사나 수면 중의 사망에 대한 매력은 죽음에 수반될 수 있는 고통을 면할 수 있다는 것이다. 그러므로 고통없이 죽었다고 말함으로써 고인의 친지들을 위로하는 것이 보편적이다. 죽음에 대한 두려움의 이러한 측면을 부정할 수는 없지만, 의미의 문제에서는 특별히 중요하지는 않다.

기회의 상실. 죽음의 개인적 문제에서 두 번째 측면은 많은 것들을 상실할 것이라는 점이다. 이에 대한 단순한 형태는 세계는 당신이 없어도 계속될 것이라는 자각이다. 죽음은 당신을 무대에서 제외시키고 모든 사람과 모든 것을 남겨둔다. 이와 같은 자각은 다른 사람들과의 분리에 대한 뿌리깊은 불안을 자극할 수 있다(Baumeister & Tice, 1990; Bowlby, 1973).

죽음의 문제에서 이러한 분리의 측면은 세계가 당신이 죽은 후에는 평소와 같이 계속되지 않을 것임을 보증하는 여러 가지 반응을 촉발시켰다. 힘 있는 사람들은 다른 사람들이 같이 죽을 것임을 가끔 분명히 하였다. 힘 있는 사람이 죽었을 때 배우자와 노예 및 하인들은 가끔 계획적으로 죽음을 맞았다. 이 극단적인 형태가 아마도 자신의 죽음이 국가의 완전한 소멸을 가져올 것이라는 히틀러(Hitler)의 소망이었을 것이다.

그러나 기회의 상실은 분리의 문제를 훨씬 능가한다. 죽음은 더 이상의 가능성이나 잠재성이 없음을 의미한다. 원하는 모든 것이 이제는 결코 이루어질 수 없다. 연기하거나 완성하지 못한 것은 다시는 할 수 없을 것이다.

죽음의 문제에서 이러한 면이 스스로 드러나는 데에는 인생의 후반까지 기다릴 필요가 없다. 기회의 상실은 노화에 내포되어 있으며 인생의 모든 과정에서 이루어진다. 결국 죽어야 한다는 사실은 인생의 모든 순간에 영향을 미친다. 만일 영원히 살 수 있다고 한다면 어떤 것도 완성하려고 서두를 필요가 없으며, 어떤 기회도 상실되지 않을 것이다. 그러나 우리의 시일이 한정되어 있기 때문에 상실된 기회는 영원히 상실된다. 시간의 제한은 우리가 일생 동안 이루거나 경험할 수 있는 상한선이 있으며, 그 양은 해마다 감소하고, 실제로는 기회가 상실 또는 허비되거나 시도가 실패할 때마다 감소된다는 것을 의미한다.

죽음이 부단한 기회의 상실을 수반한다는 사실을 상기시켜 주는 것들은 많이 있지만, 그 중에서 가장 강한 것은 다른 사람들의 죽음이다. 한 학생은 다음과 같은 이야기를 들려주었다. 그는 신혼여행을 떠날 준비를 하고 있었는데 그의 아버지가 신혼부부를 위한 슬리핑백을 가져오겠다고 약속을 하였다. 그러나 그 아버지는 이를 잊었고, 그 청년은 슬리핑백을 가져오기 위해 계획을 바꿔 멀리 다녀와야 한다는 것에 심하게 불평을 하였다. 아버지는 아들 부부에게 여행을 떠나기 전에 같이 저녁을 먹자고 요청하였다. 아들은 이미 일정이 많이 지연되고 슬리핑백도 가져와야 하기 때문에 그 요구를 거절하였다. 그들은 관계가 틀어진 채로 떠났다. 신혼여행 중에 아버지는 심장마비로 사망하였으며, 아들은 아버지와 논쟁을 벌이고 마지막 저녁을 함께 하지 못한 것에 수년간 죄책감을 느꼈다.

젊은이처럼 보이고 생각하며 행동하는 것에 대한 현대의 매력은 "청춘의 숭배"(cult of youth)라고 부를 수 있었지만, 죽음의 숭배라고도 칭할 수 있을 것이다(Kearl, 1989). 사람들은 청춘이 많은 대안과 가능성을 지니고 있기 때문에 젊은이를 부러워한다. 극단적인 경우에 신생아는 거의 무한한 가능성과 잠재력을 갖고 있는 것으로 보인다. 유아가 어떤 주목할 만한 일을 할 때마다 부모와 다른 사람들은 이러한 행동이 예고하는 온갖 놀라운 미래에 대해 추측을 한다. 만일 조그만 소년이 어떤 물건을 분해한다면 사람들은 그 소년이 어떤 위대한 공학자나 발명가가 될 것인가에 대해 논의한다. 한 예쁜 소녀가 관심의 대상이 되는 것을 좋아 한다면 사람들은 그녀가 영화배우가 될 것이라고 말한다. 어느 소년이 체격이 크고 공격적이면 사람들은 그의 장래를 수백만 불 짜리 축구선수로 상상한다. 물론, 이 모든 것들이 일어날 가능성은 매우 적지만, 사람들은 보다 평범하고 가능한 결과보다는 특별한 가능성에 더 주목한다. 따라서 어느 소년이 노래를 부르거나 음악을 주의깊게 들으면 사람들은 그가 음악학교를 졸업하고 무뚝뚝하고 음치에 가까운 중학생들에게 악기를 가르치며 여생을 보낼 것으로 얘기하기보다는 또 다른 엘비스 프레슬리(Elvis Presley)나 베토벤(Beethoven)이 될 것으로 말한다.

성인기 초까지만 해도 가능성의 범위는 넓은 것처럼 보인다. 그들은 경력을 시작하여 성공이나 지위 또는 명성의 정점에 도달하는 꿈을 꾼다. 얼마나 높은 수준에 도달할 수 있는지 아주 분명히 알 수 있는 40대 후반과는 달리, 젊은 사람들은 정점에 도달할 수 없는 이유를 알지 못한다.

그러므로 인생을 경험하면서 가능성의 범위는 점차 감소한다. 놀랍고 장대한 꿈과 화려한 야망은 적절한 성패로 구분된 구체적이고 관습적인 경로로 축소된다. 그러나 요지는 죽음이 이러한 점진적이며 냉혹한 대안의 축소에 책임이 있다는 것이다. 만일 우리가 영원히 살 수 있다면 이러한 가능성의 어떤 것도 도달할 수 없는 것으로 생각할 이유가 없을 것이다. 그와 같은 야심적인 꿈이 너무 늦는 경우도 없을 것이다.

일상적인 초조함도 죽음과 관련이 있다. 영원하다면 서두를 필요가 없을 것이다. 그러나 지상에서 우리의 시간은 제한되어 있으며, 어떤 일은 특정 기간 내에 성취될 필요가 있다. 따라서 우리는 서두르고, 경적을 울리며 상점에서 줄서는 것을 저주하고, 젊은이들을 부러워하며, 점차 줄어들고 있는 우리에게 남겨진 날을 최대로 이용하려고 노력한다.

그러므로 죽음은 일을 하거나 경험할 수 있는 기회의 마지막을 의미한다. 상실된 기회가 정말 사라진 것은 오직 죽음 때문이다. 따라서 사라진 기회는 죽음의 개인적 문제에서 중요한 측면이다.

허무와 의미의 상실. 죽음은 인생의 의미를 환기시킨다. 죽음은 인생을 매듭짓는다. 앞 절에서는 이 의미를 가능성의 상실이라는 면에서 탐색하였다. 그 결과의 이면은 죽음에 의해서 인생의 실제적인 모습을 알 수 있다는 것이며, 그 결과는 착잡할 수 있다는 것이다. 어떤 가능성이나 잠재력이 남아 있는 한, 지금까지 만족스러운 결과의 부족에 대한 위안이 될 수 있다. 살아있는 동안에는 큰 성취나 보상의 가능성이 분명한 것으로 족할 수 있으나, 삶이 끝나면 믿을 있는 것은 실제로 이루어진 것뿐이다. 인생을 부, 사랑, 영광 또는 행복을 추구하며 보낼 수 있으며, 아직 이러한 목표를 성취하지 못했더라도 이를 향해 나아가고 있는 것으로 느끼는 동안 인생은 계속 의미를 지닐 수 있다. 그러나 인생이 끝나고 부, 사랑, 영광 또는 행복이 실현되지 못했다면 인생은 실패한 것이다. 물론, 우리가 죽은 후 이러한 실패는 우리에게 문제가 되지 않겠지만, 살아있는 동안 죽음에 대한 생각은 아무 것도 이루지 못한 체 삶이 끝날 수 있다는 매우 불안한 느낌을 자극한다.

목적은 현재의 활동이 미래의 상황에서 그 의미를 이끌어내는 데에 기반을 두고 있다. 죽음은 더 이상의 미래를 부정하는 것이므로, 인생에서 이런 식으로 의미를 이끌어낼 수는 없다. 기껏해야 인생보다 넓은 맥락에 내포된 목적에서 의미를 이끌어낼 수 있다. 예를 들면, 자신의 삶을 종교적 신념을 옹호하거나 국익을 도모하거나 과학적 지식에 공헌하려는 목적을 위해 기여한 것으로 느끼며 죽을 수 있다. 따라서 의미는 전투 중에 죽은 군인처럼, 죽은 후의 상황에 좌우된다. 그 군인이 생명을 희생한 의미는 전쟁에서 자기편의 승패에 실질적으로 달려 있다. 아무도 의미없이 죽기를 원치 않기 때문에, 전쟁의 종료 시점에서 패하고 있는 쪽의 군인들은 싸움에서 목숨을 위태롭게 하지 않으려고 전투 능력을 제대로 발휘하지 않는다.

성취는 목적의 중요한 측면이며, 죽음에 의해서 위태로워진다. 이전에 설명한 성취감의 신화에서, 성취는 도달하기 원하는 이상적인 주관적 상태를 의미한다. 죽음은 주관성에 종지부를 찍는 것이므로 성취의 가능성도 외면상 배제하는 것이다. 이것이 사후세계의 여러 가지 매력적인 개념에 축복이나 구원과 같은 성취의 형식을 내포하는 이유이다. 그와 같은 개념은 의미의 상실에 대한 위협을 피하는데 도움이 될 것이다. 다음 절에서 사후세계의 개념에 관해 검토할 것이다. 현재 중요한 점은 성취의 가능성을 배제하는 것이 죽음의 개인적 문제에서 큰 위협이 되는 측면이라는 것이다.

지금까지 죽음의 개인적 문제는 죽음이 미래를 배제하고 현재와 과거에 의미를 부여하지 않는 한, 의미의 상실, 특히 목표의 실패를 내포한다는 것이다. 이러한 위협에서 더욱 불안한 면은 일생 동안 실제로 이룩한 성취를 무익하게 만들 수 있다는 것이다. 따라서 효능감도 죽음에 의해 위협받는다.

죽음은 우리의 행동과 모습이 무엇이든 망각될 것임을 상기시킴으로써 허무감을 갖도록 한다. 우리가 죽은 지 1세기 후에 자손은 살아 있을지라도 우리의 언행은 전혀 기억되지 않고 그 영향조차 가시적인 것은 없을 것이다. 이 모든 것이 아무 것도 아니라면 왜 신경쓰고, 노력하고, 기여하며, 걱정하는가? 요컨대, 죽음은 망각되고 무시된다는 위협을 의미한다 (Becker, 1973; Kearl, 1989). 인생의 목적을 이루고, 거래를 마감하고, 승진하며, 부채를 갚고, 자녀를 양육하고, 모욕에 복수하려는 노력은 모두 망각되어 의미없게 보인다.

허무감의 위협에 대한 한 가지 해법은 인생에 의미를 부여하는 폭넓은 상황에 의존하는 것이다. 생을 연장하는 상황을 만들 수 있다면, 죽음에도 불구하고 성취는 의미를 지니게 되며 무익하지 않을 것이다. 그리고 이는 수 세기에 걸치는 정치적 또는 종교적인 동기와 같은 상황과 목적을 만들어낼 수 있다. 허무감은 가치의 결핍이며, 생의 한계를 넘어서는 장기간에 걸치는 가치의 토대를 형성함으로써 극복된다.

사람들은 이러한 죽음의 위협에 대처하기 위하여 포괄적인 상황에 의지한다는 생각이 연구에 의해 증명되고 있다. 죽음을 생각할 때 사람들은 문화와 민족 유산에 더 강하게 매달린다. 그들은 죽음을 생각하지 않을 때에 비해서 자신의 독자적인 가치를 더 강하게 주장하며 경쟁 대상의 문화적 또는 이념적 운동을 보다 강하게 비난한다(Greenberg 등, 1990; Rosenblatt 등, 1989).

그러나 이 부분이 현대인들에게 죽음의 개인적 문제가 특히 예민한 것이다. 현대 생활은 선조들의 생활에 의미를 부여한 장기적인 가치의 토대를 많이 상실하였다. 그 자리에 현대 사회는 중요한 가치의 토대로 자아를 구축하였다. 이는 사람들에게 의미있는 방식으로 자신의 생활을 구성하도록 만든다. 그러나 그것은 죽음에 의한 허무감의 위협에 대처하는데 실패하였다. 가치의 토대로서 자아는 시간의 제한을 받으며, 죽게 된다.

이것은 현대의 죽음에 대한 태도와 행동을 이해하는데 극히 중요하다. 신이나 국가를 위하여 또는 후대를 위한 자신의 가치를 유지하려는 혈통 보존의 명예를 위하여 일은 수행되었고, 죽음은 허무감으로 그들을 위협하지 않았다. 그러나 자아를 위하여 수행한 일은 자아가 가치를 전수하는 동안에만 가치가 있다. 자아가 죽으면 그와 같은 것들도 허사가 된다. 자아를 개발하고 탐색하며 찬양하는데 헌신하였다면, 죽음은 그와 같은 삶을 허무하고 무의미하게 만들 것이다.

변화는 일에 관한 3가지 중요한 의미, 즉 직업, 소명, 경력과 연관하여 죽음의 영향을 고려함으로써 이해될 수 있다. 만일 일이 직업, 즉 생계유지의 수단으로 간주된다면, 죽음은 일의 필요성이 끝났음을 의미하는 것이다. 대부분, 죽음은 이와 같은 일에 대한 견해와는 무관하다.

일이 소명으로 간주된다면, 죽음의 위협은 통제되고 제한된다. 소명은 전형적으로 고차적인 목적과 포괄적인 상황을 조성한다. 우리는 이러한 목적을 충족시키는데 어느 정도 기여하기 때문에 우리의 행동은 그 상황에서 의미와 가치를 이끌어낸다. 우리 다음 사람들은 우리의 성취를 토대로 하기 때문에 우리가 개별적으로 기억되지 않을지라도 우리의 노력은 가치가 있다. 우리 자신의 관여가 끝나는 한 죽음은 유감스러운 것이지만, 우리가 죽어도 우리의 일은 가치를 잃지 않는다.

이에 비해서 일이 경력으로 간주된다면, 죽음은 우리의 모든 노력을 허무감으로 위협하게 된다. 경력에 입각한 태도는 성취와 위신 및 인정의 기록을 수립함으로써 자아를 찬양하는데 기반을 두고 있다. 자아는 우리의 모든 노력과 희생을 정당화하는 가치의 토대이다. 죽음은 이 모든 노력을 가치없게 함으로써 자아를 제거한다. 죽은 후에는 승진을 하든 말든,

수상을 하든 말든, 어떤 경쟁 상대보다 자신이 우수함을 입증하든 말든 문제가 되지 않는다. 온전히 경력을 중시하는 사람들에게 죽음은 허무감으로 요약된다. 그것은 일을 끝낼 뿐만 아니라 일의 가치와 중요성도 소용없게 만든다.

그러므로 죽음은 우리가 생활해 온 가치의 토대를 제거하려고 위협한다. 자아의 개발에서 행동의 많은 가치와 정당성을 이끌어내는 현대인에게 죽음은 인생의 의미를 느끼게 하는 토대를 위협한다. 그것은 우리가 죽는다는 것만이 아니라 인생의 가치도 동시에 사라진다는 것이다. 비유하자면, 사망한 직후에 사라지고 망각될 정치적 목적을 위해 생활한 사람이나 죽은 후에 종교적 신념이 전적으로 불신받고 사라지는 신앙심이 깊은 사람을 상상할 수 있다. 그와 같은 사람들은 죽음이 다가오는 것을 매우 불안하게 느낄 것이다.

그러므로 죽음에 관한 개인적 문제는 자아로부터 인생의 의미를 이끌어내는 방법과 복잡하게 연관되어 있다. 다음 절에서는 죽음의 문제에서 마지막 측면을 검토할 것이다.

죽음과 개성. 죽음은 개성과 밀접하게 관련되어 있다. 죽음은 개인 자신에게 주의를 환기시킨다. 실존사상가들은(Heidegger, 1927; Sartre, 1934) 죽음이 개성을 강화시키는 여러 가지 방법을 발전시켰다. 첫째, 죽음은 세계에서 자아만 제거하는 한, 자아의 영역을 구분한다. 다시 말하면, 우리의 죽음에 의해 세계에서 제거된 것은 정확히 우리의 모든 것이다. 둘째, 우리의 생활사가 죽음으로 완료되기 때문에 우리가 이룩한 것을 정확히 알 수 있다. 셋째, 죽음은 우리 자신을 되돌릴 수 없기 때문에 아무도 우리를 대신하여 죽을 수 없다. 어떤 사람이 특별한 경우에 우리를 위해 위험이나 벌을 대신할 수 있지만, 이것은 죽음의 상황을 단지 변화시킬 따름이고, 우리가 죽는다는 사실을 지우지 못한다.

그러나 죽음은 개성을 위협하거나 최소한 개성의 가치와 유용성에 의문을 제기한다. 이미 언급한 바와 같이, 죽으면 자아는 가치의 토대로 작용하지 않는다. 우리가 유일하다거나 특별하다는 것은 문제가 되지 않는다. 자아는 다른 사람들의 마음속에 단지 생각으로 존재하며, 그것도 오래 지속되지 않는다, 수백 년 전에 죽은 한 농부를 생각해 보자. 그가 독특한지 아닌지, 특별한 재능이 있는지 없는지, 어떤 특별한 것을 달성했거나 특별한 인정을 받았는지는 더 이상 문제가 되지 않는다. 아직도 사용하고 있는 어떤 장치를 발명한 소수의 특별한 사람들의 경우와 같이, 그들의 행위는 오늘날까지도 가치를 지니고 있다. 그러나 그 가치는 사망한 발명가의 자아가 아니라 현재 우리에게서 나타난다. 우리가 발명가의 공을 적절히 인정하지 못하거나 그 이름조차 알지 못한다고 해도 그것은 문제가 되지 않는다.

개성에 대한 두 번째 위협은 대체 능력에 의해서 제기된다(Kearl, 1989). 우리가 죽으면 우리는 대체되며, 대체로 그것은 놀랍게도 쉽다. 우리의 일은 누군가에게 인계되고, 자신의 특징을 표현하기 위해서나 단지 새롭게 변화하는 조건에 맞추기 위하여 우리의 모든 흔적은 곧 제거된다. 우리의 거처도 새 주인에게 팔리고, 우리의 형편없는 취향의 실내 장식은 흔히 비판을 받으며 거의 모든 흔적이 지워진다.

중요한 점에서, 죽음의 사회적 문제는 대체 능력에 관해 개인적 문제와 충돌한다. 사회는 이행을 순조롭게 하고 파괴도 최소화하면서 사람들을 가능한 쉽게 대체하려고 한다. 그러나 사람들은 자신이 고유하고 특별하다고 믿고 싶어 하며, 그들의 개성에 관한 의식으로 인하여 자신이 대체될 수 없는 사람이라고 주장한다.

경험적 사실에 의하면, 대부분의 사람들은 오직 제한된 영역에서만 대체될 수 없다(Kearl, 1989). 직계 가족들은 우리가 대체될 수 없다는 것을 흔히 발견한다. 특히 배우자에게 우리의 죽음은 결코 완전히 보충될 수 없는 공백을 야기한다. 배우자가 재혼을 하는 경우에도 오랫동안 경험과 감정을 공유한 사람과의 관계를 회복할 수 있는 것은 사실 아무 것도 없다. 마찬가지로, 부모와 자녀에게도 우리의 죽음은 다른 사람들에 의해 채워지지 않는 공백을 야기한다.

그러므로 이와 같은 가족의 유대는 그 개인이 대체될 수 없는 유일한 영역을 나타내기 때문에 개성의 중요한 보호막이다. 미망인들은 배우자의 죽음에 대해 담담하게 말하는 것처럼, 부정하지 말고 익숙해져야 한다는 것을 배운다. 자녀를 잃은 부모는 흔히 그 상실에 대해 수년 동안, 심지어 평생 동안 고통스러워한다. 따라서 우리는 선택된 소수에게는 특별한 존재이다. 그러나 이들은 물론 소수에 불과하고, 그들도 곧 죽을 것이며, 그 후에 우리의 개성은 누구에게도 더 이상 중요하지 않다.

한 가지 결과는 죽음에 대한 인식, 특히 죽음이 임박했다는 인식이 사람들에게 가족의 유대를 더 강조하게 만든다는 것이다. 쉬운 대체 능력은 개성을 나타내기 어렵게 하기 때문에, 죽음은 사람들에게 자신의 대체될 수 없는 영역에 매달리게 한다. 요컨대, 특별하고 고유한 개인이라는 점에 가치를 많이 둘수록(그리고 종교나 정치적 이유처럼 오래 지속되는 다른 장기적 상황에서 삶의 가치를 적게 이끌어낼수록) 죽음을 생각할 때 가족에 더 초점을 두게 된다. 현대인은 개성에 높은 가치를 두기 때문에 특히 이점에 민감하다.

그리고 실제로, 개성과 가족 중시의 연관성을 지지하는 증거가 있다. 지난 수 세기 동안 핵가족이 급증하였다(Burgess & Locke, 1945; Fass, 1977). 암환자에 관한 연구에서는 많은 환자들이 자신의 우선순위를 재평가하고 가족관계가 그들의 생활에서 가장 중요한 것임을 보여주었다(Taylor, 1983).

결론. 그러므로 죽음의 개인적 문제에는 다양한 측면이 있다. 가장 피상적인 수준에서는 죽음에 관련된 고통에 대한 두려움이 있다. 좀 더 깊은 면에서는 다른 사람들과 세상사에서 격리되기를 꺼려하며, 이러한 공포는 죽은 자가 얼마나 쉽게 대체되는지 알고 나서 가중된다. 죽음은 일을 수행하고 경험하는 기회의 종말을 나타낸다. 대안 감소와 기회 상실에 대한 고통은 향수, 노화에 대한 두려움, 기타 양상을 포함하여 일생 동안 시간과 죽음에 관한 사람들의 느낌에 영향을 미친다. 이 모든 것은 죽기 싫어하는 일반적인 경향에 기여한다.

그러나 더 깊은 수준에서 죽음의 위협은 죽지 않으려는 것 이상이다. 죽음에 관한 생각은 인생의 의미를 부정하는 두려운 문제를 제기한다. 장기적인 목표, 야망, 계획에 대한 관심이 인생에서 실제로 성취한 것에 대한 솔직한 평가와 실망으로 변한다. 죽음은 개성과 활동이 망각된다는 점에서 허무감을 의미한다. 죽음은 또한 자신이 얼마나 쉽게 대체될 것인지를 생각하게 한다. 개성에 큰 비중을 두고 가치와 정당화의 중요한 원천으로 흔히 자아에 의지하는 현대인에게 죽음은 인생의 의미의 토대가 되는 그 자아를 제거하기 때문에 특히 위협이 된다.

인생의 가치가 인생 자체보다 오래 지속되지 않을 것이라는 생각은 사람들을 극히 불안하게 만든다. 가치의 토대로서 자아에 대한 강조는 사람들에게 정확히 그와 같은 숙명을 부과한다.

불멸과 내세

그러므로 죽음은 개인과 사회에 여러모로 위협이 된다. 죽음은 가치와 활동을 문제시 하고, 효능과 성취의 세속적인 개념을 분쇄하며, 자아 가치를 아무런 소용도 없게 만든다. 죽음은 기회의 종료, 불쾌한 변화 경험, 다른 사람들에 의한 대체를 나타낸다.

요약하면, 죽음은 너무 엄청나서 쉽게 받아들이기 어렵다. 만일 사람들이 죽음에 관한 절망적인 사실을 액면 그대로 받아들이기보다는 위안이 되는 환상으로 관심을 돌린다면 놀라운 일이 아니다. 이 장의 초기에서, 사람들은 가장 분명하고 단순한 의미를 잊으려고 하기 때문에 죽음에 많은 의미를 부여한다고 시사하였다. 정말 죽음이 보이는 그대로라는 생각, 즉 활동과 인식의 중단, 아무 것도 없는 것으로 전락되는 것, 재활용되는 쓰레기와 같이 육신을 남기는 것이라는 생각은 그다지 보편적이 아니었다. 사람들은 역설적으로 죽음이 생명을 끝내지 않는다고 언제나 믿고 싶어 하였다. 내세에 대한 믿음은 보편적이며 오래된 것이다. 실제로, 인간은 이미 기원전 5만년 경부터 내세를 믿은 것으로 알려져 있으며(Eliade, 1978; Kearl, 1989), 기본적으로 같은 믿음이 지금도 여전히 매우 강하다. 단순히 말하면, 사람들은 죽음 후에도 생명이 지속되는 것으로 계속 믿고 있다.

여기서 종교를 공격한다는 비난을 받지 않으려면 어느 정도 해명이 있어야 될 것 같다. 내세에 관한 특정한 종교적 교리의 사실 여부는 사회과학이 입증할 수 있는 것이 아니다. 그러나 그것은 핵심이 아니다. 사람들의 내세에 대한 믿음은 사회적이고 세속적인 현상이며, 사회과학자들은 그에 대해 얘기할 내용이 많을 수 있다. 사실은 내세에 대한 객관적인 증거가 본질적으로 없다는 것이지만, 사람들은 언제나 그것을 믿는 강한 경향을 보여 주었다. 내세에 대한 사람들의 믿음은 사실에 의한 것이라기보다는 그에 무관하게 지속되고 있다. 그 믿음은 객관적인 증거가 아니라 믿고 싶어 하는 욕구에서 기인한다.

어떤 종교도 내세에 관한 믿음을 독점하지는 않는다. 세계 역사에서 대부분의 종교는 내세에 관한 견해를 어느 정도 갖고 있다. 따라서 신앙심이 깊은 사람들은 다른 종교를 믿는 사람들이 자신의 믿음의 근거가 분명한 것으로 여겨도 그들의 신앙은 객관적인 증거로 입증되지 않았다는 것을 인정해야 한다. 사실, 사람들은 현대의 주요 종교가 지상에 나타나기 이전에 수 만년 동안 내세를 믿었기 때문에 그 믿음은 현대의 종교와는 무관한 것이 확실하다.

요약하면, 우리는 믿고 싶어 하기 때문에 그리고 우연히 특정한 믿음을 접하게 되었기 때문에 내세를 믿게 된 것인지 모른다. 그러나 교리는 그 믿음에 대한 빈약한 근거에도 불구하고 전적으로 사실일 수 있다. 내세에 대한 믿음은 객관적 사실에 관한 냉정한 인식이 아니라 심리적 결과이다. 여기서 목적은 종교적 교리의 진위를 의심하거나 평가하려는 것이 아니라 이러한 심리적 과정을 이해하려는 것이다.

내세에 대한 믿음은 거짓 영속성의 또 다른 예이며, 우리는 의미를 인생에 적용하여 가시적 현상보다도 더 안정되고 지속적인 개념으로 마무리하고 있는 것이다. 삶이 죽음으로 끝난다고 믿는 대신에 사람들은 삶이 무한히 계속되는 것으로 생각한다. 삶에 대한 우리의 생각은 삶의 물리적 실체보다 오래 지속된다.

거짓 영속성의 개념을 처음 소개하였을 때, 그것은 동기에 의해서 유발된 착오로 제시되었다. 사람들은 사물이 안정되고 영속적인 것으로 생각하고 싶어 한다. 이와 같은 동기는 생활 그 자체에서 쉽게 드러난다. 사람들은 친구와 사랑하는 사람들이 완전히 생존을 멈추었음을 믿으려 하지 않고, 자신의 생명도 갑자기 완전히 정지될 수 있다는 생각을 인정하지 않으려고 한다.

그러므로 삶이 죽은 후에도 지속된다는 믿음은 긍정적 환상으로 분류될 수 있다. 그리고 환상은 반드시 거짓은 아니며, 인생을 보다 즐겁고 견딜만하게 만들지만, 객관적 사실을 토대로 충분히 정당화되지 않는 낙관적이고 긍정적인 믿음을 반영할 뿐이다(Tatlor, 1989). 이러한 관점에서 내세에 대한 믿음은 사람들이 정서적 고통의 가장 혼란스러운 원천의 하나인 죽음에 관한 위협에 대처하는데 도움이 되는 아주 매력적인 생각이다. 그 생각에서는 죽음이 정말 보이는 그대로인 것으로 믿지 않는다.

이와 같은 분석에는 여러 수준의 환상이 내재되어 있다. 우선 가장 중요한 과제는 죽음이라는 사건이 끝이라는 것을 부정하는 것이다. 어떤 형식으로든 내세가 꼭 즐겁고 영속되지 않더라도 가정되어야 한다. 그러나 좀 더 매력적인 환상은 즐거움과 불멸의 두 가지 특성을 모두 추가하는 것이다. 가장 매력적인 환상은 죽음과 영원한 성취감을 동일시하는 것, 즉 죽은 다음에도 영속되는 완전히 즐거운 주관적 경험으로 이어지는 것이다.

죽은 다음의 영적인 삶에 관한 생각으로 발전하는 것은 이러한 유형의 더욱 긍정적인 환상에 따른 것이다. 내세에 관한 초기의 생각은 그것을 특별히 즐거운 상태로 묘사하지 않았다. 처음에, 즉 고대에는 죽음은 평등하게 적용되었다. 죽은 다음에는 모두 똑같이 고통을 받는다. 죽음은 모든 사람에게 똑같이 어둡고 불쾌한 장소를 지정하거나 그림자로 지상을 방황하는 불행한 존재로 만들었다(Eliade, 1978). 이와 같이 평등하게 만드는 죽음의 개념은 지위와 권력의 차이가 현저한 사회에서 강한 매력을 갖게 된 것인지도 모른다.

죽음에 관한 또 다른 초기 개념은 죽음이 좋은 특징과 나쁜 특징을 모두 갖고 있는 것으로 설명하였다. 이 견해에서는 죽음을 두 단계로 묘사하였다(Huntington & Metcalf, 1979). 죽은 직후에 그 사람은 유령이 되어 살아 있는 사람의 주변에 숨어서 시샘하는 불행한 존재로 변한다. 그 후 죽은 자의 영혼은 행복한 곳으로 떠나며 그 곳에서 계속 거주한다. 따라서 죽음은 모두에게 비슷한 것으로 간주되고, 불쾌한 면도 일부 포함되었다.

그 후에 죽음을 생을 정산하는 것, 즉 인생의 제반 행위를 평가하여 그에 상응한 상벌을 받는 것으로 묘사한 생각이 나타났다. 죽음은 심판을 의미하였으며, 내세의 성질은 이 심판의 결과에 의해서 큰 차이를 보였다. 이와 같은 교리는 인생을 사후에 그 사람에게 발생될 것을 결정하는 과정으로 변화시킨다. 이러한 생각의 매력은 분명하다. 사람들은 자신의 선행이 보상을 받고 타인의 잘못은 처벌된다는 것을 믿을 수 있다. 사람들은 더 나은 내세를 보장받기 위하여 사회적으로 바람직한 방식으로 행동하기 때문에, 사회에서도 이러한 믿음은 잠재적 유용성이 크다.

기독교에서는 사악한 자의 고통과 은총을 입은 자의 축복 사이의 간격을 확대하여 사후 경험의 양극성을 증대시켰다. 지옥에 관한 기독교의 개념은 불쾌한 내세에 관한 그 당시의 생각보다 훨씬 강한 고통을 내포한 반면에, 천국은 반대되는 개념보다 훨씬 즐겁고 매력적으로 묘사되었다(Stannard, 1977). 오늘날에도 목사들은 천국의 매력에 큰 비중을 두고 있다. 근본주의 기독교 목사인 빌리 그래함(Billy Graham)은 한 동료의 다음과 같은 말을 흐뭇하게 인용한 바 있다. "나는 천국에 향수를 느낀다. 내가 지금껏 오래 살아온 것은 죽음에 대한 소망 때문이다"(1987, p. 232). 따라서 죽음은 삶보다 낫게 제시되어 죽음의 문제에 대한 큰 승리를 나타낸다. 이 점에서 그래함은 이상한 것이 아니다. 초기 기독교에서는 이러한 견해를 지나치게 주장한 사람들과 논쟁을 벌여야 했다. 예를 들면, 많은 순교는 분명히 자발적이었으나, 교회에서는 사람들이 순교를 추구하지 않도록 단호한 조치를 취할 필요를 느꼈다(Clebsch, 1979).

현대의 종교적 견해는 사후 세계에 대한 호의적인 관점으로 계속 변하고 있다. 유럽인들은 19세기 초부터 점차 지옥을 믿지 않게 되었다(Aries, 1981). 그 이전까지 사람들은 영원한 지옥의 가능성에 관해 심각하게 걱정하였지만, 그 후에는 지옥에서 영원히 고통받게 된다고 믿지 않았다. 미국에서는 근본주의자들의 지옥에 대한 믿음이 좀 더 오래 지속되었지만, 그래도 감소 추세에 있다. 근래의 여론조사에서는 대부분의 사람들이 어떤 식으로든 사후 세계를 믿으면서도 긍정적이고 즐거운 면으로 상상하며, 소수만이 영원한 고통을 받는다고 생각하는 것으로 드러났다(Woodward, 1989).

어떤 점에서, 사후 세계에 관한 서구의 종교적 관점은 완전한 변화를 겪었다. 처음에 사람들은 누구나 불쾌한 사후 세계를 맞게 될 것으로 믿었으나, 오늘날에는 거의 모두가 즐거운 내세를 경험하게 될 것으로 믿는 경향이 있다.

사후 세계의 기간도 비록 그 증거는 어떤 점에서는 모호하지만, 영원함을 강조하게 되었다. 초기의 일부 관점에서는 내세를 잠정적인 것으로 묘사한 적이 있었다. 예를 들면, 부활은 죽음을 잉태하고 있는 정상적인 생물로 환생하는 것을 의미한다. 그리고 앞에서 논의한 바와 같이, 유령에 관한 많은 생각도 그것을 단지 과도기에만 존재하는 최근 사망자로 묘사하였다.

종교에 반영된 영혼불멸은 물론 궁극적인 죽음을 부정하는 유일한 환상은 아니다. 세속적인 불멸, 즉 죽음 이후에도 지상에 생존하는 형식을 고려하는 것도 도움이 된다. 신앙심이 약화되면서 사람들은 어떤 형식으로든 세속적인 불멸을 더욱 기대하게 되었다. 그들은 기억되기를 바라거나 소중하고 오래 지속되는 유산을 남기길 원했다.

세속적인 불멸에는 여러 가지 유형이 있지만, 그 모든 것은 환상을 포함하고 있는 것으로 보인다. 한 가지 유형은 일을 통하여 불멸을 성취하는 것이다. 당사자는 공을 인정받지 못하더라도 그의 성취는 기억되고, 사회에 대한 기여는 다른 사람들에게 혜택을 주게 될 것이다. 예를 들면, 사람들은 특정한 다리를 설계한 사람은 잊을 수 있겠지만 그 다리를 계속 이용하며 혜택을 누릴 수 있으므로, 그 사람은 일종의 익명의 불멸을 성취함으로써 만족할 수 있다. 예술적 창작물도 계속 즐기며 감상할 수 있지만, 예술가의 이름이 작품과 함께 정확히 기록되기 때문에 대개는 익명이 아니다. 물론 자녀를 갖는 것도 먼 미래와 믿음직한 연결고리가 된다(Kastenbaum, 1974). 특히 자녀의 일부가 우리의 이름을 계승하거나 우리와 비슷한 모습을 갖게 되면 이어지는 세대를 통하여 우리의 물리적 자아의 일부는 계속 생존할 수 있다.

대부분, 세속적인 불멸은 기억될 것이라는 희망으로 귀착된다. 우리가 죽은 후 사람들은 우리를 기억할 것이며, 우리의 이름은 어떤 긍정적인 업적이나 행위와 연관될 것이다. 이러한 기대는 널리 퍼져 있는 것으로 보인다. 사람들은 자신의 이름을 남기고, 묘비를 세우며, 자신의 일에 신원을 표시하는데 관심을 많이 보인다.

그러나 기억될 것이라는 기대는 아마 환상일 것이다. 의미있고 정확하게 기억될 가능성은 실제로 매우 적을 것이다. 20~30세기 전은 고사하고 2~3세기 전에 살았던 사람들을 생각해 보라. 그들 중 얼마나 기억되고 있는가? 재수좋은 극히 소수만이 거리의 이름을 붙일 정도로 기억되지만, 대부분의 사람들은 거리의 이름을 붙인 사람에 관해 아는 바가 거의 없기 때문에 그와 같은 기억조차도 피상적인 것이다. 내가 10대이었을 때 독일에 가서 몇 사람을 만난 적이 있다. 그때 뮌헨의 구스타프 메이링크라는 거리명(Gustav Meyrink Street)이 붙은 곳에 머물렀다. 나는 독일 문화와 역사에 관해 대강 알고 있었는데, 구스타프 메이링크에 대해서는 들은 바가 없어서 집주인에게 물어 보았다. 그 지역에 수년 동안 살고 있는 그 사람은 어깨를 으쓱하며 "아마 어떤 사상가나 장군이겠지"라고 말했다. 언젠가 누군가 그것을 중요시하여, 메이링크의 이름까지 포함할 정도로 어떤 모호함도 피하면서 그를 기념하려고 거리의 이름을 붙이는 수고를 한 것이다. 그러나 지금의 거주인은 자신이 살고 있는 거리를 빛내고 있는 이름의 주인공에 대해 조금이라도 아는 것이 무의미한 것으로 분명히 생각하였다.

자신이 기억될 것이라는 기대는 자녀를 갖게 되는 유혹의 일부이기도 하다. 부모들은 세대간의 계속성을 강조하고 싶어 한다(Thompson, Clark, & Gunn, 1985). 그들은 자신의 노력과 희생을 자녀가 인생의 출발을 더 잘 하도록 하기 위한 것으로 여기지만, 이와 같은 생각의 뒤에는 자녀에 대한 도움이 자신의 기억을 잘 하게 될 것이라는 느낌이 숨어 있을지 모른다. 따라서 효능감은 달성된 것이다. 왜냐하면 영향을 미쳤고, 이 영향에 대한 충분한 혜택이 미래 세대에 실현된다는 사실은 유산이 남겨진다는 매력적인 보장이 되기 때문이다. 불행히도, 우리의 사회에서 자립의 중요성은 자녀로 하여금 부모가 제공하는 특혜를 경시하게 만든다. 예를 들면, 벨라 등(Bellah et al., 1985)은 자신의 아버지가 기업을 세워 물려준 사실을 말하지 않고 자신을 자수성가한 사람으로 묘사한 남자의 사례를 생생하게 설명하였다. 보다 일반적으로는, 부모들이 세대간의 계속성을 과장하고 강조하는 반면에, 자녀들은 그것을 축소하고 경시하는 경향이 있다(Thompson et al., 1985).

세속적인 불멸의 기간은 어느 정도 정확히 계산할 수 있다. 사실, 이곳저곳에서 비범한 사람들의 업적이 그 이름과 같이 수 세기 동안 기억되고 있지만, 유명한 전쟁영웅이나 예술가 또는 정치인을 포함한 이들은 아주 예외적이다. 단지 소수만이 당대를 넘어서 기억된다. 대부분의 사람들의 업적과 이야기는 흔적도 없이 완전히 망각된다.

사람들은 그들의 친척에 의해서 실제로 얼마 동안은 기억된다. 그 시점은 한 생애에 해당하는 70년 정도로 보인다(Kearl, 1989). 우리가 살아 있는 동안 태어난 친척들은 우리를 기억할 것이다. 우리가 죽은 후에 태어난 사람들은 아니다. 우리에 대한 기억은 우리가 죽은 후 70년에 걸쳐 점차 희미해지고, 그 후에는 아주 사라져버린다.

내가 수업시간에 많은 학생들에게 여러 번 시도한 것처럼, 이것은 쉽게 입증된다(Kearl, 1989). 물론 사람들은 자신의 부모에 대해 아주 상세히 알고 있다. 그러나 그들은 조부모의 이름과 얼마간의 사실을 알고 있지만, 그다지 많이 알지는 못한다. 증조부모에 대해서는 이름조차 아는 경우가 드물다. 증조부모의 생애에 관해 구체적으로 아는 경우는 거의 없다. 이것이 가계에 의한 세속적인 불멸의 정도이다. 우리에 대한 기억은 세대가 지남에 따라 급속히 약화되어, 우리가 죽은 후에 태어난 세대는 아마도 우리의 이름조차 기억하지 못할 것이다.

마지막으로, 사망 후 수년 동안, 널리 또는 비록 아주 널리는 아니더라도 기억되는 행운을 소유한 소수의 사람들을 생각해 보자. 이것이 정말 불멸인가? 그들은 다른 사람들의 의식에 아이디어로 살아 있다. 그들의 인생과 자아는 사람들의 소망과 욕구 그리고 편파적인 해석에 의해 여과된다. 그 아이디어가 사람들에게 어떤 면에서 유용하거나 매력적이기 때문에 그 기억이 살아 있는지도 모르며, 그 유용성이나 매력이 기억 내용을 결정하는 것이다.

도움이 될 만한 예를 들면, 살아 있는 동안에도 다른 사람들의 의식에 아이디어로 존재하는 사람들, 즉 유명한 사람들이다(Braudy, 1986). 그들의 생애와 활동은 매스컴에 보도된다. 그들은 이 보도에 대해서 흔히 두 가지 불평을 한다. 우선, 그 보도가 부정확하다는 것이다. 두 번째로는 그들의 이야기가 대중이 듣고 싶어 하는 각본으로 편집된다는 것이다. 즉, 그들은 대중이 진실을 아는 데에는 별 관심이 없고, 어떤 범주나 고정관념에 맞추려고 하며, 바람직한 이미지에 맞지 않는 면은 경시하거나 무시할 수 있다는 것을 안다.

정확한 요지는 이렇다. 매스컴에서 우리에 관한 이야기를 제대로 전달할 수 없다면, 우리가 죽은 지 수십 년 후 정확히 기억될 가능성은 어느 정도일까? 전혀 기억되지 않을 가능성이 크고, 정확히 기억되지 않을 가능성은 더 크다.

유일한 좋은 소식은, 만일 좋은 것이라고 한다면, 그것이 그다지 중요하지 않다는 것이다. 우리가 죽은 다음에는 실제로 우리에게 중요한 것은 아무 것도 없으므로, 어떻게 기억되는가는 아무런 차이가 없다. 역사적으로는 링컨(Lincoln)과 히틀러(Hitler)를 전혀 다르게 묘사하고 이들의 개별적인 이미지가 여러 모로 진실과는 다르겠지만, 역사에서 그들을 어떻게 묘사하는가는 그들에게 관심사가 아니다.

그러므로 세속적인 불멸은 잠정적이다. 그러나 사람들이 이 잠정적인 기억도 바란다는 사실이 의미가 있다. 위협적인 것은 절박하고 근접해 있는 죽음에 관한 생각이다. 죽음을 연기하는 것을 포함하여 그것을 밀어내는 어떤 것도 불안과 위협을 감소시키는데 도움이 된다. 사실, 사람들이 죽음의 불가피성을 심각히 고려할 때, 그들은 영원히 살기를 바랄 것이다. 그러나 보통 그들은 한동안 죽음을 단지 잊게 해주는 어떤 것에 기꺼이 만족하는 것으로 보인다. 그러므로 최우선은 죽음의 절박함을 극복하는 것이다. 먼 미래의 죽음은 지금 죽는 것보다는 훨씬 견딜 만하다.

죽는 과정에 대한 관찰에서도 죽음의 위협에 가장 절실한 반응은 현재 그것을 잊는 것임을 보여주었다. 그리고 그와 같은 환상은 임박한 죽음에 집중되었다. 퀴블러 로스(Kubler-Ross, 1969)는 임박한 죽음의 선고가 큰 충격을 가져온다고 하였다. 왜냐하면 어른들은 자신이 죽을 것임을 모두 알고 있어도, 이 사실은 추상적이고 모호한 미래로 넘겼기 때문이다. 그녀의 주장에 의하면, 개인은 임박한 죽음의 선고에 예측할 수 있는 전형적인 일련의 반응을 보인다. 첫째, 사실일 리가 없다(즉, 믿을 수 없다). 둘째, 인정할 수 없다. 셋째, 타협하고 협상하고 싶다. 이 초기 반응은 자신이 곧 죽는다는 사실을 인정하지 않음을 나타낸다. 사실, 셋째 반응(협상)에서 당사자는 궁극적인 죽음의 불가피함을 인정하지만, 부정확한 미래로 그것을 연기할 수 있는 어떤 방법을 진지하게 모색한다. 먼 장래의 추상적인 가능성으로서 죽음은 임박한 사실로서의 죽음보다 훨씬 견딜 만하다.

죽음에 대한 단기간의 가공적인 부인에 이와 같이 중점을 두는 한 가지 이유는 가까운 장래의 생활에 의미있게 관여하기 위해서이다. 먼 미래는 현재와 의미상 약간 연관성이 있지만, 다가오는 몇 주일과 몇 년은 이미 현재의 상황과 여러 면에서 관련되어 있다. 우리는 현재 관여하고 있는 계획을 끝내길 원한다. 자녀가 대학을 마치고, 손자를 보며, 진행 중인 일을 끝내려고 한다. 이미 생각하고 계획한 일을 놓치길 원치 않는다. 지금부터 수 세기에 걸쳐 일어날 일을 놓치는 것은 그다지 마음에 걸리는 일이 아니다.

요컨대, 생활은 언제나 불완전하고 잠정적이며 재구성할 수 있다(Sartre, 1934). 생활은 증축과 보수가 계속되는 건물에 비유될 수 있다. 죽음은 건물이 완전하다는 의미가 아니다. 그것은 거의 언제나 건물의 일부를 영원히 불완전하게 놔두는 중단을 뜻한다. 사람이 죽기를 싫어하는 것은 일을 미완성으로 남겨두길 싫어하는 데에서 시작한다. 퀴블러 로스(Kubler-Ross)가 관찰한 타협반응은 현재의 일을 마치려는 욕망을 반영한다. 실제로 그 사람은 이 일을 끝낼 때까지만 살게 해주면 다른 일은 시작하지 않겠다고 말하고 있는 것이다.

죽음의 위협을 극복하는데 있어서 긍정적인 환상의 역할에 관한 논의를 끝내기 전에 내세에 관한 한 가지 매력적인 개념을 자세히 분석해보는 것이 도움이 될 것이다. 빌리 그래함(Billy Graham)이 묘사한 천국의 견해를 보자. 비록 그의 메시지는 주로 교육을 잘 받지 못한 사람들을 대상으로 하고 있지만, 그 호소력은 오늘날에도 강력하며 기독교 현장에서 가장 큰 힘을 반영하고 있다. 결국 엘리트 기독교 신학자들의 복잡하고 추상적인 이론은 사람들이 믿고 싶어 하는 것과 잘 부합되지 않을 수 있다. 사실 많은 신학자들은 여러 근본주의 종파들이 묘사한 아주 구체적이고 분명한 내세의 모습에 솔직히 난처해한다(Woodward, 1989).

그래함의 설명에 의하면, 천국은 주로 그것과 별개의 모습을 토대로 정의된다. 이는 성취의 개념이 현재의 경험과는 다르고 더 나은 것이라는 데에 입각한 것이라는 주장과 일맥상통 한다. 지상의 생활의 많은 결함과 문제는 천국에서는 존재하지 않을 것이다. 그래함은 천국을 특히 고통, 고뇌, 범죄, 약물, 전쟁, 증오, 기아, 공포, 죽음, 잔학행위가 없는 곳으로 묘사하였다(1987, p. 253). 그는 천국에는 결혼, 환경론자, 종파의 구분, 밤도 없을 것이라고 덧붙였다. 또한 세속적인 자아가 없거나 적어도 자아에 대한 보편적인 집착도 사라질 것이라고 하였다.

긍정적인 면에서 보면, 천국에서의 부활은 영광스러운 신체, 즉 완벽한 신체와 빛나는 지성을 수반할 것이다. 천국에서는 전문가들만큼이나 많이 알기 때문에 그들에게 의존할 필요가 없을 것이다. 전문지식이란 외형적으로 보면 신뢰와 순종을 독단적으로 주장하는 대체로 낯선 것이기 때문에 그래함은 주로 저학력층을 겨냥해 말한 것임을 유념해야 한다.

마지막으로 이타적인 사랑을 누리며 예수와 함께 있게 될 것이다.

그래함의 견해를 요약하면, 천국에서는 근사한 신체를 갖고, 나쁜 느낌이나 나쁜 일은 생기지 않으며, 가족과 함께 생활하는 좋은 곳이고, 전문가들 이상으로 많이 알고, 사랑과 선행을 즐기며, 신과 함께 있는 곳이다. 그곳은 속세에 있는 동안 상실한 많은 것을 누릴 수 있는 영원히 축복받는 상황으로 묘사되었다. 그것은 아주 완벽하고 정확할지도 모른다. 그러나 그 일반적인 믿음은 객관적인 진실과 증거가 아니라 교리에 의한 호소에 내재되어 있다. 그 분명한 호소는 다음 두 가지이다. 첫째는 죽음에 관한 위협적인 문제를 극복한 것이고, 둘째는 내세를 속세에서 바라던 것을 정확히 제공하는 곳으로 묘사한 것이다.

죽음과 의미

죽음은 생의 종말이며, 인생의 드라마에서 마지막 장으로 볼 수 있다. 이와 같이 본다면, 어떤 이야기의 결말이 아마도 그 이야기의 중요하고도 핵심적인 부분이듯이, 죽음도 인생의 의미에서 핵심적인 부분이다.

그러나 이와 같은 견해는 잘못된 것이다. 죽음은 흔히 이야기의 일부가 아니다. 죽음은 생에 종지부를 찍는 것이지만, 결론으로 이어지기보다는 중단시키는 것으로 보인다. 이야기의 정점과 결론에 비슷하기보다는, 죽음은 전원 고장으로 중단된 텔레비전 프로그램처럼 시청자가 그 내용을 더 이상 알지 못하는 것과 유사하다. 결론을 맺지 못하고 중단된 것이다.

그러므로 죽음은 반드시 인생의 의미와 연결되는 것은 아니다. 때때로 죽음은 이야기를 중지시켜 적절한 결론에 이르지 못하게 만든다. 다시 말하면, 허무함을 시사함으로써 죽음은 인생의 의미를 저해하거나 부정할 수 있다. 이것은 이 장의 서두에서 설명한 볼셰비키주의자인 리브쉬츠(Livshits)의 예에서 제시되었다. 그는 러시아 혁명과 공산주의 운동에 자신의 생애를 바친 후, 수치스러운 반혁명이라는 날조된 혐의로 처형되었다.

❖ 죽음에 대한 의미 부여

고통에 관한 장에서 사람들은 고통에 의미를 부여함으로써 불운을 이해하려고 애쓴다는 것을 보았다. 죽음에 관해서도 분명히 마찬가지이다. 사람들은 죽음을 이해하려고 한다. 그들은 죽음을 의미없는 것으로 또는 특히 인생의 의미를 부정하는 사건으로 인정하려고 하지 않는다. 따라서 그들은 죽음을 인생에 계속성을 부여하는 긍정적인 의미가 있는 것으로 생각하려고 한다.

의미없는 죽음은 흔히 가장 당황스러운 것이다. 사람들은 죽음에 대해 거의 언제나 유감스럽게 여기거나 측은하게 느끼지만, 그 죽음이 의미없는 것이면 이러한 느낌은 더욱 강해진다. 예를 들면, 사람들은 대체로 전시에 사망한 청년들에 대해 슬퍼하지만, 전쟁이 끝난 후 휴전이 전파되기 전에 전사한 청년이나 후방에서 교통사고로 사망한 군인에 대해서는 특히 심한 전율과 유감이 섞인 아픔을 느낀다. 최악의 사례는 아군에 의한 오발(friendly fire), 즉 동료의 총에 의해 사망한 군인의 경우이다. 이러한 죽음은 전쟁 중에 발생하며 예상되는 것이다. 사실, 과거에 군인들은 적군에 의해서보다는 영양실조, 질병, 사고에 의한 치명상이 훨씬 많았다. 그와 같은 죽음은 군인의 희생의 의미를 훼손시키는 것으로 보인다.

일반적으로, 의미없는 죽음은 발생하지만, 쉽사리 용인되지 않는다. 사람들은 죽음이 의미가 있기를 바라며, 이 의미가 삶의 의미와 일관성이 있기를 원한다.

죽음에 의미를 부여하는 것은 의미에 대한 4가지 욕구에 부응하는 것이다. 죽음이 어떤 목적에 기여한다면, 의미없는 죽음보다 훨씬 받아 들일만 하다. 그 한 가지 방법은 죽음이 이바지하는 목적을 탐색하는 것이다. 이것은 앞에서 군인들의 죽음에 관한 논의에 내재된 바 있다. 전투에서 적에게 죽는 것은 의미있게 죽는 것이다. 그와 같은 죽음은 조국을 방어하거나 국가의 명예를 지키기 위한 목적에 기여하는 희생이다. 최후의 승리는 이러한 죽음이 없이는 불가능했을 것이므로, 군인들의 죽음은 바람직한 결과를 가져오는 목적에 기여한 것이다.

그러므로 병사들의 죽음의 의미는 전투의 궁극적인 결과에 좌우된다는 것을 덧붙일 필요가 있다. 두 번의 세계대전에서 많은 연합군 병사들의 죽음은 궁극적인 승리에서 큰 의미와 긍정적 가치를 얻게 되었다. 즉, 그들의 죽음은 동료들이 큰 승리를 쟁취하는데 기여한 것이다. 이에 비해서, 일본과 독일 군인들의 죽음은 의미를 부여하기가 좀 더 곤란하다. 그들은 성공하지 못하고 부끄러운 목적을 위해 죽은 것이다. 전쟁의 결말은 소급하여 그들의 죽음에 실패, 무익함, 헛된 희생의 의미를 부여하였다.

죽음은 또한 긍정적 가치를 부여함으로써 의미를 얻을 수 있다. 죽음에 긍정적 가치를 부여하면 죽음을 수긍할 수 있고 바람직한 것으로도 만들 수 있다. 그 좋은 예는 죽음을 구원이며 축복이고 가족과 재결합하는 매우 바람직한 경험으로 기독교에서 찬미하는 것이다. 순교와 희생은 죽음에 긍정적 가치를 부여하는 극단적인 형태일 것이다. 성전에서 죽는 군인들을 포함하여 순교자들은 특히 소중하고 축복받는 방식으로 그들의 생명을 포기했기 때문에 내세에서 아주 호의적인 대우를 받을 만하다. 그리고 희생은 그 당사자가 신에게 제물로 제공되었기 때문에 그 가족에게 명예와 특혜가 부여될 수 있다.

의미에 대한 3번 째 욕구인 효능감도 죽음에 아주 중요하다. 죽음은 개인의 모든 통제력을 제거할 위험이 있으며, 현대의 의학적으로 처리된 죽음에서 개인은 흔히 자신의 죽음에 전적으로 수동적 역할을 떠안게 된다. 사람들은 죽음의 이러한 면을 위협적으로 여긴다. 커얼(Kearl, 1989, p. 125)은 "노인의 주된 두려움이 죽음이 아니라 무력감"이라고 관련 연구의 내용을 요약하였다. 자신의 의지에 반해 식물인간으로 생존하며, 어떤 의미있거나 즐거운 일도 할 수 없고, 자주 고통을 겪는 것은 사람들이 말년에 흔히 당면하는 가장 큰 악몽이다. 죽음이 가끔 선호되는 것도 놀라운 일이 아니다. 커얼(Kearl)은 와싱톤(George Washington)이 주치의에게 자신을 혼자 죽게 놔두도록 말할 수 있었다고 하지만, 오늘날 그런 결정을 내릴 권한을 가진 노인들은 거의 없다. 인공적으로 수명이 연장되어 무력하고 고통에 찬 존재가 된다는 예상에 당면하여, 죽는 과정에 담겨 있는 효능감의 상실에 대한 반발이 증가하고 있다. 일부는 자살이나 안락사의 권리를 택한다. 다른 사람들은 죽음에 임박한 사람을 병원에서 퇴원시켜 자기 집이나 다른 장소와 같은 좀 더 편한 사적인 곳에서 임종하도록 배려하는 호스피스(hospice) 운동에 이바지한다. 간호는 제공되지만, 관계자들은 죽는 사람과 그 가족과 함께 휴식을 취한다. 이런 식으로, 사람들은 오늘날 많은 사람들이 죽는 방식과는 아주 대조적으로, 생의 마지막 기간에 어느 정도 통제력을 지니고 있다는 느낌을 가질 수 있다.

통제력과 함께 호스피스 운동은 환자에게 품위를 지킬 수 있는 기회도 제공한다. 물론 품위는 자아 가치의 한 형태이며, 의미에 대한 4번째 욕구이다. 품위는 좋은 죽음에 관한 여러 가지 의미 가운데 가장 보편적인 요인이다. 노인들이 걷거나 먹을 수 없으며, 도움을 받지 않고는 화장실도 이용하기 어렵고, 다른 사람들의 도움에 전적으로 의존하는 무력한 유아의 상태로 퇴보하는 것은 수치스럽고 흔히 사람들이 가장 거부하는 것일 수 있다. 전혀 다른 상황에서 공개적인 처형에 의한 죽음도 품위를 당당함의 기준으로 이용하는 것이다. 흐느끼고, 사정하고, 호소하면서 좋지 않게 죽는 사람에 비하여, 잘 죽는다는 것은 품위를 유지하고, 두려움이나 유감 또는 비굴함을 보이지 않는 것이다.

자아 가치의 중요성은 좋은 죽음과 나쁜 죽음에 관한 광범한 문제를 제기한다. 이제 이러한 개념에 대해 고려해 보자.

❖ 좋은 죽음과 나쁜 죽음

커얼(Michael Kearl, 1989)에 의하면, 모든 문화에는 "좋은 죽음"에 관한 개념이 있다. 세부적으로는 그 의미가 다양하고 시대에 따라 변하지만, 그와 같은 개념은 언제나 있게 마련이다.

좋은 죽음은 일반적으로 자아 가치에 대한 유지를 포함하여 긍정적인 의미를 강조하는 것 같다. 두 번째 특성은 고통을 최소화하는 것일 수 있다. 지연되고 고통스러운 죽음은 당연히 나쁜 죽음으로 간주된다. 전에 질병이 의학적 처치나 마취 또는 증세의 완화 없이 고통만 연장되는 것이었을 때, 좋은 죽음은 흔히 전투에서 죽는 것으로 여겨졌다. 그와 같은 죽음은 전투에 연관된 긍정적 가치로 인하여 상당한 의미를 지니고 있었다.

좋은 죽음에 관한 가장 유명한 모습의 하나는 중세의 롤랑의 노래(Song of Roland)에서 전해지는 무사 롤랑[43]의 죽음이다. 롤랑은 전투에서 치명적인 부상을 입었지만 숨지기 전에 동료들에게 작별을 고하고 적군 앞에서 군대가 임전태세를 강화하도록 만들어 샤를마뉴(Charlemagne) 군대가 승리를 쟁취하게 되었다. 따라서 그의 죽음은 매우 의미심장한 것이었다. 그 죽음은 당당한 품위를 유지할 수 있었고, 전투에서 죽는 가치 기준을 충족시켰으며, 고귀한 목적에 기여하였고, 전투의 결과에 영향을 미치며 죽는 장소를 정확히 선택함으로써 마지막 효능감도 누릴 수 있었다.

과거에, 예상치 못한 죽음은 비참하고 바람직하지 않은 것으로 여겼지만, 고통이 최소화되기 때문에 현대에는 호의적으로 변화되었다(Aries, 1981). 물론 그 변화에는 다른 이유도 있다. 오늘날, 보통 20-40대에 갑자기 죽지는 않으며, 너무 빨리 사망하면 나쁜 죽음으로 간주될 수 있다. 죽음이 갈수록 노년기에 한정되는 현대와는 달리, 과거에 사람들은 전 생애에 걸쳐서 사망하였다. 75세에 수면 중에 죽는 노인은 중세 사람들이 두려워하고 경멸했던 것과 같은 의미로 갑자기 죽는 것이 아니다.

오늘날, 노인들은 전형적으로 많은 사회적 기능에서 물러나 있기 때문에 목적이나 가치에 기여하는 방식으로 죽지는 않는다. 따라서 좋은 죽음에 대한 현대의 개념은 자아 가치와 효능감을 유지하고 고통을 최소화하는 방향으로 변화되었다.

전에 플로리다(Florida)에서 노인들로 구성된 연식 야구 경기가 텔레비전에 방영된 적이 있었다. 이들은 모두가 환갑이 훨씬 넘었고, 매일 무더운 오후에 시합을 하였다. 운동은 노인들은 물론이고 젊은 층에게도 해로울 수 있기 때문에, 이렇게 하는 것이 과연 안전하고 타당한 것인지 의심스러웠다. 한 남자가 다가와서 지난 주에 일루수가 플라이 볼을 잡으려고 물러서다가 심장 발작을 일으켜 자기 품 안에 안겨 죽었다고 말했다. 이 활동의 안전성에 대한 두려움이 확인된 것이기 때문에 나는 깜짝 놀랐다. 무엇보다도 내가 놀란 것은 이 죽음에 대한 이 남자의 말이었다. "얼마나 멋있게 갔는가!" 그 노인은 태양 아래서 야구를 하며 죽기 직전까지 재미있게 보낸 것이다. 그가 말하는 태도는 중요한 점을 지적한 것이다. 이것은 좋은 죽음이라는 것이다. 자아 가치를 잃지 않고, 무력감이나 고통도 없었다.

이러한 것이 좋은 죽음에 대한 현대식 개념이다. 품위를 서서히 박탈당하지 않고, 최소한의 고통과 비용으로 죽는 것이다. 많은 증거에 의하면, 갑작스런 죽음이 유가족들에게 예측된 것보다 더 충격적이기 때문에, 이것이 가족에게는 반드시 가장 편한 것은 아니다(Parkes & Weiss, 1983). 일루수가 경고 없이 갑자기 사망한 것을 알았을 때, 그 가족의 충격은 상상할 수 있다. 그렇다면 그가 수술을 거치고, 입원을 연장하며, 좋지 않은 예후아래 체력을 소진하며, 가족의 경비를 고갈시키고, 모두가 줄줄이 병문안을 다녀가고, 결국 숨을 거두는

43) 역자 주. 서기 8세기 서로마제국의 샤를마뉴 황제의 신하로 친구 올리버(Oliver)와 함께 유명한 용사임.

통상적인 방식으로 사망했더라면 가족들은 정말 더 좋았을까? 이는 답변하기 곤란한 문제이다. 실용적인 면에서는 죽는 과정이 장기간 계속되었더라면 정서적 적응은 더 편했을지 몰라도, 예기치 못한 갑작스런 죽음이 그들에게는 가장 편했을 것이다.

좋은 죽음에 대한 또 다른 현대적 견해는 그래함(Billy Graham, 1987)이 제시한 바 있다. 그것은 기독교적 신앙이 강하고, 경건한 생활을 하며, 세속적인 일을 잘 정리한 사람의 죽음이다. 가족들에게 둘러싸여, 가급적이면 시신의 얼굴에 미소를 남기며, 신에게 행복하게 귀의하는 것이다. 한 예로, 그래함은 가족이 모여 녹음테이프에 맞춰 찬송가를 부르는 중에 사망한 어느 여성의 경우를 들었다. 이것은 종교적 상황에서 인생의 긍정적 의미를 유지하기 때문에 그리고 가족관계와 음악의 즐거움이 고통의 최소화를 의미하기 때문에 좋은 죽음일 것이다.

이제 반대의 경우인 나쁜 죽음을 고려해 보자. 최악의 죽음은 전체주의 체제의 희생자들에 의해 알 수 있다. 베커(Elizabeth Becker, 1986)는 캄보디아(Cambodia)의 크메르 루지(Khmer Rouge) 체제에서 이러한 경우를 생생하게 묘사하였으나, 그 과정은 다른 전체주의 국가와 크게 다르지 않다(Arendt, 1951; Conquest, 1990). 한 젊은 사람이 조국과 정당에 흔히 이상적으로 헌신하여 자신의 최선을 다했다. 그는 상급자들이 경쟁 대열에서 숙청되어 고속 승진되었다. 숙청이 걱정되고 두렵지만, 그는 계속 충성하며 최선을 다 해 직무를 수행함으로써, 자신의 이상에 기여하고 곤경에 처하지 않을 수 있다는 신념을 고수하였다.

그러나 그는 체포되었다. 그는 자신이 무고함을 알고 있기 때문에, 처음에는 무슨 착오가 있는 것으로 믿고 해소되기를 기대하였다. 불행히도, 조직은 그렇게 작용하지 않는다. 본질적으로 전체주의 체제는 비현실적인 목표와 용인될 수 없는 여러 가지 다른 오류를 지니고 있기 때문에 희생양이 필요하다. 실패는 정당이나 체제가 아니라 파괴행위 때문이라고 비난받는다. 젊은 사람은 자신이 희생양으로 선택되었음을 점차 깨닫기 시작한다.

그는 자신에 대한 반증이 상당히 있다는 것을 발견한다. 친지들은 그를 파괴행위를 공작한 것으로 연루시켰다. 그는 충격을 받았다. 왜냐하면 그가 사랑하고 도움을 준 이 사람들이 그를 속이고 배신했기 때문이다. 그가 혐의를 부인하자, 고문이 시작되었다. 고문이 계속되면서 그는 그들이 원하는 대로 고백하는 것 외에는 희망이 없음을 알았다. 그들은 그에게 고백할 내용을 요구하지 않았으며, 그는 죄가 없기 때문에 고백할 죄를 만들어내야 했다. 그가 고문으로 계속 쇠약해지자, 그들은 그가 인정한 범죄에 연관된 공범을 말하도록 요구하였다. 이제 그는 파괴행위를 공작한 민중의 적으로 가공적인 이중생활을 하였음을 고백하는 지경에 이르렀고, 빠져나올 수 없게 되었다. 그는 공범으로 친지와 동료의 이름을 말하기 시작했다. 파일이 정리되었을 때 그는 처형되었다.

이 경우를 최악의 죽음의 사례로 선정한 이유는 무엇인가? 물론, 수개월 동안의 고문에 의한 죽음은 견디기 어려운 고통을 내포하는 것이며, 한 가지 기준이기도 하다. 더 나아가,

그러한 죽음은 삶의 모든 긍정적이고 의미있는 요소들을 체계적으로 망가뜨리며, 죽기 전에 당사자가 이 모든 과정을 체험하게 만든다. 그 사람은 자신이 그토록 헌신한 바로 그 이유로 이적 행위를 인정했기 때문에 그의 충성과 이상주의는 사기로 변질되었다. 그는 진실과는 정반대로, 모두가 자신을 반역자로 볼 것이라고 느끼며 죽었다. 게다가 이 모든 충격적인 부당함 때문에 그는 자신이 옹호했던 체제를 점차 의심하게 되었다. 그는 정당과 목적이 허위에 입각한 것이며, 사실은 무력하고 순수한 사람들을 잔혹하게 학대한 것임을 깨닫기 시작하였을 것이다. 마지막 순간에 그가 석방되었다고 해도, 그처럼 희생을 당한 후에 어떤 이상을 유지할 수 있었을지 의심스럽다. 마지막으로 그리고 최악의 상황은 그가 자신의 가공적이고 고문에 의한 고백이 가까운 사람들을 연루시키고 순진한 다른 사람들을 자신이 겪은 것과 같은 숙명에 처하도록 만들었음을 자각하면서 삶을 마친다는 것이다. 그는 자신의 아내와 친구, 형제를 거짓으로 배신하였음을 수개월 동안 고민하다가, 그것을 양심에 맹세하면서 죽었다.

그러므로 나쁜 죽음은 긍정적 의미가 없을 뿐만 아니라 개인의 삶의 의미마저 손상시킨다. 이에 비하여, 좋은 죽음은 삶의 의미를 촉진시키거나 위협에 굴하지 않는 의미를 부여한다.

요약 및 결론

죽음이 일반적으로 우리의 삶의 의미를 위협한다는 생각은 환상의 산물이다. 결국, 죽음은 본질적으로 어떤 의미를 갖고 있는 것이 아니다. 죽음은 어떤 의미를 사용하지 않고도 살아가는 하등동물에게도 일어난다. 예를 들면, 나무는 언어나 상징을 이용하거나 의사소통을 한다는 증거가 없지만, 역시 죽는다. 죽음 그 자체는 의미와 아무 관계가 없는 것이다.

죽음을 인생에 위협을 주는 것으로 간주하는 것은 우리의 개인적인 인생관일 뿐이다. 우리는 미래를 지향하며 생활하고 있지만, 죽음은 미래를 제거하고 우리가 모든 노력을 다해 진정 성취하려는 것에 관해 혼란스러운 문제를 제기한다. 특히, 현대 생활에서 우리는 자아에 큰 비중을 둠으로써 우리의 행위에 가치를 부여하지만, 자아는 죽음에 당면하여 더 이상 지속되지 못하고 우리가 이룩한 많은 것에 대한 가치의 토대는 외면상 무너지고 만다. 결국, 우리가 죽으면 정당한 인정과 대우를 받았는지 또는 자신이 특정한 경쟁 상대보다 우월한 것으로 입증되었는지가 과연 문제가 되는가?

죽음은 언제나 위협이 되었지만, 현대 생활에서는 그 위협은 더 증가하였다. 가치관의 부족은 가치의 토대로서 자아에 대한 비중을 증가시켰으나, 인생보다 오래 지속되지 못하는 것이 가치의 토대이다.

죽음 그 자체는 충격적인 사건이며, 그에 관한 생각은 고통을 유발한다. 그 정도는 환상에 의해서 효과적으로 대처할 수 있다. 사람들이 후손에 의해서 기억되고, 지속적인 가치가 있는 것에 기여하며, 영적인 사후생활을 누리는데 낙관할 수 있으면, 죽음의 문제는 최소화된다.

그러나 인생에 대한 죽음의 도전은 훨씬 곤란한 문제이다. 그것은 죽음 자체의 의미를 모색하는 문제라기보다는 죽음에 관한 생각이 우리의 모든 노력을 허무하고 의미없게 만들 우려가 있다는 것이다.

이러한 위협에 가장 효과적인 해결책은 자아가 오래 지속되는 상황에서 생을 영위하는 것이다. 여러 세대에 걸친 미래에까지 계속되는 목적과 가치에 노력을 기울인다면, 죽음은 그 노력을 훼손하지 못할 것이다. 그러나 이를 효과적으로 수행하려면 자신의 삶 이상으로 상당히 지속되는 가치의 토대를 모색할 필요가 있다. 현대 사회에서 사람들은 자아와 가족을 중요한 가치의 토대로 이용하게 되었고, 죽음의 위협에 대처하는데 오래된 가치만큼 효과적인 것도 없다. 자아는 우리와 함께 소멸되고, 가족도 오래 살아남지 못한다. 죽음에 당면한 현대인은 자신의 삶보다 오래 계속되는 삶의 긍정적 가치의 주요 원천으로 자신의 자녀를 생각하게 되었다. 이는 현대 사회에서 삶을 의미있게 하는데 자녀의 중요성을 다시 확인해주는 것이다. 이에 관해 매우 신중히 생각하지 않는 한, 우리는 자녀를 갖게 될 것이다. 그러나 이것은 취약한 해결책이다. 만일 자녀들이 부모의 환상에 맞춰 생활하지 않는다면 부모는 자신의 생활을 위한 긍정적 가치의 효과적인 원천을 갖지 못하게 된다. 자녀들이 잘 되었다고 해도 그들 역시 죽을 운명이며, 미래 세대에 의해 곧 망각된다. 결국, 자신이 오래 생존하기 위한 가치의 주요 원천으로 자녀들에게 의지하는 데에는 실존적인 면에서 책임을 전가하는 분명히 불안한 요인이 있다. 자신의 삶의 가치는 자녀들에게 있으며, 그 자녀들도 마찬가지이고, 그 다음에도 계속된다. 따라서 이것은 먹고 번식하기 위해 살아가는 벌레와 곤충이나 다름없는 가치없는 인간의 조건을 묘사한 것이다.

인간의 생활을 보다 넓은 의미있는 상황에서 조망하는 것이 훨씬 효과적이다. 죽음에 당면하여 안정감을 갖기 위해서는 행동의 가치를 수십 년, 수백 년을 초월하는 종교적, 정치적, 예술적, 과학적 또는 다른 근거에서 이끌어내야 한다. 죽음은 여전히 불안과 고통의 원천이 될 수 있지만, 이와 같은 의미에 충만된 삶을 위협하지는 못한다. 그러나 불행하게도, 현대는 그와 같은 장기적인 상황에서 개인이 자신의 삶을 구축하기가 더욱 어려워졌다. 특히, 자아를 인간의 노력을 정당화하는 중요한 가치의 토대로 계속 이용하는 것은 죽음의 위협을 심화시키는 경향이 있다. 자아에 높은 가치를 두면서 인생을 영위해갈수록 삶의 가치는 죽음에 의해서 무의미해진다. 이 때문에 노화, 사망, 기회 상실과 같은 죽음의 관한 개인적 문제의 모든 면은 계속 위협이 될 수 있다.

제4부

의미의 변화

제12장 인생의 변화 : 의미의 가감

나타니엘(Nathaniel)은 1800년에 터너(Turner)라는 이름의 관대한 노인을 주인으로 모시는 버지니아(Virginia) 남부의 노예 부모에게서 태어났다. 비범한 재능을 지닌 그는 아동기에 대우를 잘 받고 얼마간의 교육까지 받았다. 그는 큰 인물이 될 것이라고 믿도록 격려를 받았다. 그러나 노예주와 그 부인이 죽자, 그는 다른 노예주들에게 넘겨지고 평범한 젊은 노예로 취급되었다. 그들은 어떤 교육이나 특별대우를 계속할 이유를 찾지 못했다. 그리하여 21세가 되었을 때, 전도유망한 청년기에도 불구하고, 그는 농장 노동자가 되었고, 노예 부인과 자녀들과 헤어져 다른 노예주들에게 팔려갔다.

인생의 최악의 시점에서 그는 미래상을 그리기 시작했다. 신의 계시를 확신하고, 그는 일을 쉴 때 그 지역을 돌면서 다른 노예들에게 설교를 하기 시작했으며, 점점 더 많은 사람들에게 연설을 하게 되었다. 한 떠돌이 백인이 나타니엘 터너의 설교를 듣고 구원을 받아 세례를 받자, 백인을 세례한 흑인의 인종적 상징이 지역에서 큰 반향을 일으켰다. 이 무렵에 백인을 지배하는 흑인에 의해서 새로운 사회질서가 수립되는 천년왕국을 초래하는 그의 진정한 사명에 관한 신의 계시가 나타났다. 터너는 점차적으로 제자들을 모아 신의 예시를 가르치고, 나중에 남부 노예사회에 오랫동안 흔적을 남긴 잔혹한 노예봉기를 초래하였다. 터너의 노예집단은 조직적인 군대에 대항할 가능성이 분명히 거의 없었지만, 그 반항은 신속하고 강력하게 진압되었다. 터너는 농장 노동자에서 목사로, 장군이자 흑인 구세주로, 후에는 도망자로 전락하여 습지와 야산에 숨어 지냈다. 그는 사로잡혀 재판에 회부되고, 31세에 교수형을 당했다(Oates, 1975).

오늘날 미국인들 중에 노예반란과 같은 것을 겪는 사람은 거의 없지만, 터너의 이야기는 인생의 변화에서 몇 가지 주제를 나타낸다. 즉, 의미의 상실을 수반한 절망과 우울, 새로운 의미를 동반한 흥분, 새로운 변화에 뒤따르는 생활사의 변경, 실제로 불가피하게 중요 사태로 연결되는 국부적 사건들, 기본적인 삶의 변화라는 생각을 우롱하듯 계속되는 중요한 변화들이다.

이 장에서는 사람들이 자신이 삶의 의미에서 중요한 변화를 경험하고 그에 적응하는 과정을 검토할 것이다. 인생에 새로운 의미를 추가하는데 관련된 것을 간단히 검토한 후, 의미를 제거하는 과정에 대해서는 아주 자세히 살펴볼 것이다. 이 장에서는 개인의 변화에 초점을 두고, 다음 장에서는 사회변화의 와중에 있는 큰 집단의 생활변화를 검토할 것이다. 의미와 정서적 규제의 관계는 인생의 변화에서 아주 중요하며, 이 장에서는 인생의 의미를 재구성하는 과정에 내포된 정서적인 측면에 면밀한 주의를 기울일 것이다.

새로운 의미의 추가는 다소 직설적이기 때문에 많은 논의가 필요하지 않다. 이에 비해서, 의미의 삭제는 바로 문제가 생긴다. 의미는 본질적으로 연결이나 연관성이기 때문에 그와 같은 연결이 어떻게 해소될 수 있겠는가? 서로 연관되어 있던 두 가지가 의미있는 관계를 갖지 않을 수 있는가? 4 더하기 5가 9와 같지 않을 수 있는가? 이혼이 전혀 낯선 사람들처럼, 서로 완전히 무관하고 정서적으로 무심할 정도로 두 사람 사이의 유대관계를 해소할 수 있는가?

앞 장 대부분의 자료와는 달리, 인생의 변화에 관한 신빙성 있는 정보는 입수하기가 어려웠다. 사회과학자들은 집단에 가입하고 탈퇴하는데 얼마간 관심을 기울였지만, 대부분의 연구는 관련된 내적 과정을 검토하기보다는 광범한 통계적 예측요인들을 탐색하는데 집중하였다. 그래도 다음과 같은 몇 가지 증거를 수집할 수 있었다.

첫째 출처는 이혼이나 낭만적 관계의 파탄에 관한 것이다. 이혼에 관한 많은 연구가 이루어졌지만, 대부분은 이혼 가능성이 가장 많은 경우에 관한 인구통계학적 그리고 다른 일반적인 요인들을 예측하는 것이었다. 그러나 최근에 이혼에 수반되는 주관적인 과정을 검토하려는 노력이 진행되었고, 그 중 가장 잘 알려진 것이 보간(Diane Vaughan, 1986)의 연구이다.

두 번째 출처는 종교집단에 관한 것이다. 근래에 사람들이 집단에서 이탈하는 이유와 과정에 관한 연구가 크게 증가하였다. 특히 이교에 대한 연구에 의하면, 대부분의 신자들이 초기 2년 내에 사이비 종교를 떠나고, 그들을 연구함으로써 종교적 믿음을 포기하는 과정에 관해 많은 것을 알게 되었다(Bromley, 1988).

정치적 집단에서 이탈하는 것도 종교를 포기하는 것만큼이나 강한 영향을 미칠 수 있다. 크로스맨(Richard Crossman, 1987/1949)은 여러 명의 중요한 서구 지성인들이 처음에 공산주의에 매료되었다가 나중에 결별한 과정을 직접 설명한 책을 편찬하였다. 이 설명은 사례수가 적고 과학적인 표집방식으로 적절히 구성된 것으로 주장하기는 어렵지만, 주관적 과정에 관한 상세한 설명은 특히 가치가 있다.

사회과학자들은 역할이 행동, 역할 갈등, 역할 긴장 등을 결정하는 과정에 관한 문제를 포함하여 사회적인 대인관계 역할에 관한 연구에 수년 동안 많은 관심을 기울였다. 근래의 연구에서는 사람들이 역할을 그만두고 이전 역할에 적응하는 과정에 대해 검토하기 시작하였다(Ebaugh, 1988a). 노화와 은퇴에 관한 연구는 이 과정을 더 잘 조명하고 있다(Kaufman,

1986).

이와 같은 연구에서 일부는 의도적인 생활 변화만을 검토하였으며(Ebaugh, 1988a), 이것은 비교의 목적을 위해서는 유감스러운 것이다. 이에 대한 관점은 하향 이동에 관한 뉴만(Katherine Newman, 1988)의 연구에서 찾아볼 수 있다. 그녀의 연구에는 실직한 간부로부터 공장 직공에 이르는 노동자들과 하향 이동한 이혼녀들이 포함되어 있다.

사람들에게 인생의 의미가 변화되는 것은 얼마나 보편적인가? 어떤 역할 변화는 불가피한 것 같다. 고등학생으로 영원히 머물 수 있는 사람은 없다. 그러나 다른 변화는 매우 다양하다. 결혼의 50%는 이혼으로 끝나는 것으로 보인다(Price & McKenry, 1988). 미국 남성의 20% 정도는 그들의 생애에서 실직을 하고 하향 이동을 겪는다(Newman, 1988). 이교 집단의 대부분은 가담한지 2년 내에 탈퇴한다(Barker, 1988). 정통 종교 집단의 신도들도 흔히 한 동안 탈퇴하지만 나중에 복귀하는 경향이 있다(Hoge, 1988).

일반적으로, 관여를 중지하고 관계를 단절하는 것이 보편적은 아니지만, 상당이 있다는 것은 분명하게 보인다. 이 장의 관심은 그와 같은 변화의 원인이나 통계적 예측요인이 아니라, 이러한 변화를 해석하고 인생의 의미를 재구성하는 주관적 과정에 있다. 그 초점은 중요한 생활변화를 경험하는 사람의 내면에서 무엇이 발생하는지를 파악하려는 것이다.

새로운 의미에 대한 열광

사람들은 새로운 관계와 책임을 부담함으로써 자신의 인생에 새로운 의미를 추가한다. 이것은 흔히 사회적 집단 형성을 수반한다. 새로운 구성원은 전형적으로 집단의 신념, 가치, 기준을 내면화한다.

자신의 인생에 새로운 의미를 추가하는 것은 전형적으로 큰 기쁨, 행복, 축복의 기간을 동반한다. 대부분의 증거는 새로운 의미의 자발적 수용에 관심을 두고 있기 때문에 비자발적인 변화로 일반화하는데 신중을 기해야 한다. 그러나 대부분의 새로운 의미는 자발적으로 추가되기 때문에 긍정적인 정서가 보편적이다.

결혼은 인생에 새로운 의미를 추가하는 진숙한 예이다. 결혼으로 이행하는 것이 어려운 적응을 요구할 수 있더라도, 그것은 분명히 행복한 순간을 가져온다. 실제로, 앞 장에서 언급한대로, 신혼 기간은 전형적으로 여성의 일생에서 가장 행복한 시기이다(Campbell, 1981). 사랑, 자유, 낙관주의, 생활의 즐거움은 이 시기에 강렬하다(Rubin, 1976).

취업은 인생에 새로운 의미를 추가하는 또 다른 변화이며, 처음 몇 주일은 흔히 긍정적이고 유쾌한 감정을 갖게 된다. 신혼과 마찬가지로, 취업에도 밀월기간이 있다는 증거가 있다(Helmreich, Sawin, & Carsrud, 1986). 많은 사람들은 높은 야망, 이상적인 기대 그리고 열정으로 새로운 일을 시작한다(Cherniss, 1980). 심지어 직업 전망이 장기적이고 어렵게 보여도 흔히 도전과 흥분, 모험과 같은 많은 긍정적 감정과 태도로 출발한다. 사람들은 성인 생활의 행복에 대한 희망과 꿈을 설계하는 과정을 즐긴다(Levinson, 1978).[44)]

부모 역할로의 이행은 스트레스와 긴장, 요구와 책임, 구속감, 결혼의 질과 친밀감의 감소를 포함한 다양한 부정적 결과를 가져온다. 이러한 문제에도 불구하고, 새로운 부모 역할에 관련된 행복한 표시가 있다. 사람들은 그 변화를 축하하고 긍정적인 의미로 말한다. 적어도 얼마간의 강한 긍정적인 감정이 모든 괴로움과 어려움에는 혼합되어 있다. 한 가지 의미있는 표시는 부모가 되는 것이 비슷한 정도의 긴장과 스트레스를 내포하고 있는 대다수의 다른 변화와는 달리, 분명히 자살율의 감소를 가져온다는 것이다(Baumeister, 1990; Hendin, 1982). 새롭게 부모가 된다는 것은 인생에 새로운 의미를 많이 제공한다는 점에서 다른 스트레스 상황과는 다르며, 많은 문제를 보충할 수 있다.

종교적인 개종 경험도 기쁨과 축복으로 알려져 있다. 청소년의 종교적 개종 경험에 관한 수십 년 동안의 연구는 그에 관한 기본적인 양상을 제공하였다. 이러한 경험은 새로운 믿음에서 나오거나 이전에 반신반의로 무덤덤하게 믿었던 것을 새롭게 강화시킴으로써 나타날 수 있다. 개종에 앞선 기간에는 전형적으로 우울하고 무력한 죄책감의 특징을 보인다. 개종 경험은 "품위와 평화 속의 황홀한 느낌"을 초래한다(Argyle, 1959, p. 61). 만일 개인이 새로운 종교 집단에 가입하면, 흔히 흥분과 성장이 가득한 밀월기간이 있으며, 그 시기에 개종자는 모든 작은 행동에도 신의 뜻이 담겨 있다는 사실에 심취한다(Rothbaum, 1988, pp. 208-209; Paloutzian, 1981).

노예들의 종교적 경험도 청소년들의 경우에서 본 것처럼 동일한 양상을 보인다. 일정 기간의 고독감, 슬픔, 불안, 죄책감은 신에 의해서 사랑받고 인정받는다는 강력한 느낌으로 사라질 것이다. 개종자는 사랑과 동정을 받는다. 그 후, 노예들은 그들의 개종일을 특별히 축하할 날로 준수하는 경향이 있다(Raboteau, 1978).

종교적 각성에 수반되는 강렬한 정서적 변화를 이해하기 위해서는 개별적인 사례를 검토하는 것이 도움이 된다. 강력한 종교적 각성의 상세한 사례는 파울러(James Fowler, 1981)가 제공하였다. 메리(Mary)라는 여인은 불법약물 사용, 절도, 자살시도, 문란한 성생활, 동거와 같은 스스로 회고해 보면 부도덕하고 무책임한 생활을 영위해왔다. 환각 상태에서 그녀는 종교에 눈을 뜨게 되었다. "지상에서 우리의 유일한 목적이 신을 숭배하고 찬양하는 것이며, 우리의 모든 목적이 신성으로 충만하고 신을 찬미하는 것임이 내게 절실하게 나타났어요"(Fowler, 1981, p. 220). 곧 그녀는 기독교 교리를 탐구하기 시작하였으며, 사물의 이치를 새롭고 강력하게 깨닫는 경험을 하게 되었다.

---

44) 새로운 직업에 대한 이와 같은 긍정적 감정이 노동자 계층에는 없다는 증거가 있다. 이는 직업에 대한 태도가 인생의 의미에 관한 원천으로서 그다지 큰 작용을 하지 않는다는 이전 주장과 일치된다.

똑같이 긍정적인 결과가 있는 다른 신성한 개입이 메리에게 뒤따랐다. 불행한 결혼 기간에 상황은 최악에 이르렀다. 그녀는 아파트 건물 밖 계단 꼭대기에 서서 이웃 주민들이 모두 듣도록 자신을 저주하며 외설적인 욕을 하는 남편을 나중에 기억해냈다. 그 순간에 그녀는 "이것이야, 이걸로 충분해"라고 말하는 신의 소리를 들었고, 그것은 커다란 평화와 위안이 되었다. 이후, 신은 그녀에게 이혼을 허락하였다. 따라서 그녀의 모든 생활과 느낌은 갑자기 좋아져 상황을 신의 관점에서 보게 되고 신의 동정을 받기 시작하였다.

새로운 의미에 열광하는 가장 웅변적인 예는 크로스맨(Crossman, 1987)이 편집한 공산주의자들에 관한 것이다. 그들은 공산주의로의 전환을 새로운 낙관주의, 즐거움, 통찰, 포괄적인 이해심을 가지고 언급하였다. 그 이전의 시기는 청소년의 종교적 개종에 앞선 우울과 같이, 그들에게는 우울한 것이었다. 그들은 서구 가치에 대한 실망과 국수주의(Fascism)에 대한 두려움을 이야기하였다. 그들은 새로이 형성된 소련을 지상에 있는 신의 왕국의 새로운 유형, 새 시대의 선구자(Fischer, p. 199) 또는 완성되고 있는 이상향(Gide, p. 180)으로 기대했다.

두 가지 중요한 결과가 공산주의를 포용함으로써 나타났다. 하나는 세상이 이제 이해된다는 느낌이었다. 쾨슬러(Arthur Koestler)가 이에 관해 가장 명확히 요약하고 있다. "새로운 빛이 사방에서 쏟아지는 것 같다. 우주 전체가 흩어진 퍼즐 조각이 한 번에 신비스럽게 합쳐지듯 변한다. 이제 모든 문제에 해답이 있으며, 의심과 갈등은 고통스러웠던 과거, 즉 무지한 자들의 무미하고 생기없는 세계 속에서 아무 것도 모른 체 생활했던 이미 먼 과거의 문제이다."

두 번째는 더욱 감정적인 것이었다. 초기의 황홀감 다음에는 평화와 명쾌한 느낌이 열정과 낙관주의와 결합되어 계속 이어졌다. 쾨슬러는 개종자의 내적 평화와 평온함 그리고 죄의식의 소멸을 언급하였다. 미국 흑인 작가인 라이트(Richard Wright)는 공산주의자로서의 자신의 초창기를 돌이켜보고, 자신이 쓴 이야기가 출판된 것을 기쁘게 생각하였다. 왜냐하면 그가 그 시기에 느꼈던 강한 열정, 희망, 신념, 책임, 심지어 감정적인 역동성과 명쾌함을 다시 느낄 것으로 생각하지 못했기 때문이다(1987, p. 162).

일반적으로, 새로운 의미의 시기는 강한 긍정적 감정과 흔히 연관되어 있다. 세상은 새롭게 이해되며, 이러한 발견은 황홀한 느낌을 준다. 이러한 증거는 의미의 주요 기능의 하나가 정서규제라는 주장과 잘 부합된다. 새로운 신념이나 역할에서와 같이, 새로운 의미를 수용하는 것은 흔히 강한 긍정적 감정을 야기하는 확실한 방법이다. 분명히, 세상이 이제서야 이해된다는 갑작스런 느낌은 긍정적 감정의 강력한 원천이다. 이것은 고통에 관해서 앞장에서 묘사한 것, 즉 세상이 더 이상 이해되지 않는다는 느낌은 부정적 감정의 강한 원천이라는 것과 반사적인 모습으로 생각할 수 있다.

관여 유지와 불일치의 회피

최근에 운동이나 관계 또는 역할을 그만둔 사람들은 흔히 자신이 속았다고 말한다. 그들은 누군가 그들을 속였거나 거짓 약속을 했다고 주장한다. 그 내포된 의미는 멋있지만 불성실한 어떤 약속에 끌렸는데 이중성을 나중에 발견했다는 것이다.

이 설명은 어느 정도 사실일 수 있지만, 대체로 적절한 것으로 받아들일 수는 없다. 사람들은 자신의 관여에 단지 수동적이지는 않으며, 그 관여에 대한 환상에도 전적으로 수동적이지 않다. 행복에 관한 장에서 사람들은 긍정적 환상을 적극적으로 만들어내고 유지한다는 것을 보았다. 실제로, 사람들은 이에 매우 능숙하다. 그들은 이와 같은 기술을 역할이나 관계 또는 관여에 적용한다. 한 집단이나 운동에서는 그 지지자들을 실제로 완전히 속일 필요가 없다. 그저 할 일은 그들을 정서적으로 만족시켜서 스스로 속도록 하는 것이다.

사람들은 모순된 정보와 그 의미를 무시함으로써 자신의 환상을 유지한다. 그들이 믿고 싶어 하는 것이 확인되면, 그들은 그것에 주목하고 잘 생각하며 기억 속에 정리해 둔다. 그들이 믿고 싶어 하는 것이 부인되면, 그들은 그것을 해체해버리고, 깊게 생각하지도 않는다. 그들은 그것을 관련된 다른 정보와 연관시키기보다는 별개로 취급하거나 설명하여 선호하는 신념이 위협받지 않게 한다. 상충되는 정보는 의미있는 관련을 갖지 않게 된다.

사람들은 자신의 신념과 반대되는 개별 사건이 일관되고 지속적인 형태를 이루지 않는 한 참아낼 수 있다는 것이 아주 확실하다. 그들은 간헐적인 실망을 기꺼이 인정한다. 그리고 이러한 태도를 표현하기 위한 친숙하고 인기있는 말, 즉 다 이길 수는 없다거나 너무 많은 기대를 할 수는 없다는 진부한 표현도 알고 있다. 예외는 단지 예외인 한, 용인될 수 있다.

이와 같은 별개의 문제와 실패는 분명히 부정적 감정을 야기할 수 있다. 그러나 가끔씩 발생하는 불쾌한 감정은 일반적인 형태의 불만이 아닌 한 참을 수 있다. 이러한 감정을 억제하고 환상을 유지하기 위한 열쇠는 부정적 감정을 별개의 무관한 일로 간주하는 것이다. 예를 들면, 부모역할에 관한 증거에 의하면, 사람들은 전반적인 형태가 자신에게 유리하고 자신의 행동에 긍정적 가치가 있다고 믿는 한, 불쾌한 감정을 아주 기꺼이 참아낸다. 따라서 나쁜 감정은 별개의 부분으로 간주되어, 어떤 것도 광범한 긍정적 감정과 소중한 진전에 견줄 수는 없다.

환상을 지속함으로써 관여를 유지하는 과정은 이전 공산주의자들이 잘 묘사하였다. 쾨슬러의 회상에 의하면, 당이 어떤 입장을 선택하면, 모든 비판이나 토론이 이단자의 방해로 간주되기 때문에 논의는 여러 가지 표현으로 당의 노선에 동의하는 것이었다. "우리는 노선의 정당성을 모색하기 위해서만이 아니라 언제나 필요한 견해만을 갖고 있었다는 것을 입증하는 이전 생각의 흐름을 찾기 위하여 마음속에서 애를 많이 썼다. 이와 같은 방식으로 우리는 거의 언제나 성공했다"(p. 50). 당은 도덕적 및 논리적으로 절대적인 것으로 간주되었으므로, 그 지지자들은 당의 지시를 무엇이든 믿고 수용하는 길을 발견할 뿐이었다. 거짓말, 왜곡, 협박, 억압, 살인과 같은 당에 의한 부도덕한 행위는 바람직한 목표를 위해 필요한 방법으로 인정되었다.

선택적인 주의가 강력한 요인이었다. 쾨슬러는 공산주의 개종자들이 자본주의 사회의 부당성에 대해서는 분개하면서 공산주의 국가에서 자행되는 추방과 처형에는 얼마나 침묵하는지 주목하였다(p. 71). 피셔(Fischer)는 그들이 모두 자본주의 결함에 너무 집착하다보니 공산주의 체제의 비슷한 범죄에 대해서는 알지 못했다고 강조하였다. 그들은 분명히 이 점을 알고 있었으나 현재 진행 중인 커다란 유형의 일부로 간주하지 않으려고 했다. 기껏해야, 그들은 많은 희생이 현재 필요하다는 것을 인정하면서도, 이 불행한 일들이 모두 곧 끝날 것으로 믿었다. 예를 들면, 처형의 물결이 모두 불안하게 만들지 모르지만, 그들은 이 죽음이 공산주의가 아닌 과도기, 즉 혁명의 증후라고 서로 얘기했다. 혁명은 흔히 격렬하지만, 그것이 완료되고 공산주의가 확립되면 그와 같은 격렬한 사건은 더 이상 없을 것이다.

사실, 미래에 관심을 두고 현재를 무시하는 전략은 여러 명의 이전 공산주의자들이 언급한 바 있다. 스펜더(Stephen Spender)는 "현재는 으스스한 혁명전 과거에 속하고 미래에 살고 있넌"(p. 235) 한 공산주의자 친구를 회상했다. 그는 전에 그 친구에게 서구식 정의에 대한 러시아의 허세를 크게 실추시켰던 과시적인 재판에 대해 물은 적이 있다. 그 친구는 주저하더니 이 모든 재판에 대해 생각하는 것을 오래 전에 그만두었다고 말했다. 상충되는 사건에 대해 생각하지 않는 것이 공통된 내용이었다. 결론을 내리지 않고 내포된 뜻도 생각하지 않기 때문에 의미는 회피하게 된다.

다른 사람들은 이 모순된 환멸을 느끼는 상황에 대해 생각하였지만, 그들의 공산주의 신념과 조화될 수 있는 길을 찾았다. 피셔(Fischer)의 말에 의하면, "러시아에 해로운 듯 전개된 상황은 덧없는 것으로 간주되고, 불성실하게 해석되거나 보다 중요하고 상반되는 상황에 의해서 상쇄되었다"(p. 203). 따라서 불일치된 정보는 일시적이거나 무관한 것으로 언급되었기 때문에 안전하게 무시될 수 있다고 지지자들은 생각하였다. 스펜더(Spender)는 공산주의에 대한 자신의 신념에 반대되는 것들을 설명하는 방법을 모색한 자기주장을 이야기했다. 쾨슬러(Koestler)는 사실을 액면 그대로 보지 않고 현실 세계를 감추는 논리적인 망상의 안개를 통하여 선입견에 맞게 어떤 정보도 변형시키는 법을 배웠다고 말했다(p. 60).

차이를 회피하는 것은 대인관계에도 파급되었다. 크로스맨(Crossman) 집단의 작가들은 당의 노선에 반대하는 사람, 특히 공산주의에 대한 신념을 상실한 사람에 대해 거의 모두가 말하기를 극히 꺼려했다. 쾨슬러(Koestler)는 반대자나 배신자에 대해 언급하는 것은 악의 세력과 거래하는 것으로 간주되었다고 말했다(p. 34). 실론(Ignazio Silone)은 자신과 맞지 않는 의견을 공정하게 토론하거나 성실한 반대자를 배려하는 능력이 전혀 없는 공산주의자들에 대해 큰 충격을 받았다. 라이트(Wright)의 설명에 따르면, 가장 고통스러운 순간은 자신이 운동에 적극 참여하지 않기로 결심하자, 이전 동료들이 자신을 공격하고 악의적인 소문을 전파했을 때이었다.

정신적 일관성에 대한 욕구는 집단이나 체제의 후원으로 어떤 이견도 제압하는 힘을 발휘하였다. 공산주의자들은 반대 의견을 생각하는 것조차도 불충실하다는 느낌을 가졌다. 반대자들과 토론을 회피하는 것은 이러한 느낌의 일부분에 지나지 않았다. 스펜더(Spender)는 공산주의에 대해서 마음속으로 토론하는 것에도 죄책감을 가졌다. 왜냐하면 공산주의에 반대하는 주장을 하는 자신의 일부는 자본주의 억압과 은밀하게 동맹을 맺고 있는 것인지도 모르기 때문이다. 쾨슬러(Koestler)는 공산주의자들이 자신을 적극 지지하지 않는 사람을 반대자로 여기는 균형이론의 가장 극단적인 예를 제시하였다. 그들은 모든 비공산주의자들을 개념상, 국수주의자(Fascist)로 간주했다. 국수주의자의 감옥에서 죽은 사람조차도 자신을 공산주의와 일치시키지 않는 한 국수주의를 옹호하는 것으로 간주되었다.

공산주의가 의미를 선택적으로 회피하여 유지되는 유일한 관여는 아니다. 비슷한 형태가 다른 경우에도 나타난다. 이혼에 관한 보간(Vaughan, 1986)의 설명에 따르면, 파탄 과정은 흔히 한 사람이 남몰래 관계에 불만을 느끼기 시작할 때 생긴다. 그 사람은 전형적으로 불만에 직접 당면하기를 꺼린다. 왜냐하면 그것은 장래에 대한 불안한 의미를 지니고 있기 때문이다. 처음에는 아무도 이혼할지 모른다는 생각을 하지 않으려고 한다. 단기간의 해법은 문제나 갈등을 좁게 보는 것, 즉 큰 어려움의 증후가 아니라 구체적이고 즉각적인 문제로 간주하는 것이다.

대인관계의 전략과 유형은 결혼의 불만에 대한 인식을 회피하는데 기여한다. 불만을 가진 사람은 우리 관계가 행복하지 않다고 말하는 것을 피한다. 그 대신, 귀찮은 개인적인 습관, 조그만 불평, 사소한 의견 다툼과 같은 작은 일상적인 문제에 불평을 한다. 상대방도 불만을 전체적으로 보려고 하지 않고, 그저 직접적인 불평에만 그들 식으로, 즉 심각한 것이 아니라 작은 개별적인 문제로 반응한다. 따라서 이혼은 큰 문제를 숨기고 있는 많은 작은 논쟁으로부터 시작된다.

이와 같은 회피 과정은 실직한 사람들의 경우에도 작용할 수 있다. 뉴맨(Newman, 1988)은 해고당한 많은 사람들이 돌이켜 보면, 그것이 임박함을 알았어야 했다고 흔히 주장한다는 것을 발견했다. 아마 그들은 경고신호에 대한 기억을 꾸며내어 이야기를 단지 일관되게 만들어낸 것이지도 모른다. 그러나 그들은 자신의 경력이 위험하다는 증후를 처음에 못 보았을지도 모른다.

이교에서도 동일한 형태를 많이 보인다. 많은 이교에서는 자기 신도들이 반대 의견을 듣지 못하게 하는 수단으로 외부 세계와 고립을 유지한다. 특히, 이전 신도들, 즉 배신자들은 비난받고 기피 당한다(Barker, 1988; Hall, 1988; Rothbaum, 1988). 그들은 집단의 신성한 사명을 위협하는 악마나 사탄의 산물이 된다. 그들은 거의 언제나 무지한 사람보다도 더 나쁘게 여겨진다.

종교 집단에 누가 불만을 갖기 시작할 때, 그 사람은 처음에 그와 같은 느낌을 분리하여 염려스러운 상황의 의미에 대해 생각하지 않으려 할 것이다(Jacobs, 1984). 이는 신앙에 의해서 촉진된다. 종교 지도자는 자신의 행동을 잘 알고 있는 것으로 신뢰받는다. 지도자의 모든 행동은 의도적인 가르침으로 간주된다. 추종자들이 받아들이기 어려운 것을 발견하면 그들은 자신의 부족한 이해력을 탓한다(Rothbaum, 1988). 그와 같은 반응은 고차적 의미의 신화에 관한 믿음을 극적으로 예시한 것이다. 개인은 그렇지 않다고 말할 수 있는 경우에도 이러한 것들이 긍정적인 면에서 일리가 있다고 억지로 믿는다. 그는 이에 대한 그럴듯한 이유가 분명히 있을 것이라고 스스로에게 말한다.

그러므로 사람들은 인생의 의미의 중요한 원천에 관한 긍정적인 환상을 유지하는데 적극 협조한다. 광범한 의미있는 주제는 의심할 여지없이 고수된다. 우리는 특별한 사고, 감정, 상황, 행동이 이와 같은 광범한 주제와 일치되는지만 묻는다. 흔히 이러한 질문도 답변이 긍정적인 조건에서만 진행된다(Gide, 1987). 인지부조화는 비일관성을 보지 않음으로써 회피된다. 광범한 의미와 모순되는 것은 재해석되거나 특별히 처리된다. 즉, 바람직한 결론에 맞게 왜곡 또는 합리화되거나, 별개의 무관한 것 또는 무의미한 별종으로 취급된다.

불만의 표출

불일치를 회피하는 열쇠는 문제나 모순의 전반적인 형태를 보지 않는 것이다. 사람들은 성공과 행복의 과정에서 불가피하게 맞을 수 있는 좌절, 실망, 지연, 그 밖의 부정적 상황을 견딜 수 있는 능력이 충분히 있다. 만일 이러한 상황이 안정적이고 지속적인 불행의 양상의 일부라고 인식된다면, 그들은 그와 같은 감정을 훨씬 참기 어려울지도 모른다.

의미는 사물을 넓은 형태로 연결시키는 연관의 문제이다. 유일한 포괄적인 형태가 행복하고 낙관적이라면, 별개의 모순된 사건들은 사소한 문제나 성가신 것으로 잊어버릴 수 있다. 이 문제들은 긍정적인 전체적인 양상에 비하면 사소한 것처럼 보인다.

그러나 이와 같이 모순된 사건들이 결합되어 부정적이고 잘 맞지 않는 커다란 사고 형태로 변할 때 중요한 단계가 나타난다. 이는 불만의 표출이라고 부를 수 있을 것이다. 이러한 축적 전후의 주관적 상태의 차이는 부정적 감정이나 의심의 정도 변화와는 아무런 관계가 없을 수 있다. 다른 점은 이러한 부정적 감정과 의심이 사소하고 서로 관계가 없는 개별적인 것들로 단순히 구성된 것이 아니라, 고차적인 신념과 모순되는 포괄적인 형태의 의미있는 관계로 연결되었다는 것이다.

군대와 비유하는 것이 이 차이점을 분명히 나타낼 수 있다. 사소하고 일상적인 좋고 나쁜 상황은 군인에 비교될 수 있다. 정상적으로, 현상은 군대처럼 모든 좋은 면을 함께 결합함으로써 유지되는 반면에, 나쁜 것들은 개별적이고 분리된 것으로 취급된다. 마치 적군이 한 번에 한 명씩 나타나 방어세력과 싸우다 결국 패배하는 것과 같다. 실질적인 위협은 모든 적군들이 단합하여 방어세력을 물리칠 수 있는 군대를 형성할 때 시작된다.

이미 제시한 바와 같이, 많은 종교 집단의 신도들은 그들의 의심과 지각을 무시하고 모든 것이 신의 뜻이나 지도자의 자비로운 노력에 부합된다는 믿음을 견지한다. 그들이 이런 식으로 온갖 의심을 더 이상 버릴 수 없으면 중요한 변화가 나타난다. 예를 들면, 많은 비전통적인 종교 집단에서 여성들은 남자 신도들에게 철저히 종속되어 남자들을 위한 요리, 청소, 배려와 같은 전통적인 여성의 일을 떠맡는다. 처음에 그들은 이러한 복종을 신의 뜻으로 받아들이지만, 어느 시점에 이르면 이것이 매우 부당하다고 생각하게 된다. 그 후 그들은 그것을 일반적인 형태의 경멸과 착취의 일부로 간주하기 시작한다(Jacobs, 1984).

그와 같은 집단의 다른 신도들은 이상적인 발전을 향한 높은 기대를 유지한다. 현재는 그와 같은 고도의 발전 과정에서 유감스럽게도 중간 지점으로 인정될 수 있다. 그러나 어느 시점에서 그와 같은 진전이 진행되지 않거나 그다지 신속하지 않다는 것이 분명해져서 개인은 이교가 결국 세상을 변화시키지 못할 것임을 깨닫기 시작한다. 이러한 자각은 모든 것을 변화시킨다. 지금까지 우리는 자신의 문제와 불만을 일시적 현상으로 간주하였지만, 이제는 그것들이 영구적인 것으로 보이기 시작한다. 이와 같은 세계 변화의 실패에 대한 지각은 지도자의 행동이 상징적인 이상과 맞지 않다는 인식과 결합되어 이교 탈퇴 결정의 중요한 요인이 된다(Wright, 1984).

소련을 방문한 서구 공산주의자들도 비슷한 변화를 보였다. 앙드레 지드(Andre Gide)는 유명한 그곳 방문 직후에 공산주의와 결별하였다. 그는 언론탄압, 생활수준과 권력의 불평등, 자본주의 사회에서 가장 나쁜 특징으로 생각한 것과 비슷한 다른 특징들을 발견하였다. 그 후, 그는 발전을 믿을 수 있었다면 조용히 있었을 것이라고 말했지만, 그보다는 소련의 상황이 더 악화되고 있는 것으로 믿게 되었다. 다시 말하면, 같은 문제가 개선되는 상황에서는 참을 만 하였지만, 영구적인 형태로 간주되면 참을 수 없는 것이 된다.

피셔(Louis Fischer)는 소련을 두 번 방문했는데, 그 간의 비교에 의해서 큰 충격을 받았다. 첫 방문은 혁명 직후 이었는데, 상황은 매우 혹독하였지만, 그는 낙관주의와 희망이 널리 퍼져 있는 것을 보았다. 19년 후에 객관적인 조건은 더 악화되지는 않았지만, 그 의미는 변화되었다. 두 번 째에 그는 낙관주의와 희망을 거의 보지 못했고 공포, 냉소, 이기심, 그 밖의 못마땅한 형태를 보았다. 변화된 것이 그 자신의 태도인지 소련 국민의 태도인지 확실하지는 않지만, 그 함축된 의미는 동일하다. 즉, 유사한 조건이 일시적 과오인지 또는 영구적이고 안정적인 형태인지에 따라서 전혀 다른 의미를 갖는다. 그 조건을 안정되고 영구적인 형태로 보는 것은 불만의 표출을 초래하여 생활변화의 중요한 단계가 된다. 피셔(Fischer)의 경우에 공산주의와의 결별이 곧 이어졌다.

이혼에서도 개별적이고 무관한 일련의 갈등과 불만으로 보는 것으로부터 불행한 결혼을 나타내는 일반적인 형태로 간주하는 식의 비슷한 변화가 있다. 보간(Vaughan, 1986)은 사람들에게 그들의 관계에서 처음 잘못된 느낌을 가진 시기에 관해 면접을 하였다. 그들의 답변은 흔히 두 부분으로 구분되었다. 그들은 한 동안 분노, 실망, 갈등의 순간을 겪은 후에 이것이 관계에 대한 일반적인 불만으로 표출된다. 처음에 그들은 그것을 무관한 것으로 또는 모든 부부가 견디어내야 하는 단지 기본적인 적응문제로 무시하였다.

그러나 어느 중요한 시점에서 그 문제가 생각보다 일반적이고 영구적인 것으로 인식되었다. 별개의 상황으로 놔두기에는 갈등과 실망이 너무 많았다. 다른 경우에, 같은 문제의 재발은 적응이 된다면 모든 것이 괜찮다는 믿음을 버리게 되었다. 그 다음에 개인은 관계에 대한 불만을 스스로 인정하게 된다.

마찬가지로, 이보흐(Helen Ebaugh, 1988a)의 역할 이탈에 관한 광범한 연구에서 사람들은 대부분의 경우에 불만을 처음에는 잘 표현하지 않는다는 사실이 드러났다. 처음에 그들은 표면적으로 일련의 작은 문제를 중심으로 막연한 불만을 느끼지만, 나중에 그 불만이 누적되어 역할에 불편함을 표출하게 된다.

불만의 축적은 그 사람이 집단이나 관계를 단절한다는 것을 반드시 의미하지는 않는다. 그러나 전형적으로 진지하게 재고하기 시작한다. 당사자는 대안을 따져보고, 많은 사람들은 대안을 적극 탐색하기 시작할 것이다. 공산주의자들은 초기에 보다 헌신적인 시기에 쉽게 배제했던 일부 좋지 않은 증거도 새롭게 보면서, 의심의 기간에는 오랫동안 내부 토론을 계속한다. 마찬가지로, 한 이혼 연구자(Lyman, 1971)는 의지할 수 있는 다른 여성 없이 이혼하는 남자는 본 적이 없다고 주장했다. 분명히 과장된 것이긴 해도, 이러한 일반화는 현재의 배우자를 떠나기 위한 준비로 다른 사람을 찾으려는 보편적인 욕망을 나타낸 것이다. 이혼을 생각하는 사람들은 결혼관계에서 보다 순조롭게 벗어나 변화할 수 있는 다른 활동과 관계를 추구하기 시작한다(Vaughan, 1986).

불만의 표출은 관계나 책임의 재평가를 촉진시킨다. 현재의 문제, 불만, 재수없는 날은 전반적인 만족과 책임에 부정적으로 반영되지 않는 낮은 수준의 좌절로 무시될 수 있다. 그러나 광범한 형태의 문제와 욕구좌절은 보다 넓은 의미를 제기하며, 긍정적인 면이 부정적인 면을 능가하는지의 문제를 야기한다. 관여의 가치를 고려하면, 큰 문제를 더 이상 무시할 수 없게 된다. 대부분의 결혼관계는 며칠간의 재수없는 날은 견딜 수 있지만, 그와 같은 날이 1년 이상 지속되면 그 관계가 노력할 가치가 있는지 재평가하기 시작할 것이다.

고차적 의미는 흔히 상황을 추상적 기준이나 일반적인 원리에 비추어 비교하게 만든다.

이와 같은 수준에서 부정적 결정은 개인의 욕구, 소망, 기대가 충족되지 않았다는 결론을 전형적으로 내포할 것이다. 예를 들면, 공산주의자들은 그 실천과 조직이 그들의 개인적 희망과 목표에 더 이상 충분히 부합되지 않는다고 느꼈을 때 당과의 결별을 결정하였다(Crossman, 1987). 사람들은 영적으로 얻는 바가 없거나 종교집단이 세상을 변화시키는 사명을 다 하지 못한다고 결론을 내릴 때 그 집단을 탈퇴한다(Jacobs, 1984; Wright, 1984, 1988). 다른 사람들은 여전히 교회의 원칙을 믿으며 교회와 신도들에게 정서적 유대감을 갖고 있더라도, 교회의 가르침이 자신이 선택한 생활양식에 더 이상 맞지 않을 때 탈퇴한다(Albrecht 등, 1988; Hadaway & Roof, 1988). 이혼은 관계가 한 쪽의 욕구, 소망, 기대를 충족시키지 못한다고 결정할 때 흔히 시작된다(Vaughan, 1986). 사실, 이혼율은 결혼에 대한 사람들의 기대가 상승하기 시작할 때 증가한다는 증거가 있다(Price & McKenry, 1988).

이 모든 결정은 많은 부정적 요인과 감정을 인정할 때 이루어진다. 불만이 일시적이거나 단편적일 때 그와 같은 부정적인 결정은 나타나지 않는다.

관심있는 사건

사람들이 역할이나 관계를 중단하는 과정을 설명할 때, 그들의 이야기에는 흔히 그 결정을 촉발시킨 것으로 보이는 중요한 사건이 포함되어 있다. 그들은 돌이켜보는 과정에서 편파적인 경향이 있기 때문에 이와 같은 설명은 회의적이다. 이러한 관심있는 사건은 흔히 사소하게 보인다. 아마 이 사건들은 실제 그 당시보다 회상 속의 설명에서 더 중요한 의미가 있는 기억의 실마리일 수 있다. 또는 이 사건들이 실제로 중단을 초래했을지 모르지만, 그것은 자체의 사소한 결과 때문이라기보다는 상징적인 의미나 강조 때문이다. 관심있는 사건은 불만의 축적에 기여할 수 있다. 즉, 그 사건들이 광범한 불평을 감지하는 통찰을 가져올 수 있다. 그 때문에 표면상 사소한 사건도 중요한 단계를 초래할 수 있다.

종교 집단의 신도들은 탈퇴 결정에 중요한 특정 사건들을 흔히 회상할 수 있다. 가끔 거부, 학대, 착취, 강요와 연관된 중요한 사건이 포괄적인 불만을 축적시킨다(Jacobs, 1984). 어떤 경우에는 남자 신도들이나 지도자들에게 성적인 봉사를 하도록 여성 신도들에게 요구하는 것이 부당하게 느껴지지만, 그 여성이 그 요구를 거절하면 배척당하거나 영적 혜택이 거절된다. 이것은 결국 그 여성의 집단 탈퇴를 유도하는 이탈의 순환을 일으킨다(Jacobs, 1984).

다른 이교도들에게, 관심있는 사건은 그 집단이 목표를 달성하지 못하고, 지도자들이 스스로 제시한 것처럼 유능하거나 이상적이 아니며, 개인이 예상한 영적 혜택을 얻지 못한다는 것을 어떤 식으로든 표현한다. 한 연구자(Rothbaum, 1988, p. 216)는 여러 이교의 이전 신도들 수십 명을 면담하여 그 중 많은 사람들이 관심있는 사건을 임금님의 새 옷[45]에 관한 동화에 비유한다는 것을 발견하였다. 그들의 설명에서 관심있는 사건은 숨겨져 있다고 생각되는 고차적 의미가 실제로는 없다는 것을 일깨워주는 흔히 사소한 것들이었다.

신앙의 역할이 종교에서는 매우 중요하기 때문에, 독실한 신자들은 불만의 축적에 특히 영향을 받을 수 있다. 그들은 자신이 모르는 설명, 이유, 목적, 의미가 있다고 믿도록 흔히 요구된다. 이것은 극단적인 형태의 고차적 의미의 신화이다. 시간이 지나면서, 그들은 이 모든 고차적이고 숨겨진 이유와 목적이 정말이라는 것을 점차 의심하게 된다. 관심있는 사건은 고차적 의미의 신화를 단지 신화로 나타낸다. 그것은 사람들의 의심을 확인시켜서, 그들은 모든 것을 보다 친숙하고 가시적이며 이해할 수 있는 설명에 의해 재해석한다. 매일 바닥을 닦는 이유가 어떤 신비스러운 영적 혜택 때문이 아니라 지도자들이 청소를 원하고 신도를 값싼 노동력으로 간주하기 때문이다. 이와 같은 자각은 개인적 책임감에 파괴적일 수 있다. 이탈하게 만드는 것은 바닥 청소가 아니라 전반적인 관여에 대한 의미이다.

이전 공산주의자들의 설명은 공산주의에 대한 환멸을 극적으로 묘사한 관심있는 사건을 흔히 강조하였다. 어떤 사람들에게 그것은 크론쉬타트(Kronstadt) 폭동[46]의 야만적 억압이나 나치와 소련의 협정 체결과 같은 중요한 정치적 사건이었고, 다른 사람들에게는 소련 방문에 대한 환멸과 같은 개인적 경험이었다. 실론(Silone)은 보이지 않는 상황인, 증거 자료를 비난하는 결의에 서명을 요구하는 국제공산당의 최고위 모임에 참석한 경험을 설명했다. 부정직한 경우일지라도 집단에 대한 동조 압력은 그를 기분 나쁘게 만들어 공산주의와의 결별을 촉진시켰다.

이혼의 사례에서 관심있는 사건은 전형적으로 초기의 별거를 촉진시킨 것이다. 흔히 이것은 자연스럽게 보이지만 오랜 기간의 산물이다. 파탄을 주도하는 사람은 상대방이 별거를 촉진시키는 말이나 행동을 하거나 떠나게 만들도록 유도한다(Vaughan, 1986).

다양한 기능을 하는 여러 가지 형태의 전환점이 역할 이탈에 관한 이보그(Ebaugh, 1988a)의 연구에서 나타났다. 이 중에서 가장 중요한 것이 불만을 축적한 사건이다. 따라서 언쟁이나 배우자의 부정은 결혼에 대한 많은 불만에 직면하게 만든다. 이와 비슷하게, 어떤 전환점은 지나친 불평등이나 모욕을 당하는 마지막 한계의 형태이기도 하다. 아마 그 한계도 본질적으로는 불만이 축적되는 단서이다. 다른 형태의 사건은 개인이 축적된 불만에 따라 행동할 수 있는 편리한 변명을 제공한다. 이미 보았듯이, 불만 단독으로는 변화를 일으키는 데 언제나 충분한 것은 아니며, 사람들은 관여를 파기하는 정당성을 흔히 필요로 한다. 여

45) 역자 주. 안데르센 동화의 하나로, 옷치장에만 관심있는 임금님에게 사기꾼이 현명한 사람의 눈에는 보이지 않는 좋은 옷이라고 속여서 결국 임금님이 백성들 앞에 나체로 활보하는 망신을 당한다는 이야기임.

46) 역자 주. 러시아 10월 혁명의 최정예 부대인 크론쉬타트 수병 반란은 1921년에 노동자와 농민의 이해관계가 충돌하면서 벌어진 것으로 볼셰비키의 제거를 주장하다가 분쇄되었다.

러 경우에 부상이나 건강문제는 사람들이 싫어하는 직업에서 은퇴를 유도한다. 건강문제는 은퇴를 초래하지 않을 수 있지만, 모두가 인정하는 명예로운 퇴직의 기반을 제공한다.

우연한 변화도 관심있는 사건이 된다. 해고된 관리직들은 그날을 생생하게 기억하고 있다(Newman, 1988). 그들은 오랜 실직기간 동안 여러 번 그 장면을 회상한다. 흔히 회상은 항의나 비명이라도 지르지 않은 것에 강한 후회를 수반한다. 그들은 그러한 행동이 결과를 변화시키지는 않았을 것임을 알지만, 어떤 지속적인 만족감은 주었을 것으로 회고한다. 반항이나 빈정거림 또는 항의도 없이 복종함으로써, 그들은 그 일이 자신에게 여전히 종결된 것이 아님을 느낀다(Newman, 1988, p. 49).

그러므로 의미의 상실에서 많은 부분은 핵심적인 사건에 관한 특히 생생한 기억과 연관되어 있다. 해고 상황과 같은 경우에, 그 사건은 객관적으로 매우 중요한 것이다. 다른 경우에, 그 사건은 객관적으로 사소한 것일 수 있으나, 주관적으로는 의미의 부정을 상징하는 것처럼 극히 중요할 수 있다.

이야기의 재구성

가끔 사람은 현재의 대안을 포함해서 상황을 평가하고 변화를 시도하지 않기로 결정한다. 예를 들면, 실직 여성처럼 대안이 별로 없는 집단에는 이혼 가능성이 적다(Blumstein & Schwartz, 1983). 그들의 불만은 축적되지만, 파경을 맞는 것보다는 현재의 상황이 그래도 더 낫다고 생각하여 머물기로 한다.

그러나 여기서 관심은 이혼하기로 결정한 사람들에게 있다. 그들에게 다음 과제는 이혼결정을 정당화하는 것이다. 이 과정은 관심있는 사건이 발생한 후에 시작될 수 있지만 흔히 그보다 앞서며, 관심있는 사건은 단지 새로운 관점에서 행동하게 만들뿐이다.

관계를 유지하는 동안에 사람들은 정보를 이용하는데 매우 선택적이다. 그들은 자신의 신념에 부합되고 계속적인 관여를 격려하는 사건에 주의를 기울인다. 같은 이치로, 그들은 역할이나 관계의 좋지 않은 모든 면을 무시해버린다.

그러나 집단이나 관계를 단절하고 믿음을 버릴 때 이 모든 것은 변한다. 사람의 편파성은 완전히 바뀔 수 있다. 머물 이유를 찾는 대신에, 사람은 떠날 이유를 모색한다. 이런 결정이 흔히 어렵기 때문에 편파적인 지각은 계속 남아 있기를 원하는 사람들보다는 더 강할 수 있다. 남아 있어야 한다는 의미의 원천은 모든 면에서 믿지 않아야 한다. 그 안의 어떤 긍정적인 면을 계속 인정하는 것은 부조화를 초래하는 것이다.

이혼을 정당화하려는 욕구는 그 사람의 견해에서 상당한 편파성과 왜곡을 일으킬 수 있다. 이것이 종교집단이나 결혼관계를 그만두는 사람들의 설명, 특히 단절 직후의 설명을 불신하는 한 가지 이유이다. 왜냐하면 그들은 상황을 가능한 암울하게 묘사해야 하기 때문이다. 예를 들면, 이교에 대한 미국 대중의 반응은 부분적으로는 이전 신도들의 놀라운 설명이 타락, 착취, 성적 부도덕, 세뇌와 같은 섬찍한 모습을 묘사했기 때문에 한 동안 매우 부정적이었다. 나중에 체계적인 연구에 의해서 이와 같은 모습이 얼마나 과장되고 왜곡되었는지 드러났다(Bromley, 1988; Hall, 1988; Wright, 1988). 이전 신도들은 자신의 탈퇴를 정당화할 필요가 있었으며, 그들의 이야기는 이교 생활에 관한 매우 잘못되고 믿을 수 없는 인상을 주었다.

사람들이 구성하는 이러한 설명은 완전한 것이 아니고 정확한 것도 아닐 수 있다. 그러나 그 이야기는 변화에 대처하고 관계를 재해석하는 주관적 과정에서 중요하다. 예를 들면, 상대적 수입이나 배경과 같이, 이혼을 유발하는 요인에 관한 충분한 통계적 증거가 있다. 그러나 사람들이 이혼할 때, 자신의 경우가 이혼에 관한 통계적 사실과 정확히 부합될지라도, 이와 같은 요인을 인용하는 경우는 드물다(Price & McKenry, 1988, p. 31). 그 대신, 자신의 설명으로 좀 더 개인적이고 특별한 원인을 강조한다.

낭만적 관계를 단절하기 위하여, 사람들은 그 관계를 아주 부정적인 시각으로 묘사하는 전혀 새로운 설명을 만들어낼 필요가 있음을 흔히 발견한다. 처음에 파탄을 고려할 때 주도하는 사람은 관계가 너무 악화되어 유지될 수 없다고 스스로 믿는다. 이것은 관계를 형성하는 과정과는 정반대이다. 왜냐하면 그때의 과정은 좋은 점을 강조하고 나쁜 점은 경시하기 때문이다(Vaughan, 1986).

관계에 대한 새로운 설명에서, 상대방은 모두 나쁘게 제시된다. 지나간 좋은 경우는 교묘히 변명하고, 갈등과 문제는 강조되고 과장된다(Vaughan, 1986). 처음의 상호 매력은 경시된다. 낭만적인 운명, 다른 반쪽의 발견이나 비슷한 기적 대신에, 처음의 매력은 한 사건이나 편의에 맞게 취급된다. 이제는 상대방이 멋있거나 유쾌한 행동을 해도 저의가 있거나 일시적 또는 우연적으로 귀결시킨다. 그러나 상대방이 불쾌하거나 해로운 행동을 하면 전형적이거나 고의적인 것 또는 그 사람의 내면적 동기를 반영하는 것으로 간주한다. 물론 이런 식의 해석은 상대방의 부정적 행동을 경시하는 반면에, 배우자의 긍정적 행동을 전형적인 것으로 간주하는 경향이 있는 행복한 부부 사이에서 발견되는 것과는 정반대이다(Holtzworth-Munroe & Jacobson, 1985; Fincham, Beach, & Baucom, 1987).

일반적으로, 관계를 단절하려는 사람은 이전에 행복을 유지했던 것에 대해 긍정적 환상을 간직할 필요를 더 이상 느끼지 못한다. 그 결과, 그 사람은 상대방과 관계에 대해 공개적으로 비판적이 된다(Vaughan, 1986, p. 37). 상대방은 아마 처음으로 관계의 위태로움을 감지하여 긍정적인 면을 강조함으로써 관계를 보상하고 유지하려고 시도한다. 따라서 단절이 시작될 때 두 사람은 관계에 대한 정반대의 시각을 지닐 수 있다. 주도하는 사람은 관계가 철저히 악화되어 구하려고 애쓸 가치조차 없다고 믿게 된다. 그 반응으로 상대방은 관계에 대해 매우 긍정적이 되어 주도하는 사람의 불만이 부당하고 이해할 수 없는 것으로 보인다(Vaughan, 1986). 그러나 마침내 상대방도 관계에 대한 이야기를 재구성하여 부정적인 것으로 믿게 된다.

이야기 재구성의 기본 요건은 정당화의 필요성이다. 보다 나은 관계를 원해서 배우자나 연인을 버린다는 것은 사회적으로 용인되지 않기 때문에, 그 사람은 정당화를 발전시켜야 한다. 또 다른 요인은, 예측할 수 있듯이, 자아를 가치의 토대로 의지하는 것이다. 보간(Vaughan, 1986)은 낭만적 관계를 그만두려는 사람들이 자아를 표현하고 충족시키려는 욕구를 강조한 "자아의 이념"(ideology of self)을 발전시켜서, 이와 같은 목표를 증진하지 못하는 관계를 그만두는 것을 정당화시킨다는 것을 발견하였다. 우리의 문화에서는 자아에 대한 기여를 토대로 관계를 더욱 정당화시키기 때문에, 사람들은 그에 따라 관계 단절의 정당성을 인정한다.

가치의 토대로서 자아는 종교적 관여의 단절을 결정하는 데에도 활용될 수 있다. 서약을 파기하고 수도원을 떠나는 많은 수녀들은 자신의 행위를 자아정체감, 자아충족, 위대한 자유에 입각해서 정당화한다(Ebaugh, 1988b, p. 105). 좀 더 넓게 말하면, 자신을 종교와 관련시키지 않는 사람들은 개인적 충족의 윤리와 자아가 가치의 토대임을 나타내는 다른 태도에 자신을 더 강하게 연관시키는 경향이 있다(Hadaway & Roof, 1988, p. 34).

정당화는 남아 있는 사람이 부정적 결과를 겪어야 하는 경우에 특히 문제가 될 수 있다. 전형적으로, 이혼 여성들은 생활수준이 상당히 감소되어 자신과 자녀들에게 경제적 어려움을 초래한다. 많은 사람들은 도덕적으로 우월한 태도를 발달시키는 것으로 반응한다. 이것은 그들이 너무 소비 지향적이고 물질적이라고 경멸하는 이전 생활과 관련하여 느낄 수 있으며, 자녀양육비 지불을 주저하는 그들의 남편과의 관계에서도 표현될 수 있다(Newman, 1988).

해고는 다른 외상[47](trauma)에 의해 시작된 것과 비슷한 의미의 탐색을 유도한다. 특히, 직업을 잃은 사람들은 흔히 오랫동안 아무런 할 일이 없으므로 자신의 과거를 끝없이 재검토하는 경향이 있다. 그들은 끊임없이 해명을 모색하고, 되돌아보면 대부분이 해고를 초래한 사건에 관한 이야기를 구성할 수 있다(Newman, 1988). 그들은 차별이나 상사의 악의와 같은 외부 요인을 비난하거나 자책하기도 한다. 자신의 행동이 해고를 초래한 경우에도 그들은 정당화의 문제에 관심을 갖는다.

종교집단이나 이교를 탈퇴하는 것도 어려운 일이며, 사람들은 흔히 집단과 그 참여의 의미를 재구성해야 한다. 이유와 정당화도 똑같이 준비하게 된다(Wright, 1988). 흔히 이전에 사소하게 취급한 문제나 불만이 탈퇴의 중요한 이유로 여겨진다. 전형적인 재해석은 이교

47) 역자 주. 어떤 사람에게도 충격이나 스트레스가 될 수 있는 일상적 경험의 범위를 벗어난 큰 사건으로 가족의 갑작스런 사망, 자연재해, 이혼, 폭행 등을 예시할 수 있다.

를 교활하고 이기적인 지도자들이 착취하는 바보들의 집단으로 간주하는 것이다. "그들은 아무도 신에게 인도하지 않고, 자신만 드러낼 뿐이다"라고 이전 신도가 면접자에게 이교도들에 관해 이야기했다(Jacobs, 1984, p. 169).

특정한 사건이나 형태는 보다 부정적인 입장에서 재해석된다. 어떤 경우에, 비전통적인 종교집단의 여신도들은 남자 설교사들과 성적인 관계를 갖는데, 이를 흔히 영적인 혜택과 명예로 생각한다. 나중에, 집단에서 탈퇴하여 이야기를 재구성할 때, 그 여성들은 이 사건을 돌아보며 일종의 착취로 여기는 경향이 있다(Jacobs, 1984).

사소한 문제를 중요한 것으로 각색하는 경우는 이전 공산주의자들 몇 사람이 제시하였다. 스펜더(Spender, 1987)는 모든 해답을 갖고 있던 열렬한 공산주의자들이 이전에 무시했거나 교묘히 변명했던 바로 그 반대 이유를 변화의 이유로 대면서 갑자기 공산주의와 결별하는 것을 불가사의하게 여겼다.

모두가 이와 같은 예처럼 부정적인 시나리오를 만들어내지는 않는다. 어떤 사람들은 그와 같은 이야기 없이도 이교를 떠난다. 한 조사연구에서는 이교를 떠난 사람들이 흔히 그 경험에 대해 논의하기를 매우 꺼리며, 많은 사람들은 자신의 신도 자격에 대해 오로지 모호하거나 단편적인 또는 모순된 설명을 하는 것으로 나타났다(Wright, 1988). 만족스러운 설명을 하지 못하는 것은 빈약한 적응과 연관된다는 증거가 있지만, 이것은 확실한 것이 결코 아니다.

이러한 설명에서 편파성은 쉽게 드러난다. 분명히, 이러한 편파성은 보편적이며, 결혼이나 다른 역할을 유지하려는 사람들은 그들의 지각이 긍정적 환상을 유지하는 방향으로 치우치는 경향이 있다. 결국, 사회는 결혼을 유지하는데 즉각적인 지원을 많이 하지만 이혼에는 지원을 축소하기 때문에 유대관계의 단절은 유지보다 더욱 문제가 되며, 정당화와 합리화의 필요성이 특히 강하다. 그 결과, 관여 중단 시기에 마련된 해석은 특히 편파적인 경향이 있다.

미묘하지만 강력한 편파의 한 원천은 믿을 수 있는 사람의 선택에 있을 수 있다. 이혼을 고려할 때, 사람들은 자신의 결혼 문제를 논의할 배우자 이외의 사람을 흔히 찾으려고 한다. 이 믿을만한 사람의 반응이 이혼을 부적절하고 생각할 수 없는 것, 참을 수 없는 상황에 대한 유일한 분별있는 해결책 또는 그 중간에 속한 것으로 묘사할 수 있기 때문에 그와 같은 사람의 선택은 사람들의 결정에 큰 영향을 미칠 수 있다. 특히, 이혼으로 마음이 기운 사람들은 이혼을 했거나 가치의 토대로 자아를 표현하고 충족시키는 중요성을 단순히 인정하는 사람들을 추구하는 경향이 있다. 물론, 그런 사람들은 결혼을 깨뜨리고 싶어 하는 경향을 지지하는 편이다(Vaughan, 1986).

그러므로 사람들은 일반적으로 의미의 중요한 원천을 거부할 수 있는 상당한 이유를 제시할 필요가 있는 것 같다. 사람은 흔히 자신이 계획한 결정을 지지하는 시나리오를 만든다. 의미에 대한 욕구는 중요한 집단이나 관계에서 결별하는 외상에 의해서 자극된다. 관계를 단절하는 것이 사회적으로 인정받지 못하기 때문에 특히 정당화가 가장 절실히 필요하다. 사람들은 자신의 행동과 결과를 정당화시키는 설명을 소급하여 준비한다.

의미의 공백

인생의 변화는 흔히 연관되는 고리의 파괴, 즉 인생에서 어떤 의미의 원천을 제거하는 것을 의미한다. 이러한 제거는 공백을 남길 수 있다. 사람들은 상실된 것을 대체하기 위하여 새로운 의미를 다른 원천에서 찾기 때문에, 공백은 단기간에 지나지 않을 수 있다. 그러나 인생의 의미의 중요한 원천을 제거하는 것은 적어도 잠정적인 공허감, 모호함, 정서적 혼란, 기타 의미 결핍의 양상을 나타내는 경향이 있다. 이러한 상태는 의미의 공백으로 묘사될 수 있다.

정서적으로, 의미의 공백은 두 가지 형태 중 하나를 취할 수 있다. 흔히 고통이나 외상 후에 발견되는 것과 같은 일반적인 감정의 결핍 또는 양면감정과 같은 혼합된 감정이 있을 수 있다. 예를 들면, 양면감정은 흔히 이혼 후에 강하다(Spanier & Casto, 1979; Weiss, 1979). 버림받은 배우자는 긍정적 및 부정적 감정이 혼합되어, 즉 사라진 상대방에 대한 사랑과 욕망, 끊임없는 갈등을 모면한 안도감, 상실에 대한 분노와 슬픔 및 실망이 흔히 파급되는 정서적 혼란과 결합되어 관계 파탄에 반응한다(Vaughan, 1986). 이혼은 새로운 통제감, 권위, 자존감과 같은 긍정적 감정을 유발할 수도 있다(Kohen, Brown, & Feldberg, 1979; Spanier & Casto, 1979). 이와 마찬가지로, 이교를 탈퇴한 사람들은 안도감과 함께 죄책감과 거부감 그리고 일부 신도들과 친밀하게 지내려는 욕구와 이교에서 제공한 목적의식과 책임에 대한 향수도 느낄 수 있다(Jacobs, 1984; Rothbaum, 1988).

모든 역할 변화는 방향 상실과 공허감을 야기한다고 주장할 수 있다. 그러나 증거에 의하면, 의미의 상실을 수반하는 변화만 공백을 초래한다. 대조적인 예를 들면, 부모가 되는 변신은 스트레스에도 불구하고 공허감, 정서적 혼란, 무의미함의 특징을 크게 나타내지 않는다. 부모 역할은 인생의 의미를 증가시키기 때문에 의미의 공백이 없다.

의미의 원천을 제거하면 공허감을 야기하는 경향이 있다는 증거는 많다. 의미의 공백은 보편적은 아니지만, 흔히 있는 일이다. 역할 단절에 관한 연구에서 이보그(Ebaugh, 1988a)는 75% 이상의 사례가 분명히 공백으로 볼 수 있는 경험을 한다고 결론을 내렸다. 보다 정확히 말하면, 이와 같은 경험은 "불안하고 두렵고 혼란스러우며 소속이 없다고 느끼는 기간이었다"(p. 143). 이런 감정은 "더 이상 존재하지 않는 과거와 미지의 미래 사이"에 놓여 있는 느낌을 수반하였다(p. 144). 이와 같은 표현은 의미의 공백을 잘 나타낸다. 현재는 과거와 미래의 연결에서 더 이상 의미를 찾아낼 수 없으므로 불확실하고 정지 상태에 있다. 이전의 의미는 없어졌거나 제거되었지만 대체 의미는 아직 없는 것이다.

이혼이 일정 기간의 불확실, 혼돈, 부정적 정서, 미결 상태를 수반한다는 주장은 당연한 것이다. 일정 기간의 공허감은 이혼한 사람들, 특히 남아 있는 사람들에게 공통적이다(Vaughan, 1986). 슬픔과 혼란 그리고 분노도 흔하다. 그들은 정체감의 중요한 부분, 사회적 위치 또는 자신의 장래를 잃어버린 것으로 느낄 수 있으므로, 어떤 목적이나 동기가 결여된 방황하는 기간을 경험한다. 실제로, 버림받은 상대방은 모든 것이 자신에게 무의미하고 무익한 것 같기 때문에, 자신의 모든 활동과 관계를 가끔 포기한다(Vaughan, 1986, p. 245). 이것은 이와 같은 불행한 사람들이 경험한 인생의 중요한 의미 상실을 명백히 나타낸다.

이혼에는 의미의 공백을 나타내는 행동적 징후가 있다. 이혼한 사람들은 정신질환, 자동차 사고, 자살, 알코올 중독, 심지어 피살 가능성의 증가를 포함한 다양한 문제에서 드러나는 전반적인 방향 상실을 보인다(Bloom, White, & Asher, 1979). 이혼 연구자들은 새로운 생활을 수립하는데 관련된 불확실과 모호함이 흔히 이혼 과정에서 바로 부딪치는 실제적, 법적, 정서적 요구에 대처하는 것보다 더 스트레스가 된다는 것도 발견하였다(Spanier & Casto, 1979). 이는 공백을 채우는 것이 즉각적인 문제에 반응하는 것보다 더 힘들 수 있음을 의미한다.

만일 정서적 문제와 혼란이 의미 상실의 직접적인 결과라고 한다면, 의미를 많이 상실할수록 의미의 공백은 더 커져야 한다. 이를 확인하는 증거가 있다. 이혼연구에서는 부부의 결혼기간이 길수록 이혼에 대한 적응도 어렵다는 것이 밝혀졌다(Bloom, White, & Asher, 1979; Price & McKenry, 1988, p. 65, Simpson, 1987). 관계가 오래 지속될수록 의미는 많이 축적되기 때문에, 그 파탄은 인생의 의미에 보다 큰 공백을 남긴다. 사람들은 관계에 대한 행복 여부의 느낌에 관계없이 파탄에서 고통을 겪는다는 것도 주목할 가치가 있다(Weiss, 1979; Price & McKenry, 1988). 이혼의 혼란에 기여하는 것은 단지 즐거움의 상실만이 아니라 의미있는 관계의 상실이다.

종교 집단을 떠나는 사람들도 비슷한 형태의 공허감과 방향 상실을 보인다. 이교에서 탈퇴하는 사람들은 흔히 새로운 의미 탐색을 유도하는 공허감에 대처해야 한다. 많은 경우에, 의미의 공백은 정신적 충족을 위한 갈망, 즉 처음에 집단에 가담하게 만들었고 이제 집단을 떠난 후에 다시 나타난 갈망으로 표현된다(Rothbaum, 1988). 흔히 이교를 탈퇴한 사람들은 자신이 이교에서 배웠거나 행동한 것 중에서 얼마나 적은 부분이 외부 세계에 전해지는지 알고 놀라며 실망한다. 이러한 자각은 의미에 대한 울적한 상실감을 유도할 수 있다(Rothbaum, 1988). 마찬가지로, 보다 전통적인 종교를 탈퇴한 사람들은 자신의 인생에서 무엇인가 결여된 느낌을 갖게 되어, 흔히 교회로 되돌아온다(Albrecht 등, 1988).

이교 집단에서 탈퇴하는 것은, 홀(John Hall, 1988)이 관찰한 바와 같이, 이중의 소외감을 일으킨다. 이교에 가담함으로써 개인은 전통적인 사회를 거부하였다. 이 집단의 많은 사람들은 주류 사회가 사악하며 파멸될 것임을 신도들에게 끊임없이 상기시키기 때문에, 이러한 거부는 집단에서 신도로 있는 동안에 강화되었다. 중요한 점에서, 이교에 가담하는 것은 가치와 의미의 모든 다른 원천을 거부하는 것이다. 그리고 이교를 탈퇴하는 것은 당사자에게 아무 것도 남기지 않으며, 그 결과는 공허감에 사로잡힌 느낌을 가질 수 있다.

비전통적인 종교 집단을 탈퇴하는 여성들은 전형적으로 혼란, 우울, 배척이나 이용당한 느낌을 경험한다(Jacobs, 1984). 그들은 상당한 신뢰감을 상실하고 다른 신도들의 행동뿐만 아니라 자신의 집단 생활경험을 오랫동안 재해석하는 기간을 겪는다. 제이콥스(Jacobs, 1984)에 따르면, 이 여성들은 이교 집단과의 완전한 결별이 매우 어려움을 알게 되며, 집단 밖에서 새로운 유대관계를 형성하기 전에는 흔히 적응이 제대로 이루어지지 않는다.

이전 공산주의자들도 이전 이교도들의 경우와 비슷한 혼란과 불확실을 보고하였다. 쾨슬러(Koestler, 1987, p. 74)는 공산당을 떠난 후의 생활을 몹시 불편하고 아무도 없는 곳에 떠다니는 것과 같다고 설명하였다. 실론(Silone, 1987, p. 112)은 자신의 같은 시기를 다음과 같이 묘사하였다. "나는 그때 머리에 크게 한방 맞고 서서 버티며, 걷고, 얘기하며, 몸짓을 하였지만, 무슨 일이 생겼는지 충분히 알지 못한 사람처럼 느꼈다."

상실감은 직업을 잃은 사람들처럼 하향이동한 사람들 중에도 강렬하다(Newman, 1988). 그들 중 많은 사람들은 자신이 해고된 것을 믿을 수 없어서 첫 반응으로 충격, 불신, 이해 곤란을 보인다. 충격 반응 후에는 지속적인 방향 상실과 비현실감이 나타난다(Newman, 1988, p. 11). 사실, 뉴맨(Newman, 1988)은 직업 상실의 전형적 경험을 사회적 및 문화적 공백으로 묘사하여, 재차 공백이라는 비유를 사용하였다. 의미의 상실은 흔히 인생에 대한 목적의식의 결핍에서 나타난다. 직업은 사람의 활동에 목적을 부여함으로, 실직은 이러한 목적을 박탈하는 것이다. 실업 상태에서는 여가 활동조차 이론적 근거를 상실할 수 있다. 여가시간은 전형적으로 그 목적과 근거가 노동시간에서 기인하기 때문에, 일이 없다는 것은 실직자들이 적절한 여가를 누릴 자격이 없는 것으로 느끼게 할 수 있다. 일이 없음에도 불구하고, 이 사람들은 흔히 자신의 자유 시간을 즐기지 못한다(Newman, 1988).

의미의 공백은 특히 본의 아닌 변화와 연관된 것으로 보인다. 즉, 그것은 의미의 중요한 원천에서 스스로 벗어나지 않는 사람들 중에서 특히 보편적이다. 비록 의미의 공백이 자진하여 관계를 중단한 사람들의 문제이기도 하지만, 가장 큰 고통을 느끼는 사람은 해고당하거나 낭만적 관계의 상대방에게서 버림받은 사람들이다. 아마도 중요한 차이는 자발적으로 떠나는 사람이 인생의 의미에 관한 다른 원천을 모색함으로써 흔히 파탄에 대비할 수 있다는 것이다(Vaughan, 1986). 공백을 채울 수 있는 다른 것이 이미 있기 때문에 공백은 최소화된다.

이교에서 탈퇴하는 사람들에 관한 증거에 의하면, 마지못해 떠나는 사람들의 취약성이 더 크다는 것을 알 수 있다. 1970년대에 개종 프로그램(deprogramming)이라는 방식이 유행한 적이 있었는데, 그 프로그램은 이교도들을 강제로 유인하여 관계를 단절시키는 집중적인 심리적 대책을 제공하고 주류 사회에 재적응하기 위한 것이었다(Bromley, 1988b). 현재 공통된 의견은 개종 프로그램의 적용 대상자들이 자발적으로 떠난 사람들보다 정상적인 생활에 적응하는데 더 어려운 시기를 겪은 것 같다는 것이다. 왜냐하면 마지못해 떠난 사람들은 책임을 못 느끼거나 결별에 대한 준비가 되어 있지 않거나 의미의 다른 원천을 모색하지 않았기 때문이다(Barker, 1988; Bromley, 1988; Wright, 1988). 일부 전문가들은 개종 프로그램의 경험이 이교에 가담한 경험보다 일반적으로 더 해롭다고까지 암시하였다.

비슷한 증거는 자신이 불임이라는 사실을 발견한 부부에게서도 나타난다. 이러한 부부의 무자녀에 대한 적응은 출산하지 않기로 결정한 부부보다 더 어렵다(Callan, 1987). 불임 부부는 행복에 대한 어떤 상실감을 겪는 것으로 보이지 않는다. 그러나 그들이 불임임을 안 직후에, 특히 인생은 그들에게 공허하게 보인다. 또한 이 공허감은 예상된 부모 역할의 상실이 의미의 공백을 야기시킨다는 것을 시사한다(Callan, 1987).

그러므로 의미의 공백은 보편적은 아니지만 흔한 것이다. 의미의 주요 원천의 상실은 공허감을 남긴다. 그것이 채워질 때까지 사람은 인생에서 무엇인가 결여되어 있거나 어떤 점에서 무익하고 목표가 없는 것으로 느낄 수 있다. 그 정서적 결과는 불쾌할 수 있지만, 더 흔한 것은 의미의 공백에 긍정적 및 부정적 감정이 뒤섞인 복합적 특성이 있다는 것이다. 끝으로, 의미의 원천을 어느 정도 준비하고 파탄을 주도한 사람들은 의미의 상실을 강요당한 사람들보다 공백이 강하지 않거나 심하지 않다.

자아 가치

자아 가치의 문제는 많은 역할 변화에서 특히 중요하다. 특히 의미의 상실이 연관될 때, 그 중요성에는 두 가지 타당한 이유가 있다. 첫째, 사람들은 자신의 가치를 역할과 관계에서 이끌어내기 때문에, 역할이나 관계를 그만두는 것은 자아 가치의 중요한 원천을 박탈당하는 것이다. 물론 이러한 점에서, 자아 가치는 의미에 대한 다른 욕구와 비슷하다. 왜냐하면 인생의 의미있는 면을 상실하면 일반적으로 의미에 대한 모든 욕구를 만족시키는 중요한 방법을 박탈당하기 때문이다.

둘째, 역할 단절은 흔히 부정적 자아 가치에 관한 내면적 또는 외현적 메시지를 포함하고 있다. 역할을 중단하거나 관계를 깨뜨리거나 자격을 상실하는 과정 자체는 실패, 배척 또는 부적합을 뜻하는 것으로 보인다. 이러한 의미는 자아 가치의 긍정적 원천 상실 때문에 그 가치가 취약해진 바로 그 시기에 자아 가치에 대한 개인의 의식을 저하시킬 수 있다. 이와 같이, 자아 가치는 특히 인생의 변화에 연관될 수 있다는 점에서 의미에 대한 다른 욕구와는 차이가 있다.

이혼의 경우에, 가장 분명하게, 한 사람은 배척되며, 사랑하는 사람에게서 배척당하거나 버림받는 것은 자아 가치에 매우 해로울 수 있다. 사랑하는 사람이 자신을 버렸다는 것은 자신이 짝으로서 매력이 없거나 부적합하다는 것을 뜻한다. 주도하는 사람은 죄책감을 느낄 수 있는 반면에, 버림받은 사람은 자존심의 상실을 느낀다(Blumstein & Schwartz, 1983). 이혼하는 사람들의 절반 이상이 자신이 이혼을 주도하고 단지 1/3만이 상대방이 주도했다고 주장한다는 것은 주목할 만하다(Hill 등, 1979). 때때로 정말 주도한 사람이 상대방을 조작하여 파경의 책임을 지도록 시도한다. 많은 경우에, 상대방은 단지 체면 유지 수단으로 그 책임을 기꺼이 지려고 한다(Vaughan, 1986). 이 전략은 해고당하는 것보다는 사직하는 것과 비슷하다. 왜냐하면 사직은 어느 정도 품위를 유지하게 만들지만, 해고는 수치스럽기 때문이다.

이혼의 이유와 원인은 흔히 자아 가치에 영향을 미치며, 이 영향의 정도는 과도기에 당사자가 얼마나 고통을 겪게 될지를 예측한다. 배우자의 부정이나 학대와 같이, 이유가 자아 가치에 부정적으로 반영된다면, 이유가 배우자에 대한 짜증이나 일반적인 불만인 경우보다 고통이 더 크다(Kitson, 1985; Price & McKenry, 1988, p. 45).

마찬가지로, 이혼은 자존심이 이미 저하된 사람들에게 가장 힘들다. 왜냐하면 그들에게는 자아에 미치는 부정적 의미에 대한 방어 수단이 거의 없기 때문이다. 이것은 자아 가치가 의미에 대한 한 가지 유형의 욕구를 나타낸다는 견해와 매우 일치된다. 왜냐하면 자아 가치의 다른 원천을 지닌 사람들은 이혼에 의한 고통이 적기 때문이다(Bloom, White, & Asher, 1979; Vaughan, 1986).

비록 때로는 자신이 독자적으로 정말 생활할 수 있다는 것을 알기 시작하면서 자존심이 상승되는 시기가 있긴 하지만, 보다 일반적으로 이혼은 모든 사람에게 자존심을 저하시키는 것으로 보인다(Kohen, Brown, & Feldberg, 1979; Spanier & Casto, 1979; Weiss, 1979). 따라서 일반적인 유형은 일시적일 수는 있지만 자존심의 전반적인 상실과 더불어, 변화가 심하고 불안정한 수준을 보이는 것이다(Weiss, 1979). 적응이 어려우면 자존심은 특히 손상될 수 있다. 그러나 아마도 많은 경우에 중요한 요인은 인생의 주요 과제의 하나인 결혼에 실패했다는 의식이다(Vaughan, 1986). 사람들은 흔히 자신이 주도한 경우에도 파경에 대해 상대방을 비난하는 경향이 있는데, 그 까닭은 상대방을 비난해야 실패에 대한 책임을 면하기 때문이다(Weiss, 1979).[48]

---

48) 이는 사람들이 파경에 대해 스스로 책임을 지는 경향이 있다는 이전 주장과 모순되는 것으로 보일 수 있다. 문제에 대해 누군가를 비난하는 것과 파탄의 결정에 책임을 부여하는 것은 차이가 있다. 흔한 전략은 이혼은 네 탓이지만 그 결정은 내가 한 것이라고 사실상 말하는 것이다.

종교 집단에서 탈퇴하는 사람들도 자존심의 상실을 경험하는 경향이 있다. 이 사람들은 흔히 이상적인 집단행동에 의해서 세상을 변화시키려고 시도하였지만 이 고상한 목적을 이루지 못했다는 의식이 있다(Wright, 1984). 따라서 집단의 탈퇴는 개인적 및 집단적으로 실패를 인정하는 것이다. 로스바움(Rothbaum, 1988, p. 211)이 관찰한 바와 같이, "탈퇴하는 사람들도 자신이 실패한 것을 잘 인식하고 있다." 개인의 자존심 상실은 남아 있는 집단 구성원들의 반응으로 흔히 심화된다. 그들은 떠나는 개인을 사악한 성격 파탄자로 비난하며, 다가올 수치와 실패를 예측한다(Barker, 1988; Hall, 1988; Rothbaum, 1988). 이전 공산주의자들도 이전 친구와 동료들로부터의 경멸과 배척에 대응해야만 했다. 수년 동안 친근하게 지낸 사람들이 그들에게 말하기를 거부하거나 공공연하게 저주하였다(Wright, 1987).

이용당하고 배신당한 느낌을 받은 후에 비전통적인 집단을 떠난 여성들도 자신이 실패한 것으로 생각하기 때문에, 자존심을 상실할 수 있다(Jacobs, 1984). 그들은 더 나은 결과를 가져올 수 있었을 것으로 생각되어 자신을 믿지 못한다. 따라서 그들은 집단을 비난하며 정신적 사기로 간주하더라도 자격 상실, 신에 대한 친근감 상실 그리고 동시에 감지되는 영적 실패의식으로 고통을 겪는다(Jacobs, 1984; Fowler, 1981).

물론, 직업 상실은 낭만적 관계의 파트너와 이별하는 것처럼 자존심에 큰 타격이 되지만, 많은 경우에 더 심할 수 있다. 하향 이동의 외상에서 중요한 요인은 자존심의 충격적인 상실이다(Newman, 1988). 한 연구에 의하면, 많은 경우에 관리직들은 처음에는 경제와 같은 외부 요인을 비난했지만, 실직 몇 달 후에는 자신을 더욱 비난하였다. 그들은 자신의 성격에서 어떤 치명적 결함이 직업 상실과 망신을 초래했는지 강박적으로 확인하게 되었다(Newman, 1988).

하향 이동의 경험은 사실 한 번의 강렬한 타격 이상이며, 많은 사람들은 점진적으로 굴욕감을 경험한다. 회사 병합 과정에 있는 관리직들은 자신의 일자리를 찾기 위하여 면접을 하는데 처음에는 모욕감을 느낀다. 이들 중 많은 사람들은 결국 현상 유지도 못하기 때문에, 자신의 현재 직책에도 자격이 없다는 암묵적인 판단을 인정해야 한다. 경제적 곤란은 가족, 친구, 이웃과의 관계에 긴장을 조성하여, 많은 가족은 그들의 감소된 자원을 소비하는 방법에 대해 어려운 선택에 직면한다. 그들 중 일부는 겉으로는 최소한으로 예산을 줄여서, 예를 들면 가족 식사는 간소하게 하지만 집은 꾸미고 자녀들은 유행하는 옷을 입고 등교함으로써, 공식적인 자존심을 유지하려고 한다. 가족 내에서, 실직한 아버지의 위상은 점차 축소되어, 많은 아버지들은 부인과 자녀를 대하기가 매우 어렵게 된다.

마침내, 이전 관리직들은 자신의 자존심을 억제하고 그다지 좋지 않은 직업을 찾기 시작한다. 그리고 불행하게도, 고용주가 분명히 만족스럽지 못한 비교적 하찮은 직업에 자격이 넘치는 사람을 채용하기 주저한다는 것을 알고, 이러한 수치심은 채용 거부로 가중된다. "자신의 기대보다 낮은 자리에도 거부당한 상징적인 타격은 엄청났다."(Newman, 1988, p.

66). 공학 학위와 수년간의 컴퓨터 경험에도 불구하고 식품점 점원직도 거부당했다고 상상해보라.

그러므로 많은 경우에, 인생의 주요 원천의 상실은 자존심의 저하를 수반한다. 역할 이탈은 자아 가치의 중요한 긍정적 원천을 박탈하여, 개인을 이러한 면에서 취약하게 만든다. 많은 경우에 이러한 자존심의 약점은 변화 자체에 의해 가중되어 부적합, 무능, 불쾌함의 강력한 의미를 전한다. 우리의 문화에서, 낭만적 관계이든 직업이든, 거부는 낮은 자아 가치의 의미를 강하고 분명하게 전달한다. 사람들은 노력해도 이러한 메시지에 대해서 자신을 방어할 수 없음을 흔히 발견한다.

공백의 보충

사람들이 정말 의미를 필요로 한다면, 상실된 의미의 원천을 대신할 필요가 있음을 알게 될 것이다. 인생의 변화는 흔히 개인에게서 의미의 소중한 원천을 박탈하며, 그 즉각적인 결과는 많은 경우에 의미의 공백으로 경험된다. 따라서 이러한 변화에 적응하기 위하여 부족한 부분을 보충할 수 있는 의미의 남은 원천을 확장하거나 새로운 대체 원천을 찾을 필요가 있다. 흔히 개인의 적응은 이 두 가지가 혼합된 것이다.

이혼은 개인의 생활에서 중요한 친밀한 관계를 제거하는 것이다. 새로운 관계가 이전 관계를 대신하여 발견될 수 있다면, 생활은 최소한의 의미 변화만으로 계속될 수 있다. 파트너의 신분이 변해도 생활은 같은 구조를 유지한다. 경험적 증거에 의하면, 이혼한 사람들 중에서 새로운 파트너를 찾은 사람들은 파트너를 찾지 못한 사람들보다 이혼에 더 잘 적응할 가능성이 있다(Spanier & Casto, 1979). 폭넓은 사회적 관계망도 중요하다. 대인관계와 접촉이 많은 사람들이 혼자 있는 사람들보다 이혼에 더 잘 적응한다.

중요한 생활 변화의 혼란을 최소화하기 위하여, 의미의 오래된 원천과 최종적으로 단절하기 전에 새로운 원천을 마련하는 것이 도움이 된다. 이러한 사전 준비의 원칙은 이혼의 경우에 분명하다. 많은 사람들은 배우자와 이혼한 시점에 새로운 친구와 파트너를 찾는데 성공한다(Spanier & Casto, 1979). 정말로, 보간(Vaughan, 1986)은 이혼을 주도하는 사람과 그 상대방의 가장 중요한 차이가 준비라고 결론지었다. 그녀의 연구에서 대다수의 주도자들은 새로운 친구와 관계를 탐색하고, 혼자서 추구할 수 있는 새로운 활동을 모색하며, 예상되는 혼자 생활에 적당한 상황과 가치관을 제공하는 새로운 아이디어를 찾는 것을 포함하여 사전에 오랫동안 세심하게 준비하였다. 특히 중요한 것은 끝나가는 관계의 외부에서 자아 가치의 원천을 탐색하는 것이다(Vaughan, 1986, p. 19). 따라서 그들은 비교적 순조롭게 전환기를 맞을 수 있는데 비해서, 상대방은 갑자기 관계를 박탈당하고 생활의 의미 부여 과정에서 당면한 심각한 결함에 대처해야 한다.

갑자기 의미를 박탈당했거나 상실된 의미의 원천을 미리 대체할 수 있었는가에 따라 대응 전략은 영향을 받을 수 있다. 버림받은 상대방은 흔히 의미를 찾으려고 종교에 관심을 보이는 반면에, 파경을 주도하는 사람들은 그렇게 하는 경우가 아주 드물다는 증거가 있다(Vaughan, 1986).[49] 따라서 갑자기 본의 아닌 의미의 상실에 당면하여, 상대방은 가장 믿을 수 있는 의미의 원천 중 하나인 종교에 의지하는 경향이 있다. 종교는 특정한 불운을 이해하는 토대를 제공하고, 일반적으로 새로운 생활에 대한 일관성과 구조를 부여할 수 있다. 이에 비해서, 주도자들은 흔히 중요한 가치의 토대로 자아에 대한 비중 증대를 포함하여 인생의 새로운 의미를 미리 준비하기 때문에 종교를 필요로 하지 않는다.

자녀와의 관계도 이혼에 대처하는데 의미의 중요한 원천이 될 수 있다. 대부분의 경우에, 자녀는 어머니와 함께 남게 되기 때문에 부인의 역할을 그만두면 어머니의 역할이 자신에게 더 중요하게 된다(Kohen, Brown, & Feldberg, 1979).

종교나 정치 집단을 탈퇴하는 것도 중요한 의미 상실을 가져오며, 사람들은 그것을 보충하는 방안을 모색한다. 많은 경우에, 사람들은 상당히 신속하게 새로운 종교나 집단에 가입함으로써 대응한다(Jacobs, 1984; Nelson & Bromley, 1988). 때때로 사람들은 이교에 가담하기 전의 생활로 되돌아가려고 한다(Barker, 1988). 그러나 종교를 버린 일부 사람들은 자신의 공백을 보충할 수 없음을 알고, 일정 기간 후에 같은 종교로 복귀한다(Albrecht 등, 1988; Hoge, 1988).

정치적 집단의 탈퇴도 의미의 대체 원천을 모색해야 하는 경우이다. 크로스맨(Crossman)의 연구에서 소수의 이전 공산주의자들은 동일한 목적을 공동으로 추구하게 된 또 다른 이전 공산주의자들의 집단과 관계를 맺었다(Koestler, 1987; Silone, 1987). 그러므로 새로운 집단은 이전 조직에서 나옴으로써 생긴 공백을 채워주었다.

이혼의 경우와 같이, 종교 활동을 그만두는 것은 본의 아닌 사람들에게 가장 큰 어려움을 제기한다. 이것은 억지로 개종 프로그램을 받은 사람들 중에서 볼 수 있다. 이들은 자신의 삶에서 중추가 되는 의미를 갑자기 박탈당한 것이다. 이는 적응하는데 매우 곤란하고 해로울 수 있다. 일부 프로그램 진행자들은 이교 신앙을 대신하기 위하여 근본주의 기독교와 같은 새로운 종교로 개종 대상들을 분명히 교화시키려고 한다(Bromley, 1988b). 따라서 이 새로운 신앙은 이전 믿음의 파기로부터 생긴 의미의 공백을 보충한다. 이것이 가능하다는 사실은 의미의 공백이 개종 대상자들을 종교적 교화에 정말 취약하게 만든다는 표시이다.

그러나 흔히 개종 대상자들은 이교 반대운동에 가담한다. 그들은 추가 대상자들을 대하는 프로그램 진행자들을 돕는다. 그리고 정치적 운동에도 참여한다. 그들은 이교를 비판하

---

49) 강한 종교적 관여가 이혼의 고통을 감소시키는데 도움이 된다는 증거가 있다(Price & McKenry, 1988).

기 위하여 자신의 경험을 선동적이고 감각적으로 표현한다. 그리고 이교에 대한 법적인 대응과 다른 직접적인 공격에도 합류한다(Barker, 1988; Bromley, 1988; Hall, 1988; Wright, 1988). 이교 반대운동은 이들에게 삶의 새로운 목적과 가치의 원천을 제공함으로써 의미의 공백을 채워준다(Wright, 1988).

노년의 은퇴생활로 전환하는 사람들도 새로운 의미의 원천을 모색해야 한다. 이들은 다른 사람들에게 유용하고 필요하다는 느낌을 갖는 것이 극히 중요하다(Kaufman, 1986). 그들의 생활에서 중요한 비중을 차지하는 것은 생산적인 활동, 가족과의 유대 그리고 우정이다(Kaufman, 1986).

이와 마찬가지로, 실직한 사람들은 새로운 직업을 찾으려고 하며, 그 동안에 가족이나 등한시해온 생활의 다른 면에 대한 관여를 증진함으로써 의미를 모색할 수 있다. 예를 들면, 경력에 몰두해온 남자는 실직 후에 자녀와의 상호작용을 더 많이 하기 시작하며, 이러한 가족 중심의 태도는 새로운 직업을 구한 후에도 지속될 수 있다. 결과적으로, 일부 사람들은 실직이 위장된 축복이었다고 주장한다(Newman, 1988). 비록 이러한 말은 합리화나 과장된 느낌이 있지만, 어느 정도의 진실도 있다. 그것은 의미의 한 가지 원천의 상실은 남아있는 원천을 강화시킨다는 견해와 일치되며, 긍정적인 경험이 될 수 있다.

사람은 상실된 의미를 보다 쉽게 대신할 가능성이 클수록 더 기꺼이 의미를 상실하려고 한다. 예를 들어, 이혼의 경우에 주도할 가능성이 큰 사람은 외부 관계가 잦거나 권력이 많거나 일에 관여를 많이 하는 사람이다(Blumstein & Schwartz, 1983; Lawson, 1988). 이것도 의미의 공백을 보충하는 것이 중요함을 입증하는 것이다. 공백을 보충할 수 있다는 것을 안다면 더 기꺼이 전환을 시도한다.

그러므로 중요한 전환기에 발생된 의미의 공백은 전형적으로 한 동안 후에는 보충된다. 사람이 자신의 생활을 재구성하여 의미의 결손을 보충하면 가장 어려운 적응기간은 끝난다. 의도적인 전환과 강요된 전환의 차이에서 중요한 면은 사전대비 기회이며, 이러한 대비의 중요한 부분은 상실된 의미의 원천을 대체하는 것이다. 전형적으로 적응이 가장 힘든 경우는 인생의 중요한 의미의 원천을 갑자기 본의 아니게 박탈당한 후에 그 공백을 채울 수 있는 방법을 찾기 시작해야 할 때이다. 이와는 대조적으로, 적응이 가장 쉬운 경우는 전환을 예상하여 삶의 의미를 미리 재구성할 수 있는 때이다. 새로운 활동을 모색하고, 우선순위를 조정하고, 이전 관계를 새롭거나 비슷한 것으로 대신하는 것이 전환의 스트레스를 최소화하는 흔한 방법이다.

그러므로 가장 순조로운 전환은 의미가 최대한 지속되는 경우이다. 비록 변화의 정도가 상당하더라도 의미의 공백기가 짧다면 고통도 적다. 이전의 의미와 결별하기 전에 새로운 의미를 준비하는 것이 이와 같은 계속성을 최대화하며, 사람들이 전환을 가장 쉽게 하기 위해 분명히 취하는 방식이다. 이는 전환의 계속성이라는 포괄적인 문제를 제기한다. 다음 절에서는 사람들이 그만둔 역할이나 관계의 계속성을 유지하는 방식에 관해 검토할 것이다.

계속성

이 장을 시작하면서 의미있는 연결이 단절될 수 있는 과정에 관한 문제를 제시하였다. 두 사람 또는 다른 존재가 의미에 의해 연결되었다면 어떤 점에서 그 연결이 단절될 수 있는가? 이 장에서는 사람들이 관계와 역할을 그만두는 과정에 중점을 두었고, 사람들이 이 단절된 관계에도 불구하고 계속 지니고 있는 것을 검토하는 것으로 끝맺고 있다.

계속성을 조장하는 것이 거짓 영속성의 일반적 형태에서 본 것처럼, 의미를 적용하는 중요한 방식이다. 그러나 의미가 일관성과 계속성을 조장한다면, 관계를 단절하는 것은 의미의 기본 성향에 위배되는 것이다.

단절된 관계의 문제에 대한 가장 단순한 답변은 이 의미있는 연결이 실제로는 결국 단절되지 않는다는 것이다. 그것들은 변화되고, 개인의 일상 활동과 결정 과정에 미치는 많은 영향력을 분명히 상실하지만, 연결은 결코 완전히 단절되지는 않는다. 이보그(Ebaugh, 1988a, p. 149)가 결론적으로 말한 바대로, "이전 신분이라는 것은 특정 집단에 소속했거나 역할을 맡은 적이 전혀 없었다는 것과는 다르다." 이전 역할을 마치 전혀 없었던 것처럼 지우지 못한다. 거짓 영속성처럼, 의미는 안정성을 조장한다. 생활 변화에서, 가장 근본적인 변화의 노력에도 불구하고 의미는 계속성을 증진시킨다.

계속성에 대한 증거는 이혼과 관계 단절의 경우에 가장 뚜렷하게 나타난다. 이혼에 관한 연구에서, 보간Vaughan, 1986)은 이혼한 많은 사람들이 이전 배우자와 얼마간의 접촉을 유지하고 있는 것을 알고 놀랐다. 그녀는 "대부분의 경우에 관계는 끝나지 않는다. 관계는 변하지만 끝나지는 않는다."(1986, p. 182)고 결론을 내렸다. 다른 전문가들도 같은 결론에 도달했다. 예를 들면, 어떤 사람들(Price & McKenry, 1988, p. 46)은 사랑은 끝나더라도 애착은 지속된다고 말함으로써 이혼에 관한 흔적을 요약하였다. 많은 경우에 분명히, 자녀에 대한 공동 관심이 이전 배우자들 사이의 계속적인 상호관계를 유지하게 만들었다. 그러나 자녀가 없는 경우에도, 이혼 부부 사이에 흔히 어느 정도의 접촉이 지속되었다.

이전 상대방에 대한 지속적인 감정적 유대는 다른 면에서도 확인되었다. 미간행 실험연구(Wegner, 1988)에서 여러 가지 자극에 대한 생리적 반응이 검증되었다. 대부분이 결혼한 적이 없는 피험자들에게 이전 애인을 생각하도록 요구했을 때 가장 강한 반응이 확실히 나타났다. 사실, 이전 상대방에 대한 생각은 현재의 파트너에 대한 생각보다도 전형적으로 더 강한 반응을 야기시켰다. 다른 연구(Weiss, 1979)에서도 이전 배우자에 대한 정서적 애착이 새로운 관계가 수립된 후에도 전형적으로 지속된다는 것이 확인되었다. 이러한 정서적 유대는 두 사람의 호감이나 존중 정도와 관계없이 강력하다(Price & McKenry, 1988). 이 모든 것은 정서적 분위기와 행동적 의미의 변화에도 불구하고 의미있는 연결이 단절될 수 없다는 견해와 부합된다.

이전 공산주의자들이 제시한 설명은 계속성의 요인들을 아주 명확히 하였다. 그들은 전형적으로 어느 시점에서 공산당이나 다른 집단과 확실한 결별을 해야만 했다. 그러나 그들의 많은 이상, 가치관, 충성심이 그 이후에도 지속되었고 나중 생활에도 영향을 미쳤다. 쾨슬러(Koestler)의 공산당 탈퇴 서한은 지속적인 충성 선언과 소련이 인류의 마지막이자 최선의 희망이라는 진술로 끝을 맺었다. 그의 충성과 신념은 탈퇴에도 불구하고 확고하게 남아있었는데, 그는 원칙아 아니라 체제에 반대했을 뿐이다. 실론(Silone, 1987)도 같은 신념과 이상으로 계속 일할 것이라는 비슷한 주장을 하면서 설명을 끝냈다. "사회주의에 대한 신념은 내 안에 그 어느 때보다도 생생하게 남아 있다"(p. 113). 라이트(Wright, 1987)는 결별시기에 밤에 침대에 누워서도 자신을 배척하고 증오하기 시작한 이전 동료들에게 여전히 다음과 같은 충실한 느낌이 있었다고 말했다. "그들이 나를 위하지 않을지라도 나는 그들을 위할 것이다"(p. 158).

쾨슬러(Koestler)가 공산주의와의 결별을 중독의 치유와 비교한 것은 의미심장하다. "소련의 신화에 대한 중독은 다른 중독만큼이나 집요하고 치유하기 어렵다"(p. 74). 중독의 비유는 전환이 종료되었다고 주장하는 공식적인 시점 이후에도 지속되는 의미와 애착을 향한 강력한 정서적인 경향을 적절히 나타내고 있다. 공식적인 결별에도 불구하고, 개인은 여전히 자신이 결별한 것을 갈망하고 있다.

이전 공산주의자들처럼, 종교 집단을 탈퇴한 사람들은 일반적으로 집단의 많은 신념과 가치관을 유지하는 경향이 있다. 종교로부터 변절한 기간 동안에 새로운 종교로 개종한 경우를 제외하고, 대부분의 사람들은 그 종교와 어떤 접촉과 관계를 유지한다(Albrecht 등, 1988). 한 연구자는 자신의 연구에서 탈퇴자들의 계속성을 특히 강조하였다. 그들 대다수는 신앙의 상실 흔적을 전혀 보이지 않았다. "가톨릭 탈퇴자들은 믿음을 잃지 않았고 스스로를 가톨릭 신자가 아니라고 하지도 않았다. 그들은 자신을 종교적이라고 인정하면서도 제도적 교회의 규칙을 억지로 준수하지는 않았다"(Hoge, 1988, p. 96). 따라서 이 사람들은 같은 믿음을 갖고 있지만 교회의 일부 제도적인 형식과 관행을 거부하였다.

비슷한 결론이 이전 수녀들에 관한 몇 가지 연구에서도 엿보인다(Ebaugh, 1988a, b). 이 연구에서 거의 모든 여성들은 수녀원을 나온 후에도 가톨릭을 계속 믿고 있었다. 그들은 시간이 지남에 따라 그렇게 하기가 어렵다는 것이 입증되었지만, 특정한 교단 및 남아있는 수녀들과 정서적 유대관계를 유지하려고 노력하였다.

이교를 떠난 사람들에게로 관심을 돌려 보면, 계속성에 관한 상당한 증거를 또 발견한다. 한 대규모 연구 사업에서 많은 이전 신도들은 그 집단으로 유도했던 정신적 욕구를 계속 갖고 있으며, 그 집단의 이상과 믿음도 일부는 유지하고 있다는 것이 나타났다(Rothbaum, 1988). 또 다른 연구에서는 통일교가 탈퇴자들에 대하여 초기의 적대감과 비난으로부터 보다 관용적인 입장으로 태도를 변화하도록 다수의 이전 문선명 교도들이 유도한 것에 주목하였다. 마침내 이전 신도들에게 교회에서 어느 정도의 인정과 참여의 기회가 제공되기까지 하였다(Barker, 1988).

이처럼 계속성의 비율이 높은 이유는 그것이 유리하기 때문일 것이다. 실제로 계속성을 모색하는 것이 적응을 잘 하는데 중요하다는 일부 증거가 있다. 카우프만(Kaufman, 1986)은 여러 가지 자료에 의해서 노화에 적응을 잘 하는 한 가지 중요한 열쇠는 이전 생활과 활동에서 어느 정도 계속성을 유지하는 것이라고 결론을 내렸다. 이교를 탈퇴한 사람들의 경우에, 로스바움(Rothbaum, 1988)은 의미에서 계속성의 원천이 대단히 도움이 된다는 것을 발견하였다. 그녀는 이교를 탈퇴한 사람들이 자신의 이교 경험이 외부 세계에서 얼마나 활용도가 적은지를 알고 흔히 놀라면서도, 그 집단에서 중시했던 것이 새로운 생활로 전환하는데 유리하게 작용했음을 깨닫고 위로기 되었다는 것을 관찰하였다.

이와 같은 의미 연결의 힘은 사람들이 자신을 지우려는 과정에서 겪는 어려움에서 나타난다. 이전 역할의 많은 부분은 과거와 완전히 단절하려는 노력에도 불구하고 지속된다. 예를 들면, 이전 문선명 교도들에 관한 연구에서 많은 신도들은 통일교와 완전히 단절하고 자신의 생활을 계속하길 원했으나, 흔히 그렇게 하기가 아주 어렵다는 것이 드러났다(Barker, 1988). 자신의 과거를 지우려고 하였지만 성공하지 못한 비슷한 경우가 성전환자 중에서도 발견되었다(Ebaugh, 1988a). 한 사례에서, 어느 성전환자가 한 남자와 약혼한 후 자신의 남성으로서의 과거를 결혼 전까지는 말하지 않기로 결심하였다. 왜냐하면 이 소식을 듣고 그 남자가 놀라서 결혼 일에 긴장할 것을 두려워했기 때문이다(Ebaugh, 1988a, p. 167). 그리고 제도적으로 자신의 과거를 부인하지 못하게 되어 있는 경우도 있다. 범죄 기록은 평생 붙어 다닌다. 이전 나치당원들은 실제 참여의 정도에 무관하게, 자신이 당에 소속했었다는 오명과 부담에서 벗어날 수 없음을 전쟁 후에도 발견하였다(Sichrovsky, 1988). 일반적으로, 사람들은 이전의 의미를 철저히 지우기가 아주 어렵다는 것을 알고 있다.

또 다른 유형의 계속성은 인생의 어떤 시기를 가치있는 학습경험으로 간주하는 것이다. 이러한 학습경험은 이전 공산주의자들의 설명에서 보편적이다. 이전 이교도들도 흔히 이러한 태도를 취한다. 많은 이전 신도들은 이교에 몸담았던 시기가 도움이 되었거나 좋은 경험이었다고 주장한다(Barker, 1988). 다른 사람들은 그와 같은 생활시기를 어리석은 잘못으로 후회하면서도, 소중한 초석으로 돌이켜 본다(Rothbaum, 1988).

의도적인 전환에 계속성이 있다면, 본의 아닌 전환에는 더 많은 계속성을 기대하게 될 것이다. 왜냐하면 그 사람은 과거와 결별하려는 어떤 결정도 하지 않았기 때문이다. 가끔 그 양상이 꺼림칙하지만, 본의 아닌 전환기에 계속성의 증거는 정말 나타난다. 배우자로부터 버림받은 사람들은 가끔 피해자의 역할을 수용하여 자신을 버린 상대방에게 정서적으로 너무 강하게 매달려서 다른 활동과 관계를 등한시한다. 자신을 피해자로 인식하는 것은 자기파괴적인 행동까지도 초래한다(Vaughan, 1986). 이와 마찬가지로, 개종 프로그램 대상자들은 이교 반대운동에 가담할 수 있으므로 그들의 생활은 더 이상 속하지 않는 이교를 중심으로 계속 움직인다. 그들의 생활은 전에 수립하려고 했던 것을 파괴하려는 형태가 되며, 간혹 이 파괴적인 결과는 상상을 훨씬 초월한다(Hall, 1988; Wright, 1988).

본의 아닌 전환기에도 의미가 지속된다는 가장 분명한 증거는 아마도 해고된 관리직들에 관한 연구에서 제시된다. 이 사람들은 자신의 현실적인 상황에 순응하지 않으려 하고, 이전의 역할, 지위, 직업에 필사적으로 매달렸다. 이처럼 사실을 인정하지 않으려는 것은 파괴적인 결과를 초래할 수 있다. 왜냐하면 실직 기간이 길어질수록 그 사람은 새로운 일자리를 찾기가 더 힘들고, 특히 좋은 직업은 찾기가 더 어려워진다(Newman, 1988). 그러므로 상황을 신속히 인정하고 행동을 취해야 한다. 그러나 관리직들은 이렇게 하기가 매우 어려웠다. 사실, 해고된 관리직들에 관한 연구에서는 그들 중 많은 사람들이 모든 권리를 상실한 후 수년이 지나도 잃어버린 직업과 그 의미에 매달린다는 것을 발견하였다(Newman, 1988). 흔히 위상과 급료가 보다 낮은 새로운 직업을 구한 후에도, 그 사람은 자신을 이전 직업과 연관시킨다. 흔히 이러한 동일시는 아주 강해서, 그 사람은 새로운 직업이나 사회적 역할을 순수하게 수용하기를 거절하는 것으로 보인다. 그들 중 일부는 수년 동안 이전과 같은 직업을 구하지 못하고 그 가능성은 사실상 거의 없는데도 계속해서 그와 같은 직업을 구하려고 한다.

그렇다면 전환은 거의 언제나 불완전하게 보인다. 인생의 의미는 변할 수 있지만, 그것을 완전히 지우기는 대단히 어렵다. 우리가 본 것처럼, 이혼의 경우에 사랑은 끝나더라도 애착은 지속된다. 종교나 정치에서 집단 구성원의 자격은 끝나지만 신념과 가치 그리고 정서적 유대는 지속된다. 가끔 사람들은 과거의 의미에 집착하거나 벗어나려는 단호한 노력을 하지만, 어느 쪽에도 계속성은 분명히 있다. 현재는 과거로부터 의미를 계속 이끌어내며, 과거는 폐기될 수 없다. 인생의 변화는 인생에서 의미를 제거하는 것이라기보다는 수정하는 것으로 이해되어야 한다. 의미의 연결은 상당히 변하지만, 대부분의 경우에 완전히 분해될 수는 없다.

요약 및 결론

중요한 생활의 변화는 강력한 정서적 영향력을 미치는 경향이 있다. 인생에 새로운 의미를 추가하는 것은 승진이나 부모가 되는 경우와 같이, 새로운 의미 자체가 스트레스, 책임

또는 문제와 관련될지라도 흔히 상당한 긍정적 감정을 일으키는 것 같다. 의미의 상실과 연관된 전환은 전형적으로 불행한 감정을 가져온다, 이것은 전환이 역겨운 상황이나 역할에서 탈피하는 것일지라도 사실이다. 예를 들면, 안 좋은 결혼이라도 이혼은 사람들을 슬프게 한다. 이러한 정서적 영향은 사람들이 자신의 삶에서 의미를 구하고 유지하려는 이유를 설명하는 것이다.

관계는 환상을 유지하는 과정에 의해서 흔히 지속된다. 그와 같은 과정은 긍정적인 면에 중점을 두고 강조하는 반면에, 부정적인 면을 무시하거나 경시하는 것과 관련된다. 관계를 강화시키기 위해서는 부정적인 면을 상대적으로 분리시키는 것이 중요하다. 즉, 부정적인 측면을 광범한 형태의 긍정적인 혜택에 비해서 비교적 중요하지 않은 별개의 예외적 또는 일시적 문제로 간주하는 것이다. 따라서 한 가지 단일한 주장은 일반적으로 원만한 결혼을 의심할 이유가 못되고, 한 가지 실망이나 문제도 이상과 활동이 대체로 아주 매력적인 종교적 또는 정치적 집단을 의심할 타당한 이유가 못된다.

전환은 불만이 구체화되면 시작된다. 부정적인 면들은 서로 연결되어 더 큰 바람직하지 않은 형태를 이룬다. 이것은 그저 재수없는 날이 아니라 재수없는 해가 된다. 문제가 단지 별개로 간주되었을 때 그 이상을 기대할 이유가 없지만, 전반적인 부정적 형태의 일부로 보기 시작하면 그 이상의 불쾌한 양상이 예상될 수 있다 이제 긍정적인 면들은 개별적인 부정적인 면과 하나씩 비교하기보다는 상호 연관되어 축적된 부정적인 면 전체와 비교되어야 한다.

때때로 돌이켜보면, 사소한 단일 사건이 이와 같이 누적된 불만을 자극하는 것 같다. 그것은 잠재적이고 포괄적인 불만의 양상을 나타낸다. 따라서 관계에 대한 부정적 감정은 보다 고차적이고 의미있는 수준에서 인식된다. 그것들이 전에는 일시적이고 간단한 문제로 간주된 반면에, 이제는 수개월이나 수년 동안 관계에 나쁘게 반영되는 계속적인 형태의 일부가 된다. 불만이 축적된 후에는, 작은 욕구불만도 더 이상 또 다른 별개의 문제가 아니라 폭넓은 일반적인 불만 상황으로 쉽게 결부될 수 있다. 불평할 때마다 지난 불평이 떠오르고 더욱 증가할 것으로 예상된다.

이제 환상이 상실되어 전체적인 관계가 달리 보이기 때문에, 불만의 축적은 중요한 재평가를 촉구하는 경향이 있다. 재평가 과정은 이별이나 단절을 자극하거나 하지 않을 수 있다. 만일 자극한다면, 별거 과정의 중요한 부분은 관계를 재해석하는 것, 즉 이야기를 다시 쓰는 것이다. 이는 부정적이고 비판적인 형태로 초기 단계부터 기억을 재검토하는 것을 포함한다. 전에는 정당한 목적을 위해 일하고 기꺼이 희생하였으나, 이제는 자신이 이용당했거나 쓸데없는 일을 한 것처럼 보인다.

일반적으로, 사회는 관계의 파탄을 비난하기 때문에 정당화가 필요하다. 한 가지 보편적인 방안은 관계가 자아의 성장과 작용 및 표현 능력을 억제하거나 방해한다고 말하는 것처럼, 자아를 가치의 토대로 이용하는 것이다. 물론, 그것은 강력한 가치의 토대로서 자아에 대한 현대의 신뢰를 단지 반영하는 것이다. 우리의 조상들은 그들이 변해야 한다는 신의 징표에 대신 의존했을지 모른다. 또 다른 전략은 관계의 부정적이고 못마땅한 면을 과장하는 것이다. 근래에 종교 집단이나 결혼, 직업, 정치적 운동을 그만둔 사람들은 이러한 관계에 관하여 부정적인 방향으로 심하게 치우친 설명을 하는 경향이 있다.

중요한 관계의 전환은 의미의 주요 원천을 박탈한다. 의미의 공백이 발생하고, 당사자는 상실한 것을 대신하기 위한 행동을 취해야 한다. 전형적으로, 이러한 대체는 인생에서 남아 있는 의미의 원천 일부를 다듬고, 이 원천에 잘 부합되는 새로운 원천을 추가하는 것이다. 자아 가치가 이 전환에 흔히 중요하게 관련된다. 왜냐하면 당사자는 자아 가치의 원천을 상실할 뿐만 아니라 이탈 자체가 자아에 대한 어느 정도 냉정한 견해를 내포할 수 있기 때문이다. 예를 들면, 실패한 결혼은 자신이 부적합한 배우자임을 의미하고, 종교나 정치 운동을 그만둔 사람들은 이전 동료들로부터 공격과 비난의 대상이 될 수 있다. 그러므로 자아 가치의 회복은 그와 같은 많은 생활 변화의 중요한 특성이다.

그러나 궁극적으로, 생각을 하지 않을 수 없듯이, 의미는 없어질 수 없다. 사람들은 이전 배우자, 동료, 직업, 종교 등과 개인적, 정서적, 행동적 유대관계를 유지한다. 의미가 일단 사람을 어떻게 연관시키면, 그 연관은 수정되고 약화될 수 있지만 결코 완전히 사라질 수는 없다.

제13장 문화적 영향 : 여성의 성에 대한 혐오

앞 장에서는 개인적 관점에서 인생의 변화를 검토하였다. 이 장에서는 인생의 의미가 많은 사람들에게 집단적으로 어떻게 변할 수 있는지 검토할 것이다. 여기서 논의할 예에서, 중요한 문화적 변화는 여성의 삶의 의미를 바꾸었고, 이러한 변화는 여성의 성적 관심에 대한 재정의를 포함하여 여러 가지 중요한 결과를 초래하였다.

현대 사회는 점차 여성의 성적 관심을 인정하게 되었다. 실제로, 간과되고 혼란스러운 시기로부터 여성도 남성과 거의 마찬가지로 성적 충동을 지니고 있다는 정도까지 여성의 성적 관심을 표출시킨 것에 현대 사회는 자부심을 느끼고 있다. 빅토리아(Victoria)[50]시대의 보수성을 정복한 것을 자랑하며, 아마도 유사 이래 처음으로 여성이 성을 즐길 수 있게 되었다. 그러나 이러한 자축의 사실적 기반은 약하다. 현실은 훨씬 복잡하다.

세계 대부분의 문화와 우리 문화의 역사에서 대부분의 사람들은 여성의 성적 충동을 남성보다 훨씬 강하다고 간주하였다. 만일 우리 현대인들이 여성의 성적 관심을 발견했다면, 그것은 비교적 근래의 빅토리아 시대(대충 1830년~1900년)에 일시적으로 사라진 것에 비교한 것뿐이다. 그것은 재발견이지 처음으로 발견한 것은 아니다.

이 장의 초점은 여성의 성적 관심에 대한 일시적인 소멸에 둘 것이다. 여성이 성에 열광하는 동물이라고 믿었던 시기 다음에 사회는 왜 갑자기 여성을 열정이 없고 성적 관심도 없는 것으로 생각하기 시작했는가? 여성의 성적 행동이 이러한 변화에 어떻게 기여했는가? 그들의 성적 충동은 어디로 갔는가?

오늘날 대부분의 심리학자들은 성적 충동이 인간의 가장 기본적이고 강력한 동기라는 프로이드(Freud)의 주장을 인정하고 있다. 따라서 성적 충동을 정복하고 억제하기 위해서는 또 다른 강력한 동기가 필요하다. 이 장에서는 인생의 의미 변화가 지난 세기에 많은 미국과 서유럽 여성들에게 영향을 미쳤으며, 이 변화가 여성의 성적 충동을 상당히 감소시키는

---

50) 역자 주. 영국 여왕(1819-1901)으로 1840년 독일 알버트(Albert)왕자와 결혼하여 정치 문제에서는 그의 조언을 받았다 1861년에 그가 죽은 후 수년간 은둔생활을 했으며, 재상 디즈레일리(Disraeli)의 개인적 매력에 영향을 받기도 하였다. 재임기간 중에 산업과 식민지 확장 및 국내 개혁을 수행하였다.

데 책임이 있다고 주장할 것이다.

문화적 변화에 관한 이러한 특수한 예를 선택한 데에는 몇 가지 이유가 있다. 첫째, 여성의 생활은 남성보다 더 분명하고 동질적인 연구 분야이다. 왜냐하면 문화적 제약으로 인하여 여성의 역할은 남성보다 협소하기 때문이다. 둘째, 관련된 변화에 관한 역사적 정보가 상당히 있다. 셋째, 성적 관심의 억제는 본성에 대한 문화의 중요한 승리를 나타낸다. 만일 인생의 의미가 정말 성적 행동과 같은 강하고 기본적인 것을 변경하고 억제할 수 있다면 그것은 정말 강력한 것이 분명하다.

성적 충동은 아마도 아주 기본적이고 강하기 때문에 계산적이고 합리적인 결정으로 굴복시키지는 못할 것이다. 성적 관심을 억제할 수 있는 두 가지 그럴듯한 방법이 있다. 첫째는 성에 관해 알거나 생각하지 못 하는 것이다. 둘째는 성을 불쾌한 감정이나 결과, 특히 죄책감이나 불안과 연상시키는 것이다. 이 두 가지 방식은 빅토리아 시대 사람들이 사용했다. 그들은 자신의 딸들에게서 성에 관한 어떤 암시나 접촉도 조심스럽게 차단하고, 성적 관심을 많은 공포와 불안으로 감쌌다. 따라서 여성의 성적 관심을 이해하려면 다음과 같은 의문을 가져야 한다. 무엇이 성에 관한 심리적 위협을 증가시켰으며, 무엇이 성을 묵살하려는 음모를 촉진시켰는가?

여성은 정말 성을 혐오했는가?

여성이 성을 혐오한 이유에 대해 관심을 보이기 전에, 그들이 실제로 그렇게 했는지 살펴볼 필요가 있다. 일부 사람들은 분명히 이 부분이 불필요하다고 생각할 것이다. 왜냐하면 빅토리아 시대의 여성들이 성적으로 억압된 것은 모두가 알고 있고, 그래서 우리는 빅토리아 풍조라는 말을 엄격함과 비슷하게 아직도 사용하고 있다.

그러나 모두가 그것을 알고 있다고 해서 반드시 사실은 아니다. 더구나 야심있는 학자가 명성을 얻기 위한 좋은 방법은 모두가 사실로 알고 있는 것을 반증하는 것이다, 사실 일부 학자들은 빅토리아 시대의 여성들이 다른 사람과 마찬가지로 성을 좋아했다고 주장하기에는 증거가 불확실한 것을 보고 근래에 기뻐했다. 비록 확실한 것을 장황하게 검토하는 것으로 보일 수 있더라도, 여성의 성적 관심이 빅토리아 시대에 정말 억압되었다고 주장하면서 시작할 필요가 있다.

이것은 어떤 여성도 19세기에 성적 절정감(orgasm)을 느끼지 못했다고 말하는 것은 아니며, 많은 여성들이 절정감을 느꼈다. 그리고 모든 여성들이 똑같이 영향을 받지도 않았다. 열정이 억압된 것은 주로 품행이 방정한 중류층 여성들이었다. 중류층의 관점에서 보면, 귀족 여성들의 퇴폐적인 성적 방종은 소문이 널리 퍼져 비판을 받았고, 하류층 매춘부들의 무절제한 성적 탐닉은 예절바른 사회에 위협으로 간주되었다. 가능한 증거에 의하면, 상류층과 하류층은 적어도 중류층과 같이 성적 억압을 받지는 않았다(Johnson, 1979).

이 시대에 중류층 여성들에게도 성적 쾌락이 전혀 없었다고 말하는 것은 공정하지 않다. 보편적이거나 절대적인 유형에 속하는 인간 행동은 매우 드물다. 삶은 성적 욕망이나 쾌락이 전혀 없는 상태에서 강하고 빈번하며 다양한 성적 만족에 이르기까지 연속되어 있는 것으로 상상할 수 있다. 오늘날 미국에서, 개인은 이 연속선의 어느 지점에도 위치할 수 있으며, 빅토리아 시대의 중류층을 포함한 대부분의 문화에서도 마찬가지이다. 그러나 평균은 변할 수 있다. 여기서 기본 가정은 성적 욕망과 쾌락의 평균 정도는 역사에서 대부분의 다른 집단보다 빅토리아 시대의 중류층 여성들이 낮았다는 것이다. 오늘날 사회심리학과 성격심리학에서 대부분의 실험연구는 행동의 10~15%의 변화를 시사하고 있다(Funder & Ozer, 1983; Mischel, 1968). 빅토리아 시대의 중류층 여성들의 성적 관심 저하는 최소한 그 정도나 그보다 약간 컸으리라는 것은 충분히 그럴듯하다.

관련 증거는 두 부류로 구분될 수 있다. 첫째는 여성의 성적 관심에 대한 일반적인 믿음에 관한 것이다. 둘째는 실제 행동에 관한 미묘하면서도 보다 중요한 증거이다.

❖ 여성의 성적 관심에 대한 믿음

빅토리아 시대의 여성들은 성적 충동이 가장 약한 것으로 믿었다는 증거가 많이 있다. 저명한 연구자 엘리스(Havelock Ellis)는 성에 관한 연구에 현대의 학문적 접근을 적용한 최초의 사람 중 하나로, 고대 그리스로부터 자신의 시대에 이르기까지 성에 관한 문학적 및 의학적 표현을 조사하였다. 그는 거의 모두가 여성이 남성보다 성적 욕망이 더 강한 것으로 믿고 있는 것을 발견하고 놀랐다(Cott, 1979). 엘리스(Ellis)처럼 지각있는 빅토리아 시대의 사람에게는 여성이 남성보다 성적 욕망이 강한 것으로 누군가 믿을 수 있었다는 것이 믿기 어려웠다.

당대 의학 자료에서는 흔히 여성의 열정 결핍에 대해 아주 분명했다. 널리 인용된 빅토리아 시대의 한 표준 교재에는 이렇게 제시되어 있다.

> *...대다수의 여성들은(사회적으로 다행이지만) 어떤 종류의 성적 감정에도 그다지 구애받지 않는다. 남자들에게 습관적인 것이 여자들에게는 예외적일 뿐이다.... 여성의 성적 감정은 대부분의 경우에 정지 상태에 있으며, 흥분시키기 위해서는 적극적이고 상당한 자극이 필요하다는 것이 분명하다. 그리고 흥분이 될지라도(많은 경우에 그렇게 되지 않지만) 남성에 비하여 중간 정도이다.(William Acton, 생식기관의 기능과 장애, 1871)*

분명히, 일부 의학 저자들은 여성의 성적 욕망이 전혀 없다는 것을 믿지 못했다. 어떤 사상가들은 여성의 성적 욕구가 남성과 같거나 능가한다고까지 암시하였다. 이들은 여성의 성적 쾌락의 보편적인 결핍에 대한 무지와 두려움 및 남성의 무관심을 비난했다(Gay, 1984; Haller & Haller, 1974). 여전히 이러한 사상가들은 분명히 소수에 속하지만, 그들이 의미하는 바는 여성도 성을 즐기는 법을 배울 수 있다는 정도이었다. 그들은 많은 여성들이 결코 성적 즐거움을 알지 못하며, 운이 좋은 사람들조차도 결혼 수년 후에야 즐거움과 욕망을 발견한다는 것을 인정했다. "쾌락은 결혼 시에는 거의 못 느끼며, 그와 같은 상태가 지속되면서 점차 발전된다." 여성의 성에 관한 가장 낙관적인 학자 중의 한 사람인 스코틀랜드 산부인과 의사 던칸(Duncan)이 1884년에 결론적으로 얘기한 것이다(Gay, 1984, p. 135).

여성의 열정 결핍을 입증한 사람들은 의사들만이 아니었다. 목사들은 여성의 정숙을 끊임없이 칭송하였고, 정치인과 공직자들도 품위있는 여성을 성의식이 없는 것으로 간주하였다. 영국에서 1885년에 동성애를 징역형으로 법제화했을 때 그 법은 남성에게만 통용되었다. 왜냐하면 여왕과 의원들은 여성의 성적 활동을 규제할 필요가 없었기 때문이다(Johnson, 1979). 여성은 그러한 행동을 결코 하지 않을 것이리라! 그들의 생각으로는 여성의 동성애를 금지하는 것은 현금을 태우거나 돌을 삼키는 것을 금지하는 것처럼 불필요했을 것이다.

빅토리아 시대의 여성들은 이전 세기의 여성들과는 달리, 교육을 받고 조직적이었으며, 그들이 펼친 운동은 교육적이었다. 그들의 활동은 여성에게 성적 쾌락과 충족이 필요없다는 전제에 입각한 것으로 보인다.

그러므로 빅토리아 시대의 중류층 여성들은 하류층의 성적으로 문란한 그들의 자매들, 특히 매춘부들을 개혁하려고 항상 노력하였다. 이 점에서 총괄적이고 계속적인 그들의 실패는 그들에게 놀라운 실망의 원천이었다. 왜냐하면 그들은 어떤 생활도 성적으로 타락한 것보다는 나을 것으로 믿었기 때문이다. 고상한 숙녀들은 이러한 젊은 희생자들에게 종교와 정숙함을 가르쳐서 가정부의 일을 맡도록 할 수 있을 것으로 믿었으나, 매춘부들은 이를 받아들이지 않았다. 그들 중 많은 사람들은 가정부의 몫인 지시를 따르며 낮은 임금으로 쓰레기 취급을 받는 것을 좋아하지 않았기 때문에 처음부터 매춘활동으로 복귀하였다(Walkowitz, 1980).

마침내, 매춘부들을 개혁하려는 숙녀들의 운동 일부는 남성들을 성적 방종을 포기하고 여성들처럼 품위를 유지하도록 설득하는 사회정화운동(Social Purity)으로 방향을 전환하였다(Walkowitz, 1980). 사회정화운동은 특히 계몽적이었다. 빅토리아 시대의 중류층 여성들은 현대적 의미는 아니지만, 성도덕에 대한 이중 기준에 항의하였다. 이중 기준을 폐지하자는 것은 여성들에게 남성과 같은 성적 배출구와 기회를 제공하자는 것이 아니라, 남성들에게 성적 제한과 여성과 같은 미덕을 갖게 하자는 것이었다(Rosen, 1982, p. 34). 그들은 평등을 원했지만, 그 평등은 정숙함에 입각한 것이었다. 그들은 허사로 끝났지만, 모든 남성들을 설득하여 금욕에 관심을 갖게 되길 기대했다.

사회정화운동이 대다수의 남성들에게 금욕을 지향하도록 하지 못한 것은 놀라운 일이 아니다. 놀라운 것은 그러한 시도이었다. 모든 사람들에게 금욕과 정숙을 요구하는 단일 기준이 많은 중류층 여성들에게 실행 가능하게 보였다는 것은 그들이 얼마나 성적 쾌락을 가볍게 여겼는지 보여주는 것이다.

요약하면, 미국과 서유럽에서 19세기는 남녀 모두가 여성에게 성적 욕망이 거의 없다고 믿었던 시기이었다. 상류층과 하류층은 성적으로 방종한 것으로 간주되었기 때문에, 이러한 믿음은 중류층에 존재하였고 그들에게 초점을 두었다. 소수의 지각있는 사람들은 여성의 성적 욕망에 대한 믿음의 기반을 제시하였지만, 이는 추상적 가능성으로 여겼다. 아무도 중류층 여성들을 적극적으로 성생활을 충족시키려는 정력적인 사람이거나 성적으로 탐욕스러운 요정으로 간주하지 않았다. 그들은 무지하고 순진한 아름다운 처녀들이거나 엄격하고 현명한 좋은 부인이지만 진정으로 성적인 존재로 보지는 않았다.

❖ 여성의 성적인 행동

여성의 열정 결핍에 대한 믿음은 그 결핍에 대한 확증은 아니다. 의심할 여지없이, 성에 대한 태도와 이념은 시대에 따라 성적 행위 자체의 변화보다 더 다양했다(Smith, 1979, p. 234). 만일 대부분의 여성들이 기회 있을 때마다 흥겹게 간통을 했다면 문화 전체가 여성의 냉담함에 대한 믿음을 유지한다는 것은 분명히 상상하기 어렵다. 아마도 현실은 그와 같은 믿음을 최소한 어느 정도 지지하는 증거를 제공했을 것이다. 그러나 여성의 성생활에 관한 얼마간의 사실적인 증거를 살펴볼 가치는 있다. 일반적인 신뢰할만한 증거는 불행히도 확보하기가 매우 어렵다.

혼전 임신과 사생아의 비율은 미혼자의 성생활에 관한 증거가 된다. 쇼터(Shorter, 1975)는 이러한 비율을 광범하게 연구하였다. 그는 연구를 통하여 전통적인 유럽에서 그의 연구의 시작 시기인 중세 말로 돌아가면 미혼자들은 성적 관계를 거의 갖지 않았음을 확신하였다. 1750년경에 이 현상은 변화되어, 미혼 여성들이 임신하는 경우가 증가하였다. 그러나 이러한 사생아의 급증은 거의 전적으로 하류층에서 발생하였으며, 중류층 여성들은 결혼 전까지는 처녀로 있었다. 19세기 후반에는 사생아가 크게 감소하였다. 이것은 혼전 성교의 감소가 기여한 것도 있지만, 피임법 사용의 증가에서 부분적으로 기인하였다. 현재의 목적을 위하여 중요한 점은 빅토리아 시대의 여성에게 혼전 성교가 약혼한 장래의 남편에게만 국한되었다는 것이다. 아주 많은 여성들은 결혼 시에 처녀이었다.

두 가지 전혀 다른 증거에 의해 일부 학자들은 빅토리아 시대의 여성들에게 성적 관심이 상당히 활발하였다고 결론을 내렸다. 하나는 20세기 초에 캘리포니아주 스탠포드(Stanford) 근처에 거주하는 기혼여성들에 관한 모셔(Mosher, 1980)의 조사이다. 다른 하나는 19세기

말 어느 미국 여성의 "성적인 일기"이다(Gay, 1984). 이것들은 어느 정도 관심을 기울일 가치가 있다.

우선, 모셔(Mosher)의 조사는 빅토리아 시대 여성의 성에 관한 상한계이다(Gay, 1984, p. 136). 20세기 초 서부 해안에 거주하는 대학교수 부인들은 빅토리아 시대의 보통 사람들보다 진보적이고 성적으로 자유스러웠다. 게다가 조사에 기꺼이 응한 여성들은 거부한 사람들에 비하여(그와 같은 조사에 대한 거부율은 높음) 성적으로 자유롭다고 가정하는 것이 합리적이다. 마찬가지로, 토드(Mabel Todd)의 일기(Gay, 1984)는 여러 면에서 아주 비전형적인 성생활, 특히 토드의 남편이 그녀에게 다른 남자들과 성행위를 하도록 격려하고 상황을 조성한 사실을 기록한 것이다.

모셔(Mosher)의 조사에 응한 기혼여성에게서는 약간의 성적 쾌락을 조심스럽게 인정한 일반적인 기미가 있다. 성행위 빈도를 질문했을 때 평균 반응은 주당 1회이었다. 성행위에 대한 욕구나 이상적인 빈도는 평균 한 달에 한 두 번이었다. 이 여성들은 성관계를 많이 갖지 않았으면서도 더 적게 원했다. 실제 빈도와 이상적 빈도를 비교한 35명의 사례에서, 23명은 실제보다 적게 원했고, 11명은 실제와 비슷한 정도로 원했다.[51)]

보다 구체적으로 검토해 보면, 조사 대상 여성의 욕구 정도는 한 달에 한두 번 성관계를 갖는 것이라는 인상을 준다. 성에 관한 많은 부정적 언급은 성관계를 가장 많이 하는 여성들에게서 나왔다. 1주일에 2회 이상 성관계를 한다고 보고한 여성들은 8명이었다. 이들이 모셔(Mosher)의 조사에서 성적으로 가장 적극적인 여성들이었으나, 그들은 주당 2회는 너무 많은 것으로 분명히 느꼈다. 이 8명 중 7명은 월 1회 이하를 원한다고 말했다. 남은 1명은 생리 후 2주를 제외하고 2주에 한 번, 즉 월 1회 정도를 원한다고 했다.

그러므로 개략적인 모습은 다음과 같다. 어떤 여성도 성적으로 욕구좌절을 느끼거나 실제 이상의 성적 욕구를 느끼지 않았다. 남편이 월 1-2회의 성관계로 만족하였으면, 부인은 대체로 기꺼이 동참하며 어느 정도 성을 즐겼을 것이다. 만일 부부가 월 2회 이상 성관계를 가졌다면, 그것은 일반적으로 남편의 요구이었고, 비교적 잦은 성관계는 부인이 남편의 욕구에 단지 따랐다는 (언제나 좋은 기분만은 아니지만) 의미이다.

빅토리아 시대의 중류층 여성들 일부가 성적인 만족을 표현했다는 것은 참신하고 유쾌한 발견이다. 그러나 일부 사학자들처럼, 이 발견을 너무 중시하는 것은 피하는 것이 좋다. 우리는 그들의 허풍을 주목해야 한다. 빅토리아 시대의 보통 부인들이 우리만큼 원만한 성생활을 했다고 정말 생각하는가? 언급한 바와 같이, 성적으로 가장 적극적인 여성들이 남긴 다른 증거들을 고려해 보라. 모셔(Mosher)의 조사 대상에서 전형적인, 한 달에 3회 성관계를 가지면서도 그보다 줄이기를 바라는 것은 만족스러운 성생활의 표시로 보기 어렵다.

---

51) 남은 1명은 1주일에 1~2회 성관계를 갖지만 이보다 조금 증가하길 원했으며, 1주일에 2회가 이상적이라고 진술했다.

모셔(Mosher)의 조사에서 대부분의 여성들은 결혼할 때 처녀이었고, 사실 어떤 본격적인 애무도 경험한 적이 없었다. 결혼 전에 토드(Mabel Todd, 그 당시는 Loomis)는 혼전 포옹과 키스를 수치스러운 난잡스러운 행위로 생각하였다. 그와 같은 행동은 약혼한 사이에서 용인되며, 그렇지 않으면 충격적이고 외설스러운 것으로 생각되었다. 이 여성들 대부분은 자위행위도 한 적이 없었다. 그들의 무지는 놀라울 정도이었다. 이 여성들 대부분은 결혼할 때까지 성에 관해 아는 바가 거의 전무하였고, 일부는 상상조차 할 수 없었다,

빅토리아 시대 여성들의 성에 관한 무지는 게이(Gay, 1984, p. 285)가 보고한 일화에서 잘 나타난다. 그는 빅토리아 시대의 여성들이 처음으로 남편과 잠자리를 같이 하며 고통스럽고 난처한 경지에서 성에 관해 알고, 몸을 드러내야 하는 수치스러움을 극복해야 한다는 것이 얼마나 충격적인지를 여러 자료에서 인용하였다. 모셔(Mosher)가 때로는 결혼 후 성관계까지 1년이나 걸린 경우를 발견한 것도 놀라운 일이 아니다. 한 여성의 약혼기간에 그녀의 어머니는 어느 날 그녀가 편지를 쓰고 있을 때 가까이 와서 갑자기 말을 건넸다. "너는 아서(Arthur)와 같이 자야 할 거라는 사실을 알고 있으리라 생각하는데?" 딸은 "아, 알아요." 라고 대답했다. 딸은 그 정도는 알고 있었다. 그 이상은 얘기가 없었다. 아마도 그 대화가 딸에 대한 혼전 성교육의 전부이었을 것이다.

이 모든 증거는 무엇을 말하고 있는가? 빅토리아 시대의 중류층 여성들은 전형적으로 약혼할 때 성경험이 없었고, 흔히 결혼 이전에 몇 번의 포옹과 키스가 고작이었다. 상냥하고 사려깊은 남편이 사랑으로 대하며 한 달에 한두 번 이상 성관계를 요구하지 않는 운 좋은 여성들은 2년 정도가 지나서야 성을 괜찮은 것이고 심지어 좋은 것으로까지 인식하게 되었을 것이다. 아마 많은 여성들은 결혼 후 수년 만에 성적인 절정감을 느끼기 시작했을 것이다. 다른 사람들에게는 성이 기독교적 결혼의 한 부분으로 남편에게 가끔 봉사해야 하는 것이지만 말하거나 추구해야 하는 것은 분명히 아닌, 불쾌한 의무로 남아 있었다.

빅토리아 시대의 여성에 대한 고정관념은 적어도 중류층에 대해서는 상당히 정확하다고 결론짓는 것이 타당한 것 같다. 그 여성들은 퇴폐적인 귀족들, 하류층 여인들, 매춘부들, 그리고 자신의 남편들의 성적 활동에 대해 다소간 인식하고 있었기 때문에 성적 충동의 존재에 관해 알고 있었다. 그들은 성을 종교와 사회에 심각한 위협이 될 수 있는 것으로 보았다(Johnson, 1979). 많은 경우에, 자신의 성적 관심은 무지와 회피로 대부분 억제되었고, 수년간의 행복한 결혼 후에야 표면화될 정도이었으나, 그 후에도 수치와 의심으로 은폐되었다.

❖ 냉담함의 심리

빅토리아 시대의 중류층 여성들의 성적 욕망과 쾌락의 정도가 낮았다는 것은 심리적으로 타당한가? 한편, 성적 충동은 생리적인 것이며, 이 여성들이 다른 여성들과 생물학적으로

차이가 난다고 암시하는 것은 매우 불합리한 것 같다. 그보다, 그들은 분명히 현대 여성들이 갖고 있는 동일한 기본적인 성적 욕구와 만족감을 지니고 있었다. 다른 한편으로는, 성적 충동은 아주 유연성이 있어서, 사람들은 전혀 다른 성적 태도를 분명히 습득할 수 있다. 성적 충동은 사람이 용인하거나 충족시키지 않고도 오랫동안 전 생애에 걸쳐서 습득할 수 있는 생물학적 충동 중에 고유한 것이다(Masters & Johnson, 1970). 빅토리아 시대의 여성들은 다른 시대의 여성들보다 성에 관한 제약과 억제를 더 많이 배운 것으로 보는 것이 그럴듯하다.

앞에서 언급한 바와 같이, 성을 억압할 수 있는 두 가지 중요한 방법이 있다. 첫째는 성을 나쁜 감정과 연관시키는 것이고, 둘째는 언제나 다른 것에 관심을 두게 함으로써 성에 관해 생각하지 않도록 배우는 것이다. 여성이 성적 관심을 버리도록 의도적이고 합리적인 결정을 한다고 가정하는 것은 믿기 어렵다. 그러므로 빅토리아 시대의 성적인 냉담함을 설명하려는 이론은 이 두 가지 방법과 양립할 수 있어야 한다.

첫째 모형은 여성을 성에 관한 생각과 연관하여 불쾌한 감정을 갖도록 조건형성시키는 것이다. 아마 주요 감정은 죄책감, 수치심, 불안일 것이다. 만일 소녀들이 성에 조금이라도 관련한 어떤 것을 말하거나 행할 때마다 죄책감, 수치, 불안을 느끼도록 면밀하고 체계적으로 학습되었다면, 성에 관한 생각은 그러한 반응을 촉발할 것이다. 오늘날, 이러한 엄격하고 철저한 조건형성으로 소녀를 양육하려는 시도는 동료집단은 물론이고 매스컴의 성적 메시지의 홍수 속에서 곧 실패하겠지만, 빅토리아 시대에서는 가능했을지 모른다. 또한 빅토리아 시대의 소녀들은 그들의 조상보다 더 오래 부모의 지도아래 생활한 것을 주목하는 것이 중요하다. 더 이른 세기에는 소녀들이 일을 찾아 집을 나가 상류층의 가정부로 생활하였으나, 이러한 관례는 빅토리아 시대에 끝났다. 따라서 부모는 자녀양육에 대해 이전보다 더 통제를 하였다.

두 번째 모형은 선택적 관심에 관한 것이다. 만일 어떤 것에 관해 거의 생각하지 않는다면 중요하지 않게 여겨진다. 정치, 약물, 야구처럼, 성도 자주 논의되는 것이 아니라 거의 언급되지 않는 범위에 속하는 사소한 것으로 보일 수 있다. 모든 면에서 빅토리아 시대가 여성들을 성에 관해 생각하지 못하게 하는데 매우 효과적이었음을 시사하고 있다. 혼성 집단에서는 성적인 언급을 하지 않는다는 강력한 규준이 한 측면을 구성하였다. 또 다른 면으로는 정사를 벌인 것으로 소문난 사람들처럼, 성적인 관계가 있다고 알려진 사람들과 교제하지 않는 경향이었다(Rose, 1983). 의상도 유혹과는 거리가 멀었다. 아마도 여성을 성적인 자극으로부터 차단하려는 빅토리아 시대의 노력이 성공한 가장 큰 증거는 앞에서 설명한 것처럼, 그 시대 신부들의 특성인 성에 관한 철저한 무지를 꼽을 수 있다.

성적 욕망을 잘 극복한 사람들의 예를 고려해보는 것도 도움이 될 것이다. 가장 좋은 예는 수도원에 입문한 사람들일 것이다. 불교, 기독교, 그리고 비슷한 다른 종교에서는 정신

수양의 필수요건으로 금욕을 주장한다. 두 종교에서는 죄의식과 같은 강한 부정적 감정을 성에 관한 사고와 연관시키고, 물론 수도원에는 성적 자극이 될 만한 것도 없다. 따라서 비록 한 가지 사항이 추가될 필요가 있지만, 이 두 요인을 결합하여 성적 충동을 극복하는 데 성공할 수 있다. 수도원에서는 금욕을 정당화할 수 있는 강한 긍정적 가치와 다른 의미를 제공한다. 수도승과 수녀들은 성적 쾌락을 포기하는 강력한 정신적 근거를 지니고 있으며, 이러한 포기를 통하여 다른 형태의 정신적 충족을 얻을 것으로 기대한다.

그러므로 수도생활에 대한 비유는 빅토리아 시대의 중류층 여성들이 성적 충동을 억제할 수 있었던 것을 그럴듯하게 만들지만, 그들의 생활이 희생을 정당화할 수 있는 고차적 가치를 제공했는지의 문제가 있다. 다시 말하면, 그들의 생활이 성적 포기의 가치가 있을 만큼 충분한 의미가 있어야 한다는 것이다. 그들은 성적 쾌락에 대한 적대감을 포함하여 조상들과 동일한 기독교적 가치를 분명히 지니고 있었지만, 빅토리아 시대의 여성들이 이전 세대의 여성들보다 이러한 가치를 수용하고 성적 관심을 경멸하도록 무엇이 변화시킬 수 있었는가? 이 문제에 답하기 위해서는 빅토리아 시대의 여성에 관한 역사적 상황을 이해하고 그들의 생활의 의미를 고려하는 것이 필요하다.

여성에 관한 약사

이 절에서는 빅토리아 시대의 열정 결핍을 설명하는 토대가 되는 여성들의 삶의 의미를 이해하기 위하여 서구 문화가 수 세기 동안 여성을 어떻게 생각하고 대했는지를 검토할 것이다. 서구 여성에 대한 이러한 개관은 3가지 역사적 주제에 초점을 둘 것이다. 즉, 종교와의 관계와 문화적 평판을 포함한 여성의 지위, 가정에 대한 경제적 기여를 포함한 여성의 일, 그리고 성이 그것이다.

❖ 여성의 지위

여성은 언제나 남성보다 지위가 낮았으나, 그 열등한 정도는 다양했다. 가끔 남성과 여성의 관계는 평등에 근접하였지만, 다른 경우에는 그 차이가 엄청났다. 가장 광범한 역사적 경향은 현재와 같이 간혹 단기간의 반대 경향이 나타나지만, 여성의 종속 증대인 것 같다. 원시적인 옛날 여성들은 옛날 남성과 거의 동등한 지위를 누렸다(Tannahill, 1980). 대부분이 남성인 수렵인들은 대부분이 여성인 채취인들보다 약간 우위에 있었다.

문명 초기. 문명이 발전됨에 따라 여성의 사회적 지위가 하강하기 시작한 이유를 설명하는 다수의 이론이 제시되었다. 한 가지 중요한 특성은 임신과 체력의 약점으로 여성이 유능한 전사가 되지 못했기 때문에, 남성이 언제나 전투를 수행했다는 것이다. 문명이 발전되면서 전사 계층은 거의 언제나 정치적 권력을 갖게 되었다. 왜냐하면 아무도 그것에 대해 시비를 걸지 않았기 때문이다. 이러한 형태가 남성의 지배를 초래했을 것이다.

문명이 발달하면서, 남성들은 사물을 설명하는 사고 체계를 발전시키기 시작하였다. 이와 같은 이념은 원시 종교에서 발전되어 정치적 및 다른 견해를 추가하게 되었다. 보통 그들은 현상의 당위성을 설명하는 것으로부터 시작하였으며, 그것에는 여성의 열등한 지위도 포함되었다. 여성의 열등함에 대한 종교적 및 다른 이유는 증가하여 억압을 증대시키는데 기여하였다. 따라서 고대 그리스인들은 세상에 온갖 불행과 고통을 전파한 판도라(Pandora)[52]의 이야기도 만들었다. 판도라의 신화에 대한 기독교적 비유에서(Phillips, 1984), 이브는 인간의 생활을 낙원 대신에 고통과 일의 연속으로 만든 원죄를 가져왔다.

그러므로 여성은 문명이 발달하는 초기부터 점차 배제되었다. 문화와 지식이 대중의 생활에 파급되면서, 여성은 대체로 아이와 함께 집에 갇히게 되었다(Moore, 1984). 보편적인 고정관념은 여성을 비합리적이고, 성적 관심이 많으며, 도덕적 결함이 있는 것으로 묘사하였으며, 이는 여성이 어떤 다른 것이 될 수 있는 기회가 제한되어 있다고 보면 어느 정도 정확한 것일 수 있다. 남성의 문화는 여성의 열등한 지위에 대한 종교적 및 철학적 이유를 발전시켰으며, 곧 이어 그것은 모두 영속적이 되었다. 어떤 문명인도 이 작고 무지한 여자들을 자신과 동등하게 취급하려고 진지하게 고려하지는 않았을 것이다.

초기 기독교 시대. 기독교에서는 그 시대에 보편적이었던 여성에 대한 견해를 다소간 수용하였다. 기독교는 처음부터 독신 남성들이 지배했기 때문에 교회가 여성에게 특별히 동정적이었을 것으로 기대할 수는 없다(Bullough, 1982). 오늘날에도 가톨릭에서는 독신 남성을 교회의 요직에 적합한 유일한 후보로 생각한다. 우리는 여자 사제는 물론이고 결혼한 사제를 오랫동안 볼 수 없을 것이다. 확실히, 결혼한 성직자는 11세기까지는 드러나지 못했다(McNamara, 1982). 그러나 결혼한 성직자는 언제나 인기가 없었고, 교회 역사와 신학에서 중요한 인물은 독신 남성이었다.

결혼은 초기 기독교에서 언제나 비난을 받았다. 결혼한 성직자도 결혼의 가치를 저하시켰다. 결혼은 간통보다는 낫다고 간주되었지만, 금욕이 훨씬 더 선호되었을 것이다. 그러나 결혼의 영적 결함에도 불구하고, 사회적 및 경제적 제한으로 여성에게 결혼은 불가피하였다. 따라서 여성은 영적 품위와 지위가 낮은 생활을 하도록 운명지워졌다(Clebsch, 1979).

초기 기독교도들은 모든 것을 계층에 의해서 분석하길 좋아했다. 그들은 모든 것이 우주의 서열에서 지정된 위치에 있는 것으로 이해했다. 최상위에 신이 있고, 그 다음에 교회의 관리들, 최하위에 곤충과 벌레들이 있다. 아주 단순하고 규범적인 이러한 체계에서, 남성은

52) 역자 주. 그리스 신화에서 인류 최초의 여성으로 프로메테우스(Prometheus)의 동생인 에피메테우스(Epimetheus)에게로 가면서 휴대한 상자를 열어 온갖 악을 지상에 전파하였고 희망만이 유일하게 상자 안에 남았다고 함.

여성보다 상위에 있었다. 이와 같은 서열은 여성의 도덕적 열등함에 대한 의미를 명백히 지니고 있었다.

비록 기독교는 여성의 지위를 상승시켰다고 오랫동안 주장해왔지만, 이 주장에 대한 기반은 희박하다(Daly, 1985). 한 가지 실용적인 개선책은 기독교에서 여성이 아이가 없다고 이혼당하는 관례를 금지한 것이었다. 보다 추상적인 수준에서는 남녀 간에 정신적인 평등에 관한 논의가 어느 정도 있었다. 기독교에서는 여성의 개종을 인정하였고 그들이 구원에 이를 수 있다고 주장했다. 여성은 성인이 될 수도 있었다. 그러나 이러한 평등은 대개 이론적이었다. 아마 이에 대하여 가장 간결하게 정리한 사람은 알렉산드리아(Alexandria)의 클레멘트(Clement)[53]이었는데, 그는 여성이 남성과 모든 면에서 동등하지만, 남성은 언제나 모든 면에서 여성보다 낫다고 말했다(Tannahill, 1980).

대부분, 기독교에서는 여성을 낮게 평가하였으며, 그들의 지위에 부정적 영향만을 미쳤다. 이념적으로, 이브의 이야기는 여성에 대한 기독교의 태도에서 중심이었으며, 여성을 비참한 인간 생활의 주원인으로 묘사하였다. 이러한 주제는 한없이 반복되었다. 중세의 기적극에서는 뱀이 처음에 아담에게 접근했으나 거절당한 장면을 추가하여 이브의 이야기를 발전시켰다(Phillips, 1984, p. 58). 이 메시지는 여성의 유혹과 부도덕한 행동이 없었다면 남성의 미덕이 우리를 이러한 혼란 속으로 빠뜨리지 않았을 것임을 분명히 한 것이다. 여성의 도덕적 열등함의 의미와 함께, 이브의 이야기는 1800년 조금 이전에 영향력을 잃었지만 그때까지 여성에 대한 교회의 기본적 태도이었다.

교회는 여성의 성직자 직책도 금지하였다. 여성은 기독교 신비주의에서 어느 정도 성공을 거두었지만, 신비주의는 기독교의 역사에서 지엽적이었다. 클레브쉬(Clebsch, 1979)가 지적하는 바와 같이, 남녀 신비주의자들이 있었지만, 16세기까지 여성 신학자는 없었다. 다시 말하면, 기독교에서는 여성에게 신성한 모습과 신과의 성적인 색채를 지닌 모임을 기꺼이 갖도록 하였지만, 생각하는 것을 바라지는 않았다.

여성의 미덕에 관한 생각. 비록 그 중요성은 수백 년간 드러나지 않았지만, 서구 여성사에서 아마 가장 긍정적인 사건은 12세기에 발생하였다. 예수의 어머니 마리아에 대한 숭배와 기사도의 정신과 이야기를 통하여 여성에 관한 긍정적인 모습이 문화 속에 소개되었다.

마리아는 서구 교회에서 언제나 또 다른 성인이었지만, 동방 교회에서는 그녀에게 특별한 관심을 보였다. 왜냐하면 그녀는 타고난 여성의 신성을 대신하는 존재로 대중에게 영향을 미쳤기 때문이다. 11~12세기경에 십자군이나 서정시인들 또는 누군가 이러한 생각을 동방으로부터 유럽의 중심부로 전파하기 시작했다(de Rougemont, 1956; Tannahill, 1980). 마

53) 역자 주. 그리스의 기독교 신학자(대략 서기 150-215년)로 알렉산드리아(Alexandria)의 교리학교에서 가르쳤으며, 그리스도가 모든 철학의 정점에 있음을 제시함으로써 기독교와 그리스 사상을 조화시키려고 시도하였다.

리아 숭배(Mariolatry)는 하류층을 사로잡았다. 기사도 정신은 상류층에서 유지되었고, 그들은 정숙한 여성에 대한 남성의 순수한 사랑에 의해서 정신적 품위를 이룬다는 주제를 수용했다. 서정 시인들은 우아한 청중들의 인기를 지적하면서 이 주제를 끝없이 변형시키며 노래를 하였다.

서정 시인들의 노래 속에 담긴 사랑에 관한 기사도의 이론은 큰 의미가 있었다. 여성에 대한 열정적인 사랑은 기독교 사회에서 결코 많은 명성을 누리지 못했다. 결국 성적 욕망은 정신 수양에 반대되는 것으로 간주되었다. 그러나 기사도 모형은 사랑을 육체적인 것에서 정신적인 것으로 승화시켰다. 서정 시인들은 남자들보다 흔히 사회적 지위가 높아서 정말 넘볼 수 없는 여성에 대한 남성의 사랑을 이상적으로 그렸다. 그들의 이야기에서 성적인 행동은 보통 실현되지 않았다. 그러나 여성에 대한 남성의 절망적인 사랑은 고결하고 용감한 행동을 하도록 자극했을 것이다. 성적인 활동은 나쁜 영향을 미칠 수 있지만, 성적인 좌절은 긍정적 영향을 미칠 수 있다. 기독교에서는 이와 같이 성적인 면에서 부족한 사랑의 모형을 영적 동기와 혜택의 원천으로 인정하였다.

정숙한 여성을 숭배하고 그녀를 사랑함으로써 영적 은혜를 얻으려는 생각은 마리아 숭배와 잘 혼합되었다. 도덕적 약점, 성적 매력, 탐욕이라는 이브의 속성에 비해서, 마리아의 속성은 순결, 모성애, 충실한 순종, 겸손, 상냥함, 가정적임을 강조하였다(Phillips, 1984). 그녀는 여성의 미덕의 새로운 모형이었다.

이 모든 것은 일반 여성의 삶에는 오랫동안 거의 영향을 미치지 못했다. 이브는 기독교의 관점에서 여전히 여성의 유력한 모형이었다. 그러나 여성이 남성보다 우월한 품성도 지닐 수 있다는 생각과 남성이 여성을 존경함으로써 이익을 볼 수 있다는 생각이 출현했다. 그 생각들은 집단의 사고를 서서히 변화시키기 시작했다. 이후 4-5세기 동안에 여성의 법적, 정치적, 경제적 지위는 계속 탐탁치 않았지만, 문화적 이미지는 서서히 향상되었다(Tannahill, 1980). 16세기에는 여성을 경멸하기보다는 찬미할 수도 있다고 대체로 인정되었다. 그리고 남성은 여성을 여전히 대부분 경시했지만, 이것은 여성에게 자신을 존중할 수 있는 잠재적 토대를 제공하는 중요한 단계가 되었다.

종교의 여성화. 중세 말 이후에 새로운 생활형태가 유럽과 미국에 확산되었다. 개인과 소가족 및 큰 지역이 중요한 단위가 되었고, 대가족과 혈통 및 지역 정치권의 이전 단위는 무색해졌다(Stone, 1977). 인간관계는 경제적이 되어 거래와 화폐가 더욱 중시되었다. 사람들은 도시로 몰려들어 산업체에서 일하기 시작했다. 인쇄기는 통신과 의사교환의 혁신을 가져왔고, 곧 모든 종류의 과학적 및 철학적 개념이 보급되었다.

여하튼 기독교는 새로운 세계로 전환을 이룰 수 없는 것으로 보였다. 기독교의 교리가 농촌마을의 거의 모든 생활에 침투될 수 있었지만, 정치적 및 경제적 생활과는 계속 관계가 없는 것으로 보였다. 새로운 계몽주의 사상은 기독교를 필요로 하지 않았으며, 실제로 많은 사상가들과 이념은 반기독교적이었다. 기독교는 인간의 일상 활동에서 유리되어 주변 활동과 주간 행사 및 상징적 기억으로 축소되었다.

여성은 여전히 문화적 진보의 많은 면에서 제외되었다. 소년을 위한 교육기회는 증가되었지만, 소녀를 위해서는 여전히 빈약하거나 악화되었다. 직업 차별은 극단적이었으므로, 여성이 문맹을 깨우치더라도 적당한 직업은 기대할 수 없었다. 여성은 더욱 집에 머물며 가사를 돌보고, 다른 부인들과 대화를 나누거나 같이 일을 하거나 교회에 갈 때만 외출하였다. 그리고 그들은 교회에도 계속 혼자 갔는데, 남자들이 관심을 보이지 않았기 때문이다. 예를 들면, 1650년까지 미국 북동부의 교회에는 여성들이 언제나 남성들보다 많았다(Cott, 1977).

그러므로 계몽주의 시대 문명의 발달은 상상할 수 있는 가장 이상한 형태인 두 명의 아내를 뒤에 남기게 되었다. 한때 유럽 전역을 풍미했고, 여성을 경멸까지는 아니더라도 언제나 생색을 내며 존중했으며, 여성에 대한 압박과 부당한 대우를 정당화한 진부하고 오래 된 체제인 기독교의 일요일 공식 예배에는 주로 여성이 청중으로 남게 되었다.

교회의 관점에서 보면, 고객이 감소되고 있는 것은 분명했다. 남자들이 빠져나가면서 기독교에서 원했던 마지막 기대는 여자들마저 잃지 않는 것이었다. 그래서 기독교는 변화했다. 목사들은 여성에 관해 입에 발린 소리를 하기 시작했다(Cott, 1977). 그들은 교회에 대한 여성의 충성을 칭송했으며, 마침내 여성의 신앙이 남성보다 강할지 모른다고 암시하기 시작했다. 물론 그것은 그때까지 사실이었다. 그들은 여성이 기독교의 일부 미덕을 고도로 갖고 있다고 판단했다. 기독교는 곡예를 하고 있었는데, 되찾기를 기대하는 남성들의 기분을 상하지 않고 여자 고객들을 만족시키려고 했기 때문이다. 여성의 우월성을 설교하는 것은 분명히 미묘한 일이었다. 기독교도들이 여성에게서 칭송할 것을 찾으면서 여성의 미덕의 모형으로서 마리아에게 의존하기 시작했다. 이브에 대한 언급은 경시되었고, 성모 마리아가 정점에 올랐다. 여성의 미덕에 관한 기사도 사상이 부활되기 시작했다.

그러므로 가치에 관한 문화의 주요 원천인 기독교는 여성과 긍정적인 유대를 발전시키고, 남성을 상심시키지 않으며 여성에 관해 칭송할 것을 탐색하기 시작했다. 다시 말하면, 여성은 기독교로부터 가치와 자아 가치까지 인정받을 수 있는 기회를 이전보다 더 많이 누리기 시작했다.

이상으로 빅토리아 시대의 초기까지 여성의 지위에 관한 역사를 개괄한 것이다. 더 이상 나아가기 전에, 여성사를 일과 성에 관련하여 보완하고 검토할 필요가 있다.

❖ 일

여성은 언제나 남자보다 흔히 더 오래 그리고 더 열심히 일했다. 대략적으로 말하면, 여성의 일은 남성에 비해 지루하고 시간이 걸리지만 노력과 가치가 적은 것이었다. 낮은 가치는 여성의 낮은 지위에 기여했지만, 가끔 역관계도 작용했다. 여성이 하는 일은 어떤 것이든 자동적으로 낮은 가치를 갖는 것 같다. 예를 들면, 미국에서 교사직은 여성이 다수가 되었을 때 그 위상이 저하되었다. 현대 러시아에서 대부분의 의사들은 여성이며, 의학은 지위가 낮은 직업으로 간주되고 있다. 여의사들은 직공보다도 임금이 적다(Newsweek, 1987, 1. 19. p. 68).

수천 년 동안, 대부분의 사람들은 농부이었다. 일에 관한 성별 구분은 이와 같은 사회에서 대체로 비슷했으며, 현대에 이르기까지 지속되고 있다. 남녀는 가족의 생계에 각자 중요한 기여를 했다. 남성은 쟁기질과 건축과 같은 신체적으로 힘든 일을 하였고, 가축을 돌보며, 시장에 가서 자신의 물건을 팔고 다른 물품을 구입하였다. 여성은 옷을 만들고, 식품을 저장하고 요리하며, 자녀지도와 세탁 및 간병과 같이 가족을 보살피고, 바깥일도 거들었다. 여성의 일은 남성보다도 타인의 욕구를 지향하는 경향이 있다(Cott, 1977). 농촌 가정을 잘 영위하려면 남녀 모두가 필요한데, 남자가 여자의 일을 하거나 그 반대의 경우는 사회적으로 인정될 수 없었기 때문이었다(Shorter, 1975).

전통적인 농촌 생활에서 많은 일은 집단으로 이루어졌지만, 그런 일도 부부가 함께 하기보다는 남녀가 따로 수행하는 경향이 있었다(Shorter, 1975). 이것은 여성이 주로 남편이 아니라 다른 부인들과 상호작용을 했음을 의미한다. 미국 식민지는 고립된 가족 단위에 큰 비중을 두면서, 이와 같은 형태와는 다소 차이를 보였다.

그 후 수 세기 동안, 여성의 일은 안전한 사회적 환경에서 이루어졌다. 그 위상은 남자보다 못했지만 중요성에는 차이가 없었다. 가정경제, 심지어 가족의 생존도 여성의 기여에 분명히 크게 의존했다. 일은 생활의 목적과 효능감에 대한 강력한 원천이므로, 여성의 생활은 이 점에서 분명히 의미가 없지는 않았다. 여성의 일은 가족에게 중요했으며, 모두가 그것을 알고 있었다.

그 다음에 놀라운 일이 발생되었다. 산업혁명이 여성의 일을 차례로 접수한 것이다(Cott, 1977; Margolis, 1984). 방직공장이 가내 직조업보다 옷을 저렴하고 효율적으로 생산할 수 있었다. 양초 제조에서 식품가공에 이르는 다른 일도 가정에서부터 공장으로 이관되었다. 가족을 위한 여성의 기여는 중요한 위치에서 사소한 것으로 전락되었다. 대충 말하면, 경제적 관점에서 여성은 쓸모없게 되었다.

오늘날 미국에서는 가정과 사무실을 다른 활동을 하는 완전히 별개의 장소로 생각하지만, 이는 근래의 형태이다. 2세기 전까지만 해도, 많은 일이 가정과 그 주변에서 이루어졌다. 산업혁명은 일의 장소를 공장이나 사무실과 같은 중심지로 이동시켰다. 이것은 가정을 사회와 효과적으로 단절시켰다. 가정은 일하지 않는 곳이 되었다.

역사상 처음으로 다수의 남성들은 일하기 위해 가정을 떠나 밤에 귀가하면 식사하고 휴식을 취했다. 미혼의 젊은 여성들도 공장으로 일하러 갔지만, 전형적으로 모욕적인 임금에 장시간 재미없고 반복적인 일이었다. 그러나 대다수의 기혼여성들은 집에 남아서 점차 할 일이 없게 되었다.

이러한 경제적 변화의 중요성은 여성의 역사를 이해하거나 여성이 성을 싫어하게 된 이유를 이해하려는 현재의 목적을 위해서 과소평가될 수 없다. 19세기에 소란스러웠던 여성 문제는 여성의 기여에 관한 커다란 불확실성에 근거한 것이었다. 여성에 관한 대접이 경멸과 착취가 뒤섞여 있던 시기에도 모든 사람의 일상생활에 대한 여성의 기여는 분명하고 중요했기 때문에, 그와 같은 문제는 이전 시대에는 생각조차 할 수 없었을 것이다. 경제적으로 소용이 없는 여성은 새로우면서도 염려스러운 현상이었다.[54)]

그러므로 여성은 인생의 목적과 효능감에 관한 주요 원천을 상실했다. 그들의 생활은 이전 세대에 비해서 갑자기 의미가 더 없어진 것이다.

❖ 성

이러한 여러 가지 전개 상황이 여성의 성충동에 미친 영향을 이해하기 위해서는 성의 역사와 그에 관련된 부모 역할의 문제에 관한 몇 가지 기본적 사실을 인식할 필요가 있다.

대부분의 역사를 통하여 여성은 성충동이 흔히 남성보다 강한 것으로 간주되었다. 중세에는 킨제이(Kinsey)보고서가 없었기 때문에 이러한 고정관념이 얼마나 정확한 것인지는 분명치 않지만, 그래도 그럴듯하다. 성은 많은 역사에서 여성에게 가능한 성취의 유일한 모형이었다. 성차별로 인하여 예술, 교육, 학문적 활동, 경제적 성공, 종교 등을 통한 성취는 매우 어려웠다.

어머니가 된다는 것은 특히 만족스럽거나 바람직한 상태로 간주되지는 않았다. 여성은 선택의 여지가 없었기 때문에 아이를 가졌다. 그들은 출산을 위해서 농장 일을 하루나 이틀 간신히 쉬면서 결혼생활 동안 계속해서 아이를 가졌다(Shorter, 1982). 출산의 고통과 위험은 매우 높았고, 많은 어머니와 유아들이 사망했다. 높은 유아 사망률은 유아에게 애착을 하는 것이 위험하게 만들었으며, 어머니들은 현대의 감수성에 비추어 놀라울 만큼 자신의 자녀에게 거리를 두거나 오만하게 대했다(Stone, 1977).

아주 일찍부터, 남성들은 특정한 여성의 성적 관심을 자신이 소유하고 있는 것처럼 행동하기 시작했다. 초기의 강간 처벌법은 여성의 성적 관심에 대한 남성의 소유권을 반영한

54) 뚜렷한 큰 기여없이 아름답게 보이고, 남편을 위해 피아노를 연주하거나 함께 있으면서 격려해주는 장식용이나 노리개로서의 부인이라는 관념이 이 시기에 생성되었으나 그다지 큰 영향을 미치지는 못했다. 아마 이전에도 비슷한 생각은 했을 것이다. 여성이 부유하고 힘있는 남성들을 위해 이곳저곳에서 주로 장식 역할을 한 것에 대해서는 논란의 여지가 있다. 그리고 그것은 많은 여성들에게 삶의 부적절한 의미를 입증하는 것이었다.

것이었다. 역사의 많은 기간에서 강간은 여성을 소유한 남성, 즉 아버지나 남편에 대한 자산 범죄로 취급되었다(Bullough & Brundage, 1982; Tannahill, 1980). 만일 한 여성을 강간하여 체포되었다면, 농기구를 손상한 것과 마찬가지로 그녀를 소유한 남편에게 벌금을 지불해야 했다. 더욱이 강간 사건을 해결하는데 흔히 여성의 동의 여부는 거의 차이가 없었다. 그녀는 아버지나 남편의 말을 허가없이 줄 수 없는 것처럼 동의권이 없었다. 그녀가 실제로 협조했다면 역시 처벌받지만, 그래도 강간은 변함이 없었다. 여성은 성충동이 강하고 의지는 약하기 때문에, 많은 경우에 유혹하는 어떤 남성에게도 자연스럽게 협조할 것으로 가정되었다.

여성의 성에 관한 남성의 소유권은 빅토리아 시대의 냉담함에 관한 유용한 관점을 제공한다. 성적 욕망을 포기함으로써 여성은 실제 큰 희생을 한 것은 아니었다. 왜냐하면 그들의 성적 관심은 어떤 점에서 오래 전에 박탈당했기 때문이다. 아마 그들은 성을 즐기도록 허용되었겠지만, 실제로 그들의 것은 아니었다.

기독교. 기독교는 처음부터 성에 대해 적대적이었다. 적극적인 성생활은 영적 성취와 양립될 수 없는 것으로 간주되었다. 이상은 성적 욕망을 전혀 느끼지 않는 것이었다(Bullough, 1982; Clebsch, 1979). 앞에서 언급한 것처럼, 대부분의 신부들은 독신이었고, 오리진(Origen)[55]과 같은 일부는 자신의 성충동을 궁극적으로 정복하기 위하여 스스로 거세할 정도이었다. 4세기에, 이와 같은 행동의 유행으로 인하여 교회에서 자체 거세를 금지하는 법을 통과시킬 필요까지 있었다(Bullough, 1982).

성에 대한 기독교의 적대감은 신학이나 신비주의 경력을 열망하는 사람들에게 한정되지는 않았다. 교회는 어떤 사람의 성적 쾌락에도 불쾌감을 나타냈다(Dodds, 1965). 적어도 두 사람이 합의한 것이라면, 성과 전혀 관계없는 결혼이 좋은 것으로 여겨졌다. 순결은 양성 모두에게 최상의 미덕이었다. 때로는 기독교인들은 순결한 사람들만 부활과 영생의 자격이 있다고 믿었다. 초기 기독교인들이 평생 순결 속에서 영생을 보내는 생각으로 얼마나 고취되었는지 상상하기 어려울 것이다.

탠너힐(Tannahill, 1980, pp. 160-161)은 고대 세계에서 초기 기독교와 다른 종교의 차이를 요약한 바 있다. 대부분의 고대 종교에서는 간통을 반대했고, 대부분 피임을 인정했으며, 일부는 유산도 수용했다. 동성애에 관해서는, 부분적으로 찬반 양론이 있었다. 영아 살해는 대부분이 동의했고, 동물과의 성행위는 일부 반대 의견이 있었으나, 수용하는 사람들도 있었다. 자위행위는 모두가 묵인했다. 이에 비해서 기독교는 이 모든 것들을 강력히 반대했으며, 성에 대한 적대 세력으로 즉시 드러났다.

성에 대한 기독교의 부정적 태도는 여성에게로 일반화되었다. 왜냐하면 여성은 성충동이

55) 역자 주. 이집트의 사학자(185~254년 경)로 알렉산드리아(Alexandria) 교리학교장.

강하다고 생각되었기 때문이다. 여성에 관한 기독교의 이론에서 이브에 대한 부정적 조명은 아담의 타락에 기여한 중요한 요인으로 그녀의 성을 강조하였다(Phillips, 1984).

여기서 인지적 균형이론(cognitive balance theory)의 작용을 볼 수 있다(Heider, 1958). 이 관점에서 기독교는 성을 싫어하지만, 여성은 성을 좋아하는 것으로 추정되었다. 기독교가 여성을 싫어해야만, 기독교-여성-성의 체계는 균형을 이룰 수 있다. 이러한 형태의 일치 압력의 또 다른 예는 고대 교회에서 발견될 수 있다. 예를 들면, 이교는 성적 일탈과 흔히 연관되었다. 교회는 이교의 자연스러운 적이었으며 성을 싫어했으므로, 교회가 이교를 성도착을 즐긴 것으로 생각하는 것은 아주 자연스러웠다(Bullough, 1982).

심리적으로, 성과 여성에 대한 기독교의 태도는 조화를 이루었고, 수 세기 동안 계속되었다. 그러나 후에 이 조화는 붕괴되었다. 교회가 여성에 대하여 보다 긍정적인 견해를 갖기 위해서는 체계가 다시 균형을 이루어야 하기 때문에 무엇인가 변해야 했다. 교회가 성에 대해 보다 긍정적인 견해를 갖기 시작하거나 성에 대한 여성의 태도가 보다 부정적이 되어야 할 것이다.

몇 가지 중요한 변화가 중세에 발생했다. 기사도와 마리아 숭배에서 여성의 미덕에 관한 생각의 출현은 이미 언급했다. 인지 균형이론에서 예측한대로, 그 생각은 여성의 금욕을 이상으로 제시했다. 다시 말하면, 기독교에서는 여성이 비성적이 되어야 호의적 견해를 택할 수 있었다. 크리스틴(Christine de Pizan)은 1405년에 독자들이 자동적으로 동의할 것으로 가정하면서 순결이 여성에게 최고의 미덕이라고 기술했다. 그녀는 정숙하고 품위있는 여성이 드물다는 보편적인 견해를 반박한 것이었다. 이것은 문화적으로는 여성의 미덕에 관한 생각을 가능성으로 받아들인 반면에, 실제로는 여성들 대부분이 바람직하지 않게 간주되었다는 주장과 일치된다.

정숙함의 이상에도 불구하고, 보편적인 견해는 여전히 여성을 성적 욕구가 강한 것으로 간주하였다. "모든 마술은 성욕에서 나타나며, 여성이 만족할 줄을 모른다."고 마법서(Malleus Malificarum, 1486)에 서술되었다(Phillips, 1984). 마술에 대한 믿음은 여성이 성욕과 도덕적 약점 때문에 사악한 영향을 받기 쉽다는 믿음에 기본적으로 근거를 두고 있었다. 중세 사람들은 성적 목적으로 밤에 침대로 들어오는 남녀 악마를 믿었지만, 남자보다 여자가 악마와 성관계를 갖는 것으로 의심하는 것이 훨씬 일반적이었다(Bullough, 1982). 발기부전이나 불임과 같은 모든 종류의 성문제는 마술에 기인했다. 마녀는 남자의 성기를 사라지게 할 수도 있었으며, 그래야 그 시대의 남자라고 생각했다(Bullough, 1982). 발기부전 남자의 불행한 부인은 흔히 마술 때문이라고 의심했다.

여성이 남성보다 성적인 약점에 취약하더라도, 잘못을 범하면 더 심하게 처벌받았다. 부인의 혼외정사는 심각한 간통죄로 엄하게 취급되었으나, 남편의 혼외정사는 좀 더 관대하게 처리되었다. 중세 후반에 일부 사상가들은 이 모든 것에 대한 표면적 모순을 간파하였다.

남성이 여성보다 도덕적으로 우월하다면 왜 비슷한 잘못에 여성이 더 심한 벌을 받아야 하는가? 일부에서는 남성이 여성보다 품위가 더 있기 때문에 처벌도 심하게 받아야 당연하다고 주장했다(Brundage, 1982). 당연히, 이런 생각은 남성에게 전혀 인기가 없었지만, 여성의 정조에 대한 높은 기준을 받아들이는 분위기를 조성하는데 도움이 되었다.

여성은 결혼에 관한 교회의 새로운 관점에 의해서도 영향을 받았다. 기독교는 12세기 경에 그 부정적 입장을 바꾸어 결혼에 대해 분명히 호의적이 되었다(Gold, 1982). 한 가지 이유는 결혼을 여성의 성충동을 통제할 수 있는 좋은 방법으로 제시한 것이었다. 부인이 다른 남자들과 바람을 피우지 않도록 교회는 남편들에게 부인을 성적으로 만족시키도록 압력을 가하기도 했다(Bullough, 1982). 만일 남편이 중세 교회법에 따라 우선 부인과 상의하지 않고 순결서약을 했다면, 그는 부인에게 간통허가를 내준 셈이었다. 그녀의 성적 비행은 남편의 탓이었다(Brundage, 1982). 이와 같은 관점에서, 남편은 부인의 성적 행동에 책임있는 도덕적 대리인이 되었다. 이것은 남편이 부인의 성에 관한 권리를 소유하고 있다는 초기의 태도에서 벗어난 큰 진전이었다.

부인의 행동에 대한 남편의 책임은 분명히 성적인 면을 넘어 확대되었다. 초기 근대 영국에서는, 기술적인 면에서 남편은 부인의 범죄에 대한 법적인 책임을 졌다(Fraser, 1984). 비록 남편의 구속은 실제로 부인에게 큰 재난이었지만, 부인은 남편의 범죄에 대한 책임이 없었다.

이와 같은 태도는 중세 내내 계속되었다. 쇼터(Shorter, 1975)는 초기 근대 유럽의 마을에서는 성적 비행을 벌하기 위해 샤리바리(charivari, 소란스런 장단치기)라고 하는 일종의 공개적인 망신을 사용했다고 지적했다. 예를 들면, 임신한 독신녀는 임신시킨 남자처럼 처벌을 받았다. 놀라운 것은 부부간의 배신을 벌하는 형태이었다. 자신의 부인을 속이고 다른 여자와 바람을 피운 남편은 샤리바리(charivari)를 당하지 않았지만, 부정한 아내의 남편은 벌을 받았다. 역시 남편은 자기 부인의 행동에 책임있는 도덕적 대리인으로 취급되었다. 만일 부인이 다른 남자와 성관계를 갖는다면 그것은 남편의 탓이었다. 그녀가 간통한 타당한 이유는 그녀의 부도덕이 아니라 남편이 그녀를 만족시키지 못했거나 최소한 통제하지 못했기 때문이라고 간주되었다. 따라서 부인은 자신의 성을 소유한 것이 아니었고, 그에 대한 책임도 없었다.

비록 증거는 희박하지만, 일부 사학자들은 혼외관계가 근대 초기에 특히 중류와 하류층에서는 흔치 않았다고 결론지었다. 열정적인 사랑은 크게 존중받지 못했으며, 결혼 상대를 선택하는 좋은 기반으로 간주되지도 않았다(Fraser, 1984; Stone, 1977). 아주 집단적이고 공개적인 마을 생활의 특성과 지역사회가 혼외관계를 한 사람들을 처벌하는 불쾌한 방식이 대부분의 사람들을 성적 욕망에 탐닉하지 못하게 한 것 같았다(Shorter, 1975). 따라서 중류층의 증가는 성적 절제를 강조한 상황에서 나타났다. 이전에 중세 귀족들은 랜슬롯(Lancelot)과

귀네비어(Guinevere)[56] 또는 트리스탄(Tristan)과 이졸데(Isolde)[57]와 같은 대체로 불륜이 가미된 사랑 이야기를 좋아했다. 그러나 새로운 중산계급은 결국 결혼에 이르는 순수한 젊은 사람들의 품위있고 감상적인 사랑에 관한 이야기를 선호했다(Fiedler, 1982).

❖ 요약: 빅토리아 시대 여성의 유산

여성의 지위는 언제나 남성보다 낮았으며, 기독교는 이러한 불평등을 영속시키고 정당화하였다. 여성은 남성에 비해서 지적 및 도덕적으로 열등하게 취급되었다. 문화 속에는 어떤 여성들은 높은 품성을 지닐 수 있으나 이와 같은 여성들은 그리 많지 않다는 생각이 스며들게 되었다. 그러나 남성들이 기독교에 등을 돌리고 교회 신도들이 계속 여성들로 구성되면서, 교회는 입지가 좁아져 거의 사용되지 않던 여성의 미덕에 관한 개념을 부활시켰다. 19세기로 접어들면서, 서구에서는 적어도 권력구조에서 실제적 또는 분명한 의미가 없는 분야에서는 여성이 남성보다 정신적으로 우월한 면이 있을 수 있다는 생각을 인정할 태세를 문화적으로 갖추고 있었다.

가장 이른 시대부터, 여성은 가족과 지역사회의 생존에 분명히 중요한 기여를 하면서 오랫동안 힘들게 일을 했다. 여성의 일은 남성에 비해서 위상이 낮았지만, 인생은 일하지 않고 지속될 수는 없었다. 산업혁명은 여성의 경제적 역할을 손상시켜서 가사활동을 공산품과 전문적 봉사로 대체하였다. 성차별은 나중에 교육에서는 완화되었지만, 대부분의 노동분야에서 여성을 배제하게 되었다. 중류층 부인들은 빅토리아(Victoria) 시대에 중요한 할 일이 없었지만, 자신의 삶에 대한 충족감이 없음을 인식할 정도의 충분한 교육은 받았다.

여성은 강하고 통제할 수 없을 정도의 성충동을 갖고 있는 것으로 대체로 간주되었다. 여성의 성은 남성의 소유라는 인식이 점차 확대되었고, 남성은 사회적 압력으로 인하여 여성의 성적 방종을 절제하도록 압력을 행사하게 되었다. 기독교는 성적 억제와 금욕을 높이 평가하였고, 여성에 대해 보다 호의적인 태도를 취하게 됨에 따라 인지적 갈등이 야기되었다. 기독교-여성-성의 체계는 기독교와 여성, 기독교와 성의 부정적 관계 그리고 여성과 성의 긍정적 관계에 의해서 전통적으로 균형을 이루어왔다. 여성에 대한 기독교의 태도가 긍정적이 되었다면 다른 두 관계 중 하나가 변하지 않는 한, 체계는 균형을 이루지 못할 것이

56) 역자 주. 아서왕의 원탁의 기사 중 한 사람으로, 고결한 기사 갤러헤드의 아버지인 랜슬롯이 왕비인 귀네비어를 사랑하는 비극적 이야기이다.

57) 역자 주. 켈트인의 전설로, 영국 왕자 트리스탄과 아일랜드의 공주 이졸데의 비극적 사랑 이야기이다. 숙부인 영국의 왕 마크의 부인이 된 이졸데를 잊지 못해 프랑스로 추방당한 트리스탄이 병으로 죽었다는 얘기를 들은 이졸데가 찾아와 숨을 거두자, 교회의 양 옆에 무덤을 만들었는데 트리스탄의 무덤에서 가시덩굴이 자라 이졸데의 무덤과 연결되어 사후에도 사랑을 이어갔다고 한다. 바그너는 자신의 비슷한 경험을 승화시켜 이 내용을 토대로 오페라를 만들었다.

다. 기독교가 성에 대해 보다 호의적 태도를 갖거나 여성이 성에 대해 바람직하지 않은 태도를 취해야 한다.

인지 균형에 대한 압력의 작용은 아주 의도적이고 의식적인 것이 아니다. 목사들이 자신의 이익을 극대화하려고 집단적인 태도를 바꾸는 방법을 계획했다는 것은 아니다. 요지는 기독교가 여성을 존중하고 여성은 성을 열정적으로 즐기지만, 기독교는 성적 쾌락을 인정하지 않는 체계에 모두가 거북해 한다는 것이다. 이 3가지가 부합되지 않기 때문에 그 중 한 가지는 변해야 한다.

현재의 목적을 위해서는 빅토리아 시대 여성의 유산에 관해서 가장 중요한 것은 의미에 대한 4가지 욕구에 의해서 요약할 수 있다. 그들은 얻은 것이 있고 잃은 것도 있었다. 좀 더 정확히 말하면, 그들은 목적과 효능감을 상실한 반면에, 가치와 잠재적으로는 자아 가치를 얻었다.

집단으로서 여성은 일에 관한 근래의 사회 변화 결과로 목적과 효능감을 상실하였다. 여성의 전통적인 일에 관련된 단기 목표는 그 일들이 가정에서 제거되었을 때 상실되었다. 여성이 기능적이기보다는 장식용이 됨에 따라서, 자신의 환경에 대해 행사한 직접적인 통제는 감소되었다. 여성에 대한 교육이 향상됨에 따라, 여성은 일부 사학자들이 자기 마취 또는 마비된 잠재력으로 표현한, 목적과 효능감의 상실 정도를 깨닫게 되었다(Rosenberg, 1972; Sklar, 1976). 중요한 목적과 효능감의 원천으로서 유일하게 육아만이 여성에게 남겨졌다.

여성의 행위에 대한 근거의 기본 원천으로서 기독교 신앙과 도덕의 중요성은 변하지 않았다. 유일한 변화는 여성에 대한 기독교의 태도로, 매우 호의적으로 바뀌었고, 이것은 큰 진전이었다. 여성은 문화의 중요한 가치의 토대인 기독교가 영향력을 잃기 시작하자, 부분적으로 그것을 통제할 수 있게 되었다.

마찬가지로, 타인의 복지에 관한 관심이 여성의 행동을 정당화하는 한 가지 방법을 계속 제공하였다. 여성은 타인, 특히 자신의 가족을 돌볼 때 스스로를 정당화할 수 있었다. 여성의 집단적 자아 가치는 언제나 비교적 낮았다. 기독교의 보다 호의적인 태도가 여성의 자아 가치 향상의 토대가 되는 기회를 제공했다.

빅토리아 시대가 시작되면서, 여성은 자신에게 가능한 의미의 원천에서 상당한 변화를 경험했다. 비교적 단기간에, 문화는 여성의 삶의 의미를 급격히 변화시켰으며, 이 변화에는 새로운 결손과 기회가 모두 포함되었다.

변화에 관한 분석

그러므로 여성은 목적과 효능감을 상실하였고, 기독교적 가치관과 정당성을 유지했으며, 자아 가치는 계속 낮았다. 이와 같은 상황에서 여성의 마음에 드는 것은 결손을 보충하는 삶의 의미에 관한 새로운 원천이 되었을 것이다. 그것은 목적과 효능감의 토대를 제공했을 것이다. 그리고 기독교 사상과 조화를 이루거나 목적의 결핍을 가치관의 결핍으로 바꾸었을 것이다. 또한 이상적으로는 긍정적 자아 가치를 향상시킨 토대를 제공했을 것이다. 이것이 여성들이 발견한 것이다.

앞 장에서 계속 지적한대로, 인생의 의미에 관한 일부 원천의 상실은 잔여 원천에 대한 비중을 증가시킨다. 따라서 사태의 가능한 전개 방향은 사회가 여성을 기독교와 가족, 특히 자녀 보호와 같은 마지막 남은 목적을 연계시키고, 그것을 보다 종합적이고 만족스러운 목적으로 변화시키는 것이다. 이것이 그대로 나타난 것이다. 그 첫 단계는 어머니 역할을 중요하고 만족스러운 인생의 과업으로 높이는 것이었다. 어머니 역할에 대한 숭배는 19세기 초에 나타났다. 연설과 설교 및 출판물에서 국가를 위한 어머니 역할의 중요성이 표현되기 시작했다(Margolis, 1984). 국가의 장래를 결정하는 사람이 어머니라는 것이었다. 왜냐하면 어머니는 다음 세대의 성격 특성을 결정하기 때문이었다.

1820년경에, 육아법에 관한 책자들이 급속히 증가하기 시작했다(Demos & Demos, 1969; Margolis, 1984; Wishy, 1968). 그것은 유사 이래 처음으로 자녀 양육에서 이제 아버지보다 더 중시된 어머니에 관한 것이었다(Margolis, 1983). 19세기 중반 경에, 어머니 역할에 대한 찬양은 아버지 역할이 거의 잊혀질 정도에 이르렀으며, 어머니만이 순진한 자녀를 공화국의 생산적이고 품위있는 시민으로 변화시킬 수 있는 것으로 보였다(Cott, 1977; Margolis, 1984). 이전에는 사소하고 천한 일로 간주된 자녀 보호가 이제는 어머니의 신성하고 힘든 책임으로 부각되었다.

어머니 역할의 중요성이 보다 강조됨에 따라, 개인적 충족감을 제공하는 힘도 강조되었다. 작가와 연설가들은 어머니 역할의 특성으로 여겨진 황홀함과 기쁨을 언급하기 시작했다(Cott, 1977; Margolis, 1984). 남성들이 많이 서술한 이 내용을 보면, 자녀를 돌보는 일이 부단한 축복의 원천이라고 생각했을 것이다. 모성애, 자녀의 진보에 대한 자부심, 아이들의 재롱에 대한 즐거움, 그 밖의 비슷한 원천은 어머니의 역할이 모든 직업 중에서 주관적으로 가장 만족스러운 것 중의 하나임을 증명하는 것으로 인용되었다.

행복하고 적응을 잘 하는 자녀를 양육하는데 비중을 두는 현대와는 다르게, 19세기에는 도덕과 인성을 배양하는데 관심을 두었다. 미국인들은 그들의 신생 국가의 성공이 국민의 도덕성에 달려있다고 굳게 믿었다(Cott, 1977). 기독교의 신앙이 도덕과 품성의 기준을 상술하는 한, 기독교는 이 문제에 조언을 할 책임을 느꼈다. 설교와 책자에서는 훌륭한 기독교 여성들이 좋은 어머니이며 좋은 어머니가 훌륭한 기독교인이라는 것을 끊임없이 반복하였다.

기독교의 영향, 도덕적 품성의 중요성 그리고 어머니 역할의 충족감이 모두 잘 부합되었다. 여성에 대한 기독교의 중요한 긍정적 이미지는 예수의 어머니인 성모 마리아이었다. 교회 신도들이 주로 여성으로 구성되고 기독교가 여성에 대해 긍정적 관점을 지니게 된 이래, 목사들은 성적이고 죄 많은 이브보다는 마리아에 더 큰 비중을 이미 두고 있었다. 마리아는 어머니로서의 품성과 충족감의 유용한 모형을 제공하였다. 마리아의 생활이 재산이나 권력 또는 성적 쾌락이 없어도 아쉽고 헛된 것이었다고는 분명히 아무도 말할 수 없었다. 결국, 그녀는 구세주로 성장한 아이를 낳고 키웠다. 여기에 내포된 의미는 현대 여성도 좋은 기독교인으로 노력한다면 마리아처럼 성취감을 느낄 수 있다는 것이다. 성과 금전 및 다른 모든 것을 잊고 마리아처럼 되어야 한다.

어머니 역할의 찬미는 이야기의 일부에 불과하였다. 어머니 역할은 여성의 손에 사회와 문화의 장래가 달려있다고 주장함으로써 의미를 부여받았다. 여성은 사회의 도덕적 품성과 미덕에 책임이 있으며, 그것이 어머니 역할의 찬양 이면에 있는 주요 메시지이었다(Margolis, 1984). 그리고 여성은 그것을 더 넓게 받아들였다. 즉, 그들은 어머니 역할에 관한 직접적인 요구를 넘어선 사회의 품성과 미덕에 대한 책임도 인정했다. 여성은 일반적으로 그들이 문화의 미덕과 도덕성의 수호자로서 존경과 감탄을 받을 수 있는 것으로 보았다. 사실, 그들이 보다 종교적인 한에서는 그것은 그들의 적절한 역할로 보였다. 그것은 빅토리아 시대의 중류층 여성이 구축한 인생의 새로운 의미이었다.

새로운 경제 상황은 여성들이 문화의 도덕성을 물려받는데 도움이 되었다. 남성의 영역인 산업계는 거칠고 경쟁적인 곳이었다. 오래된 규칙이 적절히 기능하지 못하게 되면서 작업장은 무도덕 및 부도덕한 곳이 되었다. 곧, 사회는 금권세계에 널리 퍼진 수치스럽고, 부정하고, 부정직한 습관인 소위 추문을 열심히 폭로하는데 빠졌다. 개별적으로 남편들은 직장에서 효율적으로 일하려는 이상을 타협해야만 했다.

여성은 그와 같은 압력을 받지 않았다. 사실, 빅토리아 시대의 사람들은 남자가 힘들고 부도덕한 스트레스 많은 직업세계에서 보낸 오랜 시간으로부터 휴식을 취할 수 있는 천국이나 피난처로서 가정에 대한 새로운 이상을 발전시켰다. 빅토리아 시대에 유행한 비유인 "집안의 천사"(angel in the house)로서 여성은 가정에 자신의 뛰어난 미덕을 주입하여 남자에게 적합한 천국으로 만들어야 했다(Auerbach, 1982). 그녀는 그와 같은 미덕을 발휘할 수 있었다.

실제로는, 그녀는 어떤 것도 거의 할 수가 없었다. 경제적 및 사회적 압력은 남자들을 도덕적으로 타협하도록 강요하면서 여자들에게는 자제하고 미덕을 쌓도록 요구했다. 예를 들면, 여성들은 직업 차별과 법적 제약(부인의 재산은 남편에 속함) 때문에 정말 부를 쌓을 수는 없었다. 아무 것도 소유할 수 없다면 이기심과 탐욕은 의미가 없다. 따라서 사심이 없고 관용적인 것과 같은 도덕적 특성은 사회적 및 경제적 상황에 적응하는데 도움이 되는 방법으로서 여성에게 강한 매력이 되었다(Cott, 1977).

그러므로 모든 것이 어우러져, 여성은 집단으로 남성보다 우월한 품성을 주장할 수 있게 되었다. 기독교는 그 메시지를 계속 증가하는 여신도들에게 맞추었고, 여성의 신앙과 도덕을 칭송하였다. 중세에 마리아 숭배와 더불어 문화 속에 스며든 여성의 우월한 품성에 관한 오랜 생각이 이제 마침내 인기를 얻게 되었다. 자녀 양육 과정에서 품성에 대한 강조는 어머니로서 여성이 다음 세대에 품성을 적절히 배양하기 위해서 그에 관한 전문가가 되어야만 했다. 기독교적 품성 도야는 남성에게는 실용적이 아니었으나 여성에게는 매우 실용적이고 적응에 도움이 되었다.

그러나 품성이 외부에서 여성에게 부여된 것이라고 하면 잘못된 것이다. 압력이 있기는 했지만, 여성이 국가나 문화의 도덕성에 협조하며 수호자의 역할을 적극 수용할 필요가 있었다. 여성은 그 역할을 거부할 수 없었다. 여성은 그 역할을 왜 수용했으며, 그들에게 무슨 호소력이 있었는가?

인생의 의미의 관점에서 해답은 2가지이다. 첫째 그리고 가장 극적인 것은 도덕적 수호자의 역할이 여성에게 어떤 것보다도 자아 가치를 위한 집단적 토대를 제공했다는 것이다. 거의 2천년 동안 기독교인 남성들은 여성들을 경시했으며, 관련되는 모든 면에서 여성을 경멸했다. 이제 남성은 의심할 여지없이 중요한 한 가지 영역에서 여성을 존경하게 되었다. 여성을 생색을 내거나 경멸하는 태도로 대하는 대신에 그들을 도덕적으로 우월한 존재로 간주하게 되었다. 그것은 헤아릴 수 없는 가치가 있는 승리이었다. 여성은 역사적으로 전례가 없을 정도로 자존감과 사회적 위신을 성취할 수 있었다.

둘째, 품성의 수호자 역할을 수용함으로써 여러 가지 유형의 인생의 의미가 여성에게 가능해졌으며, 이것은 여성이 근래에 상실한 목적과 효능감을 대신하였다. 사회적 및 경제적 변화는 여성에게서 목적과 효능감에 관한 많은 전통적인 원천을 박탈하였기 때문에 새로운 원천이 애써 마련되었다.

한 가지 목적은 다음 세대에 품성을 적절하게 배양하는 것이었다. 이것은 어머니 역할만이 아니라 교육도 관련되었다. 발전하는 국가에는 감당할 수 있는 것보다 훨씬 많은 교사들이 필요했으며, 여성은 남성에 비해서 이런 일을 저임금으로 기꺼이 수행하였다(Sklar, 1976). 19세기 중반에, 미국 북동부 지역 여성의 1/4 정도는 생애에서 특정 기간 동안 교직생활을 하였다(Cott, 1975, p. 35). 그 중 많은 사람들은 여학교에 다녔으며, 교육적 자원이나 건물이 없어도 부족한 임금을 받으면서 서부에 배치되는 것도 받아들였다(Sklar, 1976). 비쳐(Catherine Beecher)가 주도한 중류층 여성들의 교직으로의 대규모 진출은 국가의 장래를 위해 기꺼이 노력하며 고통을 겪는 교육받고 품위있는 희생적인 시민의 새로운 모습에 적합한 삶의 목적을 제공하였다.

국가의 도덕적 특성의 수호자로서 새롭게 발견한 의미에서 여성이 이끌어낸 또 다른 목적은 사회적 대중운동과 연관되었다. 19세기 여성들은 집단을 조직하여 도덕적으로 보다 완벽한 사회를 지향하는 구체적인 조치를 원하는 운동을 시작하였다. 그들은 노예제 폐지, 매춘 금지, 빈민층을 위한 복지 향상, 알코올과 그로 인한 사회의 파괴적인 결과의 종식 등을 추구하였다. 여성은 법적으로 투표권이 없었지만, 사회적 책임을 매우 진지하게 받아들였으며 사회를 발전시키기 위해 장시간 열심히 노력했다(Gay, 1984). 그들은 사회를 개혁하는데 인상적인 승리를 쟁취한 면이 있었고, 이는 집단의 효능감에 관한 강한 느낌을 갖게 하였다.

간단히 말하면, 19세기 중류층 여성들은 그들이 상실한 의미의 원천을 대체하는 것 이상으로 새로운 인생의 의미를 발견하였다. 국가의 가치에 대한 관리자와 수호자로서, 그들은 사회에서 새로운 적극적인 역할을 맡았다. 그것은 그들의 높은 도덕적 자질에 입각한 집단적 자아 가치를 제공하였다. 여성은 이제 적어도 한 가지 중요한 영역에서는 남성보다 우월한 것으로 간주될 수 있었다. 그것은 여성에게 자녀에 대한 적절한 보호와 양육을 포함하여 다음 세대의 도덕적이고 자유스러운 교육과 구체적인 사회개혁을 위해 노력할 목표를 제공하였다. 그들은 자녀와 사회 일반에 정말 분명한 영향을 미쳤기 때문에, 이러한 목표를 향한 그들의 노력은 통제와 효능감을 경험하는 풍부한 기회를 제공하였다. 결국, 그들의 새로운 역할은 새롭게 발견한 아름답고 황홀한 어머니 역할로부터 집단적인 사회적 행동에 대한 만족감에 이르기까지 충족감의 새로운 원천을 제공하였다. 요컨대, 사회에서 여성의 새로운 위치는 인생의 의미에 관한 그들의 난관에 매우 만족스러운 해결책이었다. 왜냐하면 그것은 그들이 상실한 목적을 대체하였으며, 현재 지니고 있는 것에 입각하여 근거를 마련했고, 자아 가치의 전례없는 기회를 그들에게 제공했기 때문이다.

그러나 이 모든 것이 성과 무슨 관계가 있는가? 빅토리아 시대 중류층 여성의 성적인 냉담함은 여성이 새롭게 발견한 인생의 의미, 즉 문화의 도덕적 품성을 보호하고 구현하는 역할에서 가장 잘 이해될 수 있다. 왕성한 성적 관심은 고상한 도덕적 입장과는 전혀 양립될 수 없었다.

앞서, 여성의 새로운 기독교적 위상에 관한 어려움이 균형이론에 의해서 제시되었다. 여성은 언제나 성적 욕망이 강한 것으로 가정되었다. 기독교가 여성에 대해 긍정적 태도를 취했다면, 기독교는 성에 대해서도 긍정적 태도를 갖거나 여성이 성에 대해 부정적 태도를 보여야 했다. 전통적인 기독교도들에게 성적인 미덕은 침대에서 적극적인 행동을 보인다는 의미가 아니다. 그보다는 성에 대한 기독교적 이상은 언제나 금욕, 절제, 정숙이었다. 여성에게서 기독교적 미덕의 수용은 성적 욕망과 쾌락을 포기하는 것이었다. 그것은 일종의 무언의 타협이었다. 여성이 자신의 성적 욕망을 억제한다면 교회는 그들을 혹평하지 않을 것이다.

타협은 거래로 볼 수 있다. 성적 쾌락의 포기는 쾌락과 충족감의 한 가지 원천을 희생하는 것이며, 어떤 점에서 이것은 사랑을 충족감의 새로운 모형으로 탐색한 낭만주의 시대의 정신과는 상반되는 것이었다(Baumeister, 1986). 그러나 사랑은 성과 분리될 수 있었으며, 빅토리아 시대의 여성들은 성을 경멸하면서 사랑을 이상화할 수 있었다. 이러한 희생의 대가로, 여성은 앞에서 서술한대로 인생의 의미에서 새로운 목표, 효능감, 충족감, 자아 가치와 같은 매우 많은 것을 획득하였다. 국가의 도덕적 특성을 관리하는 여성의 새로운 역할은 성적 희생을 가치있게 만든 만족감을 그들에게 분명히 제공했다. 궁극적으로 볼 때, 의미있는 인생을 영위하는 것이 성적 쾌락보다 중요한 것이다.

변화된 인생의 의미가 여성의 성적 경험에 미친 영향을 검토하는 것은 타당하다. 앞에서, 성에 대한 혐오는 선택적 무관심과 부정적 감정의 연합이라는 2가지 과정에 의해서 진행되었을 것이라고 했다. 도덕적 자아 가치에 대한 비중의 증가는 성에 의한 위협을 증대시킨 것이 분명하다. 만일 딸이 성적 관심을 보인다면, 그것은 실용적 또는 경제적인 문제보다 큰 것이다. 그것은 여성으로서 의미있는 인생에 부적합한 것이라고 위협한다. 따라서 부모는 딸의 성적 관심에 많은 불안을 가졌으며, 이 불안이 딸에게 전달되었을 것은 분명하다. 성인 여자도 너무 성적인 행동을 보인다면, 즉 결혼의 의무에 따라서 남편의 욕구를 의무적으로 배려하는 것 이상으로 성적으로 적극적이라면, 자신의 인생의 목적과 정당성 그리고 자아 가치를 위태롭게 하는 것으로 지각했을 것이다. 부모가 딸을 보호하길 원함에 따라, 그들은 사람들, 대화, 책자를 포함하여 성적 연상을 시키는 요인들로부터 딸이 노출되지 않도록 했을 것이다. 성에 대한 선별적인 무관심은 아마 여성이 성장한 시기의 습관인 듯 하며, 그리하여 성인 여성이 성적 쾌락 및 성적 욕망과 경험 가능성의 탐색을 회피할 수 있는 비교적 용이한 방법으로 남아 있었다. 19세기 부모가 이전 세대보다 딸과 동거하는 기간이 무척 길었다는 사실은 그들로 하여금 딸에게 성적 미덕과 불안을 주입하고 성적 연상으로부터 효과적으로 보호하기 쉽게 하였다.

결국, 문화적 도덕성의 수호자로서 여성의 새로운 역할은 성을 대신하는 관심꺼리를 제공하였다. 고대 여성은 삶의 보람을 느낄 것이 거의 없어서 충족감의 다른 원천에 접근할 수 없었기 때문에 강한 성적 욕망을 지니고 있었다는 평을 받을만 했을 것이다. 빅토리아 시대의 여성들은 마음 속에 성보다 더 중요한 것, 즉 노예제 폐지, 미래 세대의 교육, 남성들에 대한 계몽 등을 품고 있었다. 그들은 성이 아닌 더 넓고 중요한 목적에 관심을 집중하였다.

❖ 다른 요인들

여성의 새로운 문화적 역할에 필요한 것들이 빅토리아 시대의 냉담함에 기여한 유일한 요인은 아니었다. 이들 중 일부가 여성의 성적 혐오를 유발하는데 기여한 반면에, 다른 요인들이 이차적 이점으로 나타나서 일단 시작된 성적 혐오를 강화시켰다. 그것들이 인생의 의미에 관한 중요한 주제에 맞지 않더라도 언급할 가치는 있다.

일상생활에서 성적 절제를 지키는 직접적인 이유는 사회적 압력과 교육이었다고 말할 수 있다. 그러나 사회적 압력은 충분한 설명이 못된다. 왜냐하면 사회가 여성에게 그와 같은 압력을 가하기 시작한 이유 또는 이러한 압력이 이전 시대의 상응하는 압력보다 갑자기 더 효과적인 이유를 설명해야 하기 때문이다. 우월한 도덕적 특성에서 여성의 새로운 위치는 적극적인 성적 관심과는 맞지 않았기 때문에 사회적 압력이 성을 탐닉하는 여성에게 가해졌다. 성적 절제에 대한 사회적 압력은 여성의 새로운 사회적 위치에서 시작되었다.

성의 위험성. 성적 활동은 여성에게 여러 가지 불리한 점이 있었다. 많은 여성이 출산과정에서 죽었기 때문에, 임신은 위험한 일이었다. 전통적인 유럽에서 1800년까지, 출산 중 1.8%는 산모의 사망을 초래하였다. 여성의 생애에서 6회 정도 출산할 것으로 가정하면, 그녀는 출산 중 사망 확률이 8%쯤 된다는 것이었다(Shorter, 1982). 분명히, 이것은 상당히 위험한 것이다. 식민지 시대의 미국에서, 여성의 출산 준비는 두 부분으로 되어 있었는데, 분만 준비와 산모 자신의 사망 준비이었다(Ulrich, 1979).

그러므로 성은 여성에게 즐거운 것은 아니었다. 성행위는 임신의 위험이 있고, 임신은 사망의 위험이 있었다. 물론, 산모의 죽음은 임신에서 최악의 위험이었다. 영아나 유아의 사망 위험도 있었다. 근대 초기 영국에서, 영유아 사망률은 30-50% 정도로(Stone, 1977), 누구나 자녀 중 일부가 사망할 것으로 기대했을 만큼 높은 비율이었다. 식민지 시대 미국에서, 평균적으로 신혼부부는 그들의 장래 자녀 중 2-3명이 10세 이전에 사망할 것으로 예상했다(Stannard, 1976). 이 비율은 19세기에 저하되었지만, 위험성은 여전히 높았다. 더구나 새로운 태도는 유아 사망에 대한 어머니의 외상을 강화시켰다. 그리고 어머니와 아이가 생존하는 경우에도 의학적 및 산부인과적 지식 부족, 진통제와 마취제 부족 등으로 출산 경험은 아주 불쾌한 것이었다.

임신 외에도, 성은 성병 감염의 위험과 관련되었다. 오늘날 우리는 성병을 난잡한 독신자들 및 배우자 교환행위와 관련시키지만, 과거에 여성들은 흔히 남편으로부터 감염되었다. 전통적인 유럽에서 남자들은 집을 떠나 있는 동안 성병에 감염되어 자신의 부인에게 경솔하게 전염시켰다(Shorter, 1975). 19세기에도, 의학적 견해로는 성병을 여자보다는 남자에게 더 문제가 되는 것으로 간주하는 경향이 있었기 때문에, 의사는 감염된 남자에게 부인과 성관계를 지속하도록 조언하였다(Walkowitz, 1980). 의사들은 이러한 의학적 조언이 이 불쌍한 친구의 체면을 살려주고 그다지 해롭지도 않다고 생각하면서, 남편이 자신의 상태를 부인에게서 숨기는데 도움을 주었다.

아무런 반응을 보이지 않는 부인을 둔 빅토리아 시대의 남자들은 흔히 매춘부와 관계를 갖는 경향이 있었다. 실제로, 의학적 견해로는 이 문제에 대해서 남자들을 지지하는 경향이 있었다. 왜냐하면 부자연스러운 것으로 간주된 자위행위는 매춘부와 자연스럽게 성관계를 갖는 것보다 때로는 남자의 건강에 더 큰 위험이 있는 것으로 여겨졌다(Haller & Haller, 1974). 빅토리아 시대의 여성들이 정숙한 여성에게 위협이 된다고 주장하면서 매춘 반대운동을 전개했을 때, 그들은 전적으로 옳았다(Rosen, 1982; Walkowitz, 1980). 순진하고 충실한 부인들은 자신의 남편이 매춘굴에서 집으로 가져온 성병으로 정말 고통을 겪었다.

빅토리아 시대의 냉담함은 성적 위험에 의해서 얼마나 설명될 수 있는가? 성적 위험에 대한 두려움은 아마도 부분적이거나 얼마간 기여한 요인이었을 것이다. 임신과 성병의 위험은 빅토리아 시대에 새로이 소개된 것은 아니었다. 이미 여러 세기 동안 존재해온 것이었기 때문에, 이러한 위험은 갑작스러운 성적 혐오의 증가를 설명하기 어렵다. 여성은 이러한 위험을 새롭게 인식했지만, 그래도 빅토리아 시대 여성의 성에 관한 심한 무지와 쉽사리 연결되지는 않는다고 주장할 수 있다. 성에 관한 위험은 오래된 친숙한 것이었다. 그 위험은 여성이 성적 활동을 감소시킬 이유를 인정하는데 도움이 되었지만, 19세기의 냉담함에 관한 중요한 원인으로 고려될 수는 없다.

산아제한. 산아제한 없이는 기혼여성의 생활은 단지 임신, 출산, 육아, 임신의 연속이다. 수 천년 동안, 여성은 거의 전적으로 자신의 생식기관에 의해서 좌우되었다(Shorter, 1982). 사람들은 매우 다양한 피임방법을 실험하였지만, 믿을 수 있고 효과적인 방법이 가능해진 것은 아주 근래이다(Tannahill, 1980). 가족계획과 같은 것이 19세기 후반에서야 보편화되었다. 그 전에, 기혼여성은 통제할 수 없는 임신을 계속하며 생활했다.

임신이 여성의 역사에 기여한 바는 과소평가될 수 없다. 대부분의 성인 생활을 임신이나 산후 조리로 보낸다면 문화적 또는 전문적 성취와 높은 수준의 충족감은 거의 불가능하다. 따라서 임신을 통제할 수 없으면 앞에서 서술한 출산의 위험에 노출될 뿐만 아니라 생활이 교란되고 많은 직업과 의미를 갖지 못하게 된다.

이와 같은 오래된 문제는 1800년대 초기의 새로운 태도에 기여할 수 있었는가? 경제적 변화는 산아제한의 바람직성을 증진시켰다. 농부들에게는 농장 일을 돕고 노년기의 안전을 보장하는 자녀들이 필요하였다. 도시의 산업 노동자들은 그 정도로 자녀들이 필요하지는 않았다. 실제로, 자녀는 중요한 면에서 경제적 부담이자 가정의 자원 낭비였다. 그러나 경제적 조건이 중요한 요인이었지만, 그 문제에 대해서는 여자보다 남자가 더 민감했을 것이기 때문에, 경제적 요인만으로 냉담함을 설명했다면 여자보다 남자가 성을 싫어했어야 한다.

더구나 단순한 경제적 동기는 성에 관한 느낌을 변화시키는데 충분치 않다. 사람들은 경제적 동기 때문에 정말 성을 자제할 수 있을지 모르지만, 이것은 감정적인 결정이 아니라 의식적이고 합리적인 것일 수 있다. 빅토리아 시대의 냉담함을 설명하는 가장 그럴듯한 심리적 모형은 선택적 무관심과 성에 관한 부정적 감정의 연상임을 앞에서 시사한 바 있다. 이 모형은 어느 것도 경제적 계산에는 잘 부합되지 않는다.

요컨대, 빅토리아 시대의 여성들이 산아제한의 방법으로 성충동을 억제하기로 집단적으로 결정했다는 것은 타당하지 않은 것 같다. 그러나 그들이 임신 통제가 성적 제약의 매력적인 부산물임을 발견했을 가능성은 있다. 따라서 산아제한은 일단 시작된 냉담함에 긍정적 강화를 제공한 것일 수 있다. 결국 금욕처럼 효과적인 피임법은 없다. 따라서 산아제한이 빅토리아 시대 여성의 성적 혐오에 대한 본래의 원인은 아니었을지 모르지만, 그것을 강화했을 것이다. 사실, 임신을 통제하고 계획하는 능력은 빅토리아 시대 여성의 사회적 행동과 개혁운동과 같은 새로운 생활계획을 수행하는데 기여했다.

남자들의 서투른 행동. 많은 사람들이 성을 싫어하게 되면 그들의 파트너가 성적으로 부적절하거나 불만족스러울 가능성을 고려해야 한다. 주요인은 아닌 것으로 보이지만, 남편이나 연인이 만족을 주지 못했기 때문에 여성이 성을 싫어할 수 있다. 예를 들면, 쇼터(Shorter, 1975, 1982)는 인습적인 남편들이 부인의 성적 쾌락에 무관심하고 고의로 성적 만족을 갖지 못하게 하였다고 주장했다. 비록 그의 견해는 논란의 여지가 있지만, 빅토리아 시대 여성의 냉담함에 대한 한 가지 이유가 남성의 성적 능력과 기술 부족 때문이라는 가설을 적어도 생각해보게 만든다.

그리고 남성의 성적 무능력이 동시에 증가했다면 여성의 성적 혐오에 대한 증대를 설명할 수 있을 것이다. 빅토리아 시대의 남성들이 유달리 서투른 연인들이었는가? 아마도 그랬을 것이다. 빅토리아 시대의 문학과 토론에서 한 가지 중요한 내용은 침실의 야수, 즉 두려워하는 아내에게 충격을 준 호색적이고 무능하며 무감각한 남편이었다(Gay, 1984). 이 시기의 여러 가지 얘기에는 순진한 처녀가 첫날밤에 남편의 성욕으로 희생된다는 태도가 표현되고 있다(Gay, 1986, p. 286).

성적 관계에 관한 이러한 무서운 이미지가 실제 경험과 상당히 상응했는지는 입증하기 어렵다. 그러나 빅토리아 시대의 남성이 유달리 어설픈 연인이었을 가능성은 있다. 그들은 자신의 아내와 마찬가지로 성에 대해 거의 알지 못하고 흔히 첫날밤을 맞았을지 모른다. 또는 여성이 성을 좋아하지 않는다고 말한 의학적 및 신학적 권위자들의 일반적인 지혜의 영향을 받았는지 모른다. 또는 기껏해야 매춘부와 어느 정도 직접적인 경험을 하였지만, 그와 같은 경험은 충격을 받고 분개한 처녀 신부를 대하는 최선의 연습은 아니다.

그러므로 남성의 성적 미숙함은 빅토리아 시대 여성의 성적 혐오에 기여했을 것이다. 그래도 그것은 중요하거나 근본적인 원인으로 타당하지는 않다. 사실, 남성의 무능에 기여한 무지는 성에 대한 문화적 억압의 산물이었으므로, 이를 설명하는데 추가 이유가 필요하다.

그것은 기껏해야 부수적이거나 매개적 요인이었다.

가정과 사회에서의 힘. 4번 째 가능한 이유는 여성이 가정에서 개별적인 힘과 사회에서 집단적인 힘을 증대시키는 방법으로 성적 활동을 제한했다는 것이다. 여성은 개별적 및 집단적으로 남성에 비해 상대적으로 법적, 정치적, 경제적, 신체적 힘이 모두 부족하였다. 냉담함은 그와 같은 힘을 어느 정도 회복하는데 도움이 되었을지 모른다.

냉담함의 위력에 대한 이점은 콧트(Cott, 1979)의 고찰에서 잘 설명되었다. 그녀가 말한 대로, 성이 주요 자산이라면, 그 공급을 감소하는 것은 가치를 증대시키고 여성을 중시하게 만들 것이다. 그리하여 거래 입장은 의미있게 향상된다. 언제나 자신의 성욕을 쉽고 편하게 만족시킬 수 있는 남자들은 여성을 배려할 필요를 거의 느끼지 못한다. 그러나 성적 만족이 제한되면 남자들은 여자들의 환심을 사려고 무척 노력할 것이며, 여자들의 요구에 기꺼이 응할 것이다(Guttentag & Secord, 1983).

과거에 기혼여성은 불리한 위치에 있었다. 사회는 남편의 부인에 대한 우월한 권위를 인정했다. 이혼은 어렵거나 불가능했다. 자산과 금전은 남편에게 속했으며, 부인이 남편과 헤어지면 공정한 몫을 받는데 어려움이 있었다. 그녀는 시장성이 있는 기술을 거의 갖지 못했고, 직업 차별로 인해 대부분의 직업에서 배제되었기 때문에 갖고 있는 것들은 흔히 실용적으로 소용이 없었다. 요컨대, 그녀는 남편에 대한 힘이 거의 없었다.

그러나 남편의 성적 만족에 대한 제한은 그녀에게 힘의 기반을 제공했다. 만일 그녀가 분풀이로 이런 행동을 했다면 싸움을 유발시켰을지 모르지만, 성적 혐오 때문이었다면 그녀의 잘못이라고 하기 어렵다. 따라서 성은 부인이 남편에게 베푼 호의가 되었다. 이와 같은 상황에서, 남편은 부인의 화를 돋구기 전에 다시 한 번 생각하기 시작했다. 왜냐하면 잘못해서 남편을 위한 끔찍한 시련에 부응하려는 의욕을 감소시킬 수 있기 때문이다. 그리고 한 달에 1~2회만 성관계를 갖는 남자는 그와 같은 감소에 특히 아쉬워한다.

빅토리아 시대의 냉담함을 초래하는데 이러한 힘의 역학은 얼마나 중요했는가? 그러나 또 다시, 이것은 성적 제약의 매력적인 부산물로 여겨진 부수적 요인이었을지 모른다. 여성이 성관계를 제한함으로써 가정과 사회에서의 위치를 향상시키려는 일종의 이성적인 음모를 계획한 것 같지는 않다. 그러나 성을 자제하는 부인은 남편이 자신을 자극하지 않으려고 하며, 자신의 요구에 관심을 기울이고 순응한다는 것을 곧 발견하였다. 냉담함의 부차적 이득은 일단 형성된 유형을 강화하고 영속시키는데 아주 중요하였다.

요약 및 결론

어떤 중요한 사회적 경향은 여러 가지 원인이 있으며, 그 중 일부는 결과와 상호작용하며 순환한다. 19세기에 여성의 성적 혐오도 예외가 아니었다. 여성을 변화시킨 인생의 의미 외에 여성의 성적 관심은 성에 관련된 위험, 임신을 통제하려는 욕구, 남편의 성적인 기술과 태도, 가정과 사회에서의 힘의 역학에 의해서 영향을 받았다. 그러나 이러한 원인들이 중요한 면에서 기여했지만 빅토리아(Victoria) 시대의 냉담함을 설명하는데 그 자체로는 적합하지는 않은 것 같다.

성적 욕망은 인간의 생물학적 특질에 견고히 자리잡고 있는 강하고 기본적이며 보편적인 동기이다. 인류의 역사에서 보면, 성적 욕망은 불가피한 상황에서는 억제될 수 있음을 알 수 있다. 그러나 그와 같은 억제에는 영적 계몽이나 구원을 향한 수도자의 헌신과 같은 강력한 이유가 필요하다. 많은 사람들이 성적 쾌락과 만족을 부분적이나마 외면하려면 그들의 생활에서 성을 포기하는 강한 이유를 부여하는 만족과 의미의 다른 원천이 있어야 한다.

이 장에서 핵심적인 주장은 빅토리아 시대의 중류층 여성이 성충동을 억제하는 타당한 이유가 정말 있었다는 것이다. 여성을 거의 필요없게 만든 근래의 사회변화에 의해서 심화된 억압과 경멸 및 착취의 세기가 지난 후에, 여성은 존경, 영향력, 목적을 제공한 삶의 의미의 원천을 발견했다. 문화의 가치와 도덕을 보호하고 전수하는 책임을 수용함으로써 여성은 위엄과 존경을 얻고, 문화와 사회에서 중요한 역할을 수행하며, 남성에 대한 새로운 힘을 탐색하고, 자신의 사회정치적 지위를 분명히 향상시키는데 효과적으로 활동할 수 있었다. 그들은 근래의 사회변화로 인해 박탈당한 삶의 목적과 효능감을 대체할 수 있었고, 수천 년 동안 여성에게 가능한 어떤 것도 능가하는 자아 가치의 토대를 획득할 수 있었다. 이러한 문화적 상황에서 도덕적 우월성은 강한 성적 욕망과는 양립될 수 없었기 때문에 그 욕망의 많은 부분을 포기할 필요가 있었다. 그러나 이와 같은 포기가 여성에게 가치가 있었던 것은 당연하다.

결 론

의미를 갈망하는 이유

의미의 작용

상호 기만

가치관의 공백과 자아의 찬미

분명한 해답을 알게 되는 시기

결 론

엄밀히 말하면, 이 책의 본문은 앞 장의 결론으로 끝났다. 이 마지막 부분은 이 책에 담겨진 몇 가지 요소를 추출하고 집필 과정에서 나타난 생각과 인상을 정리하려 한 것이다. 이 결론 부분은 몇 가지 면에서 수집된 자료의 범위를 넘어설 수 있기 때문에 이 책에서 견지해온 지적 엄밀성을 똑같이 유지할 수 없을 것이다. 그러나 그와 같은 위험성은 포괄적으로 개관하며 결론을 유도함으로써 보상될 것이다. 인생의 의미의 기본적인 문제와 관련된 5가지 주제에 중점을 둘 것이다. 그것들은 의미에 대한 욕구, 의미가 인생에서 작용하는 과정, 의미를 창출하기 위하여 개인과 문화가 벌이는 협상, 가치의 결핍에 대한 반응으로 자아의 현대적 변화 그리고 시간과 인생의 의미의 관계이다.

의미를 갈망하는 이유

왜 사람들은 의미를 필요로 하는가? 인생에 관한 종합적인 의미에 대한 욕망은 의미를 바라는 단순한 욕구에서 시작되며, 이는 인간에게 아주 강하다. 말하고, 명명하고, 분석하며, 서술하는 것과 같은 충동은 어린 아이들조차 말하는 법을 배운 후부터 바로 나타나는 깊이 뿌리 박혀 있는 것이다.

사람들이 의미를 사용하려는 단순한 첫째 이유는 자극이 필요하기 때문일 것이다. 인간의 두뇌는 복잡하고 계속 움직인다. 친구이자 유명한 심리학자인 로드발트(Frederick Rhodewalt)가 전에 간파한 바대로, "내 생애는 지루함을 피하려는 일종의 커다란 반응이다." 언어는 쉴새없이 변화를 제공하며 복잡한 두뇌를 만족시킬 수 있는 유일한 수단이다. 유기체는 자신의 커다란 두뇌가 장시간 한가롭게 쉬는 것을 꺼리며 그렇게 할 수도 없을 것이다.

단순한 자극 욕구를 넘어서 의미를 원하는 실용적인 이유가 있다. 의미를 통해서 사람들은 대인관계를 포함하여 환경을 예측하고 통제할 수 있다. 그리고 자신도 예측하고 통제할 수 있다. 의미는 적응하고, 환경을 통제하고, 자신을 규제하고, 포함하는 수단이다. 사실 그것은 지상에서 최선의 다목적 수단이다.

그러나 의미는 분명히 실용적인 것 이상이다. 의미는 실용적인 이점이 없어도 모든 곳에 부여된다. 이 책에서는 부단한 의미 부여의 사례가 많이 제시되었다. 예를 들면, 설명할 수 없는 고통은 최악이며, 사람들은 자신의 문제에 관하여 아무 것도 할 수 없어도 그것을 이해하기 위하여 의미를 부여하려고 한다. 또 다른 예는 통제의 환상을 만드는 것이다. 사람들은 통제할 수 없어도 할 수 있다고 믿으려 한다. 물론 통제의 환상은 그 정의에 의해서 실제로 통제할 수 있다는 실용적 이점은 전혀 없다. 인간의 호기심은 거의 언제나 어떤 것들을 찾아 의미있게 구성하려고 하기 때문에 단순한 호기심도 이런 형태를 반영한다. 더 일반적으로 말하면, 완전함과 일관성에 관한 신화는 모든 것을 이해하려는 인간의 기본적 경향을 반영한다.

그러므로 의미는 인간의 경험 속에 확산되어 있으며, 그 과정에서 변화한다. 예를 들면, 성은 원칙적으로 의미 없이도 전적으로 작동할 수 있다. 토끼나 쥐의 경우에 성은 추상적 분석이나 상징 또는 관여가 필요없을 것이다. 그러나 인간의 성은 의미로 충만되어 있다. 기대, 죄책감, 희망, 비교, 암시, 기록, 의사소통, 연상과 의상, 금욕에 관한 원칙, 기준, 기타 의미가 성적 관심을 완전히 변화시킨다. 사실 성의 철학사에 관한 미셸 푸코(Michel Foucault, 1980)의 개괄적 조사에서는 주제가 성이 얘기꺼리로 변화되는 것이라고 결론을 내렸다. 유인원 사회에서 현대 사회에 이르기까지 오랜 기간에 인간이 한 것은 성을 단순한 본성의 영역에서 끌어내어 의미로 가득 채운 것이다.

의미가 경험의 일부에서 상실되면, 사람들은 당황하거나 불안해하며 의미를 회복하려고 한다. 외상이나 중요한 생활변화에 대처하는 경우와 같이, 의미의 공백이 생기면 사람들은 대체로 그 공백을 가능한 빨리 보충하려고 한다. 의미의 부재는 안정된 상태가 아니다.[58)]

인간은 의미에 중독되어 있다고 말할 수도 있다. 중독의 표시는 철회와 내성 증가이며(Weil, 1972), 둘 다 의미에서 명백히 나타난다. 사람들은 의미를 상실하면 매우 부정적으로 반응하며, 그들의 고통은 중독 상태에서 나타나는 철회 반응과 유사하다. 사람들은 기분이 나쁘고, 아프고, 불평하며, 상실된 의미의 대체물을 찾으려 한다. 내성에 관해서는 사람들이 일반적으로 새로운 의미를 획득하려고 하고, 욕구는 충족될 때마다 계속 더 강하게 나타나는 경향이 있다는 점에서 분명히 알 수 있다. 생활의 변화에 관한 장에서 보았듯이, 개인의 생활에서 새로운 의미가 추가되면 전형적으로 기쁨에 넘치는 기간이 수반된다. 더 일반적으로 말하면, 사람들은 배우는 것을 즐기며, 많이 배울수록 더 많은 것을 배우려고 한다. 이 점에서도 의미의 사용은 중독과 비슷하다.

흔히 사람들은 인생의 의미에 대한 욕구를 논의할 때 종교를 연상한다. 그러나 종교는

58) 물론, 결코 생각해 본 적이 없었던 경우가 있으며, 그와 같은 경우에 의미의 부재는 문제가 되지 않는다. 문제는 의미의 공백으로 간주되는 것, 즉 의미를 기대했는데 없는 경우와 연관된다.

의미에 대한 욕구의 원인이라기보다는 결과이다. 의미에 대한 욕구 자체는 세속적인 말로 설명되어야 한다. 비록 신앙에 대한 보편적인 힘에 의해서 대부분의 종교가 사실을 훨씬 벗어난 것임을 안다고 해도, 종교적 교리의 객관적 사실 여부는 요점이 아니다. 특정 종교의 열렬한 신자도 다른 종교의 견해는 잘못된 것이라고 인정할 것이다. 종교의 심오함과 중요성은 초자연적인 데에 있는 것이 아니라 그것에 대한 인간의 믿음에 있다. 사람들이 사물을 볼 수 있는 것 이상으로 개념화하고 그 생각이 위협받으면 당황할 정도로 믿을 수 있다는 사실은 이례적인 것이다. 그것은 자연의 여타 부분에서 볼 수 있는 것을 훨씬 넘어선 것이다. 초자연적 형태가 아니라 인간적인 현상으로서 종교는 참으로 이례적인 것이며, 인간의 의미에 대한 욕구에서 발달한 것이다.

그러므로 사람들이 의미에 대한 강한 욕구를 갖고 있다고 말하는 것이 온당하다. 그들은 모든 것에 의미를 부여하려고 하며, 새로운 의미를 찾으려 하고, 의미의 상실을 싫어한다. 의미에 대한 욕망을 인생의 의미에 구체적으로 적용하기 위해서는 사람들이 원하는 의미의 정확한 종류를 알아야 한다.

의미의 용도에 관하여 서술하면서 의미에 대한 4가지 기본 욕구를 제안한 바 있다. 이것들이 사람들이 갖고 있는 인생의 의미를 이해하는 효과적인 방법이 된다. 사람들의 생활에서 의미의 중요한 원천이 목적, 가치, 효능감, 자아 가치를 제공하는 것은 명백하며, 사람들이 이러한 욕구를 만족시키지 못할 때 고통을 겪는 것도 분명하다. 사람들은 그와 같은 의미를 부여하는 일, 사랑, 가족, 종교 그리고 다른 원천을 기대한다. 중요한 생활 변화를 경험하면, 적응 기간에 흔히 그와 같은 욕구를 충족시키는 새로운 생활 구조를 창출해낸다. 비록 의미에 대한 욕구 충족이 행복을 보장하지는 않지만, 의미에 대한 4가지 욕구를 만족시킬 수 있는 사람들이 그렇지 못한 사람들보다 일반적으로 행복한 것은 분명하다. 그 과정에서 고통, 불운, 위협이 의미에 대한 욕구를 자극하고 증대시킨다.

이 4가지 욕구가 인생의 의미에 대한 전형적인 탐색에서 추출해낸 것이다. 일부 사람들은 다른 특별한 소망을 표현할 수 있겠지만 그들도 이 4가지 욕구를 충족시키는 방법을 찾을 것이다. 개인이 의미에 대한 욕구를 충족시키는 방법을 이해하는 것은 그 사람의 내면적 인생을 이해하는 강력한 방법이 된다. 즉, 사람들이 자신의 행동의 목적과 가치를 해석하고 효능감과 자아 가치를 유지하는 방법을 아는 것은 그들의 삶의 의미를 아는 것이다.

의미의 작용

의미에 대한 욕구의 보편성을 이해하였으니 이제 의미가 무엇인지 재검토해 보자. 의미는 인생에서 어떤 차이를 가져오는가? 의미는 인생을 어떻게 표현하는가? 2장에서 의미의 특징을 개관하였고, 그 중 많은 것들이 여러 가지 점에서 영향을 미치는 것으로 나타났다. 그러나 가장 중요한 2가지는 연관성과 안정성이었다.

연관성은 의미의 핵심을 나타내고 있다. 그것은 사물, 즉 대상, 상황, 가능성, 기타 아이디어를 연결시키는 것이다. 의미는 상황에 영향을 미쳐서 사람들이 그 상황을 상호 관련된 것으로 보고 달리 반응하게 만든다. 불만의 누적은 이에 관한 가장 분명한 예이었다. 개인의 생활은 이러한 누적의 전후에도 문제나 대가 또는 불쾌한 사실의 정도에서 정확히 동일할 수 있다. 그러나 변화되는 것은 이러한 부정적인 것들이 상호 무관한 개별적인 예외가 아니라 커다란 한 형태로 보인다는 것이다. 의미에 의해서 그것들을 연결하는 것은 중요한 생활변화의 결정적 단계가 된다. 이러한 사실들이 연결되지 않고 있다면 그 사람에게서 중요한 생활변화가 시작될 가능성은 훨씬 적을 것이다.

의미의 다른 중요한 특징인 안정성은 기본적인 목적의 하나를 나타낸다. 생활은 변화로 가득 차 있지만 안정을 바라며, 의미는 세계에 안정되고 예측 가능하며 통제할 수 있는 질서를 부여하는 강력한 도구이다. 결혼에서 정체감 그리고 사후 생활에 이르기까지, 이 책에서는 실제 현상의 안정성을 과대평가하는 사람들의 개념인 거짓 영속성의 예를 다양하게 제시하였다. 최종 분석에서, 냉혹한 변화의 과정은 인간에게 스트레스와 불쾌함을 주는 것이며, 의미가 변화에 대처하는 인간의 최선의 무기임이 드러났다.

연결과 안정성은 인생의 의미와 무슨 관계가 있는가? 사람들은 자신의 생활이 의미가 없는 것으로 간주하지 않으려고 하는 것처럼, 다양하고 통제하기 어려운 변화무쌍한 의미로 가득 찬 것으로도 생각하지 않으려 한다. 인생에 의미를 부여하기 위해서는 생활에서 전개되는 모든 상황을 연결할 필요가 있다. 이것은 완벽하게 이루어지기는 어렵지만, 사람들은 생활의 주요 부분에 일관된 의미를 부여하는 상당히 효과적인 기능을 하는 중요한 주제를 탐색하려고 애쓴다.

그러나 인생을 제대로 이해하기 위해서는 전형적으로 인생을 광범하고 안정된 상황과 연결시켜야 한다. 따라서 연결과 안정성은 연관되어 있다. 오늘날 인간의 수명은 전형적으로 70년을 상회하므로, 안정된 상황은 1세기보다 길어야 할 것이다. 궁극적으로 인생의 의미에 관한 가장 대중적인 원천은 매우 광범한 시대에 걸치는 상황이다. 이것들은 정치적 이념과 운동, 예술적 발전, 종교적 진리 등이다. 많은 사람들도 자신의 삶에 의미를 부여하기 위하여 과거와 특히 미래 세대를 포함한 가문에 의지한다. 이러한 상황의 영속성은 허황된 것이겠지만, 개인의 생애보다 분명히 오래 지속되므로 개인에게 인생의 의미를 부여할 수 있다.

상호 기만

개인의 삶에 의미를 부여하는 광범한 상황의 매력은 개인과 사회와 문화의 중요한 접점이라는 것이다. 개인의 생활에 의미를 부여하는 광범한 상황을 말해주는 것은 흔히 문화이며, 어떤 경우에는 여러 가지 대안을 제공하여 개인이 선택한다. 어떤 경우에나 개인은 의미의 가능성을 제공하는 문화에 의존한다.

따라서 인생의 의미는 개인과 문화의 타협의 결과이며, 이 타협은 불가피하게 양자의 이익을 반영한다. 문화의 이익은 복합적이며, 개인의 이익과 꼭 조화되지는 않는다. 문화와 사회체제에서는 개인을 사회에서 필요한 방식으로 행동해야 하는 큰 조직의 대체할 수 있는 작은 부분으로 간주할 수 있다. 사회학자 맥콜(George McCall)이 전에 말했듯이, "정체성은 사회가 사람들에게 원하는 것을 하도록 만드는 것"이며, 개인 생활에 의미를 제공하는 많은 다른 개념들도 마찬가지라고 말할 수 있다.

그와 같은 이유 때문에 이 책의 많은 부분은 사회의 특정한 문제를 설명한 다음에야 개인 생활에 의미가 부여되는 과정을 검토하는 식으로 전개되었다. 개인 생활의 의미가 사회문화적 맥락에 의존하는 정도와 과정을 이해하는 것이 중요하다. 이것은 개인 생활의 의미가 우연이라는 뜻은 아니다. 왜냐하면 사회문화적 영향력은 결코 우연적이 아니기 때문이다. 그 보다도 사회는 존재하기 위하여 어떤 문제를 해결할 필요가 있으며, 그 해결 방법의 하나는 개인에게 자신의 경험을 특정 방식으로 해석하도록 하는 것이다. 이것은 자기 문화에서보다 다른 문화에서 인식하기가 더 용이할 수도 있다. 왜냐하면 자기 문화에서는 아주 많은 것을 당연시하는 경향이 있기 때문이다. 공산주의가 분명하고 극단적인 예이다. 사람들에게 자신의 생활을 대중의 이익을 위한 생산 활동으로 간주하게 함으로써 공산주의는 그들에게 사회가 생존하고 번영할 수 있는 과제를 수행하도록 만든 것이다.

그러므로 인생의 의미가 개인과 사회의 타협의 결과일지라도 개인이나 사회가 아주 성실하게 거래하지는 않는다는 것을 깨닫는 것이 중요하다. 환상, 왜곡, 모호함이 인생의 의미에 관여하는 많은 요인들의 특성을 이루고 있다. 이것이 사람들이 자기 인생의 의미를 세심하게 검토하거나 남들과 솔직하게 논의하기를 꺼리는 이유일 것이다. 인생의 의미의 기반이 되는 오류와 환상은 그것을 면밀하게 관찰하면 나타날 수도 있다.

개인이 인생의 의미에 환상을 끼워 넣는 이유는 많이 있다. 앞에서 본 바와 같이, 환상은 분명히 행복을 이루는 중요한 부분이며, 외상이나 불운에 대처하기 어려운 많은 부분은 어떤 무서운 일이 생겼을 때 어긋나는 자신과 세계에 관한 낙관적 가정을 손질할 필요성에 기인할 수 있다. 더 중요한 것은 사람들이 의미에 대한 4가지 욕구를 만족시키기 위하여 인생의 의미를 만들어내며, 환상과 왜곡이 이러한 욕구들에서 명백하다는 것이다. 사람들은 결코 이룰 수 없는 목적으로부터 의미를 유도하며, 과장되고 비현실적으로 상상한 성취감을 위해 노력한다. 그들은 자신의 행동을 합리화하고 그 행동을 자신의 가치와 조화시키기 위하여 선별적으로 설명하는 여러 가지 전략을 사용한다. 그들은 통제와 효능감의 환상을 다듬어 간다. 그리고 자신의 실패에 대한 비난을 엉뚱한 곳으로 돌리거나 자기보다 못한 사람들의 수를 마음속으로 과장하는 것처럼, 자존심을 높이기 위한 여러 가지 왜곡을 한다.

사람들은 이러한 노력이 너무 힘겹지 않도록 서로 견제한다. 그들은 어떤 사람을 거만한 위선자로 부르는 것과 같이, 서로가 지나친 행동을 징벌한다. 그러나 이러한 처벌은 정상적이고 용인될 수 있는 여지를 벗어난 환상을 꿈꾸는 사람들에게 한정된다. 만일 상세히 살펴서 엄밀하고 무자비한 기준을 사용한다면 대부분의 사람들을 거만한 위선자로 볼 수 있다. 왜냐하면 대다수의 사람들은 자신의 생활을 작고 편안한 환상들로 덧붙이기 때문이다.

개인의 또 다른 중요한 잘못된 인식은 의미의 원천에 대한 상호교환 가능성에 관한 것이다. 사람들은 인생의 의미의 원천을 상실하면 전형적으로 고통을 느껴서 그 원천을 대체한다. 만일 성취하지 못한 것이 직업이나 배우자 또는 종교적 문제라면 그 사람은 흔히 새로운 방법을 모색할 것이다. 그러나 사람들은 전형적으로 이러한 상호교환 가능성을 인식하지 못한다. 이것은 보편적이며, 사람들이 자신의 생활을 의미있게 하는 과정을 이해하는데 아주 중요하다. 인생의 의미의 문제는 의미에 대한 4가지 욕구를 충족시키는 방법을 찾는 문제이다. 여러 가지 원천 중 어떤 것도 이러한 욕구를 충족시킬 수 있을 것이다. 그러나 한 가지 원천을 채택한 사람은 다른 것으로는 대신할 수 없을 것으로 생각할 것이다. 사람들은 인생의 의미의 어쩔 수 없는 불가피한 부분이 그들이 찾는 답에 있다고 생각하지만, 불가피한 것은 문제, 즉 의미에 대한 4가지 욕구이다. 답은 오락가락하지만, 문제는 언제나 동일하다.

그 동안 사회는 이와 같은 개인적 동기의 많은 부분에 대체로 무관심하다. 예를 들면, 개인은 다른 사람들보다 우월하기를 바랄 수 있으나, 아무도 하위에 있기를 바라지 않기 때문에 사회적으로 이러한 우월성에 대한 욕망은 문제를 야기한다. 사회는 사람들이 법을 준수하고, 상품을 생산하고, 자녀를 출산하기를 바란다. 이를 위해서 사람들은 체제의 기본적인 정당성과 생존 능력을 인정해야 하며, 사회가 제공하는 보상 체제도 수용해야 한다. 혹시 그들이 주저하면 사회는 흔히 이것을 실제보다 낫게 보이도록 해야 한다. 그 경우에 사회도 인생의 의미를 제시하는데 환상과 잘못된 지각을 조장해야 한다.

또한, 이 과정은 자기 문화에서보다 다른 문화에서 인식하기가 더 쉬울 수 있다. 1930년대에 소련에서 지속적인 기근, 실패, 붕괴에도 불구하고 공산주의 체제를 성공시키려고 애쓸 때 사람들의 체제 신뢰에 대한 의욕이 위태로웠다. 이러한 위협에 대한 반응으로 숙청이 일부 있었다. 처음에 그들은 특정한 사람들에게 특정한 문제에 대한 비난을 집중시켜, 체제는 믿을만함을 시사하였다. 다음으로는 숙청이 아직 숙청당하지 않은 사람들에 대한 보상을 강화시켰다. 숙청의 각 단계에서 일단의 지도자와 관리들이 제거되었으므로, 그들보다 하위직들이 승진되었으며, 빈자리를 보충하기 위하여 그보다 더 하위직들이 계속 승진하였다. 자신을 대단히 신뢰하여 기대 이상으로 승진시킨 체제를 의심하는 것은 개인에게 힘든 일이다(Arendt, 1951; Conquest, 1990). 물론 그가 체포되었을 때는 이와 같은 전제의 오류를 알기 시작할 수 있었을지 모르지만, 그 무렵에 그는 사회에서 제거되어 그의 생각은 중요하지 않게 되었다. 사회가 조장하는 견해를 모두가 인정할 필요는 없으며, 충분한 수만 인정하면 족하다. 환상을 조장함으로써 사회는 이를 성취할 수 있다.

우리 사회의 과장된 약속은 불분명할 수 있지만 분명히 존재한다. 예를 들면, 미국 사회에서는 개인의 능력과 적절한 인정에 대한 기본적인 믿음이 강하다. 사람들은 자신의 재능과 노력 및 품성에 따라 당연히 받을 자격이 있는 보상을 누릴 것이다. 그러나 실제로 능력주의 제도는 매우 불완전하다. 첫째, 경력의 성공이나 실패는 시장의 동향이나 회사의 이익과 같은 변화에 흔히 좌우될 수 있고, 이는 개인이 통제할 수 없는 영역이다(Jackall, 1988). 실제로, 해고된 관리들에 관한 연구(Newman, 1988)에서는 미국인의 이념과는 다르게, 대부분의 사람들이 개인의 수행과는 거의 관련이 없는 회사의 통폐합과 다른 변화에 의해서 직업을 잃은 것으로 드러났다. 둘째로, 미국 사회에서의 성공은 기본적으로 지위 체계이기 때문에 자신이 최고도에 달했을 때 어떤 지위가 가능한지에 따라 개인의 능력은 보상을 받거나 받지 못할 수 있다. 다시 말하면, 성공적인 위치의 수는 대체로 한정되어 있다. 최상위 히트곡 10개, 텔레비전의 황금 시간대, 노벨상, 포춘지 선정 500대 회장, 올림픽 금메달, 상원 의원직, 미국 농구 리그의 농구 코치직 등이 있을 뿐이다. 끝으로, 물론 능력 이외에, 특정한 우두머리에 대한 충성심, 정치적 견해에 대한 동조, 인종과 성을 포함하여 큰 차이를 가져오는 다른 기준이 있다. 능력은 차이를 유발하지만, 공정하고 철저한 능력주의에 대한 사회적 약속을 믿는 개인은 환상을 버린다.

그러므로 개인과 사회는 인생의 의미에서 사람들의 자기기만과 환상을 유지하는데 협조한다. 이와 같은 상호관계가 중요함을 나타내기 위하여 부모 역할의 모순을 일의 윤리와 대비하였다. 사람들은 문화가 제공하는 어떤 환상도 그저 인정할 정도로 속지는 않는다. 개인과 문화가 바람직한 조건에서 협조할 때라야 대규모 환상이 유지될 수 있다.

성취감의 신화는 개인적 환상과 문화의 환상이 결합되는 중요한 접점이다. 사람들은 완전한 주관적 상태가 있다는 것을 믿으려 한다. 그들은 언제나 긍정적이고 행복하게 살 수 있다고 믿고 싶어 한다. 이와 같은 상태에 도달하기 위하여 많은 박탈과 만족 지연 및 심한 고통까지도 기꺼이 인내하려고 하지만, 그와 같은 상태가 존재한다는 믿음이 그들에게는 매우 중요하다.

그 사이에 사회는 이러한 믿음을 조장하고 있다. 사회가 보상의 하나로 성취감을 제공할 수 있는 한, 사람들은 사회가 성취하려는 것을 할 것이다. 다시 말하면, 성취감은 사회가 금전과 주택 그리고 지위를 사용하는 것처럼, 개인의 행동에 영향을 미치고 통제하기 위하여 사용하는 보상의 하나이다. 사람들은 사회가 옹호했던 성취감의 이상을 의심했기 때문에 1960년대의 혼란은 특히 미국 사회에 골치 아픈 것이었다. 부모 세대는 자녀를 위해 편안한 중류층 생활을 할 수 있게 노력한 후에, 많은 자녀들이 만족스러운 생활의 모습조차 일축하면서 이러한 방향을 추종하지 않으려고 하는 것을 보고 충격을 받았다(O'Neill, 1971). 물론, 결국 사회는 사람들에게 이러한 이상을 회복시키는데 가까스로 성공했지만, 그 두려움은 몹시 강했다.

그러나 성취감은 적어도 지상에서는 신화이다. 사실, 천국에서의 성취감에 대한 강조가 지상에서의 성취감으로 변화되어 성취감의 신화는 해결되지 않았을 뿐만 아니라 오히려 난감해졌다. 지상에서의 성취감에 관한 현대 신화는 시험받고 노출될 수 있기 때문에 천국에서의 성취감에 관한 이상보다 훨씬 허약하다. 영원히 좋은 감정이란 없다. 열정적 사랑은 몇 개월이나 몇 년 후에는 약화된다. 종교적인 심취도 진정되고 반복되지 않을 수 있다. 경력 달성도 만족감을 초래하지 않거나 다른 곤란을 해소하지 못한다. 부귀영화는 새로운 문제, 사회 분열, 기타 어려움을 가져온다.

성취감이 존재하지 않는다면 인생을 특정한 목표를 향한 여정으로 더 이상 생각할 수 없다. 인간은 목표를 지닐 수 있고 목표 달성에 수반되는 이상적인 좋은 감정을 기대할 수도 있지만, 목표를 달성하더라도 성배를 본 갤러해드(Galahad) 경[59]처럼, 그 즉시 죽게 되어 있지 않는 한, 여정은 끝나지 않는다. 그렇지 않으면 오래지 않아 다시 진부하게 된다.

내가 학생이었을 때 해외에서 1년을 공부했는데, 독일어로 녹음한 미국 서부영화를 본 불안한 경험이 있다. 그 영화는 그 해 엄청난 성공을 거둔 "옛날 옛적 서부에서"(Once Upon a Time in the West)[60]이었고, 독일어 연습을 하려고 두 번이나 보았다. 이야기의 내용은 주인공이 아버지를 잔인하게 살해한 남자들을 20년 이상 찾아다니며 역시 잔인하게 복수한다는 것이다. 영화의 마지막 무렵에 최후의 일인을 죽였을 때, 주인공은 모자를 집어 들며 자신을 도와준 여인에게 이렇게 말했다. "나는 가야 해." 나는 그 말을 이해할 수 없었다. 그의 인생의 사명은 이제 완료되었는데 어디로 갈 수 있단 말인가? 만일 그가 아동기 이래 진정으로 한결같이 이 일을 추구해왔다면 그가 할 일은 더 이상 없어야 마땅하다.

그러나 영화 저편의 인생에서 이루는 성취감은 또 다른 책임감에 말려들게 할 것이다. 중요한 성공, 만족, 경험 후에도 언제나 할 일은 더 있다. 성취감은 결코 완료되지 않는다. 성취감에 이르고 영원할 것으로 예상하며 언제나 장래의 일에 관심을 집중하는 생활은 미래를 전혀 고려하지 않고 사는 것과 같이 잘못된 것이다.

---

59) 역자 주. 아서(Arthur) 왕의 전설에서 원탁의 기사 중 가장 순수한 사람으로 알려져 있으며, 예수가 처형당한 후 피를 담았던 성배를 찾은 후 곧 사망함.

60) 역자 주. 헨리 폰다(Henry Fonda)와 찰스 브론슨(Charles Bronson)이 주연한 1968년 작 서부 영화.

이 모든 것은 부분적이거나 일시적인 성취감이 없다는 것은 아니다. 사람들은 정말 목표에 도달하여 굉장한 느낌을 가질 수 있다. 사람들이 그것으로 만족할 수 있다면 문제가 없을 것이다. 환상적인 것은 거짓 영속성에 입각한 과장된 기대와 성취감의 이상적인 개념이다. 그러나 개인은 최고의 성취감의 믿음에 매달리며, 문화는 이를 조장한다.

이 상황은 어떤 점에서 사람들이 자신의 삶의 가치를 보험 대리인과 상의할 때 발생하는 것과 비슷하다. 대리인과 개인은 모두 삶의 가치가 높다는데 동의하길 바라지만, 각자의 이유는 아주 다르다. 마찬가지로, 개인과 사회는 성취감의 신화와 다른 환상을 유지하는데 서로 다른 이유로 협조한다. 개인은 환상이 자신의 삶의 의미를 증진시킨다는 것을 알며, 문화는 사람들에게 영향을 미치려고 사용하는 보상의 매력을 환상이 증가시키기 때문에 이득을 본다.

그렇다면 자기기만과 환상이 없는 자신을 위한 인생의 의미를 구성할 수 있는가? 아마 가능하겠지만, 자아에 대한 비중의 증가로 현대는 그것을 특히 어렵게 한다. 인생에서 자아의 가치를 개발하는데 중점을 둔다면 그 사람은 자기기만에 대한 욕구가 특히 강한 것이다. 우리의 과학과 객관성에 대한 자부에도 불구하고 현대 서구인들은 다른 사람들보다도 삶에 환상을 가미하는 경향이 있다. 이는 다음 주제인 자아의 찬미로 전환하게 된다.

가치관의 공백과 자아의 찬미

개인과 사회의 관계는 이 책의 또 다른 주제, 즉 현대 생활의 의미에서 자아정체감의 역할 증대를 제기한다. 이 주제를 요약한다면, 현대 사회로의 변화는 문화의 가장 강력한 가치의 몇 가지 토대를 크게 약화시켰다. 그 결과는 가치관의 공백, 즉 옳고 그름을 구별하고, 행위를 정당화하며, 개인의 도덕적 선택을 인도하는 견고한 토대의 심한 부족을 가져왔다. 가치관의 공백은 현대 사회의 특성을 나타내는 인생의 의미에 관한 가장 심각한 문제이다. 왜냐하면 현대 생활은 가치를 제외하고 인생에 대한 모든 욕구를 만족시키는 많은 방법을 제공하기 때문이다.[61] 우리의 문화는 가치관의 공백에 여러 가지 방법으로 반응하였지만, 그 중에서 가장 중요한 것은 자아가 중요한 가치의 토대로 변화되었다는 것이다.

가치관의 공백과 그에 따른 자아에 대한 새로운 강조는 현대 사회에서 인생의 의미의 모든 면에 반영되고 있다. 예를 들면, 일에서 그 영향은 지대했다. 일의 윤리는 일을 기본적이고 자율적인 가치로 격상시켜 가치관의 공백에 대응하려는 최초의 시도였으나 실패하였다. 사람들에게 일하도록 분발시키는 과정에서 잠재적 위기에 봉착하여, 문화는 일과 자아의

61) 물론 성취감도 문제이지만 목표가 많기 때문에 비교적 덜 심각한 문제이며, 다른 시대와 장소에서 흔히 문제가 되었기 때문에 현대 사회의 특성으로서는 약하다.

연결이 필요한 모든 동기를 제공할 수 있음을 발견하였다. 정부 기관이나 대기업 또는 다른 단체에서 시작하든, 관료주의적 경력이 20세기 서구 문화에서 일의 두드러진 모습이 되었다. 경력 주의는 적당히 재미있고 너무 불쾌하거나 위험하거나 부도덕하지 않으면 일의 실제 활동에는 대체로 무관심하다. 주요 동기는 지위 향상에 의해서 이루어진 성공을 꿈꾸는 것이다. 경력의 정점에 도달하는 것은 일을 통한 성취감의 현대적 이상이며, 그 결과는 금전적인 것을 넘어 자아를 아주 유능하고 매력적이며 훌륭한 것으로 확인하는 것이다. 이와 같이 자아를 찬미하는 사람들은 그다지 관심이 많지 않거나 막연히 부정적인 태도를 취하는 일에 장기간 아주 열심히 일한다. 예를 들면, 담배회사에 근무하는 비흡연자는 사람들이 소비하는 담배를 증산하는 사명감 때문이 아니라 평판과 보상 및 승진을 할 수 있기 때문에 엄청나게 노력할지도 모른다.

마찬가지로, 사랑과 가족도 가치관의 공백과 자아의 찬미에 의해 영향을 받았다. 빅토리아 시대의 사람들은 가정생활을 거의 신성한 가치의 수준으로 격상시켰으며, 열정적인 사랑도 문화의 가장 강한 가치와 성취감의 모형으로 보게 되었다. 이러한 가치는 일의 윤리와는 달리, 현재까지 번창하였으며, 가치관의 공백에 대한 중요한 방비책을 제공하고 있다. 견고한 가족의 유대와 강력한 사랑의 감정을 가진 사람은 확고한 가치의 결핍에서 기인하는 혼란과 소외 및 불확실성을 훨씬 적게 경험할 것이다.

그러나 사랑과 가족은 자아에 입각한 새로운 가치와 조화를 이루어야 했다. 사랑과 가족에 관한 부분에서 지적한대로, 근래의 경향은 자아의 가치가 사랑과 가족의 가치와의 갈등에서 우위에 있다. 결혼이 개인의 성장과 자유를 억압하더라도 그에 충실하는 것이 최선이라는 믿음은 상당히 약화되었다. 많은 사람들은 이제 억압적이거나 어리석은 결혼생활을 그만두는 것이 자신을 위해 당연하다고 말할 것이다.

이혼에 관한 혼란과 사소한 동요에도 불구하고, 이에 대한 어떤 것도 사회에 심각한 위협이 되지 않지만, 사람들이 같은 논리를 부모 역할에 적용하기 시작한다면 사회조직은 심각한 문제에 당면할 수 있다. 이 때문에 우리의 사회가 부모 역할이 행복을 증진하고 성취감을 초래한다는 환상을 유지하는 것이 매우 중요하다. 어머니 역할의 신성함은 단지 사회가 그 환상을 필요로 하기 때문에 비판에 대한 제한을 계속할 것이다. 자발적으로 자녀를 갖지 않는 것은 급격한 인구감소가 발생하지 않는 한 묵인될 수 있지만, 부모가 이제 결혼을 포기하는 것처럼, 개인적 성장과 성취를 위하여 자녀를 버리는 것은 파국적일 것이다.

부모가 자녀와 헤어지는 위험은 신성한 자아의 어두운 면을 나타내는 한 가지 표시이다. 대부분의 중요한 발전과 같이, 자아의 변화는 손익이 있는 거래이다. 자아에 대한 비중의 증가는 개인적 결함과 연관된 고통을 증가시킨다. 자아가 매력적이거나 성공적이 아니면 개인적 퇴보 이상이며, 실존적 위기에 당면한다. 자존심을 유지하고, 좋은 인상을 남기며, 매력적이고 훌륭한 것으로 존경과 감탄을 받아야 한다는 압력은 새로운 절박함을 갖게 되었다. 다시 말하면, 자아의 부담은 크게 증가하였고, 이 부담의 고통스러운 부작용도 증가하였다(Baumeister, 1991).

현재, 문화는 자아를 기본적 가치로 격상시킴으로써 가치의 공백에서 애써 살아남았지만, 개인의 자아는 그 역할에서 매우 심한 결함을 갖게 되었다. 그 결함은 죽음의 문제에서 나타난다. 자아의 찬미는 죽음의 의미를 이전 시대에 비해서 훨씬 위협적으로 변화시켰다. 죽음은 자아의 종말을 가져오기 때문에 사람들은 자신이 시간적으로 아주 제한된 가치에 의거하여 생활하고 있음을 알게 된다. 그들의 행동, 노력, 희생은 자아에 부여된 새로운 가치에 의해서 정당화되지만, 그들이 죽으면 갑자기 존재하지 않는 가치이다. 다시 말하면, 많은 행동이 죽음을 맞아 갑자기 가치와 정당성을 잃게 될 것이다.

현대의 노동에서 경력주의는 이러한 문제를 극적으로 드러낸다. 경력이란 자아를 찬양하는 지위, 보상, 인정이다. 그러나 그 사람이 죽으면, 수고한 그 모든 기간은 대체로 의미가 없게 된다. 그 사람의 마지막 승진 여부는 문제가 되지 않는다. 물론 그 사람도 죽기 때문에 가치의 상실은 당사자를 괴롭히지도 않을 것이다. 그러나 사람들은 살아있는 동안 이따금 죽음을 생각하며, 죽음이 노력에 대한 가치를 무산시킨다면 그런 생각은 아주 불안스러울 것이다. 따라서 죽음에 대한 생각은 사람들의 많은 행동의 가치를 손상시켜서 삶의 의미를 위협한다. 여기에 내포된 한 가지 의미는 사람들이 늙어감에 따라 자아는 가치의 토대로 부적절하고 불만족스럽게 보이기 시작하면서 그들의 가치도 변하는 경향이 있다는 것이다.

이에 대한 사회적 반응은 죽음을 감추고 사람들이 이러한 불안한 의미를 알지 못하게 하거나 적어도 사회에서 기능을 다 한 후 은퇴할 때까지 숨기는 것이다. 그 결과, 사람들은 새롭게 위협이 되는 죽음의 성질과 삶에 대한 그 의미를 충분히 이해하지 못하는 것 같다. 그것은 아주 불안스러운 것이지만, 사람들은 자신의 대부분의 생애에서 피할 수 있다고 여기는 것이다. 회피가 결국 원만한 해결책인지는 경험적 문제이다. 그 동안 일부 지각있고 사려깊은 사람들은 죽음에 관한 생각이 과거에는 당면할 필요가 없었던 불안을 가져온다는 것을 알게 될 것이다.

마지막 의의는 미래의 발전 방향에 관한 것이다. 근래, 개인의 자아는 상당한 긍정적 관심을 받고 있으며, 사람들은 자아를 자신의 행동을 정당화하고 도덕적 선택을 위한 방법으로 이용하고 있다. 이는 현대 서구 문화에 깊이 스며들어 있으며, 그렇게 계속될 것 같다. 그러나 만일 그것이 변하여 자아가 가치의 토대로서 강력한 지위를 상실한다면, 가치의 공백이 다시 발생할 것이다. 자아에 대한 현대의 강조는 인생의 의미에 관한 근본적인 문제, 즉 가치의 결핍에 대한 반응이다. 해결책은 그것을 야기한 문제의 제기 없이는 나올 수 없다.

분명한 해답을 알게 되는 시기

"인생의 의미는 무엇인가?"라는 질문은 오늘날 흔히 농담으로 듣는다. 대중매체의 시대에 한 문장으로 요약될 수 있는 정확한 답이 있었다면 상식이 되었을 것이므로, 확실히 그와 같은 답은 없다. 농담이라도 이와 같은 질문의 재등장은 고차적 의미의 신화에 대한 단순한 향수를 반영하고 있다. 사람들은 해답이 당연히 있어야 한다고 느끼며, 그것도 분명하고 믿을 수 있는 것이기를 바란다.

고차적 의미의 신화는 사람들이 분명한 해답을 찾기 위해 엉뚱한 곳을 살피게 만든다. 지난 세기에 과학의 진전으로 인하여 사람들은 어려운 문제에 대한 해답이 지금 가능하거나 아니면 미래에 발견될 수 있을 것으로 믿는데 익숙해져 있다. 이와 같은 점에서 사람들은 암에 대한 치료책이 결국 발견될 것으로 믿는 것처럼, 인생의 의미도 입증될 것으로 기대할 수 있다. 문제가 미해결로 영원히 남을 가능성은 생각할 수 없는 것으로 간주된다.

그러나 인생의 의미에 관한 확실한 것은 미래보다는 과거에서 찾아야 할 것이다. 인생의 의미에 관해서 아무도 의혹을 갖지 않는 사회를 찾으려면 고정된 사회구조, 공통된 가치, 일치된 종교적 견해를 가진 작은 동질적인 사회를 돌이켜 볼 필요가 있을 것이다. 인종과 이념에서 다양하고, 정보로 충만되어 있으며, 상호 비판적인 여러 가지 관점이 넘치고, 상당한 차이를 용인할 정도로 융통성이 있는 우리 사회의 미래 모습보다는 이와 같은 과거 사회에서 확실한 것은 훨씬 가능하게 보인다.

그리하여 어떤 사람이 인생의 의미의 문제에 대한 분명한 답을 언제 알 수 있는지 묻는다면, 우리의 조상들이 과거에 알았을지 모르지만, 우리는 그것을 믿을 만큼 더 이상 잘 속거나 이상적이 아니라고 답해야 한다. 인생의 분명한 의미에 대한 믿음은 최소한 사회의 전반적인 수준에서는 확실히 사라진 순진한 것이다. 분명히, 개인은 아직도 순진하고 잘 속으며 잠재적으로 이상적인 존재로 삶을 시작하여, 이곳저곳에서 인생의 의미에 관한 확실한 것을 계속 찾아다닐지 모른다. 그러나 문화는 전반적으로 그렇지 않을 것이다.

결론을 우울하거나 비관적으로 생각할 필요는 없다. 사회 전반이 인생의 의미에 관해 동의할 필요는 없다. 그보다 인생은 개별적으로 이해할 필요가 있으며, 이는 오늘날에도 전적으로 가능하다. 사실, 인생의 의미에 충만되어 있는 환상, 왜곡, 신화, 그 밖의 잘못된 지각을 없앤다고 해도, 인생을 이해하는데 이용할 수 있는 의미는 여전히 많이 있다. 우리의 많은 환상은 소모적인 것이며, 문화적 영향과 역사적 사건의 산물이다. 예를 들면, 성취감을 영원한 것으로 개념화할 이유는 없다. 성취감에 관한 간헐적이고 일시적인 경험은 살아갈 많은 이유를 제공하는 것 같다.

70년 전에 루 게릭(Lou Gehrig)은 양키(Yankee) 구장에 서서 그날 자신을 세상에서 가장 행운의 사나이로 생각한다고 말했다. 그는 자신을 서서히 불구로 무력화시켜 결국엔 사망에 이르게 하는 불치병으로 인하여 야구팀에서 은퇴하였다. 이와 같이 잔인하고 예상 밖의 운명은 고문과 비슷하게 여겨졌지만, 그는 자신의 행운을 찬양하였다.

아마 그는 특히 성공적이었던 기간을 팀에서 보낸 것이 행운이었다고 단지 말한 것이었다. 그러나 그는 그 특별한 날에 운이 좋았다고 주장했다. 그는 자신의 행운이 과거이었음을 단호하게 말하지 않았다. 그는 자신의 생활경험의 예외적인 특성과 그로 인한 강렬한 성취감을 말한 것이었다. 그는 성공의 정점에 도달했으며, 그 순간에도 그 보상을 누릴 수 있었다. 죽음의 예상은 자신이 얼마나 많이 받았는지 관심을 갖게 하였다. 사실 그가 아프지 않았더라면 더 많이 받았겠지만, 모든 것을 고려한다면 그의 인생은 큰 축복이었다. 이른 죽음에 대한 예상에도 불구하고 그는 그저 살아있다는 것이 아주 행운이었으며, 그렇다면 우리 모두가 그렇지 않은가? 일시적인 성취감으로 충분하였다.

한 가지 우울한 면이 있다면, 그것은 인생의 의미에 대한 우리의 문화적 태도가 게릭(Gehrig)의 메시지를 무시하게 만든다는 것이다. 죽음의 예상은 사람들에게 삶의 의미에 관한 궁극적인 문제를 정말 생각하게 만들지만, 그 반응은 삶의 질보다는 양을 향상시키려고 하는 것이었다. 사회의 최우선 순위는 사람들이 잘 사는 것보다는 오래 살 수 있는 길을 찾는 것으로 보인다(Kearl, 1989). 사실, 빈곤층의 기회를 향상시키고 어떤 형태의 고통을 완화시키려는 노력이 있다. 그러나 대부분의 보통 시민들에게 목표는 더 오래 사는 방법을 모색하는 것이다.

사람들은 할 수 있다면 일반적으로 더 오래 사는 것을 택할 것이다. 그러나 마지막에 몇 년을 추가하기 위하여 생의 초기에 바람직하고 유쾌하며 의미심장한 경험을 희생하는 것은 적어도 논란의 여지가 있는 선택 사항이다. 식품, 약물, 성, 운동, 담배 등에 관한 근래의 사회적 논의는 모두 몇 년의 연장 가능성을 위하여 사람들이 현재의 만족을 희생할 것으로 가정하는 것 같다. 수명 단축을 목표로 추구하는 것을 옹호하는 사람은 없겠지만, 희생되는 경험의 질에 관한 문제를 최소한 고려해야 한다. 사람들은 85세에 수명을 한 두 해 연장하려고 단지 기대하면서 흡연, 아이스크림, 위스키, 베이컨, 그 밖의 좋아하는 것들을 과연 자동적으로 포기해야 하는가? 연장되는 기간에 눈이나 귀에 얼마간 이상이 있거나 병원에 입원해 있거나 가끔 고통을 겪을지도 모른다. 우리가 초기의 경험을 포기하여 인생의 말기에 몇 년을 계속 연장할 때 보상은 점차 감소하는 형태를 취할 수 있다. 변화가 필요하다면 이러한 불균형을 개선하는 것이다. 우리의 우선적인 관심은 마지막에 몇 년을 추가하려고 노력하기보다는 생활하는 동안 경험의 질을 향상시키데 두어야 한다.

우리가 죽을 때 또는 죽음이 임박할 때 얼마나 오래 살았는가는 거의 중요하지 않다. 중요한 것이 있다면, 우리가 갖고 있는 주관적 경험이며, 그것은 양보다 질을 뜻하는 것이다. 그것이 성배 신화의 핵심이었다. 모험이 가득하고 최고의 지각있는 경험의 가능성을 부여하는 짧은 인생이 길고 안전하며 지루한 삶보다 더 나은 것이었다.

이와 같은 점은 2천 년 전에 삶과 죽음 및 변화가 게릭(Gehrig)과 비슷한 다른 남자에 의해서도 지적되었다. 그는 왕족으로 태어났으나 지식을 끈기있게 추구하려고 안전하고 편안한 생활을 포기하였다. 그는 다음과 같은 이야기로 자신의 주장을 관철하였다(Reps, 1957). 들판을 건널 때 한 남자가 호랑이를 만났는데, 호랑이는 그를 낭떠러지에 이르기까지 쫓아왔다. 그 남자는 절벽 밑으로 기어 내려가 그 중간에서 자라고 있는 포도나무에 이르렀으나, 그 나무는 중도에서 갑자기 끝나 있었다. 그가 어떻게 해서 맨 밑까지 내려간다고 해도 또 다른 호랑이가 그를 집어 삼키려고 기다리고 있는 것을 보았다. 위를 올려다보니 처음 호랑이가 킁킁거리며 그가 돌아오기를 기다리고 있었다. 설상가상으로, 쥐 두 마리가 포도나무를 갉아먹기 시작하였다. 이 때 그는 절벽 옆에서 자라는 야생 산딸기를 보았다. 한 손으로 포도나무를 잡고, 그는 다른 손을 뻗어 딸기를 따서 먹었다. 얼마나 달콤했을까?

인생에서 단일 의미를 찾는 것은 불완전하게 그칠 수 있다. 그러나 우리가 이점에서 의미에 대해 실망할지라도 의미가 인생에 부여하는 바는 여전히 중요하다. 의미의 혜택을 알지 못하면 인생의 혜택도 결코 충분히 이해할 수 없을 것이다. 진정으로 경이로운 것은 해답이 아니라 의문이다. 의미에 대한 탐구만으로 우리는 충분히 인간적이 될 수 있다.

부 록

1. 일의 윤리
2. 부모 역할의 모순

1. 일의 윤리

앞에서 주장한 바와 같이, 일에 관한 중요한 사회적 문제는 사람들이 일을 열심히 하게 만드는 가치와 정당성을 모색하는 것이다. 사회는 다양한 가치의 토대를 일과 연관시키려고 노력하였다. 이러한 유형의 궁극적 실험이 일의 윤리이었다. 일의 윤리에서는 일 자체가 가치의 토대라고 제안하였다. 성패, 칭찬과 비난, 생산과 서비스에 관계없이 일의 윤리에서는 일의 과정이 궁극적 선이라고 주장하였다. 일하는 것은 옳고 좋은 것이며, 일은 그 자체를 위해서 해야 하는 것이라고 하였다.

그러므로 일의 윤리는 정당화의 어려움을 해결하는 아주 기발한 방법이었다. 사람들이 일의 윤리를 인정하면 일은 결코 가치를 잃지 않을 것이다. 그러나 일의 윤리가 얼마나 광범하고 진지하게 인정되었는가?

이 절에서는 일에 의미를 부여하려는 우리의 문화적 시도에서 매력적이고 교육적인 이야기로 일의 윤리를 검토할 것이다. 나타나는 모습은 다소 놀라운 것이다. 일의 윤리만 현대 역사에서 등장하였다. 따라서 그 기간은 짧았다. 그것은 실제 믿음과 인정보다는 의심할 여지없이 말로만 인정을 받았다. 한 동안 사람들은 그것을 매우 진지하게 받아들였으나 그 수는 점차 감소되었다. 일의 윤리를 수용하려는 문화적 시도는 이제는 대체로 실패로 끝난 것으로 간주되어야 한다.

그러므로 우리의 선조들이 일의 궁극적 가치에 대해 지니고 있던 견고한 믿음을 오늘날의 세대들이 상실하였다는 불평을 듣는 것은 보편적이지만, 이 불평은 여러 면에서 잘못된 관점에 입각한 것이다. 사실, 일의 윤리는 위선적인 기만, 즉 집단적 자기기만의 실패한 시도로 간주될 수 있었다. 기껏해야 결국에는 실패한 고상한 환상이었다.

문화는 어떻게 그리고 왜 자기기만을 대규모로 수행하는가? 그와 같은 환상은 어떻게 그리고 왜 실패하는가? 일의 윤리의 부침을 검토해 보자.

일에 대한 경멸의 약화

옛날에 일은 부정적 의미를 갖고 있었다. 상류 인사들은 일하지 않았다. 일의 윤리는 그들에게 우습게 느껴졌다(Rodgers, 1978). 고대 사람들은 일에 대한 환상이 없었기 때문에 일의 윤리를 오래된 것으로 나타내는 것은 아주 잘못된 것이다.

초기 기독교는 일에 대해 혼합된 감정을 갖고 있었다. 성경 자체에는 일에 대해 좋은 말과 나쁜 말이 모두 있고, 이 외면상 모순된 태도는 공식적인 교회의 교리에서 지속되었다. 부정적인 측면에서 일은 원죄에 대한 벌의 일부로 간주되었다. 일은 지상에서 생활의 일부이었기 때문에 성취와는 관련이 없었다. 성취감은 일이 없는 천국에서 나오는 것이다. 긍정적인 면에서 일은 생활의 한 가지 의무로 간주되었으며, 꾀부리는 것은 인정할 수 없었다. 사도 바울(Paul)의 "일을 하지 않는 자는 먹을 자격도 없다"(데살라로니가서 3장 10절)는 훈계는 널리 인용되었다.

그러므로 기독교에서는 일이 필요하다고 하였지만, 일은 계속해서 위상이 낮았으며, 인생의 정말 중요한 목표인 구원을 받는 것과는 관계가 없었다. 일의 낮은 정신적 위상은 노동자들에게로 인계되었고, 그들은 교회에 의해서 존중을 받지 못했다. 이에 대한 한 가지 표시는 농부를 포함한 어떤 노동자도 13세기까지 성인이 되지 못했다는 것이다(Le Goff, 1980, p. 92). 일부 성인들은 고해의 일종으로 단기간 근육노동을 하였으나 생활방식은 아니었다. 노동자 계층은 실제로 성인의 자격이 없었다.

실제로 일부 직업은 교회에서 경멸하여 구원의 기회를 위태롭게 하는 것으로 생각되었다. 우리의 직업이 구원을 받을 자격을 잃게 만들고 직업을 바꾸도록 허용되지도 않는다면 어떤 느낌이 들지 상상해 보라. 노동자들은 일에 관한 새로운 신학적 인식을 위한 운동을 전개하기 시작하였다. 점차적으로 교회는 종교적으로 금지되거나 명예스럽지 못한 직업의 수를 감소시켰다(Le Goff, 1980, p. 62).

일에 대한 긍정적 관점은 수도사와 은둔자들이 자급자족의 수단으로 일을 하였다는 사실에서 시작되었으며, 이들 직업의 종교적 위상의 일부가 일에 영향을 미쳤다. 일부 수도사와 은둔자들은 일을 정신 훈련의 형태로 사용하였다. 일에 대한 이기적 동기를 예방하기 위하여 이 사람들은 일의 산물을 완전히 무시해야만 했다. 그들은 통상적인 타락한 의미에서 정말 일하지 않았음을 입증해야 했다. 어느 유명한 은둔자는 일 년 내내 바구니를 만들어 태운 다음 다시 시작하였다. 다른 사람들은 밖에 나가 사막에서 목적도 없이 모래를 운반하였다(Clebsch, 1979, pp. 80-81). 따라서 외적 이익을 얻기 위해서는 아니지만, 일하는 것이 인정받게 되었다.

일을 긍정적으로 바라보게 된 문화적 변화에는 몇 가지 원인이 있었다. 한 요인은 종교적 정당성을 적극적으로 홍보한 상업 조합의 증대되는 세력 때문이었다. 그들은 연관성의 원리를 효과적으로 이용하였다. 비록 성인들은 결코 노동자들은 아니었지만, 각 조합은 수호성인과 특별한 관계를 주장하기 위한 어떤 구실을 찾으려고 애썼다. 성인과의 이러한 연결은 교회가 연관된 성인을 경멸하지 않고는 그러한 유형의 일을 계속 경멸하기 더 어렵게 만들었다. 그것은 영리한 술책이었으며, 일의 위상을 높이는데 계속해서 성공하였다(Le Goff, 1980, p. 68).

또 다른 요인은 어떤 유형의 일, 특히 신의 활동을 모방한 일(예를 들면, 신이 세계를 창조하였듯이, 사물을 만드는 일)이나 공동선을 위한 일(예를 들면, 상품을 사람들이 이용할 수 있게 하는 농장일과 상거래)의 긍정적 가치를 위한 신학적 정당성이 모색되기 시작하였다는 것이었다. 긍정적 가치가 있는 일의 범주는 점차 꾸준히 확대되었다. 추가 요인은 일부 국가에서 상류층이 어떤 종류의 일에 종사하기 시작하였다는 것이다. 일하는 귀족들은 일을 경멸할 만한 것으로 비난하는 것을 더 이상 받아들이지 않았을 것이며, 그들 자신의 위상도 일에 대한 부정적 견해와는 불화를 일으켜, 일의 위상을 높이게 되었을 것이다(Le Goff, 1980, pp. 68-69).

이러한 발전과 그 결과로 나타난 일에 대한 긍정적 관점의 필요성에 따라서 신학자들은 일과 노력이 그 자체로 미덕이라는 견해를 발전시켰다(Le Goff, 1980). 점진적으로 일은 종교적으로 좋은 것으로 간주하게 되었다. 따라서 힘든 일은 거래의 행위와 그로 인한 이득을 정당화시켰다.

이익의 정당화는 중요한 경제적인 진전을 이루었다. 예를 들면, 교수들은 가르침을 통해 이익을 얻지 못하게 되어 있었다. 왜냐하면 그것은 지식을 파는 것이기 때문이다. 진리는 오직 신에게만 속하는 것이므로 어떤 사람도 팔 수는 없는 것이었다. 그러나 교수들은 연구와 강의로 열심히 일해야 했기 때문에 대가를 받도록 허용되었을 것이다(Le Goff, 1980). 극단적인 예로는, 교회가 최종 선을 그었지만, 매춘 활동과 그 이익을 정당화하려는 시도조차 있었다.

그러나 중요한 것은 일반적으로 일이 정신적 약점에서 정신적 훈련과 이득으로 변형되었다는 것이다. 일에 대한 오래된 편견은 긍정적인 태도로 변모되었다.

❖ 신교와 청교도 및 내적인 가치

신교도와 청교도들은 일을 신성한 의무로 간주하게 되었기 때문에 자신의 일을 하는 것은 어떤 점에서 신의 명령을 수행하는 것이었다. 더 중요한 것은, 신은 신앙심이 돈독하고 정의로운 사람만이 결국 이익을 얻도록 보장할 것이기 때문에, 청교도들은 일에서 성공이 신의 호의 표시라는 견해를 점차 발전시켰다. 우리의 운명은 미리 결정되어 있고 그에 대해 우리가 할 수 있는 것은 아무 것도 없기 때문에, 이러한 관점에서 일은 사실 구원은 아니었다. 일의 성공은 원칙상 징후에 지나지 않았다.

그러나 실제로, 사람들은 자신이 신의 선택을 받은 소수에 속하는지를 결코 알지 못했다. 사람들은 자신이 지옥에서 영원히 있기보다는 구원을 받는 것으로 예정되어 있다고 분명히 믿고 싶어 하였다. 일의 성공은 자신이 선택된 자의 일원임을 믿기 쉽게 하였다.

이러한 믿음은 여러 가지 이유로 심리적으로 중요하다. 첫째, 공식적으로 일은 구원을 성취하는 원인으로 중요하지는 않더라도, 일상적인 일에서 자신이 그 상태로 나아가고 있다고 믿는 커다란 심리적 힘이 있었다. 그 결과, 청교도와 비슷한 경향이 있는 신교도들은 일에서 성공을 거두려고 최선을 다하려는 동기가 있었다(Weintraub, 1978). 실패는 그들에게 가장 중요한 자신에 대한 믿음을 위협하였을 것이다. 그 작용 원리는 "의심스러우면 열심히 일한다"는 것이었다. 그리고 그들은 언제나 의심스러워하였다.

일에 대한 청교도들의 태도가 중요한 두 번째 이유는 그들이 일에 연관된 거짓 영속성의 정도를 크게 증대시켰다는 것이다. 청교도적 견해에서 일의 결과는 자신의 불멸하는 영혼의 영원히 변치 않는 조건의 표시로 간주되었다. 결과적으로, 일에서 성패의 의미는 즉각적인 정치적 또는 경제적 결과를 훨씬 넘어섰다. 그것은 내적 자아를 영속성의 정도에 의해 정의하고 평가하는 수준이 되었다.

일의 성공과 자아의 내적 가치에 대한 청교도의 연결은 아주 견고한 것으로 입증되었다. 그것이 일의 윤리에서 존속되고 특징이 되었다. 그것은 형식적인 청교도주의가 사라진 오랜 후에도 현대 경력주의에서 여전히 볼 수 있다. 일에서 성공은 내적 가치를 나타내는 것으로 여겨진다. 일에서의 실패는 외부 원인 때문일지라도 개인적으로 부적절하다는 강한 느낌을 초래한다(Newman, 1988).

그러므로 일, 특히 일에서의 성공은 내적 가치와 강하게 연관되었다. 일의 성공에 필요한 절제, 인내, 다른 특성들은 종교적 의미를 갖게 되었다. 훌륭한 기독교인이 되어 천국에서 성취감을 얻으려는 노력은 일에서 성공하려는 시도와 연관되었다. 왜냐하면 둘 다 자신의 나태하고, 사악하고, 약하고, 쾌락을 추구하는 면을 의지의 고상한 노력으로 극복하는 것과 관련되었기 때문이다(Lasch, 1978). 따라서 도덕성은 일에서 성공하는 특성과 중요한 연관성을 획득하였다.

일의 윤리의 출현

그러므로 사람들의 지지를 유지하기 위하여 교회는 그들의 행동을 비난하고 경멸하는 것을 멈춰야 했다. 교회 사상가들은 친절하게도 일을 정당화하는 주장을 발견하였다. 일을 격려하는 것은 사회적으로 바람직한 것으로 판명되었기 때문에 교회는 그 정당성을 확대하였다. 마침내, 일은 그 자체로 매우 좋은 것으로 선언되었다.

일을 그 자체로 매우 좋은 것으로 정의하는 것은 본질적으로 그것이 가치의 토대임을 공포하는 것이다. 어떤 면에서, 기독교는 가치를 전수하는 힘을 상실하기 직전에 일을 중요한 가치의 토대로 삼았다. 기독교가 일에 대한 긍정적 태도를 발전시키는데 다시 1~2세기 동안 망설였다면 일의 윤리는 결코 나타나지 않았을지 모른다.

일의 윤리라는 말은 일에 높은 도덕적 가치를 두는 태도를 말한다. 그 주요 전제는 일이 도덕적 생활과 품성의 핵심이라는 것이었다(Rodgers, 1978, p. 14). 처음에 일의 윤리의 요지는 일이 생활에 아주 중요하다는 믿음을 단지 인정할 뿐만 아니라, 항상 미친듯이 일할 필요없이 꾸준하게 일하는 것이었다. 다시 말하면, 그저 합리적으로 열심히 일하며 일의 도덕적 가치에 동의하는 것이었다.

나중에 일의 결과에 대한 질과 양을 점차 강조하는 능률이 등장하였다. 속도는 부분적으로 일에 대한 경력주의의 결과일 수 있다. 일이 소명으로 간주될 때 최선을 다하는 것이 중요하지만, 흔히 그 일차적 관심은 일의 결과보다는 과정에 있다. 소명으로서 일의 가치는 스스로 일하도록 자신을 통제하는 과정에서 이룩한 내면적이고 정신적인 이점에 크게 의존하고 있다. 이에 비해서, 경력으로서의 일은 내면적 특성의 형성보다는 성공과 업적의 외면적 기록을 강조한다. 그러므로 경력에 의한 접근방식은 과정보다는 결과를 우선한다. 그리고 결과에 대한 관심의 증가는 경쟁을 유지하는데 필요한 일의 양적 증가를 의미하였다.

확실히, 일의 윤리는 문화 속으로 똑같이 확산되지는 않았다. 일의 윤리는 본디 기본적으로 중류층의 이념이었다. 상류층은 오랫동안 일에 저항하였다. 현대적 일의 형태는 귀족들에게 여전히 싫고 수치스러운 것으로 여겨졌다. 하류층에서는 일의 윤리를 조롱과 의혹이 가미된 것으로 보았다. 그들은 살아남기 위하여 저임금으로 경력이나 승진이 없이 불만족스러운 자리에서 일을 하였다. 일이 그 자체로 좋다는 생각은 그들에게 일을 더 많이 시키면서 임금은 적게 주려는 교활한 조작된 술수이거나 단지 현혹적인 중상층의 또 다른 불합리한 철학이라는 인상을 주었다. 결국 하류층은 중류층과 합류하여, 비록 자본주의 계층보다는 철저하거나 열정적이지는 않더라도, 일의 윤리에 보다 근접한 태도를 취하게 되었다(Rodgers, 1978).

미국은 계급없는 사회로 여겨졌기 때문에 일의 윤리에서 아마 최대의 거점이었다. 원칙적으로, 미국은 모두가 중류층에 속하기 때문에 모두가 일하는 국가이었다. 따라서 일의 윤리는 아직도 한가한 귀족들이 있는 유럽보다는 국가의 조직에 스며들었다.

여성은 미국 중류층에서도 많은 유형의 일에서 흔히 배제되었다. 식민지 시대의 가정경제가 보다 현대적이고 산업화된 경제로 대체되었을 때, 많은 여성의 일이 가정으로부터 섬유공장과 같은 외부 기관으로 이전되었다. 남성들의 일은 단지 가정 밖으로 전환되었지만, 사회는 여성들에게 집 밖에서 유급으로 일하도록 하는데 주저했다. 한가로운 여성상이 자랑삼아 부각되었지만 결코 달성되지는 못했다. 결국, 여유는 귀족들의 것이며, 중류층 사회는 대규모 유한 계층을 받아들일 준비가 되어 있지 않았고, 일하는 남편은 중류층인데 한가한 부인은 상류층이라는 의미를 인정하려들지도 않았다. 그 동안 등장한 여성운동에서는 여성을 직업도 없이 게으르고 소용없는 사람으로 만든 사회적 조건에 대해 항의하기 시작했다. 경제적 어려움에서 건강문제에 이르기까지 많은 여성 문제는 일에서 배제된 탓이었다. 그러나 문화적으로는 여성은 특히 자녀가 생기면 집 안에서만 일해야 한다는 믿음이 대체로 계속되었다.

한 가지 해결책은 가사에 온갖 종류의 위상과 난이도를 부여하려는 것이었다. 집을 작업장처럼 보이고 가사를 국가 경제에 참여하는 것처럼 보이게 하려고 많은 이념적 수식이 가해졌다. 기혼여성의 가사활동은 기업과 학문으로 묘사되었다. "가정학"이라는 용어가 생겨서 가사의 기업적 및 학문적 활동을 찬양하는 대중적인 방법이 되었다. 예를 들면, 요리는 응용화학으로 설명되고, 쇼핑은 원재료 구입이나 기업 투자로 비교되었다(Margolis, 1984; Rodgers, 1978). 어떤 면에서 문화는 집단적인 자기기만을 시도한 것이었다. 그것은 잘못된 명칭으로 의미를 조작하면서 큰 작업장에서 여성을 계속 배제하려고 합리화한 것이었다.

일반적으로, 일에 대한 존중은 사상 최고에 이르렀다. 남자들은 일에 헌신했고, 여자들은 일에서 배제된 것에 분개했다. 놀랍게도, 빅토리아 시대의 도덕주의자들은 일에 대한 존중이 사라진 것을 탄식하였다. 그들은 근면에 대한 오랜 존경과 인정이 사라지고 있다고 말했다(Rodgers, 1978, p. 17). 그것은 역설적인 착각이었다. 사회는 더욱 열심히 일할수록 스스로 더욱 나태해지는 것으로 보았다.

널리 퍼진 나태함에 대한 이와 같은 잘못된 견해에 관해 중요한 점은 현재의 가치 판단에 과거를 이용한 것이다. 근로지향적인 현재를 일에 대한 존중과 정당성이 현재보다 높다고 잘못 알려진 전설적인 과거와 비교한 것이다. 일의 윤리는 본질적으로 근래의 소산이지만 마치 전통과 장기간 준수해온 의미를 나타내는 과거에서부터 있었던 것으로 취급되었다.

빅토리아 시대 사람들의 이처럼 잘못된 지각은 다른 곳에서 지적한 두 가지 중요한 유형과 관련이 있었다. 첫째는 거짓 영속성이다. 비록 일의 윤리가 일시적인 역사적 현상이었지만, 상당히 오랜 기간 동안 안정된 것으로 간주되었다. 다시 말하면, 일시적 현상이 장기적인 것으로 오해되었으며, 그것이 거짓 영속성의 본질이다.

둘째는 일의 윤리가 오래 되었다는 구실이 높은 가치가 있다는 분위기를 전했다는 것이다. 종교와 전통 및 다른 가치에서 알 수 있듯이, 가치는 시간이 지나면서 오래 보존될수록 증가한다. 가치는 누적된다. 일의 윤리가 오래된 것이라는 잘못된 지각은 근래에 만들어진 것을 오래된 믿음이라는 번쩍이는 장식으로 위장함으로써, 이러한 원리를 부당하게 이용하려고 하였다. 이러한 유형은 오래 준수된 것이라는 본질상 거짓 주장이기 때문에 "누적된 사기"(accumulation fraud)라고 칭할 수 있다.

일의 윤리가 실제로는 그다지 힘이 없었기 때문에 문화에서 일의 윤리가 오래된 것으로 가장한 것은 이해할 수 있었다. 그것은 성장하는 중류층 사회의 이념적 필요성에 대한 반응으로 모호하고 모순된 기독교 교리의 혼잡 속에서 발전되었다. 그러나 그 당시 기독교 자체는 사회 전반에 걸쳐 힘과 영향력을 잃고 있었기 때문에, 일은 정당성의 주요 원천을 상실하였다. 일이 마침내 기독교로부터 확실히 긍정적 가치를 인정받았을 때, 기독교는 그 영향력을 잃어가고 있었다.

기독교 영향의 감소는 일이 가치의 정당한 원천을 상실하였음을 의미하였다. 일의 도덕적 힘은 손상되었다. 이것은 산업혁명이 시작되고 모두가 더 열심히 오래 일하기를 원했던 사회에서 가장 매력없는 개념이었을 것이다. 이에 비해서, 일 자체가 좋은 것이고 인품을 높이며 충족감을 가져오고 내면적 미덕이 되는 활동이라는 개념은 모든 불안한 의미에서 탈피하여 긍정적이고 유용한 가치를 제공하며, 사회의 현재 필요성에 잘 부합되었다. 사회적으로는 일에 관한 많은 가치가 필요했기 때문에, 그것은 일이 가치의 토대, 즉 궁극적인 선이라는 취지에 아주 적절하였다.

일을 기본적 가치로 승격시키는 것은 정치적 용도에서 가장 분명하게 나타났다. 정치인들은 자기주장을 정당화하기 위하여 자주 가치의 토대를 필요로 하며 그것을 더 강하고 설득력있게 만든다. 19세기에 정치가들은 자신의 주장과 견해를 정당화하기 위하여 일의 윤리에 매달렸다. 민주당원, 보수당원, 급진당원들 모두 자신을 돋보이고 상대를 비판하기 위하여 일의 윤리를 이용하였다. 대립하고 있는 정치인들은 서로 게으르다거나 힘든 일에 반대한다고 비난했을 것이다. 통속적인 이야기는 타인의 노력의 결실에 나태하게 의존하며 살아가는 악당에 관한 것이었다. 만주당원들은 이 악당을 부유한 자본가라고 하였고, 보수당원들은 거지나 생활보호 대상자 또는 구호품 수혜자로 보았다. 기본적인 가정은 근면한 사람이 도덕적인 힘과 품성을 지녔고, 일하지 않는 사람은 게으르고 부끄러운 죄인이라는 것이었다(Rodgers, 1978).

궁극적으로, 일의 윤리는 곧 분명해질 이유로 실패하였다. 그러나 일의 윤리의 가장 오래 지속된 측면이 가치의 토대로서의 역할이었음을 깨닫는 것은 교육적인 의미가 있다. 사람들은 근면에 관한 윤리에 따라 생활하지 않는 경우에도 자신을 정당화하고 타인을 비난하기 위하여 일의 윤리에 계속 의지하였다. "종국에는 게으름에 대한 항의뿐만 아니라 일의 윤리의 어떤 다른 유산도 존속되지 않았거나 어떤 사람을 게으름뱅이로 부르는 관습만 지속되었다."(Rodgers, 1978, p. 232).

❖ 일의 윤리의 모순

일의 윤리는 종교적 관심이 약화되는 시기에 사람들에게 근면을 독려하는 도덕적 주장의 시도로 이해될 수 있다. 그리고 미덕과 성취감을 얻기 위하여 살아가는 방법에 관한 질문에 새로운 세속적인 해답을 모색하려는 시도로 볼 수 있다. 기독교가 삶의 변두리로 물러났을 때 사람들에게는 개인적 성취감의 생생한 모형이 없었다. 일의 윤리는 결국 실패한 이념적 실험으로 고려될 수 있다. 그 내적 모순의 일부분이 실패를 예고하고 있었다. 이 모순은 일의 윤리를 일상 경험과 어울리지 않게 만든 인지적 부조화와 불균형을 야기하였기 때문에 면밀히 검토할 필요가 있다(Huber, 1987; Lasch, 1978; Rodgers, 1978).

내적 모순은 너무 분명하거나 파괴적이 아니면 이념에 반드시 치명적은 아니다. 모순은 공통적이고 중요한 상황에서 사람들의 행동방식에 대해 맞지 않는 처방을 내릴 때 문제를 야기한다. 그러나 그와 같은 상황이 발생할 때까지는 이념적 모순과 불일치는 단지 잠재적 문제일 뿐이며, 태도는 문제의 해결 없이도 애매하게 지속될 수 있다. 따라서 일의 윤리에서의 모순은 반드시 치명적은 아니었다. 그것은 단지 잠재적 문제로 간주되어야 한다. 이러한 모순이 사람들에게 일의 윤리를 실행하지 못하게 할 때만 실질적인 문제가 발생하였다.

❖ 자기 성취와 극기

한편, 일의 윤리는 일을 창의적 표현이나 명장의 자부심 또는 인격 배양을 통하여 자신을 성취하는 수단으로 취급하였다. 다른 면에서는 일은 자기 훈련과 극기를 필요로 하였다. 미덕을 쌓기 위한 내적 노력으로서 일은 나태나 약점 또는 쾌락을 추구하는 충동을 억제하고, 자제력을 행사하며, 스스로 인내함을 의미하였다. 가넷(William Gannett, 1887)의 수필 "축복받는 고역"(Blessed Be Drudgery)은 아마도 사람들이 지루한 일의 도덕적 가치를 고취시키는 주장을 듣고 싶었기 때문에 미국에서 매우 인기가 있었다(Rodgers, 1978).

원칙상, 자기 성취는 극기와 조화될 수 있지만, 실제로는 갈등하는 경향이 있다. 미국인들은 자신의 큰 잠재력을 개발하고 성취하기 위하여 연약하고 게으르며 부족한 면을 억제할 필요가 있다는 원리를 기꺼이 받아들였지만, 이러한 태도는 지루한 일을 끝없이 하면서 유지하기는 어려웠다.

극기와 자기성취의 모호한 조화는 최소한 여성의 생활에서도 남성만큼이나 중요했다. 빅토리아 시대의 미국 여성에 관한 위대한 여론 지도자이자 철학자인 비쳐(Catherine Beecher)는 자기희생이 여성에게 자기 성취의 첩경이라고 가르쳤다. 타인의 선을 위해 자신을 헌신하고, 국가의 드높은 의무를 위해 자신의 소망을 희생함으로써 여성은 진정으로 자신의 잠재력을 최고로 성취할 수 있었다(Sklar, 1976).

❖ 의무와 성공

한편, 일의 윤리를 지지하는 사람들은 모든 일에는 가장 보잘 것 없는 일이라도 위엄과 고결함이 있다고 설득하였다. 또 다른 면에서는 모두가 비천한 육체노동에서 가급적 신속히 탈피하도록 조언을 받았다. 성공은 신체노동으로부터 벗어난 발전을 의미하였다. 19세기에 간행된 성공에 관한 무수한 책들에서는 잠재적 모순을 무시하고 두 가지 면을 다 포함하였다. 그 책들에서는 진정한 성공을 인격의 완성에 의한 일의 내면적 이점이라고 주장하였지만, 열심히 일하는 사람을 필연적으로 정상을 향해 나아가며 부와 권력 및 다른 외면적인 성공의 뚜렷한 상징을 쌓아가는 것으로도 묘사하고 있었다(Huber, 1987; Rodgers, 1978, p. 35).

나중에 노동운동은 의무와 성공 사이에서 이와 동일한 모순과 싸웠다(Rodgers, 1978, p. 174). 노동자들은 자신의 직업을 싫어했고, 일이 지루했으며, 근로시간 단축을 위해 고된 투쟁을 하였다. 그러나 그들은 일을 불쾌하고 숨막힐 듯한 의무감으로 말하는 노조 지도자를 거부하였으며, 근로 본래의 존엄성을 주장한 지도자를 선호하였다. 노동운동에서는 일과 노동자들을 긍정적이고 바람직한 면으로 강력히 묘사하였다. 그 이유는 아마도 일이 아무리 힘들어도 여전히 근로자들의 자아 가치의 중요한 토대를 형성하기 때문이었다. 일이 지루하고 억압적임을 인정하는 것은 자아 가치의 상실을 의미했을 것이며, 그들은 그 상실을 기꺼이 인정하지 않았다.

❖ 개인주의와 집단주의

일의 윤리는 개인의 일을 찬양하지만, 일은 계속 대기업의 고용인의 문제이었다. 따라서 일의 윤리는 일의 진정한 조건과 맞지 않게 되었다.

일의 윤리에서는 개인을 자신의 경제적 운을 결정하는 사람으로 나타내기를 좋아했다. 그 모형은 본래 자신의 작은 사업을 경영하는 제조업자나 상점 주인이었다. 평생 다른 사람을 위하여 일하는 것으로 지낼 수 있다는 생각은 어쨌든 불안하고 재미없는 것이었다. 그것은 누구도 어떤 사람을 위해서나 어떤 임금으로 일할 수 있다는 기독교의 자유민의 정신에 맞지 않는 것이라고 제시 존스(Jesse Jones) 목사는 1875년에 말했으며, 사람들도 그 말에 동의하는 경향이 있었다(Rodgers, 1978, p. 32). 물론, 오늘날 외면상으로는 모두 누군가를 위해서 일하고 있기 때문에 그와 같은 말은 우스운 것으로 간주될 것이다.

그래도 대부분의 남자들은 실제로 자신을 위한 사업에 종사하지 않는 것이 분명했으나, 일의 윤리는 개인주의적 경향을 지지했다. 한 가지 미봉책은 고용을 독자적인 일을 향한 일시적 상태로 간주하는 것이었다. 예를 들면, 야심찬 정치가 링컨(Abe Lincoln)은 미국에 영원히 고용된 근로자 집단이 있다는 것을 대중연설에서 부인하였다. 그 메시지는 모든 근로자가 적어도 열심히 일한다면 결국 독자적인 사업가가 될 것이라는 의미이었다. 그 당시의 텔레비전 형식인 인기소설의 표준 공식은 비천한 고용인에서 성공적인 부유한 자본가로 주인공이 화려하게 출세하는 것을 그리는 것이었다(Rodgers, 1978).

❖ 내재적 동기와 외재적 동기

일의 윤리에서 마지막으로 보다 미묘한 모순은 내적 및 외적 유형의 성공을 모호하게 하는 시도이었다. 이미 언급한 것처럼, 가끔 일은 자아를 개발하고 성취하는 방법으로 간주되었지만, 다른 경우에는 부와 명성을 얻는 수단으로도 묘사되었다. 목사와 도덕주의자들은 일의 정신적 이점을 강조한 반면에, 인기소설에서는 가난뱅이에서 부자로 되는 이야기로 물질적 이득을 강조하였다.

원칙적으로, 내적 및 외적 보상은 비슷하다. 인격 향상과 개인적 자기표현과 같은 내면적 이점과 금전과 지위와 같은 외적 이득을 모두 가져오는 방식으로 일한다면 이상적일 것이다. 그러나 실제로 이 둘은 함께 잘 가지 못한다. 사회심리학에서는 사람들이 흔히 내재적 및 외재적 동기를 모두 유지할 수 없다는 것, 즉 내적 즐거움이나 만족과 함께 금전이나 지위의 외적 보상을 위해 사업을 계속 수행하지는 않는다는 것을 반복적으로 보여주었다.

그러므로 다양한 형식의 일의 윤리는 심리적으로 서로 맞지 않았다. 일에서 내재적 및 외재적 동기를 모두 갖는 것은 이론상 이상적으로 보였고, 일의 윤리에서는 일을 개인적 만족과 경제적 성공에 이르는 최선책으로 제시하였다. 그러나 사람들은 그렇게 되어 있지 않다. 그들은 개인적 만족이나 금전을 위해 일할 수 있지만, 그 두 가지 모두를 위해 효과적으로 일할 수 있는 경우는 드물다.

일의 윤리의 쇠퇴

결국 일의 윤리는 작용하지 않았다. 그것은 오래된 가치체계의 이점을 유지하는 사회에 필요한 활동으로 새로운 세속적인 가치체계를 수립하려고 시도한 것이었다. 그러나 사회적 경향, 일의 성질 변화, 일의 윤리 자체의 모순이 실패를 가져왔다.

앞 절에서 보았듯이, 일의 윤리는 자기희생이 자기 성취를 가져온다는 믿음이나 육체노동이 멋있고 당당하지만 모두가 가급적 빨리 그만두어야 한다는 생각처럼 몇 가지 잠재적인 모순을 안고 있었다. 그리고 이론상 모순이 없지만 내적 및 외적 보상을 결합하는 것처럼 일상생활의 심리적 과정에는 잘 맞지 않는 몇 가지 요소들도 내포하고 있었다. 그리고 그것은 사회가 변하면 일의 실상과는 부합되지 않는 가정에 입각한 것이었다.

❖ 지루하게 변한 일

일의 성질은 몇 가지 근본적인 면에서 보다 지루하고 만족스럽지 않게 변했다. 이는 예를 들면, 중세의 농장 일이 박진감이 있고 성취감을 주었다는 것은 아니다. 의심의 여지없이 일에는 언제나 지루하고 불만스러운 측면이 있었다. 그러나 지난 150년 동안 일의 재조직 과정은 사태를 악화시켰다.

브레이버맨(Braverman, 1974)은 1830년대에 경영인들에게 자본을 절약하는 법을 말하기 시작한 배비지(Charles Babbage)에게 칭찬과 비난을 하였다. 배비지(Babbage)는 한 근로자가 전통적인 제조방식과 같이, 전체 제품을 만든다면 그는 여러 가지 기술을 가져야 하기 때문에 비교적 잘 대우받아야 한다고 지적하였다. 최소한 그는 그 일의 가장 고난도 기술 수준에 적절한 대우를 받아야 한다. 중요한 점은 그가 못질이나 청소와 같은 가장 쉬운 일을 하는 경우에도 이만큼 많은 임금을 받아야 한다는 것이다. 따라서 재래식 체제는 숙련된 근로자들이 비숙련 업무를 수행하는데 최소한 한동안은 임금을 지불하게 되는 것이다.

자금을 절약하기 위해 경영에서는 일의 과정을 재조직하여 솜씨좋은 근로자들이 숙련된 일을 하면서 자신의 시간을 보내야 한다고 배비지(Babbage)는 말했다. 값싼 비숙련 노동자들은 쉬운 일을 위해 고용해야 한다. 배비지(Babbage)는 일을 여러 부분으로 나누어 다양한 사람들에게 할당하는 것을 제안하였다. 8명의 사람들이 한 공장 안에서 8개의 기계를 만들며 개별적으로 일하는 대신에 기계를 만들기 위해 모든 개별적인 일을 나누어 각자가 한두 가지 일을 전문화할 수 있다. 그러면 모두가 제품에 조금씩 기여할 수 있다. 물론 이것이 나중에 공장 생산을 지배하게 된 제조업의 일관작업 모형을 향한 첫 단계이었다.

배비지(Babbage)는 아주 옳았다. 경영은 그의 방식을 채택하여 엄청난 자금을 절약할 수 있었다. 공장 노동은 그의 이론에 따라 재구성되었다. 나중에 사무직 근로도 비슷하게 재구성되었다. 오늘날 대부분의 회사에서 각각의 사업에는 10여 명의 근로자들이 관여하고 그들은 그 사업의 작은 부분을 맡아 일한다. 즉, 고객들을 대하고, 송장을 작성하며, 물품을 배달하고, 장부를 정리하며, 청구서를 발송하는 것과 같은 일을 한다. 청구서를 컴퓨터의 프린터로 인쇄하여 고객에게 보내는 것과 같은 일의 작은 부분도 청구서를 다양하게 작성하여, 컴퓨터에 입력하고, 화면을 점검하고, 프린터를 이용해 인쇄하는 일에 다양한 고용인들이 관여될 수 있다.

그러나 새로운 체제의 심리적 대가는 각자의 일이 지루하고 반복적이며 제품과 접촉을 잃게 된다는 것이다. 만일 전체의 일을 스스로 한다면 일이 완성될 때 만족감과 자부심을 경험할 수 있다. 그러나 일의 일부만을 담당한다면, 특히 그 일부가 일 전체에 어떻게 부합되는지 이해하기 어렵다면, 만족과 자부심을 느끼기는 힘들다.

분업에 입각한 새로운 생산체제는 대부분의 일에 파급되었다. 그것은 매우 효율적이고 비용에 비해 효과적이어서 거부하기 어려웠다. 그러나 일의 불만과 소외에는 크게 기여했다. 일의 윤리는 일과 도덕성 및 정신적인 면을 동일시하였지만, 현대의 공장은 이러한 동일시를 손상시켰다(Braverman, 1974; Rodgers, 1978).

1900년이 지나서 곧 사람들은 많은 일이 지루하고 계속 그럴 수 있다는 사실을 깨닫게 되었다(Rodgers, 1978, p. 65). 이는 일을 계속 이상화하기 어렵게 만들었다. 서구문화에는 단순한 반복 행동에서 가치를 찾을 수 있는 명상의 전통이 없다. 같은 일을 계속 반복하는 것은 자기 성취나 자기표현의 가능한 방식으로 보이지 않았다. 고역은 축복이 아니다.

어떤 면에서 1900년까지 사람들이 일을, 특히 공장 일을 재미없고 반복적이라고 인식하지 못한 것은 놀라운 일이다. 그처럼 지체된 중요한 이유 중 하나는 기계화가 그 반대 현상을 약속한 듯 보였기 때문이다. 공장이 더욱 기계화되고 자동화됨에 따라, 사람들은 새로운 기계가 일에서 가장 좋지 않은 부분을 맡고 근로자들을 재미없는 고역에서 해방시켜서 복잡한 새로운 기계의 작동을 포함하여 작업의 재미있고 정교한 부분에 집중할 수 있게 할 것으로 기대했다. 아마 이것이 제조 공정의 자동화 부문 이면에 있던 처음 생각이었을 것이지만, 그렇게 나타나지는 않았다. 타산적인 재정적인 면으로 인하여 기계가 일의 복잡하고 정교하며 실수하기 쉬운 부분을 맡고 재미없고 단순한 부분은 사람들이 떠안게 되었다. 그리고 기계의 작동도 매우 지루한 것으로 드러났다.

사무용 컴퓨터의 보급과 더불어 사무직 업무도 20세기에 비슷한 과정을 거쳤다. 근로자들은 자신이 매혹적이고 신기한 직업과 함께 고급 컴퓨터 프로그래머가 될 것이라고 믿었기 때문에 컴퓨터가 처음 출현했을 때는 의기양양하였다. 그 대신, 기계는 더욱 재미있는 일을 맡았고, 사람들은 단추 누르는 일로 전락하였다.

일이 눈에 띠게 재미없게 되면서 일의 윤리에서 약속한 것 중 하나를 충족시키지 못했다. 매일 몇 개의 똑같은 나사를 돌리거나 같은 목록을 점검하거나 같은 단추를 계속 누른다고 해서 더 나은 사람이 되지는 않는다. 또 그것이 매우 만족스럽거나 의미가 있거나 재미있지도 않다. 일이 의미있고 만족스러운 활동이라는 믿음은 실제로 일의 조건에 적용하면 더욱 비참하게 보였다. 점차 사람들은 그와 같은 이상적인 믿음을 포기했다. 근무일수를 단축하거나 일에서 초연하고 거리를 두거나 일을 게임처럼 바꾸는 것이 더 나았다.

❖ 전망없는 직업

두 번째 난처한 자각은 대다수의 근로자들이 부와 권력 및 명예의 가도에 있지 않다는 것이었다. 일의 윤리는 근면이 부와 성공을 가져온다는 약속을 고수하였다. 20세기 초엽에 유행한 가난뱅이에서 부자가 된다는 소설은 근면과 인내로 배달 소년으로 일하면서 회사 사장으로 승진하는 신화를 미화시켰다. 그러나 그 무렵에 미국에서는 이와 같은 이야기가 사실은 신화에 불과하다는 것을 인식하고 있었다. 소중한 배달 소년, 더 적절히 표현하면, 소중한 공장 근로자들이 회사 사장이 되는 경우는 극히 드물었다(Huber, 1987; Rodgers, 1978).

직업에서의 발전이 아주 봉쇄되지는 않았다. 인생의 비슷한 시점에서 아들이 아버지보다 소득이 많다는 점에서 상향이동의 의미있는 유형이 있었다. 그리고 아들은 회사의 지위에서 아버지보다 높은 수준에 도달했다. 그러나 밑바닥에서 정상으로 상승하는 경우는 드물었다. 전형적인 형태는 한 두 계단을 상승하는 것이었다. 사람들은 승진하지만 그다지 높게 승진하지는 못했다(Thernstrom, 1973).

외면상 아주 합리적이지만, 제한된 상향이동은 일의 윤리에서 사람들이 기대하도록 조장된 것은 아니었기 때문에 실망적이었다. 행복에 관한 장에서 보았듯이, 사람들의 정서적 만족 수준은 그들에게 발생한 것뿐만 아니라 기대와 비교해서도 좌우된다. 문화적으로는 사람들에게 근면과 재능으로 정상에 오를 수 있다는 기대를 조장하였지만, 그들은 그렇게 되지 않을 것임을 알고 유감스럽게 생각하였다. 19세기 말경에 미국인들은 그들의 직업 전망에 대해 분개하고 우울해지기 시작하였다. 신문과 잡지의 기사에는 "청년의 기회가 감소되고 있는가?"와 같은 제목이 등장하기 시작하였다. 공장 근로자들이나 육체노동자들이 크게 성공하는 기회는 사실 빈약하다는 것을 부정하기는 어려웠다(Rodgers, 1978).

"전망없는 직업"(dead-end job)이라는 말이 육체노동과 비슷한 낮은 수준의 일의 특징을 나타내는 두려운 전망 부재를 표현하는 방법으로 19세기 말경에 유행하게 되었다. 전망없는 직업에 관한 경고는 청년들에게 직업을 갖기 전에 학업을 마치도록 장려하기 위해 사용되었다. 교육은 그와 같은 직업을 피하기 위한 수단으로 권장되었다(Kett, 1977).

사실, 회사 안에서의 승진은 이미 어느 정도는 타협이었다. 일의 윤리는 독자적인 사업가가 된다는 약속에 입각한 것이었다. 그 윤리에서는 언젠가 자신이 작은 사업을 소유할 것이라고 말했다. 그러나 이것도 거짓 약속으로 드러났다. 이미 1870년에 노동력의 2/3이상이 누군가를 위해 일했으며, 장기적 경향은 그 비율이 계속 증가하고 있었다(Rodgers, 1978). 1900년에 자영업자는 대체로 쓸모없는 것처럼 보이기 시작했다. 사업은 더욱 대기업 세계로 변모해갔다. 대기업이 현재를 지배했고 미래도 소유하는 것으로 보였다.

그러므로 1900년에 일의 윤리의 중요한 약속 중 두 가지는 지키지 못할 것임이 분명해졌다. 특히 공장과 육체노동일은 흥미롭거나 만족스럽거나 충족감을 주지 못하며, 더 나은 사람으로 만들지도 않을 것이다. 헌신적인 근면성도 부, 지위, 권력, 독립을 유도하는데 믿을 수 있는 것이 못되었다. 다시 말하면, 일에 대한 내적 및 외적 보상도 소용이 없었다. 일의 윤리는 사기처럼 보이게 되었다. 달성되지 못한 기대는 인지부조화를 발생하여 일의 윤리를 지속시키는 사회적 능력을 감소시켰다.

❖ 관료주의적 생활

독립에 대한 약속의 실패는 특히 충격적이었다. 그것은 일의 도덕성을 손상시켰다. 자신을 위해서 일하는 것은 목적과 정당성이 분명하기 때문에 그에 대한 열정적이고 도덕적인 느낌을 줄 수 있다. 자신을 위해 최선을 다 하기 때문에 일을 성공적으로 수행하려고 오랫동안 열심히 하게 마련이다. 큰 회사를 위한 일은 이러한 것들이 상당히 상실된다. 근로자는 20세기 초 노동자에 대한 대중적인 모습인 거대한 기계의 작은 톱니바퀴가 되고, 외면상 끝없이 배열된 책상의 미로 속에서 그 하나를 차지하는 존재가 된다. 회사에서 성공 가능성은 감소한다. 사실, 경력주의가 보편화될 때까지는 자신의 열정을 일에 투입할 이유가 거의 없었다.

근래의 연구에서 대규모 집단이나 조직을 위해 일하는 것이 동기와 헌신적 태도를 어떻게 손상시키는지 확인되었다. 책임분산의 원리는 행동의 필요성이 적용되는 사람들의 수로 분산되어, 관련된 사람들이 많을수록 자신의 책임이라고 느끼는 사람이 적다는 것이다. 이 원리는 범죄와 사고의 피해자가 때로는 목격자가 많을 때보다 한 명일 때 도움을 더 많이 받는 이유를 설명하는데 처음으로 적용되었다. 집단 속에서 목격자 개인은 누군가 어떤 행동을 할 것으로 느낀다(Darley & Latane, 1968).

책임분산의 아이디어는 사회적 태만현상[62)](social loafing)에 관한 연구에서 집단 활동에 적용되었다(Latane, Williams, & Harkins, 1979). 혼자 일하는 사람들이 집단으로 일하는 사람들보다 더 열심히 일한다. 이는 집단 구성원들이 익명으로 느끼거나 개인보다는 집단처럼 느낄 때 특히 그렇다(Williams, Harkins, & Latane, 1981). 따라서 대집단이나 대기업의 근로자들은 자신의 일에 직접적이고 개인적인 책임을 느끼는 사람들보다 서두르지 않고 집단 노력에 무임승차하는 경향이 있다.

그러므로 관료주의적 작업조건은 일의 윤리의 권고와 어긋났다. 일의 윤리는 외면적으로 헌신적 노력을 주장했지만, 관료주의적 상황에서 일의 심리적 영향은 근면 의욕을 훼손하였다.

❖ 여가와 소비

사업계의 전체적인 방향은 빅토리아 시대에 시작되어 근본적으로 변화되었으며, 이러한 변화는 일의 윤리의 실패를 가져오는데 기여했다. 근로, 절약, 만족 연기는 일의 윤리에서 가치의 특징이었으나, 새로운 경제적 현실은 소비와 여가 및 현재 생활의 향유를 조장하기 시작했다. 이 추세는 경제적 변화에 의해서 불가피했다.

19세기 중반 이전에 산업경제는 빈약했다. 단순한 경제적 조건에서 보면, 대부분의 제조 상품에 대한 수요는 공급을 초과하였다. 제조업자들은 생산한 모든 상품을 팔 수 있을 것으

62) 역자 주. 사회적 태만현상은 타인의 존재가 야기하는 현상의 하나로 프랑스 공학자 렝겔만(Ringelmann)이 처음 주목하였으며, 집단이 크기가 증가함에 따라 개인이 쏟는 힘의 크기가 감소한다는 것이다. 밧줄당기기, 박수치기, 고함지르기와 같은 단순 과제에서 잘 나타난다. 이에 대한 원인으로는 개인의 수행 기여도가 드러나지 않아 동기가 감소하고, 각자 힘을 합치시키는 시점의 불일치로 통합력이 감소되기 때문이다. 그러나 문화비교 연구에 의하면, 일본이나 중국처럼 구성원들이 강한 정체감을 느끼는 집단에서는 이 효과가 나타나지 않을 수 있다. 이와는 반대로, 집단 속에서 오히려 작업 수행력이 높아진다는 사회적 촉진(social facilitation) 현상도 있다. 타인의 존재는 개인에게 동기를 추가시켜 단순하고 기계적인 일의 수행을 증가시킨다. 그러나 일이 복잡하거나 어려운 경우에는 사회적 저해(social inhibition) 현상도 일어난다.

로 자신할 수 있었다. 판매량의 제한 요인은 생산량이었다(Potter, 1954).

산업이 확장되고 향상됨에 따라 상품은 더욱 많이 만들 수 있게 되었다. 부분적으로 자동화된 대규모 공장에서는 제품을 거의 무제한으로 생산할 수 있었다. 공장에서 사람들이 구매하려는 것 이상으로 생산할 수 있을 때 중요한 변화가 발생하였다. 19세기 말과 20세기 초에 여러 공장에서 상품 공급이 수요를 초과하였다. 판매량에 대한 새로운 제한 요인은 생산량이 아니라 구매력이었다(Potter, 1954). 생산이 아닌 소비가 이익을 결정하는 가장 중요한 요인이었다.

경제의 요체로서 생산에서 소비로의 전환은 사회 전반에서 감지되었다. 일찍이 사회에서는 사람들이 일해서 더 많이 생산하기를 기대했지만 이제는 더 많이 구매하길 원했다. 지배적인 이념은 이러한 새로운 필요성에 적응하였고, 이와 같은 적응이 일의 윤리에 대한 치명적인 타격이 되었을 것이다. 그 후 문화에서는 사람들이 소비하고 즐기도록 더욱 요구하였다.

광고는 소비 경제에 가장 분명한 적응형태이다. 새로운 경제조건은 상품의 공급 능력이 수요를 능가하게 만들었기 때문에 판매와 이익은 수요의 정도에 좌우되었다. 기업은 제품의 수요를 자극하는 문제에 당면하였다. 광고는 대중들이 온갖 상품과 서비스를 원하고 구입하도록 기획되고, 독자적인 거대 산업으로 발전하였다. 광고의 메시지는 우리가 이 제품을 원해야 한다는 것이다.

광고는 생산한 것을 분명히 팔 수 있었던 생산체제에서는 필요 없었기 때문에 비교적 새로운 것이었다. 예를 들면, 포터(Potter, 1954)는 19세기에 제조된 상품에는 가장 단순하고 저렴한 광고 형태인 상표나 생산자 표시가 거의 없었다는 것을 알았다. 이에 비해서 오늘날에는 현대식 백화점에서 상표가 없는 상품을 찾으려면 힘겹게 오래 찾아야 할 것이다.

라킨(Larkin, 1979)은 광고가 일의 윤리의 쇠퇴에 주로 책임이 있다고 주장했다. 그러나 다른 요인들도 있었을 것이다. 일의 윤리는 이미 쇠퇴하고 있었다. 소비와 향락의 메시지를 담고 있는 광고는 단지 그 쇠퇴를 촉진시켰을 뿐이다. 사실, 광고는 보다 많은 소비를 주장하는 유일한 원천이 아니었다. 신문 사설과 다른 논평에서는 소비를 미덕, 심지어 시민의 의무로 묘사하였다(Rodgers, 1978). 물론 소비와 향락은 극기와 자기희생을 강조하는 일의 윤리에 비해서 인간의 자연적 동기에 쉽게 끌린다. 사람들은 일에 따른 물질적 이득을 누려야 한다는 견해를 기꺼이 수용했다. 비록 이와 같은 소비태도가 새롭고 현대적일지라도 근로활동이 결실을 누리는 것보다 부차적이라는 초기 원시 사회의 일에 대한 태도와 여러 면에서 부합된다.

현대 사회에서 많은 일이 지루하고 앞으로도 계속 그럴 것임을 깨닫게 되면서, 사람들은 단순히 일을 적게 해야 한다는 생각에 동의하기 시작했다(Rodgers, 1978). 노조와 그 지도자들은 일이 지루하고 재미없다고 불평하는 대신, 더 많은 여가시간을 요구하는 운동을 전개하였다. 1850년대 미국에서 공장의 주당 평균 근로시간은 66시간이었고, 1920년에는 48

시간으로 감소하였다(Rodgers, 1978). 한 노조 지도자는 장차 사회주의 노동운동이 미국에서 충분한 힘을 발휘하게 되면, 산업혁명 초기에 하루 12시간씩 1주일 내내 일한 것과는 크게 대조적으로, 사람들이 1년에 4개월만 일하게 될 것이라고 약속했다(Rodgers, 1978, p. 177).

일이 줄어들면서 여가는 확대되고 도시의 소일거리도 늘어났다. 관객동원 스포츠가 인기를 얻었고, 프로팀과 대학팀은 수천 명의 사람들을 정기적으로 즐겁게 해주려고 리그전을 구성했다. 피크닉은 더욱 보편적이 되었다. 영화는 더욱 많은 관객을 매혹시켰다. 휴가는 빅토리아 시대에 얼마간 시작되었고 20세기 초에 보편화되었다. 1920년대에 대부분의 사무직 근로자들은 1년에 한두 번 유급휴가를 즐겼다(Rodgers, 1978). 일에 반대하는 이념적 변화는 놀이의 찬양에서 알 수 있다. 설교와 신문 기사에서는 여가시간과 그 추구의 가치와 바람직함을 강조하기 시작했으며, 과로의 위험성을 경고했다. 장시간의 근로가 도덕적 및 정신적으로 중요하다는 일의 윤리의 독단적 주장은 소멸되어 그 자리에 여가와 단란한 가족에 대한 찬양이 대신했다. 여느 때처럼, 의학이 대중적인 믿음을 지원하기 위해 전문지식을 대여하는데 합세하였다. 의사들은 이제 과로가 건강에 해롭다고 경고했다.

그러므로 문화가 새로운 경제적 상황과 생활조건에 적응하면서 이념도 변했다. 여가의 윤리가 나타나 쇠퇴하는 일의 윤리와 대적하게 되었다.

❖ 지나친 정당화

마지막으로, 일의 외적 보상에 대한 비중의 증가는 일의 윤리를 점차 손상시켰다. 일 자체가 미덕이고 성취감을 준다는 믿음은 더욱 유지할 수 없게 되었다. 어떤 이념적 연설도 공장 근로자들에게 그들의 재미없고 반복적인 일이 인성을 개발하거나 행복하게 만든다고 설득할 수 없었다. 급여와 지위의 외적 보상에 대한 관심이 내적 동기보다 우선하게 되었다. 내적 만족을 주는 직업에서도 외적인 것이 지배적인 경향을 보였다.

일의 윤리는 일의 내적 보상을 강조하였다. 비록 때로는 외면적 성공이 근면의 내적 이득에 수반된다는 약속이 있었지만, 내적 이득이 기본적이었다. 일반적으로 문화에서 일의 내적 보상에 대한 신뢰를 상실하기 시작하고 외적 보상에 더 관심을 보이게 되었을 때 일의 윤리는 실패를 맞게 되었다. 경제적 이익을 위해 일하는 것은 도덕적 및 정신적 이득을 위한 또는 내적 즐거움을 위한 일과는 심리적으로 부합되지 않는다.

요약 및 결론

일의 윤리는 일을 독립된 가치의 토대로 수립하려는 문화적 시도이었다. 그것은 일의 긍정적 가치를 나타냈다. 이 믿음은 일이 정신적으로 좋은 것으로 정신적 향상을 위한 수단이자 자아 개선의 중요한 방법임을 입증하는 근래 기독교 교리에서 싹튼 것이다. 이 기독교 교리는 또한 일의 성취가 오래 지속되는 긍정적인 내적 특성과 연관되어 있음을 강력히 시사하였다.

기독교 영향의 감소는 일에 높은 가치를 부여하는 외적 토대를 문화에 남기지 못했다. 이는 산업혁명이 일을 더욱 요구하고 그 형태를 변화시키는 시점에 일어났다. 요컨대, 사회에서는 사람들이 일하도록 자극할 필요가 있었기 때문에 일의 높은 도덕적 가치에 대한 견해를 수용하였다. 일은 더욱 대중적이 되어, 문화는 일의 도덕적 위상을 기독교적 가치의 토대와 분리하였다. 그와 같이, 기독교 영향의 운명에 관계없이, 일을 독자적인 긍정적 가치가 있는 것으로 계속 인정할 수 있었다.

일의 윤리는 인간의 실제 경험과 더욱 양립할 수 없게 되었기 때문에 실패하였다. 경험이 일반적인 믿음과 상충되면 믿음은 변하는 경향이 있고(Festinger, 1957), 일에 대한 태도는 실제 행동과 더 일치되도록 점차 변화되었다. 특히, 일의 윤리는 계속 실망하여 그 약속을 믿지 못하게 된 어떤 기대를 초래하였다. 그것은 일을 개인적으로 관여하여 상당한 진전을 이루는 것으로 제시했으나, 실제로 그 진전은 제한적이었고 어떤 형태의 일은 점차 지루하게 되었다. 그것은 문화적인 힘이 더 많은 자기표현과 자기성취를 향해서 가해질 때 극기를 조장했다. 경제가 소비와 광고를 특징으로 변했을 때 극기의 윤리에 대한 여지는 거의 없었다. 일의 윤리는 단독 기업가를 지향한 것이었지만, 대기업과 관료체제가 가장 보편적인 작업장이 되었다. 그리고 일의 윤리는 내적 및 외적 보상을 심리적으로 모순된 방식으로 제시하였다. 일반적인 경향이 그렇듯이, 외적 보상이 우선할 때 내적 동기를 강조하는 일의 윤리는 신용을 잃었다.

어떤 면에서 일의 윤리에는 거의 난처할만한 불합리한 면이 있었다. 그것은 가치의 토대로 통하며 궁극적으로 도구적 활동인 일을 하도록 만들기 위한 것이었고, 그 자체가 궁극적인 선이며 목적을 뜻하는 것이다. 그것은 수단이 목적이 되기를 원한 것이다.

이처럼 비우호적인 사회적 조건에서 일의 윤리가 생존할 수 있는 유일한 참다운 희망은 그것에 대응하기 위해 발전하는 것이었다. 일에 대한 경력주의의 성장은 일의 윤리를 수정하여 어느 정도 받아들인 것이다. 경력주의 방식은 어느 정도 흥미있고 내적 동기를 유지할 수 있는 일에서 가장 보편적이다. 적어도, 보상은 흔히 자아를 반영하기 때문에 내적 동기의 상실을 회피할 수 있다. 자아는 중요한 가치의 토대가 되어, 일이 모든 독자적인 정당성을 제공해야 하는 부담을 완화시킬 수 있었다. 일은 자아의 증대되는 중요성에서 가치를 유도할 수 있었다.

경력주의는 일의 윤리의 의무에 대한 낡은 개념과 자기희생 및 극기에 대한 요구를 해결하였다. 결국 자아를 찬양하고 이롭게 하기 위해서 스스로 앞서도록 자극하는 잠정적 수단으로 기껏해야 자기수양이 제시되었다. 그러나 이것은 일을 더 많이 하기 위해 일부 여가시간을 포기하는 것처럼 실용적인 조치이며, 실제적 목표를 분명히 지향한 것이다. 경력주의는 설득하지 않고도 사람들을 장시간 열심히 일하도록 유도할 수 있다.

확실히, 일에 대한 경력주의 태도는 하류층이나 노동자 계층의 관점에서는 흔히 볼 수 없었고(Miller, 1981; Rubin, 1976), 그와 같은 곳에서는 일의 윤리가 일하는 사람들의 자아가치를 정당화시키는 것 외에는 성취할 수 있는 것이 많지 않았다.

그렇다면 일의 윤리의 부침에서 무엇을 배울 수 있는가? 일의 윤리는 자연에 대한 문화의 초기 승리와 그 궁극적인 실패를 모두 극적으로 표현하였다. 문화는 바람직하고 좋은 것을 설득할 수 있으며, 청교도 이념에서 능력주의 기업 관행으로까지 그것을 지지하는 믿음을 굳건히 하면 당분간 계승될 것이다. 그러나 결국 사람들은 자신의 일상적인 경험과 계속 맞지 않는 믿음을 거부하고 포기할 것이다.

일은 아주 다양한 방식으로 구성될 수 있다. 자아 가치와 성취에 대한 일의 관계에서 반대 견해가 우리의 역사에서 유지되었다. 그러나 문화가 일을 구성하고 변형시킬 수 있는 과정에 대해서는 한계가 있다. 자연적 동기의 핵심적 부분만 확실한 것 같으며, 일은 음식과 거처를 확보하기 위한 수단으로 여전히 필요하다. 문화는 많은 면을 추가할 수 있지만, 사람들의 심리적 욕구와 주기적 경험에 의해서 제약을 받는다.

끝으로, 일의 윤리는 일의 실제 경험과 유리된 경우에도 오랫동안 힘을 지니고 있었다는 것은 주목할 만하다. 사람들은 결국 비실용적인 이상을 단념하지만 그렇게 되기에는 시일이 걸린다. 가치의 토대가 부족한 문화에서는 일의 윤리가 정치적 설득과 다른 곳에서 계속 이용되었다는 것은 놀라운 일이 못된다.

2. 부모 역할의 모순

증 거

많은 연구에서 다음과 같은 기본적인 사실이 발견되었다. 자녀가 없는 기혼자가 자녀가 있는 경우보다 행복하다(Anderson, Russell, & Schumm, 1983; Bernard, 1982; Campbell, 1981; Campbell, Converse, & Rodgers, 1976). 처음에 결과가 나타났을 때 연구자들은 그 사실을 믿지 않고 반증을 시도하였으나, 단지 같은 결과를 얻게 되었다(Spanier & Lewis, 1980). 나중의 연구에서는 예외를 찾으려고 했으나 그다지 성공을 거두지 못했다.

예외에 관한 특히 집요한 탐색으로 마침내 한 가지 결과를 발견하였다. 그것은 대가족을 원하는 백인이 첫 아이의 출산에서 행복이 증가하지는 않지만 적어도 크게 줄어들지도 않는다는 것이었다(Glenn & McLanahan, 1982). 분명히 이것은 대단한 예외는 아니다. 이 연구자들은 그들의 결과에 솔직히 실망하여 "부모의 전반적인 결혼생활에 미치는 자녀의 부정적 영향은 물론 아주 결정적인 것은 아니지만, 어떤 주제에 관한 사회과학적 증거만큼이나 거의 결정적인 것 같다"고 결론지었다(p. 70). 일반적으로 연구자들은 아이들이 사람들을 행복하게 만든다는 것을 보여주려는 시도를 단념하였다. 현재의 연구 목표는 어떤 유형의 부모가 크거나 작은 행복의 상실을 경험하는지 확인하는 쪽으로 변화되었다(Abbott & Brody, 1985; Belsky, 1985; Pistrang, 1984; Schumm & Bugaighis, 1986; Steinberg & Steinberg, 1987; Wilkie & Ames, 1986). 일부 연구자들은 전반적인 행복이 아니라 결혼의 질과 행복에 특히 관심을 두었다.

조사연구자들은 성인의 생활기간을 중요한 역할 전환에 입각한 부분으로 구분하였으며, 이는 행복과 강하고 의미있는 관계가 있는 것으로 나타났다(Bernard, 1982; Campbell, 1981; Campbell 등, 1976). 자극적이고 풍요로운 생활 국면이라고 전형적으로 매체에 묘사된 성인생활의 활동적인 독신기간은 실제로는 그렇게 멋진 것이 아니다. 30세 이하의 미혼자들은 실제로는 중간 정도로 행복할 뿐이다. 결혼과 함께 행복은 증가한다. 행복한 신혼부부의 문화적 이미지는 대체로 사실이다. 여성에게 결혼에서 첫 아이의 출산까지의 기간이 전형적으로 인생에서 가장 행복한 시기이다. 남성에게도 결혼에 대한 적응 과정에서 부정적인 면이 있는 듯하지만, 역시 그 기간은 매우 행복하다(Campbell, 1981).

첫 아이의 출생과 더불어 행복의 수준은 감소하고 긴장이 증가한다. 수면 부족, 구속감, 책임감 증대, 현실적인 잡일이 초기 부모 역할에서 귀찮은 면에 대한 일부 원인이다(Anderson, Russell, & Schumm, 1983; Lopata, 1971). 이상적인 기대와는 큰 대조를 보인다. 사람들은 부모 역할에 대한 훈련이나 준비가 거의 없었다고 공통적으로 말하며, 단조로움과 스트레스는 상상 이상으로 크다. 연구자들은 한 어머니에게 그녀의 생활이 상상했던 바와 같은지 물었을 때, 그녀는 이렇게 답변했다. "아니오. 나는 남편과 자녀와 함께 잡지에 나오는 것과 같은 사랑을 상상했어요. 그런 생활이라면 멋지겠지요. 내가 이렇구나, 이것이 내 생활이라는 것을 마침내 깨달았을 때 충격을 받았습니다"(Lopata, 1971, pp. 128-129).

일부 연구자들은 유아, 학령기 아동, 10대 자녀를 둔 부모를 구분하였다(Bernard, 1982). 이 3집단의 행복 수준의 비교는 일관성없는 결과를 보였다. 예를 들면, 일부 연구자들은 10대 자녀를 최악으로, 다른 연구자들은 학령기 아동을 최악으로 판단하였고, 대부분이 유아가 있는 어머니의 행복 수준이 특히 낮다는데 동의하였다.

그러나 행복 수준은 막내 아이가 성장하여 집을 떠날 때까지 실제로 높아지지 않는다는데 모두가 동의하고 있다. 이처럼 혹평하는 "빈 둥지"(empty nest) 시기가 실제로는 행복이 최고조에 달하는 또 다른 때이다. 남자에게는 인생에서 가장 행복한 시기이며, 여자에게도 신혼단계만큼 황홀하진 않더라도 아주 행복한 때이다. 나중에 배우자가 사망하면 행복 수준은 다소간 하강한다. 아마 가장 놀라운 것은, 근래의 증거에 의하면, 자녀가 없는 노인이 자녀가 있는 경우보다 불행하거나 불만족스럽거나 고독하지 않다는 것이다(Rempel, 1985).

인생의 주기에 관한 이와 같은 발견은 다음과 같은 단순한 공식에 부합된다. 결혼은 행복을 증가시키지만 자녀는 행복을 감소시킨다. 인생에서 가장 행복한 시기는 배우자와 함께 생활하지만 자녀가 집에 없는 때이다. 물론 이러한 인생의 과정은 단지 일반적이고 전형적인 것이며, 모두가 이를 따르는 것은 아니다.

그러나 전형적인 생활과정에서 벗어난 사람들에 관한 연구에서도 비슷한 결론이 도출되었다(Campbell, 1981). 평생 독신으로 있는 사람들은 다른 사람들보다 전형적으로 행복 수준이 낮고, 결혼했으나 자녀가 없는 사람들은 평생 높은 수준의 행복을 유지한다. 이러한 사실은 30-40대에 들어서면 행복이 필연적으로 감소한다는 가설을 우연히 반박하게 되었다. 왜냐하면 부모들만 이러한 감소를 경험하기 때문이다. 끝으로, 편부모는 긴장과 스트레스가 매우 높고 대체로 다른 사람들보다 행복 수준이 낮다. 사실 편부모의 낮은 행복은 만성 질환자나 실업자와 같이 가장 불행한 집단이 보인 수준과 비슷하다. 이 모든 사실을 요약하면, 부모 역할이 없는 결혼은 행복 수준이 극히 높은 반면에, 결혼없는 부모 역할은 행복 수준이 매우 낮다.

이 조사연구 방법은 부모 역할의 참다운 이점에 아무래도 둔감하거나 보다 심원하고 강렬한 느낌을 일상적이고 진부한 것과 구분할 수 없었던 것인가? 이와 같은 비판은 독자들에게 인생을 다시 살 수 있다면 무엇을 할지 질문한 전문 기고자인 앤 랜더스(Ann Landers)의 근래 조사에는 잘 맞지 않는다. 그녀가 결혼에 관해 질문했을 때 대부분은 자신의 배우자와 다시 결혼할 것이라고 대답했다. 자녀에 관해 물었을 때 대다수는 선택의 여지가 있다면 자녀를 갖지 않을 것이라고 하였다. 이들은 과학적인 표집이 아니고 가족 지향의 적극적인 독자들과 같은 편중된 집단이었지만, 결론은 조사 자료와 놀라울 정도로 비슷하였다.

결혼의 질과 만족에 관한 연구에서는 자녀를 갖는 것에 대한 여러 가지 불리한 결과를 발견하였다(Anderson, Russell, & Schumm, 1983; Belsky, 1985; Belsky, Lang, & Rovine, 1985; Belsky, Spanier, & Rovine, 1983; Glenn & Weaver, 1978; Ruble, Fleming, Hackel, & Stangor, 1988). 일반적으로, 결혼의 행복은 첫 아이의 출생에서 즉시 저하되며, 자녀가 성장하여 출가할 때까지 충분히 회복되지 않는다. 이 발견은 수수께끼의 중요한 부분이다. 왜냐하면 결혼이 전반적인 행복의 가장 중요한 원천이라면, 결혼의 질을 훼손하는 것은 전반적인 행복의 가능성을 감소시킬 것이기 때문이다(Benin & Niemstedt, 1985; Campbell, Converse, & Rodgers, 1976, p. 323).

자녀가 생기기 전 결혼생활의 초기 단계는 일반적으로 인생에서 가장 행복한 시기로 회상된다(Campbell, 1981). 이에 비해서 부모 역할의 책임과 스트레스는 혹독하고 불쾌할 수 있다. 노동자 계층의 부부는 가끔 이러한 변화를 급속히 경험한다(Rubin, 1976). 흔히 10대인 전형적인 젊은 연인들은 뜻밖의 임신으로 단기간에 결혼하여 부모가 된다. 갑자기 부모가 된 그들은 "그들을 결합시킨 재미와 좋은 시절이 다 지나고, 울어대며 요구가 많은 아이와 부모로서의 두려운 책임감이 대신 자리하였음"을 느낀다(Rubin, 1976, p. 80).

부모 역할은 결혼생활에 여러 모로 어려움을 준다. 자녀는 각자 관심을 끌기 위해서 부모와 경쟁하기 때문에 의사소통은 지장을 받는다(Anderson, Russell, & Schumm, 1983). 특히, 어머니는 육아의 요구가 피곤하고 소모적임을 알게 되어 남편에게 관심을 쏟을 시간이나 의향이 거의 없게 된다(Lopata, 1971). 한 연구(Rosenblatt, 1974)에서 상가와 다른 공공장소에서 기혼부부를 관찰하였는데, 아이들을 데리고 있으면 미소, 대화, 접촉과 같은 상호작용과 의사소통이 현저히 감소함을 발견하였다.

자녀가 있는 부부는 자녀가 없는 부부보다 일을 함께 하는 시간을 갖기가 어렵고, 이렇게 감소된 상호작용은 만족감의 부족과 관련된다(White, 1983). 부부의 성생활의 질도 감소된다(Blumstein & Schwartz, 1983; Friday, 1977).

그러므로 자녀가 있으면 부부의 상호작용과 의사소통을 방해한다. 이러한 손상은 치명적은 아니지만, 수년에 걸쳐 부부를 소원하게 만들 수 있다. 사실, 부모는 서로가 이해한다는 느낌이 적을 것이다(Bernard, 1982; Campbell, 1981).

이론적으로, 자녀가 있으면 부부에게 얘기꺼리를 줄 수 있지만, 이러한 얘기도 꼭 이로운 것은 아니다. 부모와 자녀 사이에 갈등이 있으면, 결혼의 갈등도 증가하는 경향이 있다. 이것은 부모 역할의 문제가 흔히 배우자 사이에 긴장과 다툼을 초래할 수 있음을 의미한다(Suitor & Pilleman, 1987).

게다가 결혼에 의한 일의 분담도 변한다. 부모 역할은 현대 생활의 어떤 면보다도 강한 성역할 구분을 보일 수 있다(Lopata, 1971, p. 200). 현대의 많은 결혼은, 특히 부부가 모두 밖에서 일하는 경우에는 초기 단계에서, 적어도 외관상 평등하고 진보적으로 일을 분담할 수 있는 것으로 보인다. 그러나 첫 아이의 출생과 더불어 그 구분은 훨씬 전통적이 되어 부인이 대부분의 고된 일과 싫어하는 잡일을 맡게 된다(Belsky, Lang, & Huston, 1986). 일반적으로, 여성도 성취감에 맞추기는 하지만, 부모 역할에 관련된 부정적 생활변화를 더 많이 언급하는 경향이 있다(Veroff 등, 1981, pp. 217-218).

여성이 가사 부담을 더 많이 안게 되면서 남성은 경력에 많은 투자를 하게 되었다. 아버지가 되면 남성은 자신의 일을 더 좋아 하게 된다는 일부 증거도 있다(Osherson & Dill, 1983). 이에 관해서는 몇 가지 설명이 가능하지만, 가장 그럴듯한 것은 남성은 집보다 작업환경을 더 선호하게 된다는 것이다. 자녀가 없는 남성에게 일은 유쾌한 여가 시간보다 덜 매력적이다. 그러나 처음 아버지가 된 사람에게 일은 만족스럽고 가정의 스트레스와 혼란스러움에 비해서 통제 가능한 것 같다.

이러한 불리한 결과는 관련된 사람들에게 아주 분명한 것은 아니다. 사실, 자녀가 결혼에 좋은 것이라는 보편적인 믿음이 지속되고 있다. 전국 표집 대상에서 2/3 이상은 부모 역할이 배우자 상호간을 친밀하게 만든다고 답변했으며, 10% 이하만 배우자를 소원하게 만든다고 하였다(Veroff 등, 1981, pp. 213-216). 어느 정도, 이러한 결과는 그처럼 말해야 한다는 사회적 바람직성 때문인 듯 보인다. 사람들은 자녀가 결혼을 손상시킨다는 것을 면접자에게 인정하기를 꺼린다. 그러나 이것은 전체 결과를 설명하는데 충분하지는 않을 것이다. 사람들은 자신을 속일지라도 자녀가 결혼을 보람있게 만든다고 어느 정도는 실제로 믿어야 한다(Veroff 등, 1981, p. 213).

간과되어서는 안되는 부모 역할에 관한 몇 가지 긍정적인 면이 있다. 대부분의 부모들은 그 경험이 기쁘다고 말한다. 사실, 나중에 많은 사람들은 자녀를 자신의 인생에서 가장 중요한 성취 또는 기여로 생각한다. 로파타(Lopata, 1971)는 주부들이 어머니 역할을 많은 문제와 불만의 원천이라고 하였지만, 자녀가 기대에 맞게 생활할 때 흔히 조그만 기쁨을 주는 만족의 중요한 원천임을 발견하였다.

둘째로, 세월이 지나면서 부모들은 부모역할의 경험을 말하면서 더욱 호의적인 태도를 취하며, 막내 아이가 출가하는 시점에는 많은 부모들이 그 경험을 결코 후회하지 않는다고 생각한다. 사실, 나이 든 사람들은 부모 역할에 의한 요구 사항 때문에 다른 일을 하지 못했다는 것을 의식하지 못하고, 부모 역할의 제한적이거나 부정적인 면을 보지 않는 경향이 있다(Veroff 등, 1981, p. 224).

셋째로, 근래의 연구에서는 자녀를 갖는 것이 결혼생활의 모든 면이 아니라 일부만을 손상시킨다는 것을 보여주었다(Ruble, Fleming, Hackel, & Stangor, 1988). 넷째로, 노년기에 많은 사람들은 성인 자녀와의 관계를 자신의 생활에서 매우 중요하고 의미있는 측면으로 언급한다(Kaufman, 1986).

그러나 부모 역할이 행복감의 상실을 야기한다는 것은 아주 분명하다. 이 사실에도 불구하고, 대다수의 사람들은 자녀를 갖기를 솔직히 원하고 있으며, 갖게 되면 기뻐하는 것 같다. 부모 역할을 하기 전과 후에도 사람들은 그것을 긍정적이고 바람직한 경험이며, 인생에 행복과 의미를 부여하고 배우자를 친밀하게 만드는 것으로 간주한다. 이 모든 믿음이 거짓이라는 상당한 증거가 있으나, 사람들은 이를 깨닫지 못하는 것 같다. 부모 역할의 모순은 강력하고 광범한 환상을 내포하고 있다.

문화의 영향

사회 전체가 어떤 환상을 지니고 있을 때 문화는 어떤 면에서 그것을 조장하는 것으로 여겨진다. 이 과정을 이해하기 위해서는 부모 역할의 모순이 현대 사회에서 고유한 것인지 물어봐야 한다. 즉, 우리 문화에 고유한 특성에서 부모 역할의 모순에 관한 설명을 추구해야 하는가 아니면 그것이 모든 문화에 공통적인 것인가?

자녀의 긍정적 가치에 대한 믿음은 현대 서구 사회에 특이한 것은 아니다. 그러나 이 믿음이 언제나 환상적은 아니었을 것이다. 앞에서 얘기한 바와 같이, 역사의 대부분에서 자녀는 소중한 자산이었다. 자녀는 부모의 생활을 상당히 편안하게 그리고 노년기에 안전하게 만든다. 그들은 부의 긍정적 원천이었다. 이러한 토대 위에, 자녀를 갖는 것에 대한 긍정적 태도는 합리적이고 이치에 맞는 것 같다.

부모 역할의 스트레스는 과거에는 그다지 귀찮은 일이 아니었다. 대가족에서는 많은 어른들과 하인 및 큰 자녀들이 육아 부담을 분담할 수 있다. 어머니가 육아에 대한 책임을 거의 전적으로 지는 유형은 현대에 독특한 것이며, 부모 역할의 일부 부정적 영향의 원인인지도 모른다.

더구나 시험적인 우애결혼(companionate marriage)은 현대적 현상이다. 보다 전통적인 결혼 형태는 배우자 사이에 접촉과 친밀감이 적은 것이었다(Macfarlane, 1986; Shorter, 1975). 결혼은 과거에는 현대 사회만큼 강력한 행복의 원천은 아니었을 것이다. 그렇다면 자녀가 결혼에 미치는 부정적 영향은 전반적인 행복에 그다지 큰 피해는 주지 않았을 것이다. 현대인들은 결혼에서 행복의 많은 부분을 이끌어내기 때문에 결혼에 방해되는 것은 인생의 행복을 손상시킬 위험이 있지만, 과거에는 그렇지 않았을 것이다.

부모와 자녀의 접촉 정도는 문화적 및 역사적으로 매우 다양하였다. 근대 초기 영국과 프랑스에서는 자녀들이 10대가 되면 집을 떠나는 경향이 있었다(Aries, 1962; Stone, 1977). 따라서 부모와 자녀 사이의 많은 긴장과 갈등의 원천은 제거되었다. 또한 사람들은 자녀를 갖는 것에 대해 언제나 선택의 여지가 많은 것은 아니었다. 비록 산아제한의 시도가 역사적으로 발견되지만(Tannahill, 1980), 효과적인 피임법은 비교적 근래에 시작된 것이다. 부부가 성관계 없이 지내지 않는 한, 자녀가 없는 결혼생활은 유지하기가 쉽지 않았다. 주요 대안은 결혼하여 자녀를 갖거나, 독신으로 남아 자녀없이 지내는 것이었다. 사람들은 할 수 있다면 대체로 결혼하였다. 따라서 자녀를 갖는 것은 행복하고 더 나은 생활과 관련되었다.

부모 역할의 불쾌한 면에 대처하는데 자신을 기만하는 환상이 필요했다면, 문화는 오래전에 그것을 발전시켰을 것이다. 결혼생활에서 성관계는 일반적으로 자녀 출산을 가져오기 때문에 사람들은 그것을 최대한 이용하려고 하였다. 그들은 일부 문제와 스트레스를 최소화하기 위하여 긍정적이고 즐거운 면에 집중하고, 부정적인 면은 경시하며, 아이를 맡기는 것과 같은 전략에 의존하는 법을 배웠을 것이다(Aries, 1962; Stone, 1977).

그러므로 대부분의 문화에서는 자녀를 갖는 것을 커다란 축복으로 간주한 것이 놀라운 일은 아니다. 자녀는 지난 세기에 부모의 행복을 분명히 증진시켰을 것이다. 최소한 부모 역할의 문제와 약점은 현대 서구 사회에서 고유한 것이다.

문화에서 자녀를 갖는 긍정적인 면에 대한 믿음이 더 이상 충분한 근거가 없는 경우에도 이 믿음을 유지한 것은 중요한 이유가 있을 수 있다. 19세기에 서구 문화는 여성을 대부분의 직업에서 소외시킨 보편적인 성차별을 정당화하려고 여성의 역할에 관한 논쟁을 벌였다. 한 가지 방법은 여성의 육아활동에 위신과 중요성을 부여하는 것이었다(Margolis, 1984). 어머니의 역할은 성취감을 주는 신성한 의무로 묘사되었다. "요람을 흔드는 손이 세계를 지배한다."와 같은 말과 의미가 모호한 짧은 이야기가 여성의 정치적, 경제적, 법적 권한 부족을 위로하기 위하여 많이 나돌았다. 자녀가 부담이라는 것을 문화가 인정하는 것은 여성에 대한 억압을 합리화하는데 지장을 주었을 것이다(Margolis, 1984).

또 다른 중요한 요인은 사회가 단순히 시민을 필요로 한다는 것이다. 20세기 중반까지 거의 모든 사회는 인구 증가를 매우 바람직한 목표로 간주하였다. 따라서 사람들이 자녀를 갖도록 장려할 필요가 있었다. 사회는 미국에서의 세제 혜택과 소련에서의 메달 수여와 같은 많은 방법으로 출산을 장려했으나, 이 모든 전략의 핵심에는 자녀가 행복의 원천이라는 인상을 유지하는 것이었다. 출산에 대한 강력한 사회적 기준과 압력의 증거는 많다. 사람들은 자녀의 긍정적인 면을 굳게 믿고 있으며(Blake, 1979; Hoffman & Manis, 1979), 자녀가 없는 부부, 특히 의도적으로 그렇게 하는 사람들에 대해서 부정적 태도를 표현한다(Callan, 1985). 사실, 부모 역할에 대한 부정적 태도 표현이 사회적으로 용인된 것은 근래의 일이다(Veroff 등, 1981).

그러므로 여러 가지 중요한 요인들이 변화되었다. 출산에 대한 대안은 근래에 새롭게 나타난 것이다. 부모 역할로 인한 개인의 경제적 이점은 대체로 사라졌다. 인구 증가에 대한 사회적 필요는 크게 감소되었다. 이러한 변화의 시각에서 부모 역할에 대한 매력은 다소 감소할 것으로 보인다. 이에 대한 증거가 몇 가지 있다. 1950년대 조사에서 사람들이 표현한 자동적이고 분명하며 철저한 긍정적인 태도는 더 이상 보편적이 아니다(Veroff 등, 1981). 적극적으로 가족지향적이며 출산을 장려하는 대중매체의 태도는 약화되었다(Zube, 1972). 의도적으로 자녀를 갖지 않는 비율은 여전히 낮지만 증가 추세이다(Blake, 1979; Veroff 등, 1981). 보다 흔한 것은 사람들이 출산을 나중으로 연기하며, 소수의 자녀를 갖는다는 것이다(Blake, 1979; Glick, 1977).

다른 요인들

의미에 대한 욕구가 유일한 것인 양, 부모 역할의 모순에 대한 모든 다른 가능한 설명을 무시한다면 무모한 처사일 것이다. 인간 행동에서 대부분의 복잡한 현상은 복합적으로 결정되는 경향이 있다. 다른 가능한 원인 몇 가지를 신속히 검토해 보자.

❖ 노력의 정당화

사람들은 자신의 수행이 가치있는 것이라고 믿고 싶어 한다는 상당한 증거가 있다. 부모 역할은 분명히 시간, 노력, 금전 및 감정에서 상당한 투자이다. 따라서 사람들은 그것이 가치가 없다는 것을 인정하기를 상당히 꺼릴 것이다.

노력을 정당화하는 과정은 인지부조화와 연관되어 있다(Festinger, 1957). 사람들은 쓸모없거나 가치없는 일에 노력과 자원을 투자했다는 것을 알면 고통을 겪는다. 한 고전적인 연구(Aronson & Mills, 1959)에서는 사람들은 지루한 사회집단에 자유롭게 참여하는 것과는 반대로 어쩔 수 없이 참여하게 되었다면 오히려 그 집단을 더 좋아한다는 것을 보여주었다. 같은 방식으로, 부모는 그 동안의 모든 노력과 희생 때문에 자신의 자녀를 가치있는 노력과 긍정적인 결과로 보려는 경향이 있을 것으로 말할 수 있다.

아마도 노력의 정당화는 부모 역할의 모순을 설명하려는 것이지만, 충분한 설명으로는 부적절한 것 같다. 특히, 노력의 정당화 가설은 고통과 희생의 정도에 입각한 것이므로, 자녀에 대한 고통과 희생이 심할수록 자녀를 더 좋아할 것으로 예측할 것이다. 추가 조사가 도움이 되겠지만, 이를 지지하는 증거는 거의 없다.

❖ 자기 기만

행복에 대한 환상의 중요성에 비추어 볼 때, 어떤 환상 과정은 자녀 양육과 관련된다.

이러한 관점에서, 대부분의 사람들은 반대 증거에도 불구하고 자녀를 갖는 것이 행복을 증진시킨다고 생각하는 것은 주목할 만하다(Campbell, 1981), 부모는 시간이 지나면서 자녀를 갖는 것에 대한 불쾌한 면을 분명히 망각한다(Veroff 등, 1981). 행복에 관한 장에서 서술한 바와 같이, 부모는 자녀를 갖는 것을 순간적으로도 후회한 적이 없다고 결국 믿게 되지만, 어린 자녀가 있을 때에는 최소한 순간적으로 후회하는 경우가 아주 흔하다.

사람들은 부모 역할이 무엇인지 충분히 알지 못하고 그 활동을 하게 되는 것 같다. 증거에 의하면(Lopata, 1971), 새로 부모가 된 사람들은 부모 역할이 어렵고 많은 노력이 필요함에 전형적으로 놀라며, 그것에 대해 비현실적인 기대를 가졌다는 사실을 자주 언급한다. 따라서 환상은 자녀에 관한 초기의 결정에 흔히 관련될 수 있다. 아마 노력의 정당화 과정에서 유발된, 좋지 않은 부분에 관한 선별적 망각은 긍정적 태도를 갖게 만드는데 도움이 될지도 모른다.

❖ 사회적 유대

사람들은 다른 사람들과 사회적 유대를 강력히 원한다. 행복과 의미는 사회집단에 소속하여 사회적 관계를 유지하려는 욕구와 밀접히 관련되어 있다. 소속된 사람들은 안전, 지지, 온정, 위안, 즐거움을 느낀다. 배척당한 사람들은 불안, 고독, 우울 등을 느낀다.

자녀는 강한 사회적 유대를 형성한다. 오늘날 핵가족과 불안정한 이웃을 두고 있는 자녀가 없는 사람의 주된 사회적 유대의 대상은 배우자이다. 만일 그 관계가 불만족스럽다면 그 사람은 생활하면서 외로움을 느낄 수 있다. 자녀는 평생 관계를 맺는 새로운 사람에 대한 기대를 제공한다. 사실, 이러한 사회적 유대는 분명히 부모 역할의 가장 중요한 매력의 하나이다(Hoffman & Manis, 1979). 자녀를 갖는 중요한 이유 중 하나는 노년기의 외로움에 대한 두려움 때문이다(Blake, 1979).

특히, 사회적 유대가 확립된 후에는 그 단절은 상당한 고통을 일으킨다. 따라서 자녀를 가지면 설령 행복이 감소되더라도 계속 함께 있으려고 한다. 증거에 의하면, 최소한 면접자에게 부모 역할의 부담에서 벗어나거나 자녀로부터 자유롭게 되고 싶다는 욕구를 진지하게 표현하는 부모는 거의 없다(Campbell, Converse, & Rodgers, 1976).

이것이 결혼생활이 불행한 경우에도 일부 사람들이 자녀를 가지려는 이유를 설명하는 것이다. 언뜻 보기에는 이것은 아주 보잘 것 없고 비합리적인 전략인 것 같다. 왜냐하면 자녀는 결혼생활에 상당한 긴장과 스트레스를 추가하며, 견실한 결혼에서도 행복을 감소시키기 때문이다. 따라서 자녀를 갖는 것은 갈등을 겪는 결혼에서는 최악의 행동일 수 있다. 그러나 소속감의 욕구라는 면에서 고려하면, 그와 같은 반응은 이해가 된다. 결혼이 그러한 욕구를 충족시키지 못하면, 자녀가 대신할 것으로 기대한다(Vaughan, 1986, p. 17).

이러한 소속감의 욕구는 또한 이혼할 때 자녀를 가지려는 보편적인 욕구를 설명한다. 자녀는 이혼한 사람들, 특히 여성에게 경제적 어려움의 원천이라는 증거가 많이 있다(Price & McKenry, 1988; Weitzman, 1985). 자녀 부양을 위해 법원에서 제시한 금액은 전형적으로 부적절하며, 흔히 이나마도 이혼한 상대방이 지불하지 않는다. 이러한 사실에도 불구하고, 이혼하는 부부들이 자녀 관리를 위해 싸울 때, 전형적으로 그 이유는 둘 다 자녀를 원치 않기 때문이라기보다는 원하기 때문이다. 이는 사람들이 자녀를 중요한 관계의 상대로 간주한다는 견해에 부합된다. 결국, 이혼은 중요한 사회적 유대관계의 단절을 의미하며, 자녀를 잃으면 관계가 추가로 단절되는 것이다.

❖ 정서적 균형

행복의 한 가지 정의는 정서적 균형에 기반을 두고 있다. 즉, 기분 좋은 감정의 빈도에서 기분 나쁜 감정을 감하는 것이다. 이러한 정의에 의하면, 자녀는 일상적인 면에서 나쁜 감정이 좋은 감정을 능가하게 만드는 수가 많기 때문에 사실 행복의 상실을 가져올 수 있다.

그러나 그것은 사람들이 실제로 결정하는 과정이 아니다. 부모 역할은 긍정적 및 부정적 정서 경험을 모두 크게 증가시킨다. 아마 사람들은 긍정적인 면 때문에 부모 역할을 원하겠지만, 두 측면의 상대적 비율과 빈도를 계산하려 들지 않고 부정적인 면도 참는다. 사실, 최소한 부모가 아닌 사람들의 생활과 비교하면, 기분 나쁜 감정이 좋은 감정을 능가할 수 있다. 그러나 나쁜 부분을 단순히 필요악으로 인정한다면, 부모 역할을 긍정적 감정이 많은 것으로 생각할 수 있다. 부모가 아닌 사람들은 부모 역할의 즐거움과 만족감을 놓치기 때문에, 어떤 계산법에 따라 그 즐거움과 만족감을 경험하는데 필요한 불쾌한 부분이 적을지라도, 그들의 생활은 일면 공허한 것이다.

다시 말하면, 부모 역할은 사실 즐거움과 자부심 및 다른 긍정적인 느낌을 증가시킬 수 있다. 스트레스, 걱정, 분노, 좌절 등의 많은 부정적인 느낌을 무시한다면 부모 역할은 행복을 증가시킨다고 생각할 수 있다. 이는 농구 코치가 상대 팀의 득점을 무시한다면 자기 팀이 잘 했다고 말하는 것과 같이, 비합리적일 수 있다. 그러나 긍정적 및 부정적 감정은 별개의 체계와 형태를 이루기 때문에, 한 쪽을 무시하고 다른 쪽에 집중하는 것이 전적으로 가능하다.

이러한 정서적 균형에 대한 고려는 의미에 관한 주장과 일치된다. 부모 역할이 좋은 감정과 나쁜 감정을 증가시킨다는 것은 그것이 의미의 증진을 가져온다는 일반적 견해와 부합된다. 그리고 부정적 감정을 무시하고 좋은 감정만을 고려하는 것도 자기기만과 환상의 일반적 형태와 부합된다.

❖ 결론

이러한 요인들이 부모 역할의 모순과 연관될 수 있다. 그것은 부모 역할이 인생의 의미의 강력한 원천으로서 매력적이라는 생각과 전혀 모순되지 않는다. 인생의 의미를 추구하는 것은 긍정적 환상을 고수하고, 긍정적 감정을 느끼기 위해 감정을 조절하며, 일관성과 사회적 유대를 유지하는 것과 관련된다. 부모 역할은 이 모든 것들을 내포하고 있다.

이러한 점에서, 부모 역할에 대한 보편적인 욕구는 물질적 이득이 없고 개인적 희생에도 불구하고 이해가 된다. 사람들은 행복하길 원하지만, 의미있는 인생도 원한다. 자녀는 행복을 감소시킬지라도 인생을 훨씬 의미있게 만든다.

참 고 문 헌

Abbott, D. A., & Brody, G. H. (1985). The relation of child age, gender, and number of children to the marital adjustment of wives. *Journal of Marriage and the Family, 47*, 77–84.

Abramson, L. Y., Seligman, M. E. P., & Teasdale, J. D. (1978). Learned helplessness in humans: Critique and reformulation. *Journal of Abnormal Psychology, 87*, 49–74.

Aderman, D., & Brehm, S. (1976). On the recall of initial attitudes following counterattitudinal advocacy: An experimental re-examination. *Personality and Social Psychology Bulletin, 2*, 59–62.

Albrecht, S. L., Cornwall, M., & Cunningham, P. H. (1988). Religious leave-taking: Disengagement and disaffilitation among Mormons. In D. G. Bromley (Ed.), *Falling from the faith: Causes and consequences of religious apostasy* (pp. 62–80). Beverly Hills: Sage.

Alloy, L. B., & Abramson, L. (1979). Judgment of contingency in depressed and nondepressed students: Sadder but wiser? *Journal of Experimental Psychology: General, 108*, 441–485.

Altick, R. (1965). *Lives and letters: A history of literary biography in England and America*. New York: Knopf.

Anderson, S. A., Russell, C. S., & Schumm, W. R. (1983). Perceived marital quality and family life-cycle categories: A further analysis. *Journal of Marriage and the Family, 45*, 127–139.

Anthony, P. D. (1977). *The ideology of work*. London: Tavistock.

Arendt, H. (1951). *The origins of totalitarianism*. New York: Harcourt Brace Jovanovich.

Argyle, M. (1987). *The psychology of happiness*. London: Methuen.

Argyle, M. (1959). *Religious behaviour*. Glencoe, IL: Free Press.

Ariès, P. (1962). *Centuries of childhood: A social history of family life* (trans. R. Baldick). New York: Random House.

Ariès, P. (1981). *The hour of our death* (trans. H. Weaver). New York: Knopf.

Aronson, E., & Mills, J. (1959). The effect of severity of initiation on liking for a group. *Journal of Abnormal and Social Psychology, 59*, 177–181.

Atkinson, M. P., & Glass, B. L. (1985). Marital age heterogamy and homogamy, 1900 to 1980. *Journal of Marriage and the Family, 47*, 685–691.

Auerbach, N. (1982). *Woman and the demon: The life of a Victorian myth*. Cambridge, MA: Harvard University Press.

Bandura, A., & Schunk, D. H. (1981). Cultivating competence, self-efficacy, and intrinsic interest through proximal self-motivation. *Journal of Personality and Social Psychology, 41*, 586–598.

Barker, E. (1988). Defection from the Unification Church: Some statistics and distinctions. In D. G. Bromley (Ed.), *Falling from the faith: Causes and consequences of religious apostasy* (pp. 166–184). Beverly Hills: Sage.

Barrett, K., & Greene, R. (1990, May). "Mom, please get me out" *Ladies Home Journal, 107*(5), 98–100.
Baumeister, R. F. (1982). A self-presentational view of social phenomena. *Psychological Bulletin, 91*, 3–26.
Baumeister, R. F. (1986). *Identity: Cultural change and the struggle for self.* New York: Oxford University Press.
Baumeister, R. F. (1987). How the self became a problem: A psychological review of historical research. *Journal of Personality and Social Psychology, 52*, 163–176.
Baumeister, R. F. (1988). Masochism as escape from self. *Journal of Sex Research, 25*, 28–59.
Baumeister, R. F. (1989). *Masochism and the self.* Hillsdale, NJ: Erlbaum.
Baumeister, R. F. (1989b). The optimal margin of illusion. *Journal of Social and Clinical Psychology, 8*, 176–189.
Baumeister, R. F. (1990). Suicide as escape from self. *Psychological Review, 97*, 90–113.
Baumeister, R. F. (1990b). Anxiety and deconstruction: On escaping the self. In J. M. Olson & M. P. Zanna (Eds.), *Self-inference processes: The Ontario Symposium, Volume* 6 (pp. 259–291). Hillsdale, NJ: Erlbaum.
Baumeister, R. F. (1991). *Escaping the Self.* New York: Basic Books.
Baumeister, R. F., & Covington, M.V. (1985). Self-esteem, persuasion, and retrospective distortion of initial attitudes. *Electronic Social Psychology, 1*(8501014), 1–22.
Baumeister, R. F., & Jones, E. E. (1978). When self-presentation is constrained by the target's knowledge: Consistency and compensation. *Journal of Personality and Social Psychology, 36*, 608–618.
Baumeister, R. F., & Scher, S. J. (1988). Self-defeating behavior patterns among normal individuals: Review and analysis of common self-destructive tendencies. *Psychological Bulletin, 104*, 3–22.
Baumeister, R. F., Shapiro, J. J., & Tice, D. M. (1985). Two kinds of identity crisis. *Journal of Personality, 53*, 407–424.
Baumeister, R. F., Stillwell, A., & Wotman, S. R. (1990). Victim and perpetrator accounts of interpersonal conflict: Autobiographical narratives about anger. *Journal of Personality and Social Psychology, 59*, 994–1005.
Baumeister, R. F., and Tice, D. M. (1985). Self-esteem and responses to success and failure: Subsequent performance and intrinsic motivation. *Journal of Personality, 53*, 450–467.
Baumeister, R. F., & Tice, D. M. (1990). Anxiety and social exclusion. *Journal of Social and Clinical Psychology, 9*, 165–195.
Baumgardner, A. H., & Brownlee, E. A. (1987). Strategic failure in social interaction: Evidence for expectancy disconfirmation processes. *Journal of Personality and Social Psychology, 52*, 525–535.
Becker, E. (1973). *The denial of death.* New York: Free Press.
Becker, E. (1986). *When the war was over.* New York: Simon & Schuster.
Bell, R. M. (1985). *Holy anorexia.* Chicago: University of Chicago Press.
Bellah, R. N. (1975). *The broken covenant: American civil religion in time of trial.* New York: Seabury Press (Harper & Row).
Bellah, R. N., Madsen, R., Sullivan, W. M., Swidler, A., & Tipton, S. M. (1985). *Habits of the heart: Individualism and commitment in American life.* Berkeley: University of California Press.
Belsky, J. (1985). Exploring individual differences in marital change across the transi-

tion to parenthood: The role of violated expectations. *Journal of Marriage and the Family, 47*, 1037–1044.

Belsky, J., Lang, M. E., & Huston, T. L. (1986). Sex typing and division of labor as determinants of marital change across the transition to parenthood. *Journal of Personality and Social Psychology, 50*, 517–522.

Belsky, J., Lang, M. E., & Rovine, M. (1985). Stability and change in marriage across the transition to parenthood: A second study. *Journal of Marriage and the Family, 47*, 855–865.

Belsky, J., Spanier, G. B., & Rovine, M. (1983). Stability and change in marriage across the transition to parenthood. *Journal of Marriage and the Family, 45*, 567–577.

Bem, D. J., & McConnell, H. (1970). Testing the self-perception explanation of dissonance phenomena: On the salience of premanipulation attitudes. *Journal of Personality and Social Psychology, 14*, 23–31.

Benin, M. H., & Nienstedt, B. C. (1985). Happiness in single- and dual-earner families: The effects of marital happiness, job satisfaction, and life cycle. *Journal of Marriage and the Family, 47*, 975–984.

Berger, P. L. (1967). *The sacred canopy: Elements of a sociological theory of religion.* Garden City, NY: Doubleday Anchor.

Berglas, S. C. (1986). *The success syndrome.* New York: Plenum.

Bernard, J. (1982). *The future of marriage.* New Haven: Yale University Press.

Bibby, R. W. (1983). Searching for the invisible thread: Meaning systems in contemporary Canada. *Journal for the Scientific Study of Religion, 22*, 101–119.

Blake, J. (1979). Is zero preferred? American attitudes toward childlessness. *Journal of Marriage and the Family, 41*, 254–257.

Block, J. (1973). Conceptions of sex role: Some cross-cultural and longitudinal perspectives. *American Psychologist, 28*, 512–526.

Bloom, B. L., White, S. W., & Asher, S. J. (1979). Marital disruption as a stressful life event. In G. Levinger & O.C. Moles (Eds.), *Divorce and separation: Context, causes, and consequences* (pp. 184–200). New York: Basic Books.

Blumstein, P., & Schwartz, P. (1983). *American couples.* New York: Simon & Schuster (Pocket).

Bowlby, J. (1969). *Attachment and loss. Vol. 1: Attachment.* New York: Basic Books.

Bowlby, J. (1973). *Attachment and loss. Vol. 2: Separation anxiety and anger.* New York: Basic Books.

Bradburn, N. M. (1969). *The structure of psychological well-being.* Chicago: Aldine.

Bradley, G. W. (1978). Self-serving biases in the attribution process: A reexamination of the fact or fiction question. *Journal of Personality and Social Psychology, 36*, 56–71.

Brady, J. V. (1958). Ulcers in "executive" monkeys. *Scientific American, 199*, 95–100.

Braverman, H. (1974). *Labor and monopoly capitalism: The degradation of work in the twentieth century.* New York: Monthly Review Press.

Braudy, L. (1986). *The frenzy of renown: Fame and its history.* New York: Oxford University Press.

Brehm, J. W. (1966). *A theory of psychological reactance.* New York: Academic Press.

Brickman, P., & Campbell, D. T. (1971). Hedonic relativism and planning the good society. In M. H. Appley (Ed.), *Adaptation level theory: A symposium* (pp. 287–302). New York: Academic Press.

Brickman, P., Coates, D., & Janoff-Bulman, R. (1978). Lottery winners and accident victims: Is happiness relative? *Journal of Personality and Social Psychology, 36,* 917–927.

Brim, O. G. (1988, September). Losing and winning. *Psychology Today, 22*(9), 48–52.

Bromley, D. G. (1988). *Falling from the faith: Causes and consequences of religious apostasy.* Beverly Hills: Sage.

Bromley, D. G. (1988). Deprogramming as a mode of exit from new religious movements: The case of the Unificationist movement. In D. G. Bromley (Ed.), *Falling from the faith: Causes and consequences of religious apostasy* (pp. 185–204). Beverly Hills: Sage.

Brown, J. D. (1986). Evaluations of self and others: Self-enhancement biases in social judgments. *Social Cognition, 4,* 353–376.

Brundage, J. A. (1982). Concubinage and marriage in medieval canon law, and other articles. In V. Bullough & J. Brundage (Eds.), *Sexual practices and the medieval church.* Buffalo: Prometheus Books.

Bullough, V. L. (1982). The Christian inheritance, and other articles. In V. Bullough & J. Brundage (Eds.), *Sexual practices and the medieval church.* Buffalo: Prometheus Books.

Bullough, V. L., & Brundage, J. (1982). *Sexual practices and the medieval church.* Buffalo: Prometheus.

Bulman, R. J., & Wortman, C. B. (1977). Attributions of blame and coping in the real world: Severe accident victims react to their lot. *Journal of Personality and Social Psychology, 35,* 351–363.

Burawoy, M. (1979). *Manufacturing consent.* Chicago: University of Chicago Press.

Burgess, E. W., & Locke, H. J. (1945). *The family: From institution to companionship.* New York: American Book Co.

Burridge, K. (1969). *New heaven, new earth: A study of millenarian activities.* New York: Schocken.

Buss, D. M. (1990). The evolution of anxiety and social exclusion. *Journal of Social and Clinical Psychology, 9,* 196–210.

Callan, V. J. (1985a). Comparison of mothers of one child by choice with mothers wanting second birth. *Journal of Marriage and the Family, 47,* 155–164.

Callan, V. J. (1985b). Perceptions of parents, the voluntarily and involuntarily childless: A multidimensional scaling analysis. *Journal of Marriage and the Family, 47,* 1045–1050.

Callan, V. J. (1987). The personal and marital adjustment of mothers and of voluntarily and involuntarily childless wives. *Journal of Marriage and the Family, 49,* 847–856.

Campbell, A. (1981). *The sense of well-being in America.* New York: McGraw-Hill.

Campbell, A., Converse, P. E., & Rodgers, W. L. (1976). *The quality of American life: Perceptions, evaluations, and satisfactions.* New York: Russell Sage.

Campbell, J. D. (1986). Similarity and uniqueness: The effects of attribute type, relevance, and individual differences in self-esteem and depression. *Journal of Personality and Social Psychology, 50,* 281–294.

Campbell, J. D., & Fairey, P. J. (1985). Effects of self-esteem, hypothetical explanations, and verbalizations of expectancies on future performance. *Journal of Personality and Social Psychology, 48,* 1097–1111.

Cantor, N., & Kihlstrom, J. (1989). Social intelligence. In R. S. Wyer & T. K. Srull

(Eds.), *Advances in social cognition, Vol. III: Social intelligence and cognitive assessments of personality*. Hillsdale, NJ: Erlbaum.

Carver, C. S., & Scheier, M. F. (1981). *Attention and self-regulation: A control-theory approach to human behavior*. New York: Springer-Verlag.

Carver, C. S., & Scheier, M. F. (1982). Control theory: A useful conceptual framework for personality-social, clinical, and health psychology. *Psychological Bulletin, 92*, 111–135.

Cassirer, E. (1955). *The philosophy of symbolic forms* (Vol. 1: Language). New Haven: Yale University Press. Original work published in 1921.

Chamberlin, E. R. (1986/1969). *The bad popes*. New York: Dorset.

Cherniss, C. (1980). *Professional burnout in human service organizations*. New York: Praeger.

Childe, V. G. (1945). Directional changes in funerary practices during 50,000 years. *Man, 45*. (esp. pp. 16–18).

Clebsch, W. A. (1979). *Christianity in European history*. New York: Oxford.

Cohen, J. (1964). *Behavior in uncertainty*. London: Unwin.

Cohn, N. (1970). *The pursuit of the millenium: Revolutionary millenarians and mystical anarchists of the Middle Ages*. New York: Oxford University Press.

Collingwood, R. G. (1946). *The idea of history*. Oxford: Clarendon.

Comer, R., & Laird, J. D. (1975). Choosing to suffer as a consequence of expecting to suffer: Why do people do it? *Journal of Personality and Social Psychology, 32*, 92–101.

Conquest, R. (1986). *The harvest of sorrow: Soviet collectivization and the terror-famine*. New York: Oxford University Press.

Conquest, R. (1990). *The great terror: A reassessment*. New York: Oxford University Press.

Cooper, J., & Fazio, R. H. (1984). A new look at dissonance theory. In L. Berkowitz (Ed.), *Advances in experimental social psychology* (Vol. 17, pp. 229–266). New York: Academic Press.

Costa, P. T., & McCrae, R. R. (1980). Influence of extraversion and neuroticism on subjective well-being: Happy and unhappy people. *Journal of Personality and Social Psychology, 38*, 668–678.

Costa, P. T., & McCrae, R. R. (1984). Personality as a lifelong determinant of well-being. In C. Z. Malatesta & C. E. Izard (Eds.), *Emotion in adult development* (pp. 141–157). Beverly Hills: Sage.

Costa, P. T., McCrae, R. R., & Zonderman, A. B. (1987). Environmental and dispositional influences on well-being: Longitudinal follow-up of an American national sample. *British Journal of Psychology, 78*, 299–306.

Cott, N. F. (1977). *The bonds of womanhood*. New Haven: Yale University Press.

Cott, N. F. (1979). Passionlessness: An interpretation of Victorian sexual ideology, 1790-1850. In N. Cott & E. Pleck (Eds.), *A heritage of her own* (pp. 162–181). New York: Simon & Schuster.

Coyne, J. C., & Gotlieb, I. H. (1983). The role of cognition in depression: A critical appraisal. *Psychological Bulletin, 94*, 472–505.

Crary, W. G. (1966). Reactions to incongruent self-experiences. *Journal of Consulting Psychology, 30*, 246–252.

Crocker, J. (1982). Biased questions in judgment of covariation studies. *Personality and Social Psychology Bulletin, 8*, 214–220.

Crossman, R. H. (1987). *The god that failed.* Washington, DC: Regnery Gateway. (Original work published 1949.)

Csikszentmihalyi, M. (1982). Toward a psychology of optimal experience. In L. Wheeler (Ed.), *Review of personality and social psychology*, Vol. 2, pp. 13–36. Beverly Hills: Sage.

Csikszentmihalyi, M. (1990). *Flow: The psychology of optimal experience.* New York: Harper & Row.

Culler, J. (1982). *On deconstruction: Theory and criticism after Structuralism.* Ithaca: Cornell University Press.

Daly, M. (1985/1968). *The church and the second sex.* Boston: Beacon Press.

Darley, J. M., & Latané, B. (1968). Bystander intervention in emergencies: Diffusion of responsibility. *Journal of Personality and Social Psychology, 8*, 377–383.

Darley, J. M., & Goethals, G. R. (1980). People's analyses of the causes of ability-linked performances. In L. Berkowitz (Ed.), *Advances in experimental social psychology* (Vol. 13, pp. 1–37). New York: Academic Press.

Deci, E. L. (1971). Effects of externally mediated rewards on intrinsic motivation. *Journal of Personality and Social Psychology, 18*, 105–115.

Deci, E. L., & Ryan, R. M. (1980). The empirical exploration of intrinsic motivational processes. In L. Berkowitz (Ed.), *Advances in experimental social psychology* (Vol. 13, pp. 39–80). New York: Academic Press.

Deci, E. L., & Ryan, R. M. (1985). *Intrinsic motivation and self-determination in human behavior.* New York: Plenum.

Demos, J., & Demos, V. (1969). Adolescence in historical perspective. *Journal of Marriage and the Family, 31*, 632–638.

De Pizan, C. (1982). *The book of the city of ladies.* (E. J. Richards, trans.). New York: Persea Books. (Original work published 1415.)

De Rougemont, D. (1956). *Love in the Western world* (M. Belgion, trans.). New York: Pantheon.

Derber, C. (1979). *The pursuit of attention: Power and individualism in everyday life.* New York: Oxford University Press.

Des Barres, P. (1987). *I'm with the band: Confessions of a groupie.* New York: Jove.

Diamond, D. B. (1990). Private agony, public cause. *Ladies Home Journal, 107* (6: June), 125–182.

Diener, E. (1984). Subjective well-being. *Psychological Bulletin*, 95, 542–575.

Dodds, E. R. (1965). *Pagan and Christian in an age of anxiety.* New York: Norton.

Duval, S., & Wicklund, R. A. (1972). *A theory of objective self-awareness.* New York: Academic Press.

Eagly, A. (1987). *Sex differences in social behavior: A social-role interpretation.* Hillsdale, NJ: Erlbaum.

Ebaugh, H. R. F. (1988). *Becoming an ex: The process of role exit.* Chicago: University of Chicago Press.

Ebaugh, H. R. F. (1988b). Leaving Catholic convents: Toward a theory of disengagement. In D. G. Bromley (Ed.), *Falling from the faith: Causes and consequences of religious apostasy* (pp. 100–121). Beverly Hills: Sage.

Ebaugh, H. R. F., Richman, K., & Chafetz, J. S. (1984). Life crises among the religiously committed: Do sectarian differences matter? *Journal for the Scientific Study of Religion, 23*, 19–31.

Ebeling, K. (1990, November 19). The failure of feminism. *Newsweek, 116*(21).

Ehrenreich, B. (1983). *The hearts of men: American dreams and the flight from commitment.* Garden City, NY: Doubleday Anchor.

Ehrenreich, B., Hess, E., & Jacobs, G. (1986). *Re-making love: The feminization of sex.* Garden City, NY: Doubleday Anchor.

Eliade, M. (1978). *A history of religious ideas, Volume 1: From the Stone Age to the Eleusinian mysteries.* (W. Trask, trans.). Chicago: University of Chicago Press.

Eliade, M. (1982). *A history of religious ideas, Volume 2: From Gautama Buddha to the triumph of Christianity.* (W. Trask, trans.). Chicago: University of Chicago Press.

Eliade, M. (1985). *A history of religious ideas, Volume 3: From Muhammad to the Age of Reforms.* (A. Hiltebeitel and D. Apostolos-Cappadona, trans.). Chicago: University of Chicago Press.

Elder, G. H. (1974). *Children of the Great Depression.* Chicago: University of Chicago Press.

Ellenberger, H. F. (1958). A clinical introduction to psychiatric phenomenology and existential analysis. In R. May, E. Angel, & H. F. Ellenberger (Eds.), *Existence* (pp. 92–124). New York: Simon & Schuster.

Emmons, R. A. (1986). Personal strivings: An approach to personality and subjective well-being. *Journal of Personality and Social Psychology, 51,* 1058–1068.

Emmons, R. A. (1989). The personal striving approach to personality. In L. A. Pervin (Ed.), *Goal concepts in personality and social cognition.* (pp. 87–126). Hillsdale, NJ: Erlbaum.

Emmons, R. A., Diener, E., & Larsen, R. J. (1986). Choice and avoidance of everyday situations and affect congruence: Two models of reciprocal interactionism. *Journal of Personality and Social Psychology, 51,* 815–826.

Emmons, R. A., & King, L. A. (1988). Conflict among personal strivings: Immediate and long-term implications for psychological and physical well-being. *Journal of Personality and Social Psychology, 54,* 1040–1048.

Erikson, E. H. (1950). *Childhood and society.* New York: Norton.

Fagan, B. M. (1984). *Clash of cultures.* New York: Freeman.

Fass, P. (1977). *The damned and the beautiful: American youth in the 1920s.* Oxford: Oxford University Press.

Fawtier, R. (1960). *The Capetian kings of France: Monarch and nation 987–1328.* (L. Butler & R. Adam, trans.). New York: St. Martin's Press.

Feather, N. T. (1969). Attribution of responsibility and valence of success and failure in relation to initial confidence and task performance. *Journal of Personality and Social Psychology, 13,* 129–144.

Fendrich, M. (1984). Wives' employment and husbands' distress: A meta-analysis and a replication. *Journal of Marriage and the Family, 46,* 871–879.

Festinger, L. (1957). *A theory of cognitive dissonance.* Stanford: Stanford University Press.

Festinger, L., & Carlsmith, J. M. (1959). Cognitive consequences of forced compliance. *Journal of Abnormal and Social Psychology, 58,* 203–210.

Fiedler, L. A. (1982/1966). *Love and death in the American novel.* New York: Stein and Day (Scarborough).

Fincham, F. D., Beach, S. R., & Baucom, D. H. (1987). Attributional processes in distressed and nondistressed couples: 4. Self-partner attribution differences. *Journal of Personality and Social Psychology, 52,* 739–748.

Fischer, L. (1987). [Untitled autobiographical chapter.] In R. Crossman (Ed.), *The god that failed* (pp. 196–228). Washington, DC: Regnery Gateway.

Fisher, W. A., & Byrne, D. (1978). Sex differences in response to erotica? Love versus lust. *Journal of Personality and Social Psychology*, *36*, 117–125.

Fiske, S. T., & Taylor, S. E. (1984). *Social cognition*. Reading, MA: Addison-Wesley.

Fitch, G. (1970). Effects of self-esteem, perceived performance, and choice on causal attributions. *Journal of Personality and Social Psychology*, *16*, 311–315.

Folkman, S. (1984). Personal control and stress and coping process: A theoretical analysis. *Journal of Personality and Social Psychology*, *46*, 839–852.

Foucault, M. (1980). *The history of sexuality*. New York: Random House.

Fowler, J. W. (1981). *Stages of faith: The psychology of human development and the quest for meaning*. San Francisco: Harper & Row.

Frankel, A., & Snyder, M. L. (1978). Poor performance following unsolvable problems: Learned helplessness or egotism? *Journal of Personality and Social Psychology*, *36*, 1415–1423.

Frankl, V. E. (1976/1959). *Man's search for meaning*. New York: Pocket.

Fraser, A. (1984). *The weaker vessel*. New York: Random House.

Free, L. A., & Cantril, H. (1968). *The political beliefs of Americans*. New York: Clarion.

Freedman, J. (1978). *Happy people: What happiness is, who has it, and why*. New York: Harcourt, Brace & Jovanovich.

Freud, S. (1956/1913). *Totem und Tabu* [Totem and taboo]. Frankfurt, Germany: Fischer Buecherei.

Freud, S. (1971/1923). *Die Zukunft einer Illusion* [The future of an illusion]. Frankfurt, Germany: Fischer.

Freud, S. (1930). *Civilization and its discontents*. (J. Riviere, trans.). London: Hogarth Press.

Fried, M. (1963). Grieving for a lost home. In L. Duhl (Ed.), *The urban condition*. New York: Basic Books.

Friedrich, O. (1986). *The end of the world: A history*. New York: Fromm.

Fromm, E. (1956). *The art of loving*. New York: Harper & Row.

Funder, D. C., & Ozer, D. J. (1983). Behavior as a function of the situation. *Journal of Personality and Social Psychology*, *44*, 107–112.

Gay, P. (1984). *The bourgeois experience: Education of the senses*. New York: Oxford University Press.

Genovese, E. D. (1976). *Roll, Jordan, roll: The world the slaves made*. New York: Random House (Vintage).

Gergen, K. J., & Gergen, M. M. (1988). Narrative and the self as relationship. In L. Berkowitz (Ed.), *Advances in experimental social psychology* (Vol. 21, pp. 17–56). San Diego: Academic Press.

Gibbon, E. (1963/1788). *The decline and fall of the Roman empire*. New York: Dell.

Gide, A. (1987). [Untitled autobiographical chapter.] In R. Crossman (Ed.), *The god that failed* (pp. 165–195). Washington, DC: Regnery Gateway.

Gilligan, C. (1982). *In a different voice: Psychogical theory and women's development*. Cambridge: Harvard University Press.

Glass, D. C., Singer, J. E., & Friedman, L. N. (1969). Psychic cost of adaptation to an environmental stressor. *Journal of Personality and Social Psychology*, *12*, 200–210.

Glenn, N. D., & McLanahan, S. (1982). Children and marital happiness: A further specification of the relationship. *Journal of Marriage and the Family*, *44*, 63–72.

Glenn, N. D., & Weaver, C. N. (1978). A multivariate multisurvey study of marital happiness. *Journal of Marriage and the Family*, *40*, 269–282.

Glick, P. C. (1977). Updating the life cycle of the family. *Journal of Marriage and the Family*, *39*, 5–13.

Gold, P. S. (1982). The marriage of Mary and Joseph in the twelfth-century ideology of marriage. In V. Bullough & J. Brundage (Eds.), *Sexual practices and the medieval church*. Buffalo: Prometheus Books.

Goleman, D. (1985). *Vital lies, simple truths*. New York: Simon & Schuster.

Goleman, D. (1988). *The meditative mind: The varieties of meditative experience*. New York: St. Martin's Press.

Graham, B. (1987). *Facing death and the life after*. Waco, TX: Word Books.

Greenberg, J., & Pyszczynski, T. (1985). Compensatory self-inflation: A response to the threat to self-regard of public failure. *Journal of Personality and Social Psychology*, *49*, 273–280.

Greenberg, J., Pyszczynski, T., Solomon, S., Rosenblatt, A., Veeder, M., Kirkland, S., & Lyon, D. (1990). Evidence for terror management theory II: The effects of mortality salience on reactions to those who threaten or bolster the cultural worldview. *Journal of Personality and Social Psychology*, *58*, 308–318.

Greenblatt, C. S. (1983). The salience of sexuality in the early years of marriage. *Journal of Marriage and the Family*, *45*, 289–300.

Greenwald, A. G. (1980). The totalitarian ego: Fabrication and revision of personal history. *American Psychologist*, *35*, 603–618.

Greven, P. (1977). *The Protestant temperament*. New York: Knopf.

Guth, J. L., & Green, J. C. (1988, April). Grand old deity. *Psychology Today*, *22*(4), 20–23.

Guttentag, M., & Secord, P. F. (1983). *Too many women? The sex ratio question*. Beverly Hills: Sage.

Habermas, J. (1973). *Legitimation crisis*. (T. McCarthy, trans.). Boston: Beacon.

Hadaway, C. K., & Roof, W. C. (1988). Apostasy in American churches: Evidence from national survey data. In D. G. Bromley (Ed.), *Falling from the faith: Causes and consequences of religious apostasy* (pp. 29–46). Beverly Hills: Sage.

Hall, J. R. (1988). The impact of apostates on the trajectory of religious movements: The case of Peoples Temple. In D. G. Bromley (Ed.), *Falling from the faith: Causes and consequences of religious apostasy* (pp. 229–250). Beverly Hills: Sage.

Haller, J. S., & Haller, R. M. (1974). *The physician and sexuality in Victorian America*. New York: Norton.

Hammond, P. E. (1983). Another Great Awakening? In R. C. Liebman & R. Wuthnow (Eds.), *The new Christian Right: Mobilization and legitimation* (pp. 208–223). New York: Aldine.

Harris, M. (1978). *Cannibals and kings: The origins of cultures*. New York: Random House.

Harris, T. G., & Trotter, R. J. (1989, March). Work smarter, not harder. *Psychology Today*, *23*(3), 33.

Heidegger, M. (1927). *Sein und Zeit* [Being and time]. Tuebingen, West Germany: Niemayer.

Heidegger, M. (1968). *What is called thinking?* (J. G. Gray, trans.). New York: Harper & Row. (Original work published 1954).

Heider, F. (1958). *The psychology of interpersonal relations*. New York: Wiley.

Helmreich, R. L., Sawin, L. L., & Carsrud, A. L. (1986). The honeymoon effect in job performance: Temporal increases in the predictive power of achievement motivation. *Journal of Applied Psychology, 71*, 185–188.

Helson, H. (1964). *Adaptation-level theory: An experimental and systematic approach to behavior*. New York: Harper.

Hendin, H. (1982). *Suicide in America*. New York: Norton.

Higgins, E. T. (1987). Self-discrepancy: A theory relating self and affect. *Psychological Review, 94*, 319–340.

Hilbert, R. A. (1984). The acultural dimensions of chronic pain: Flawed reality construction and the problem of meaning. *Social Problems, 31*, 365–378.

Hill, C. T., Rubin, Z., & Peplau, L. A. (1979). Breakups before marriage: The end of 103 affairs. In G. Levinger & O. C. Moles (Eds.), *Divorce and separation: Contexts, causes, and consequences* (pp. 64–82). New York: Basic Books.

Hochschild, A. R. (1983). *The managed heart: Commercialization of human feeling*. Berkeley: University of California Press.

Hock, E., Gnezda, M. T., & McBride, S. L. (1984). Mothers of infants: Attitudes toward employment and motherhood following birth of the first child. *Journal of Marriage and the Family, 46*, 425–531.

Hoehne, H. (1969). *The order of the death's head: The story of Hitler's SS*. New York: Random House.

Hoffman, L. W., & Manis, J. D. (1979). The value of children in the United States: A new approach to the study of fertility. *Journal of Marriage and the Family, 41*, 583–596.

Hogan, R. (1983). A socioanalytic theory of personality. In M. Page & R. Dienstbier (Eds.), *Nebraska Symposium on Motivation* (pp. 55–89). Lincoln, NE: University of Nebraska Press.

Hoge, D. R. (1988). Why Catholics drop out. In D. G. Bromley (Ed.), *Falling from the faith: Causes and consequences of religious apostasy* (pp. 81–99). Beverly Hills: Sage.

Holtzworth-Munroe, A., & Jacobson, N. S. (1985). Causal attributions of married couples: When do they search for causes? What do they conclude when they do? *Journal of Personality and Social Psychology, 48*, 1398–1412.

Houghton, W. E. (1957). *The Victorian frame of mind, 1830–1879*. New Haven: Yale University Press.

Huber, R. M. (1971). *The American idea of success*. New York: McGraw-Hill.

Hunt, D. (1970). *Parents and children in history*. New York: Harper.

Huntington, R., & Metcalf, P. (1979). *Celebrations of death: The anthropology of mortuary ritual*. Cambridge, England: Cambridge University Press.

Jackall, R. (1988). *Moral mazes: The world of corporate managers*. New York: Oxford University Press.

Jacobs, J. (1984). The economy of love in religious commitment: The deconversion of women from nontraditional religious movements. *Journal for the Scientific Study of Religion, 23*, 155–171.

Jahr, C. (1990, July). Tammy at twilight. *Ladies' Home Journal, 107* (7), 88–96.

Janoff-Bulman, R. (1985). The aftermath of victimization: Rebuilding shattered assumptions. In C. R. Figley (Ed.), *Trauma and its wake* (pp. 15–35). New York: Brunner/Mazel.

Janoff-Bulman, R. (1989). Assumptive worlds and the stress of traumatic events: Applications of the schema construct. *Social Cognition, 7*, 113–136.

Janoff-Bulman, R., & Timko, C. (1987). Coping with traumatic life events: The role of denial in light of people's assumptive worlds. In C. R. Snyder & C. E. Ford (Eds.), *Coping with negative life events* (pp. 135–159). New York: Plenum.

Jaynes, J. (1976). *The origin of consciousness in the breakdown of the bicameral mind.* Boston: Houghton Mifflin.

Johnson, E. J., & Tversky, A. (1983). Affect, generalization and the perception of risk. *Journal of Personality and Social Psychology, 45*, 20–31.

Johnson, T. J., Feigenbaum, R., & Weiby, M. (1964). Some determinants and consequences of the teacher's perception of causation. *Journal of Educational Psychology, 55*, 237–246.

Johnson, W. S. (1979). *Living in sin: The Victorian sexual revolution.* Chicago: Nelson-Hall.

Jones, E. E. (in press). The framing of competence. *Personality and Social Psychology Bulletin.*

Jones, E. E., Kanouse, D. E., Kelley, H. H., Nisbett, R. E., Valins, S., & Weiner, B. (1972). *Attribution: Perceiving the causes of behavior.* Morristown, NJ: General Learning Press.

Jones, E. E., & Nisbett, R. E. (1971). *The actor and the observer: Divergent perceptions of the causes of behavior.* Morristown, NJ: General Learning Press.

Jung, C. G. (1971). The spiritual problem of modern man. In *The portable Jung* (R. F. C. Hull, trans., pp. 456–479). New York: Viking Press. Original work published in 1928.

Kagan, J. (1981). *The second year: The emergence of self-awareness.* Cambridge: Harvard University Press.

Kant, I. (1967/1797). *Kritik der praktischen Vernunft* [Critique of practical reason]. Hamburg, Germany: Felix Meiner Verlag.

Kapleau, P. (1980). *The three pillars of Zen.* Garden City, NY: Doubleday Anchor.

Karnow, S. (1983). *Vietnam: A history.* New York: Viking Press.

Kaufman, S. R. (1986). *The ageless self: Sources of meaning in late life.* New York: Meridian.

Kastenbaum, R. (1974). Fertility and the fear of death. *Journal of Social Issues, 30*(4), 63–78.

Kearl, M. (1989). *Endings: A sociology of death and dying.* New York: Oxford University Press.

Kett, J. F. (1977). *Rites of passage: Adolescence in America 1790 to the present.* New York: Basic Books.

Kitson, G. (1985). Marital discord and marital separation: A county survey. *Journal of Marriage and the Family, 47*, 693–700.

Klemke, E. D. (1981). *The meaning of life.* New York: Oxford University Press.

Klinger, E. (1985). Consequences of commitment to and disengagement from incentives. *Psychological Review, 82*, 1–25.

Klinger, E. (1977). *Meaning and void: Inner experience and the incentives in people's lives.* Minneapolis: University of Minnesota Press.

Koestler, A. (1987). [Untitled autobiographical chapter.] In R. Crossman (Ed.), *The god that failed* (pp. 15–75). Washington, DC: Regnery Gateway.

Kohen, J. A., Brown, C. A., & Feldberg, R. (1979). Divorced mothers: The costs and benefits of female family control. In G. Levinger & O. C. Moles (Eds.), *Divorce and separation: Contexts, causes, and consequences* (pp. 228–245). New York: Basic Books.

Korbin, J. E. (1986). Childhood histories of women imprisoned for fatal child maltreatment. *Child Abuse and Neglect, 10*, 331–338.

Korbin, J. E. (1987: July). Fatal child maltreatment. Paper presented at the Third National Family Violence Research Conference, Durham, N.H.

Korbin, J. E. (1987). Incarcerated mothers' perceptions and interpretations of their fatally maltreated children. *Child Abuse and Neglect, 11*, 397–407.

Korbin, J. E. (1989). Fatal maltreatment by mothers: A proposed framework. *Child Abuse and Neglect, 13*, 481–489.

Kübler-Ross, E. (1969). *On death and dying*. New York: Macmillan.

Kuiper, N. A. (1978). Depression and causal attributions for success and failure. *Journal of Personality and Social Psychology*, 36, 236–246.

Kuiper, N. A., & Derry, P. A. (1982). Depressed and nondepressed content self-reference in mild depression. *Journal of Personality*, 50, 67–79.

Kuiper, N. A., & MacDonald, M. R. (1982). Self and other perception in mild depressives. *Social Cognition, 1*, 233–239.

Kuiper, N. A., MacDonald, M. R., & Derry, P. A. (1983). Parameters of a depressive self-schema. In J. Suls & A. G. Greenwald (Eds.), *Psychological perspectives on the self* (Vol. 2, pp. 191–217). Hillsdale, NJ: Erlbaum.

Langer, E. J. (1975). The illusion of control. *Journal of Personality and Social Psychology*, 32, 311–328.

Langer, E. J., & Roth, J. (1975). Heads I win, tails it's chance: The illusion of control as a function of the sequence of outcomes in a purely chance task. *Journal of Personality and Social Psychology*, 32, 951–955.

Larkin, R. W. (1979). *Suburban youth in cultural crisis*. New York: Oxford University Press.

Larwood, L., & Whittaker, W. (1977). Managerial myopia: Self-serving biases in organizational planning. *Journal of Applied Psychology*, 62, 194–198.

Lasch, C. (1977). *Haven in a heartless world: The family besieged*. New York: Basic Books.

Lasch, C. (1978). *The culture of narcissism: American life in an age of diminishing expectations*. New York: Norton.

Lawson, A. (1988). *Adultery: An analysis of love and betrayal*. New York: Basic Books.

Le Goff, J. (1980). *Time, work, and culture in the Middle Ages*. (A. Goldhammer, trans.). Chicago: University of Chicago Press.

Lepper, M. R., & Greene, D. (Eds.). (1978). *The hidden costs of reward*. Hillsdale, NJ: Erlbaum.

Lepper, M. R., Greene, D., & Nisbett, R. E. (1973). Undermining children's intrinsic interest with extrinsic rewards: A test of the overjustification hypothesis. *Journal of Personality and Social Psychology*, 28, 129–137.

Lerner, M. J. (1980). *The belief in a just world: A fundamental delusion*. New York: Plenum.

Lester, D. (1984). The association between the quality of life and suicide and homicide rates. *Journal of Social Psychology*, 124, 247–248.

Levinson, D. J. (1978). *The seasons of a man's life* (with C. Darrow, E. Klein, M. Levinson, & B. McKee). New York: Ballantine Books.

Lewinsohn, P. M., Larson, D. W., & Munoz, R. F. (1982). The measurement of expectancies and other cognitions in depressed individuals. *Cognitive Therapy and Research*, 6, 437–446.

Lewinsohn, P. M., Mischel, W., Chaplin, W., & Barton, R. (1980). Social competence and depression: The role of illusory self-perceptions. *Journal of Abnormal Psychology, 89*, 203–212.

Liebman, C. S. (1983). Extremism as a religious norm. *Journal for the Scientific Study of Religion, 22*, 75–86.

Liebman, R. C. (1983b). Mobilizing the Moral Majority. In R. C. Liebman & R. Wuthnow (Eds.), *The new Christian Right: Mobilization and legitimation* (pp. 50–74). New York: Aldine.

Liebman, R. C. (1983c). The making of the new Christian Right. In R. C. Liebman & R. Wuthnow (Eds.), *The new Christian Right: Mobilization and legitimation* (pp. 229–238). New York: Aldine.

Liebman, R. C., & Wuthnow, R. (1983). *The new Christian Right*. New York: Aldine.

Lifton, R. J. (1986). *The Nazi doctors: Medical killing and the psychology of genocide*. New York: Basic Books.

Linville, P. W. (1985). Self-complexity and affective extremity: Don't put all your eggs in one cognitive basket. *Social Cognition, 3*, 94–120.

Linville, P. W. (1987). Self-complexity as a cognitive buffer against stress-related illness and depression. *Journal of Personality and Social Psychology, 52*, 663–676.

Little, B. R. (1988). Personal projects analysis: Trivial pursuits, magnificent obsessions, and the search for coherence. In D. Buss & N. Cantor (Eds.), *Personality psychology: Recent trends and emerging directions* (pp. 15–31). New York: Springer-Verlag.

Lopata, H. Z. (1971). *Occupation: Housewife*. Westport, CT: Greenwood.

Lyman, H. B. (1971). *Single again*. New York: McKay.

Maalouf, A. (1987). *The Crusades through Arab eyes*. (J. Rothschild, trans.). New York: Schocken.

Macfarlane, A. (1986). *Marriage and love in England: Modes of reproduction 1300–1840*. Oxford: Basil Blackwell.

Machlowitz, M. (1980). *Workaholics*. Reading, MA: Addison-Wesley.

MacIntyre, A. (1981). *After virtue*. Notre Dame, IN: University of Notre Dame Press.

Mann, J., Berkowitz, L., Sidman, J., Starr, S., & West, S. (1974). Satiation of the transient stimulating effect of erotic films. *Journal of Personality and Social Psychology, 30*, 729–735.

Margolis, M. L. (1984). *Mothers and such: Views of American women and why they changed*. Berkeley: University of California Press.

Markus, H., & Nurius, P. S. (1986). Possible selves. *American Psychologist, 41*, 954–969.

Markus, H., & Nurius, P. S. (1987). Possible selves: The interface between motivation and the self-concept. In K. Yardley & T. Honess (Eds.), *Self and Identity: Psychosocial perspectives* (pp. 157–172). Chichester, England: Wiley.

Marris, P. (1974). *Loss and change*. New York: Random House.

Maslow, A. H. (1968). *Toward a psychology of being*. New York: Van Nostrand.

Masters, W. H., & Johnson, V. E. (1970). *Human sexual inadequacy*. Boston: Little, Brown & Co.

Matthews, R., & Matthews, A. M. (1986). Infertility and involuntary childlessness: The transition to nonparenthood. *Journal of Marriage and the Family, 48*, 641–649.

Maugham, W. S. (1977/1919). *The moon and sixpence*. New York: Penguin.

McFarlin, D. B., & Blascovich, J. (1981). Effects of self-esteem and performance feedback on future affective preferences and cognitive expectations. *Journal of Personality and Social Psychology, 40*, 521–531.

McLaughlin, S. D. & Micklin, M. (1983). The timing of first birth and changes in personal efficacy. *Journal of Marriage and the Family, 45*, 47–56.

McLoughlin, W. G. (1978). *Revivals, awakenings, and reform*. Chicago: University of Chicago Press.

McNamara, J. A. (1982). Chaste marriage and clerical celibacy. In V. Bullough & J. Brundage (Eds.), *Sexual practices and the medieval church*. Buffalo, N. Y. : Prometheus Books.

McPherson, J. M. (1988). *Battle cry of freedom: The civil war era*. New York: Oxford University Press.

Medow, H., & Zander, A. (1965). Aspirations for the group chosen by central and peripheral members. *Journal of Personality and Social Psychology, 1*, 224–228. .

Melzack, R., & Wall, P. D. (1983). *The challenge of pain*. New York: Basic Books.

Merton, R. K., & Kitt, A. S. (1950). Contributions to the theory of reference group behavior. In R. K. Merton & P. F. Lazarsfeld (Eds.), *Continuities in social research*. Glencoe, IL: Free Press.

Meyer, D. H. (1976). American intellectuals and the Victorian crisis of faith. In D. Howe (Ed.), *Victorian America* (pp. 59–80). Philadelphia: University of Pennsylvania Press.

Miller, D. H. (1959). *Ghost dance*. Lincoln: University of Nebraska Press.

Miller, G. (1981). *It's a living: Work in modern society*. New York: St. Martin's Press.

Mischel, W. (1968). *Personality and assessment*. New York: Wiley.

Morris, D. R. (1965). *The washing of the spears: The rise and fall of the Zulu nation*. New York: Simon & Schuster.

Moore, B. (1984). *Privacy: Studies in social and cultural history*. London: Sharpe.

Mosher, C. D. (1980). *The Mosher survey: Sexual attitudes of 45 Victorian women* (J. MaHood & K. Wenburg, eds.). New York: Arno Press.

Nelson, L. D., & Bromley, D. G. (1988). Another look at conversion and defection in conservative churches. In D. G. Bromley (Ed.), *Falling from the faith: Causes and consequences of religious apostasy* (pp. 47–62). Beverly Hills: Sage.

Newman, K. S. (1988). *Falling from grace: The experience of downward mobility in the American middle class*. New York: Free Press.

Oates, S. B. (1975). *The fires of Jubilee: Nat Turner's fierce rebellion*. New York: Harper and Row.

O'Neill, W. L. (1971). *Coming apart: An informal history of America in the 1960s*. New York: Quadrangle Books.

Orbach, S. (1986). *Hunger strike: The anorectic's struggle as a metaphor for our age*. New York: Norton.

Osgood, C. E. & Tzeng, O. C. S. (1990). *Language, meaning, and culture: The selected papers of C. E. Osgood*. New York: Praeger.

Osherson, S., & Dill, D. (1983). Varying work and family choices: Their impact on men's work satisfaction. *Journal of Marriage and the Family, 45*, 339–346.

Palmer, R. R. (1969). *Twelve who ruled: The year of the terror in the French revolution*. Princeton, NJ: Princeton University Press.

Palys, T. S., & Little, B. R. (1983). Perceived life satisfaction and the organization of personal project systems. *Journal of Personality and Social Psychology, 44*, 1121–1130.

Parker, G. (1987). *The Thirty Years' War*. New York: Military Heritage Press.
Parkes, C. M., & Weiss, R. S. (1983). *Recovery from bereavement*. New York: Basic Books.
Patterson, O. (1982). *Slavery and social death*. Cambridge: Harvard University Press.
Paloutzian, R. F. (1981). Purpose in life and value changes following conversion. *Journal of Personality and Social Psychology, 41*, 1153–1160.
Pennebaker, J. W. (1989). Stream of consciousness and stress: Levels of thinking. In J. S. Uleman & J. A. Bargh (Eds.), *The direction of thought: Limits of awareness, intention and control*. (pp. 327–350). New York: Guilford.
Phillips, J. A. (1984). *Eve: The history of an idea*. San Francisco: Harper & Row.
Pines, M., & Aronson, E. (1983). Antecedents, correlates, and consequences of sexual jealousy. *Journal of Personality, 51*, 108–135.
Pistrang, N. (1984). Women's work involvement and experience of new motherhood. *Journal of Marriage and the Family, 46*, 433–447.
Polanyi, M., & Prosch, H. (1975). *Meaning*. Chicago: University of Chicago Press.
Potter, D. M. (1954). *People of plenty*. Chicago: University of Chicago Press.
Powers, W. T. (1973). *Behavior: The control of perception*. Chicago: Aldine.
Price, S. J., & McKenry, P. C. (1988). *Divorce*. Beverly Hills: Sage.
Price-Bonham, S., & Balswick, J. O. (1980). The noninstitutions: Divorce, desertion, and remarriage. *Journal of Marriage and the Family, 40*, 959–972.
Quattrone, G. A., & Jones, E. E. (1978). Selective self-disclosure with and without correspondent performance. *Journal of Experimental Social Psychology, 14*, 511–526.
Raboteau, A. J. (1978). *Slave religion: The invisible institution in the antebellum south*. New York: Oxford University Press.
Reiss, I. L. (1986). A sociological journey into sexuality. *Journal of Marriage and the Family, 48*, 233–242.
Rempel, J. (1985). Childless elderly: What are they missing? *Journal of Marriage and the Family, 47*, 343–348.
Reps, P. (1957). (Ed.). *Zen flesh, Zen bones: A collection of Zen and pre-Zen writings*. Rutland, VT: Tuttle.
Rieff, P. (1968). *The triumph of the therapeutic*. New York: Harper & Row.
Robbins, T. (1988). *Cults, converts, and charisma: The sociology of new religious movements*. London: Sage.
Roberts, M. (1989, March). Eight ways to rethink your work style. *Psychology Today, 23*(3), 42–44.
Robertson, L. S. (1977). Car crashes: Perceived vulnerability and willingness to pay for crash protection. *Journal of Community Health, 3*, 136–141.
Rodgers, D. T. (1978). *The work ethic in industrial America 1850–1920*. Chicago: University of Chicago Press.
Rodin, J. (1976). Density, perceived choice, and response to controllable and uncontrollable outcomes. *Journal of Experimental Social Psychology, 12*, 564–578.
Rodin, J., & Langer, E. (1977). Long-term effects of a control-relevant intervention with the institutionalized aged. *Journal of Personality and Social Psychology, 35*, 897–902.
Roeske, N. A., & Lake, K. (1977). Role models for women medical students. *Journal of Medical Education, 52*, 459–466.
Rogers, T. B., Kuiper, N. A., & Kirker, W. S. (1977). Self-reference and the encoding of personal information. *Journal of Personality and Social Psychology, 35*, 677–688.
Rose, P. (1983). *Parallel lives: Five Victorian marriages*. New York: Knopf.

Rosen, R. (1982). *The lost sisterhood: Prostitution in America, 1900–1918*. Baltimore: Johns Hopkins University Press.

Rosenberg, C. S. (1972). The hysterical woman: Sex roles and role conflict in 19th century America. *Social Research, 39*, 652–678.

Rosenblatt, A., Greenberg, J., Solomon, S., Pyszczynski, T., & Lyon, D. (1989). Evidence for terror management theory I: The effects of mortality salience on reactions to those who violate or uphold cultural values. *Journal of Personality and Social Psychology, 57*, 681–690.

Rosenblatt, P. C. (1974). Behavior in public places: Comparison of couples accompanied and unaccompanied by children. *Journal of Marriage and the Family, 36*, 750–755.

Rosenfeld, D., Folger, R., & Adelman, H. F. (1980). When rewards reflect competence: A qualification of the overjustification effect. *Journal of Personality and Social Psychology, 39*, 368–376.

Rosenthal, P. (1984). *Words and values: Some leading words and where they lead us*. New York: Oxford University Press.

Ross, L. (1977). The intuitive psychologist and his shortcomings: Distortions in the attribution process. In L. Berkowitz (Ed.), *Advances in experimental social psychology*, Vol. 10. New York: Academic Press.

Roth, C. (1964). *The Spanish Inquisition*. New York: Norton.

Roth, S., & Bootzin, R. R. (1974). Effects of experimentally induced expectancies of external control: An investigation of learned helplessness. *Journal of Personality and Social Psychology, 29*, 253–264.

Roth, S., & Kubal, L. (1975). Effects of noncontingent reinforcement on tasks of differing importance: Facilitation and learned helplessness. *Journal of Personality and Social Psychology, 32*, 680–691.

Rothbaum, F., Weisz, J. R., & Snyder, S. S. (1982). Changing the world and changing the self: A two-process model of perceived control. *Journal of Personality and Social Psychology, 42*, 5–37.

Rothbaum, S. (1988). Between two worlds: Issues of separation and identity after leaving a religious community. In D. G. Bromley (Ed.), *Falling from the faith: Causes and consequences of religious apostasy* (pp. 205–228). Beverly Hills: Sage.

Rubin, L. B. (1976). *Worlds of pain: Life in the working-class family*. New York: Basic Books.

Ruble, D. N., Fleming, A. S., Hackel, L. S., & Stangor, C. (1988). Changes in the marital relationship during the transition to first time motherhood: Effects of violated expectations concerning division of household labor. *Journal of Personality and Social Psychology, 55*, 78–87.

Runciman, S. (1951–1954). *A history of the Crusades* (3 vols.). Cambridge, England: Cambridge University Press.

Russell, F. H. (1975). *The just war in the Middle Ages*. Cambridge, England: Cambridge University Press.

Ryan, W. (1971). *Blaming the victim*. New York: Vintage.

Sartre, J.-P. (1974/1943). *Being and nothingness*. Secaucus, NJ: Citadel.

Scarry, E. (1985). *The body in pain: The making and unmaking of the world*. New York: Oxford University Press.

Schachter, S., & Singer, J. E. (1962). Cognitive, social and physiological determinants of emotional state. *Psychological Review, 69*, 379–399.

Schafer, R. B., & Keith, P. M. (1984). A causal analysis of the relationship between the self-concept and marital quality. *Journal of Marriage and the Family*, *46*, 909–914.

Schmale, A. H. (1971). Psychic trauma during bereavement. *International Psychiatric Clinics*, *8*, 147–168.

Schumm, W. R., & Bugaighis, M. A. (1986). Marital quality over the marital career: Alternative explanations. *Journal of Marriage and the Family*, *48*, 165–168.

Seligman, M. E. P. (1975). *Helplessness: On depression, development and death*. San Francisco: Freeman.

Seligman, M. E. P. (1988, April). Boomer blues. *Psychology Today*, *22*,(10), 50–55.

Sennett, R. (1974). *The fall of public man*. New York: Random House.

Shafii, M. (1988). *Freedom from the self: Sufism, meditation, and psychotherapy*. New York: Human Sciences Press.

Shaver, P., & Hazan, C. (1988). A biased overview of the study of love. *Journal of Social and Personal Relationships*, *5*, 473–501.

Shaver, P., Hazan, C., & Bradshaw, D. (1988). Love as attachment: The integration of three behavioral systems. In R. Sternberg & M. Barnes (Eds.), *The psychology of love* (pp. 68–99). New Haven: Yale University Press.

Shils, E. (1981). *Tradition*. Chicago: University of Chicago Press.

Shorter, E. (1975). *The making of the modern family*. New York: Basic Books.

Shorter, E. (1982). *A history of women's bodies*. New York: Basic Books.

Shrauger, J. S. (1975). Responses to evaluation as a function of initial self-perceptions. *Psychological Bulletin*, *82*, 581–596.

Shrauger, J. S., & Schoeneman, T. J. (1979). Symbolic interactionist view of self-concept: Through the looking glass darkly. *Psychological Bulletin*, *86*, 549–573.

Shupe, A., & Stacey, W. (1983). The Moral Majority constituency. In R. C. Liebman & R. Wuthnow (Eds.), *The new Christian Right: Mobilization and legitimation* (pp. 104–117). New York: Aldine.

Sichrovsky, P. (1988). *Born guilty: Children of Nazi families* (J. Steinberg, trans.). New York: Basic Books.

Sklar, K. K. (1976). *Catharine Beecher: A study in American domesticity*. New York: Norton.

Silone, I. (1987). [Untitled autobiographical chapter.] In R. Crossman (Ed.), *The god that failed* (pp. 76–114). Washington, DC: Regnery Gateway.

Silver, R. L., Boon, C., & Stones, M. H. (1983). Searching for meaning in misfortune: Making sense of incest. *Journal of Social Issues*, *39*, 81–102.

Silver, R. L., & Wortman, C. B. (1980). Coping with undesirable life events. In J. Garber & M. E. P. Seligman (Eds.), *Human helplessness* (pp. 279–375). New York: Academic Press.

Simpson, J. A. (1987). The dissolution of romantic relationships: Factors involved in relationship stability and emotional distress. *Journal of Personality and Social Psychology*, *53*, 683–692.

Smith, D. S. (1973). Parental power and marriage patterns: An analysis of historical trends in Hingham, Massachusetts. *Journal of Marriage and the Family*, *35*, 419–428.

Smith, D. S. (1979). Family limitation, sexual control, and domestic feminism in Victorian America. In N. Cott & E. Pleck (Eds.), *A heritage of her own*. (pp. 222–245). New York: Simon & Schuster.

Spanier, G. B., & Casto, R. F. (1979). Adjustment to separation and divorce: A qualitative analysis. In G. Levinger & O. C. Moles (Eds.), *Divorce and separation: Contexts, causes, and consequences* (pp. 211–227). New York: Basic Books.

Spanier, G. B., & Glick, P. (1980). The life cycle of American families: An expanded analysis. *Journal of Family History, 5*, 97–111.

Spanier, G. B., & Lewis, R. A. (1980). Marital quality: A review of the seventies. *Journal of Marriage and the Family, 42*, 825–839.

Spender, S. (1987). [Untitled autobiographical chapter.] In R. Crossman (Ed.), *The god that failed* (pp. 229–273). Washington, DC: Regnery Gateway.

Stannard, D. E. (1977). *The Puritan way of death: A study in religion, culture, and social change*. New York: Oxford University Press.

Stark, R., & Bainbridge, W. S. (1985). *The future of religion: Secularization, revival, and cult formation*. Berkeley: University of California Press.

Steinberg, L., & Steinberg, S. B. (1987). Influences on marital satisfactionduring the middle stages of the family life cycle. *Journal of Marriage and the Family, 49*, 751–760.

Sternberg, R. J. (1986). A triangular theory of love. *Psychological Review, 93*, 119–135.

Sternberg, R. J., & Grajek, S. (1984). The nature of love. *Journal of Personality and Social Psychology, 47*, 312–329.

Stewart, J. B. (1984). *The partners: Inside America's most powerful law firms*. New York: Warner Books.

Stone, L. (1977). *The family, sex and marriage in England 1500–1800*. New York: Harper & Row.

Streufert, S., & Streufert, C. (1969). The effects of conceptual structure, failure, and success on attributions of causality and interpersonal attitudes. *Journal of Personality and Social Psychology, 11*, 138–147.

Suitor, J. J., & Pilleman, K. (1987). The presence of adult children: A source of stress for elderly couples' marriages? *Journal of Marriage and the Family, 49*, 717–725.

Suls, J., & Wan, C. K. (1987). In search of the false-uniqueness phenomenon: Fear and estimates of social consensus. *Journal of Personality and Social Psychology, 52*, 211–217.

Svenson, O. (1981). Are we all less risky and more skillful than our fellow drivers? *Acta Psychologica, 47*, 143–148.

Swann, W. B. (1987). Identity negotiation: Where two roads meet. *Journal of Personality and Social Psychology, 53*, 1038–1051.

Tait, R., & Silver, R. C. (1989). Coming to terms with major negative life events. In J. S. Uleman & J. A. Bargh (Eds.), *Unintended thought: The limits of awareness, intention, and control*. New York: Guilford, in press.

Tannahill, R. (1980). *Sex in history*. New York: Stein and Day.

Tavris, C. (1982). *Anger: The misunderstood emotion*. New York: Simon & Schuster.

Taylor, S. E. (1983). Adjustment to threatening events: A theory of cognitive adaptation. *American Psychologist, 38*, 1161–1173.

Taylor, S. E. (1989). *Positive illusions: Creative self-deception and the healthy mind*. New York: Basic Books.

Taylor, S. E., & Brown, J. D. (1988). Illusion and well-being: A social psychological perspective on mental health. *Psychological Bulletin, 103*, 193–210.

Taylor, S. E., Lichtman, R. R., & Wood, J. V. (1984). Attributions, beliefs about control, and adjustment to breast cancer. *Journal of Personality and Social Psychology, 46*, 489–502.

Terkel, S. (1972). *Working*. New York: Avon.

Tetlock, P. E. (1986). A value pluralism model of ideological reasoning. *Journal of Personality and Social Psychology, 50*, 819–827.

Teyber, E., & Hoffman, C. D. (1987, April). Missing fathers. *Psychology Today, 21*(4), 36–39.

Thernstrom, S. (1973). *The other Bostonians*. Cambridge: Harvard University Press.

Thomas, W. I. (1928). *The child in America: Behavioral problems and programs*. New York: Knopf.

Thompson, L., Clark, K., & Gunn, W. (1985). Developmental stage and perceptions of intergenerational continuity. *Journal of Marriage and the Family, 47*, 913–920.

Thurston, A. F. (1987). *Enemies of the people: The ordeal of the intellectuals in China's Great Cultural Revolution*. New York: Knopf.

Triandis, H. C. (1989). The self and social behavior in differing cultural contexts. *Psychological Review, 96*, 506–520.

Trilling, L. (1971). *Sincerity and authenticity*. Cambridge: Harvard University Press.

Tuchman, B. (1978). *A distant mirror*. New York: Ballantine.

Tzeng, O. C. S. (1990). The three magnificent themes of a dinosaur caper. In C. Osgood & O. C. S. Tzeng (Eds.), *Language, meaning, and culture* (pp. 1–31). New York: Praeger.

Ulrich, L. T. (1979). *Vertuous women found: New England ministerial literature, 1668–1735*. In N. Cott & E. Pleck (Eds.), *A heritage of her own* (pp. 58–80). New York: Simon & Schuster.

Vallacher, R. R., & Wegner, D. M. (1985). *A theory of action identification*. Hillsdale, NJ: Erlbaum.

Vallacher, R. R., & Wegner, D. M. (1987). What do people think they're doing: Action identification and human behavior. *Psychological Review, 94*, 3–15.

Vallacher, R. R., Wegner, D. M., & Frederick, J. (1987). The presentation of self through action identification. *Social Cognition, 5*, 301–322.

Vaughan, D. (1986). *Uncoupling*. New York: Oxford University Press.

Veroff, J., Douvan, E., & Kulka, R. A. (1981). *The inner American: A self-portrait from 1957 to 1976*. New York: Basic Books.

Walkowitz, J. R. (1980). *Prostitution and Victorian society: Women, class, and the state*. Cambridge, England: Cambridge University Press.

Wallach, M. A., & Wallach, L. (1983). *Psychology's sanction for selfishness: The error of egoism in theory and therapy*. San Francisco: Freeman.

Walster, E., Aronson, E., Abrahams, D., & Rottman, L. (1966). Importance of physical attractiveness in dating behavior. *Journal of Personality and Social Psychology, 4*, 508–516.

Walster, E., & Walster, G. W. (1972). *A new look at love*. Reading, MA: Addison-Wesley.

Watson, D., & Tellegen, A. (1985). Toward a consensual structure of mood. *Psychological Bulletin, 98*, 219–235.

Wegner, D. M., & Vallacher, R. R. (1986). Action identification. In R. M. Sorrentino & E. T. Higgins (Eds.), *Handbook of cognition and motivation* (pp. 550–582). New York: Guilford Press.

Weil, A. (1972). *The natural mind*. Boston: Houghton Mifflin.

Weiner, B., Frieze, I., Kukla, A., Reed, L., Rest, B., & Rosenbaum, R. M. (1971). *Perceiving the causes of success and failure*. Morristown, NJ: General Learning Press.

Weinstein, N. D. (1980). Unrealistic optimism about future life events. *Journal of Personality and Social Psychology, 39*, 806–820.

Weintraub, K. J. (1978). *The value of the individual: Self and circumstance in autobiography*. Chicago: University of Chicago Press.

Weiss, J. M. (1971a). Effects of coping behavior in different warning signal conditions on stress pathology in rats. *Journal of Comparative and Physiological Psychology, 77*, 1–13.

Weiss, J. M. (1971b). Effects of coping behavior with and without a feedback signal on stress pathology in rats. *Journal of Comparative and Physiological Psychology, 77*, 22–30.

Weiss, J. M. (1971c). Effects of punishing the coping response (conflict) on stress pathology in rats. *Journal of Comparative and Physiological Psychology, 77*, 14–21.

Weiss, R. S. (1979). The emotional impact of marital separation. In G. Levinger & O. C. Moles (Eds.), *Divorce and separation: Contexts, causes, and consequences* (pp. 201–210). New York: Basic Books.

Weiss, R. S. (1984). The impact of marital dissolution on income and consumption in single-parent households. *Journal of Marriage and the Family, 46*, 115–127.

Weitzman, L. J. (1985). *The divorce revolution: The unexpected social and economic consequences for women and children in America*. New York: Free Press.

Wessman, A. E., & Ricks, D. F. (1966). *Mood and personality*. New York: Holt, Rinehart & Winston.

White, L. K. (1983). Determinants of spousal interaction: Marital structure and marital happiness. *Journal of Marriage and the Family, 45*, 511–520.

Wilkie, C. F., & Ames, E. W. (1986). The relationship of infant crying to parental stress in the transition to parenthood. *Journal of Marriage and the Family, 48*, 545–550.

Williams, K. B., Harkins, S., & Latané, B. (1981). Identifiability as a deterrent to social loafing: Two cheering experiments. *Journal of Personality and Social Psychology, 40*, 303–311.

Wills, T. A. (1981). Downward comparison principles in social psychology. *Psychological Bulletin, 90*, 245–271.

Wishy, B. (1968). *The child and the republic*. Philadelphia: University of Pennsylvania Press.

Wolfe, L. (1989a, September). Wasted lives. *Redbook, 173*(5), 170–202.

Wolfe, L. (1989b). *Wasted: The preppie murder*. New York: Simon & Schuster.

Woodward, K. L. (1989, March 27). Heaven. *Newsweek, 113*(13), 52–55.

Woodward, K. L. (1990, December 17). A time to seek. *Newsweek, 116*(25), pp. 50–56.

Wortman, C. B., & Brehm, J. W. (1975). Responses to uncontrollable outcomes: An integration of reactance theory and the learned helplessness model. In L. Berkowitz (Ed.), *Advances in experimental social psychology* (Vol. 8, pp. 277–336). New York: Academic Press.

Wortman, C. B., Costanzo, R. P., & Witt, J. R. (1973). Effects of anticipated performance on the attributions of causality to self and others. *Journal of Personality and Social Psychology, 27*, 372–381.

Wright, R. (1987). [Untitled autobiographical chapter.] In R. Crossman (Ed.), *The god that failed* (pp. 115–162). Washington, DC: Regnery Gateway.

Wright, S. A. (1984). Post-involvement attitudes of voluntary defectors from controversial new religious movements. *Journal for the Scientific Study of Religion, 23*, 172–182.

Wright, S. A. (1988). Leaving new religious movements: Issues, theory, and research. In D. G. Bromley (Ed.), *Falling from the faith: Causes and consequences of religious apostasy* (pp. 143–165). Beverly Hills: Sage.

Wuthnow, R. (1983). The political rebirth of American evangelicals. In R. C. Liebman & R. Wuthnow (Eds.), *The new Christian Right: Mobilization and legitimation* (pp. 168–187). New York: Aldine.

Wyatt-Brown, B. (1982). *Southern honor: Ethics and behavior in the old South*. New York: Oxford University Press.

Zajonc, R. (1968). Attitudinal effects of mere exposure. *Journal of Personality and Social Psychology, 9*, 1–27.

Zanna, M. P., Higgins, E. T., & Taves, P. A. (1976). Is dissonance phenomenologically aversive? *Journal of Experimental Social Psychology, 12*, 530–538.

Zube, M. J. (1972). Changing concepts of morality: 1948–1969. *Social Forces, 50*, 385–393.

Zuckerman, M. (1979). Attribution of success and failure revisited, or: The motivational bias is alive and well in attribution theory. *Journal of Personality, 47*, 245–287.

Zweig, P. (1980). *The heresy of self-love*. Princeton, NJ: Princeton University Press. Original work published 1968.

찾아보기

인/명/색/인

내/용/색/인

역자소개

김성일

고려대학교 및 동 대학원 졸업
캐나다 알버타대학교 대학원 졸업(철학박사)
중앙교육연구소 및 한국교육개발원 책임연구원
미국 커넷티컷대학교 객원교수
현) 강릉원주대학교 유아교육과 교수

저(역)서

- 부모의 사랑(역서, 원미사, 2009)
- 청소년기 자녀교육(편저, 원미사, 2007)
- 이만하면 좋은 부모(공역, 창지사, 2006)
- 현대 교육심리학의 쟁점과 전망(공저, 교육과학사, 2000)
- 교육과 인생의 의미(역서, 문음사, 1995)
- 다 컸지만 갈 곳 없는 청소년(역서, 교육과학사, 1994)
- 현대 교육사조(공역, 배영사, 1979)

김혜주

이화여자대학교 심리학과 졸업
서울대학교 대학원 경영학과 졸업
현) 캐나다 토론토대학교 대학원 박사과정(마케팅 전공)

역자와의
협의하에
인지 생략

인생의 의미
Meanings of Life

2010년 7월 30일 인쇄
2010년 8월 5일 발행

역 자 김성일 · 김혜주
발행자 박준식

발행처 도서출판 원미사
서울 성북구 장위 2동 65-192호 우남빌딩 202호
전화 : 02) 919-9630, 942-1276 / fax : 02) 919-3093
등록 : 1994년 1월 18일(제6-192호)
E-mail : wonmisa@unitel.co.kr

※ 잘못된 책은 교환해 드립니다. 정가 20,000원

ISBN : 978-89-5544-156-7